中国社会科学院研究生重点教材

宪法学原理

Constitutional Law

莫纪宏　著

中国社会科学出版社

图书在版编目(CIP)数据

宪法学原理 / 莫纪宏著. —北京：中国社会科学出版社，2008.10（2022.4 重印）

（中国社会科学院研究生重点教材系列）

ISBN 978-7-5004-7302-2

Ⅰ. 宪… Ⅱ. 莫… Ⅲ. 宪法—法的理论—中国—研究生—教材 Ⅳ. D921.01

中国版本图书馆 CIP 数据核字（2008）第 159785 号

出 版 人	赵剑英
责任编辑	周兴泉　李　沫
责任校对	李　莉
责任印制	王　超
出　　版	中国社会科学出版社
社　　址	北京鼓楼西大街甲 158 号
邮　　编	100720
网　　址	http://www.csspw.cn
发 行 部	010-84083685
门 市 部	010-84029450
经　　销	新华书店及其他书店
印　　刷	北京明恒达印务有限公司
装　　订	廊坊市广阳区广增装订厂
版　　次	2008 年 10 月第 1 版
印　　次	2022 年 4 月第 2 次印刷
开　　本	710×1000　1/16
印　　张	32.75
插　　页	2
字　　数	547 千字
定　　价	58.00 元

凡购买中国社会科学出版社图书，如有质量问题请与本社营销中心联系调换
电话：010-84083683
版权所有　侵权必究

中国社会科学院
研究生重点教材工程领导小组

组　　长：陈佳贵
副组长：武　寅
成　　员：陈佳贵　武　寅　黄浩涛　施鹤安　刘迎秋
秘书长：刘迎秋

中国社会科学院
研究生重点教材编审委员会

（按姓氏笔画排序）

主　任：刘迎秋

副主任：王　巍　　　王逸舟　　　李培林　　　金　碚　　　侯惠勤
　　　　党圣元

委　员：于　沛　　　牛凤瑞　　　王　巍　　　王国刚　　　王建朗
　　　　王逸舟　　　任宗哲　　　刘迎秋　　　朱　玲　　　江时学
　　　　邢广程　　　张车伟　　　张汉亚　　　张星星　　　张宇燕
　　　　李　扬　　　李　周　　　李　林　　　李国强　　　李培林
　　　　杨　光　　　汪同三　　　沈家煊　　　陆建德　　　陈祖武
　　　　陈　淮　　　陈光金　　　房　宁　　　罗红波　　　金　泽
　　　　金　碚　　　侯惠勤　　　姚喜双　　　洪银兴　　　胡国成
　　　　逄锦聚　　　党圣元　　　唐绪军　　　袁　卫　　　顾海良
　　　　高培勇　　　曹宏举　　　黄　行　　　朝戈金　　　舒　元
　　　　蒋立峰　　　谢地坤　　　靳　诺　　　蔡　昉

总　序

中国社会科学院研究生院是经邓小平等国家领导人批准于1978年建立的我国第一所人文和社会科学研究生院，其主要任务是培养人文和社会科学的博士研究生和硕士研究生。1998年江泽民同志又题词强调要"把中国社会科学院研究生院办成一流的人文社会科学人才培养基地"。在党中央的关怀和各相关部门的支持下，在院党组的正确领导下，中国社会科学院研究生院持续健康发展。目前已拥有理论经济学、应用经济学、哲学、法学、社会学、中国语言文学、历史学等9个博士学位一级学科授权、68个博士学位授权点和78个硕士学位授权点以及自主设置硕士学位授权点5个、硕士专业学位2个，是目前我国人文和社会科学学科设置最完整的一所研究生院。建院以来，已为国家培养出了一大批优秀人才，其中绝大多数人成为各条战线的骨干，有的成长为国家高级干部，有的成长为学术带头人。实践证明，办好研究生院，培养大批高素质人文和社会科学人才，不仅要有一流的导师和老师队伍、丰富的图书报刊资料、完善高效的后勤服务系统，而且要有高质量的教材。

20多年来，围绕研究生教学是否要有教材的问题，曾经有过争论。随着研究生教育的迅速发展，研究生的课程体系迈上了规范化轨道，故而教材建设也随之提上议事日程。研究生院虽然一直重视教材建设，但由于主客观条件限制，研究生教材建设未能跟上研究生教育事业发展的需要。因此，组织和实施具有我院特色的"中国社会科学院研究生重点教材工程",是摆在我们面前的一项重要任务。

"中国社会科学院研究生重点教材工程"的一项基本任务,就是经过几年的努力,先期研究、编写和出版100部左右研究生专业基础课和专业课教材,力争使全院教材达到"门类较为齐全、结构较为合理""国内同行认可、学生比较满意""国内最具权威性和系统性"的要求。这一套研究生重点教材的研究与编写将与国务院学位委员会的学科分类相衔接,以二级学科为主,适当扩展到三级学科。其中,二级学科的教材主要面向硕士研究生,三级学科的教材主要面向博士研究生。

中国社会科学院研究生重点教材的研究与编写要站在学科前沿,综合本学科共同的学术研究成果,注重知识的系统性和完整性,坚持学术性和应用性的统一,强调原创性和前沿性,既坚持理论体系的稳定性又反映学术研究的最新成果,既照顾研究生教材自身的规律与特点又不恪守过于僵化的教材范式,坚决避免出现将教材的研究与编写同科研论著相混淆,甚至用学术专著或论文代替教材的现象。教材的研究与编写要全面坚持胡锦涛总书记在2005年5月19日我院向中央常委汇报工作时对我院和我国哲学社会科学研究工作提出的要求,即"必须把握好两条:一是要毫不动摇地坚持马克思主义基本原理,坚持正确的政治方向。马克思主义是我国哲学社会科学的根本指导思想。老祖宗不能丢。必须把马克思主义的基本原理同中国具体实际相结合,把马克思主义的立场观点方法贯穿到哲学社会科学工作中,用发展着的马克思主义指导哲学社会科学。二是要坚持解放思想、实事求是、与时俱进,积极推进理论创新"。

为加强对中国社会科学院研究生重点教材工程的领导,院里专门成立了教材编审领导小组,负责统揽教材总体规划、立项与资助审批、教材编写成果验收,等等。教材编审领导小组下设教材编审委员会。教材编审委员会负责立项审核和组织与监管工作,并按规定特邀请国内 2—3 位同行专家，负责对每个立项申请进行严格审议和鉴定以及对已经批准立项的同一项目的最后成稿进行质量审查、提出修改意见和是否同意送交出版社正式出版等鉴定意见。各所（系）要根据教材编审委员会的要求和有关规定，负责选好教材及其编写主持人，做好教材的研究与编写工作。

为加强对教材编写与出版工作的管理与监督，领导小组专门制定了《中国社会科学院研究生重点教材工程实施和管理办法（暂行）》和《中国社会科学院研究生重点教材工程编写规范和体例》。《办法》和《编写规范和体例》既是各所（系）领导和教材研究与编写主持人的一个遵循，也是教材研究与编写质量的一个保证。整套教材，从内容、体例到语言文字，从案例选择和运用到逻辑结构和论证，从篇章划分到每章小结，从阅读参考书目到思考题的罗列等等，均要符合这些办法和规范的要求。

最后，需要指出的一点是，大批量组织研究和编写这样一套研究生教材，在我院是第一次，可资借鉴的经验不多。这就决定了目前奉献给大家的这套研究生教材还难免存在这样那样的缺点、不足、疏漏甚至错误。在此，我们既诚恳地希望得到广大研究生导师、学生和社会各界的理解和支持，更热切地欢迎大家对我们的组织工作以及教材本身提出批评、意见和改进建议，以便今后进一步修改提高。

陈佳贵

2005 年 9 月 1 日于北京

前　　言

近年来，我国宪法学理论发展非常迅速。一方面，各类宪法学的教科书和教学参考资料层出不穷，宪法学的理论研究体系也有所发展，许多新概念和新范畴都进入了宪法学的概念体系和基本范畴序列之中，宪法学呈现出向深度发展和细节化方向发展的趋势；另一方面，随着介绍国外宪法学理论研究成果的大量学术论著的问世，通过比较宪法学的手段来推动宪法学的概念体系和基本范畴的变更对于宪法学理论的发展也产生了巨大的影响作用。但是，值得注意的是，尽管宪法学理论的研究成果不断丰富，宪法学理论研究体系也不断得到创新和变革，然而，宪法学向读者和社会公众所提供的知识的有效性和实用性却差强人意，特别是对于高等法学教育的受众来说，普遍感觉宪法学提供的知识体系和认识宪法现象的手段实效性不够，不能学以致用。大量的宪法学术语和命题存在虚假或者虚拟化的现象，尤其是宪法学教科书所提供的宪法学知识不能很好地分析实际生活中存在的宪法现象，甚至连宪法文本也无法有效和科学地予以解读。因此，改革宪法学的当务之急要从增强宪法学所提供的知识的实用性价值入手，要让宪法学的受众在学习宪法学之后，能够运用宪法学所提供的知识背景和认识问题的方法来解决理论和实际中出现的具体的宪法问题。为此，必须从强化宪法学的理论和实践价值入手来对传统的宪法学加以科学的改造，果断地抛弃那些为宪法学理论研究和行宪实践所证明了已经过时的、没有实质内涵的、不科学的宪法学概念和范畴，同时大胆地引进能够解决具体的宪法学理论问题和行宪实践问题的概念和范畴，以此来推动宪法学理论自身的不断完善，建立和健全科学的宪法学理论研究体系，不断强化宪法学所提供的知识体系和研究方法的科学性、有效性和实用性。

在传统的宪法学理论研究体系中，作为宪法学的研究对象——宪法，其作为法律规范所调整的对象的产生、存在和发展的规律，与宪法作为法律规范的一种形式其自身产生、存在和发展的规律，这两者之间，作为宪法学的研究内容，没有在问题性质、研究方法方面认真和有效地加以区分，结果造成了宪法学过度关注宪法所调整的对象的内容和特征方面的问题,而忽视了对宪法作为法律规范其自身的规范特性的研究,其理论上的直接后果是宪法学的"宪法"特色不明显,宪法学的研究内容在很多方面与政治学、法理学等学科交叉重叠,而真正需要宪法学作为科学和明确的理论加以问答的有关宪法自身的规范特性问题却很少得到关注,即便是在宪法学学科体系中涉及了,但所占内容和篇幅比例也很小。因此,在基于这样的宪法学理论来分析宪法与其他法律规范之间的关系以及宪法所调整的对象的特征时,宪法学很难显示出自身明显优位于法理学、政治学,甚至包括部门法学在内的与宪法学密切相关学科的学科知识特点和理论特长。宪法学面对纷繁复杂的法律问题时所提供的解决问题的思路,其有效性和实用价值大打折扣,宪法学的学科独立性和科学性因而受到了广泛的质疑。

本书试图从增强宪法学知识的有效性和实用性出发,在深刻领悟作为习近平法治思想核心要义之一"坚持依宪治国、依宪执政"精神基础上,以具体的宪法学理论问题和行宪实践中的问题为核心,围绕着现实的宪法问题,确立解决问题所需要的概念和范畴,以此来增强宪法学解决具体问题的学术能力。

作为一种新的学术尝试,本书必然会反映出笔者个人的学术特点,但笔者在本书中努力做到使所采用的每一个概念和范畴、每一个命题和结论都能够建立在比较充分的论证基础之上,能够使本书所提供的宪法学知识为读者容易接纳,并且能够在知识的使用和质疑中进一步扩展现有的宪法学知识体系,不断完善我国宪法学的理论研究成果。

宪法学在我国目前的法学学科体系中属于不甚发达的学科,相对于比较成熟的民法学、刑法学等法学学科来说,从基本概念、基本范畴,到基本命题和学术判断都需要不断地加以丰富和完善。笔者在本书中所提供的,也仅限于一些最重要的和最基础性的宪法学知识,特别是比较宪法的知识。读者在阅读和学习本书的过程中,还应当结合《习近平法治思想概论》、马工程宪法学教材、其他同类的宪法学教科书或者是宪法学论著来不断丰富自己的宪法学学术素养,培养自己对宪法学的理论研究兴趣和实际应用能力。宪法学只有面向宪法制度建设的实际,才能永远保持自己的学术生命力。

莫纪宏

2022年3月于北京紫竹公寓

目　　录

第一章　宪法学的基本理论问题 ……………………………………（1）
　第一节　宪法学的性质……………………………………………（2）
　　一　宪法学是一门法学学科 ……………………………………（2）
　　二　宪法学以宪法问题作为主要研究内容 ……………………（2）
　　三　宪法学区别于法理学和其他部门法学 ……………………（3）
　　四　宪法学在法学学科体系中具有核心地位 …………………（4）
　第二节　宪法学的研究对象、任务和方法………………………（4）
　　一　宪法学的研究对象 …………………………………………（4）
　　二　宪法学的研究任务 …………………………………………（7）
　　三　宪法学的研究方法 …………………………………………（9）
　第三节　宪法学的概念体系及基本范畴…………………………（9）
　　一　宪法学的概念体系 …………………………………………（10）
　　二　宪法学的基本范畴 …………………………………………（12）
　第四节　宪法学与其他学科的关系………………………………（17）
　　一　宪法学与法理学的关系 ……………………………………（17）
　　二　宪法学与政治学的学科分工 ………………………………（20）
　　三　宪法学与民法学的功能划分 ………………………………（22）
　　四　宪法学与公法学的关系 ……………………………………（24）
　第五节　宪法学学和宪法学的学科框架和体系…………………（30）
　　一　宪法学学的学科框架和体系 ………………………………（30）
　　二　宪法学的学科框架和体系 …………………………………（32）
　本章小结 ……………………………………………………………（35）

第二章　宪法的概念及存在形式 ……………………………………（37）
　第一节　宪法的定义方法及宪法概念的种类……………………（37）
　　一　宪法的定义方法 ……………………………………………（38）
　　二　宪法概念的种类 ……………………………………………（44）

第二节 宪法的历史演变及特征 …………………………………（49）
  一 近代宪法的起源和历史发展 ……………………………（49）
  二 宪法发展的主要类型 ………………………………………（60）
  三 新中国宪法的发展过程及其特征 …………………………（65）
第三节 宪法的实质渊源 …………………………………………（80）
  一 宪法的实质渊源的历史发展和种类 ………………………（81）
  二 宪法思想和学说对宪法制度的影响 ………………………（83）
  三 宪法原则及其对宪法规范的指导作用 ……………………（91）
  四 宪法政策对宪法规范的辅助作用 …………………………（106）
第四节 宪法的形式渊源 …………………………………………（114）
  一 宪法渊源的概念和特征 ……………………………………（114）
  二 宪法形式渊源的界定标准 …………………………………（117）
  三 宪法形式渊源的类型 ………………………………………（121）
第五节 宪法规范的逻辑结构 ……………………………………（142）
  一 宪法典的形式与结构 ………………………………………（143）
  二 宪法规范的形式与结构 ……………………………………（144）
第六节 宪法与其他法律形式的关系 ……………………………（153）
  一 宪法与其他法律形式之间关系的性质 ……………………（153）
  二 宪法与其他法律形式之间关系的表现形式 ………………（155）
  三 宪法在一国法律体系中的核心地位 ………………………（163）
  四 宪法与部门法关系的虚拟化及理论弊端 …………………（170）
第七节 宪法与国际法的关系 ……………………………………（174）
  一 国际法与国内法关系的传统法理及其理论缺陷 …………（174）
  二 确立国际法与国内法关系的分析方法 ……………………（183）
  三 法治原则在建立国际法与国内法关系中的作用 …………（188）
  本章小结 …………………………………………………………（192）

第三章 宪法的调整对象及宪法关系 ……………………………（195）
第一节 个人与国家之间的关系是宪法调整的对象 ……………（195）
  一 关于宪法的调整对象的若干学说观点 ……………………（196）
  二 个人与国家之间的关系是宪法调整的对象 ………………（198）
  三 宪法的法律功能在于以宪法规范调整个人与国家之间的
    关系形成宪法关系为目标 …………………………………（200）
第二节 宪法关系的概念、法律构成及类型 ……………………（201）

一　宪法关系的定义和性质 …………………………………………（202）
   二　宪法关系的构成 ………………………………………………（209）
   三　宪法关系的类型 ………………………………………………（217）
  本章小结 ……………………………………………………………（222）
第四章　宪法制度 ………………………………………………………（224）
 第一节　宪法制度的法律特征及主要作用 …………………………（224）
   一　宪法制度的概念及构成要素 …………………………………（225）
   二　宪法制度的法律特征 …………………………………………（226）
   三　宪法制度的种类及划分标准 …………………………………（228）
   四　宪法制度的实施机制 …………………………………………（229）
   五　宪法制度对于发挥宪法根本法的法律作用的意义 …………（230）
 第二节　宪法与基本国家制度 ………………………………………（231）
   一　国家构成制度和主权制度 ……………………………………（231）
   二　国籍制度和公民资格制度 ……………………………………（235）
   三　政党制度 ………………………………………………………（240）
   四　选举制度 ………………………………………………………（244）
   五　基本国家政权制度 ……………………………………………（249）
   六　基本经济制度 …………………………………………………（258）
   七　基本文化制度 …………………………………………………（266）
   八　基本社会制度 …………………………………………………（270）
   九　国家象征制度 …………………………………………………（275）
 第三节　宪法权利制度 ………………………………………………（282）
   一　宪法权利的概念及功能 ………………………………………（282）
   二　宪法权利制度的构成 …………………………………………（296）
   三　宪法权利的种类及主要内容 …………………………………（299）
   四　宪法权利制度的法律特征 ……………………………………（307）
 第四节　宪法义务制度 ………………………………………………（313）
   一　宪法义务制度的概念及功能 …………………………………（314）
   二　宪法义务制度的构成 …………………………………………（315）
   三　宪法义务制度的种类及主要内容 ……………………………（321）
   四　宪法义务制度的法律特征 ……………………………………（325）
 第五节　宪法职权制度 ………………………………………………（327）
   一　宪法职权制度的概念及功能 …………………………………（328）

二　宪法职权制度的构成 ………………………………（334）
　　三　宪法职权制度的类型及主要内容 …………………（337）
　　四　宪法职权制度的法律特征 …………………………（347）
第六节　宪法职责制度 ……………………………………（350）
　　一　宪法职责制度的概念及功能 ………………………（350）
　　二　宪法职责制度的构成 ………………………………（351）
　　三　宪法职责制度的种类及主要内容 …………………（354）
　　四　宪法职责制度的法律特征 …………………………（358）
第七节　宪法禁律制度 ……………………………………（360）
　　一　宪法禁律制度的概念及功能 ………………………（360）
　　二　宪法禁律制度的构成 ………………………………（361）
　　三　宪法禁律制度的种类及主要内容 …………………（366）
　　四　宪法禁律制度的法律特征 …………………………（370）
第八节　中央与地方关系制度 ……………………………（371）
　　一　中央与地方关系的理论基础 ………………………（372）
　　二　中央与地方关系制度的构成 ………………………（385）
　　三　中央与地方关系制度的种类及主要内容 …………（387）
　　四　中央与地方关系制度的法律特征 …………………（392）
第九节　宪法责任制度 ……………………………………（395）
　　一　宪法责任的主体 ……………………………………（395）
　　二　宪法责任的判定标准 ………………………………（397）
　　三　宪法责任的作用 ……………………………………（398）
　　四　宪法责任的形式 ……………………………………（400）
第十节　宪法程序制度 ……………………………………（404）
　　一　宪法发生程序及其功能 ……………………………（404）
　　二　国家权力运作程序及其功能 ………………………（406）
　　三　公民宪法权利的保护程序及其功能 ………………（408）
　　四　宪法救济程序及其功能 ……………………………（409）
　本章小结 ……………………………………………………（410）

第五章　宪法运行机制 ………………………………………（414）
　第一节　宪法创制机制 ……………………………………（414）
　　一　宪法制定 ……………………………………………（415）
　　二　宪法修改 ……………………………………………（417）

三　宪法解释 …………………………………………………（418）
　　四　宪法惯例 …………………………………………………（420）
第二节　过渡时期的宪法 …………………………………………（422）
　　一　过渡时期的宪法的表现形式 ……………………………（423）
　　二　过渡时期的宪法的法律效力 ……………………………（426）
　　三　过渡时期的宪法的基本法律功能 ………………………（428）
　　四　《共同纲领》和1954年宪法曾经扮演了"过渡
　　　　时期的宪法"的角色 ………………………………………（430）
第三节　宪法与紧急状态 …………………………………………（431）
　　一　国家紧急权的概念及其特性 ……………………………（432）
　　二　对国家紧急权合法性和合理性的控制 …………………（434）
　　三　中国紧急权制度的特点以及法治化前景 ………………（439）
第四节　宪法适用机制 ……………………………………………（442）
　　一　宪法适用的性质 …………………………………………（442）
　　二　宪法适用的概念与类型 …………………………………（444）
　　三　宪法适用的效力 …………………………………………（452）
　　四　宪法适用的第三者效力 …………………………………（453）
第五节　宪法监督和保障机制 ……………………………………（457）
　　一　宪法监督概述 ……………………………………………（457）
　　二　宪法监督权 ………………………………………………（458）
　　三　宪法监督的基本类型 ……………………………………（459）
　　四　中国的宪法监督 …………………………………………（461）
　　五　自主监督、授权监督与委托监督 ………………………（463）
　　六　宪法保障机制 ……………………………………………（471）
第六节　宪法争议处理机制 ………………………………………（471）
　　一　宪法争议的性质 …………………………………………（472）
　　二　宪法争议的范围 …………………………………………（474）
第七节　违宪审查基准 ……………………………………………（480）
　　一　违宪审查基准概念的由来及其存在的学理价值 ………（480）
　　二　违宪审查基准的类型及在有关国家的适用情况 ………（482）
　　三　小结 ………………………………………………………（493）
　　本章小结 ………………………………………………………（495）

参考书目 …………………………………………………………（498）
　主要中文参考书目 ………………………………………………（498）
　主要外文参考文献 ………………………………………………（504）

第一章 宪法学的基本理论问题

内容提要

宪法学是法学学科中的一门重要的分支学科。但是，长期以来，由于法学学科基础理论的不发达，加上宪法在我国法制建设实践中还没有发挥其应有的作为根本法的规范作用和社会功能，所以，对宪法学究竟应当以什么内容作为研究对象，宪法学界的认识和看法不太一样。为了对宪法学的研究对象有一个准确的界定，同时也为了进一步健全和完善宪法学的理论研究体系，从理论上有必要对宪法学理论研究自身的问题进行比较系统的研究，因此，以宪法学作为自身研究对象的"宪法学学"既有存在的必要，又能够从科学研究的角度来全面、系统地推进宪法学的理论研究，研究"宪法学学"是宪法学学科建设的理论基础，必须对宪法学著作和教科书认真予以对待和加以重视。

在传统的宪法学教科书中，大都会在主文之前简单地介绍一些宪法学的研究对象、研究任务、研究方法等内容，以此来使读者以最简便的途径了解宪法学的学科特点和学科价值。但是，很少有宪法学的教科书或学术专著下大力气来研究宪法学本身的学科建设问题，往往是直接进入研究主题，这种研究风格和知识体系的安排方式实际上是有很大缺陷的。因为一门学科能否给读者和受众提供有用的知识，关键在于作者在自己的著作中要向读者表达什么以及主要的学术目的，所以，学术背景的铺垫对于读者和受众理解学术著作是非常重要的。这些辅助性知识实际上属于"宪法学学"的范畴，也就是说，以宪法学的学科建设问题为研究对象的科学学。国外近年来有些宪法学者开始关注"宪法学学"问题[①]，其中也包括了宪法学研究方法的变革。本书试图对宪法学学的一

---

① 参见［日］樋口阳一等编《争论宪法学》一书，［日］内野正幸著《宪法学学的意义与课题》，日本评论社1994年版，第379页。

些基本问题进行较为细致的探讨，以便于读者和受众更好地了解宪法学的学科特点，增强从宏观上有效地把握宪法学知识体系和研究方法的能力。这些宪法学学的问题涉及宪法学的性质，宪法学的研究对象、任务和方法，宪法学的概念体系及基本范畴，宪法学与其他学科的关系，宪法学的学科体系及框架，等等。

第一节 宪法学的性质

宪法学是以宪法问题作为研究对象的一门法律科学。由于不同的研究者所理解的宪法问题具有不同内涵，同时，不同的研究者也会运用不同的研究方法来研究宪法问题，所以，宪法学就具有不同的形式和内容体系。尽管如此，作为一门法学学科，宪法学还是具有某些最基本的特征，这些特征主要表现在以下方面。

一 宪法学是一门法学学科

宪法学是研究与宪法现象密切相关的宪法问题的法学学科。虽然宪法学在研究宪法问题的过程中会涉及政治、经济、文化和社会各个方面的问题，特别是会研究宪法规范所调整的社会关系的特征，但是，宪法学通常不专门研究宪法规范的调整对象自身的存在和发展规律，宪法学只研究宪法作为一种法律规范是如何来适应其所调整的社会关系的特点，确立适合于其所调整的社会关系的最佳行为规则。值得注意的是，在传统的宪法学研究中，宪法学在研究宪法规范所调整的社会关系的时候，并没有高度关注宪法规范的特征，而是将研究中心放在对宪法规范所调整的社会关系特征的考察上，实际上模糊了宪法学作为法学学科的基本任务，使宪法学失去了法学学科的基本特色。

本书将围绕着宪法问题来展开自身的逻辑体系，主要是从法学角度来考察宪法问题的特征，既包括对宪法理论问题的考察，也涵盖了对宪法实践问题的研究，兼顾了宪法现象的客观性以及与宪法现象密切相关的宪法问题的主观性，其重要特色在于突出宪法学作为法学学科的特点。

二 宪法学以宪法问题作为主要研究内容

以往的宪法学教科书或者是学术专著，一般将宪法现象作为宪法学研究的主要内容①。这种研究方法实际上只是强调了宪法学研究对象的客观性。实际上，作为法学学科，既需要研究客观实际中存在的宪法现象的特征和规律，同时，也要从价值层面来探讨与宪法现象有关的价值问题。宪法学的研究内容既具有客观性，也具有主观性。所以，科学的宪法学，实际上是以具有客观性和主观性的宪法问题作为自身的研究对象的。宪法问题一方面来源于宪法实践活动，另一方面，宪法问题也有自身的理论特性和逻辑特征。因此，以宪法问题作为宪法学的主要研究内容，既可以建立体系严密、内容科学的理论宪法学，也可以建立制度完备、形式丰富的实践宪法学。有学者提出，根据宪法现象的不同特征，可以将宪法学分为广义宪法学和狭义宪法学、实质宪法学和形式宪法学②。这种观点实际上是看到了以往传统宪法学对研究对象的特性把握不到位所存在的缺陷，但是，还是没有关注到宪法现象主观性的特征。事实上，现代意义上的宪法学的研究内容远远地超出了狭义上的宪法现象的范围，而是以宪法现象为核心，汇聚了大量的各种各样的纯理论问题。

三　宪法学区别于法理学和其他部门法学

宪法学是以宪法问题作为研究对象的，在法学学科中重点解决宪法问题。而法学领域的问题非常丰富，除了宪法问题之外，还有各种各样的法律问题以及与法律相关的问题。因此，就需要其他相应的法学学科来研究相关的法律问题。如刑法学研究犯罪和刑罚，民法学研究平等主体之间与人身权和财产权相关的法律关系等。宪法学不可能涵盖所有的法律问题，与各门不同的法学学科之间存在学科任务的分工。

首先，宪法学区别于法理学。法理学是以各种法律问题作为研究对象，其主要的任务是为了揭示法律现象存在和发展的一般特征和规律，同时，法理学还为研究法律问题提供一整套系统的法学研究手段和分析方法。宪法学只研究宪法问题，而且宪法学只研究人类社会产生宪法这一特殊的社会现象之后，宪法存在和发展的规律。宪法学一般不专门研究宪法现象产生之前的法律问题。有的学者认为宪法在西方社会有古典意义上的

---

① 参见童之伟《国家结构形式论》，武汉大学出版社1997年版，第85页。
② 参见韩大元、林来梵、郑贤君《宪法学专题研究》，中国人民大学出版社2004年版，第16页。

内涵，即宪法是"国家组织与构成的法"①，这种观点如果将古典的宪法概念放到法理学中去研究，可能更有利于发现现代宪法的本质特征。

其次，民法学、刑法学、诉讼法学、行政法学等部门法学是以研究具体的法律问题作为研究内容的，虽然这些具体的法律问题与宪法问题具有密切的法理联系，许多法律问题本身就是宪法问题，但是，相对于宪法学专门研究宪法问题来说，部门法学在涉及宪法问题的时候，主要是为了解决宪法与部门法之间的关系，特别是部门法作为一个法理概念，如何运用宪法原则来构建部门法的理论体系。

最后，宪法学不同于政治学、公法学等相近学科。虽然政治学、公法学等学科与宪法学所研究的对象存在紧密的联系，但彼此之间的研究内容是相互交叉的关系，而不是相互包含的关系，各自具有独立的学科意义。

所以，宪法学是法学学科中具有独立研究内容的学科，也是法学学科体系中不可缺少的一门学科。

四 宪法学在法学学科体系中具有核心地位

由于在现代法治社会中，宪法是国家的根本大法，是其他法律形式正当性的基础，因此，研究其他法律形式的特征和规律，不可能离开对宪法的考察，特别是必须以宪法作为认识其他法律形式特征和规律的必要条件。所以，宪法学关于宪法问题的研究成果对于法学领域其他学科的研究具有基础性的决定作用。没有宪法学的指导，其他法学学科不可能建立在科学的认识论基础之上。在忽视或者是不重视宪法学研究的社会中，不可能有法学研究的真正的繁荣。宪法学在法学学科体系中具有核心地位。

第二节 宪法学的研究对象、任务和方法

一 宪法学的研究对象

关于宪法学的研究对象，周叶中、韩大元主编的《宪法》一书对此问题做了比较系统的归纳。该书认为，关于宪法学的研究对象，除目前占主流的意见主张"宪法说"之外，在我国宪法学界，还经历了早期的"规范

---

① 参见韩大元、林来梵、郑贤君《宪法学专题研究》，中国人民大学出版社2004年版，第17页。

说"、"制度说"、"宪法理论和宪法规范说"和晚近的"宪法关系说"、"宪法现象说"、"宪法和宪法现象及其发展规律说"以及"宪法和宪治说"等①。

"宪法说"认为，宪法学研究对象是宪法这个特定的社会现象，即研究宪法的产生、发展和消亡的规律；研究宪法本身规定的内容、特点及其在社会中的作用；研究中外各种宪法制度和各种宪法学说以及它们的发展史，等等②。

"规范说"主张，确立宪法学的研究对象应该从宪法学的历史发展着手，把握各种纷繁复杂的宪法学学派中带有规律性的东西。宪法学的研究对象应该是调整公民权利与国家权力之间关系的法律规范。这里的法律规范既包括调整公民权利与国家权力之间关系的宪法法律规范，也包括与此有关的组织法法律规范及其他性质的法律规范③。

"制度说"认为，宪法学的研究对象是宪法制度及原则问题，具体来说，宪法学既要研究宪法的起源、发展和消亡的过程，宪法的本质、类型和特征，宪法的内容与形式，宪法规范的表现和特点及其在现实生活中所产生的影响，宪法同经济基础和其他社会上层建筑的相互作用，中外古今的宪法思想及其制度的比较与历史现状④，又要研究国家制度和社会制度的基本原则，包括国家的性质、基本政治制度、国家结构形式、经济制度、国家机构和公民的基本权利与义务等内容⑤。

"宪法理论和宪法规范说"认为，宪法学的研究对象包括两部分——宪法理论和宪法规范，因为宪法学没有一套关于宪法的自成体系的理论，就不可能成为一门独立的学科，同时宪法理论就是宪法规范的理论，不存在一种离开了宪法规范而独立存在的宪法理论⑥。

"宪法关系说"主张，如果法学所研究的对象是由法律所调整及规范的社会关系，那么，宪法学就应当主要地研究宪法的产生和发展的规律，宪法的本质、特征、形式和作用，宪法的制定和实施，宪法的解释、修改

---

① 参见周叶中、韩大元主编《宪法》，法律出版社2006年版，第1页。
② 参见李步云主编《中国法学——过去、现在和未来》，南京大学出版社1988年版，第70页。
③ 参见红雨《宪法学研究的对象和范围研讨会综述》，《法学研究》1991年第2期。
④ 参见蒋碧昆主编《中华人民共和国宪法简明教程》，山东人民出版社1985年版，第2页。
⑤ 参见肖蔚云、魏定仁等《宪法学概论》，北京大学出版社1982年版，第1页。
⑥ 参见红雨《宪法学研究的对象和范围研讨会综述》，《法学研究》1991年第2期。

和监督，以及各种宪法规范和思想现象等方面的宪法关系①。

"宪法现象说"认为，宪法学的研究对象虽与其他部门法一样都是研究法这一特定社会现象，但它主要研究宪法现象，即宪法的产生及其发展规律，宪法的概念、特征、作用，宪法解释和宪法实施②。

"宪法和宪法现象及其发展规律说"认为，宪法学是以宪法和宪法现象及其发展规律为研究对象的法律科学，具体包括以下三个方面内容：第一，宪法。宪法学应该研究宪法，但并不限于宪法典。除宪法典外，还包括国家机关的组织法、代表机关的选举法以及其他的宪法性法律等。第二，宪法现象。所谓宪法现象是指由宪法引起的各种社会关系和社会现象，包括与宪法有关的人的行为、心理和观念，通过宪法的规范作用所建立的机关和制度以及这些机关、制度等根据宪法规定予以运行的状况等。第三，宪法和宪法现象的发展规律。本来，发展规律应该是研究的目的。也就是说，通过对宪法和宪法现象的研究，探寻其产生和发展的规律性③。

"宪法和宪治说"主张，宪法学研究对象主要是通过对宪法规范和宪治实现过程的分析，把握宪法这一社会现象的本质及其产生和发展的规律性，而不仅仅是对宪法内容的介绍和对宪法条文的注释。宪法，亦即宪法规范，是宪法学研究的静态对象，也是宪法学研究展开之基础。宪治是宪法学的动态研究对象，这是宪法学的深化④。

笔者认为，我国宪法学界关于宪法学研究对象的探讨是很有价值的。在国外宪法学著作中，一般不探讨或者是很少抽象地探讨宪法学的研究对象问题，只是按照固有或者是习惯性的知识体系来安排宪法学的内容。我国宪法学界对宪法学研究对象的探讨，实质上是"宪法学学"意义上的，目的是解决宪法学研究内容的确定性问题。从现有的关于宪法学研究对象的各种定义方法来看，虽然各自都突出了宪法学所要研究的对象的重要特征，但是，很少有对宪法学研究对象的合理性作出自觉和系统的理论证明的，存在很强的主观构造性。

笔者在本书中提出以宪法问题作为宪法学的研究对象，是基于宪法学的学科性质的考虑，而且，相对于有关宪法学研究对象的其他观点来说，将宪法问题作为宪法学的研究对象，对宪法学的研究内容具有较强的概括

---

① 参见蒋碧昆主编《宪法学》，中国政法大学出版社1997年版，第1页。
② 参见朱福惠主编《宪法学新编》，法律出版社1998年版，第1页。
③ 参见周叶中主编《宪法》，高等教育出版社、北京大学出版社2000年版，第2页。
④ 参见董和平、韩大元、李树忠《宪法学》，法律出版社2000年版，第1—2页。

功能，对宪法学今后的发展方向也有着很好的适应性、开放性和启发作用。

首先，宪法问题是一个既有客观性又有主观性的概念，可以涵盖认识对象、认识主体、认识手段之间的各种关系，对宪法学研究对象的把握是宏观性和整体性的，符合认识论的一般特点，便于将宪法学的知识体系建立在本体论、认识论、价值论、制度论和行为论等逻辑严谨的哲学知识背景之上，有利于提高宪法学的学科地位。

其次，从宪法问题的角度来研究宪法学，既可以研究宪法的概念、宪法现象的表现特征，也可以研究建立在宪法概念之上的各种宪法命题、假设的合理性，还可以将宪法这一社会现象放在整个社会关系的框架中来探讨宪法与其他社会现象之间的关系，有利于宪法学与其他法学学科共同协作，对相同的社会现象和法律问题进行各自不同角度的独立研究。

再次，从宪法问题的角度来研究宪法学，可以比较好地解决宪法学在研究宪法作为一种法律规范与宪法所调整的社会关系两个不同研究对象时各自所具有的不同方法、任务和意义，进一步突出宪法学对宪法规范特征的关注，合理分配宪法学的学科研究重点。

最后，从宪法问题的角度来研究宪法学，可以增强宪法学知识的实用性和有效性，避免宪法学的理论过于抽象化和概念化，以解决理论和实践形态的宪法问题为任务，可以形成比较好的问题意识和解决问题的学术思路，构建简便易行的宪法学理论研究平台，进一步推动宪法学理论研究的深入发展。

二 宪法学的研究任务

宪法学的研究任务是与"为什么要研究宪法学"这一问题紧密联系在一起的，而且受到"宪法学研究目的"的限制。从法理上来看，宪法学的研究任务应当严格地与"宪法学研究目的"相对应，也就是说，从事宪法学研究的人想通过宪法学达到何种目的，那么，就应当基于这一目的来确立具体的实现目的的措施，安排研究任务。但是，"宪法学研究目的"是一个理论性很强的范畴，它可以根据研究者自身的需要、研究能力的强弱、所处的社会环境和文化氛围的不同，而产生巨大差异。以美国的宪法教科书为例，一般不在宪法教科书中探讨宪法的社会基础、价值基础等问题，而是放在政治哲学中来研究。在法、德等国的宪法学教科书中，对宪法与其他社会现象之间的关系就给予了更多的关注。日、韩等国的宪法学教科书比较重视宪法哲学的一些基本问题。总之，由于存在不同的文化传统和社会制度，所以，宪法学的研究目的在不同国家并不相同。由此，宪法学就很难千篇一律地设定一个统一的"宪法学研究目的"。但是，对于宪法学者来说，在构建宪法学体系时总是会受到一定目的的支配，并且会落实到一个个具体的研究任务中。如果说"宪法学研究目的"带有较大的不确定性的话，那么，"宪法学的研究任务"则是指导宪法学者完成宪法学著作的基本线索。从法理上来看，宪法学的研究任务主要分为两种类型：一种是理论性的研究任务，通过宪法学研究，寻找、发现宪法问题，揭示宪法问题的特征，提出解决宪法问题的方案；另一种是实践性的研究任务，基于宪法学的理论研究，为如何在实际生活中适用宪法、充分发挥宪法作为根本法的法律作用，提供可供具体部门予以操作的有针对性的对策和建议。[①]

作为理论性的研究任务，宪法学需要确立宪法学的基本概念和范畴，构建宪法学的基本理论体系，解释宪法现象产生、存在和发展的正当性、确定性、合理性和有效性，揭示宪法问题的特征，设定宪法学的基本命题，从而保证宪法学作为独立的法学学科的地位。

作为实践性的研究任务，宪法学需要为实际生活中所产生的各种宪法问题提出解决问题的方案，其基本的过程是运用宪法学所建立的关于宪法现象的"原理"或"真理性认识"，分析实际生活中出现的宪法问题的性质，基于"宪法原理"提出解决具体问题的对策和建议，即所谓"经世致用"。

宪法学的研究任务是"宪法学学"的一个重要范畴，如果缺少了明确的研究任务，宪法学的学科体系以及宪法学所关注的问题要点可能就会脱离实际，宪法学知识可能就会丧失其最基本的学术价值。所以，对于任何宪法学者来说，在撰写宪法学专著或者是宪法学教科书的过程中，都必须事先明确宪法学的最基本的研究任务，并以此作为检验宪法学著作是否具有科学性和有效性的重要标准。

[①] 习近平总书记在党的十九届二中全会第二次全体会议上指出："要建立宪法解释机制，加强宪法解释工作，积极回应涉及宪法有关问题的关切，努力实现宪法的稳定性和适应性的统一。"参见习近平《切实尊崇宪法，严格实施宪法》，习近平《论坚持全面依法治国》，中央文献出版社2020年版，第206页。

三 宪法学的研究方法

宪法学的研究方法与其他法学学科的研究方法一样，既有各个法学学科共同的研究方法，例如，历史研究方法、比较研究方法、实证研究方法、规范研究方法等，也有宪法学学科自身独特的研究方法。宪法学学科自身独特的研究方法是由于宪法学研究对象——宪法问题的复杂性决定的。

宪法问题既具有主观性，又具有客观性。宪法问题首先必须以客观存在的宪法现象为基础，所以，要从理论上分析和把握宪法现象的特征，就必须运用历史研究方法来探讨宪法现象在历史上是如何产生的，同时，又要运用实证研究方法来认识宪法现象在现阶段的存在状况、特征，还需要通过比较的方法来丰富宪法现象在实际生活中的多样性特征，总之，离开了对宪法现象进行客观性的分析和研究，就不可能发现宪法问题的根本特征。但是，在人们认识宪法现象的过程中，宪法现象在很大程度上是存在于人们头脑的主观价值判断之中，所以，对宪法问题的把握很显然会受到价值论的影响。事实上，与由具体的国家机关或个人制定的法律完全不同的是，宪法作为以人民主权原则为基础制定出来的根本法，其制定主体的存在方式、制定宪法的权力性质和权力行使方式等等都必须基于逻辑上的"假设""推理"才能成立，宪法学中的许多重要概念在实际生活中都缺少具体事物的直接对应，例如，主权、宪政、民主、法治、自由、人权、多数人、少数人等等，这些概念只能以价值形态为人们所把握，并不是客观存在的社会现象。所以，宪法学在研究宪法问题时，必须要依靠价值论的诸多手段。

总之，研究宪法学，需要借鉴多种研究方法。在传统的宪法学中，立足于对宪法文本进行释义来展开宪法学的概念体系和理论研究体系，很容易局限宪法学的研究视野，阻碍了宪法学知识的增长。要改变宪法学知识有效性不足的问题，必须要从丰富和完善宪法学的研究方法入手。

第三节 宪法学的概念体系及基本范畴

作为一门学科，要能够建立本学科合理的学科研究体系，必须要有一些基本概念以及在这些基本概念基础之上建立起来的基本范畴。从概念与范畴的基本关系来看，范畴往往是更加广泛意义上的概念，它是由概念与概念之间联系所产生的判断、推理、命题、结论等构成的。一个成熟的学科，应当在本学科的不同概念之间建立合理的逻辑联系，而由不同概念相互联系产生的范畴又是建立在严格的逻辑推理和理论论证基础之上。盲目地创设学科的新概念，将那些毫无联系的问题组合在一起进行研究，往往会导致学科体系的混乱，使得学科所提供的理论知识缺少有效性。宪法学作为一门独立的法学学科也应当建立在科学的概念体系和范畴基础之上。

一　宪法学的概念体系

我国传统意义上的宪法学与政治学的概念体系相互交叉的很多，宪法学的概念体系受到了政治学的深刻影响。尤其是早期的宪法学教科书以解释宪法的文本为主，所以，宪法学的概念大多来自政治学、经济学、科学社会主义、哲学、社会学等学科，缺少自身的独立性和特色。以1983年11月出版的吴家麟主编的高等学校法学试用教材《宪法学》为例，该宪法学教材涉及的主要概念包括：宪法、国家制度、国家阶级本质、国体、政体、选举制度、国家结构形式、经济制度、社会主义精神文明建设、公民的基本权利和义务、国家机构、代表机关、国家元首、最高行政机关、地方机关、审判机关和检察机关[①]。可以看到，上述概念真正与"宪法"沾边的很少，一部以研究宪法问题的宪法学教科书中，其基本概念与宪法有直接联系的只占很少部分，可见想要通过这样的概念体系来全面了解宪法的特征是很困难的。经过近20年的发展，我国目前出版的一些宪法学教科书，其中的概念与"宪法"之间的关联相对来说就比较紧密了。以2006年5月出版的由周叶中、韩大元主编的《宪法》一书，其所涉及的基本概念包括：宪法、宪政、宪法的基本原则、宪法的价值与功能、宪法规范、宪法关系、基本权利、平等权、政治权利、财产权、人身自由、受教育权、社会保障权、立法权、行政权、司法权、条约、政党制度、选举制度、人大监督制度、民族区域自治制度、村民自治、宪法解释、宪法修改、宪法监督、宪法诉讼、和谐社会，等等[②]。不难看出，上述宪法学教科书所建立的概念体系，绝大多数概念都与"宪法"有密切联系，基本上是围绕着宪法的不同特征来展开宪法学的概念体系的。

---

① 参见吴家麟主编《宪法学》，群众出版社1983年版。
② 参见周叶中、韩大元主编《宪法》，法律出版社2006年版。

宪法学的基本概念的选择以及对宪法学的基本概念体系的构建，是与宪法学的研究目的分不开的。早期的宪法学著作，对于宪法现象和宪法问题自身的特征关注得比较少，而对宪法所调整的社会关系的特征关注得较多，因此，就导致了宪法学的概念与研究宪法所调整的对象的相关学科的概念雷同或者相似，特别是宪法学与政治学的概念体系交叉重叠，宪法学的概念体系失去了自己应有的特色。这一点，美浓部达吉先生在其所著的《宪法学原理》一书中就已经注意到了。美浓部达吉在《宪法学原理》中指出："宪法学的研究方法，必须为法学的。"[1]"宪法学之主要的任务，在于寻求什么是现实的宪法。"[2]"宪法学与一切的法学相同，以说明法为任务之一。"[3]"宪法学的研究方法，常常应该是法学的，这是不容争辩的事情。"[4]

本书立足于将宪法学的概念体系建立在宪法问题基础之上，因此，对基本概念的选择本着每一个概念都必须能够体现宪法现象的某一方面的特征或者是某一个特殊的宪法问题。对与作为宪法调整的对象相关的概念没有简单地纳入宪法学的研究体系，而是从宪法问题的角度出发，将其转化成与宪法密切相关的概念，所以，相对于传统的宪法学概念体系来说，对于基本概念的确认有着自身独到的特点。这些概念的确立，可以便于读者或受众能够比较集中地了解宪法学研究对象的特征，各个基本概念都紧扣着"宪法"这个主题，所以，许多概念带有一定的创新性，但这种创新并不等于"杜撰"，而是每个概念都在价值形态上与实际生活有着一定的对应物，可以在概念与概念所描述的对象之间建立比较好的逻辑联系。本书对宪法学的概念体系的描述是按照发生学的方法进行的，也就是说，主要从是什么、为什么、怎么办这样的逻辑次序来安排相关的宪法学概念，因此，概念与概念之间的逻辑顺序性较强。具体地说，本书涉及的基本概念有：宪法渊源、宪法的实质渊源、宪法的形式渊源、宪法原则、宪法政策、宪法规范、宪法的调整对象、宪法关系、宪法制度、基本国家制度、

---

[1] 参见［日］美浓部达吉《宪法学原理》，欧宗祐、何作霖译，汤唯点校，中国政法大学出版社2003年版，第426页。

[2] 参见［日］美浓部达吉《宪法学原理》，欧宗祐、何作霖译，汤唯点校，中国政法大学出版社2003年版，第432页。

[3] 参见［日］美浓部达吉《宪法学原理》，欧宗祐、何作霖译，汤唯点校，中国政法大学出版社2003年版，第428页。

[4] 参见［日］美浓部达吉《宪法学原理》，欧宗祐、何作霖译，汤唯点校，中国政法大学出版社2003年版，第426页。

宪法权利制度、宪法义务制度、宪法职权制度、宪法职责制度、宪法禁律制度、宪法责任制度、宪法程序制度、宪法运行机制、宪法创制机制、宪法制定、宪法修改、宪法解释、宪法惯例、过渡时期的宪法、紧急状态、宪法适用机制、宪法监督和保障机制、宪法争议处理机制、违宪审查机制、违宪审查基准，等等。上述各个概念都包含了特定的内涵和外延，是本书的核心支柱。

二 宪法学的基本范畴

宪法学的基本范畴是与宪法学的基本概念密切联系在一起的，但也具有自身的独立性。由于宪法学的研究对象宪法问题本身并不完全与宪法现象一一相对应，所以，宪法学所研究的宪法问题就具有很强的主观性和开放性。凡是与宪法现象相关的问题都有可能成为宪法学的研究对象。

在宪法学发展的早期阶段，宪法学的基本范畴由于宪法学本身与政治学等学科没有进行很好的学科分工，因此，宪法学研究的问题领域很广，许多与宪法学没有太多直接学术联系的概念和问题也成为宪法学的研究内容，宪法学的范畴显得比较庞大。例如在法国宪法学者莱昂·狄骥的《宪法学教程》中，狄骥就探讨了很多问题。在该著作的前言中，作者讨论了客观法和主观权利、"法"的基础、个人权利学说、社会法学说、国家的一般概念、神权政治学说、民主政治学说、国家的法律框架、公法，等等。这些问题在今天看来，有许多属于"法理学"的研究内容①。当然，也有宪法学著作所包含的基本范畴与宪法问题结合得比较紧密的，例如卡尔·施密特的《宪法学说》②，该书探讨的问题主要集中在四个方面，包括宪法的概念、近代宪法的法治国要素、近代宪法的政治要素以及联邦宪法学。由于该书讨论的问题都与"宪法"密切相关，所以，该书涉及的基本概念也基本上与"宪法"的某一方面的特征关联在一起，例如，在"宪法的概念"中，作者讨论了绝对的宪法概念、相对的宪法概念、实定的宪法概念、宪法的理想概念、根本法的含义、宪法的起源、作为协议的宪法、制宪权、一部宪法的正当性、从宪法概念派生出来的诸概念，等等。应当说，卡尔·施密特的《宪法学说》是一部在非常严谨意义上来探讨宪法学的理论著作，其《宪法学说》凸显了宪法学所应当关注的问题核心，避免了宪法学与其他相关学科在基本

---

① 参见［法］莱昂·狄骥《宪法学教程》，王文利译，郑戈校，辽海出版社、春风文艺出版社1999年版。

② 参见［德］卡尔·施密特《宪法学说》，刘锋译，上海人民出版社2005年版。

概念和基本范畴上的过度交叉，是宪法学领域最为经典的著作。

宪法学究竟应当接纳哪些范畴，探讨哪些问题，这是迄今为止中外宪法学界没有完全达成学术共识的问题。从国际宪法学界近年来的理论研究动态来看，宪法学将越来越多的社会问题纳入了宪法学的研究视野。以国际宪法学协会组织的第一至第十一届世界宪法大会的学术研讨主题为例，可以发现研讨的主题具有越来越广的特性。

第一届世界宪法大会1983年在前南斯拉夫贝尔格莱德举行。会议分组讨论了5个问题：现代宪法的概念、制宪权问题、宪法的解释、宪法的适用以及法律的合宪性问题。

第二届世界宪法大会1987年在法国巴黎和埃克斯举行。大会主要讨论了人权的概念与任务、第三代人权、人权的宪法保障、宪法与国际法的关系、宪法与财产权以及行政权的加强等问题。

第三届世界宪法大会1991年在波兰华沙举行。此次大会的主题是"第三个一千年之前宪法的发展"。大会就下列四个专题进行了深入讨论：纪念波兰1791年宪法和法国1791年宪法及其意义；东欧和中欧宪法体制的发展；第三世界国家民主的产生；西方国家加强宪法的实施。会议小组讨论会还就宪法与交流、宪法与科技进步、宪法面临经济与社会发展的挑战、宪法与立法要求、宪法与地方自治的要求等问题进行了充分的研讨。

第四届世界宪法大会于1995年9月25—28日在日本东京举行。此次大会的主题是"宪政五十年——现实与前景"，大会围绕着以下八个方面的问题进行了充分的探讨。这些问题包括：宪政的发展与危机；宪法解释与解释者；国家内部的宪法与和平；少数人、人权和福利国家；制宪权与新国家的诞生；议会的功能和发展；联邦主义、地区主义和分权的演变；政党与宪法制度。

第五届世界宪法大会于1999年7月12—16日在荷兰鹿特丹市爱拉摩斯大学举行。此次世界宪法大会的主题是"宪政、普遍主义与民主"。大会组委会围绕着此次大会的主题选择了十几个重要问题供与会者讨论，其中大会讨论的主题涉及宪法审判的合法性与民主、基本人权的普遍性和文化多元主义以及面向变化中的民族国家的宪政。小组讨论的主题包括宪法模式、概念和实践的选择，民主代表制的宪法框架，少数人的宪法权利、包括地方主义，宪法权利和正在衰弱中的国家，无国籍人的宪法权利，宪法、民主和腐败，宗教和国家，个人与集体平等权，包括肯定性行动，法治和法治国家，宪法和生命伦理学以及宪法教育，等等。

第六届世界宪法大会于 2004 年 1 月 11—17 日在智利首都圣地亚哥举行。此次世界宪法大会的主题是"宪政：老概念、新世界"。大会组委会围绕着此次大会的主题选择了十几个重要问题供与会者讨论，其中大会分主题涉及权利、国家、少数人以及土著民族，对民族国家宪法产生的来自外部的影响，表达自由、隐私权与因特网，人权与私法，自决权，社会和经济权利，宪法、地方民主与代议制，公民的跨国权利，宪法制定的国际限制，宪法、法治与移民，宪法审查的模式比较，不成文宪法的规则与原则。大会还就国家的性质，变化中的宪法模式，宪法的制定、修改与民主以及实践中的宪法的比较等主题进行了大会主题发言以及大会讨论。

第七届世界宪法大会于 2007 年 6 月 11—15 日在希腊首都雅典举行。此次世界宪法大会的主题是"重新审视宪法的边界"。大会组委会围绕着此次大会的四个主题和十六个分主题展开了热烈的讨论，其中大会的四个主题为"在冲突与稳定之间的宪法""面对宪政遭受的威胁的哲学""宗教、国家和社会"以及"宪法的国际化"等。大会的十六个分主题涉及"宪法制定中公众参与""宪法与紧急状态""选举制度：在合法性与政治不稳定之间达成平衡""欧洲宪法与当代宪政""政治敏感问题的司法审查""宪法机制在解决一个国家内部的冲突中作用是什么""宪法理论和原则的最新发展""宪法和全球恐怖主义""对修改宪法权力的限制""基于私有化的宪法保障""联邦宪法国家中的州宪法""世俗主义与宪政""社会权利的正当性""性别平等、宗教自由和文化""违宪审查中的平衡和比例原则"以及"宪法、腐败和善政"等。此外，在第七届世界宪法大会上，由代表自发提出的讨论主题还包括：国家资源的民主控制，州宪法，教授宪法，社会权利，宪法法院，对恐怖主义的宪法回应，人权，调解，宪法司法权的比较研究，欧洲宪法，文本中的宪法，法律的输出和输入，宪法的法哲学构造，教育与宪法等。

第八届世界宪法大会于 2010 年 12 月 6—10 日在墨西哥城举行。大会的主题是"宪法和原则"。会议分四个主题单元、十八个分主题单元。四个主题单元的题目分别是：宪法原则的哲学视角、宪法与原则的形成与使用、普遍或具体的原则以及宪法原则与法官。十八个分主题单元的题目分别是：选举制度与宪法原则、传媒与宪法原则、比例原则、规划社区与原则、次国家宪法、恐怖主义、旧集权宪法与新的民主制度、联邦主义是一个宪法原则吗、宪法原则与转型、多元文化与土著人权利、宗教与国家、外国法：法哲学根基、拉丁美洲宪法的新趋势、人权的不可分割性、国际法对宪法原则的作用、被审查的权力与分立原则、比较宪法如何比较、区域融合中的宪法含义等。

由国际宪法学协会举办的第九届世界宪法大会于 2014 年 6 月 16—20 日在挪威奥斯陆举行。此次大会的主题是"宪法挑战：全球与地方"。大会分四个主要议题和十七个分主题。四个主要议题是：对宪法和谐的质疑：从启蒙宪法到一个法律上多元的世界；根植于社会的宪法（来自基层的挑战）；宗教与宪法；法官视野：宪法审判中的比例原则。十七个分主题包括：对恐怖主义的宪法回应；联邦和准联邦国家中的次级宪法；自由贸易和政治经济的宪法研究；社会权利保障与经济危机；宪法对话；移民对宪法的挑战；性与生育权；自由、尊严与平等；互联网与宪法；宪法同一性与民族国家之外的宪政；宪法与非自由的民主；宪法判断的新春天；宪法与财政危机；政党与选举的宪法维度；媒体自由的新挑战；分权原则的转型；直接民主；联邦主义、共同体同一性与分配正义等。

第十届世界宪法大会于 2018 年 6 月 18—22 日在韩国首尔举行。大会的主题是"暴力冲突、和平建设与宪法"。大会分四个主要议题和十八个分议题。四个主要议题包括：现代宪法中的战争与和平，宪法如何应对新型的暴力冲突，移民进程中的宪法挑战，宪法审判在维护和平中的作用。十九个分议题涉及关于构建世界宪法的争论，紧急状态时期对宪法的滥用，紧急状态，对军事行动的议会控制，对恐怖主义的宪法回应，暴力冲突期间的司法审查，紧急状态时期的宪法权利保护，冲突暴力和专制时期受到压制的言论自由，金融危机和宪法回应，暴力冲突地区的儿童，冲突地域和时期的妇女与暴力，危机时期跨国家的协同和正义，人的尊严和免受追诉的庇护权，非自由的民主，良心拒绝、宗教和宪法，经济危机和难民危机："社会国家"面临的挑战，新兴民主及对司法机制的挑战，暴力冲突、和平维护和宪法法等。

第十一届世界宪法大会将于 2022 年 12 月 5—9 日在南非约翰内斯堡大学举行。此次大会的主题是"宪法变革"。大会将设四个主要会议主题，包括：贫穷、歧视与各国宪法，环境、气候主义与自然权利，危机中的宪法治理，私权时代的宪政和第四次工业革命。大会拟定的分议题有三十三个，主要包括：在宪法变革中社会经济权利的作用，过渡正义和宪法变迁，克服因种族、性别、残疾、性少数群体产生的歧视宪法的作用，将宪法责任延伸到非国家主体，利用宪法来阐述气候变化：挑战和机会，比较宪法方法，民主衰退：原因和救济，宪政、新冠肺炎疫情和恢复，第四权力机构（议会督察专员、选举委员会、人权委员会）：设计和实践，宪法修正案和宪法变革：理论和实践，分权的重新定义，多层次的宪政（联邦主义、联合政体、地区政府结构）：挑战和机遇，一般意义上的动物法和特殊意义上的基本动物权，在民主关注和宪法审判中的选举法，直接民主、自我承认和宪法变革，宪法变革和其他：边缘化、排斥和隐形的再造和常规化，次国家宪法和宪政：评估和前行，非自由民主下的假宪政，宪法审判中对外国判例的采用：最近的发展，宪法中的比例原则：对传统司法建构的暴力挑战，原则、基本权和平衡：宪法法院的法律创造，伊斯兰宪政和人权："阿拉伯之春"后的动力学，南半球中通过采用参与性途径提升少数人的代表性，联邦主义的新世界，宪法变革和城市，宪法对未来内在的责任：教案基础和政治实践，宪法学识和宪法变革：主体及影响，对未来人类和非人类后代的宪法环境保护，非洲的宪政、法治和弱点，数字宪政时代的法治原则，非洲的宪法革新和民主进步、适应力及回归，在飞速变化世界中的言论自由趋势，在新的公共主权面前的私人互联网当局的宪法地位等。

可以看到，目前国际宪法学界所讨论的大部分宪法学问题，在我国国内宪法学界以及学者们出版的宪法学著作中还没有得到应有的关注。不过，也有一些学者开始在宪法学中引入一些新的问题加以研究。例如周叶中、韩大元主编的《宪法》一书，就对宪法与立法权、宪法与行政权、宪法与司法权、宪法与条约、宪法与和谐社会等问题进行了专门探讨。很显然，这些问题在以往的宪法学教科书中很少涉及，特别是像"宪法与和谐社会"这样的问题，即便是在国际宪法学界也还没有给予太多的关注，这说明我国宪法学界在发展我国宪法学理论的过程中，比较重视对宪法学基本范畴的开拓和运用。

本书在宪法学的基本范畴上也有一些新的尝试。例如，本书在第三章所探讨的"宪法的调整对象及宪法关系"中，着重探讨了个人与国家之间的关系、宪法调整的对象、宪法关系的构成和基本法律特征、宪法关系的类型以及宪法关系与一般法律关系的区别；在第四章所探讨的"宪法制度"中，涉及了宪法权利制度、宪法义务制度、宪法职权制度、宪法职责制度、宪法禁律制度、宪法责任制度和宪法程序制度等；在第五章所探讨的"宪法运行机制"中，内容涉及了宪法创制、过渡时期的宪法、宪法与紧急状态、宪法适用、宪法争议、违宪审查基准等。上述这些问题对于深化宪法学的研究范围，进一步揭示宪法学研究对象的内涵以及健全和完善宪法学理论研究体系都具有一定的创新意义和启发作用。

第四节　宪法学与其他学科的关系

宪法学与其他学科，特别是与其他法学学科的关系是长期以来被宪法学界乃至整个法学界所忽视的基础理论问题。由于这个问题没有得到充分的讨论，因此，导致了宪法学与其他法学学科在研究方法、内容体系上各自为政，不仅降低了人们对宪法学学科重要性的认识，也由于宪法学对实际生活的指导作用滞后，导致了宪法学成为法学学科中的"二流学科"或"非主流学科"。学习法学的学生往往只注重对民法学、刑法学、诉讼法学和法理学等法学学科的学习，而不重视对宪法学知识的学习和掌握，其结果就是法学教育只是简单地教给受教育者一堆相互之间缺少有机联系的法学知识，而对整个法学学科理论体系和基本原理的把握却远远没有能够达到教育者所期望的目标。为此，必须对与宪法学密切相关的法学学科进行学科知识体系之间的整体研究，进一步明确宪法学研究的特色，区分宪法学与其他法学学科之间的学科功能。

一　宪法学与法理学的关系

毋庸置疑，法理学的研究方法作为法学学科的基础方法，是宪法学理论研究必须加以关注的。问题的关键是，法理学的研究方法和研究范畴到底在多大程度上能够被宪法学理论研究所借鉴，这些问题长期以来并没有在法理学界和宪法学界得到严肃的学术探讨。一个突出的问题就是，我国传统法理学对法学的一些基本范畴的研究基本上是不连贯的，没有形成一套具有内在逻辑联系的法学范畴体系。但由于法理学在一些重要的法学范畴已经展开了比较深入的探讨，因此，对于宪法学理论研究而言，又无法回避法理学在自身发展过程中所积累的一些理论成果[①]。

[①] 近年来，我国的法理学研究范畴已经得到了广泛的开拓。以李步云先生主编的《法理学》为例，其体例共28章，涉及法学与法理学、法的概念、法的价值、法的作用、法的分类、法的发展、权利与义务、法律关系、法的渊源、法律规范、法的体系、法律效力、法的责任、法律意识、法制与法治、法与经济、法与政治、法与文化、法与人权、法与道德、法的制定、法律解释、法的执行与遵守、法的适用、法实施的保障、中国法理学的历史发展、西方法理学的发展、法理学发展的一般规律等。但其中也有一些重大的法理问题被遗漏，如权利与权力的关系、原则与规范的关系、民主与法治的关系、法治与人权的关系、法治与自由的关系等都没有得到有效的安排，而在宪法学的理论研究中，恰恰是这些复杂的价值关系左右了宪法学理论研究的方向，单个的价值概念并不占据学术研究的核心地位。参见李步云主编《法理学》，经济科学出版社2000年版。

以法理学界对"法的本位"的探讨为例，这个问题在20世纪80年代末90年代初成为法理学界关注的焦点之一。它是1988年6月在吉林长春市召开的"关于法学基本范畴"研讨会上最早被提起的。当时，吉林大学法学院张光博、张文显两位教授领头提出了"权利义务是法的核心"，倡导"以权利义务为法的基本范畴，重构法学理论"，会上就提出了"法要以权利为本位"的观点。随后，在上海《法学》和《政治与法律》以及其他一些法学期刊上陆续对此问题展开了讨论，发表了一些不同观点的文章。1989年张光博、张文显两位教授联合发表了《以权利和义务为基本范畴重构法学理论》①一文，文中指出"在商品经济和民主政治发达的现代社会，法是以权利为本位的"，认为我国改革开放后的法制结构，也是"以权利为本位的新结构"取代过去以义务为本位和以刑为主的旧结构。其后，张光博教授在《论法制模式的转换——建立民主—商品经济的法制模式》一文中指出："概言之，法律规范结构体系的调整，要遵循以易官权（权力）为本位为以民权（权利）为本位，以易义务为本位为以权利为本位的精神。"②

主张"权利是法的本位"的学术观点在20世纪90年代初曾遭到了某些非学术因素的干扰，有的学者撰文将"权利是法的本位"的学术观点与主张资产阶级自由化的思想联系在一起，严重地影响了法理学界对此问题进行继续深入的研究。1990年第4期《中国法学》在"法学争鸣"一栏发表了张文显的论文《"权利本位"之语义和意义分析——兼论社会主义法是新型的权利本位法》。该文从语义和意义上论述了"权利本位"概念的内涵，同时对批评"权利本位"的这种观点也做了反驳。其后，法理学界又恢复了对这个问题的学术层面上的探讨，出现了从学术观点上不同意"权利本位说"的观点和主张。如张恒山在《论法以义务为重心》一文中，提出了与"权利本位论"不同的"义务本位论"；陈云生则在《权利相对论》一书中，主张权利和义务在本质上都有其存在的社会价值，它们之间并不存在互不相容的价值。未来社会的权利和义务观，将是一种权利和义务并重或者说是权利义务相对论的价值观。它是一种两优相兼、两害相逐的新价值观，是一种理想价值观，是人类最终能使自身走出权利和义

---

① 张文显：《以权利和义务为基本范畴重构法学理论》，《求是》1989年第10期。
② 张光博：《论法制模式的转换——建立民主—商品经济的法制模式》，《法学》1989年第4期。

务价值认定、评价和选择悖论的怪圈,实现至善的社会理想的全新的价值观①。

从法理学界关于"法的本位"问题所做的学术探讨过程来看,可以发现以下两个方面的可喜现象:一是法理学界开始注重从哲学层面来探讨与我国社会主义法治建设密切相关的理论问题,法理学的理论研究开始走向规范化发展的阶段;二是尽管在"权利本位说"问题的探讨上出现了非学术性的干扰,但总的来说,将"权利本位说"限定在学术争鸣的范围,体现了我国法理学研究的理性化倾向,同时也反映了20世纪90年代以来我国法学理论研究的外部制度环境的宽松。目前,关于"法的本位"问题,法理学界的专家们仍然在不断地发表自己的不同观点,可以预见,随着这个学术问题的争鸣不断引向深入,我国的法理学的基础理论研究水平将会进一步大大提高。

但是,将法理学界关于"法的本位"的探讨方法沿用到宪法学研究领域,就不难发现这种理论探讨在方法论意义上的局限性。在宪法学理论研究中,权利义务问题主要是合宪性、合法性范畴下的价值属性,而合宪性、合法性本身的正当性必须来自民主价值、人权价值和自由价值,依据宪法所确立的权利义务制度不可能是其他宪法价值的核心或者说是出发点。宪法制度下的权利义务制度首先应当服从法治价值,也就是说,权利义务制度的价值不可能超越人治与法治价值的区分。在人治理念支配下的法律制度,尽管权利义务制度规定得很完善,也不可能造就真正的法治精神;而只有在法治理念的支配下,以宪法为基础的法律制度所确立的权利义务制度才能具有最低限度的合法性和合理性。所以,"法治高于权利",在宪法学的理论研究体系下,应当是一个最基本的价值命题②。由此可见,脱离具体的法律制度来探讨"法的本位"不可能辩证地来分析法现象的基本特征。在关于"法的本位"问题的探讨上,传统法理学的研究方法和研究结论对宪法学理论研究来说并不具有实质性的借鉴意义。

从本质上来说,宪法学应当属于现代法理学的范畴,换句话说,现代法理学与宪法学是基本范畴相通的法律科学。因为宪法学要能够准确地解

---

① 参见郭道晖、陶威《"权利本位"的曲折经历》一文,载郭道晖、李步云、郝铁川主编《中国当代法学争鸣实录》,湖南人民出版社1998年版,第369—374页。
② 在英美宪法传统下,权利与法治有时是混同的,也就是说,法治概念中的"法"与权利同义。不过,这只是自然权利和自然法思想的一种表现形式,而不能解决宪法学自身的逻辑合理性问题。

释各种宪法现象，对法现象产生、发展的一般规律必须加以深入的研究，所以，宪法学的研究任务已经涵盖了法理学的研究范围。传统法理学所要解决的基本问题对于宪法学来说都是必须回答的，而宪法学所拓展的特殊的法理问题却是传统法理学无法囊括的。对于现代法理学而言，它首先应当解决的是各个部门法学的法理的科学性问题，而宪法学的法理则必须能够有效地整合各个部门法学的法理，否则，宪法学就无法有效地界定宪法区别于其他法形式的价值特征。由此可见，不能很好地解释宪法现象的法理是不科学的，至少可以说不是一种严格的法治意义上的法理。虽然我国法理学界在一些基本命题和基本概念上产生了许多值得研究的问题，但是，对于整个法学学科的基础性理论指导地位来说，法理学仍然处于边缘化的状态，其中最重要的表现形式就是法理的"要素化"，提出了许多相互缺少内在联系的概念和范畴，不能为其他法学学科借用来解决本学科需要解决的特殊的法理问题。所以，打通法理学与宪法学的研究界限，用宪法学的研究方法和研究范围来吸收传统的法理学是21世纪初我国宪法学界和法理学界面临的巨大任务，也是理论法学与实用法学紧密结合的必要要求①。

二 宪法学与政治学的学科分工

我国传统的宪法学在研究方法上具有两个明显的特征：一是宪法学的学科体系基本上是按照宪法典的内容结构来安排的，宪法学的主要内容是围绕着宪法典所规定的内容展开的，因此，宪法学在某种程度上具有"宪法典解释学"的味道；二是宪法学中的主体内容主要是关于国家政治制度的，缺少"法的特征"，特别是缺少对"宪法问题"、"宪法争议"以及对处理"宪法问题"和"宪法争议"法律机制的关注。宪法学与政治学的学科体系重叠部分较为明显。

以吴家麟先生主编的高等学校法学试用教材《宪法学》②为例，该教

---

① 由于在我国法理学界缺少批判精神，导致了法理学在介绍和移植西方法理学的过程中一度具有强势的话语权，如罗尔斯、德沃金、波斯纳、科斯等人的学术观念直接作为学术证据被用来作为法理学界批评的工具，甚至连自身都没有任何逻辑体系的"后现代法学"也被抬到了前所未有的学术高度。但是，近两年来，随着西方法理学新的学术资源的匮乏，导致了介绍和移植浪潮的降温。法理学可以说很快就要进入真正的学术严冬。要摆脱这种困境，必须要重新认识法理学在法学学科中的地位，要真正地有所创造，而不是简单地移植或者是孤立地发展一些与其他法学学科相脱节的概念。

② 吴家麟主编：《宪法学》，群众出版社1983年版。

材曾在20世纪80年代和90年代初作为我国高等院校中宪法学的主要教材。该教材是在我国现行宪法（1982年宪法）颁布后出版的，其体系基本上反映了我国现行宪法的内容安排。包括绪论、国家制度、经济制度、公民的基本权利和义务、国家机构5章，对于宪法自身作为一种根本法的法律问题基本上没有涉及，至于宪法争议如何处理更是没有进入该教材的研究视野，因此，可以说，该教材内容的基本特点是现行宪法的内容加上科学社会主义原理的政治学，而不是严格意义上的以解决宪法问题和宪法争议为核心的宪法学。许崇德先生于20世纪80年代末主编的高等学校文科教材《中国宪法》[①]在突破宪法典的解释模式上做出了不少努力。该教材共分11章，包括《中国宪法》导言、宪法的基本理论、宪法的历史发展、国家性质、国家形式、中央国家机关、地方制度、审判制度和检察制度、选举制度、政党制度以及公民的基本权利和义务等。很显然，该教材已经注重从宪法所确立的基本制度入手来安排自身的逻辑体系，而不是拘泥于现行宪法典的内容体系。不过，该教材仍然没有摆脱"政治学"的影响，其基本内容与中国政治制度的内容相近或相同。该教材仍然没有完成宪法学与政治学的学科功能划分问题。

近年来出版的一些宪法学著作开始注重对宪法自身问题的研究，宪法学的学科体系和研究方法逐渐从传统的"泛政治学"中摆脱出来，具有了自身独立的价值判断体系。以周叶中主编的《宪法》（面向21世纪课程教材）[②]为例，该教材比较突出地强调了对宪法问题的研究。该教材共3编25章，其中第1编是"宪法基本理论"，涉及宪法的概念、宪法的历史发展、宪法的制定、宪法的基本原则、宪法形式与宪法结构、宪法规范、宪法关系、宪法的价值与作用、宪法观念与宪法文化；第2编是"宪法基本制度"，包括国家性质、国家形式、公民的基本权利和义务、选举制度、国家机构、政党制度；第3编是"宪法实施"，包括宪法实施的条件、宪法实施过程、宪法解释、宪法修改、宪法实施评价与违宪审查、宪法秩序等。很显然，该教材的最大特点就是在安排宪法学自身体系时始终注意以"宪法"为线索，紧紧地扣住了宪法这个研究对象。但是，也应当看到，尽管该教材扩大了对宪法基本理论以及宪法实施的研究，但作为主体部分的"宪法基本制度"仍然没有摆脱传统的政治学研究方法的束缚，具有

---

① 许崇德主编：《中国宪法》，中国人民大学出版社1989年版。
② 周叶中主编：《宪法》，高等教育出版社、北京大学出版社2000年版。

"缩小主义"的色彩。例如，在公民的基本权利和义务问题上，并没有从法律权利的一般特征出发来区分宪法权利与普通法律权利，而是基于宪法规定的公民基本权利与义务来进行"政治性阐述"，所以，该教材在研究方法上仍然存在巨大的可以不断发展的空间。

值得注意的是，由徐秀义、韩大元先生主编的《现代宪法学基本原理》[①] 一书一改以往宪法学理论研究的范式，采取了独特的研究方法，其中最重要的特色就是对宪法的一些最基本的范畴做了多角度的探讨和研究，深化了宪法学的学科体系。该著作分为上、下两编，上编是"宪法学基础概念"，包括宪法概念、宪法制定权、立宪主义、宪法结构、宪法渊源、宪法关系、宪法规范、宪法原则、宪法价值、宪法作用、宪法文化、宪法解释、宪法修改、宪法惯例、宪法的司法适用性、宪法判例等；下编是"学科共同体中的宪法学"，包括宪法学的历史与未来、宪法学的方法、宪法学与民法学、宪法学与刑法学、宪法学与行政法学、宪法学与国际法学、宪法学与军事法学、宪法学与刑事诉讼法学、宪法学与劳动法学、宪法学与哲学、宪法学与政治学等。该著作不仅着重探讨了宪法的理论问题，而且还研究了宪法学自身的理论问题，已经开始注重划分"宪法学"与"宪法学学"之间的界限，认识到了发展"宪法学学"对于发展"宪法学"的重要意义。

当然，要使宪法学真正摆脱政治学的影响，必须要以宪法问题为核心。此外，宪法学的学科层次也必须清晰，目前我国的宪法学基本上是介于第一代宪法学与第二代宪法学之间，对近代宪法的基本原理关注得比较多，对现代宪法学的知识体系也开始加以介绍，但是，对于反映当代世界各国宪法学发展趋势的第三代宪法学的学科内容和研究方法涉及得很少。所以，我国宪法学理论研究的发展，必须要从解决宪法问题的角度出发，才能真正地在概念和范畴上摆脱传统宪法学受政治学束缚的不良影响，真正地具有宪法学自身的理论特色。

三 宪法学与民法学的功能划分

宪法学与民法学的学科功能划分长期以来并没有得到严格和规范意义上的讨论。围绕着宪法学与民法学学科功能区分存在许多似是而非、容易望文生义的问题，如宪法与民法的关系、公法与私法的关系、公权与私权

---

① 徐秀义、韩大元主编：《现代宪法学基本原理》，中国人民公安大学出版社2001年版。

的关系、宪法是否是公法等。区分这些概念所使用的方法也会直接影响到对宪法学与民法学功能的认识。民法学者徐国栋认为，民法是与宪法相并列存在的，高于其他部门法，乃为根本法之一①。这种论断是将民法与宪法等同视之，基于此，民法学与宪法学也就是平等的法律科学了。

不过，如果对徐国栋提出的"民法宪法同位论"②做一些简单的逻辑分析，就会很容易发现其中包含着深层次的命题矛盾和强迫逻辑问题。其实，民法与宪法概念内涵不可能等位。两者不可能进行位阶之间的比较。在现代法治社会中，法律规范的存在形式主要有两种，一种是以法律规范的正当性来源将法律规范的效力划分为不同的层级，如通过特殊程序制定的宪法、议会制定的法律和行政机关制定的政府规章等。在这种法律规范体系中，上位法的效力绝对高于下位法，上位法与下位法界定的标准是按照制定法律规范的主体的权威大小确定的。在上位法与下位法的关系中，法律规范与法律规范之间的关系实际上是法律规范制定主体之间的关系。宪法在法律规范的位阶体系中居于最高的位置，它的最高性是由其人民性决定的。也就是说，宪法是人民制定的法律，它理所当然是人民的代表机构或代议机构所制定的法律的基础和依据。在法律位阶关系上不可能出现宪法与民法之间的比较关系。民法的概念不是从法律位阶的角度来阐述的。另一种是以法律规范所调整的社会关系性质将法律规范的内容划分为不同层级，如政治法律规范、经济法律规范、文化法律规范和社会法律规范等。在这种法律规范体系中，不存在上位法与下位法之间的效力差异问题，只存在界定法律规范所调整的社会关系的性质的标准是什么。宪法规范与普通法律规范在规范对象上的划分不是通过彼此相斥的内涵来界定的，而是由各自的重要性程度加以区分的。从逻辑上来看，普通法律规范所调整的社会关系的域值应当与宪法规范所调整的社会关系的域值相同，否则就会出现普通法律规范所调整的社会关系的某些领域不在宪法规范的调整范围之内的逻辑结论。果真如此，那么，宪法规范对于不受其调整的社会关系就无法发挥根本法的作用。所以，宪法规范所调整的社会关系的域值在逻辑上应当涵盖一切性质的社会关系。从调整社会关系的域值大小来看，宪法规范应当是任何以社会关系的不同性质的分类作为调整对象的普通法律规范的"属概念"，宪法规范在调整社会关系的范围上与普通法

---

① 参见徐国栋《市民社会与市民法》，《法学研究》1994年第4期。
② 是宪法学者林来梵对徐国栋观点的概括。参见徐秀义、韩大元主编《现代宪法学基本原理》，中国人民公安大学出版社2001年版，第475—476页。

律规范是包容关系，而不是交叉关系或者相斥关系。所以，如果民法是以法律规范所调整的社会关系的属性为标准而存在的法律形式，那么，民法的调整范围不可能超越宪法，也不可能平起平坐。但也可能存在"民法宪法"的情形，也就是说，宪法中的规定直接地为民法提供法律依据。在此层次上，宪法实际上是为民法提供必要的法律原则和合宪性。

就"民法宪法同位论"的理论基础来看，实质上离不开市民社会与政治国家之间的关系，而且也与民法早于宪法的历史相关。不过，如果从合法性的角度来看，这些问题就会迎刃而解。民法的存在是解决平等主体之间的法律关系的，突出的是法律规范在平等保护方面的作用；宪法的出现是为了解决法律规范自身的正当性的。因此，民法法律规范强调的是法律规范的合理性，宪法规范强调的是法律规范的正当性，两者的价值功能既有联系，又有差异，不可能出现同位比较的问题。所谓的民法，更多意义上是一个理论性的概念，是对一个国家法律体系中涉及平等主体之间人身和财产关系的法律规范所做出的一种归类，在宪法规范中也存在相当数量的民法规范，所谓"民法宪法同位论"不过是虚假的命题。从法理上来看，没有宪法对平等主体之间人身和财产关系的确认，没有宪法上的人身自由权和财产自由权，就不可能有现代意义上的民法概念。宪法上的人身自由权和财产自由权是立法机关制定民事法律规范的合法依据。即便是传统社会遗留下来的民事习惯法，如果与宪法所提倡的人身自由和财产自由的人权保障理念相违背，那么，这样的民事习惯法也不具有法律效力。

以宪法与民法的关系为核心，宪法学需要为划分宪法学与民法学的意义提供最基本的方法。在传统的宪法学中，由于宪法学理论研究的重点侧重于国家机构，忽视了对宪法所具有的法律功能的研究，结果使得宪法学失去了本来应当具有的对部门法学的指导作用。在今后的宪法学和民法学理论研究中，必须将两者的基础性原理有效地结合起来，否则，就会因为法学理论上的隔阂而导致了法律制度上的偏差和失范。

四 宪法学与公法学的关系

在我国宪法学理论不断发展，宪法学学科体系得到不断完善的过程中，出现了与宪法学学科并行发展并且具有包含宪法学学科价值的"公法学"学科崛起的倾向，甚至还出现了试图从理论上建构"公法学"原理的专门学术著作①。面对公法学在法理上咄咄逼人的攻势，尽管宪法学的学科基础价值尚未受到实质性的挑战，但是，宪法学要不断地向前发展，特别是要建立一套科学的宪法学理论体系。对于公法学在法理上提出的挑战是无法回避的，必须要运用宪法学的语言来给予公法学的崛起以法理上的合理定位，否则，宪法学的法理体系很容易受到公法学学科发展的干扰，甚至对宪法制度的发展产生诸多负面的影响。

1. 公法学目前的存在状况及学术上的缺陷

考察任何一门法学学科，首先必须确立其学科的基本性质。而学科的性质是与该学科的特殊问题领域以及该学科所提供的特殊的知识体系密切相关的。目前，不论是在国际学术界，还是在我国法学界，从学科的角度来谈论"公法学"性质的著作并不多见，一般情况下都是立足于作为"前科学"的"公法研究"等学术研究专题。例如，从国际社会来看，已有的常见公法学相关文献包括：狄骥的《公法的变迁》②，讨论的主要是宪法、行政法的基础理论问题；马丁·洛克林的《公法与政治理论》③ 主要涉及的是宪法、行政法的学术传统；美浓部达吉的《公法与私法》④ 探讨的是宪法、行政法与民商法的区别。我国台湾地区学者所撰写的公法学论著也没有提出统一的公法学基础理论，而是概括地介绍了与公法相关的法律知识和背景，例如，李元簇主编的《现代公法学》⑤ 主要是一本宪法、行政法、刑法、国际公法等部门法的论文汇编；由元照出版有限公司出版的《当代公法新论——翁岳生七秩诞辰祝寿论文集》⑥ 仍然是一本讨论宪法、行政法的学术论文集，内容涉及宪法与基本保障、民主与宪政体制、司法与宪法解释、法治与现代行政、正当程序与行政程序法、管制革新与新兴管制议题、权利救济与国家责任、社会与财经法秩序、国际法与欧洲法等九个专题。大陆公开的出版物以公法研究为题的，例如，夏勇主编的《公

---

① 袁曙宏发表在2003年第5期《中国法学》杂志上的论文《论建立统一的公法学》，在反思部门公法学"诸侯割据"式研究弊端的基础上，首次明确提出了应当建立统一的公法学的理论主张，试图填补世界各国有公法而无公法学这一最大的法学学科空白。
② ［法］莱昂·狄骥：《公法的变迁》，郑戈、冷静译，辽海出版社、春风文艺出版社1999年版。
③ ［英］马丁·洛克林：《公法与政治理论》，郑戈译，商务印书馆2002年版。
④ ［日］美浓部达吉：《公法与私法》，黄冯明译，中国政法大学出版社2003年版。
⑤ 李元簇等：《现代公法学》，台湾汉苑出版社1988年版。
⑥ 《当代公法新论——翁岳生教授七秩诞辰祝寿论文集》，元照出版有限公司2002年版。

法》①、浙江大学公法与比较法研究所编的《公法学研究》②，也都是以宪法、行政法、刑法为主的部门法的研究文集，基本上未涉及公法学的性质以及一般理论框架。袁曙宏、宋功德著《统一公法学原论》③立志于要将各个"部门公法学"的法理统一起来，建立统一的公法学法理，使公法学真正地成为一门科学，这种学术上的勇气和首创精神是值得充分肯定的，但也毋庸讳言，该著作在公法学的研究对象、问题领域、学科性质以及学科知识体系的构建方面并没有特别的建树，说理太多，揭示问题之间逻辑联系的内容相对薄弱。刘志刚出版的《立宪主义视野下的公法问题》④一书，是以专门讨论"公法"问题为主题的学术著作，但其中的主要内容还是在讨论宪法诉讼、违宪审查和宪法权利等宪法问题，似乎只是将宪法学的研究内容冠以了"公法学"的名称。这样的学术案例还有一些，都具有类似的特征。

总之，关于公法学的现有文献对于明确公法学的学科性质是很困难的，有关公法学主题的确立，基本上是在没有严格的学术考量的背景下使用简单的知识组合技术嫁接起来的，在公法学的法理构建上并没有多少说服力。这就给人以无法挥去的印象，似乎致力于公法学研究的学者已经发现了什么，但是，又无法通过常规的学术语言表达出来，大有"茶壶里煮饺子——有口倒不出"的窘迫之状。近期，姜明安教授出版的《宏观公法学导论》⑤试图从整体和宏观上来阐述公法学的基本原理和理论体系，向科学构建公法学学科体系在学术努力上又迈进了一步。

2. 公法学不能得到有效发展的原因分析

笔者个人认为，之所以许多学者在学术感觉上认为公法学有存在的必要性和可能性，但在具体的学术操作上却很难有效地准确表达公法学的学科体系和基本范畴，其中一个重要原因是没有能够完全认识清楚所谓"公法学"的学科性质，公法学的研究思路完全受制于传统公法、私法划分的学术理由，特别是被泛化了的公法思想所左右，缺少必要的学科问题领域和独特的学科研究方法。

毫无疑问，目前学术界都公认公法的概念是公元3世纪前后古罗马法

---

① 夏勇主编：《公法》，法律出版社1999年、2000年和2001年版。
② 浙江大学公法与比较法研究所编：《公法学研究》第一辑，商务印书馆2002年版。
③ 袁曙宏、宋功德：《统一公法学原论》，中国人民大学出版社2005年版。
④ 刘志刚：《立宪主义视野下的公法问题》，上海三联书店2006年版。
⑤ 姜明安：《宏观公法学导论》，法律出版社2021年版。

学家乌尔比安首创的。乌尔比安在人类法学史上首先对公私法的概念和划分做了以下经典描述："公法涉及罗马帝国的政体，私法则涉及个人利益。"① 公法发轫于罗马法，但罗马法却以私法为核心。近代意义上的公法形成于18、19世纪的大陆法系国家。而在英美法系国家直到20世纪才开始关注公法。目前，在法学理论上采用公法概念的有德国、法国、瑞士、意大利等国。但德国、法国的公法理论基本上属于宪法、行政法的汇总，而且没有宪法学、行政法学学科研究得那样成熟；意大利的公法研究包括了宪法、行政法、财政法、刑法、程序法和国际公法等内容②，但也没有能够在法理上代替这些学科自身的研究体系。在英美法系国家，有将宪法和行政法并列在一起来研究的学术著作③，但很少有以公法命名的公法学专门理论著作。可以说，公法学的理论研究主要还是简单地汇集了宪法学、行政法学的研究成果，没有形成区别于宪法学、行政法学等学科的具有自身特色的研究体系。这里主要的原因是传统的公法概念，没有能够很好地适应宪法理论的要求，只是通过对法律所调整的对象的特征进行划分，简单地将法律规范的性质做了公法、私法的区分，没有涉及法律规范和法律制度本身的正当性，所以，传统的公私法划分理论在认识法律自身的功能方面是不健全的，通常只能站在法律之中看问题，而没有对立法者自身的正当性和立法依据进行研究。所以，一方面导致了公私法划分的理论受到了"公""私"观念的影响，出现了在公法与私法之间的"混合法"；另一方面，公私法划分的理论只看到了法律，而没有关注法律与其他社会现象之间的关系，特别是没有区分法律与政治之间的关系。所以，公私法的理论实际上并没有涉及现代宪法的一些主要价值问题，如主权问题、自由问题、人权问题、社会自治问题，而是对国家权力与公民权利做了绝对意义上的划分，忽视了个人之间的平等法律关系的正当性基础，即现代政治国家对个人自由和基本人权的承诺和尊重。因此，如果以传统意义上的公法作为公法学的研究对象，其结果必然只能关注到法律自身的问题，而无法关注到法律与其他社会现象的关系，这样的公法学在学科性质上是无法概括现代宪法学的重要范畴的。

---

① ［古罗马］查士丁尼：《法学总论·法学阶梯》，张企泰译，商务印书馆1997年版，第5—6页。
② 参见 Scuole Superiori, Diritto Pubblico, E. U. BIGNAMI srl, 2006。
③ 参见 A. W. Bradley, K. D. Ewing, "Constitutional and Administrative Law", 12th edition, addition Wesley Longman Limited 1997。

3. 将公法问题纳入立法政策学的范围加以系统研究具有较高的学术价值和实际意义

那么,对传统意义上的公法进行专门的研究,究竟在法理上和制度建设上有没有价值呢?笔者认为,对传统意义上的公法进行专门的学术研究是有一定的学术价值的,但其前提是,应当将传统意义上的"公法"限定在立法政策学的范围内进行探讨,在以宪法学理论为指导的前提下,探讨立法机关如何根据宪法所赋予的立法职权,来进行体系化和系统化的立法,并且构建相对合理的立法规划布局和立法体系。

在目前的公法学学科体系建设中,大多毫无例外地将宪法也作为公法的一项内容,这种归纳方法是不正确的,在逻辑上犯了"包含不当"的错误。宪法不能简单地被划入传统意义上的公法范围之内,宪法存在的正当性,不完全是从法律规范所调整的对象的社会属性中产生的,更重要的是宪法是作为与一般法律规范相对应的根本法律规范而存在的。正因为宪法具有了根本法的特征,所以,传统意义上的公法概念无法有效地整合宪法概念的内涵。宪法作为根本法,在其调整的社会关系的性质上,既可以属于公法的范围,也可以属于私法的范围,没有宪法对个人自由的保障,也不可能产生以保护平等主体之间的法律关系为目的的"私法"。

在现代宪法制度下,宪法所调整的社会关系在法理上应当涵盖一切社会关系领域,而由于宪法本身的根本法特性,宪法可以通过授权的方式来赋予立法机关制定法律的权力,由立法机关在制定法律的过程中将宪法的各项原则规定予以具体化。对于立法机关来说,在依据宪法规定的立法职权制定相应的法律时,首先面临着应当制定什么样的法律,制定哪些法律,哪些法律应当优先制定,哪些法律应当暂缓制定,应当如何避免重复制定法律,应当如何来弥补法律制定的漏洞和空白等等问题。立法机关在依据宪法行使立法职权时,不仅仅面临着制定一个个具体法律的任务,同时也面临着作为立法机关如何从整体上把握一个国家立法的总体方向和立法进程。这些都属于立法政策的范畴,是立法机关实行科学立法必须加以重视和在理论上应当加以研究的内容。立法机关可以对需要进行的立法做出总体规划,依据一定的标准对立法规划中的立法事项进行分类,其中,传统意义上的公私法划分方法对于立法机关科学立法具有一定的参考价值,但是,也必须根据时代发展的需要,对公私法二元对立的分类思路做一定的调整,通过引进介于公法与私法之间的"混合法"的概念,进一步丰富和完善立法机关所制定的立法的调整对象的性质和范围。

当然，我国的立法政策学本身学科建设尚处于起始阶段，要求立法政策学在短时间内包含传统公法理论研究所涉及的各种法律问题，还需要一定时间的学术积累。所以，在立法政策学的框架内，以进一步完善立法机关的科学化和系统化立法为目的，对公法问题做出理论上的探讨，可以为立法机关提供比较合理的立法规划和立法布局，特别是可以有效地建立立法机关的立法体系。当然，在法理上也存在将公法问题研究成果予以系统化，相对于"私法学"或者"公私法混合学"①的"公法学"学科构建的可能性，但是，这样的"公法学"应当紧紧以"国家权力"关系为核心，而不是以宪法为核心，应当将"公法学"中的"国家权力"立足于宪法的各项授权规定，而不是将宪法权力关系不恰当地纳入"公法学"研究体系中，那样，就可能会混淆宪法作为根本法区别于传统意义上的公法的法律特征，给宪法学和公法学的学科发展都造成巨大的法理障碍。

4. 宪法学应当更多地关注宪法问题

宪法学之所以在法理上可以作为一个独立的学科存在，是由宪法学的研究对象的特性以及宪法学研究对象所决定的问题领域决定的。宪法学首先不是"公法学"，它的问题领域包含了大量的政治问题、哲学问题和伦理问题，特别是对于法律规范正当性的理论构建以及立法秩序的理论构建，这些理论问题都已经超越了传统公法理论的范畴，属于"价值法学"的内容，需要结合法学知识以外的学科知识来加以研究。其次，宪法学也不是"国家法学"。宪法学研究国家问题，特别是研究国家权力之间的相互关系，但是，宪法学所研究的对象——宪法，从近代一产生开始，就具有了超越国家法的法律特征，宪法在规定国家机关的职能时必须基于宪法的基本价值理念，所以，国家法自古有之，但宪法作为一种法现象却是近代资产阶级反封建的产物。从学科建设的角度来看，国家法学的研究对象可以涉及宪法产生之前的各种关于国家职能和国家机关职权的法律规范，可以说，有调整国家行为的法律规范的存在，在法理上就可能存在以国家法为研究对象的国家法学，但宪法学必须以宪法作为自身的研究对象，尽管宪法与国家法之间在法律特征和内容上存在密切关系，但二者的法律性质完全不同。最后，宪法学的法理应当更多地关注对实际生活中出现的宪法问题的解决，并且形成宪法学解决宪法问题独特的话语体系。宪法学的法理要尽量避免抽象化，要强化问题意

---

① 有的学者称之为"社会法学"，强调的是作为法律调整对象的与"个人"和"国家"相对应的"社会"。有的学者对此提出了"公法私法化"和"私法公法化"的概念和分析模式。参见袁曙宏、宋功德《统一公法学原论》，中国人民大学出版社 2005 年版，第 72—73 页。

识,这样才能使宪法学自身的学科特色更加明显。在科学的宪法学学科研究体系中,应当严格地区分宪法学的研究对象——宪法自身的调整对象与宪法自身的存在形式之间的问题领域,将事实与规范问题予以彻底的分离。宪法学应当更多地关注宪法规范的规范和社会功能,为其他法学学科提供关于法律规范正当性的法理依据。

总之,面对正在崛起的公法学,宪法学必须认真对待。宪法学作为法学学科,只有具有一整套独特的基本概念和范畴,才能真正地形成宪法学自身的知识体系,也才能有效地对抗各种可能威胁宪法学学科地位的学说和观点的挑战。

第五节 宪法学学和宪法学的学科框架和体系

以往的宪法学著作由于没有区分以研究宪法问题为对象的宪法学与以研究宪法学为对象的宪法学学的学科性质,所以,对宪法学学的学科框架和体系介绍得比较少,而主要是介绍宪法学的学科框架和体系,宪法学学的内容一般被放在宪法学的学科框架和体系内加以介绍。这种研究方法并不利于宪法学学科的健康发展。对宪法学学的研究可以从理论上使得宪法学的研究产生事半功倍的效果,可以通过宪法学学的理论研究成果,及时地为宪法学的理论研究服务。本书首次提出将宪法学学的学科框架和体系与宪法学的学科框架和体系区分开来,目的是更好地阐述宪法学的基本原理,使得宪法学的知识体系具有更强的逻辑性和实用价值。

一 宪法学学的学科框架和体系

关于宪法学学的学科框架和体系,在以往的宪法学著作中,很少有自觉来加以探讨的。20世纪80年代初,由吴家麟教授主编的《宪法学》一书,涉及了宪法学学的问题。在该书第一章"宪法学概述"中,即探讨了"宪法学的对象""马克思主义宪法学同资产阶级宪法学的根本区别""马克思主义宪法学的研究方法"以及"学习和研究宪法学的意义"。应当说,上述问题都是与宪法学的学科建设有关的问题,而与宪法学自身研究的宪法问题有明显的区别,属于宪法学学的内容。特别难能可贵的是,该书还突出了"马克思主义宪法学"作为我国宪法学的根本特征,提出了"马克思主义宪法在历史上第一次揭示出了宪法和宪法学的阶级属性"的命题。关于宪法学的学科地位和作用,该书也强调,"学习宪法学就有助于学习和掌握各个部门的法律和各种专业课程"①。

对宪法学学的学科框架和体系做出总体构建的学术尝试可以从徐秀义、韩大元主编的《现代宪法学基本原理》②一书中体现出来。该书在下编"学科共同体中的宪法学"中，非常详细地探讨了与宪法学学相关的基本问题，包括宪法学概念、宪法学研究范围、宪法学体系、宪法学的历史与未来、宪法学的方法、宪法学与民法学、宪法学与刑法学、宪法学与行政法学、宪法学与国际法学、宪法学与军事法学、宪法学与刑事诉讼法学、宪法学与劳动法学、宪法学与哲学、宪法学与政治学等。尤其值得注意的是，该书在导论中详细地论述了"变革中的社会与现代宪法学"，对宪法学作为一门法学学科的历史发展，以及现代宪法学的基本特征和宪法学的历史任务等问题都做了阐述，可以说，是迄今为止国内外宪法学学方面的主要著作，或者可以说是开山之作。当然，该书在具体论述宪法学学的基本理论问题时，特别是宪法学与其他法学学科之间的关系时，实际上又没有对宪法学作为法学学科与其他法学学科之间的关系，以及作为宪法学的研究对象——宪法和作为其他法学学科的研究对象——部门法之间的关系做出严格的区分，导致了宪法学学与宪法学的学科知识之间的混同。

在周叶中、韩大元主编的《宪法》一书中，对宪法学学与宪法学的学科框架和体系问题都有系统涉及，虽然没有严格地区分所探讨的问题哪些属于宪法学学的问题，哪些属于宪法学的问题，但是，对于宪法学学与宪法学的学科框架和体系问题都做了多种角度的学术考察，具有很好的学术启发性。特别值得关注的是，该书在对宪法学的历史发展总结时，对宪法学在西方的产生和发展做出了萌芽时期、创立时期和发展时期的分类，并详细列举了各个阶段宪法学研究的主要特征和成果。在介绍宪法学在中国的产生和发展时，作者也采用了同样的方法。此外，作者还详细地阐述了宪法学的发展趋势。可以说，上述这些问题都属于严格意义上的宪法学学的问题③。

宪法学学的问题虽然在宪法学界早有探讨，但将其作为一门区别于宪法学的独立学科来对待，目前在该领域基本上还没有什么成型的著作。本

---

① 参见吴家麟主编《宪法学》，群众出版社1983年第1版，1986年第2次印刷，第1—19页。

② 参见徐秀义、韩大元主编《现代宪法学基本原理》，中国人民公安大学出版社2001年版。

③ 参见周叶中、韩大元主编《宪法》，法律出版社2006年版，第1—17页。

书明确提出宪法学学的概念，并试图对宪法学学的一些基本问题做出阐述，其学术目的在于使读者和受众能以一种更清晰和自觉的态度来对待和把握宪法学学所提供的知识。

笔者认为，宪法学学作为以宪法学为研究对象的学科，其学科性质是"科学学"意义上的，学科关注的焦点集中在如何开展宪法学的研究。也就是说，宪法学学的主要内容是宪法学的方法论。在宪法学方法论的背景下，宪法学学的学科框架应当涵盖宪法学的研究对象的界定以及宪法学的研究范围的划分标准，宪法学与其他相关学科的关系，宪法学的研究目的，宪法学的具体研究任务，宪法学的研究方法，宪法学的发展历史，宪法学的学说思想和学说流派，宪法学的研究方法，各国宪法学的比较研究，宪法学的最新发展趋势，宪法学的基本概念和基本范畴的确定标准，宪法学的学科体系，宪法学的作用，宪法学在法学学科中的地位等等问题。可以说只要属于宪法学学范畴的，都应当围绕着宪法学学科建设来进行，是一种纯理论性的研究。从宪法学学所研究的问题之间的逻辑联系来看，宪法学学的学科体系大致上由以下几个方面构成：（1）宪法学学的研究目的；（2）宪法学学的研究对象；（3）宪法学学的研究范围；（4）宪法学学的方法论基础；（5）宪法学学的功能；（6）宪法学学与宪法学之间的关系，等等。

二 宪法学的学科框架和体系

区分宪法学与宪法学学的学科性质，目的是更好地界定宪法学的研究对象。在传统的宪法学中，通常将对宪法学学科建设的问题都纳入宪法学中来探讨，导致了宪法学的学科体系建设缺少知识的整体性和连贯性。虽然宪法学的知识内容不断增加，但从整体上来看，也只有"框架"，而缺少严格和严密的"体系"。引入宪法学学的概念体系后，就可以比较好地构建宪法学自身的研究体系。宪法学的研究体系应当严格地按照宪法学的研究对象来展开，其中，以宪法规范产生、存在和发展的一般规律及特征来构建宪法学的研究体系具有更强的逻辑性和知识的完整性。

在传统的宪法学研究框架中，宪法学说史、宪法思想史和宪法制度史都属于宪法学的研究内容，但是，这三方面的内容却很难被有机地安排在同一部宪法学著作中，只能分别加以论述，这样就容易形成宪法学知识被割裂的问题。有些宪法学著作注意到了这个问题，尽量在同一宪法学著作中对上述三个问题同时予以涉及，但相互之间的知识联系显得比较勉强。

以莱昂·狄骥的《宪法学教程》一书为例，该著作共分四个部分，即前言、国家的总体理论、"法"与国家和公民自由、法国的政治组织。其中，前言部分介绍个人权利学说、社会法学说、神权政治学说、民主政治学说等理论学说，而其他三个部分则重点介绍相关的制度规定，与前言部分介绍的各种理论学说在知识的关联性上并不是十分紧凑①。美浓部达吉著《宪法学原理》一书，基本上采用的是将学说、观念和制度糅合在一起加以介绍。如该书在介绍主权问题时，采取的叙事方式是主权说的沿革、主权的观念、联邦中之主权问题、其他所谓非主权国家等；在介绍立宪政体时也是将立宪政体的基本思潮——国民主权说、自由主义等与立宪制度的沿革、立宪政体之各种形式结合在一起加以讨论②。豪古德的《现代宪法新论》则基本上属于一部宪法的制度发展史③。

  以当代外国宪法学的著作为例，同样可以发现，在宪法学著作中并没有严格地区分宪法学说、宪法思想与宪法制度，而是糅合在一起加以论述。韩国学者成乐寅在其《宪法学》一书中，涉及"宪法总论""基本权论"和"政治制度论"三个部分。"宪法总论"部分第一章是"宪法与宪法学"，研究了"权力"与"自由"之间的"调和技术"，立宪主义的基础，宪法的定义与分类，宪法的特性，宪法学与宪法解释；第二章是"宪法的制定、修改与宪法的变迁、保障"，包括了"大韩民国宪法史"；第三章是"国家的本质与国家形态"；第四章是"大韩民国宪法的构造与基本原理"。"基本权论"部分涉及基本权利的一般理论，包括基本权的概念、基本权的范围、基本权与法的特性、基本权的制度保障、基本权的主体、基本权的效力、基本权的竞合与冲突、基本权的限制、基本权的保护、基本权的分类与体系；具体的基本权包括了人的尊严与幸福追求权、平等权、自由权、人身安全与自由、精神安全与自由、私生活安全与自由、社会经济安全与自由、参政权、社会权、作为请求权的基本权以及国民的基本义务等。"政治制度论"部分涉及的问题包括政治制度的一般理论，包括代议制度、权力分立主义、政府形态论等；国会；政府；法院；

---

  ① 参见［法］莱昂·狄骥《宪法学教程》，王文利译，郑戈校，辽海出版社、春风文艺出版社1999年版。

  ② 参见［日］美浓部达吉《宪法学原理》，欧宗祐、何作霖译，汤唯点校，中国政法大学出版社2003年版。

  ③ 参见［美］J. A. 豪古德：《现代宪法新论》，龙大均译，张海斌勘校，中国政法大学出版社2005年版。

宪法法院，等等①。日本学者长谷部恭男著《宪法》一书对宪法学知识体系的安排基本上反映了日本宪法学教科书的传统格式，包括宪法的基本原理、宪法上的权利保障以及统治机构三个部分，内容涉及宪法的概念、日本宪法史、和平主义、天皇制、权利保障的基本问题、概括性的基本权、平等、自由权、社会权、参政权、国务请求权、国会、内阁、法院和地方自治②。法国巴黎大学米歇尔·托拜等主编的《宪法》（第27版）共分四章，包括序言、第一章"国家的一般理论"、第二章"现代政治制度"、第三章"法国宪法史"以及第四章"共和国的基本制度"等③。德国学者杰里特·曼森著《国家法Ⅱ·基本权》一书共包括五章，即第一章"基本权的基础"，内容包括公民权与人权的历史、基本权的分类、基本权的功能；第二章"基本权的一般学说"，包括基本权的载体、基本权的义务、基本权的丧失、基本权的侵犯、基本权的限制；第三章"自由权"，包括人格尊严的保障，一般行为自由，一般人身自由权，生命权与个人的完整性，信仰自由，良心自由，信息自由，科学研究自由，艺术自由，对儿童、家庭和父母的保护，教育权，集会自由，程序基本权和请愿权等；第四章"平等权"；第五章"附录"，包括宪法申诉以及既往处理的一般情况、对宪法申诉的审查，等等④。

笔者认为，在区分宪法学学与宪法学各自的学科功能和任务的基础上，对宪法学的学科体系可以做出比较有效的系统性划分。宪法学说以及宪法学说史等属于宪法学学的研究内容，不应当列入宪法学的研究体系。宪法思想以及宪法思想史，由于与宪法现象具有密切的关联，而且又是宪法学说产生的理论基础，所以，既可以放在宪法学学的学科体系中，又可以放在宪法学的研究框架中。至于说，以宪法与其他社会现象之间的关系出现的交叉问题为研究对象产生的学术问题，一般应当放在宪法学的学科体系中，由此产生的宪法学的分支学科，例如，宪法伦理学、宪法社会学、经济宪法学，包括宪法哲学、宪法逻辑学，等等，都应当纳入宪法学的研究体系之中。

---

① 参见［韩］成乐寅《宪法学》，法文社2005年版。
② 参见［日］长谷部恭男《宪法》，新世社2001年第2版。
③ Cf. Droit Constitutionnel, 27e édition, Francis Hamon, Michel Troper, Librairie Générale de Droit et de Jurisprudence, E. J. A., 2001 31, rue Falguiére, 75741 Paris Cedex 15.
④ Cf. Staatsrecht II, Grundrechte, Gerrit Manssen, 3. Auflage, Verlag C. H. Beck München 2004.

本书对宪法学学科体系的安排主要是从宪法问题的一般特征出发的，也就是说，是按照人们认识宪法现象的一般思维规律来展开自身的学科体系的。首先，介绍了宪法的概念及其存在形式，重点解决"宪法是什么"的问题；其次，介绍了宪法作为法律规范，其调整对象的特征、范畴，以及宪法在调整社会关系中所产生的社会关系；再次，侧重介绍了作为法律规范的宪法，通过宪法规范所确认和建立起来的基本国家制度和宪法制度，这些制度既有宪法对调整对象自身制度特性的法律确认，也有宪法为调整对象所确立的行为规则体系；最后，从发生学的角度介绍了宪法运行机制，详细地介绍和分析了宪法作为法律规范自身的产生、存在和变更的规律，强调了宪法的动态特征。上述关于宪法学的知识体系的介绍，完全是基于对宪法现象和宪法问题的一般认识规律来安排叙事方式的，所以，相对于其他性质的宪法学教材和专著来说，本书对宪法学学科体系的安排具有较强的逻辑性，全书的章节布局和上下文的结构之间都具有顺时性的逻辑层次，任意跳跃其中一部分内容就可能会割裂上下文的逻辑联系，从而影响对宪法问题性质的把握。另外，本书侧重从宪法问题出发，所以，对全书章节的安排和内容的叙说特别注意所涉及"问题"的针对性和具体性，避免从概念出发而形成过于"形而上"的理论论述。这种对宪法学的学科体系新的把握主要是为了增强宪法学知识的实效性，便于解决各种宪法理论问题和实践问题。

本章小结

本章重点介绍了宪法学和宪法学学的研究对象、研究任务、研究方法，阐明了宪法学和宪法学学的学科性质和基本特点。为了进一步明确宪法学的学科特点，对宪法学的基本概念和基本范畴进行了系统阐述，同时，通过对照比较宪法学与法理学、政治学和公法学等相关学科的研究目的和学科性质的差异，进一步澄清了宪法学的研究范围。此外，本章还详细地介绍了本书的体系和结构，为读者学习和掌握本书的内容提供了准确的导引和翔实的宪法学学科背景材料。

思　考　题

一　名词解释

宪法学　宪法学学　宪法现象　宪法问题　公法学　国家

法学

二　简答题

1. 简要论述宪法学的研究对象及范围。
2. 简要论述宪法学学的研究对象及范围。
3. 简要论述宪法学的基本范畴。
4. 简要论述宪法学学的研究意义。

三　论述题

1. 试论宪法学与法理学的关系。
2. 试论宪法学与政治学的关系。
3. 试论宪法学与公法学的关系。

阅读参考文献

马克思主义理论研究和建设工程重点教材：《宪法学》（第二版），高等教育出版社、人民出版社 2020 年版。

吴家麟主编：《宪法学》，群众出版社 1983 年版。

徐秀义、韩大元主编：《现代宪法学基本原理》，中国人民公安大学出版社 2001 年版。

周叶中、韩大元主编：《宪法》，法律出版社 2006 年版。

袁曙宏、宋功德：《统一公法学原论》，中国人民大学出版社 2005 年版。

姜明安：《宏观公法学导论》，法律出版社 2021 年版。

[法] 莱昂·狄骥：《宪法学教程》，王文利译，郑戈校，辽海出版社 春风文艺出版社 1999 年版。

[日] 美浓部达吉：《宪法学原理》，欧宗祐、何作霖译，汤唯点校，中国政法大学出版社 2003 年版。

[德] 卡尔·施密特：《宪法学说》，刘锋译，上海人民出版社 2005 年版。

Cf. Staatsrecht II, Grundrechte, Gerrit Manssen, 3. Auflage, Verlag C. H. Beck München 2004.

第二章 宪法的概念及存在形式

内容提要

宪法作为一个国家的根本法,在宪法学上至少有三种用法:一是作为词源意义上的宪法;二是作为法律形式意义上的宪法,是指一个国家现行法律体系中具有最高法律效力,名称为"宪法"的法律;三是作为法学意义上的宪法,指作为宪法学研究对象的各种宪法现象。研究宪法学,首先必须界定宪法的含义,说明使用宪法概念的语言环境。作为宪法学的研究对象的宪法,包括了作为法律形式的宪法在内的各种宪法现象。其特征既表现为以价值形态存在的宪法指导思想、宪法观念、宪法原则和宪法政策等实质意义上的宪法,也表现为以制度形态存在的形式宪法,包括宪法典、宪法修正案、宪法解释、宪法判例等在内的形式意义上的宪法。作为一种法律现象,宪法是由实质渊源与形式渊源两个方面的法律渊源构成的。宪法作为根本法是通过确立具体的行为模式的宪法规范来实现的。由于宪法具有不同的存在形式,因此,在研究宪法与其他法律形式之间的关系时必须要确立相互比较的视角。此外,对于宪法作为根本法其规范特性影响较大的国际法,也是研究宪法存在形式必须考虑的重要因素。

第一节 宪法的定义方法及宪法概念的种类

宪法学是以宪法这一特殊的社会现象以及与这一特殊现象相关的各种理论问题和实践问题作为研究对象的法律科学。所以,要保证宪法学建立在科学的基础之上,首先必须弄清宪法是什么。宪法是什么的问题也是读者和受众接受宪法学知识时首先会提出的问题,涉及读者和受众对所要认知对象的基本认识态度以及学习和掌握宪法学知识的一般性思维习惯。如果作为宪法学研究对象的宪法其内涵和外延模糊,那么,由此产生的宪法学研究体系就不可能准确地反映宪法产生、存在和发展的规律,通过宪法学的教育途径也无法让受教育者得到正确的宪法学知识。由于宪法是一个国家的根本法,是一个国家统一的法律体系的核心,是依法治国的前提和出发点,所以,没有准确和明晰的宪法概念,就很难通过宪法学的学习，掌握和理解宪法在依法治国中的作用。

一 宪法的定义方法

概念是人们用来描述认识对象特性的逻辑形式，正是通过概念这种逻辑形式，人们才能将自然现象和社会现象纳入自身的认识体系，为人类认识世界和改造世界提供必要条件。由于自然现象和社会现象是不断发展变化的，并且人类认识世界、驾驭概念这种逻辑形式的主观能力也在不断提高，因此，作为对认识对象特性加以描述的概念这种逻辑形式的内容也就会不断发展变化。所以，在现代社会中为人们所沿用的大量的在以往人类社会实践活动中所产生的概念，其内涵和外延都发生了变化，尤其是与最初的词源意义相去甚远。值得注意的是，由于人们认识水平的差异以及使用概念的目的不尽相同，所以，在不同的语言表达环境下，同一概念可能会指向不同的内容。在现代社会中，为人们所使用的概念这种逻辑形式也存在一个统一内涵和外延的问题，不然，不同的人群使用同一概念就无法达到交流思想和情感的目的。保证人们在交往活动中所使用的概念的同一性，一般应当遵守三个原则：一是要正确地划分概念所存在的语言文化环境，注意概念所具有的文化特性；二是明确界定概念所指向的认识对象的范围，防止人们因在不同意义上使用同一概念而对概念的内涵和外延产生不必要的认识分歧；三是在使用概念的目的上达成基本共识，突出强调概念的逻辑功能和作为人们认识工具的局限性[①]。

在以往出版的国内外有关宪法学的教科书中，关于宪法概念的描述方

[①] 事物的概念以及概念的定义方法在不同的文化作品相互翻译的过程中可以非常明显地体现出表达事物特征的概念的"局限性"。以我国古代对佛经的翻译为例，由于佛教经文中有大量的概念具有非常特定的文化特性，所以，在翻译佛经的过程中逐渐形成了"四例五不翻"的原则。四例是：一、翻字不翻音：如"般若"二字，与诸佛菩萨所说的"咒语"，虽然已经将梵字译成中国文字，但却保留原来的梵音。二、翻音不翻字：如佛胸前的万字相，字体虽然仍然是梵文，却译成中国的语音。三、音字俱翻：如大藏经中的大小乘经典，全部译成中国的语言文字。四、音字俱不翻：如梵文版本的佛经，全部保存梵文与梵音。五不翻是：一、多含不翻：如薄伽梵，含有炽盛、端严、名称、吉祥、尊贵、自在等六义；又如阿罗汉、比丘等，一个名词含有多种意义，故不翻。二、秘密不翻：如佛经中的一切陀罗尼神咒，是诸佛菩萨于禅定中所发出的秘密语，一词含摄无量义，中文根本就没有适当的词句，可以表达其中所含的奥义，故不翻。三、尊重不翻：如般若，虽然可以译名智慧，但这种能够透视诸法实相、亲证人生真理的智慧，并不是一般人的智慧可比，即使是三乘圣众的智慧，亦望尘莫及；为了显示般若的尊贵，避免人产生误会，所以只译其音，不译其义。四、顺古不翻：如"阿耨多罗三藐三菩提"。虽然可以译为"无上正等正觉"，但古时的译经大德，故意保留原音，目的是显示佛道的殊胜，令读者特别注意！所以后来译经的人，亦随顺古人的意思，保留不翻。五、此方无不翻：如庵摩罗果，是印度当地的一种药果，形似槟榔，食之可驱风寒；其他地区没有，所以不翻。其实，庵摩罗，是清净无垢的意思，可译名：清净无垢果。参见文殊法师讲述《般若波罗蜜多心经讲义》。

式和对宪法含义的揭示手段很多,许多地方存在共识,但也出现了认识上的巨大分歧。作为宪法学的教科书,要在关于宪法概念问题上达成共识,首先应当解决在描述宪法概念和揭示宪法含义的方式上具有同一性的问题。只有大家都遵循同样的逻辑形式来使用宪法这一概念,宪法学教育才能达到正确地向受教育者传授宪法知识的目的。

对宪法概念的考察可以从以下几个角度进行:一是宪法这个概念在词源学上的含义,即古今中外文献中最初创设宪法这个词语是用它来表达什么含义;二是在宪法学研究中,将宪法与法的含义进行比较时,如何来理解宪法的含义,这是从法学上使用的宪法概念;三是在具体的法律制度中,被称为宪法的法律的含义,这是从法律形式上使用的宪法概念。在上述三种意义上所使用的宪法概念必须区分使用环境加以运用,在阅读宪法学教科书的过程中和理解宪法问题时应当严格地予以区分。

(一)宪法的词源学含义

宪法一词在古代就已出现。但是,其词义与近代宪法产生之后所指称的对象具有很大差别。

在外语文献中,英语表达宪法的词语是"Constitution",法语为"la Constitution",德语为"Verfassung"。从词源上考察,这些词语都来自拉丁文"Constitutio",最初的词义是规定、组织和结构。古希腊著名政治学家亚里士多德在《各国宪法》中最早使用宪法一词,并在汇集158个城邦国家法律的基础之上,根据法律的作用和性质,分成两类:一类为普通法律,另一类为宪法,即规定国家机关的组织与权限的法律。他还主张,普通法律应以宪法为依据。在古罗马帝国的立法中,宪法一词用来表示皇帝的各种建制和诏令,即指皇帝发布的各种文件,包括敕令、策令、诏令和谕令等,以区别于市民会议通过的法律文件[①]。

在中世纪的欧洲,宪法一词通常被用来特指封建主所享有的特权,也出现了一些名称为"宪法"的法律,但是,这种宪法的含义与近代宪法产生以后所公认的宪法概念的含义相去甚远。如12世纪中叶就有英王亨利二世(Henry Ⅱ)规定国王与教士关系的《克拉朗顿宪法》(*The Constitutions of Clarendon*)。在14世纪的法国,宪法作为与王法相对应的法

---

① 参见[古希腊]亚里士多德《政治学》,吴寿彭译,商务印书馆1965年版,第129、178页。

律，专门指不得由国王随意废止的法律。

近代意义上对宪法概念的使用，其最根本的特征是强调宪法必须是限制国家权力、保证公民权利的基本法律。凡是不符合上述特性的法律都不能称之为宪法。如法国1789年《人权宣言》第16条就规定："凡权利无保障和分权未确立的社会，就没有宪法。"人类历史上最早出现的成文宪法，即1787年美国宪法就集中体现了近代宪法的基本精神。所以，在近代意义上，宪法一词的含义侧重点不在于它在一国法律体系中是否居于核心的位置，而是强调宪法制定的正当性和宪法功能的合理性。美国革命家托马斯·潘恩在《人权论》一书中一针见血地指出："宪法是一种先于政府的东西，而政府只是宪法的产物。一国宪法不是政府的决议，而是建立其政府的人民的决议。"[①] 从近代意义上的宪法具有限制国家权力的作用的角度来看，英国一些学者也将具有限制王权作用的1215年英国国王约翰制定的《自由大宪章》解释为近代意义上的宪法的源头。

在外语文献中，宪法一词自近代意义上的宪法文件产生后，其概念的含义逐渐趋向明晰，即宪法被专门用来作为一个法学术语，特指具备了近代意义上宪法的实质内容的基本法律。宪法成为一个与法的范畴密切相关的概念。

在我国古籍中，"宪法"一词很早就出现了。如《国语·晋语》中就有"赏善罚奸，国之宪法也"的论述，这里的宪法不具有近代意义上宪法的内涵，而是代表一般的法律，尤其是刑律。另外，与宪法相近的词语还有"宪""宪章"等。这些词语大体上在七种意义上被使用，即：（1）最基本的意义指法，既可以指除刑律之外的涉及国家典章制度方面的法律，也可以指包括刑律在内的整个国家法律制度；（2）指一般的法律、法令；（3）指法律或禁令的公布；（4）指效法、遵循；（5）指受法律的惩罚或制裁；（6）指御史和监察机关；（7）指具有最高效力的法律、法令[②]。将近代意义上的宪法的含义引进汉语作为对"宪法"一词含义的新释始于近代日本社会对资本主义宪法观念的介绍和引进的影响。19世纪60年代，日本明治维新时期，开始介绍西方的"Constitution"的概念，但是，

---

① 参见《潘恩政治著作选》，剑桥政治思想史原著系列（影印本），中国政法大学出版社2003年版，第184页。

② 钱大群：《"宪"义略考》，《南京大学学报》1984年第2期。

对此概念的译法很不统一，或称之为"国宪"①，或称之为"建国法""根本律法"和"政治法则"等。据美浓部达吉考证，明治十五年（1882），伊藤博文赴欧洲调查各国实行立宪政治情况后，第一次正式使用了"宪法"一词②。明治二十二年（1889）颁布了《大日本帝国宪法》，自此"宪法"一词在日语中专指国家根本法。19世纪80年代，中国近代改良主义思想家郑观应提出立宪与议院政治的主张，他在《盛世危言》一书中，首次使用"宪法"一词。在《自强论》中，他指出："查日本宪法，系本其国之成法，而参以西法，中国亟宜仿行，以期安攘。"③ 要求清廷"立宪法""开议院"，实行君主立宪。在同一时期，出洋游历使臣傅云龙在《游历日本图经》（1889年）中首次全文翻译了《大日本帝国宪法》，文中也正式使用了"宪法"二字④，由此可见，汉语中的"宪法"一词基本上与日文中"宪法"一词在同一时期被使用。1898年戊戌变法时，有的维新派人士也要求清廷制定宪法、实行立宪政治。1908年，清政府为了敷衍民意，不得不颁布了《钦定宪法大纲》，从此，"宪法"一词在汉语中被用来作为专门的法律名词术语。

（二）作为法律形式的宪法含义

在宪法学教科书或者是学术专著中，当使用"宪法"一词时，经常是在两种意义上来加以使用的。一种是作为一个法学的概念，另一种是作为法律形式的宪法。作为法律形式的"宪法"一般指在一个国家法律体系中具有根本法法律地位的法律规范的总称。但在以往的宪法学教科书中，对作为法律形式的"宪法"往往与"宪法规范"是通用的。这种意义上的宪法，其内涵主要是指与一般普通法律、法规相对应的根本法，是可以通过具体的宪法文本和文件来加以识别的，具有很强的"客观性"。作为根本法，宪法与一般普通法律的主要区别在于以下几个方面。

1. 内容不同

宪法作为一个国家的根本法，它确立了一个国家的根本制度。主要涉及国体（谁作为统治阶级，宪法的制定者是谁，主权属于谁）、政体（即

---

① 据龚刃韧教授考证，最早是留法学者箕作麟祥用日语中的汉字"国宪"来翻译西文的"宪法"一词的，后成为日本和中国的标准法律用语。
② 参见［日］美浓部达吉《宪法学原理》，欧宗祐、何作霖译，汤唯点校，中国政法大学出版社2003年版，第380页。
③ 参见夏东元《郑观应集》（上册），中华书局2013年版，第116页。
④ 参见蒋南成、雷伟红主编《宪法学》，浙江大学出版社2007年版，第44页。

一个国家的政权组织形式，主要包括如何设立立法机关、行政机关和司法机关，如何划分国家机关相互之间的职能和确定它们相互之间的关系）、国家结构形式（主要指采取联邦制还是单一制，如何处理中央与地方之间的关系等）、公民基本权利与基本义务、国家机关与公民之间的关系（包括国家权力和其他公共权力与公民权利之间的关系等）、宪法与法律之间的关系、宪法实施的保障机制，等等。

法律、法规必须根据宪法所规定的立法权限、立法程序制定，同时，法律、法规的主要功能是为了保障宪法所确立的根本制度得到实现。法律、法规在内容上也涉及宪法所规定的各个方面的国家事务和社会事务。但是，法律、法规在内容上与宪法不同的是，法律、法规必须以宪法的有关规定为基础，不得与宪法规定相抵触。相对于宪法所确立的国家政体和公民基本权利与基本义务而言，法律、法规的基本任务是如何保障建立有效的国家权力运作制度来具体地保障宪法所规定的公民的基本权利得到实现。从一定意义上讲，法律、法规是宪法的具体化，宪法需要法律、法规来明确宪法自身所确立的宪法原则和宪法规范的实施条件与具体的实现方式。

2. 效力不同

宪法作为根本法具有最高的法律效力，它的最高法律效力表现在任何法律、法规都必须基于宪法而产生，法律、法规的内容应当符合宪法的要求，当法律、法规产生的程序不符合宪法的要求或者是法律、法规的内容与宪法的规定相抵触时，为了维护宪法作为根本法的权威性，应当宣布有问题的法律、法规违宪。如我国现行宪法第5条第3款规定："一切法律、行政法规和地方性法规都不得同宪法相抵触。"

3. 创制程序不同

由于宪法是根本法，它是人民意志的集中体现，所以，宪法创制一般需要经过特殊的程序。从制定宪法的过程来看，宪法制定者应当是属于一个国家统治阶级的人民，宪法制定权也只能属于人民，任何国家机关或者是个人都无权制定宪法。人民制定宪法的方式通常表现为一部新的宪法的制定必须由一个国家所有符合条件的公民参与讨论、提出立宪的建议，然后通过特殊的程序予以通过。有的国家，新宪法公布后必须经过全民公决才能生效。从修改宪法、解释宪法的过程来看，虽然许多国家通过宪法的规定授予某些特定的国家机关或者是其他特定的主体享有修改宪法或者是解释宪法的权力，但是，根据宪法授权行使修改宪法或者是解释宪法权力的国家机关或者是特定的主体必须依照宪法所规定的严格的修改宪法、解释宪法的程序才能对宪法做出修正或者是解释。

法律、法规的创制程序相对于宪法创制而言就比较简单。制定法律、法规以及有权修改法律、法规或者是解释法律、法规的一般是由宪法和法律所规定的专门的立法机关或者是享有立法职权的国家机关,立法机关在制定法律、法规时享有较大程度的立法自由裁量权。

4. 监督和调控的方式和手段不同

作为根本法的宪法一般是由宪法制定者直接来监督实施。在具体监督宪法实施的实践中,宪法往往将监督宪法实施的权力授予最高国家权力机关或者是专门的国家机关。因此,在宪法实施的实践中,为了保障宪法监督的权威性和有效性,只有宪法明确授权享有宪法监督权的国家机关或者是特定的主体才可以有权监督宪法的实施。其他的非授权主体只能在履行自身职责的过程中负有保障宪法实施的义务,而不能代替宪法制定者来行使监督宪法实施的权力。宪法实施的监督与一般法律、法规实施的监督不一样,一般法律、法规因为由具体的立法机关制定,所以,制定法律、法规的立法机关可以通过自身的监督行为来直接地监督法律、法规的实施。宪法由于在理论上是由人民制定的,而人民只是一种价值概念,并非客观存在的"行为主体",因此,通过宪法条文来赋予特定的国家机关监督宪法的实施,是宪法实施监督的主要方式,在法理上可以视为人民通过宪法授权特定主体进行宪法监督,这种宪法实施的监督,是一种授权监督,可以间接地反映人民的意志。

(三) 作为法学概念的宪法含义

作为法学概念的宪法,它不仅具体地指作为法律形式的宪法,而且还包括了宪法创制、宪法监督等具体地运作宪法的制度,同时,还包括了与宪法制度相关的宪法思想和各种相关意识形态。它泛指宪法学所研究的作为独特的社会现象而存在的宪法本质和宪法现象的总和。在法学概念意义上的宪法,其内涵和外延非常广泛,它依赖于宪法学研究者研究宪法这一特殊的社会现象所使用的研究方法和研究手段,研究宪法的方法和手段越多,那么,作为宪法学研究对象的宪法的内涵就越丰富,其外延也就越广。在法学概念意义上的宪法,实际上是以宪法问题的方式存在的,只要是与宪法现象相关的理论问题和实践问题,都可以被视为能够反映宪法某个方面的特性。

二 宪法概念的种类

宪法是一种特殊的社会现象，宪法学是以宪法这一特殊的社会现象的产生、存在、发展和变化的规律作为研究对象的一门法律科学。作为宪法学研究对象的宪法，它具有复杂性，它的特点往往取决于宪法学研究者对宪法进行研究的目的和手段。研究目的和手段的不同，通过研究所发现的宪法所具有的特点就有所差异。在研究宪法的过程中，从宪法所产生的条件、程序，宪法的法律形式，宪法规范的表现方式以及对宪法规范进行变更的特点来看，可以将作为宪法学研究对象的宪法划分为不同的类型。这些不同类型的宪法是针对作为法学概念的宪法特性的认识，而不是指在实施宪法的实践中存在这些形态的宪法规范。从宪法实施的角度来看，被视为法律形式的宪法一般称之为宪法渊源，作为宪法渊源的宪法规范的存在方式是比较固定的，不能随意对这些宪法渊源加以分类，而作为法学概念的宪法则可以依赖于宪法研究者的研究目的和手段进行多种角度的分析。宪法分类的意义就在于从法学研究的角度来充分探讨宪法这一特殊的社会现象所具有的特性，从而为创制宪法、实施和适用宪法、监督宪法、研究宪法和宣传宪法提供必要的理论帮助和实践服务。

在宪法学的理论研究中，对宪法所进行的分类比较常见的有以下几种：

1. 刚性宪法与柔性宪法

把宪法分为刚性宪法（Rigid Constitution）与柔性宪法（Flexible Constitution）是英国学者詹姆斯·布赖斯（James Bryce，1838—1922 年）在 1884 年写的《历史与法学研究》一书中首创[①]。这种区分的标准是要考察创制宪法与创制普通法律在形式和程序上的差异，突出强调创制宪法活动的特殊性和重要性。

刚性宪法是指创制宪法的形式和程序不同于一般的法律，具有特殊严

[①] 参见罗豪才、吴撷英《资本主义国家的宪法和政治制度》，北京大学出版社 1983 年版，第 13 页。陈新民教授认为，首先提出刚性宪法与柔性宪法分类的是戴雪。戴雪在《英宪精义》（1885 年）中分析法国宪法修改的问题时，提出法国宪法为刚性宪法，而英国宪法为柔性宪法。布赖斯在 1896 年出版的《美国宪政》一书中再度提出了这种分类。由于罗豪才教授主编的《资本主义国家的宪法和政治制度》一书指出布赖斯的另一本著作《历史与法学研究》（1884 年）的出版时间早于戴雪的《英宪精义》，本书采用罗豪才教授主编的《资本主义国家的宪法和政治制度》一书的观点。参见陈新民《中华民国宪法释论》（修正三版），台北三民书局 1999 年版，第 15 页。

格的要求。不论是制定宪法、修改宪法，还是解释宪法，都必须按照一套严格的法律程序进行，以体现创制宪法活动的神圣性。

柔性宪法是指创制宪法的形式和程序与一般的普通法律一样，因此，由此产生的宪法在法律效力上与普通法律的法律效力是一样的。

以刚性宪法和柔性宪法的分类标准来考察世界各国宪法，美国宪法属于典型的刚性宪法，而英国的宪法属于典型的柔性宪法。在美国，基于宪法的规定，宪法的修改程序有别于普通的法律，必须由联邦两院三分之二以上的议员提出修正案，或者由三分之二的州议会提出请求，召集制宪会议才能提出。修正案提出后还需要经过四分之三的州议会的批准，或者由全国四分之三的州组成的制宪会议批准。英国实行不成文宪法制度。但在创制不成文宪法的过程中，一般也采取比较谨慎的态度。一般是先经过议会中的两党联席会议讨论，并必须经过类似公民投票的批准程序。如1911年《议会法》在通过前，曾两度解散下议院，举行大选，以探究公民对这一法案的态度。又如在1971年英国加入欧洲共同体之前，也先举行了公民投票，然后才通过《共同体法》。不过，在英国，创制不成文宪法的法律形式和法律程序与创制普通的法律是一样的，这些不成文宪法在适用和遵守时与普通法律具有相同的法律约束力。

依照刚性宪法与柔性宪法的分类标准，我国宪法也属于刚性宪法。在我国，根据现行宪法第64条的规定，"宪法的修改，由全国人民代表大会常务委员会或者五分之一以上的全国人民代表大会代表提议，并由全国人民代表大会以全体代表的三分之二以上的多数通过"，而"法律和其他议案由全国人民代表大会以全体代表的过半数通过"。这就说明，在我国，创制宪法的形式和程序不同于一般的法律、法规，因此，宪法也具有不同一般法律、法规的法律效力。

2. 钦定宪法、协定宪法与民定宪法

在宪法学上，按宪法制定者的主体身份的差异将宪法分为钦定宪法、协定宪法和民定宪法。钦定宪法是基于君主主权的思想，即君主通过制定宪法主动地将主权分给臣民分享，世界上最古老的钦定宪法是至今仍然在生效的于1814年制定的挪威王国宪法，日本的明治宪法和我国清末的《钦定宪法大纲》都属于钦定宪法的范围。协定宪法指宪法是由君主和人民通过协商的形式制定的，是由君主和人民一起分享国家的主权，世界上最古老的协定宪法是1809年的瑞士宪法，它是资产阶级与封建势力相妥协的产物，在资产阶级第三等级会议上通过，以国王的名义公布。民定宪法是基于人民主权的思想产生的，即国家的一切权力属于人民，宪法制定者只能属于人民。世界上绝大多数宪法都是基于人民主权思想而产生的。从宪法制定者的正当性来看，钦定宪法和协定宪法只是存在于一定的历史阶段，目前，在宪法学理论研究和创制宪法的实践中，通行的是人民主权思想，即人民是宪法的制定者，其他任何组织或者个人都无权制定宪法。即便在保留传统的钦定宪法和协定宪法的国家，君主的作用也只具有象征性的意义。

3. 平时宪法与战时宪法

宪法学一般研究的宪法是一个国家在平时生效的宪法。而在发生战争或者是处于紧急状态的情况下，在平时生效的宪法规范有很多内容就必须做出相应的调整以适应战时或者紧急状态时期的要求。战时宪法的最大的特点就是对国家机关授予较平时为大的紧急处置权力，同时要求公民承担平常时期不用承担的紧急义务以及对公民权利做比平时较为严厉的限制。如在有些国家宪法中就规定，在紧急状态时期，宪法中除了关于紧急权的条款仍然生效，其他的宪法条文中止生效。如1962年《尼泊尔王国宪法》第81条规定："如国王认为，整个尼泊尔或者其他任何部分的安全受到战争、外来侵略或内部动乱的威胁：（1）中止执行除本条以外的本宪法一切条款或任一条文或某些条款中的某些规定；（2）赋予全国评议会、其他政府机构或当局的、或由它们行使的一切权力或任何一部分权力，均归国王掌握。"为了保障公民的基本人权不因为实行战时宪法的规定而被任意剥夺，有些国家宪法还明确规定，即便在紧急状态时期，公民的一些最基本的人权必须得到保障。如1982年《葡萄牙共和国宪法》第19条第4款规定，宣布戒严绝不能侵犯生命权、人格完整、个人身份、个人的公民资格与公民权利、刑法的非追溯性、被告人的抗辩权以及信仰自由与宗教自由。1984年《马来西亚共和国宪法》第150条就规定，在紧急状态生效期间，不得使议会的权力扩大到涉及伊斯兰教法律和马来人的习俗的任何事项。

4. 联邦宪法与州宪法

宪法通常是针对一个国家内的具有根本法地位的法律而言的，在单一制的国家中，只有国家统一的宪法，地方行政单位不能存在自己的宪法。但是，在联邦制国家，除了联邦有自己的宪法，组成联邦的各个州也可以创制自己的宪法，这种州宪法是基于州范围内的人民的意志产生的，与联邦宪法不同的是，州宪法仅仅在州的范围内有效。在存在州宪法的联邦制国家中，联邦宪法与州宪法无论在创制程序、宪法内容上，还是宪法的效力上都有明显的差异。如在美国，联邦有联邦宪法，而在各州，又有各州自己的宪法。联邦的宪法主要涉及与联邦有关的事务，而涉及各州的事务则由州宪法加以规定。在实行联邦制的德国、澳大利亚等都存在两套宪法制度，即既有联邦宪法，又有州宪法。这是学习宪法学、了解外国宪法制度必须注意的重要知识。

5. 形式意义上的宪法与实质意义上的宪法

宪法作为一种特殊的社会现象，其产生、存在和变更是由什么因素决定的，这就是宪法的本质问题。在研究宪法的本质问题时，首先必须回答宪法作为一个国家法律体系中居于核心地位的根本法，为什么比普通法律的产生要晚。在近代宪法产生之前，或者是说在法律产生之时有没有宪法的存在？宪法的起源是否与法律的起源一致？如果两者之间不一致，是什么因素决定了这种不一致？对上述问题的回答也就是对宪法本质的解释。

关于宪法的本质，在宪法发展史上，曾经有过不同的看法，出现了许多具有代表性的观点。主要包括神志论、全民意志论、意志调和论和阶级意志论。神志论认为，宪法是神的意志的体现，如新托马斯主义法学家马里旦（Jacques Maritain）主张："在精神领域里，是有一个有效的主权概念的。上帝，这个分开的整体，是统治被创造的世界的主权者。"在一些国家的成文宪法典中也明确地规定宪法是上帝意志的产物，如瑞士宪法前言规定："谨以全能上帝的名义，制定联邦宪法。"爱尔兰宪法前言也规定："圣父、圣子、圣灵三位一体为一切权力的来源，为世人和国家一切行动的归宿亦即我们的最终目的。"全民意志论主要形成于17、18世纪资产阶级启蒙思想家的宪法学说。卢梭曾明确主张，"法律是公共意志的体现"[1]。1789年法国人权宣言肯定了公共意志说，现行法国宪法则将公共意志作为宪法的本质特征表述为"民有、民治和民享"。意志调和论强调宪法是各种意志相互调和的产物。美国宪法学家杜利索里尼（Rocco J. Tresolini）曾说："宪法有双重功能，即授予权力并限制权力。"[2] 阶级意志论从宪法所反映的阶级力量对比关系的角度来认识宪法的本质，是马克思主义关于宪法本质的基本看法。列宁曾明确地指出："宪法的实质在于：国家的一切基本法律和关于选举代议机关的选举权以及代议机关的权限等

---

[1] 卢梭在《社会契约论》中明确提出了公共意志的观点，并以此发展了由洛克所倡导的人民主权思想。公共意志说成为近代宪法的正当性的出发点。

[2] 参见 American Constitutional Law, New York, The Macmillian Company 1959, p. 9。

等的法律，都表现了阶级斗争中各种力量的实际对比关系。"① 从关于宪法本质的各种学说和观点来看，应该说马克思主义关于宪法本质的揭示比较符合近代宪法发展的基本规律。宪法是一个国家内的根本法，作为法律，它集中体现了宪法制定者的意志。在阶级社会尚存的历史阶段，宪法制定者的意志必然在某种程度上具有反映阶级斗争中各种力量的实际对比关系的功能，只有到阶级社会消灭后的共产主义社会，宪法才能够真正地反映全民的意志，成为全社会所有成员共同意志的产物。

从宪法与普通法律的关系来看宪法的本质，可以发现，宪法的产生晚于普通法律形式。宪法是资产阶级反封建的产物。在近代宪法产生之前，由于在一个国家内部各项国家事务和社会事务的最终决定权掌握在封建君主或者是最高统治者手里，所以，尽管存在各种各样的法律，但是，这些法律本身在维护统治者利益的过程中所产生的矛盾最终无须也不可能通过法律手段予以解决，而是由封建君主或者最高统治者加以处理。所以，在人治的状态下是不可能真正地产生现代意义上的宪法制度的。近代宪法是适应限制封建王权和保障公民权利的要求而产生的，宪法的存在是对人治统治形式的一种法律限制。由于出现了宪法，封建统治者就不能利用法律手段来为所欲为地掠夺人民的财富，随意地享有各种封建特权。

现代宪法继承了近代宪法产生以来的优良传统，除肯定了人民主权原则和一切权力属于人民之外，还突出强调了宪法通过保障人权在实现人民利益中的重要作用。现代宪法特别重视宪法和法律的权威，反对在国家生活和社会生活中有超越于宪法之上的权威的存在。任何组织和个人都必须按照宪法所确立的基本行为准则去做，一切法律、法规，一切组织和个人的行为都不得违宪，任何组织和个人都不得享有超越宪法和法律规定之上的特权。

宪法作为根本法，它处于一个国家统一和完整的法律体系的核心，是依法治国的基础和前提。宪法的根本法作用在于法律、法规必须依照宪法的规定产生，法律、法规不得与宪法相抵触，法律、法规通过具体的制度来保障宪法的有效实施，等等。另外，宪法也是一个国家实行法治的基础，依法治国首先是依宪治国。在宪法得不到实施或者在违宪的状态下是无法实行依法治国的。"合宪性"是判断一个国家是否具有"法治"的根

---

① 《列宁全集》第15卷，人民出版社1959年版，第309页。

本标准。① 不突出宪法的权威，就不可能真正地通过宪法来反映人民的意志，最大限度地实现人民的利益。宪法的上述本质特征是宪法区别于普通法律的法律意义所在。

第二节 宪法的历史演变及特征

宪法作为国家的根本大法，并不是与普通的法律形式在历史上同时产生的，而是资产阶级在反对封建专制统治的过程中，要求限制最高统治者的权力和保障公民权利的产物。日本宪法学者美浓部达吉在1920年出版的《宪法学原理》一书中就已经对宪法的历史起源做了非常科学的探讨。他认为，所谓宪法，"与专制政治的国家相对，而承认国民的参政权，国民直接或由代表机关参与国家的统治，单是这种国家始称为立宪国"。"属于此意义的宪法，至近代始行发达，除英国外，无论何国都不过最近约一百五十年间才发达出来的。"② 这一观点基本上代表了迄今为止国内外宪法学界关于宪法起源的认识，也就是说，宪法作为一种特殊性质的法律，并不是随着人类社会法律的产生就一道产生的，而是人类社会的法律文明发展到一定阶段的产物，特别是宪法是在反对专制和保障权利的观念下产生的，是近代资产阶级反对封建专制，主张人的权利的政治要求的集中体现。

一 近代宪法的起源和历史发展

目前，国内外宪法学界通说认为近代宪法最早起源于英国，最早的宪法文件是1215年的《自由大宪章》（*Magna Charta Libertatum*）。该宪章针对国王的权力进行了必要的限制，同时还保护中世纪各个阶层基于他们自身的需要而应当享有的权利，尤其是宣布教会自由，伦敦和其他城市可以享有自由决定权，商人们无须缴纳不公正的课税。该宪章中某些内容在现今英国的法律中仍然得到了体现，但是，其主要的内容只是具有历史和理

---

① 2019年12月16日第十三届全国人大常委会第四十四次委员长会议通过的《法规、司法解释备案审查工作办法》将体现了宪法本质要求的"宪法原则"和"宪法精神"明确作为合宪性审查的依据。该办法第36条规定："对法规、司法解释进行审查研究，发现法规、司法解释存在违背宪法规定、宪法原则或宪法精神问题的，应当提出意见。"

② 参见［日］美浓部达吉《宪法学原理》，欧宗祐、何作霖译，汤唯点校，中国政法大学出版社2003年版，第378页。

论上的价值①。应当看到，1215年《自由大宪章》是在现代意义上的不列颠王国成立之前产生的，并且在时间上也是出现在欧洲中世纪，所以，作为近代宪法的萌芽，《自由大宪章》只是实质性地具有了限制王权和保障权利的作用。真正在比较成熟的宪法理论和宪法思想指导下产生的近代宪法，是在17、18世纪资产阶级反对封建专制过程中形成的，并且在19世纪和20世纪得到蓬勃发展，呈现出多元化繁荣发展的格局。

1. 英国宪法的起源和历史发展

英国是最早产生宪法文件的国家。1215年《自由大宪章》规定了王权受到限制，同时规定保护各个阶层和人民的合法权益，对于限制以维护封建王权为特征的封建专制，弘扬以保护权利为重点的法治精神起到了非常重要的作用。

在《自由大宪章》之后，英国又通过了一些体现近代宪法限制王权、保障公民权利的宪法文件。如1295年《无承诺不课税法》、1628年《权利请愿书》、1679年《人身保护法》，等等。1688年英国"光荣革命"之后，资产阶级在与封建势力相互妥协的基础上制定的《权利法案》（The Bill of Rights）奠定了英国现代宪法的基础。该法案明确宣布：为确保英国人民传统之权利与自由，由国会两院制定该法。该法案首先要求，凡未经国会同意，以国王权威停止法律或停止法律实施者为越权；向国王请愿，是国民的权利，一切对此请愿的判决或控告都是非法的；国会议员的选举是自由的；为伸张正义，洗清冤屈，以及加强和维护法律，国会应当经常集会，等等。这里实际上已经将世俗社会中的最高权力由国王转移到了民选的国会，奠定了世俗最高权力的民意基础。其后，英国又制定了一系列宪法文件，如1701年《王位继承法》、1911年《国会法》、1918年《国民参政法》、1969年《人民代表法》。值得注意的是，随着欧洲一体化进程的不断深化，英国的宪法体制也逐渐发生了变化。英国国会开始打破传统宪法体制的束缚，注重与立宪领域的国际化趋势相适应。如1972年《欧洲共同体法》、1976年《种族关系法》、1983年《人民代表法》、1986年《公共秩序法》，等等。特别值得一提的是，为了适应人权国际保护的需要，英国议会还在1998年通过了实施《欧洲人权公约》的《人权法案》。该法案明确规定，为进一步加强欧洲人权公约保护的权利和自由

---

① Cf. A. W. Bradley, K. D. Ewing, "Constitutional and Administrative Law", 12th edition, addition Wesley Longman Limited 1997, pp. 14—15.

的效力，使担任一定的司法职务并成为欧洲人权法院法官的人员予以遵守及其他相关目的，制定该人权法案。该法案附件一明确列举了在《欧洲人权公约》中所规定的，且为英国所承认并予以遵守的权利和自由，包括生命权、禁止酷刑、禁止奴役和强制劳役、自由和安全权、公平审判权、法无规定不为罪、私人和家庭生活受尊重权、思想良心和宗教自由权、言论自由权、集会和结社的自由、婚姻权、禁止歧视和禁止滥用权利，等等。这些规定使得英国现代宪法制度的核心内容与国际社会的基本标准保持协调和一致。

2. 美国宪法的起源和历史发展

美国宪法是美国独立战争胜利的产物。1776年发表的《独立宣言》宣告了美国的独立，并且在次年（1777）通过了规范美国独立初期13个州之间邦联关系的《邦联条例》，该《邦联条例》是美国历史上最重要的宪法文件。但是，《邦联条例》只规定设立合众国国会，而未建立邦联的行政机关和统一的邦联军队，因此，根据《邦联条例》建立的只是一个比较松散的邦联，并没有组成真正意义上的联邦国家，因此，《邦联条例》也不是现代主权国家意义上的宪法。但是，与《邦联条例》不一样的是，1776—1780年，13个州中有11个州制定了本州的新宪法，包括新罕布什尔州、南卡罗来纳州、弗吉尼亚州、新泽西州、特拉华州、宾夕法尼亚州、马里兰州、北卡罗来纳州、佐治亚州、纽约州、马萨诸塞州。康涅狄格州和罗德岛州未在独立初期制定新的州宪法，而是将原来殖民地时期颁发的特许状做了若干修改后继续加以延用，直到19世纪。

在《独立宣言》发表7年之后，随着北美资产阶级的强大和英国殖民统治的衰落，1783年，英国政府不得不承认美国的独立。从1786年开始，美国13个州开始着手讨论修改《邦联条例》，试图通过修改《邦联条例》来强化中央国家政权的权威和力量。1787年5月，由除罗德岛之外的12个州选派的55名制宪会议代表会集费城，经过汉密尔顿、麦迪逊等人的努力，最后开成了一个抛弃《邦联条例》、制定美国宪法的制宪会议。1787年9月17日，举行了宪法草案的签字仪式，最后在宪法草案上签字的只有12个州的39名代表，其中包括了制宪会议的主席乔治·华盛顿、本杰明·富兰克林、亚历山大·汉密尔顿、詹姆斯·麦迪逊等著名资产阶级政治家。

美国1787年宪法第7条规定，宪法的批准机关是各州议会，须有9个州议会批准后，宪法才能成立，并在批准的州内发生法律效力。因此，该宪法直到 1788 年 6 月 21 日新罕布什尔州批准时才符合宪法生效的条件。直到 1790 年 5 月 29 日才在最后一个州罗德岛州获得批准。

美国 1787 年宪法现今仍然是生效的，包括序言和 7 条正文，全文约 7000 字。序言着重宣扬美国制定宪法的目的是在于"建立一个更完美的合众国"，在于"树立正义、保证国内治安、筹设国防、增进全民幸福及谋求我们自己和子孙后代永享自由"。序言之后是 7 条宪法正文，第 1 条至第 3 条，按照三权分立的原则，各自规定了立法权、行政权和司法权；第 4 条按照联邦制的原则，就联邦与州之间、州与州之间的权力关系作了规定；第 5 条规定了宪法的修正程序；第 6 条强调了宪法是最高的法律；第 7 条规定了宪法的批准问题。美国 1787 年宪法是人类历史上第一部成文宪法，在该宪法中，第一次明确地以三权分立学说为基础，建立起资产阶级性质的共和国。另外该宪法还突出了宪法的最高法律地位，对确定近代宪法的基本法律特征以及宪法区别于其他形式的法律的基本特点具有非常重要的奠基作用。

1787 年美国宪法通过，之后经过了多次修改，二百多年间共产生 27 条修正案，它们共同构成了美国现行宪法制度的法律基础。在这 27 条修正案中，其中前 10 条修正案是于 1791 年通过的《权利法案》，该法案通过限制国会立法的方式来规定公民依据宪法所享有的自由和权利。最近的一次第 27 条修正案是于 1992 年通过的，该条修正案是关于众议员津贴的，最初的修正案建议是 1789 年提出的，但是，中间经过了 203 年才得以通过。

美国宪法在产生和发展的过程中，还有一个最重要的特点就是在成文宪法之外，还以联邦最高法院的判例为基础形成了一套宪法判例法。该判例法起源于 1803 年的马伯里诉麦迪逊案件。在该案件中，美国最高法院首创了由法院审查普通法律是否违宪，并且对宪法有权做出解释的先例。二百多年来，尽管美国的 1787 年宪法仍然生效，而且也通过了 27 条修正案，但是大量的关于宪法原则和宪法精神的确认都是包含在美国联邦最高法院所做出的宪法解释之中。因此，美国宪法的发展历史实际上是成文宪法与判例宪法并行发展的历史。学习和理解美国宪法，除了应当掌握美国 1787 年宪法和 27 条修正案，还应当研究美国联邦最高法院在二百多年间就宪法所做出的各种宪法解释。

3. 法国宪法的起源和历史发展

法国宪法产生于法国大革命的过程中。1789 年 8 月 26 日通过的《人权和公民权宣言》是法国历史上第一个人权文件，也是法国历史上具有近代宪法意义的第一个宪法文件。《人权和公民权宣言》共17条，确立了许多重要的资产阶级的人权观。如该宣言第2条规定：任何政治结合的目的都在于保存人的自然的和不可动摇的权利。这些权利就是自由、财产、安全和反抗压迫。第16条规定：凡权利无保障和分权未确立的社会，就没有宪法。上述规定既反映了法国大革命时期以卢梭等人提出的"天赋人权"思想，同时也突出了近代宪法产生的历史条件和制度背景。《人权和公民权宣言》意义非常深远，不仅在1791年法国通过的第一部成文宪法中成为该宪法的序言，而且根据法国第五共和国时期宪法委员会的宪法解释，该宣言的主要精神至今仍是解释法国宪法制度的基本原则。

与美国独立战争之后至今二百多年的历史只有一部仍然生效的宪法不一样的是，法国在资产阶级大革命之后，由于社会局势急剧变化导致了宪法也不断地被修改，迄今为止，法国共有过15部宪法，其间连续经历过3次君主立宪制、2次帝制和5次共和制。15部宪法分别是1791年宪法、1793年宪法、1795年宪法、1799年宪法、1802年宪法、1804年宪法、1814年宪法、1815年帝国宪法补充篇、1830年宪法、1848年宪法、1852年宪法、1870年宪法、1875年宪法、1946年宪法、1958年宪法等①。

在法国二百多年的制宪史中所产生的15部宪法，其性质和内容都有所差异。其中既有像1814年宪法这样由封建君主制定的钦定宪法，也有如1830年宪法作为封建君主与资产阶级代表相妥协产生的协定宪法，但是多数宪法属于资产阶级性质的宪法。而且其中大部分宪法产生于资产阶级大革命时期和资产阶级掌握国家政权的初期。现行宪法是1958年法国第五共和国时期的宪法。

在法国宪法产生和发展的历史上，影响较大的宪法有1791年宪法、1793年宪法、1799年宪法、1875年宪法、1946年宪法和1958年宪法。

1791年宪法一般被认为是欧洲大陆第一部成文宪法②，该宪法分为两

---

① 1940年维希政府的宪法法及宪法草案一般不统计在内。

② 近年来有学者指出，波兰于1791年5月3日通过的《波兰宪法》应当是欧洲大陆第一部成文宪法。Cf. "The New Role of the Polish Constitution of 2 April 1997", professor Andrzej Balaban, "Ten Years of the Democratic Constitutionalism in Central and Eastern Europe", edited by Kazimierz Dzialocha, Lublin 2001, p. 45. 法国1791年宪法一般认为国王正式接受的1791年9月14日为正式生效日，故在时间上要滞后，1791年5月3日通过的《波兰宪法》。1991年在波兰华沙举行的第三届世界宪法大会主题就是"第三个一千年之前宪法的发展"。其中一个讨论议题就是纪念波兰1791年宪法和法国1791年宪法及其意义。

个部分，即序言和正文。序言是"人权和公民权宣言"，正文部分共有八篇，包括宪法所保障的基本条款、王国的区划及公民的资格、国家权力、武装力量、赋税、法国与外国的关系、宪法的修改、其他规定等。该宪法确立了三权分立的君主立宪政体，确立国民立法议会由一院制构成，确立一切权力只能来自国民，宣布国王的权力在法律之下，等等。这部宪法比较好地体现了孟德斯鸠的"三权分立"学说和"君主立宪"的思想，是资产阶级与封建贵族相妥协的产物。

1793年宪法是资产阶级雅各宾派制定的共和制宪法。该宪法在保留《人权和公民权宣言》的基础上，将原来的17条增加到35条，并且将宪法草案提交全民公决，得到了参加投票的选民的赞同。与1791年宪法不同的是，1793年宪法强调了卢梭的人民主权说，主张"主权属于人民"，"它是统一而不可分割的"。在正文部分除了对法国与外国的关系、国家机构做了规定，还规定了享受选举权的公民资格等。但是，由于雅各宾派的政权很快被推翻，因此，该宪法并没有得到实施。不过该宪法所体现出来的人民主权思想在当时的欧洲是非常先进的。

1799年宪法是在拿破仑执政政府成立后，由拿破仑授意宪法学家西耶斯主持制定的，又称为"拿破仑宪法"，该宪法草案于1799年12月24日提交全民公决获得通过。该宪法共7章95条。名义上规定法国实行共和制，但是宪法却规定国家最高行政权属于排名有先后顺序的三个执政，执政任期10年，可以连选连任。而拿破仑本人为第一执政。所以，从该宪法的实质来看，实际上确立的是大资产阶级寡头的个人独裁统治。

1875年宪法是在重新确立共和制的基础上制定的，由《参议院组织法》《政权组织法》和《政权机关相互关系法》等三个宪法性法律文件构成。这也是法国宪法发展史上唯一没有以一部完整的宪法典出现的宪法。1875年宪法规定参议院可以审判总统，总统通过内阁行使权力等，进一步限制了总统的权力，巩固了民选议会的权力。

1946年宪法是第二次世界大战后法国通过的一部以议会内阁制为基础的宪法。该宪法仍然以《人权和公民权宣言》作为序言，正文部分共12篇106条，规定法兰西为不可分的、非宗教的、民主的和社会的共和国，并将"自由、平等、博爱"作为共和国的口号，将"民有、民享、民治"作为共和国的原则，还强调法国的国家主权属于国民全体。根据该宪法的规定，法国议会实行两院制。总统由两院选举产生。行政首脑为内阁总理，实行内阁总理负责制，由最高司法会议行使司法权等。此外，该宪法还设立了宪法委员会作为审查违宪法律的机构。

1946年法国宪法实行议会内阁制导致了法国政府的极度不稳定。因此，并没有得到绝大多数公民的赞同。因此，1958年，在戴高乐的主持下，通过了法国第五共和国宪法。该宪法规定法国实行半总统制、半议会制，重新赋予总统以较大的行政权。另外该宪法还保留了1946年宪法所规定的宪法委员会作为审查违宪法律的机构。1958年宪法制定后，迄今为止又经过了十几次修正，包括宪法的结构也做了调整，增加了政府成员的刑事责任、欧洲共同体与欧洲联盟等内容。

1958年法国第五共和国宪法在发展过程中，为了保持宪法文本的稳定性，在宪法实施的实践中又形成了"宪法原理集成团"（Lebloc de Constitutionalité）的概念。目前，法国宪法委员会官方网站上所确认的构成"宪法原理集成团"的法律文本包括1958年法兰西共和国宪法（La Constitution de 1958）、1789年人权和公民权宣言（La Déclaration des droits de l'homme et du citoyen de 1789）、1946年宪法序言（Le Préambule de la Constitution de 1946）以及2004年环境宪章（La Charte de l'environnement de 2004）[①]。

总之，总结法国宪法二百多年的发展历史，由于法国资产阶级大革命后造成的政治局势不稳定，封建势力和资产阶级在不断斗争的过程中也不断地做出妥协，因此，宪法也就必须反映这种阶级力量对比关系的变化。法国宪法经常性的变动说明宪法在产生和发展的过程中除了应当不断适应客观形势的发展变化，也应当保持宪法自身的科学性，保持宪法作为根本大法的相对稳定性。

4. 德国宪法的起源和历史发展

德国在1815年成立德意志联邦后，联邦内南部的一些州开始制定本州的宪法。如巴登州在1818年、拜伦州在1818年、威尔田伯尔州在1819年、黑森—达姆斯塔特州在1820年都相继制定了本州的宪法。这些州宪法基本上在仿效同时期法国制定的宪法。在北部，普鲁士在1850年公布了本州的宪法，该宪法共计119条，规定在普鲁士实行君主立宪制度，国王是行政首脑，任军队总司令，宪法赋予国王巨大的权力。1850年普鲁士宪法后来经过多次修改，直到1919年才停止生效。

1848年德国资产阶级革命后，与德国统一的进程相适应，德国全联邦

---

① 参见 https://www.conseil-constitutionnel.fr/，最后访问日期：2022年4月4日。

的宪法的制定也相应地分为三个主要发展阶段：第一阶段是 1849 年全德法兰克福制宪会议，草拟和通过了法兰克福宪法，该宪法后来并没有得到实施；第二阶段是在德国北部统一后，于 1867 年制定的北德意志联邦宪法，该宪法为德意志帝国宪法的制定提供了蓝本；第三阶段，在德国统一后，于 1871 年通过了德意志帝国宪法。该宪法共 14 章 78 条，规定德意志为联邦国家，并确定联邦立法享有广泛的权力。该宪法还确认德意志皇帝为国家元首，首相是从属于皇帝并对皇帝负责的最高行政官吏。此外，该宪法还确认了普鲁士的军事制度，赋予了普鲁士州在宪法修改上以较大的决定权。该宪法自 1871 年生效实施之后，一直沿用到 1919 年魏玛宪法产生为止。

德意志帝国在第一次世界大战中战败。1918 年 11 月，德国国内也发生了资产阶级民主革命，具有资产阶级自由主义色彩的巴登政府曾想保留 1871 年帝国宪法的主要内容，但是，随着 1918 年 11 月 3 日发生的水兵起义，以工人和士兵为革命主力军进行的德国 11 月革命，很快埋葬了巴登政府。1919 年 1 月 19 日，通过选举产生了由社会民主党右翼控制的国民议会。2 月 6 日，国民议会在魏玛开幕。2 月 10 日，国民议会先通过了一项具有临时宪法性质的《十条约法》，宣布德国为共和国，史称"魏玛共和国"。魏玛共和国成立后，很快任命了宪法学家胡果·普鲁斯任主席的宪法起草委员会。宪法起草委员会于 1919 年 7 月 31 日将新起草的宪法交由国民议会表决，并获得通过。8 月 11 日，该宪法正式实施，史称《魏玛宪法》。由于《魏玛宪法》是在俄国十月革命的背景下产生的，因此，其许多方面都体现了资产阶级民主色彩，特别是在宪法中确立了人民主权原则，规定了魏玛共和国在保障公民权利方面的责任，具有一定的历史进步性。《魏玛宪法》分为两编正文及一个规定过渡问题的结尾，整个宪法共有 181 条，约 14000 字，是当时最长的一部宪法。其中，第一编为"联邦之组织及职责"，主要规定联邦所设立的各国家机关以及其行使的主要职权，联邦与各州权力的划分等。第二编规定了"德国人民的基本权利与基本义务"。在国家机关职权规定上，该宪法规定法律讨论和通过权属于联邦国会，法律公布权属于联邦总统，在联邦与各州的权力划分上规定联邦有立法优先权等。在人民的基本权利规定上几乎涵盖了当时各种先进的宪法所规定的各项权利，特别是对公民经济权利的规定，开创了宪法所规定的以政府积极主动的保障责任为基础的经济、文化和社会权利等第二代人权的先河，对后来各国宪法产生了非常巨大的影响。另外该宪法还有一个重要特色就是强调了公民的基本义务，特别是强调了所有权承担义务的宪法原则，比较好地适应了资本主义由自由发展向垄断过渡的需要。

《魏玛宪法》在许多领域都发展了近代宪法以来所沿袭的宪法传统，具有非常显著的历史进步性。但是，随着希特勒法西斯政权的上台，依据该宪法所建立的资产阶级民主制度事实上遭到了践踏，被法西斯政权通过的《消除民族和国家危机法》（1933年3月23日通过）、《联邦参政会废止法》（1934年2月14日通过）、《禁止组织新政党法》（1933年7月14日颁布）、《关于帝国最高领袖的法令》（1934年8月2日颁布）、《保护德意志人民紧急条例》（1933年2月4日颁布）、《保护人民与国家条例》（1933年2月28日颁布）等法西斯法律所取代，《魏玛宪法》名存实亡。

第二次世界大战结束后，苏联、美国、英国、法国联合占领了德国，并且联合发表了《关于管制德国的联合声明》。在美英法联合占领的德国西占区，于1948年9月1日召开制宪会议，并于1949年5月8日通过了《德意志联邦共和国基本法》，该基本法于1949年5月24日生效实施，联邦德国也于同年9月20日正式成立。但在1952年之前，该基本法还不是联邦德国的最高法，美英法占领当局制定的"占领法"，具有高于基本法的效力。1952年5月，美英法与联邦德国签署了"关于德意志联邦共和国与三国关系的公约"，宣布废除"占领法"，至此，联邦德国基本法成为最高法律。在苏联占领区，1949年5月30日，由第三次德国人民代表大会通过了《德意志民主共和国宪法》，并于同年10月7日生效。这是民主德国的第一部宪法，1968年3月26日，民主德国人民议院又通过了第二部宪法。1990年10月，根据民主德国议会批准的条约，民主德国整体上"加入"联邦德国，实现两德的统一，民主德国的宪法失效，联邦德国基本法在德国全境生效。在德国统一后，根据统一条约，德国联邦议会两院于1992年1月成立了"联合宪法问题研究委员会"，探讨是否应当制定一部正式的德国基本法的问题，但是目前仍没有达成各方都一致接受的建议。依据基本法第146条规定，该法"在德国人民根据自决所通过的宪法开始生效之日起，失去效力"。因此，德国的基本法仍然处于不断发展的过程中。

1949年《联邦德国基本法》实施70多年来，共进行了近50次修改，修改的方式基本上是用"明确的"专门法律来予以修改和加以补充。但是，到目前为止，基本法的总体结构和基本精神基本上保持原貌。根据基本法的规定，德国实行联邦制，联邦议会包括联邦议院和联邦参议院两院，联邦行政机关包括联邦政府与联邦行政管理机构，联邦政府是以联邦总理为首的行政内阁，联邦行政管理机构属于政治上中立的联邦文官系统。联邦法院体系包括普通法院、劳工法院、行政法院、社会法院、财政法院以及联邦宪法法院。联邦总统为国家元首，对外代表国家，但是，联邦总统并不具有实权。基本法的一个重要特色就是在第一章规定了"基本权利"，并且强调基本权利的基本内容在任何情况下都不得受侵害，规定基本权利只受法律限制。联邦宪法法院还在多年的宪法审判实践中发展出了一套系统的保障基本权利的宪法判例体系。

德国基本法的发展，相对于英国、美国、法国等资本主义国家的宪法来说，不论是宪法的形式，还是宪法的内容，在宪法产生后近二百年的时间内经常性地发生巨大变化，这主要是与德国在政治上的动荡不定有关。二战结束后，以《联邦德国基本法》为蓝本，德国建立了一套比较稳定的，且以宪法法院作为基本法实施的保证的宪法制度，对于宪法的文明和进步产生了巨大影响。

5. 日本宪法的起源和历史发展

在日本，明治维新之前并没有近代意义上的宪法。圣德太子宪法虽然以宪法为名，但其内容是关于政治的道德训诫。"宪"在日语中本意是"法则"的意思。而"宪"与"法"两字合二为一也是一般法律的意思。如德川时代编纂的《宪法部类》《宪法类集》和明治时代编纂的《宪法类编》《宪法记录》等，都是把"宪法"一词广泛地应用于一般的法规的意义。明治7年太政官等所定的《议院宪法》，只是规定了地方会议的组织权能，相当于现今的地方议会法令。

产生于欧美的近代意义上的宪法（Constitution），直到明治年间才有与之相对应的名称，但当时的名称用法比较混乱，有的用"政规典则"，有的称"建国法"，有的称"国宪"，有的称"根本律法"等。宪法二字直接指称"Constitution"是明治15年伊藤博文被差遣出使欧洲时，在其指定的调查事项中，采用了"宪法"一词，并逐渐被公众接受，成为"Constitution"的名称[1]。1883年8月，伊藤博文考察欧洲回国，被认命为宫内省大臣，负责起草宪法。1888年4月，新设枢密院为天皇的最高咨询机构，

---

[1] 参见［日］美浓部达吉《宪法学原理》，欧宗祐、何作霖译，汤唯点校，中国政法大学出版社2003年版，第379—380页。

伊藤博文任议长，负责审议宪法草案，1889年2月11日，天皇颁布了名为《大日本帝国宪法》的"钦定宪法"。1890年由日本帝国议会正式通过，并决定于同年11月29日开始生效。明治宪法由天皇、臣民权利义务、帝国议会、国务大臣及枢密顾问、司法、会计、补则7章构成，共计76条。这部宪法主要抄袭了普鲁士宪法，首先确认了天皇作为万世一系的统治权总揽的地位，其次确认了有限的民主主义，如设置民选议会、国务大臣的辅弼制、司法权独立以及臣民的权利和义务等。《大日本帝国宪法》实质上是借用了近代以来欧美宪法的形式，而本质上是以维护天皇的至高无上的统治地位为目的的。该宪法一直沿用至第二次世界大战结束。

第二次世界大战之后，日本作为战败国被盟军占领。1945年10月，在盟军最高统帅麦克阿瑟的授意下，日本内阁开始着手进行宪法修改。但是，日本内阁起草的宪法草案仍然保留了天皇的最高统治权，与此同时，对日本的民主化要求反映不够，因此，在1946年2月间，由盟军司令部直接为日本政府起草了宪法草案，并提出了宪法修改的三原则，即保留天皇制，但天皇不再作为实质性的国家机构；放弃作为国家主权权利的战争；废除日本的封建制度，等等。该宪法草案又称为《麦克阿瑟草案》。1946年10月7日，经过日本帝国议会的众议院和贵族院长时间讨论，通过了经过修改后的《麦克阿瑟草案》，并于1947年5月3日起正式施行。与明治宪法相比较，1946年《日本国宪法》将二元君主立宪制改为议会内阁制，改君主主权为国民主权，改形式上的三权分立为实质上的三权分立，将臣民的权利义务改为国民的权利义务，并且增加了普选原则，使这部宪法成为资产阶级性质的宪法。

1946年《日本国宪法》由序言、天皇、放弃战争、国民的权利与义务、国会、内阁、司法、财政、地方自治、修改、最高法则、补则11章构成，共103条。该宪法名义上是对明治宪法的修改，实质上是在盟军司令部的主持下制定的一部典型的资产阶级宪法，其中最重要的条文是确立了议会内阁制度，使得天皇成为形式上的国家元首，确立了国民主权的法律地位，规定国家一切权力皆出于国民，在第9条中规定永远放弃战争，因此，1946年宪法又被称为"和平主义宪法"。但是，近年来，由于日本国内右翼势力的抬头，尽管按照《日本国宪法》第100条所规定的严格的宪法修改程序导致至今未修改一个宪法条文，但是，日本国会的立法以及内阁的行政活动在许多地方已经违背了"和平宪法"的宗旨。

第二次世界大战后，日本的宪法制度不仅以1946年《日本国宪法》

作为基础，而且还根据宪法第81条的规定①，建立了类似于美国联邦最高法院违宪审查制度的宪法解释制度，并形成了比较系统的宪法判例法，这些宪法判例法对于建构战后日本的宪法制度起到了非常重要的作用。

二 宪法发展的主要类型

宪法自近代产生以来，经过几百年的发展和演变，目前已经形成了比较稳定的制度特征。不论是何种政治体制下产生的宪法，除了因为各自产生的历史条件和具体国情的不同而导致宪法的内容有所差异，宪法的基本原则和基本精神，乃至成文宪法的基本形式结构都存在许多共同和相似的地方。

荷兰学者亨利·范·马尔赛文、格尔·范·德·唐在其合著的《成文宪法的比较研究》一书中指出：从历史上看，宪法是与革命紧紧相连的，宪法起源于革命。1787年美国宪法，1791年法国宪法，1917年墨西哥宪法和1918年苏俄宪法都是革命的产物。直至今日，革命仍然以宪法而结束，因此，宪法被认为是革命的遗产。通过宪法，革命正式得到了其合法性和法律地位。宪法构成了革命将其政治观点转化为规范的法律观念的基础②。

尽管近代宪法经过不断演变，发展到现代意义上的宪法，已经逐渐呈现出某种趋同性，但是，宪法在不同的历史发展阶段和不同的区域，其自身的特征不论从形式，还是到内容，都显示出其多元化发展的轨迹，并形成了不同的宪法类型。荷兰学者亨利·范·马尔赛文、格尔·范·德·唐在其合著的《成文宪法的比较研究》一书中，对宪法发展的类型作了多角度的分析，如宪法在形式上的类型包括：老宪法和新宪法；短宪法和长宪法；单一文件宪法和复合文件宪法；以序言开头的宪法和不以序言开头的宪法；加标题的宪法和不加标题的宪法等③。而更为传统的宪法类型则包括从宪法的结构和宪法的实质的角度来认识宪法发展的基本特征。如莱斯特·沃尔夫·菲利普斯就宪法的类型分为成文的和不成文的；刚性的和柔

---

① 1946年《日本国宪法》第81条规定："最高法院为有权决定一切法律、命令、规则以及处分是否符合宪法的终审法院。"
② 参见［荷］亨利·范·马尔赛文、格尔·范·德·唐《成文宪法的比较研究》，陈云生译，华夏出版社1987年版，第370页。
③ 参见［荷］亨利·范·马尔赛文、格尔·范·德·唐《成文宪法的比较研究》，陈云生译，华夏出版社1987年版，第319页。

性的;联邦的和单一的;总统制的和议会内阁制度的;君主制的和共和制的;规范的和名义上的;公的和私的;等等①。尽管这些宪法类型对于认识宪法发展的历史过程和宪法演变的基本线索具有一定的参考价值,但是,许多宪法类型过于琐碎,没有从整体上把握住宪法发展的历史脉搏。

应当说,宪法从近代产生之后,至今已有几百年的历史,真正具有重要的形式意义和实质意义的宪法类型并不是很多。一般来说,可以从以下几种类型中来认识宪法在发展的过程中所具有的不同特征:

1. 自由宪法与法治宪法

宪法在发展的过程中,一直以保障自由和权利作为宪法的首要目标,但是,在保障自由和权利的实现方式上,不同的法律文化传统下却采取了不同的方式。如在美国,基于自然法高于世俗国家的自然法理念,1787年宪法以及其后的1791年《权利法案》确立了自由先于宪法的原则。因此,美国宪法修正案第1条明确规定:"国会不得制定下列法律。"蕴藏在这种规定背后的法理就是,公民的自由是先于宪法存在的,因此,公民的自由不是宪法赋予的,宪法的任务就是要通过限制议会的立法权力,防止议会运用立法权力来干涉公民本来就已经享有的"自由"和自然法下的各种权利。而与此相反的是,在大陆国家中,尤其是在1919年德国《魏玛宪法》中却特别强调公民的宪法权利必须在法律的限制范围内行使,很显然,宪法权利在此成了由立法机关通过立法赋予的权利,宪法上的自由成了宪法规定之内的自由,而不是先于宪法的自由。如该宪法第118条规定:德国人民,在法律限制内,有用言语、文字、印刷、图书或其他方法,自由发表其意见之权。以言论自由为例,根据上述规定,言论自由只有在法律限制内的才是"自由的"。而在美国宪法第1条修正案中同样规定了言论自由,但是,这种言论自由是国会依据宪法不得加以限制的。很显然,从这种对照比较中可以发现宪法在保障自由和权利的过程中,受到了不同的法律文化传统的影响。美国宪法呈现出"自由宪法"的特征,而德国基本法却强调"法治下的自由"的价值理念。这两种不同的宪法价值观对宪法的历史发展起到了非常重要的影响。

2. 资本主义宪法与社会主义宪法

宪法在历史发展的过程中,还受到了不同性质的革命的影响。早期

---

① 参见[荷]亨利·范·马尔赛文、格尔·范·德·唐《成文宪法的比较研究》,陈云生译,华夏出版社1987年版,第313—314页。

的宪法都是在资产阶级革命胜利掌握政权之后产生的，因此，不论是美国的以三权分立原则为基础的宪法，还是法国的以人民主权说为基础的宪法，这些宪法所体现的都是资产阶级的民主观、法治观和人权观。1918年在列宁领导下所建立的苏俄则依据马克思主义的国家学说和宪法观制定了第一部社会主义类型的宪法。虽然在宪法的基本结构上，1918年苏俄宪法与资本主义类型的宪法极其相似，但是，这两种宪法所赖以存在的社会基础和理论背景是完全不同的。表现在宪法的内容上，社会主义类型的宪法在宪法中公开地确认无产阶级政权的历史使命，并且明确规定了马克思主义的指导思想地位。相对于资本主义类型的宪法而言，社会主义类型的宪法更注重宪法的本质要求，更加重视宪法是否实质性地体现了劳动人民群众的意志和利益，而不是抽象地反映所有人的意志和利益。

3. 成文宪法与不成文宪法

成文宪法与不成文宪法是伴随着宪法的产生和发展一直存在的最能够反映宪法特征的宪法类型。以英国为典型的不成文宪法传统，一直是宪法制度发展和演变中最具有影响力的宪法类型，直到今天，许多前英联邦国家仍然保持了不成文宪法的传统。另外，在成文宪法国家，不成文宪法也构成了宪法制度的最重要的法律基础。如在美国，虽然在1787年制定了成文宪法，但是，二百多年的美国宪法发展史表明，作为不成文宪法的美国联邦最高法院对联邦宪法所做出的解释构成了美国宪法的最重要的组成部分。当今世界，绝大多数国家中，都是实行成文宪法与不成文宪法并存的制度。尤其是宪法法院的判决和对宪法所做出的解释决定，都是非常重要的宪法渊源。

成文宪法是指在一个国家中用名称为宪法的成文法典来表现各种具有宪法效力的法律规范。这些通过名称为宪法的成文法典表现出来的宪法规范是明示的宪法规范，名称为宪法的成文法典一经产生，人们就知道确定在该成文法典中的法律规范为宪法规范。成文宪法是宪法规范赖以存在的主要形式，它的特点是宪法规范的特点明确、集中以及方便了解，等等。所以，世界上大多数国家都采用成文宪法来确定和表述宪法规范。美国是世界上最早颁布成文宪法的国家，在宪法学上一般将美国于1787年制定的美国宪法看作世界上第一部成文宪法。该成文宪法至今仍然生效。在美国1787年成文宪法之后，成文宪法的创制传统相继传到了其他国家，产生了一系列成文宪法。如1791年法国颁布第一部成文宪法，1791年波兰宪法、1809年瑞典、1812年西班牙、1814年挪威、1815年荷兰、1822年葡萄牙、1831年比利时、1814年至1848年德意志诸国、1848年瑞士和意大利、1867年奥地利、1868年卢森堡等国也相继颁布了成文宪法。世界上第一部社会主义性质的成文宪法是1918年的苏俄宪法，即《俄罗斯社会主义联邦苏维埃共和国宪法（根本法）》。20世纪第二次世界大战以后，大多数国家都制定了成文宪法，尤其是六七十年代亚非拉新兴的民族国家摆脱殖民地统治后，都以成文法典的形式确定了民族革命和民族独立与解放的重要成果。中华人民共和国成立以后，共产生了四部成文宪法，即1954年宪法、1975年宪法、1978年宪法与1982年现行宪法。成文宪法以成文宪法中所规定的宪法规范的肯定性与明确性而为各国创制宪法活动所采纳。

不成文宪法是指在一个国家中宪法规范并不是通过一个名称为宪法的成文法典的法律文件表现出来的，而是通过一系列被视为具有宪法效力的法律文件中所包含的法律规范加以体现的。宪法学上一般将不成文宪法视为宪法性法律。对于一个不存在名称为宪法的成文法典，而是通过一系列被视为具有宪法效力的法律文件来表示宪法规范的国家，通常称之为实行不成文宪法的国家。英国是实行不成文宪法的典型国家。英国宪法是由在不同时期颁布的一系列制定法构成的，如1215年的自由大宪章、1628年的权利请愿书、1679年的人身保护法、1689年的权利法案、1701年的王位继承法、1911年的国会法、1918年的国民参政法、1928年的男女选举平等法、1969年的人民代表法等制定法。不成文宪法的形成是有其深刻的历史传统背景的，一般是因为在长期的创制宪法的过程中，采取逐渐完善宪法制度的方式，为了维护宪法秩序，不轻易对以前的宪法制度和传统加以改变，这样就产生了大量的具有宪法作用的法律文件。采用不成文宪法的国家目前主要指沿袭了英国普通法法律传统的少数国家。

在宪法学上将宪法分为成文宪法与不成文宪法主要是从不同的创制宪法的文化传统来考虑的。在世界各国创制宪法的实践中，即便在实行成文宪法的国家中，除名称为宪法的成文法典中集中规定宪法规范之外，宪法规范也存在于宪法惯例或者是其他的宪法性法律中。因此，在实施宪法的过程中，切不可将一个实行成文宪法的国家的宪法规范仅仅理解成限于名称为宪法的成文法典的规定。所以，从理解宪法规范的特性角度来看，将宪法分为成文宪法或者是不成文宪法的意义是很有限的，因为不成文宪法中所确定的宪法规范通常也是明示的宪法规范，如果将作为默示的宪法规范的宪法惯例也包括在不成文宪法中，不成文宪法与成文宪法相对应的意义将比较差，所以，将宪法分为成文宪法与不成文宪法，这种分类形式"只是程度的而非性质上的差异，不足以标明大不相同的各种宪法的异点"①。

4. 平常宪法与过渡宪法

宪法作为革命的产物，往往是在新政权巩固之后，按照特定的民主程序制定的。革命后产生的宪法也就通过法律的形式来全面地肯定革命的成果，并确立有利于新政权的国家制度和社会制度。新政权按照宪法的规定，建立国家机构，确立政权组织形式，保护公民的权利。不过在实践中，从旧政权被推翻到新政权得到巩固，往往都要经过一段时间的过渡期限，在这一过渡期限内会产生一些临时性质的宪法。即使是正式的宪法，在进行全面修改之后，为了使新的宪法规定能够适应社会客观情况的需要，在新宪法正式生效前，也需要保持未经修改的宪法文本继续在一段时间内生效，以防止在制度上出现宪法缺失的真空。因此，过渡宪法通常可以弥补平常宪法在适用时间上的空缺。如1962年12月16日《尼泊尔王国宪法》第19章就规定了"过渡条款"。其中第93条规定：本宪法生效前夕施行的一切法律，在被法律或根据法律予以修正或废止以前，继续以原来的形式施行。但与本宪法有抵触的法律，其抵触的部分，将在本宪法生效一年后停止施行。新中国成立之初，由于普选的全国人民代表大会没有召开，所以，没有能够及时产生正式的宪法，而由1949年9月29日经中国人民政治协商会议第一届全体会议通过的《中国人民政治协商会议共同纲领》代行"临时宪法"的职能，一直到1954年9月20日第一届全国人民代表大会第一次会议通过《中华人民共和国宪法》时为止。刘少奇同志在1954年9月15日中华人民共和国第一届全国人民代表大会第一次会议上作的《关于中华人民共和国宪法草案的报告》中曾对《共同纲领》所起到的临时宪法作用给予了高度评价。刘少奇同志指出："一九四九年，中国人民政治协商会议制定了一个共同纲领。这个共同纲领起了临时宪法的作用。这个共同纲领总结了过去革命的经验，特别是人民革命根据地的经验，宣告了中华人民共和国的成立，确定了中华人民共和国应当实现的各方面的基本政策。这个共同纲领，中央人民政府和地方各级人民政府坚

---

① [美] 迦纳：《政治科学与政府·第三册·政府论》，孙寒冰译，商务印书馆1947年第5版，第816页。

决地执行了。"① 过渡宪法相对于平常宪法来说，一般具有原则性，也就是说，在过渡宪法中所规定的一些基本制度都比较原则，主要是为了保证在旧的宪法失去效力而新的宪法尚未生效之前，对一国的大政方针和基本政策做出规定。从过渡宪法的本质特征来看，过渡宪法与平常宪法相比，更能够体现出社会各个阶层之间的妥协。

5. 民族国家的宪法与全球化背景下的宪法

在传统的宪法学中，宪法一般都是以一个主权国家为背景的，也就是说，只有一个主权国家才能产生宪法，宪法也只能在主权国家的主权管辖范围内生效。但是，随着第二次世界大战后全球化运动的不断深入，以及各种地区性的国际组织在协调国际事务方面作用的加强，享有主权的民族国家之外的国际组织的宪法性文件也开始对主权国家发生效力，有些国家甚至将这些国家组织的宪法性文件视为本国宪法的渊源之一。如欧盟在促进欧洲一体化过程中就制定了《欧盟宪法条约草案》，作为指导欧盟成员国的基本法律原则。尽管该宪法条约草案因在法国和荷兰的全民公决中遭到否决没有被正式通过，但是，该宪法条约草案的立宪原理和精神已经对欧盟成员国国内的宪法制度产生了重要影响。而这种影响还通过欧盟法院的司法判决得到了强化。欧盟法院在长期的审判实践中确立了两项最基本的法治原则，即欧盟法律在欧盟成员国中的直接的法律效力；欧盟法律具有高于欧盟成员国国内法的效力。

总之，以近代宪法为源头的宪法产生和发展的历史，实际上是一部人类政治文明不断发展和不断进化的历史，宪法在各个不同历史阶段所体现出的不同形式特征和内容特征都是现代法治社会法治理念从不成熟到成熟的演变历史的产物。从宪法总的发展趋势来看，依宪治理的全球化趋势越来越明显，各国在借鉴其他国家宪法制度建设经验的基础上，都在探索适合于本国的最好的宪法制度。

三 新中国宪法的发展过程及其特征

(一) 旧中国宪法制度的萌芽与形成

新中国的宪法是在否定旧中国宪法的基础上产生的。早在19世纪前半叶，外国来华的传教士就开始翻译和介绍欧美的宪法制度。例如，美

---

① 刘少奇：《关于中华人民共和国宪法草案的报告》（1954年9月15日），载全国人大常委会法制工作委员会宪法室编：《中华人民共和国制宪修宪重要文献资料选编》，中国民主法制出版社2021年版，第393—394页。

国新教第一位在华传教士裨治文所著《大美联邦志略》，在"民脱英轭"部分就介绍了美国独立的过程，而且全文翻译了美国的《独立宣言》。在"建国立政"中还将美国宪法7条介绍到中国①。其后，包括魏源、梁廷枏、徐继畬、黄遵宪等人以不同方式向国人介绍西方国家的宪政思想和宪法制度。及至清末推行仿行宪政，派出大臣出洋考察国外宪政，并制定了《钦定宪法大纲》（1908年）和《十九信条》（1911年），但是，这两个宪法文件只是沿用了近代西方国家宪法的形式，而没有真正反映近代宪法限制王权、保障公民权利的要求，因此，并没有对旧中国宪法制度的建设产生实质性的意义。辛亥革命胜利后，在孙中山先生领导下于1912年3月8日通过的《中华民国临时约法》是旧中国第一部具有资产阶级民主性质的宪法文件，但是，由于袁世凯窃取了辛亥革命的胜利果实，《临时约法》也就随之被束之高阁。北洋政府时期，先后出现了天坛宪草、"袁记约法"和"曹锟宪法"等所谓的宪法文件，但是这些宪法文件不仅没有在实际中生效，其本身也不过是北洋军阀用来窃取政权、欺骗人民的工具。1927—1949年新中国成立，国民党政权先后抛出了《中华民国宪法草案》（1936年5月5日通过，又称"五五宪草"）和《中华民国宪法》（1946年11月15日通过），但是，由于这两部宪法文件都是在国民党政权顽固地坚持一党专政以及反共、反人民的立场下出台的，所以，究其本质来说，并没有在旧中国真正地实现现代意义上的民主政治。

与旧中国一切反动政权不一样的是，中国共产党自从登上历史舞台，就注重运用制宪的形式来反映人民的要求和主张。早在革命根据地时期，共产党领导的革命根据地政权就制定了一系列宪法性文件来保障人民的权利，反映人民当家做主的要求。如1931年11月7日，第一次苏维埃代表大会就在江西瑞金通过了《中华苏维埃共和国宪法大纲》。抗日战争时期，陕甘宁边区第二届参议会制定和通过了《陕甘宁边区施政纲领》，将体现了抗日民主政权特色的"三三制"规定在施政纲领中，对于最广泛地团结一切抗日力量起到了非常重要的作用。1946年4月23日，第三届边区参议会第一次会议又通过了《陕甘宁边区宪法原则》，该宪法原则确立了普遍、直接、平等和无记名的选举原则，还规定了民族平等、男女平等以及解放区人民的各项政治、经济和文化权利，充分体现了共产党领导的革命

---

① 参见蒋南成、雷伟红主编《宪法学》，浙江大学出版社2007年第1版，第41页。

根据地政权的人民性。这些宪法文件对于新中国成立后建立社会主义政权，制定社会主义性质的宪法起到了重要的奠基作用。

新中国宪法是伴随着中华人民共和国的诞生而产生的。早在新中国成立前夕，1949年1月14日，中共中央主席毛泽东发表了《关于时局的声明》，在该声明中，毛泽东主席揭露了蒋介石提出和谈建议的虚伪性，指出："这是因为蒋介石在他的建议中提出了保存伪宪法、伪法统和反动军队等项为全国人民所不能同意的条件，以为和平谈判的基础。这是继续战争的条件，不是和平的条件。"[①] 蒋介石之所以提出保存伪宪法、伪法统，实质上是企图保持国民党的法统不致中断，以此继续维持地主、买办官僚资产阶级的反革命统治。因此，在《关于时局的声明》中，毛泽东主席又针锋相对地提出了以废除伪宪法、废除伪法统等八项条件，作为和平谈判的基础。这个声明表达了全国人民决心彻底推翻国民党反动统治，将革命进行到底的要求和愿望，粉碎了国民党反动派妄图保留伪宪法、伪法统以维持其统治的阴谋。因此，废除国民党政府的法律，是我国人民革命的一项重要内容。

（二）《共同纲领》作为新中国临时宪法的重要作用

为了彻底废除国民党反动政权赖以存在的法律基础，在人民共和国即将成立的前夕，中国共产党邀请中国社会各民主党派、无党派人士以及社会贤达，经过三次起草，于1949年9月29日由中国人民政治协商会议第一届全体会议通过了《中国人民政治协商会议共同纲领》，简称《共同纲领》。它是我国宪法史上第一个比较完备的新民主主义性质的宪法文件，又称为"临时宪法"。它的制定对确立新中国成立初期的大政方针，巩固新生的人民民主专政政权起到了非常重要的法律保障作用，是新中国宪法史的基石和出发点。

《中国人民政治协商会议共同纲领》分序言和总纲、政权机构、军事制度、经济政策、文化教育政策、民族政策、外交政策七章，总计60条，7000余字。这个纲领是全国人民意志和利益的集中体现，是革命斗争经验的总结，也是中华人民共和国在相当长的时期内的施政准则。它规定中华人民共和国是新民主主义及人民民主的国家；政权是工人阶级、农民阶级、小资产阶级、民族资产阶级及其他爱国民主分子的人民民主统一战线政权，而以工农联盟为基础，以工人阶级为领导；目标是反对帝国主义、

---

① 《毛泽东选集》第4卷，人民出版社1991年第2版，第1388页。

封建主义和官僚资本主义，为中国的独立、民主、和平、统一和富强而奋斗。它给新中国制定了政权机构、军事制度以及经济政策、文化教育政策、民族政策、外交政策的总原则。它规定人民享有广泛的民主权利和应尽的义务。共同纲领的制定和通过表明，中国共产党的最低纲领即新民主主义纲领，已被集中代表各民主党派、各人民团体、各民主阶级、各少数民族、海外华侨及其他爱国民主分子意志的中国人民政治协商会议所一致接受，成为新中国的建设蓝图。

新中国成立以后，1949—1953年，我们按照《共同纲领》的规定先后完成了祖国大陆的统一，完成了土地改革，进行了镇压反革命和各种民主改革，恢复了国民经济。从1953年起我国进入了有计划地进行社会主义建设和社会主义改造的新时期。随着政治、经济各方面工作的顺利进行以及阶级力量对比关系发生变化，就有必要在共同纲领的基础之上制定一个比较完备的宪法，将新中国成立以来所取得的胜利成果和主要经验肯定下来。

（三）1954年宪法及过渡时期宪法的特征

中央人民政府委员会在1953年1月13日成立了以毛泽东同志为首的中华人民共和国宪法起草委员会。宪法起草委员会在1954年3月接受了中国共产党中央委员会提出的宪法草案初稿，随即在北京和全国各大城市组织各民主党派、各人民团体和社会各方面的代表人物共8000多人，用两个多月的时间，对这个初稿进行了认真的讨论。以这个初稿为基础经过修改后的宪法草案，由中央人民政府委员会在1954年6月14日公布，交付全国人民讨论。全国人民的讨论进行了两个多月，共有1.5亿人参加[①]。广大的人民群众热烈地拥护这个宪法草案，同时提出了很多修改和补充的意见。根据这些意见，宪法起草委员会对原来的草案再度做了修改，并且经过1954年9月9日中央人民政府委员会第三十四次会议讨论通过，提交1954年9月15日在北京召开的第一届全国人民代表大会第一次会议审议这个草案。1954年9月20日第一届全国人民代表大会第一次会议出席代表以无记名投票方式一致通过了《中华人民共和国宪法》，并由大会主席团公布，中华人民共和国第一部宪法正式诞生了。1954年宪法除序言部分之外，计有总纲、国家机构、公民的基本权利和义务、国旗国徽首都

[①] 参见刘少奇《关于中华人民共和国宪法草案的报告》，载莫纪宏《政府与公民宪法必读》，中国人民公安大学出版社1999年版，第322页。

四章，106条。它确立了新中国的根本政治制度，首次规定"中华人民共和国的一切权力属于人民"。它是社会主义类型的宪法。1954年宪法颁布以后，积极地推动了社会主义改造和社会主义建设事业的前进，使得我国民主和法制建设进入了一个崭新的阶段。

（四）"文革"时期宪法发展受到挫折与阻碍

1966年开始的"文化大革命"，使得党和国家的政治生活和社会生活陷入全面的长时期的混乱之中，在"文革"中产生的"以阶级斗争为纲"和"坚持无产阶级专政下继续革命"的理论左右了党和国家的路线方针，在这种情况下，产生了具有极"左"色彩的1975年宪法。1975年宪法虽然肯定了1954年宪法所确立的最基本的宪法原则，但是，由于它掺入了很多极"左"的因素，所以，它是一部具有严重缺陷的宪法，相比1954年宪法而言，不仅在篇幅上只有四章30条，而且对于社会主义法制建设的促进方面非但没有前进，相反倒退了很多。

1978年3月5日，五届全国人大一次会议通过了中国的第三部宪法。这部宪法比1975年宪法有了重大变化，但由于它产生于党的十一届三中全会之前，仍然存在许多缺陷，主要是仍保留了"坚持无产阶级专政下的继续革命"和公民有"大鸣、大放、大辩论、大字报"的权利[①]等错误提法。1978年宪法共有四章60条。1979年7月五届人大二次会议和1980年9月五届人大三次会议，又以"决议"形式[②]连续两次对这部宪法进行部分修改。至此，新中国已经产生过三部宪法和对宪法进行过四次修改。

1978年3月第五届全国人民代表大会第一次会议通过了1978年宪法，从那以后的几年，正是我们国家处在历史性转变的重要时期。1978年12月中国共产党十一届三中全会以后，党和国家领导全国人民全面清理"文化大革命"的错误，深入总结新中国成立以来的历史经验，恢复并根据新情况制定一系列正确的方针和政策，使国家的政治生活、经济生活和文化生活发生了巨大的变化。1978年宪法在许多方面已经同现实的情况和国

---

① 1975年宪法并没有将"大鸣、大放、大辩论、大字报"作为公民的一项权利来加以规定，只是强调了"大鸣、大放、大辩论、大字报"的意义，1978年宪法则将其确定为公民的权利。该权利在1980年9月10日第五届全国人民代表大会第三次会议上通过的关于修改宪法第45条的决议中被取消。

② 1979年7月1日第五届全国人民代表大会第二次会议通过"第五届全国人民代表大会第二次会议关于修正《中华人民共和国宪法》若干规定的决议"；1980年9月10日第五届全国人民代表大会第三次会议通过"第五届全国人民代表大会第三次会议关于修改《中华人民共和国宪法》第四十五条的决议"。

家生活的需要不相适应，有必要对它进行全面的修改。中国共产党召开的十一届六中全会通过的《关于新中国成立以来党的若干历史问题的决议》和第十二次全国代表大会的文件，得到全国人民的拥护，为宪法修改提供了重要依据。

（五）现行宪法产生的过程及意义

1980年9月10日，第五届全国人民代表大会第三次会议接受中共中央的建议，决定成立宪法修改委员会，主持修改现行宪法。宪法修改委员会和它的秘书处成立以后，经过广泛征集和认真研究各地方、各部门、各方面的意见，于1982年2月提出《中华人民共和国宪法修改草案》讨论稿。宪法修改委员会第二次会议，用九天的时间对讨论稿进行了讨论和修改。全国人大常委会委员、全国政协常委会部分委员、各民主党派和人民团体领导人，中共中央各部门、国务院各部门、人民解放军各领导机关以及各省、自治区、直辖市的负责人，也都提出了修改意见。4月，宪法修改委员会第三次会议又进行了九天的讨论并通过了宪法修改草案，由全国人大常务委员会公布，交付全国各族人民讨论[①]。

这次全民讨论的规模之大、参加人数之多、影响之广，都是前几次宪法修改活动所无法比拟的。它足以表明全国工人、农民、知识分子和其他各界人士管理国家事务的政治热情的高涨。通过全民讨论，发扬民主，使宪法的修改更好地集中了群众的智慧。这次全民讨论，实际上也是一次全国范围的群众性的法制教育，增强了干部和群众遵守宪法和维护宪法尊严的自觉性。讨论中普遍认为，这个宪法修改草案科学地总结了我国社会主义发展的历史经验，反映了全国各族人民的共同意志和根本利益，是合乎国情、适应社会主义现代化建设需要的。全民讨论中也提出了大量的各种类型的意见和建议。宪法修改委员会秘书处根据这些意见和建议，对草案又进行了一次修改。许多重要的合理的意见都得到采纳，原来草案的基本内容没有变动，具体规定做了许多补充和修改，共有近百处，其中纯属文字改动的没有计算在内。有一些意见，虽然是好的，但实施的条件不具备、经验不够成熟，或者宜于写在其他法律和文件中，不需要写进国家的根本大法，因而没有采纳。这个草案，经宪法修改委员会第四次会议历时五天逐条讨论，又做了一些修改，于11月23日在宪法修改委员会第五次

---

① 参见彭真《关于中华人民共和国宪法修改草案的报告》，载莫纪宏《政府与公民宪法必读》，中国人民公安大学出版社1999年版，第445页。

会议上通过，并于 1982 年 11 月 26 日提交第五届全国人民代表大会第五次会议审议。1982 年 12 月 4 日，第五届全国人民代表大会第五次会议以无记名投票方式，通过了《中华人民共和国宪法》。同日由大会主席团正式公布。新中国成立以后的第四部宪法，也是最好的一部宪法诞生了。它的根本特点是，规定了我国的根本制度和根本任务，确定了四项基本原则和改革开放的基本方针。它规定，全国各族人民和一切组织，都必须以宪法为根本的活动准则，任何组织或个人，都不得有超越宪法和法律的特权。

（六）现行宪法的五次修正案及其主要特征

1982 年宪法生效后，适应改革开放和社会主义现代化建设的需要，先后对 1982 年现行宪法进行了五次修改。与前几次修改方式不同的是，从 1988 年开始，宪法修改采取了宪法修正案的方式，共产生了五个宪法修正案，包括 1988 年修正案、1993 年修正案、1999 年修正案、2004 年修正案和 2018 年修正案。五个修正案的条文连续排序，其中 1988 年 2 条、1993 年 9 条、1999 年 6 条、2004 年 14 条、2018 年 21 条。

1988 年和 1993 年，在党的十三大和十四大召开后，我国先后对现行宪法进行过两次修改。1988 年 3 月 31 日，在第七届全国人民代表大会第一次会议上，审议了宪法修正案草案，12 天后予以通过。1988 年修宪的内容有：宪法第 11 条增加：国家允许私营经济在法律规定的范围内存在和发展；宪法第 10 条第 4 款改为：土地的使用权可以依照法律的规定转让。这次修改开创了两个第一：一个是第一次在法律上承认私有经济，另一个是第一次在法律上承认了土地使用权的商品化。随后，1990 年 5 月 19 日，由国务院 55 号令颁布和实施的《中华人民共和国城镇国有土地使用权出让和转让暂行条例》，则成为土地使用权上市交易的具体规则。1993 年 2 月 14 日，中共中央再次提出宪法修正案草案，3 月 20 日，第八届全国人民代表大会第一次会议通过了这个修正案。修正案内容总计 9 条，主要有：将"社会主义初级阶段"和"有中国特色的社会主义""改革开放"写进了宪法；用"家庭联产承包为主的责任制"取代"人民公社"；用"市场经济"取代"计划经济"。

实践证明，1988 年和 1993 年的这两次修改对我国改革开放和现代化建设都发挥了重要的促进和保障作用。为维护宪法的权威性和稳定性，自 1988 年修宪起，我国开始采用审议和公布"宪法修正案"，并在宪法正文后以附录的方式出现。

1999年春，中共中央向全国人大常委会再次提出修改宪法的建议。这次修宪是我国对宪法的第八次修改。这次修宪的背景完全不同于前两次。6年来，中国改革开放的形势已发生了巨大的变化。改革开放的程度越来越深，百姓关心的焦点已转向要求法律保护私有财产在内的一切合法财产等方面。

这次修宪所涉及问题无论深度广度以及尖锐程度都超过了前两次修宪。此次修宪共产生修正案条文6条。修宪主要内容有：在序言中写进"邓小平理论"。第5条增加一款：实行依法治国，建设社会主义法治国家。第6条规定基本经济制度为以公有制为主体、多种所有制经济共同发展。第8条规定农村集体经济实行家庭承包经营为基础、多种分配方式并存。第11条明确个体经济、私营经济是社会主义市场经济的重要组成部分，国家保护个体经济、私营经济的合法权利的利益。国家对个体经济、私营经济实行引导、监督和管理。第28条将"反革命的活动"改为"危害国家安全的犯罪活动"。

1999年修改宪法之后，我国的社会政治、经济形势又发生了巨大变化，特别是人权保护意识有了巨大的提高，为了进一步给予人权保护事业以有力的法律保障，《中央政治局常委会2003年工作要点》明确提出，要根据新形势下党和国家事业发展的要求，着手进行宪法修改工作。2003年3月27日，中央政治局常委会会议研究和部署了修改宪法工作，确定了这次修改宪法总的原则；强调在整个修改宪法过程中，要切实加强党的领导，充分发扬民主，广泛听取各方面的意见，严格依法办事；成立了以吴邦国同志为组长的中央宪法修改小组，在中央政治局常委会领导下工作。2003年4月，中央请各省、自治区、直辖市在调查研究的基础上提出修改宪法的建议上报中央。5月、6月，中央宪法修改小组先后召开六次座谈会，听取地方、部门和部分企业负责人、专家的意见。在此基础上拟订出中央《建议》征求意见稿，由中央下发一定范围征求意见；同时，胡锦涛总书记于8月28日主持召开各民主党派中央、全国工商联的负责人和无党派人士座谈会，吴邦国同志于9月12日召开部分理论工作者、法学专家和经济学专家座谈会，征求意见。在征求意见的过程中，各地方、各部门、各方面提出了许多很好的意见和建议，而且意见和建议比较集中。根据各地方、各部门、各方面的意见对中央《建议》征求意见稿进一步修改后，形成中央《建议》草案。中央《建议》经中央政治局常委会会议和中央政治局会议多次讨论研究，提请党的十六届三中全会审议通过后，由党中央提请全国人大常委会依照法定程序提出宪法修正案（草案）的议案。2003年12月22—27日举行的十届全国人大常委会第六次会议将中央《建议》列入议程。常委会组成人员以高度负责的精神，对中央《建议》进行了认真讨论，一致赞成中央确定的这次修改宪法总的原则，认为以马克思列宁主义、毛泽东思想、邓小平理论和"三个代表"重要思想为指导，贯彻党的十六大精神，根据我国改革开放和社会主义现代化建设事业发展的需要，修改宪法部分内容，十分必要，非常及时。中央《建议》立意高远，内涵深刻，体现了党的主张和人民意志的有机统一，凝聚了全党全国各族人民的智慧，都是关系到国家发展和长治久安的重大问题。会议根据常委会组成人员的共同意见，依照宪法第64条规定的修改宪法的特别程序，以《建议》为基础，形成并全票通过了全国人大常委会关于提请审议宪法修正案（草案）的议案和宪法修正案（草案），决定提请十届全国人大二次会议审议[①]。

2004年3月14日，第十届全国人民代表大会第二次会议通过了《中华人民共和国宪法修正案》。这次宪法修改，是新中国宪法的第九次修改，也是现行宪法的第四次修改。此次修正共产生修正案14条。这次宪法修改突出了"以人为本"的理念和保障人权的原则，对宪法所规定的许多重要的制度都做了修改和完善。主要涉及13项内容：

1. 确立"三个代表"重要思想在国家政治和社会生活中的指导地位

宪法修正案将宪法序言第七自然段中"在马克思列宁主义、毛泽东思想、邓小平理论指引下"修改为"在马克思列宁主义、毛泽东思想、邓小平理论和'三个代表'重要思想指引下"，并将"沿着建设有中国特色社会主义的道路"修改为"沿着中国特色社会主义道路"。"三个代表"重要思想同马克思列宁主义、毛泽东思想、邓小平理论是一脉相承而又与时俱进的科学体系，是马克思主义在中国发展的最新成果，是面向21世纪的中国化的马克思主义，是引导全党全国各族人民为实现新世纪新阶段的发展目标和宏伟蓝图而奋斗的根本指针。把"三个代表"重要思想同马克思列宁主义、毛泽东思想、邓小平理论一道写入宪法，确立其在国家政治和社会生活中的指导地位，反映了全党全国各族人民的共同意愿，体现了党的主张和人民意志的统一，为全党全国各族人民

[①] 参见2004年3月8日王兆国在第十届全国人民代表大会第二次会议上所做的《关于〈中华人民共和国宪法修正案（草案）〉的说明》。

在新世纪新阶段继续团结奋斗提供了共同的思想基础，具有重大的现实意义和深远的历史意义。

2. 增加推动物质文明、政治文明和精神文明协调发展的内容

宪法修正案在宪法序言第七自然段中"逐步实现工业、农业、国防和科学技术的现代化"之后，增加"推动物质文明、政治文明和精神文明协调发展"的内容。党的十六大报告提出"不断促进社会主义物质文明、政治文明和精神文明的协调发展"，反映了我们党对共产党执政规律、社会主义建设规律和人类社会发展规律认识的深化，既是对社会主义文明内涵的极大丰富，又是对社会主义现代化建设理论的重大发展，具有重要意义。把"三个文明"及其相互关系写入宪法，并同这一自然段中确定的"把我国建设成为富强、民主、文明的社会主义国家"的社会主义现代化建设总目标紧密相连，不仅意思比较连贯、逻辑比较严谨，而且为"三个文明"协调发展提供了宪法保障。

3. 在统一战线的表述中增加社会主义事业的建设者

宪法序言第十自然段第一句明确规定，"社会主义的建设事业必须依靠工人、农民和知识分子，团结一切可以团结的力量"。随着改革的深化、开放的扩大和经济社会的发展，我国的统一战线不断扩大。党的十六大明确提出，在社会变革中出现的新的社会阶层"都是中国特色社会主义事业的建设者"。据此，宪法修正案在宪法关于统一战线的表述中增加"社会主义事业的建设者"，将宪法序言这一自然段第二句关于统一战线的表述修改为："在长期的革命和建设过程中，已经结成由中国共产党领导的，有各民主党派和各人民团体参加的，包括全体社会主义劳动者、社会主义事业的建设者、拥护社会主义的爱国者和拥护祖国统一的爱国者的广泛的爱国统一战线，这个统一战线将继续巩固和发展。"统一战线包括的"劳动者""建设者"和两种"爱国者"，一层比一层更广泛，社会主义事业的建设者包括全体社会主义劳动者和在社会变革中出现的新的社会阶层。这样修改，有利于最广泛、最充分地调动一切积极因素。

4. 完善土地征用制度

宪法修正案将宪法第10条第3款"国家为了公共利益的需要，可以依照法律规定对土地实行征用"修改为："国家为了公共利益的需要，可以依照法律规定对土地实行征收或者征用并给予补偿。"这样修改，主要的考虑是：征收和征用既有共同之处，又有不同之处。共同之处在于，都是为了公共利益需要，都要经过法定程序，都要依法给予补偿。不同之处

在于，征收主要是所有权的改变，征用只是使用权的改变。而此前现行宪法第10条第3款关于土地征用的规定，以及依据这一规定制定的土地管理法，没有区分上述两种不同情形，统称"征用"。

5. 进一步明确国家对发展非公有制经济的方针

国家在社会主义初级阶段，坚持和完善公有制为主体、多种所有制经济共同发展的基本经济制度。作为社会主义市场经济重要组成部分的个体、私营等非公有制经济在促进经济增长、扩大就业、活跃市场等方面的重要作用日益显现。根据党的十六大关于"必须毫不动摇地鼓励、支持和引导非公有制经济发展"，"依法加强监督和管理，促进非公有制经济健康发展"的精神，宪法修正案将宪法第11条第2款"国家保护个体经济、私营经济的合法的权利和利益。国家对个体经济、私营经济实行引导、监督和管理"修改为："国家保护个体经济、私营经济等非公有制经济的合法的权利和利益。国家鼓励、支持和引导非公有制经济的发展，并对非公有制经济依法实行监督和管理。"这样修改，全面、准确地体现了党的十六大关于对非公有制经济既鼓励、支持、引导，又依法监督、管理，以促进非公有制经济健康发展的精神；也反映了我国社会主义初级阶段基本经济制度的实际情况，符合生产力发展的客观要求。

6. 完善对私有财产保护的规定

我国改革开放以来，随着经济发展和人民生活水平的提高，公民拥有的私人财产普遍有了不同程度的增加，特别是越来越多的公民有了私人的生产资料，群众对用法律保护自己的财产有了更加迫切的要求。根据党的十六大关于"完善保护私人财产的法律制度"的精神，宪法修正案将宪法第13条"国家保护公民的合法的收入、储蓄、房屋和其他合法财产的所有权""国家依照法律规定保护公民的私有财产的继承权"修改为："公民的合法的私有财产不受侵犯""国家依照法律规定保护公民的私有财产权和继承权""国家为了公共利益的需要，可以依照法律规定对公民的私有财产实行征收或者征用并给予补偿"。这样修改，主要基于三点考虑：一是进一步明确国家对全体公民的合法的私有财产都给予保护，保护范围既包括生活资料，又包括生产资料。二是用"财产权"代替原条文中的"所有权"，在权利含义上更加准确、全面。三是我国几个现行法律根据不同情况已经做出了征收或者征用的规定，在宪法中增加规定对私有财产的征收、征用制度，有利于正确处理私有财产保护和公共利益需要的关系，许多国家的宪法都有类似的规定。

7. 增加建立健全社会保障制度的规定

根据党的十六大精神，宪法修正案在宪法第 14 条中增加一款，作为第 4 款："国家建立健全同经济发展水平相适应的社会保障制度。"社会保障直接关系到广大人民群众的切身利益。建立健全同经济发展水平相适应的社会保障制度，是深化经济体制改革、完善社会主义市场经济体制的重要内容，是发展社会主义市场经济的客观要求，是社会稳定和国家长治久安的重要保证。

8. 增加尊重和保障人权的规定

宪法修正案在宪法第二章"公民的基本权利和义务"第一条即第 33 条中增加一款，作为第 3 款："国家尊重和保障人权。"这样修改，主要基于两点考虑：一是尊重和保障人权是我们党和国家的一贯方针，把它写入宪法，可以进一步为这一方针的贯彻执行提供宪法保障。二是党的十五大、十六大都明确地提出了"尊重和保障人权"。在宪法中做出尊重和保障人权的宣示，体现了社会主义制度的本质要求，有利于推进我国社会主义人权事业的发展，有利于我们在国际人权事业中进行交流与合作。

9. 完善全国人民代表大会组成的规定

宪法修正案在宪法第 59 条第 1 款关于全国人民代表大会组成的规定中增加"特别行政区"，将这一款修改为："全国人民代表大会由省、自治区、直辖市、特别行政区和军队选出的代表组成。各少数民族都应当有适当名额的代表。"在香港、澳门回归祖国后，做这样的修改，符合全国人民代表大会组成的实际情况。

10. 关于紧急状态的规定

宪法对"戒严"做了规定，但没有规定"紧急状态"。戒严法根据宪法，规定戒严是"在发生严重危及国家的统一、安全或者社会公共安全的动乱、暴乱或者严重骚乱，不采取非常措施不足以维护社会秩序、保护人民的生命和财产安全的紧急状态时"采取的一种非常措施。总结 2003 年抗击"非典"的经验教训，并借鉴国际上的普遍做法，需要完善应对严重自然灾害、突发公共卫生事件、人为重大事故等紧急状态的法律制度。现行的防洪法、防震减灾法、传染病防治法等单行法律规定的措施，实际上也是在各种紧急状态下采取的不同的非常措施。在紧急状态下采取的非常措施，通常要对公民的权利和自由不同程度地加以限制。多数国家宪法中都有关于"紧急状态"的规定。因此，宪法修正案将宪法第 67 条规定的全国人大常委会职权第 20 项"决定全国或者个别省、自治区、直辖市的戒严"修改为"决定全国或者个别省、自治区、直辖市进入紧急状态",并相应地将宪法第80条规定的中华人民共和国主席根据全国人大常委会的决定"发布戒严令"修改为"宣布进入紧急状态";将宪法第89条规定的国务院职权第16项"决定省、自治区、直辖市的范围内部分地区的戒严"修改为"依照法律规定决定省、自治区、直辖市的范围内部分地区进入紧急状态"。这样修改,"紧急状态"包括"戒严"又不限于"戒严",适用范围更宽,既便于应对各种紧急状态,也同国际上通行的做法相一致。

11. 关于国家主席职权的规定

宪法修正案将宪法第81条中"中华人民共和国主席代表中华人民共和国,接受外国使节"修改为"中华人民共和国主席代表中华人民共和国,进行国事活动,接受外国使节"。做这样的规定,主要的考虑是:当今世界,元首外交是国际交往中的一种重要形式,需要在宪法中对此留有空间。

12. 修改乡镇政权任期的规定

宪法修正案把乡、镇人大的任期由三年改为五年,将宪法第98条"省、直辖市、县、市、市辖区的人民代表大会每届任期五年。乡、民族乡、镇的人民代表大会每届任期三年"修改为"地方各级人民代表大会每届任期五年"。这样修改,各级人大任期一致,有利于协调各级经济社会发展规划、计划和人事安排。

13. 增加对国歌的规定

宪法修正案将宪法第四章的章名"国旗、国徽、首都"修改为"国旗、国歌、国徽、首都";在这一章第136条中增加一款,作为第二款:"中华人民共和国国歌是《义勇军进行曲》。"赋予国歌的宪法地位,有利于维护国歌的权威性和稳定性,增强全国各族人民的国家认同感和国家荣誉感。

总的来说,2004年宪法修改使我国现行宪法所确立的指导思想更加科学,使我国现行的各项宪法制度更趋完善。特别值得一提的是,此次修宪,通过将"人权"写入宪法,使我国的宪法更加具有与时俱进的时代特征,很好地适应了当今世界各国宪法保障人权的总体要求,凸显了宪法在保障人权方面所起到的基础性的法律保障作用,反映了我国宪法自身发展的历史进步性。

党的十八大以来,以习近平同志为核心的党中央高度重视宪法作为根本法在全面推进依法治国中的重要作用，及时地提出了"依法治国首先是依宪治国"的治国理政的各项政治主张，并根据改革开放和中国特色社会主义现代化建设的新情况新任务新要求，与时俱进地提出了对现行宪法进行第五次修改的建议。

2017年9月29日，习近平总书记主持召开中共中央政治局会议，决定启动宪法修改工作，对宪法适时作出必要修改。根据党中央对宪法修改的部署，2017年11月13日，党中央发出征求对修改宪法部分内容意见的通知，请各地区各部门各方面在精心组织讨论、广泛听取意见的基础上提出宪法修改意见。其后共收到各地区各部门各方面提交的书面报告118份，修改意见达2639条。宪法修改小组在此基础上认真贯彻党的十九大精神和党中央确定的总体要求和原则，深入研究，扎实工作，在充分发扬民主、广泛征求意见的基础上，经反复修改形成了中央修宪建议草案稿。2018年1月18日至19日，党的十九届二中全会审议通过了《中共中央关于修改宪法部分内容的建议》。2018年1月29日至30日，十二届全国人大常委员召开第三十二次会议。受委员长会议委托，全国人大常委会法制工作委员会以中央修宪建议为基础，拟订了《中华人民共和国宪法修正案（草案）》和《全国人民代表大会常务委员会关于提请审议〈中华人民共和国宪法修正案（草案）〉的议案》。经会议审议和表决，决定将宪法修正案（草案）提请十三届全国人大一次会议审议。2018年3月11日，第十三届全国人民代表大会第一次会议经投票表决，通过了《中华人民共和国宪法修正案》。

2018年宪法修正案共产生修正案条文21条，即从修正案第21条到第52条。此次修改的最大特点就是对宪法正文的结构和宪法条文的数量作了变动，在宪法第三章"国家机构"第六节之后增加一节"监察委员会"作为第七节，并且在该节增加了五个条文，分别作为第123条至第127条，此种修改方式直接导致了现行宪法条文总数由原来的138条增加到143条，第三章"国家机构"由原来的7节变成了8节。相对于1982年现行宪法前四次修改来说，2018年第五次修改在宪法修改方式上又有了重大变化。2018年宪法修正案条文共21条，涉及宪法序言4个自然段和相关条款22条。修正案的主要内容涉及七个方面：一是将习近平新时代中国特色社会主义思想载入宪法。党的十九大报告首次确认了习近平新时代中国特色社会主义思想作为党的指导思想地位，按照中国共产党确立的依法执政和依宪执政的大政方针，在习近平新时代中国特色社会主义思想被确认为党的指导思想后，为了保证党和国家在指导思想上的一致性，2018年宪法修正案将习近平新时代中国特色社会主义思想写入宪法序言，同时也将科学发展观写入宪法序言，这样就保证了宪法序言规定的国家指导思想的内容与党章确认的党的指导思想的内容完全一致，充分体现了中国共产党作为执政党依法执政和依宪执政的执政要求和执政特征。二是宪法修正案在总纲第一条中增加规定：中国共产党领导是中国特色社会主义最本质的特征。此次修改是在宪法序言关于坚持党的领导原则要求基础上的新的强化、深化和拓展，充分体现了中国共产党领导的根本性、全面性和时代性，具有重大的政治意义和法治意义。三是在宪法第三章"国家机构"第六节之后增加"监察委员会"作为第七节，共增加五个条文，详细规定国家监察机关的性质、组织领导体制、职权职责、活动原则以及与其他国家机关之间的关系，构建了完整的国家监察制度，为各级监察委员会依法行使职权提供了宪法依据，同时也为《中华人民共和国监察法》的制定提供了宪法依据。上述规定对于推进党风廉政建设和深入开展反腐败工作起到了非常重要的保障作用。四是调整国家主席任期，进一步完善了宪法规定的中华人民共和国主席制度。五是确立宪法宣誓制度。实行宪法宣誓制度是党的十八届四中全会提出的重要举措，目的是教育和激励国家工作人员忠于宪法，维护宪法，尊崇宪法，维护宪法权威。2015年，全国人大常委会以立法形式作出了关于宪法宣誓的决定。经修正后的现行宪法第27条第三款规定：国家工作人员就职时应当依照法律规定公开进行宪法宣誓。六是宪法修正案将全国人大法律委员会更名为全国人大宪法和法律委员会，体现了党的十九大提出的推进合宪性审查工作的要求，有利于全国人大专门委员会的设置，维护宪法权威。七是增加了设区的市的立法权规定。党的十八届三中全会决定提出要逐步增加有地方立法权的较大的市的数量。党的十八届四中全会决定明确规定：明确地方立法权限和范围，依法赋予设区的市地方立法权。2015年新修订的《中华人民共和国立法法》明确了设区的市的人民代表大会及其常务委员会根据本市的具体情况和实际需要，在不同宪法、法律、行政法规和本省、自治区的地方性法规相抵触的前提下，可以对城乡建设与管理、环境保护、历史文化保护等方面的事项制定地方性法规。2018年宪法修正案在现行宪法第一百条增加一款，规定：设区的市的人民代表大会和它们的常务委员会，在不同宪法、法律、行政法规和本省、自治区的地方性法规相抵触的前提下，可以依照法律规定制定地方性法规，报本省、自治区人民代表大会常务委员会批准后施行。宪法修正案的上述规定一是有效地贯彻了党的十八届三中全会、四中全会关于扩大地方立法权的政策要求，二是为2015年新修订的《中华人民共和国立法法》关于设区的市人大及常委会享有制定地方性法规的地方立法权的规定提供了宪法保障。

总之，1982年现行宪法正式施行四十年来，根据改革开放和社会主义现代化建设的要求及时地修改现行宪法的相关规定，使得我国宪法能够及时地反映党的政策要求，同时也可以保证宪法始终与我国改革开放的实践要求相适应，进一步增强宪法的"现实性"和"有效性"，这已经成为我国现行宪法制度中一项行之有效的宪法惯例。实践证明，现行宪法的五次修改，是符合我国现阶段的基本国情的，也是我国宪法作为社会主义类型宪法在转型时期的一个重要法律特征。宪法作为根本大法，首先是政治法，要充分发挥其自身的"确认功能"，要为改革开放提供最基本的法律依据。我国目前正处于改革开放不断深入和政治体制改革不断向前稳步推进的阶段，制宪的任务非常艰巨，不可能一劳永逸。要通过宪法修改，充分体现我国现行宪法作为社会主义类型宪法的基本法律特征，通过宪法修改，来全面贯彻和落实党的十九大报告的基本精神，使得我国现行宪法更加具有生命力，为我国的改革开放政策和不断稳步推进的政治体制改革提供法律保障。

第三节　宪法的实质渊源

宪法作为国家的根本法，在现代法治社会中，是一切法律、法规和人们行为的正当性的前提和出发点。而宪法自身的根本法权威从何而来？作为成文宪法中的宪法规范，其规范形态和行为模式又是依据什么设计的？如果宪法与法律、法规和人们行为之间存在主从逻辑关系，也就是说，宪法是法律、法规和人们行为的正当性的前提条件，那么，什么又是宪法的正当性的前提条件呢？人们依据什么创造了宪法？宪法作为根本法的法律思想从何而来？宪法中所确立的民主、基本权利、基本义务、权力分立、尊重和保障自由、实行法制统一、宪法监督等等具体的宪法制度又是依据什么样的观念来创造的？这些问题在宪法学理论上，实际上涉及"宪法渊源"。宪法渊源就是产生宪法规范的根据，它可以分为形式依据和实质依据两个方面。所谓宪法的形式依据，亦指宪法的形式渊源，即指宪法规范赖以存在的那些法律文件或者法律形式；所谓宪法的实质依据，是指宪法的实质渊源，也就是说，决定宪法规范内容的那些宪法思想、宪法原则或政策，宪法规范自身也是宪法的实质渊源之一。①

一　宪法的实质渊源的历史发展和种类

马克思曾经指出："在不同的占有形式上，在社会生存条件上，耸立着由各种不同的、表现独特的情感、幻想、思想方式和人生观构成的整个上层建筑。"② 宪法作为现代法治社会中的根本法，也是由在社会生产方式之上逐渐形成的有关宪法的思想、观念、看法演变而成的，一个成熟的宪法制度的构成经历了从观念、思想、学说，最后到被制度所确认和肯定的辩证的发展过程。

在宪法制度从不成熟到成熟的发展过程中，首先是社会的生产方式发生了巨大的变化，导致了与社会生产方式相适应的宪法观念和思想的出现，是社会发展的实际需要催生了宪法的产生。现代宪法的观念产生于资本主义的生产方式，正如巴林顿·摩尔在《民主和专制的社会起源》一书中所指出的那样："最早的一条资本主义和议会民主携手并进的道路，是经过清教革命、法国革命和美国内战等一系列革命问世的。"③ 资产阶级在走上历史舞台的过程中，基于发展资本主义生产关系的需要提出了"自由、平等、博爱"的政治主张，并以此来反对封建专制主义。资产阶级的思想家也纷纷为未来资本主义制度提出各种各样的"设想"，这些体现资产阶级价值观要求的政治思想包含了"主权在民""限制国家权力""保障个人自由和权利""尊重法治"等其后被宪法制度所接受和采纳的"原则"。其次，宪法观念的形成是依靠一些特殊的法律文件和特殊的历史事件来推动的，具有发生学意义上的突变性。尽管近年来法学界有人尝试探讨古代宪法的起源和历史特征，特别是一些学者在撰写"宪法史"时将古希腊、古罗马的"宪法"制度和理念都纳入了研究视野④，但是，近代意义上的宪法观念真正的起源，宪法学界一般公认是 1215 年《自由大宪章》

---

① 2019 年 12 月 16 日第十三届全国人大常委会第四十四次委员长会议通过的《法规、司法解释备案审查工作办法》对宪法渊源的分类采取了更加直观的方式，即具有可视特征、看得见的称为"宪法规定"（相当于宪法的形式渊源），不具有可视性、看不见的被称为"宪法精神"（相当于宪法的实质渊源）。

② 《马克思恩格斯选集》第 1 卷，人民出版社 1995 年版，第 611 页。

③ ［美］巴林顿·摩尔：《民主和专制的社会起源》，拓夫、张东东等译，华夏出版社 1987 年版，第 334 页。

④ 参见程乃胜《近代西方宪政理念》，安徽人民出版社 2006 年版。

中所体现出来的"限制王权""保证个人自由"的宪法思想。当时具体的历史背景是，英王约翰对外对内施政政策失败，处于内外交困的境地，他在国内征收高额盾牌税的行为严重地损害了封建主和大贵族的利益。1215年6月15日，贵族、骑士和市民联合向英王施压，迫使其接受《自由大宪章》，限制自身的王权。《自由大宪章》共63条，主要规定：教会的自由和权利不受侵犯；国王不得擅自征税；承认伦敦及其他城市拥有自由和习惯之权；赋予国民一定的权利，包括被协商权、享有人身自由权、监督国王和反抗政府暴政的权利等。其中，第61条规定：为保证《自由大宪章》的实行，应成立一个由25名男爵组成的常设委员会监督国王和大臣的行为。《自由大宪章》因为在历史上第一次规定了对作为最高权力"王权"的限制以及对国民自由和权利的保护，而使得它与以往的任何法律形式都完全不同，它第一次通过法律文件的形式确认了"法律"具有高于最高权力的"权威"，确认了"法律至上"的理念，因而成为现代宪法的价值源头。最后，宪法制度的正式形成是依靠成文宪法来完成的，由于成文宪法通过一个名称为"宪法"的法律，集中地体现了各种关于宪法的思想和学说，使得宪法的"实质内涵"得到了集中表述，宪法的"实质渊源"也从分散、不确定，成为可以集中予以表达、具有高度确定性的宪法规范。例如，美国1787年宪法，历经220年，总共增加了27条修正案，至今仍然以宪法的"实质渊源"的形式存在并具有法律效力，成为当今美国政治制度的法律基础。

总的来说，宪法的实质渊源是决定宪法自身存在的"实质内涵"，政策层面可以俗称为"宪法精神"。制度中的"宪法"在源头上来自制度外的"宪法"，宪法规范所确立的各项行为模式最终来自"设计宪法"时所依据的各种实质性的价值标准，包括各种宪法观念、宪法思想、宪法学说以及基于宪法思想所抽象出来的宪法原则，同时也包括了与宪法原则相比具有更大灵活性的宪法政策。这些宪法的实质渊源，在我国宪法学界近年来的教科书和著作中，一般称之为"宪法价值"，也就是决定宪法规范和宪法制度的观念、思想和意识形态。正如马克斯·法仑德在《设计宪法》一书中所指出的那样：这部美国联邦宪法既非神授也非"在一定期限内由人类的智慧和决定写出来的最伟大作品"，而是一部实际可行的文件。它被人规划来满足某些迫切的需要，并被人修改以适应意外情况，它漂浮在经济繁荣的海洋之上，它又被足智多谋而有政治头脑的人民改编以应付一又四分之一世纪以来变化着的需要①。

二 宪法思想和学说对宪法制度的影响

在近代宪法产生之前，资产阶级思想家从资产阶级的人性论出发，在反对封建专制的过程中，提出了适应资本主义生产关系要求的"天赋人权说""社会契约论""人民主权说""三权分立说""个人自由说"和"人人平等说"，等等。作为现代宪法的"实质渊源"，"宪法是在人权思想日益成熟为一种理论体系和社会理想后，受特定时代背景制约而诞生的。西方传统宪法的直接依据源于'天赋人权'学说和'人民主权'理论"②。我们今天在宪法学著作中称之为"宪法现象"的许多概念、原理都直接和间接地来自资产阶级革命时期资产阶级思想家所提出的上述各种思想和学说，以"天赋人权""人民主权"等为代表的资产阶级思想家的政治学说成为近代宪法制度赖以建立的思想和理论基础，直到今天，仍然对一些国家的成文宪法起着指导思想的重要作用。

1."天赋人权说"的影响

"天赋人权说"起源于古希腊斯多噶学派的自然法假说。斯多噶学派主张，"按照自然法的要求，善恶的根源仅仅在于能否做到适应外部环境和遵循理性原则抑制自己的欲望"③。欧洲中世纪神学家托马斯·阿奎那把法律划分为永恒法、自然法、神法和人法四种类型，并主张自然法是人作为理性动物参与的永恒法④。在经历了启蒙运动和宗教改革之后，17—18世纪西欧出现了格劳秀斯、霍布斯、斯宾诺莎、密尔顿、洛克、孟德斯鸠、伏尔泰、狄德罗、卢梭等一大批崇尚自然法学说的思想家。这些资产阶级的思想家们所主张的自然法说其核心内容就是"天赋人权"，反对封建专制制度对人的本性的扼杀。

英国思想家洛克认为，在自然状态下，每一个人都享有自然权利。"自然状态由自然法支配它，这自然法强制人人服从；人类总是要向理性求教的，而理性即该自然法，理性教导全人类：因为人人平等独立，任何

---

① [美]马克斯·法仑德：《设计宪法》，董成美译，上海三联书店2006年版，第176页。
② 参见汪习根《法治社会的基本人权——发展权法律制度研究》，中国人民公安大学出版社2002年版，第3页。
③ 参见何勤华《西方法学史》，中国政法大学出版社2000年第2版，第24页。
④ [意]托马斯·阿奎那：《阿奎那政治著作选》，马清槐译，商务印书馆1963年版。

人不该损害他人的生命、健康、自由或财物。"① 荷兰思想家斯宾诺莎则主张，追求自然权利是人的理性所致，"人性的一条普遍规律是，凡人断为有利的，他必不会等闲视之，除非是希望获得更大的好处，或是出于害怕更大的祸患；人也不会忍受祸患，除非是为避免更大的祸患，或获得更大的好处。也就是说，人是会两利相权取其大，两害相权取其轻"②。

"天赋人权说"强调了人的权利不受世俗社会的法律支配，权利不是来自法律，恰恰相反，法律，包括最高法律宪法在内只是运用法律的形式来确认"天赋人权"。正是由于"天赋人权"的自然特性，所以，包括立法机关在内的国家权力机关就无权随意地限制和剥夺宪法所规定的各项"天赋人权"。"天赋人权"思想成为限制国家权力的最好的正当性依据。最早的宪法性文件也就充分利用"天赋人权"思想来限制国家权力，特别是防范国家权力随意地限制和剥夺宪法所确认和规定的各项基本权利，不仅从法理上找到了控制国家权力的正当性理由，在制度上也树立了宪法作为根本法具有高于国家权力的法律权威。1776年6月12日，由乔治·梅逊草拟而由弗吉尼亚议会通过的《弗吉尼亚权利法案》非常明确地将"天赋人权说"写进了宪法性文件，并使得"天赋人权说"成为近代宪法自身正当性的重要理论依据。该权利法案第1条开诚布公地规定："所有人都是生来同样自由与独立的，并享有某些天赋权利（inherent rights），当他们组成一个社会时，他们不能凭任何契约剥夺其后裔的这些权利；也就是说，享受生活与自由的权利，包括获取与拥有财产、追求和享有幸福与安全的手段。"再如，1789年法国的《人权和公民权宣言》第2条就规定："任何政治结合的目的都在于保存人的自然的和不可动摇的权利。这些权利就是自由、财产、安全和反抗压迫。"1791年美国宪法修正案第1条还利用"天赋人权"思想来限制联邦国会的立法权，使得作为享有立法权的国会也受到宪法的限制和约束，建立了宪法至高无上的法律权威。该宪法修正案明确规定：国会不得制定有关下列事项的法律：确立一种宗教或禁止信教自由；剥夺言论自由或出版自由；或剥夺人民和平集会及向政府要求申冤的权利。由此可见，"天赋人权说"不仅为近代宪法的产生提供了正当性的理论依据，而且还在制度上有效地保证了宪法的根本法的法律权威，限制了国家权力的滥用。

---

① 转引自［英］罗素《西方哲学史》下册，何兆武、李约瑟译，商务印书馆1976年版，第158页。
② ［荷］斯宾诺莎：《神学政治论》，温锡增译，商务印书馆1982年版，第214—215页。

2. "社会契约论"的影响

"社会契约论"也是深深影响宪法作为根本法的法律性质的重要学说。法国著名思想家卢梭是社会契约论的集大成者。他的著名论著《社会契约论》,对近代宪法的形成和资产阶级国家的产生都起到了划时代的影响作用。

在卢梭之前,就已经有资产阶级启蒙思想家运用契约学说来解释现实社会中各种法律的性质和正当性来源。例如英国的霍布斯主张,参与社会契约的有三方主体,而订立的有两个契约。一个是个人与个人之间的契约,另一个是个人与个人制造出来的主权者之间的契约。卢梭则模糊了契约主体的数量,而着重强调这种社会契约的功能和合法性。在《社会契约论》一书中,卢梭指出:"一个国家只能有一个契约,那就是结合的契约;而这个契约本身就排斥了其他一切契约。我们无法想象任何另一个公共契约是不会破坏最初的契约的。"[①] 卢梭基于其"公共契约"的假设,提出了"法律就是公共契约"的著名结论。也就是说,"唯有一种法律,就其本性而言,必须要有全体一致的同意,那就是社会公约"[②]。

卢梭的"社会契约论"对于确立宪法作为根本法的性质以及作为具有最高法律效力的法律形式有着非常重要的奠基作用。在卢梭看来,法律之所以应当被人们普遍遵循,主要是因为它是全体社会成员自愿达成的"公共契约"。既然是"公共契约",法律就具有至高无上的权威,就应当约束每个社会成员的行为。当然,卢梭在论述法律是公共契约的观点时,没有明确地指明宪法的法律特征以及宪法与公共契约的关系,但是,卢梭关于法律是公共契约的学说观点却对理解宪法的法律性质具有非常重要的启发意义。事实上,不论是从理论上,还是在实践中,宪法作为人们之间的契约的观点一直是受到主流学说的支持和肯定的,直到今天,宪法的契约性质仍然是解释宪法的法律特征的重要方法。法国大革命时期制定的1793年宪法第4条就规定:法律就是公共意志之自由而庄严的表现。它对于所有人,无论是施行保护还是实施惩罚,都是一样的。社会契约学说有力地支撑了宪法作为人民组成国家所形成的最初公共契约的理论,为宪法作为根本法具有超越议会及立法机关制定的一般法律的法律权威提供了最有力的正当性依据。

3. "人民主权说"的影响

"人民主权说"或者是"主权在民说"是与"社会契约论"密切相关

[①] [法]卢梭:《社会契约论》,何兆武译,商务印书馆1982年版,第130页。
[②] [法]卢梭:《社会契约论》,何兆武译,商务印书馆1982年版,第23页。

的宪法思想,其理论上的最大贡献在于解决了世俗社会中的最高权威和最高权力的来源问题。"人民主权说"也成为近代以来各国宪法的正当性基础,宪法也以"主权"作为自己的权力依据和正当性来源。

"人民主权说"起源于古希腊和罗马时期的政治学说。例如,亚里士多德在评价雅典民主制度时就曾经指出:"政事裁决于大多数人的意志,大多数人的意志就是正义。"① 古罗马政治家西塞罗在他的"土地法案"讲稿中也曾经提道:"一切权力、权威和职衔,全都来自全体人民,尤其是那些为人民的利益而筹划和制定的东西更是如此。"② 近代法国思想家博丹提出了"主权"思想后,许多资产阶级启蒙思想家开始论证"主权在民"观点的神圣性。例如,英国的弥尔顿在《为英国人民声辩》一文中主张:"人民的权力至高无上",国王的权力是人民授予的,因此,"权力必须交还人民"③;"一切权力的源泉一向是来自人民"④。

美国独立战争时期的资产阶级民主思想家杰弗逊毕生都坚持认为,国家或政府的权力皆来自人民,"构成一个社会或国家的人民是那个国家中的一切权力的源泉"⑤。

"人民主权说"深深地影响了近代以来宪法的基本价值观念,成为构建宪法的正当性依据的主要思想来源。"人民主权说"将一切国家权力赋予人民,从而在法理上解决了一个国家的最高权力可能属于某个个人、某个政党或者是某个国家机关,进而导致享有最高国家权力的机关、组织和个人滥用权力,实行专制的问题。"人民主权说"还将国家权力的主观性与客观性严格地区分开来,既解决了宪法作为最高法律的正当性依据问题,同时又对国家机关行使国家权力提供了制度的依据,对国家机关行使的国家权力进行了有效的法律控制。"人民主权说"目前在世界各国宪法文本中得到了普遍的肯定,据荷兰宪法学家⑥马尔赛文等的统计,在总共142部被统计的成文宪法文本中,涉及人民主权的有76部,占53.5%。例如,法国1958年宪法第3条第1款明确规定:国家主权属于人民,由

---

① [古希腊]亚里士多德:《政治学》,吴寿彭译,商务印书馆1965年版,第312页。
② [古罗马]西塞罗:《国家篇·法律篇》,沈叔平、苏力译,商务印书馆1999年版,第40页。
③ [英]弥尔顿:《为英国人民声辩》,何宁译,商务印书馆1958年版,第141页。
④ [英]弥尔顿:《为英国人民声辩》,何宁译,商务印书馆1958年版,第165页。
⑤ [美]杰弗逊:《杰弗逊文选》,王华译,商务印书馆1965年版,第51页。
⑥ [荷兰]亨利·范·马尔赛文、格尔·范·德·唐:《成文宪法的比较研究》,陈云生译,华夏出版社1987年版,第125页。

人民通过其代表和通过公民投票的方式来行使国家主权。第 2 款又规定：任何一部分人民或任何个人都不得擅自行使国家主权。

4. "三权分立说"的影响

"三权分立说"是近现代宪法所确立的一项基本原则，也是国家权力运行机制的宪法依据，"三权分立说"对宪法制度的影响是非常深远的。

"三权分立说"的实质内涵就是主张国家权力不能集中在同一个国家机关来行使，而应当将国家权力分为立法权、行政权和司法权，由三个不同国家机关来分别行使，并且通过在宪法上设立三个不同的国家机关在行使立法权、行政权和司法权时相互之间存在制约与平衡的关系，从而保证国家权力的行使能够符合"人民主权"原则的要求，保证宪法的最高法律的权威地位不被掌握国家权力的国家机关随意侵犯，也可以防止任何一个国家机关随意地滥用国家权力，侵犯公民的权利或者是其他国家机关依法应当享有的国家权力。"三权分立说"有广义和狭义之分，广义上的"三权分立说"实际上主张国家权力应当划分不同性质的权力，并且由不同的国家机关行使，而且这些不同的国家机关行使各自的权力时要受到其他国家机关的制约，这种国家权力运行机制的设计目的是防止国家机关滥用权力，侵犯公民的基本权利，破坏以"人民主权"原则为基础建立起来的宪法制度。狭义上的"三权分立说"主张国家权力应当划分为立法权、行政权和司法权三种性质的国家权力，并且由三个不同国家机关按照制约与平衡的原则来行使，从而保证国家权力的有效行使。广义上的"三权分立说"是由狭义上的"三权分立说"发展而来的，并发展成为宪法上的"权力制约与平衡原则"。据荷兰宪法学家马尔赛文等的统计，目前世界上大多数国家的宪法文本中都确立了"权力制约与平衡"的原则，而有一些国家宪法文本中直接地确立了"三权分立原则"。在总共 142 部宪法中，共有 26 部宪法一般性地确立了"三权分立原则"，占总数的 18.3%。而规定立法权的，有 78 部，占 54.9%；规定行政权的，有 74 部，占 52.1%；规定司法权的，有 60 部，占 42.3%[①]。此外，还有许多宪法文本中规定中央与地方分权的，规定中央司法机关独立的，等等。

"三权分立说"最早是由英国的政治思想家洛克提出来的，不过，洛克并没有提出完整的立法权、行政权和司法权相分立的概念，而是主张应

---

① ［荷兰］亨利·范·马尔赛文、格尔·范·德·唐：《成文宪法的比较研究》，陈云生译，华夏出版社 1987 年版，第 73—74 页。

当建立立法权、行政权和外交权相互分立的权力制度。洛克认识到将立法权与行政权相分离的重要性，洛克指出："因为立法机关所拥有的是公众委托的权利，所以受委托的人就不能把它交给别人"①；"常设行政机关却是绝对必要的，因为不需要经常制定新法律，却需要经常执行已制定的法律。当立法机关制定法律后，把执法权交给了别人，但是，只要它发现有必要时，可以把执法权收回来，也可以惩罚违法的行政行为"②。洛克提出的外交权实际上属于行政权，因此，从严格意义上说，洛克只提出了两权分立的学说。真正提出完善的"三权分立说"的是法国的孟德斯鸠。孟德斯鸠在其名著《论法的精神》一书中将英国的自由归结为实行了立法权、行政权和司法权的分立，并主张只有以三权作为国家权力的基本制度，政治自由和自然权利才能得到有效的保障。孟德斯鸠认为："每一个国家有三种权力：（1）立法权力；（2）有关国际法事项的行政权力；（3）有关民政法规事项的行政权力……我们将称后者为司法权力，而第二种权力则简称为国家的行政权力。"③孟德斯鸠在将国家权力分为立法权、行政权和司法权三权的基础上，指出了三权必须分立，要以权力制约权力，他还非常通俗化地阐述了权力如果不分立可能会产生的滥用恶果。他指出："如果司法权不同立法权和行政权分立，自由也就不存在了。如果司法权同立法权合二为一，将对公民的生命和自由施行专断的权力，因为法官就是立法者。"④ "如果司法权与行政权合二为一，法官便将握有压迫者的力量。"⑤

孟德斯鸠的"三权分立说"对后世宪法制度的影响是非常巨大的。法国1789年的人权宣言第16条甚至将分权作为宪法是否存在的标志。该条款规定："凡权利无保障和分权未确立的社会，就没有宪法。"很显然，在人权宣言中，分权成了宪法的一个重要标志。而"三权分立说"对宪法制度的影响最显著的要数美国1787年宪法。该宪法共7条，其中第1条规定了立法权属于合众国的国会；第2条规定了行政权属于合众国总统；第3条规定了司法权属于一个最高法院以及由国会随时下令设立的低级法院。

---

① 参见［意］马基雅维里等著，州长治主编《西方四大政治名著·政府论》，石应天等译，天津人民出版社1998年版，第404页。
② 参见［意］马基雅维里等著，州长治主编《西方四大政治名著·政府论》，石应天等译，天津人民出版社1998年版，第408页。
③ ［法］孟德斯鸠：《论法的精神》上册，张雁深译，商务印书馆1982年版，第155页。
④ ［法］孟德斯鸠：《论法的精神》上册，张雁深译，商务印书馆1982年版，第153页。
⑤ ［法］孟德斯鸠：《论法的精神》上册，张雁深译，商务印书馆1982年版，第153页。

很明显,美国联邦一级的国家权力运行机制完全是按照孟德斯鸠的"三权分立说"建立起来的,是宪法学说制度化最好的佐证。

5. "个人自由说"的影响

在近现代宪法发展的过程中,通过宪法的方式来确认个人自由的正当性,是宪法最重要的社会功能。个人自由在宪法中的最重要的表现形式就是宪法中所确立的个人的基本权利,特别是那些具有排他性质的个人自由权。作为宪法制度最核心的价值基础,"个人自由说"对宪法中个人权利制度的确立起到了非常重要的作用。

"个人自由说"具有悠久的历史传统,在中外历史上都有关于自由的不同哲学理解,也有不同的实现个人自由的制度。例如,在古希腊、古罗马时期就有自由民制度。但是,直到封建专制统治末期,"个人自由说"始终没有能够系统化为一种政治理论。资产阶级在反对封建专制的过程中,对封建世俗统治者的专制统治以及宗教势力的压迫进行了深刻的批判,提出了以个人自由为核心思想的自由主义政治理论。早在 1215 年英国《自由大宪章》中,资产阶级和新贵族势力就向封建最高统治者提出了保障"自由"的要求。《自由大宪章》声称:英国臣民及子孙,应当充分和全然地依据宪章的规定享有自由、权利和让与。自由人不受封建专制政权的随意限制,也就是该宪章第 39 条所规定的"任何自由人,如未经同级贵族之依法裁判,或经国法判决,皆不得被逮捕、监禁、没收财产、剥夺法律保护权、流放或加以任何法律损害"。很显然以个人的人身自由为核心的权利保护思想成为《自由大宪章》最重要的立法精神。同样,自由问题在殖民地时代也成为受殖民压迫的人民反抗殖民统治、争取民族独立解放的思想斗争武器。例如,1776 年《弗吉尼亚权利法案》宣言就明确宣称:弗吉尼亚善良人民的代表,在其全体和自由的大会上制定一项权利宣言,宣言中所列权利属于他们及其后裔,是政府的基础。在 1786 年 1 月 16 日通过的《弗吉尼亚宗教自由法令》中,为了反抗宗教势力对北美殖民地人民的压迫,该法令强调:任何人都不得被迫参加或支持任何宗教礼拜、宗教场所或传道职位;任何人,不得由于其宗教见解或信仰,在肉体上或者财产上受到强制、拘束、干扰、负担或其他损害;任何人都应当有自由地去宣讲并进行辩论以维护他在宗教问题上的见解。而 1791 年美国的宪法修正案第 1 条则直截了当地限制联邦国会制定法律限制宗教信仰自由、言论自由和人民的请愿权。

在早期宪法确认个人自由的过程中,有关"个人自由"的各种学说起到非常重要的影响作用。首先,个人自由与天赋人权密切地结合在一起,成为天赋人权的一部分。例如,洛克认为:"我们是生而自由的,也是生而有理性的。"① 其次,将个人自由作为现代自由的核心内容。例如,法国思想家贡斯当就认为:"个人自由是真正的现代自由。政治自由是个人自由的保障,因而是不可或缺的。"② 最后,个人自由与法律密切相关。如孟德斯鸠主张:"自由就是做法律所许可的一切事情的权利。"③ 很显然,"个人自由说"对于近现代宪法中的公民的基本权利制度的建立是功不可没的。以天赋人权理论为基础的"个人自由说"左右了早期的宪法文件,形成了宪法中所确立的"第一代人权"的基本价值。例如,1789年法国人权宣言第2条将"自由"作为人的自然的和不可动摇的权利之一。第3条规定:自由就是指有权从事一切无害于他人的行为。此外,在人权宣言中,个人自由权成为人权宣言所确立的各项权利的主题和核心。例如,该宣言第11条规定:自由传达思想和意见是人类最宝贵的权利之一。

"个人自由说"影响了宪法中的基本权利学说,同时也成为现代宪法中的基本权利的价值基础。例如,1995年11月12日通过的《阿塞拜疆共和国宪法》第13条第2款就规定:"保障人和公民的权利与自由是国家的最高目标。"1996年6月28日通过的《乌克兰宪法》第21条则明确宣布:所有人都是自由的,并且享有平等的尊严和权利。人的权利和自由不可割让和不可侵犯。第23条也规定:每个人都有在不侵犯他人自由与权利的情况下自由发展其个性的权利,都对保证其个性自由而全面发展的社会负有义务。毋庸置疑,"个人自由说"对宪法价值观的确立和宪法制度的构建起到了极其重要的作用。

6. "人人平等说"的影响

相对于其他政治学说和政治思想对近现代宪法的价值观和宪法制度的影响来说,"人人平等说"的影响是逐步实现的。直到今天,在许多宪法文本中,还没有能够完全体现"人人平等"的思想。

近代的平等思想是与自然权利说密切相关的。例如,英国思想家霍布斯就从自然权利理论出发,认为"在单纯的自然状态下……所有的人都是

---

① [英] 洛克:《政府论》下册,瞿菊农、叶启芳译,商务印书馆1983年版,第38页。
② [法] 邦雅曼·贡斯当:《古代人的自由与现代人的自由》,阎克文、刘满贵译,商务印书馆1999年版,第41页。
③ [法] 孟德斯鸠:《论法的精神》上册,张雁深译,商务印书馆1982年版,第154页。

平等的，根本没有谁比谁更好的问题存在"①。孟德斯鸠则坚持认为，只有法律才能造就平等。他指出："社会让人们失掉了平等，只有通过法律才能恢复平等。"② 不过相对于生命、自由、财产和反抗压迫等自然权利而言，早期的宪法文件中对人人平等的权利并没有充分地给予保障。

以平等选举权为例，美国联邦直到1919年才通过了第19条宪法修正案，该修正案规定公民的选举权不得因性别而被加以拒绝和限制，从而实现了男女平等的选举权。1964年，美国联邦宪法第24条修正案取消了选民人头税及其他税种的限制；1965年，国会通过的选举法取消了各州对选民的文字测验；1971年，美国联邦宪法第26条修正案确认了年满18岁的公民即享有选举权。

在法国，1789年资产阶级大革命时期，虽然产生了以自由选举为基础的大国民会议，但却基于财产等因素的限制，将公民区分为积极公民和消极公民。只有积极公民才享有充分的选举权。1875年，法国恢复了共和政体，才使选举中的民主原则得到了充分的肯定并稳定下来。此后，随着1946年、1958年和1974年等多次修改选举法，才真正地实现了选举的普遍原则和平等原则。

不过总的来说，"人人平等"原则也是近现代宪法在确立公民的基本权利时所依据的一项最重要的价值依据，特别是在第二次世界大战后联合国通过的《世界人权宣言》中，由于突出强调了人人平等原则以及反对一般性歧视原则，自此后，在《世界人权宣言》的平等观的影响下，各国在制定和通过新的宪法文件时，都比较关注对"人人平等"原则的保护。

总之，宪法学说和思想的形成对近现代宪法制度的建立，其影响是非常巨大的。这些宪法学说和思想构成了构建宪法制度的基本原则，成为现代宪法最核心的价值依据。可以说，在没有宪法文本之前，先有宪法学说和思想。宪法学说和思想是宪法文本、宪法规范产生的思想源泉和制度前提，是宪法的实质渊源。

三 宪法原则及其对宪法规范的指导作用

宪法原则是宪法学最重要的基本概念和范畴，作为宪法制度的价值基础和逻辑前提，它构成了现代宪法制度的逻辑起点。但是，不论是在宪法

---

① [英] 霍布斯：《利维坦》，黎思复、黎廷弼译，商务印书馆1985年版，第117页。
② [法] 孟德斯鸠：《论法的精神》上册，张雁深译，商务印书馆1982年版，第114页。

实践中，还是在宪法学理论研究中，宪法原则都是一个被随意使用的概念，迄今为止，我国宪法学界对宪法原则的概念、性质、表现形式、类型以及价值功能等存在不同的认识。对宪法原则的正当性、确定性、合理性和有效性等价值特征还缺少逻辑上比较严密的理论论证。现有的宪法原则一般是基于经验式的列举和道德化的认定而产生，很难获得普遍性的认同。所以，要建立科学的宪法学研究体系和健全的宪法制度，必须要在法理上解决宪法原则的正当性、确定性、合理性以及有效性等一系列宪法价值问题。

（一）宪法原则的概念

宪法原则是什么？怎样定义宪法原则的概念？回答这个问题首先取决于回答问题的方法。应当说，在宪法原则概念问题上，传统的宪法学理论并没有提供特别有价值的分析手段。这里涉及一个法理学问题，也就是说，在定义宪法原则时能否沿用定义具有一定客观性的现象或事物所采用的形式逻辑定义法，也就是说，采取属概念加种差。如果依据形式逻辑的定义法，与宪法原则最靠近的属概念是"法律原则"，另一个内涵最接近的属概念是"原则"。但是，将"法律原则"直接作为定义宪法原则的"属概念"，实际上包含了一种价值判断，也就是说，宪法原则中的"宪法"是一种形式的"法律"，"宪法"与"法律"之间具有包容关系。但是，如果将"宪法"与"法律"视为两个在逻辑上具有交叉关系的概念，也就是说在价值上认可宪法不仅仅是一种法律，或者说，宪法不仅仅具有一般法律的特性，那么，用"法律原则"来作为"宪法原则"的属概念，这种定义方法很显然又陷入了不能穷尽内涵和外延的逻辑困境。因此，由于将"法律原则"作为"宪法原则"的属概念涉及宪法与法律之间的价值关系，所以，将宪法原则定义在"法律原则"的内涵基础上，可能会存在属概念不当的问题。作为另一个内涵接近的属概念"原则"，应当说由于"原则"作为"宪法原则"的属概念具有更宽广的内涵与外延，所以，如果要采用形式逻辑的定义方法来给宪法原则下一个定义，那么，应当将宪法原则定义为"有关宪法的""原则"。从表面上看，用"有关宪法的""原则"来定义宪法原则在逻辑上犯了简单重复和定义循环的逻辑错误，但是，在对作为属概念的"原则"只做相对意义上的性质探讨的前提下，"有关宪法的"作为宪法原则所具有的"种差"，其内涵和外延就具有非常重要的意义。在此，问题的关键就是如何来解释"有关宪法的"的含义。很显然，对此，在逻辑上存在广义和狭义的解释方法。

什么是"有关宪法的"？回答这个问题之前首先应当从逻辑上对与宪法原则含义相近的几个概念加以区分，如宪治原则、宪法解释的原则、宪法规范（或宪法规则），等等。宪法原则与宪治原则从逻辑上看内涵是不同的①，因为宪治具有比宪法更广的内涵，它是建立在宪法基础之上的民主政治制度。宪法解释的原则与宪法原则是内涵最接近的，因为宪法原则是解释宪法的最重要的依据。但是，这两者之间也存在性质的差别，宪法原则是不依赖于宪法而存在的，从逻辑时序上来看，应当是先有宪法原则，后有宪法，宪法原则不受宪法形式的左右。宪法解释的原则是发生在宪法产生之后的解释宪法的依据，作为宪法产生依据的宪法原则很显然是解释宪法的根据，但是，对宪法所进行的解释在实践中还会受到各种价值的影响。宪法原则与宪法规范也是两个不同的宪法学范畴，美国法学家罗纳德·德沃金曾对法律原则与法律规范之间的不同做了明确的阐述。在德沃金看来，"当法学家们理解或者争论关于法律上的权利和义务问题的时候，特别是在疑难案件中，当我们与这些概念有关的问题看起来极其尖锐时，他们使用的不是作为规则发挥作用的标准，而是作为原则、政策和其他各种准则而发挥作用的标准"②。在探讨宪法原则与宪法规范的关系时，最常见的逻辑问题就是宪法原则被简单地理解成宪法规范自身所具有的"原则性"。

关于宪法原则概念的表述，目前我国宪法学界并没有产生严格意义上的定义概念。代表性的观点有以下几种：一种观点认为："宪法原则是宪法的精神实质，是构架宪法规范和宪法行为的基础或本源的综合性、稳定性原理和准则。"③ 另一种观点认为："宪法的原则，就是立宪者设计宪法规范时的具体思路和基本规则，它隐藏于宪法规范的字里行间，贯彻设计的始终，是宪法规范的骨架；同时，宪法原则又是宪法的民主价值和民主功能的具体化法则，体现着宪法的价值要求和基本精神，突出地反映着宪法的本质特征。所以，如果说宪法的本质表现为宪法价值和功能，而宪法

---

① [美] 杰罗姆·巴伦、托马斯·迪恩斯：《美国宪法概论》中将美国宪政原则分为两个大的方面，即权力分立与制衡、限权政府与保障人权。这种分类方式没有很好地说明宪法原则与宪政原则的区别，实际上是一种政治制度原则。参见刘瑞祥等译《美国宪法概论》一书"导言：宪法原则"，中国社会科学出版社1995年版，第4页。

② [美] 罗纳德·德沃金：《认真对待权利》，信春鹰、吴玉章译，中国大百科全书出版社1998年版，第40页。

③ 参见徐秀义、韩大元主编《现代宪法学基本原理》，中国人民公安大学出版社2001年版，第184页。

规范又是宪法价值和功能的立法表现的话，那么宪法原则就是宪法价值与其立法表现宪法规范之间的中介环节，相对于宪法的价值和功能来讲是具体层次，相对于宪法规范而言又具有统率和提供原则的意义。"① 还有一种意见认为，宪法原则"就是制宪者制定宪法时所依据的基本理论，在规定国家制度和社会制度时所遵循的根本标准"②。

很显然，在上述关于宪法原则的概念的定义中，不仅作为种差的"有关宪法的"问题没有得到很好的揭示，甚至连作为"属概念"的"原则"也没有得到明确肯定。宪法原则的概念基本上没有获得有效的定义。当然，也有从宪法的价值功能角度来解释宪法原则概念的内涵的观点。如周叶中教授在《现代宪法学基本原理》第八章"宪法原则"中指出，宪法原则具有极为重要而独特的功能，包括宏观指导功能、稳定功能和整体覆盖功能等。周叶中教授认为，"宪法原则直接决定着宪法的性质、内容和价值倾向，因而不仅是宪政制度内部协调统一的重要保障，对宪政改革具有导向作用，而且对于宪法解释、补充宪法漏洞，以及强化宪法的调控能力等都具有非常重要的作用"③。在周叶中教授主编的全国高等学校法学专业核心课程教材《宪法》中，更是明确指出："宪法基本原则是指人们在制定和实施宪法过程中必须遵循的最基本的准则，是贯穿立宪和行宪的基本精神。"④ 从周叶中教授对宪法原则作用的见解来看，很显然，周叶中教授是跳出了宪法形式自身的局限性来看待宪法原则的作用的，是宪法原则决定了宪法，而不是相反。周叶中教授对宪法原则作用的分析方法为我国宪法学理论研究解决宪法原则这一概念的科学性提供了一个非常好的思路。

笔者认为，要摆脱传统宪法学在宪法原则概念界定上所遇到的逻辑困境，唯一的理论出路就是要放弃简单的形式逻辑定义法，应当把宪法原则视为一种价值现象，通过全面和系统地描述宪法原则所具有的价值特征来

---

① 董和平、韩大元、李树忠：《宪法学》，法律出版社2000年版，第128页。
② 张庆福主编：《宪法学基本理论》，社会科学文献出版社1999年版，第179页。
③ 参见徐秀义、韩大元主编《现代宪法学基本原理》，中国人民公安大学出版社2001年版，第184页。
④ 参见周叶中主编《宪法》，高等教育出版社、北京大学出版社2000年版，第93页。事实上用"精神"来定义"原则"在立法和政策层面得到了认同。十八届四中全会《全国推进依法治国决定》规定"使每一项立法都符合宪法精神"，2015年新修订《立法法》第3条规定"立法应当遵循宪法的具体原则"，2019年《法规、司法解释备案审查工作办法》第36条则采取了折衷的规定，即对法规、司法解释进行合宪性审查的依据是"宪法规定、宪法原则或宪法精神"。

解释宪法原则所具有的价值内涵。作为一种价值现象，宪法原则的概念完全是由宪法原则所具有的价值功能来决定的。人们在掌握宪法原则这一概念时，是通过从总体上来把握宪法原则的价值特征，从而获得关于宪法原则的基本概念和基本知识。形式逻辑的定义法无法对宪法原则给出一个内涵丰富和外延完整的概念。

(二) 宪法原则的性质

从宪法的价值属性角度出发来研究宪法原则，主要的法理问题应当有四个方面，即宪法原则的正当性、宪法原则的确定性、宪法原则的合理性和宪法原则的有效性。这四个问题构成了逻辑上相互递进的问题体系，可以比较全面地把握宪法原则的性质及其作用。

在传统的宪法学研究中，对宪法原则的把握主要是从列举宪法原则的内容出发的，连作为宪法学基本范畴条件之一的宪法原则的概念也很少涉及，这就使得宪法原则无法在同一个理论平台上来吸引学者们参与讨论。这种研究方式中外宪法学著作中都不鲜见。如 A. W. 布拉德利和 K. D. 尤因合著的《宪法和行政法》[①] 一书中第一章就探讨了宪法的一般原则，包括君主立宪原则、议会至上原则、权力分立和制衡原则、法治原则、责任政府等，但该书却没有回答什么是宪法原则以及宪法原则的作用等问题。这种研究方式并没有摆脱在宪法原则问题上经验主义的思路。早期国内宪法学著作在探讨宪法原则问题时也只满足于对宪法原则事项的列举，如许崇德教授主编的《中国宪法》一书就将宪法原则列举为人民主权原则、基本人权原则、法治原则、"三权分立原则"和"议行合一原则"等[②]，对与宪法原则性质和作用有关的问题概无涉及。稍后由张庆福教授主编的《宪法学基本理论》[③] 一书对宪法原则的阐述也存在同样的问题。

在宪法原则内容不断扩展的过程中，一个令人难以理解的现象就是宪法原则并没有获得逻辑上的精确定义，宪法学对宪法原则的研究通常表现出与对其他宪法学范畴不一致的研究倾向，即一般很少从概念或者是定义入手来解释宪法原则。从逻辑上来看，传统宪法学对宪法原则的研究只满足了"宪法原则有哪些"的问题，而没有解决"宪法原则是什么"的问题，至于说"宪法原则应该是什么"以及"宪法原则为什么应该如此"

[①] Cf. "Constitutional Law and Administrative Law", A. W. Bradley, K. D. Ewing, 12th edition, Addison Wesley Longman Limited 1997.
[②] 参见许崇德主编《中国宪法》，中国人民大学出版社 1989 年版。
[③] 参见张庆福主编《宪法学基本理论》，社会科学文献出版社 1999 年版。

"宪法原则有什么用"等深层次的宪法问题更难进入宪法学者的研究视野。这里的原因很复杂,有宪法学理论研究水准不高、学科研究规范性不够的问题,也有方法落后、确实无法解决宪法原则的精确定义问题等。用传统的概念分析方法来研究宪法原则确实存在许多理论障碍,原因之一就是宪法原则并没有以对应的客观社会现象而存在,而是一种纯粹的价值设计,因此,依靠简单的特征描述确实无法准确地表现宪法原则的内涵。宪法原则实质上是一种价值现象,而不是可以脱离价值构造而存在的客观事实,因此,对作为以价值形态存在的宪法原则的解释必须要运用有效的价值分析手段,而不能依靠简单的概念判断推理的逻辑论证方式。

解释以价值形态存在的宪法原则[①]首先要回答的问题应当是"宪法原则应该是什么",而不是"宪法原则是什么"。而在解释以事实形态存在的宪法时首要的问题则应当是"宪法是什么"[②],然后才能够依照逻辑递进关系来回答"宪法应当是什么"的问题。这种分析方法应当是区分价值问题与事实问题的最重要的尺度。

"宪法原则应该是什么"实质上解决的是作为价值现象而存在的宪法原则的确定性问题。而要科学地回答"宪法原则应该是什么"的问题必须解决宪法原则的正当性问题和合理性问题,也就是说,"宪法原则为什么应该如此"。在解决了宪法原则确定性、正当性和合理性的基础上,宪法原则作为一种价值设计的效用问题也是至关重要的,因为一种缺少效用的价值设计必然不具有存在的合理性,所以,宪法原则的有效性,即"宪法原则有什么用"也是研究宪法原则时不得不涉及的问题。

通过考察宪法原则的价值属性,我们可以发现,要准确地把握宪法原则概念的内涵和外延,必须要从不同的问题层次上来揭示宪法原则的价值内涵。首先,对宪法原则概念的理解应当立足于现有的被制度和宪法学理论所接受了的宪法原则的概念,也就是说,在人们的常识范围内,宪法原则是怎样被定义的,具有哪些内涵;其次,就宪法原则的价值本质来说,应当探究宪法原则应当是什么,现实中被人们所接受的宪法原则的内涵与

---

① 董和平认为:"宪法的价值是宪法学原理研究中的核心问题,如果说宪法规范的研究是宪法学研究的形式方面,那么,宪法的价值研究就是其实质方面的研究,二者结合才能形成对宪法的全方位研究,才能真正把握宪法和宪政现象。"参见董和平《论宪法的价值及其评价》,《当代法学》1999年第2期。

② 如胡锦光、臧宝清对"宪法"词义所做的探讨就是回答"宪法是什么"的理论论证方式,参见胡锦光、臧宝清《"宪法词义"探源》,《浙江社会科学》1999年第4期。

理想状态下的宪法原则的内涵之间的价值差异是什么，如何达到理想状态下的宪法原则的内涵；最后，也要进一步探讨宪法原则的价值来源以及价值功能，便于从法理上来论证宪法原则"应然"的内在根据，等等。总之，只有对宪法原则做了上述角度的考察之后，才能在法理上满足对宪法原则所具有的价值内涵和外延的一般要求，也才能建立起对宪法原则进行研究和应用的基本知识体系。

（三）宪法原则的表现形式

作为一种价值现象，宪法原则可以表现为已经被制度或理论所接受了的有关宪法原则的一系列知识体系；同时，宪法原则又蕴含在人们关于宪法原则的一系列思维活动和价值判断之中。在传统的宪法学理论研究中，以及在世界各国的宪法制度中，作为一种知识体系的"实然"状态的宪法原则的表现形式是非常丰富的，而对作为"应然"状态的宪法原则的表现形式探讨得不够充分，特别是没有对宪法原则的价值内涵作比较细致的逻辑论证。因此，就形成了关于宪法原则的一系列比较复杂的理论论述和制度实践。当然，作为一种知识体系存在的宪法原则对理解"应然"状态的宪法原则的内涵是很有帮助的，但是，过于庞杂的宪法原则知识体系和过于丰富的表现形式有时反而会阻碍宪法原则价值内涵的发展以及宪法原则在实践中更好地发挥自身的价值功能，因此，有必要通过对宪法原则表现形式的探讨来澄清有关宪法原则的特征上的一些模糊认识。

1. "实然"状态下宪法原则的表现形式

宪法原则，在成文宪法下的表现形式非常丰富。不仅名称有所不同，而且其内涵相差也较大。从成文宪法的宪法典来看，宪法序言和宪法总纲中都集中体现了宪法原则；从宪法原则的名称来看，有的称之为原则[1]，有的称之为政策原则[2]，有的称之为国家政策的指导原则[3]，有的称之为基本原则[4]等等；从宪法原则的内容来看，既有关于国家性质、国家政权组织形式、公民权利和义务的总的指导思想的规定，也有关于宪法的法律作用和效力的规定等。以1992年《乌兹别克斯坦共和国宪法》第一部分

---

[1] 如1987年《菲律宾共和国宪法》第二章就是"关于原则和国家政策的宣告"。

[2] 如1973年制定的《巴基斯坦伊斯兰共和国宪法》第二编的名称就是"基本权利与政策原则"。

[3] 如1970年《卡塔尔共和国宪法》第二章是"国家政策的基本指导原则"。再如1978年《斯里兰卡民主社会主义共和国宪法》第六章规定"国家政策指导原则和公民的基本义务"。

[4] 如1992年《乌兹别克斯坦共和国宪法》第一部分规定"基本原则"。

"基本原则"的规定为例，总共包括"国家主权""人民政权""宪法和法律高于一切"以及"对外政策"等具体规定。另外，一些国家宪法典中将宪法原则直接视为"宪法制度原则"，也就是说，宪法原则是关于成文宪法典所确立的各项宪法制度赖以建立的宪法原则。如1995年《亚美尼亚共和国宪法》第1章就规定了"宪法制度原则"。1996年《白俄罗斯共和国宪法》第一部分也规定了"宪法制度原则"。值得注意的是，在有些国家的成文宪法典中，还规定了现行成文宪法典的"原始依据"。如1990年《克罗地亚共和国宪法》第一部分就规定了"原始依据"，阐明了宪法产生的历史背景和条件。有的国家成文宪法典就"宪法"做出单章规定，确立"宪法"的至高无上的法律地位。如1973年《巴哈马联邦宪法》第1章第2条规定：本宪法是巴哈马联邦的最高法律。根据本宪法的规定，在其他任何法律同本宪法发生矛盾时，本宪法高于一切，其他同本宪法发生矛盾的法律将失去效力。

从宪法原则在成文宪法典中的表现形式来看，不论是其名称，还是其基本内涵都是非常丰富的，但是，不论这些宪法原则有什么不同，绝大多数都是关于国家性质、国家政权组织形式以及公民的基本权利保护的基本国策，同时也涉及宪法的法律地位以及法律功能。这些宪法原则，如果使用比较严谨的宪法学术语来表述，实际上就是宪法典通过宪法规范所建立起来的各项宪法制度赖以存在的正当性依据。也就是说，宪法原则实际上是"宪法制度的原则"。作为"宪法制度"的"原则"，宪法原则决定了宪法制度的形式、内容和结构，是宪法制度赖以产生的正当性依据。此外，作为"宪法制度"的原则，当宪法制度在实际中产生了矛盾，缺少应有的宪法规范来加以调整时，宪法原则可以对宪法制度起到很好的协调作用。另外，宪法原则还决定着宪法制度的修改和变迁，是宪法制度赖以产生、存在和发展的前提条件。当然，表现在成文宪法典中的宪法原则可以基于不同的标准进行各种形式的分类，如根据宪法原则作用的领域不同，可以分为宪法在政治、经济、文化和社会等领域中的基本原则。不过，作为独立的价值现象，宪法原则是作为宪法制度相对应的法律概念而存在的，它存在的合法性和合理性建立在宪法制度的前提之上。所以，如果将宪法规范系统化和科学化，宪法原则实际上是通过指导整个宪法制度的建设来约束一个国家成文宪法典中的宪法规范发挥作用。宪法原则绝对不能简单地理解成指导个别宪法规范发挥作用的价值准则。

在不成文宪法下，宪法原则也存在一定的知识特征，也就是说，表现为某种理论上的观点和制度中可以遵循的规则。在这方面最突出的就是以英国著名宪法学家戴雪在其《英宪精义》一书中所阐明的宪法原则最具有代表性。在戴雪看来，议会主权、法律主治以及法律至上是英国不成文宪法的精髓①。

总结世界各国宪法理论和宪法制度中存在的宪法原则，作为宪法规范和宪法制度的指导思想，宪法原则大致上强调了以下几个方面的价值倾向：民主原则、人权原则、代议制原则与政府责任原则、议行合一原则和分权制衡原则等②。宪法原则直接作用的对象是宪法制度和宪法规范。

2. "应然"状态下宪法原则的表现形式

在考察了"实然"状态的宪法原则的表现形式之后，如何来确定"应然"意义上的宪法原则呢？也就是说，"宪法原则应该是什么呢"？如何回答这个问题首先就是一个方法论上的难题。这两个问题虽然性质不一样，前者是价值判断问题，后者是方法论问题，但两者之间却存在紧密的因果关系。也就是说，回答"宪法原则应该是什么"这个问题的方法直接影响到问题的答案。

在解析"宪法原则应该是什么"这一问题时，逻辑上的核心问题在于怎样寻找"应该"。很显然，在法学研究中，"应该"问题通常是被作为"应然性"问题来看待的。但是，在传统法哲学中，"应然"是与"实然"相对应的范畴，但是，却没有区分"应然"与"实然"两个范畴可以适用的问题领域。其实，"应然"与"实然"如果同时对一个被评价对象适用，那么，这个被评价对象必然是实际中存在的客观社会现象，因为"实然"是对一种事实做出的肯定性判断。当然，这种实际存在的客观社会现象也存在一个理想形式问题，因此，在逻辑上就产生了"应然"价值判断问题。如对宪法和法律就可以产生如下的事实判断和价值判断，即"实然的宪法"与"应然的宪法"，"实然的法律"与"应然的法律"。但对于价值现象，则不存在"实然性判断"问题。因为价值现象是主观的，不存在确定性的结构，只能依赖于价值上的构造，因此，只能产生"应然的宪法原则"这样的价值判断，而不可能存在"实然的宪法原则"这样的事实判断，其中最根本的原因是价值现象是一个自相矛盾的价值体，如果"实然的宪法原则"这样的判断能存在，就意味着宪法原则的价值构造是无矛盾

---

① ［英］戴雪：《英宪精义》，雷宾南译，中国法制出版社2001年版，第6页。
② 参见韩大元、胡锦光主编《宪法教学参考书》，中国人民大学出版社2003年版，第57—59页。

的，可以一种绝对的事实形态而存在，而这样的结论是不符合价值论的。对于"应然的宪法原则"这样的价值判断在逻辑上当然存在一个正当性和合理性的问题，也就是说，必须回答"应然的宪法原则"这样的价值判断的根据，即"宪法原则为什么如此"。

在回答"宪法原则应该是什么"这一价值问题时，在逻辑上存在多种角度的解题方式，如主体的道德倾向、社会行为习惯、主体之间的合意等等。主体的道德倾向是最容易影响该问题答案的，即回答问题者根据自己的利益、知识结构和兴趣爱好对宪法原则的内容做出自由选择，这是"宪法原则应该是什么"这一问题的道德解答。社会行为习惯是依据经验来归纳宪法原则的"应然性"的，回答问题的逻辑形式一般是"已经如此当继续如此"。主体之间的合意是从回答问题者主体自身的正当性来考虑的，即特定的主体形式就是价值判断上的"应该"产生机制。如民主程序决策的结果往往会成为宪法原则的"应然性"。所以说，"宪法原则应该是什么"这个问题有多种答案。但是如果要寻找逻辑上相互关联、依据可靠的因果关系来解答"宪法原则应该是什么"的确定性答案时，上述几种解题方式都不是最优的。

从逻辑上来看，如果在"宪法原则应该是什么"这个问题通过上述解题方式无法获得确定性解答的情形下，逻辑上的排除法以及认识论上的可能性判断是比较好的解题路径。用逻辑上的排除法来解答"宪法原则应该是什么"这个问题时可以借助于"宪法原则不应该是什么"来获得反证。通过列举"不应该"的范围可以获得最广义的"应该"的内涵。认识论上的可能性判断是将价值论上的"应该"转换成认识论上的"不得不"，依靠对"不得不"的逻辑论证来获得最狭义的"应该"的内涵。

从对"宪法原则应该是什么"的回答方式可以发现，对回答方式的确定性选择通常就构成了宪法原则的正当性和合理性基础，也就是说，解决了"宪法原则为什么应该如此"的问题。当然，宪法原则的有效性问题往往会与宪法原则的正当性、合理性相互渗透，也就是说，宪法原则的效用也是证明"宪法原则应该是什么"的解题证据。不过，宪法原则的有效性是从宪法原则的客观表现来认定宪法原则的正当性和合理性的，是一种"以果证因"的解题方式，特别是在正当性、合理性与有效性之间存在互补逻辑关系时，宪法原则的有效性在解释宪法原则的正当性和合理性问题时就显得特别重要。

（四）宪法原则的功能

从宪法原则产生和存在的一般规律来看，宪法原则的存在是为了解决宪法规范本身的正当性，而这种正当性实际上使得宪法规范具有了独立于一般法律规范的意义。宪法原则实际上是因为具备了一般法律原则所不具有的规范功能，因而获得了理论上的肯定，同时在法律制度的实践中也得到了很好的遵守和运用。所以，从"应然性"角度来看宪法原则的定义，宪法原则应该是"决定形式宪法形式和内容的基本价值准则"，宪法原则的功能在于"反对特权现象"，宪法原则来源于立宪主义的实践和对宪法功能与普通法律功能的区分。

宪法原则，在逻辑时序上必然先于形式宪法而存在，也就是说，关于宪法的价值观念在逻辑上应当先于形式宪法自身而存在。因为在没有宪法这一特殊的法律形式之前必须有宪法观念的存在，否则，形式宪法就无法进行设计。因此，相对于形式宪法来说，宪法原则是宪法的实质渊源，是决定形式宪法形式和内容的基本价值准则。形式宪法不论其形式也好，还是其内容，都不过是宪法的形式渊源。所以说，判断一个国家宪法存在的状况，应当从以宪法原则而存在的价值宪法和以形式宪法而存在的事实宪法两个角度来综合考量。仅有形式发达的形式宪法，而没有逻辑上自成一体的宪法原则，无法做出该国具有健全的宪法制度的判断结论；同样，只有宪法原则，而没有固定的形式宪法，也不能认为该国的宪法制度完备。当然，如果要考虑到宪法与宪治的关系，那么在逻辑上也会出现依据宪法原则而建立起实质性的宪治制度的情形。宪法原则作为宪法的实质渊源，它决定了形式宪法的制定、解释、适用与修改，是"宪法的灵魂"或俗称为"宪法精神"。

宪法原则不仅决定形式宪法的内容，即形式宪法所确立的各个具体的宪法规范都是宪法原则在逻辑上的合理延伸，而且也影响着形式宪法的形式。如宪法原则强调保障人权、限制政府权力，那么在形式宪法的章节设计中就必然会将人权保障放在形式宪法中核心的章节位置。所以，宪法原则的确定性来源于形式宪法的客观存在，没有形式宪法作为过去时、现在时以及未来时形态上的确定性的存在，要从逻辑上来判断宪法原则是确定的，很显然是困难的。因此，在不成文宪法制度中，宪法原则就更容易处于不确定的状态，如果宪法原则能在实际生活中发生作用的话，就必须有将宪法原则积淀为惯例的社会文化传统，否则，宪法原则只能处于各种不特定的道德构造之中。

究竟人们依据什么创造了宪法呢？怎样来解答这个问题呢？用以因得果的逻辑推导方式来解题是很困难的。但是从实践论以及功能论的角度来回答这个问题就显得比较得心应手。从实践论的性质来看，在解决宪法原则的正当性、合理性和确定性时，至少可以回答宪法原则不应该是什么的问题；而从功能论出发，则可以从逻辑上发现构造宪法原则不得不加以选择的价值标准。

从实践论角度来看，不成文宪法的历史源头是1215年英国的《自由大宪章》。其产生的历史背景是，1066年，法兰西封建主诺曼底威廉公爵渡海征服英格兰，并在伦敦加冕为王，称威廉一世。金雀花王朝的君主约翰（1199—1216年在位）统治时期，农民反抗封建主的斗争和封建统治内部纷争日趋激化。约翰在大贵族的武力威逼下，于1215年6月签署了大宪章（大贵族提出的63条要求）。英国历史上把这63条要求称为《自由大宪章》，它是英国最早的不成文宪法。大宪章确认封建贵族和教会僧侣的特权，限制了国王的权力。它规定，国王课征超过惯例的赋税必须召集大议会，征求"全国公意"；除按照旧贵族集体的合法审判和国家的法律规定外，国王不得无理逮捕或者监禁自由民及剥夺其私人财产；不得无辜杀害自由民或者制造借口把他们流放国外①。因此，"王权应当受到法律的限制"是《自由大宪章》的核心精神。

成文宪法的历史源头是1787年制定的《美国宪法》。其产生的历史背景是，美国独立战争胜利后，根据《邦联条例》由13个州组成的邦联是一个松散的国家联盟。这种邦联既不足以巩固独立战争的胜利成果和解决严重的经济、财政困难，也不利于资本主义经济的顺利发展。同时在对外关系上，也需要一个有力的中央政权，缔结各种对外条约，并组织共同防务以防御外敌。当时，各州之间矛盾重重，各州的"友谊同盟"几乎成了"争论同盟"，宾夕法尼亚州与特拉华州为了边界问题甚至发生了械斗。国内的阶级矛盾也日益激化，农民运动风起云涌，此起彼伏。1786年秋，马萨诸塞州的600名武装农民、手工业者和退伍军人，在丹尼尔·谢司的领导下，正式发动了起义。这场威震全国的谢司起义，坚持了5个月之久，虽然最后失败了，但对于美国人民反对阶级压迫、争取民主和自由的斗争产生了巨大的影响。为了解决各种矛盾，1787年由各州选出的55名代表会集在费城，召开了制宪会议。最后于1787年9月17日产生了宪法的正式文本。与会代表39人在正式文本上

---

① 参见姜士林等主编《世界宪法大全》上卷，中国广播电视出版社1989年版，第1122—1123页。

签了字。制宪会议闭幕10天后，邦联国会就把宪法草案文本交由各州批准。直到1790年5月29日，13个州中的最后一个州罗得岛州才以34票对32票批准了宪法。关于《美国宪法》制定的目的，美国学者将其总结为6点：增进联邦团结、建立司法正义、维护国家治安、国防自卫、公众幸福以及争取当时和未来的自由、幸福。《美国宪法》是世界上第一部成文宪法，制定时有序言和本文7条，全文不超过7000字，美国官方文件称之为"简单明了又富有弹性"。但是，由于反联邦党人极力宣扬托马斯·潘恩的理论，"管得最少的政府是最好的政府"，因此，1789年召集的第一届国会第一次会议上，麦迪逊起草了权利法案。在以杰斐逊为首的资产阶级民主派的要求下，1791年通过了宪法的前十条修正案——《权利法案》。《权利法案》的特色是规定了国会的立法权界限，即国会不得制定法律确立国教或禁止宗教活动自由；限制言论自由或出版自由；或剥夺人民和平集会和向政府请愿申冤的权利。宪法未规定的权力归州和人民行使[1]。由此，"权力制约与平衡"和"保障公民基本自由"成为《美国宪法》的合法性基础。

总之，从实践论角度来看，宪法是限制国家权力、保障公民权利的产物。宪法并不是单纯地依靠自身的立法权威来获得根本法的法律地位的。

从功能论角度来看，宪法作为一种特殊形式的法律规范，它并没有随着法的产生而一道出现。从发生学上来看，宪法的历史是滞后于一般的法律形式的。为什么会出现这种历史现象呢？从功能论的角度来看，宪法至少是承担了宪法产生之前其他各种法律形式所不具有的社会功能。宪法的这个特殊功能可以从宪法产生之前的其他法律形式的自身功能缺陷中被发现。在宪法产生之前，不管法以何种形式出现，法在调整社会关系、设立行为规范时，唯一不能实现的就是对最终的立法者立法。由于这一逻辑缺陷的存在，就使得立法者自身的公正性不能通过法的公正性来保证，通过法所确立的社会制度就无法防止立法者特权意识的产生。宪法的出现正好弥补了这一逻辑缺陷。宪法观念通过虚化制定宪法的主体的正当性来为立法者自身立法[2]。宪法不完全是一种客观法，宪法自身的正当性不是由某个具体的立法者的主体正当性来解决的，而是依靠宪法所承担的特殊的社会功能来支撑的。从这一点来看，宪法自身的有效性是宪法正当性和合理

---

[1] 参见赵宝云《西方五国宪法通论》，中国人民公安大学出版社1994年版，第1—37页。
[2] 刘茂林教授指出："没有观念宪法就不会有成文宪法，没有观念宪法的作用，就不会形成真正的宪法秩序。"参见周叶中主编《宪法》，北京大学出版社2000年版，第417页。

性的一个直接证据。

（五）宪法原则的逻辑体系

从价值论来看，宪法原则来自反对特权的观念。那么，反对特权的观念在构建宪法原则时到底存在哪些逻辑上的对应关系呢？这个问题在传统的宪法学中被简单化地处理了。如一些宪法学著作热衷于列举宪法原则，包括人民主权原则、权力制约原则、保障权利原则、尊重法治原则和宪法至上原则等，但是，为什么被列举的就是宪法原则，没有被列举的就不是宪法原则，这些与宪法原则有关的合理性问题都被简单地省略了。特别是这些被列举的宪法原则之间存在怎样的逻辑联系，不同的宪法原则所承担的功能是否在价值上具有一致性并没有得到很好的讨论。因此，也直接地影响到宪法原则的正当性。

从逻辑上重新建构宪法原则，必须从宪法制度的作用入手。现代宪法在发生学上的主要社会意义就是要反对特权，特权问题是普通法律制度无法彻底加以解决的制度问题和价值问题，所以，反对特权这是宪法的价值目标，而要从制度上来保证这个目标的实现就必须采取相应的制度性手段，这一系列制度性手段必须指向反对特权这个价值目标。

特权现象在以往的宪法学研究中仅仅被理解成政府官员通过制度措施来获得不正当的利益，这种定义方法不符合宪法作为一个根本法律规范所具有的规范功能的要求。现代宪法在调整国家权力与公民权利之间关系时必须反对三种形态的特权，即特殊的权力、特殊的权利和特殊的权势。特殊的权力是国家机关通过制度设计可能获得的，特殊的权利是对公民的利益在制度上存在不平等的保护措施，特殊的权势意味着国家权力相对于公民权利的优位，也就是说，在制度上存在许多公民权利无法有效对抗国家权力正当性的领域。所以，宪法制度就必须以"反对特权"为目的来设计相应的手段性措施。这是宪法制度构造和宪法规范存在的逻辑起点。由此可以产生"目的性的宪法原则"与"手段性的宪法原则"两类互为因果的宪法原则体系。

作为"目的性的宪法原则"，毫无疑问，它要求所有的宪法制度和宪法规范的设计必须服务于"反对特殊的权力原则""反对特殊的权利原则"和"反对特殊的权势原则"。只要是不符合这三个目的性的宪法原则要求的宪法制度和宪法规范都不具有正当性。

作为"手段性的宪法原则"，它要求在设计国家权力体系、公民权利体系以及国家权力与公民权利之间的关系体系时至少从逻辑上应该解决各种特权现象产生的制度可能性问题。因此，可以分两个层次来设计"手段性的宪法原则"，即首要性宪法原则和辅助性宪法原则。

首要性宪法原则是以突出宪法的权威为核心的，包括人民主权原则、宪法至上原则、剩余权力原则和剩余权利原则。人民主权原则强调了法治原则本身的正当性，可以解决立法行为的正当性，防止立法特权现象的发生。宪法至上原则突出了宪法在其他形式的法律规范面前的至高无上的地位，也就是说，宪法统治着其他形式的法律规范。剩余权力原则主张宪法对宪法之外国家权力正当性的否定性，即对于履行公共服务职能的国家机关来说，凡宪法没有规定的，都是禁止的，这里突出了国家权力正当性的法律界限。剩余权利原则承认宪法之外自由的正当性，即对于公民而言，凡宪法没有禁止的，都是允许的，这里明确了个人自由受到法律限制的范围。首要性宪法原则都是以强调宪法在"治"的关系中的支配地位与主导地位为标志的，又可称为"宪治原则"。所以，现代法治首先是"宪治"。

辅助性宪法原则以突出立法机关制定的法律的权威为核心，包括法律优先原则、法律保留原则、依宪授权原则、依法行政原则和人权的司法最终性救济原则。法律优先原则强调立法机关制定的法律规范在与其他国家机关制定的法律规范发生冲突时的优先适用性，突出了法律背后民意基础的优位。法律保留原则强调了法律背后民意的正当性基础，防止法律规范朝着过于行政化或实用化的技术化方向发展[1]。依宪授权原则突出了国家权力传递的正当性，指出在现代民主法治社会中，宪法是一切法律规范、行为正当性的逻辑大前提。依法行政原则突出强调公共服务的有限责任性，也就是说，政府责任应建立在以民意为基础的法律之上，政府在从事公共服务的过程中绝对不应该以履行超越于法律规定之外的责任为由去进行非法的权力寻租活动。因此，在比较依法行政原则与行政为人民服务原则价值优劣的时候，依法行政原则更符合现代法治理念的要求。政府超越于法律规定之外的公共服务可能会构成实质上的对个人自由的侵犯。以政府保障责任为基础的法律上的公民权利并不总是与个人自由成正比例的关系。在法律面前，自由与权利有时是一对不可调和的矛盾。人权的司法救济最终性原则意味着，在现代法治社会中，公民的诉权是第一制度性的人

---

[1] 法律保留原则产生于19世纪欧洲市民自由法治运动，是人民向君主斗争的结果。其主要内容是：行政权对人民的自由与财产权利的干预，非经议会以法律形式表示同意则不得为之。参见范忠信、范沁芳《论对授权立法中授权行为的监控——各国宪制比较及我国宪制之反省》，《法律科学》2000年第1期。

权。如果说立法的功能反映了民意，行政的作用体现了法治与秩序，那么，在现代法治社会中，司法则构成了市民的权力基础。因为在宪法面前，公民个人面对国家权力获得自身权利正当性的唯一途径就是司法的保护。司法使得公民个人具有与立法机关、行政机关对抗合宪性、合法性的现实的法律权能，如果公民个人不能穷尽司法救济手段，这就意味着国家权力在合宪性、合法性面前享有特权，作为现代民主政治基石的"人民主权原则"就会受到挑战和动摇。所以，不建立宪法诉讼制度，不能对国家权力实行有效的控制，政府所从事的公共服务可能就会脱离有效需求而存在，甚至会成为一种政策性的强制性资源配置。

上述各项"手段性的宪法原则"是可以独立存在的，贯穿于宪法现象运动的整个过程之中，是动态的。对"手段性的宪法原则"的适用必须是无条件的。否则，宪法制度就不可能有效地防范特权现象的产生。如果缺少"手段性的宪法原则"，仅仅存在"目的性的宪法原则"，那么，由此产生的宪法原则体系就缺少必要的合理性。只有在"目的性的宪法原则"与"手段性的宪法原则"的相互作用下，才能建立一个科学、合理的宪法原则体系。

总之，宪法原则作为一种价值现象，必须要通过不同角度的分析和观察，才能比较全面地认识它的性质、特征和功能。作为宪法学的一个重要概念和范畴，宪法原则内涵的确定性和科学性，是建构科学和合理的宪法学的理论基础。对于宪法原则，必须建立一套科学和合理的价值分析体系。

四 宪法政策对宪法规范的辅助作用

在现代法治社会中，政党政治是一个国家法律制度赖以产生、存在、运行、发展和变化的政治基础。政党，特别是执政党，往往通过自己的政策来影响国家的宪法和法律制度，使得宪法具有高度的"政治性"。因此，在宪法制度背后，还存在"宪法政策"的影响。相对于"宪法原则"来说，宪法政策通常会涉及宪法规范的调整对象，宪法政策的变化必然会导致宪法的调整对象的性质发生相应变化，由此，宪法规范也必须相应地调整自身的调整范围和调整方法。所以，宪法政策也是宪法的实质渊源之一。

（一）宪法政策与宪法原则的功能区分

尽管在传统的宪法学教科书中，宪法政策并没有被绝大多数著作作为宪法学的一个专门概念来对待，但是，在宪法实践中，宪法政策广泛地存在于宪法文本之中，并且在价值形态上与宪法原则具有不同的功能。宪法政策与宪法原则两者之间既有区别，又有联系。这种区别表现为以下几个方面：

1. 两者约束的对象有所区别

宪法政策通常是对宪法规范所调整的对象提出的政治性要求，它实际上是一个国家宪法制度赖以存在的政治基础，具有一定的独立性。例如，一个采取立宪主义的国家所采取的基本社会制度，包括政治、经济、文化等一系列社会制度。这些基本社会制度本身是不依赖于宪法规范的存在而存在的，相反，这些基本社会制度是先于宪法规范而存在，宪法规范只是被动地去反映和及时地予以确认。一个国家有关基本社会制度的政策发生了变化，那么，宪法文本中的宪法规范对基本社会制度的确认性规范迟早也应当发生变化。宪法原则其性质是法治意义上的，宪法原则其约束对象是宪法规范，或者说宪法原则是一种基本宪法规范，宪法原则的存在是为了发挥宪法的法律功能。所以，在崇尚立宪主义价值的国家，一旦将宪法作为根本法来对待，那么，旨在通过宪法来达到限制特权的价值理念就具有了相对的稳定性，在相当长的历史时期都不会轻易地发生改变。例如，"人权保障原则"是宪法原则中的一项重要原则，一经理论上予以认可，并在宪法文本中加以确认，那么，这项宪法原则就不能随意加以改变。但是，宪法政策却具有较大的灵活性。例如，我国现行宪法第25条规定的"计划生育政策"，在性质上就属于"宪法政策"的范畴，而不属于"宪法原则"的范畴。因为"计划生育政策"并不会对宪法的法律功能产生影响，而只是一项有关人口与社会发展的基本国策，特别是该项政策会随着社会经济和文化的发展而有所改变，甚至被废弃。所以，"计划生育政策"在我国现行宪法的宪法文本中的法律地位只是"宪法政策"，而不是宪法原则。并且，反对特权原则必须要在"计划生育政策"中得到体现。

2. 两者的行为模式不同

宪法原则由于其发挥的是宪法的法律功能，所以，宪法原则对行为的指引实际上相当于"基本规范"，本身具有宪法规范的逻辑结构，具有一定的行为模式。宪法原则在宪法文本中通常以"可以""必须""应当""不得"等"应然性"要求表现出来。例如1995年11月12日通过的《阿塞拜疆共和国宪法》第14条关于"财产权"的规定，就很好地体现了宪法原则的规范特征。该条规定："在阿塞拜疆共和国，财产不可侵犯并受国家保护"；"财产可以为国家所有，也可以为私人所有和公共所有"；"财产不得用来损害人和公民的权利和自由、社会和国家利益、人的尊严"。而作为宪法政策,本身并没有设立具有相对确定性的行为模式,宪法政策的要求并没有通过"应然规范"与宪法政策的目标连接起来,宪法政策往往是对事实进行描述,对某种行为进行鼓励或者是采取渐进性的引导,具有很强的灵活性。例如,1995年11月12日通过的《阿塞拜疆共和国宪法》第17条关于"社会发展与国家"的规定,就具有宪法政策的特点。该条规定:阿塞拜疆共和国致力于提高人民和每个公民的福利,关心他们的社会保障和体面的生活水平。阿塞拜疆共和国促进发展文化、教育、科学、艺术,保护环境、人民的历史、物质和精神遗产。上述规定的特点就是没有比较规范的行为模式,而只有对行为的"或然性"的指导意义。

3. 两者与宪法责任的对应程度不同

宪法原则由于属于"基本规范",所以,对于违反了宪法原则的行为,在宪法制度上通常会有相应的宪法责任制度来加以防范或者是予以惩处。例如1995年11月12日通过的《阿塞拜疆共和国宪法》第3条规定:除人民选出的全权代表外,任何人无权代表人民,以人民名义讲话并以人民名义行事。第5条又规定:任何阿塞拜疆民族,任何个人,任何社会集团或组织,都不得篡夺行使权力的权能。篡夺权力是对人民的最严重的犯罪。上述规定可以视为对"代议制原则"的宪法责任保障性规定。而宪法政策,由于其本身所提供的行为指引并不是非常确定,所以,也缺少必要的宪法责任制度来给予充分的保障。例如,1972年10月27日通过的《朝鲜民主主义人民共和国社会主义宪法》第1章规定的"政治"、第2章规定的"经济"和第3章规定的"文化",虽然有48条,但其性质都属于"宪法政策",一般都是以"鼓励""促进""发展""努力""不断""进一步"等比较模糊的语言来对行为提出不确定性的指引。

当然,宪法政策与宪法原则之间的区别也只是相对的,尤其是将宪法政策作为宪法学上的一个具有独立价值内涵的概念来使用,主要是通过区分宪法政策与宪法原则两者之间的功能,来进一步增强宪法学理论对宪法文本的解释能力。事实上,在具体的宪法文本中,宪法政策与宪法原则是被混用的。在有些属于宪法政策的地方,却被标上了"宪法原则"的概念;而有的宪法文本中以宪法政策表现出来的,实际上表述的是宪法原则的内容;有的甚至将原则与政策混用。例如,1992年5月18日通过、1995年12月27日修改和补充的《土库曼斯坦共和国宪法》第6条规定:土库曼斯坦作为国际社会一个享有全权的主体,承认普遍公认的国际法准则优先,在对外政策中奉行积极的永久中立的原则,不干涉别国内政,不参加军事集团和同盟,促进发展同地区国家及世界各国的和平、友好和互利关系的原则。上述规定实际上是将宪法政策与宪法原则混用。再如,1949年9月29日通过的《中国人民政治协商会议共同纲领》第四章是"经济政策"、第五章是"文化教育政策"、第六章是"民族政策"、第七章是"外交政策",而这些章节的内容实际上规定的是相关的宪法原则,具有很强的规范指导意义。

(二) 宪法政策的特征及类型

宪法政策作为宪法学的一个独立的概念,属于宪法的实质渊源的范畴。在传统的宪法学理论中,宪法原则和宪法的指导思想或者是宪法的意识形态基础使用得比较多,而且也已经形成了一定的理论体系,但是,宪法原则和宪法的指导思想或者是宪法的意识形态基础,并不能在概念的内涵和外延上很好地表达宪法政策概念可以表达的内容,而且对宪法文本也缺少足够的解释能力。因此,研究宪法政策作为宪法的实质渊源的特征,对于进一步深化对宪法的正当性和确定性价值的理解具有非常重要的理论价值和实践意义。

1. 宪法政策的特征

宪法政策是宪法学理论上用来解决宪法规范与宪法规范所调整的社会对象之间的适应性而建立的专门术语,这一概念可以有效地解决那些不能很好地纳入宪法规范之中的行为存在的合理性和发展的方向性问题。所以,从宪法政策与宪法规范的总的关系来说,宪法政策决定了宪法规范,但是,宪法政策作为宪法的实质渊源,又不能完全左右宪法规范的整体布局和基本内涵,宪法规范自身因为受到宪法原则的指导,具有一定的稳定性和相对独立的法律逻辑构成。但是,宪法政策可以通过影响到宪法规范所建立的行为模式,来使宪法规范的逻辑结构发生重大改变,这是宪法原则所无法产生的法律功能。例如,宪法政策可以使得禁止性宪法规范转换成授权性宪法规范,例如,1988年我国现行宪法第一次修正案就将"禁止土地转让"的禁止性规范转变成"可以在法律规定的范围内进行转让"的授权性规范。而1980年9月10日第五届全国人民代表大会第三次会议通过的《关于修改〈中华人民共和国宪法〉第四十五条的决议》则将1978年《中华人民共和国宪法》第四十五条"公民有言论、通信、出版、集会、结社、游行、示威、罢工的自由,有运用'大鸣、大放、大辩论、大字报'的权利"修改为"公民有言论、通信、出版、集会、结社、游行、示威、罢工的自由"。取消原第四十五条中"有运用'大鸣、大放、大辩论、大字报'的权利"的规定。很显然，宪法政策具有改变宪法规范的逻辑结构的作用，这是宪法政策区别于宪法原则对于宪法规范的指导和约束作用的重要意义所在。当然，宪法政策的特征是丰富多样的。具体来说，可以从以下几个角度来加以认识：

（1）宪法政策具有高度的政治性和灵活性。宪法政策往往是一个国家执政党的治国理念的集中体现，而执政党往往需要根据一个国家具体的政治、经济和文化发展的情况来不断地修正其执政的指导思想，因此，表现在对国家基本社会制度的认识上就会经常性地发生一些重大变化，这就需要将这些政策及时地转化为国家的宪法和法律，所以，宪法政策对国家宪法的影响是具有高度政治性的，是政党政治的产物。与此同时，一个国家，特别是处于转型时期的国家，国内的政治、经济、文化和社会等各项事业处于不断地发展和变化状态之中，因此，治理国家的基本国策也就必须具有相对的灵活性，许多事业的发展不能完全依靠设定行为规范的方式来加以规范，而必须通过带有试点性质的实践逐步总结经验并加以推广和应用，条件成熟时可以建立必要的行为规则来确认某些行为模式的基本要求。只有宪法政策才具有满足上述治国理念的要求。

（2）宪法政策约束的主要对象是国家、国家机关和国家机关工作人员。宪法作为根本法主要是调整国家与个人之间的关系，因此，宪法关系中的权利与义务实际上发生在国家与个人之间。但是，由于国家与个人之间的关系并不像民事法律关系那样，在民事法律关系中的法律关系主体双方处于完全平等的地位，法律关系双方的权利与义务关系是具体和明确的，没有无权利的义务，也没有无义务的权利。在国家与个人之间的关系中，国家对个人享有的权利以及国家对个人承担的义务既有确定的一面，也有不确定的一面。许多应当由国家向个人承担的义务取决于一个国家自身的生存能力以及一个国家政治、经济、文化和社会发展的总体水平。所以，对于国家以及代表国家行使国家权力的国家机关及国家机关工作人员，除在宪法中对于那些必要的事项向公民个人承担宪法义务之外，在更多的事项中，虽然无法给国家、国家机关及国家机关工作人员直接地设定宪法义务，但需要国家、国家机关及国家机关工作人员尽自身最大的努力来为个人提供各种有效的服务和保障。这种宪法要求虽然其强制性不及宪法义务，但仍然具有一定的约束力。特别是随着社会经济和文化的不断发展，需要国家、国家机关和国家机关工作人员积极地为公民个人提供各种便利。所以，对于在宪法义务之外的宪法要求，一般是以宪法政策的形式出现，并且主要是面向国家、国家机关和国家机关工作人员的行为的。例如，1992年5月18日通过、1995年12月27日修改和补充的《土库曼斯坦共和国宪法》第3条规定：国家对公民负责并保证为个人的自由发展创造条件，捍卫生命、荣誉、尊严及自由、人身不受侵犯以及公民天赋的和不可分割的权利。

（3）宪法政策可以存在于宪法文本之中，也可以存在于宪法文本之外，但是，宪法政策与不成文性质的宪法惯例、宪法习惯的性质不同，是一种独立的宪法渊源。宪法政策的存在形式是比较复杂的，它既可以表现在宪法文本中，也可以表现在执政党的执政纲领中，它是政治规则与法律规则的混合体，是连接政治与法律之间的桥梁。但是，也要看到，在宪法文本之外存在的宪法惯例、宪法习惯与宪法政策的性质是完全不同的。宪法惯例、宪法习惯都是在长期的行宪实践中形成的行为习惯，这些行为习惯虽然缺少成文宪法规范的约束，但是实际上是具有比较严格的规范要求的。而宪法政策通常是具有灵活性的，它会随着政治、经济和文化等社会情势的发展变化而不断发生变化。在宪法学上，可以将党的政策、国家政策与宪法政策作为具有同等价值内涵的概念，宪法政策的概念相对于党的政策、国家政策的概念与宪法原则、宪法规范之间的关系来说，具有更好的表达空间，也更具有学术上的规范性。

（4）从广义上说，宪法政策等同于宪法的指导思想，宪法原则属于一种特殊类型的宪法政策，它们从不同层面规范了宪法文本的具体内容和宪法规范的逻辑结构。在宪法文本中，一直存在既区别于宪法原则，又对宪法规范具有一定指导意义的宪法指导思想。这些指导思想实际上是宪法所确立的一个国家的政治路线、方针和政策以及一个国家的意识形态。一般来说，宪法的指导思想不构成规范宪法的法律原则，而是具有高度政治性质的政治原则。所以，可以将宪法的指导思想，包括宪法所确立的一个国家的社会意识形态都归纳到宪法政策概念的范畴中，避免在宪法规范的正当性方面出现过多、过泛的影响因素。

2. 宪法政策的类型

宪法政策作为与宪法规范的正当性依据密切相联系的宪法学概念，可以有效地解决宪法规范正当性过于烦琐的理论和实践难题，但是，由于在宪法文本以及在宪法实践中可能会有以宪法政策面目出现的各种价值标准或者是指导思想的繁杂内容，所以，对宪法政策做不同角度的分类，对于进一步认识宪法政策概念的性质以及宪法政策概念在构建宪法学基本范畴中的学术价值是非常重要的。可以作为宪法政策的类型来考虑的，一般包括以下几个方面：

（1）作为指导思想的宪法政策。在许多国家的宪法文本中，都会确立一个国家治国的基本理念和指导思想，明确社会意识形态的性质和作用。许多信奉伊斯兰教的国家宪法文本中都明确地规定了伊斯兰教在国家生活中的指导思想地位，例如，1970年12月28日通过的《阿拉伯也门共和国永久宪法》序言规定："我们真诚信奉伊斯兰教，遵循伊斯兰教的神圣指引，以其教义和戒律作为我们立身处世的准则。"再如1980年越南宪法第4条第1款也规定：越南工人阶级的先锋队和战斗参谋部，用马克思列宁主义学说武装起来的越南共产党，是领导国家、领导社会的唯一力量；是决定越南革命取得一切胜利的主要因素。

（2）作为基本国家制度的宪法政策。在许多国家的宪法文本中，对本国的基本政治制度、基本经济制度、基本文化制度和基本社会制度都给予了明确的肯定，形成了"基本制度"型的宪法政策。例如，1970年修正的捷克斯洛伐克联邦的宪法性法令第10条第1款规定："捷克斯洛伐克经济是以社会主义经济制度为依据的计划经济。"1971年保加利亚宪法第14条规定：保加利亚人民共和国的所有制形式有：国家（全民）所有制、合作社所有制、社会团体所有制和私人所有制。

（3）作为基本国策的宪法政策。基本国策是一个国家在一段历史阶段就某一重要领域采取的最重要的政策，目的是为了适应社会发展的具体要求，对公民的权利做出适当限制或者是为了实现社会利益的有效平衡而采取的试验性措施。例如，我国现行宪法第25条规定：国家推行计划生育，使人口的增长同经济和社会发展计划相适应。

（4）作为宪法原则的宪法政策。有许多国家的宪法文本，对于宪法中的某些条款，设定了应当予以遵循的宪法政策，这些政策实际上相当于约束这些宪法条款的起基本规范作用的"宪法原则"，但要比宪法原则更加具有灵活性。例如，1994年7月29日通过的《摩尔多瓦共和国宪法》第4条规定：关于人的权利和自由的宪法条款，应根据人权宣言、摩尔多瓦共和国作为签署国签署的文件和其他条约予以解释和适用。当摩尔多瓦共和国作为签署国签署的有关人的基本权利的文件和条约同国内法律相抵触时，国际规范具有优先地位。很显然，上述规定既有宪法原则的规范指引作用，但又体现出宪法政策所具有的灵活性。

(5) 作为执政党政策的宪法政策。执政党的政策有时会以宪法政策的形式出现，成为直接左右宪法规范的指导思想。例如，我国现行宪法第三次修正案就将党的十五大提出的"依法治国、建设社会主义法治国家"的治国方略直接写进了宪法，作为宪法所肯定的一项基本国策。

总之，宪法政策作为宪法学的一个基本概念，可以比较好地概括与宪法规范的正当性依据相关的诸多现象和概念，它与可以限定宪法规范的"法律功能"的宪法原则概念一样，对宪法规范的构建和充分发挥其根本法的法律功能与社会功能都具有非常重要的指引作用。

(三) 宪法政策对宪法规范的辅助作用

宪法政策作为宪法文本中的"法规范体系"的一部分，与宪法原则、宪法规范共同构成了宪法价值的制度化要求，使得宪法成为具有行为指引作用的行为规则。与一般法律形式不同的是，由于宪法首先担负着确认一个国家政治、经济、文化和社会现实发展成果的任务，同时，宪法又必须要为一个国家的未来发展指明前进的方向，所以，宪法在给人们提供行为指引时就不可能完全具有确定性，而是确定性的宪法规范、宪法原则与不确定性的宪法政策的结合。所谓的宪法具有"纲领性"，并不是指所有的宪法规范的内容都只停留在"纲领性"的规范层次上，而仅仅指宪法政策的"纲领性"规范特征。宪法原则的规范性介于宪法政策与宪法规范之间，但总的来说，宪法原则仍然具有明确的行为要求，属于确定性的宪法规范的范畴，它与具体的宪法规范之间的关系只是"大前提"与"小前提"或者是"基本规范"与"一般规范"之间的关系，宪法原则与具体宪法规范之间存在紧密的逻辑联系。宪法原则可以推演出各种不同的合理的具体宪法规范。值得注意的是，在传统宪法学教科书中所主张的宪法规范具有"原则性"，对具体的法律形式的立法有指导作用，也不是针对具体的宪法规范而言的，而是针对宪法文本中作为具体宪法规范的存在依据宪法原则而言的。宪法原则既可以作为具体宪法规范产生的逻辑前提，也可以作为立法机关制定具体法律的法律依据。具体的宪法规范往往都具有明确的时间、空间和对人的法律效力，不具有继续加以细化的原则性。例如1946年《日本国宪法》第59条第4款规定："参议院接到已由众议院通过的法律案后60日内（国会休会期间除外）未做出决议时，众议院即可认为此项法律案已经参议院否决。"上述规定已经非常明确地体现了众议院通过的法律案是否被参议院通过的规范要求，是可以予以直接适用的宪法规范，无须再制定新的法律规范来保证其适用。

宪法政策作为具有一定的行为指引作用的广义上的"宪法规范"的一部分，它是通过从宏观和整体上确立某些行为原则或者是指导思想，来为宪法原则和宪法规范提供正当性和合理性。它是宪法原则和宪法规范的"实质性渊源"，也可以对宪法原则和宪法规范起到补充的作用，特别是在缺少宪法原则和宪法规范的场合，宪法政策对这些未经宪法调整的领域，就可以起到一定的调控和秩序建构的作用。特别是在社会转型时期，由于社会政治、经济和文化的发展，使得宪法规范不能很好地适应社会现实的要求时，为了保证宪法的稳定性，同时，又要体现宪法作为根本法对社会各方面的行为指引作用，宪法政策可以起到很好的补充作用。因此，在宪法变迁的过程中，宪法仍然具有一定的规范性，宪法政策可以其灵活性的特征来适应不断变化和发展了的社会形势的要求。此外，作为过渡时期的宪法，通常更具有宪法政策的特征，但却可以使得宪法的价值能够有效地生存，并对一个国家的政治生活和社会生活领域进行全面的调控，充分体现立宪主义的价值理念。

第四节 宪法的形式渊源

宪法作为根本法，是由宪法规范中所确立的行为模式来规范社会生活领域中的各种社会关系的。宪法规范作为宪法的法律功能的重要体现，它的基本内容是由宪法原则、宪法政策等实质性渊源决定的，此外，宪法规范作为根本法的重要内容，它又是通过特定的法律形式表现出来的，也就是说，并不是所有的法律形式都可以作为宪法规范的形式载体，只有特定的法律形式才能作为宪法规范的表现形式。因此，宪法的形式渊源也是宪法学上研究宪法现象特征的一个重要概念和范畴，它对于认识和把握宪法规范的确定性具有非常重要的保障作用。

一　宪法渊源的概念和特征

宪法渊源是宪法学中的一个专门的术语，该术语的产生与法的渊源（或称法律渊源）这一法学术语有着密切的逻辑联系，是直接借用法的渊源一词而创造的专门宪法学术语[①]。主要是指宪法各种存在方式的总称，

[①] 在英美法系，一般倾向于使用"法的渊源"一词，而在苏联的法学教科书中，较为常见的是"法的形式"。《布莱克法律大辞典》和《牛津法律大辞典》都采用了"Source of Law"一词。

用通俗的词语来表述，即可以被称为宪法的各种法现象。与宪法渊源这一术语相关的其他宪法学术语包括宪法的起源、宪法的来源、宪法形式、宪法性法律、宪法法律部门，等等。

由于宪法渊源是借用法的渊源构造的宪法学专门术语，而"渊源"一词在汉语中与"来源""起源""本源"等词语近义，如果没有具体的语境加以区分很容易产生语义混淆，因此，近年来，我国法学界逐渐趋向于使用"法的形式"这一术语①，对应到宪法学中，"宪法形式"也逐渐被学者广泛采用。由于宪法现象是历史和现实的高度统一，所以，在分析"宪法渊源"一词含义时必然要涉及历史和现实两个分析维度。目前在宪法学中所使用的"宪法渊源"其词义是狭义的，不包括历史的维度，也就是说，研究宪法现象如何在历史上产生的宪法学范畴一般使用"宪法的起源"来表达。"宪法渊源"是指在一国主权范围内现实的具有宪法法律效力的各种法现象。用比较形象的语言可以将"宪法渊源"诠释为"现实宪法的存在方式"。作为"现实宪法"的"存在方式"也不仅仅指宪法外部表现形式，而是形式与内容相结合的"宪法现象"。所以，用"宪法形式"一词来代替"宪法渊源"并不能准确揭示"宪法渊源"的内涵，相反，却很容易将"宪法渊源"与"宪法形式"这两个独立的宪法学范畴简单地合二为一，给深入分析宪法现象的特征和规律造成逻辑上的障碍。以"宪法典"为例，"宪法典"一般被视为一种最典型和最常见的"现实宪法的存在方式"，而作为"现实宪法的存在方式"的一种，"宪法典"自身又是由"宪法典的形式"和"宪法典的内容"两个方面的特征组成的。如果用"宪法形式"来揭示"宪法渊源"的内涵，则势必会产生两个层次上的"宪法形式"的概念，即"宪法形式的形式"和"宪法形式的内容"之分。这样的范畴构造是不利于建造科学、规范的宪法学研究体系的。

宪法性法律和宪法法律部门也是与"宪法渊源"的内涵密切相关的宪法学术语。宪法性法律是现实宪法的一种存在方式，它与宪法典这种现实宪法的存在方式相对应，这两种现实宪法的存在方式不可能在一个主权国家的法律制度框架内同时并存，否则，制定宪法典的特别法律程序就不具有任何意义。值得注意的是，宪法性法律这个概念可以在两种意义上加以

---

① 刘金国主编的《法理学》一书认为，法律形式亦称法律渊源。在概念的使用上，国外法学著作多用"法律渊源"一词，而很少使用"法律形式"的概念。参见刘金国主编《法理学》，中国政法大学出版社1996年版，第127页。这里很明显是主张法的渊源与法的形式等义。

运用。在成文宪法下，可以将宪法典、宪法修正案等视为宪法性法律（有的国家直接称之为宪法法），这里的法律取广义上的法律形式的含义；在不成文宪法下，可以将议会制定的各种法律中具有宪法功能的法律视为宪法性法律，这里的法律取狭义上的法律形式的内涵，即仅仅指由议会制定的法律。前者一般在学理上使用，后者可以在制度上使用。但是，在学理上绝对不应当将宪法典与宪法性法律对立起来使用，特别是在宪法典与宪法性法律之间，不存在法律效力等级的差别。作为宪法渊源中的一个重要问题就是宪法法律部门与宪法渊源并不是同一个概念。宪法渊源是指现实宪法的存在方式，宪法法律部门则不仅包括宪法渊源中所包含的所有现实宪法的存在方式，还包括一些与宪法的内容具有密切联系的其他法律，如在宪法学研究中，习惯将选举法、代表法、国家机构法等重要的法律视为宪法法律部门中的重要组成部分。不过，宪法法律部门并不是一个非常科学的宪法学范畴和用语，尤其应当重视的是，宪法法律部门不是一个制度性的概念，只是作为一个法学术语使用时具有一定的分类意义。宪法法律部门这个概念常常会使宪法学者在研究宪法问题时误释宪法的性质，导致宪法学研究体系的失范。

此外，与宪法渊源密切相关的还有"宪法原则""形式宪法"等概念和术语。从广义上来看，宪法渊源包含了宪法原则和形式宪法的内涵。宪法原则实际上是不具有法律表现形式的宪法渊源，是一种实质性的宪法渊源。而狭义上的宪法渊源通常仅指以一定法律形式表现出来的宪法，主要指形式与内容相统一的"形式宪法"。① 当然，"形式宪法"与"宪法形式"也不是同一概念，形式宪法包括了宪法形式的表现形式与内容。如我们说宪法修正案是宪法的一种表现形式，而宪法修正案这种表现形式以及宪法修正案的内容共同构成了形式宪法的内涵。

总之，在宪法学理论上，只有将传统宪法学上所采用的"宪法渊源"一分为二，即使用"宪法的实质渊源"与"宪法的形式渊源"二分法，才能对宪法作为法律规范的规范特性有比较清晰的认识。作为宪法的实质渊源，宪法规范来自宪法政策的指导和宪法原则的演绎；而作为宪法的形式渊源，被称为根本法的宪法规范必须以特定的法律形式表现出来，才能称之为宪法，不以宪法的形式渊源表现出来的法律规范，尽管其规范本身

---

① 《法规、司法解释备案审查工作办法》将其俗称为"宪法规定"，并与作为实质宪法的"宪法原则"或"宪法精神"相对称。

非常重要，但也不能称之为"宪法规范"。

二 宪法形式渊源的界定标准

在一个主权国家范围内，到底哪些法现象可以被视为"现实宪法的存在方式"呢？很显然，这个问题又是与"什么是宪法"联系在一起的。在以往的宪法学研究中，宪法的最基本特性被确认为是"根本法"或者是"基本法"，不过，作为根本法或者基本法的宪法到底应该包括哪些内容，似乎没有统一的结论。这个问题不仅在理论上没有达成共识，在世界各国的制宪实践中也没有得到很好地解决，以至于在制宪实践中产生了各种类型的宪法。在制定成文宪法典的国家，成文宪法典的内容相差悬殊。有的国家宪法典只有几千字，有的则达到几万字，甚至上十万字。如荷兰宪法学者亨利·马尔赛文等在《成文宪法的比较研究》一书中对世界各国宪法的长度就进行了较为系统的研究。根据该书统计，有10部宪法超过36000字，大约有100页平装开本那么多。有一部宪法（南斯拉夫宪法）多至60000字。而另一种极端的情况是有24部宪法少于5000字，有三部宪法不足3000字，以其简洁广受赞扬，但还有其他43部比它们更为简短①。宪法典所涉及的国家生活或者是社会生活的范围也不一样。在实行不成文宪法的国家，对哪些属于宪法性法律，哪些不属于宪法性法律；本国范围内到底存在多少宪法惯例，这些最简单的宪法理论问题都很难找到比较准确的答案。因此，如果没有比较系统的宪法学理论来支持一个主权国家的制宪活动，一个国家可以称为宪法现象的东西基本上是处于模糊不定的状态，即便是该国成文宪法典规定了比较健全的宪法制度，但由于什么应当规定在宪法之中，什么不应当规定在宪法之中没有固定的界定标准，这就使得不仅宪法学理论研究体系无法科学地加以建立，在制宪实践中，也很容易出现随意修改宪法、导致宪法始终处于变动不居的状态。所以，判断什么是宪法，必须根据不同的宪法传统和宪法制度的特点来进行，最重要的是应当将成文宪法与不成文宪法区别开来分别对待，切不可将这两种不同的制宪制度下所使用的不同的界定标准混合起来加以使用。

（一）成文宪法下的宪法的形式渊源

在成文宪法国家，宪法典是最重要的现实宪法的存在方式，而宪法典

---

① 参见［荷兰］亨利·范·马尔赛文、格尔·范·德·唐《成文宪法的比较研究》，陈云生译，华夏出版社1987年版，第230页。

是通过特定法律程序制定的，所以，只要不是通过制定或者是修改宪法的特定法律程序制定出来的，无论其内容与宪法典是否存在大量的直接的关联，都不得视为宪法的形式渊源，否则，就会混淆宪法和普通法律之间所具有的不同效力，使宪法典的存在失去独立的法律意义。至于说在成文宪法制度下，有关的宪法解释、宪法判例、宪法惯例能否成为宪法的形式渊源的一部分，不能一概而论。如果已经制度化了的宪法解释、宪法判例、宪法惯例等，一般可以视为宪法的形式渊源的一部分，但对于作为宪法的形式渊源使用的宪法解释、宪法判例、宪法惯例必须做出严格的限制；对于宪法解释、宪法判例、宪法惯例没有制度化的，一般不宜轻易地将这些法现象归纳到宪法的形式渊源之中。因此，在成文宪法国家中，宪法典及宪法典的修正案是主要的宪法的形式渊源，除此以外的法现象必须根据严格的宪法理论来确定其是否可以成为一种宪法的形式渊源。应当看到，在成文宪法国家，相对于不成文宪法国家而言，宪法的形式渊源所具有的规范功能明显优于宪法的形式渊源所具有的社会功能，或者至少可以说两者是紧密结合的。

1. 现行宪法典是最主要的宪法的形式渊源

在实行成文宪法的国家，宪法典及宪法修正案是最主要的宪法的形式渊源。宪法典及宪法修正案作为宪法的形式渊源具有明示性，不仅宪法文本齐备，公布程序公开，而且宪法的形式渊源易于被国家机关和社会公众所识别。尤其突出的是，大多数宪法典都在宪法文本中明确宪法典自身的最高法律的性质，以示宪法典具有区别于一般法律的效力。如1946年《日本国宪法》第98条规定："本宪法为国家最高法规，凡与本宪法条款相违反的法律、命令、诏敕以及有关国务的其他行为之全部或一部，一律无效。"再如1994年《塔吉克斯坦共和国宪法》第10条第1款也明确规定："塔吉克斯坦共和国宪法具有最高法律效力，它的准则具有直接作用。一切同宪法相抵触的法律和其他法规文件都不具有法律效力。"我国现行宪法在序言中也明确规定：本宪法以法律的形式确认了中国各族人民奋斗的成果，规定了国家的根本制度和根本任务，是国家的根本法，具有最高的法律效力。全国各族人民、一切国家机关和武装力量、各政党和各社会团体、各企业事业组织，都必须以宪法为根本的活动准则，并且负有维护宪法尊严、保证宪法实施的职责。

由此可见，在成文宪法国家中，作为最主要的宪法形式渊源的宪法典首先通过宪法典中的宪法条文来明确自身的宪法地位，并通过确立宪法的最高法律效力,将宪法与其他法律形式区分开来。宪法的形式渊源具有区别于一般法律渊源的文本特征,这是识别宪法的形式渊源的最重要的法律方法。

2. 被现行宪法典所肯定的过去已经生效的宪法性法律继续生效

许多实行成文宪法的国家,作为成文宪法最重要标志的宪法典在历史的演变过程中发生了多次修改,特别是一些重要的宪法文件在不同的历史阶段都先后起到过宪法的形式渊源的作用。其中,有些宪法文件在后来的宪法修改中被废止,从而失去了其宪法效力;有些通过后来的宪法修改被保留了其宪法效力。但是,现行宪法典只是列举出这些继续生效的宪法文件的名称,但没有列举出具体内容。所以,作为宪法的形式渊源的一部分,这些宪法文件不能通过宪法典直接反映出来,而只是依据宪法典获得了宪法效力。如果要适用这些宪法的形式渊源,则必须在宪法典之外单独引用。

许多国家的宪法典都有关于上述事项的规定。如1955年通过的《奥地利联邦宪法性法律》第149条就规定:除本法外,下列各项法律,在根据本法做相应的修改后,均作为第四十四条第一款所说的宪法性法律而生效:1867年12月21日帝国议会所通过的国家基本法,有关公民的一般权利;1862年10月27日所通过的保障人身自由法;1862年10月27日所通过的保障住宅权利法;1918年10月30日临时国民议会所通过的决议;1919年4月3日通过的放逐哈布斯堡—洛兰王室并没收其财产法;1919年4月3日所通过的废除贵族、世俗等级及某些头衔与称号的法律;1919年5月8日所通过的关于德奥共和国国徽和国玺的法律;1919年9月10日圣杰梅因条约,等等。

3. 修改宪法之后对原来宪法中的部分条款予以保留

一些实行成文宪法的国家在修改宪法的过程中,对旧的宪法中的部分内容仍然做了保留,但是,并没有将这些内容并入新宪法的条文中,而是附录在新宪法的附则部分,并全文抄录旧宪法中仍然得以生效的宪法条款。这种确立宪法的形式渊源的方式也是非常特殊的,是新宪法对旧宪法的一种保留,而不是一种简单的继承。如《荷兰王国宪法》1814年3月29日公布。在近二百年的时间里,历经修改,迄今仍在施行。1983年公布的最新版本,共分基本权利、政府、议会、国务委员会、审计总署、常设咨询机构、立法和行政等8章142条。并且在宪法文本之后,对1972年宪法文本中仍然有效的数十条条款做了重述,具体内容涉及1972年宪法中的第 44 条、第 53 条、第 54 条、第 60 条、第 61 条、第 62 条、第 63 条、第 64 条、第 74 条、第 77 条、第 81 条、第 86 条、第 97 条、第 101 条、第 106 条、第 123 条、第 124 条、第 127 条、第 128 条、第 130 条、第 201 条，等等。应当说，新宪法对旧宪法条文原封不动地予以保留，从而构成仍然生效的宪法的形式渊源之一，是相对于宪法典、宪法修正案这种典型的宪法的形式渊源模式的另一种宪法的形式渊源模式，都是处理新旧宪法的形式渊源的一种立宪技术。而在以往的宪法学理论研究中，人们一般更重视宪法典与宪法修正案这种经典模式，忽视了对旧宪法的保留模式的存在及其作为宪法的形式渊源所具有的重要意义。

4. 在现行宪法典中指出可以参照的宪法依据

第二次世界大战后，随着国际人权保护事业的发展，联合国通过的国际人权公约逐渐被缔约国所批准和接受，在许多国家宪法中明确规定了在保护人权和公民权利方面，可以参照国际人权公约的相关规定。如 1975 年《巴布亚新几内亚独立国宪法》第 39 条规定：为了确定任一法律、事项或事物在尊重人类权利和尊严的社会中是否合乎情理，法院可以参阅《世界人权宣言》以及联合国大会关于人权和基本自由的其他宣言、建议或决议。1987 年《海地共和国宪法》第 19 条规定：国家负有绝对义务依照《世界人权宣言》毫无区别地保障所有公民的生存权、健康权和人格受尊重的权利。1991 年 11 月 29 日通过的《马其顿共和国宪法》第 8 条就规定：马其顿共和国宪法制度的基本准则是：被国际法所承认并载入宪法的个人和公民的基本权利和自由。1984 年《厄瓜多尔共和国宪法》第 44 条规定：国家保障它管辖下的所有男女自由而有效地行使和享有在各种声明、条约、协议以及现行国际法中规定的民事、政治、经济、社会和文化的各种权利。由此可见，以国际人权宪章对社会性别平等的保护为契机，推动了缔约国宪法对社会性别平等的全面保护①。

总之，在成文宪法制度下，宪法典、宪法修正案是最主要的宪法的形式渊源，但是，围绕着处理新旧宪法之间的关系以及国际法与国内法之间的关系，宪法的形式渊源又表现出多样性。所以说，在成文宪法制度下，宪法的形式渊源也是值得加以研究的重要宪法理论和实践问题。

（二）不成文宪法下的宪法的形式渊源

在不成文宪法国家，由于不存在通过特定法律程序制定的宪法典，因

---

① 姜士林主编：《世界宪法全书》，青岛出版社 1997 年版。

此，对可以成为现实宪法存在方式的法现象必须依靠严格的宪法理论的支持，也就是说，对立法机关制定的法律，为什么有些可以视为宪法性法律，而有些不能作为宪法性法律，区分的标准是什么，很显然是无法依据制定法律的程序的不同来确定的，而必须根据法律所调整的社会关系的内容来确定。在这种情况下，宪法的起源、宪法文化和宪法的传统在界定宪法性法律中起着非常重要的作用。由于在不成文宪法国家，宪法性法律与非宪法性法律一般情况下在法律效力上是一样的，宪法问题的处理也没有采用特殊的法律程序，因此，从严格意义上来看，宪法的形式渊源只能在宪法学的理论研究中具有一定的价值和意义，宪法的形式渊源在宪法实践中的影响作用并不十分明显。当然，在不成文宪法国家，除宪法性法律之外，宪法解释、宪法判例、宪法惯例等法现象都可以视为宪法的形式渊源的组成部分，不过，相对于一般法律解释、判例、惯例而言，并不具有特殊的法律效力上的意义。所以，在不成文宪法国家，虽然存在作为宪法规范产生和存在的实质性依据，例如，宪法政策和宪法原则，但是，宪法的形式渊源所具有的规范功能较差，只是在实现宪法所要达到的社会功能方面具有实质性的价值。

三　宪法形式渊源的类型

宪法的形式渊源的类型是指对具有宪法性质和宪法效力的各种法律形式依据一定的标准所做的分类。这种分类主要是理论性的。一般来说，任何实施宪法的国家都可能采取某些种类的宪法的形式渊源。作为宪法的形式渊源，一般必须具有法律形式上的一定独立性，以此来区别于其他种类的宪法的形式渊源。

（一）宪法典

宪法典是最主要的宪法的形式渊源，目前世界上大多数国家采取宪法典的形式来确立宪法规范。相对于其他宪法的形式渊源来说，宪法典由于形式鲜明、结构完整，并且集中地确立了一个主权国家所有的宪法规范，因此，宪法典作为现实宪法的存在方式比较容易为世界各国所接受。当然，一个主权国家是制定一部宪法典，还是制定多部宪法典，具体情形并不一样。大多数国家都只制定一部统一的宪法典，例如美国1787年宪法，其后于1791年制定的权利法案并不是独立的宪法典，而是作为1787年宪法的修正案存在的。而在瑞典，宪法典则是由四部宪法文件构成的，包括《政府组织法》（the Instrument of Government）、《王位继承法》(the Act of Succession)、《出版自由法》(the Freedom of Press Act) 和《表达自由法》(the Fundamental Law on Freedom of Expression)①。在宪法学理论研究中,作为宪法典而存在的宪法文件很容易与不成文宪法制度下的立法机关制定的宪法性法律相混淆,其实,这两者之间是有着本质的差别的。作为宪法典而存在的宪法文件是通过制定宪法的程序而产生的,而宪法性法律是依据制定法律的程序产生的,两者相对于议会或者是立法机关制定的其他法律而言,各自所具有的法律效力不一样。作为宪法典而存在的宪法文件其法律效力高于立法机关制定的普通法律的效力,而宪法性法律作为立法机关根据普通立法程序产生的其法律效力与其他普通法律的效力是相等的。这一点,在以往的比较宪法学研究中,并没有加以足够的重视。

(二) 宪法修正案

宪法修正案是一种重要的宪法形式渊源,它与宪法典具有密切的联系。宪法修正案就是在不改变现行宪法基本结构和内容的前提下,对宪法的部分规定做出修改。这种修改以宪法修正案的方式进行,并附于宪法文本的后面,作为宪法的一个组成部分。采取宪法修正案的方式修改宪法主要有三种方式,一种是增补宪法中原来没有的内容,一种是修改宪法中已有的内容,还有一种是废止宪法中某些规定。如美国宪法修正案第1条至第10条就属于原来没有的增补性的修正,第12条修正案是对第2条第1款第2项的变更,第21条则明文规定废止第18条修正案。

宪法修正案与宪法典正文的关系有两种形式,一种是宪法修正案自身是独立的宪法条文,可以独立完整地予以引用;另一种宪法修正案是不独立的,必须结合宪法典正文才具有实体的宪法规范内容。前者如美国1791年权利法案10条,其中每一条都可以独立地加以适用;后者如我国1982年宪法的五个宪法修正案,虽然宪法修正案分条设立,但是,其中的内容都是针对宪法典正文的,因此,宪法修正案的实体意义必须结合被宪法修

---

① 值得注意的是,在瑞典,将《议会法》视为处于宪法与普通法律之间的法律。这样的制度构造是比较特殊的。因为《议会法》的立法程序与普通法律一样,但又具有比普通法更高的法律地位。但是,这样规定的法理基础并不是非常明确的。盖源于瑞典具有议会中心主义的传统,而违宪审查制度又未建立,因此,在制度上还没有产生处理宪法文件、《议会法》和一般法律之间相互关系的要求。

正案修正后的宪法典正文才能判断出来①。相对于宪法修正案具有独立适用性而言，宪法修正案必须结合宪法典正文才能判断经宪法修正案确定的实体宪法规范的内容，宪法修正案与宪法典正文的关系更为密切。

（三）宪法性法律

宪法性法律在宪法学的理论研究中一直存在歧义性认识。我国有许多学者主张将涉及国家权力和公民权利之间最基本关系的法律视为宪法性法律②，但却没有甄别宪法文件③与宪法性文件④、宪法法与宪法性法律之间的关系。虽然从现代汉语的角度并没有对上述概念的严格区分，但是，从字面来看，宪法文件与宪法法更强调文件和法应当具有宪法效力，因此，凡不是通过严格的制定宪法程序产生的文件和法律就不能称之为宪法文件和宪法法。宪法典和宪法修正案以及通过宪法典的确认明确予以保留的仍然有效的宪法文件和旧宪法的有关条款等可以符合宪法文件和宪法法的标准。宪法性文件和宪法性法律这两个专门宪法学术语如果要作为内涵清晰的术语加以适用，必须要放在不成文宪法的制度下使用。因为在成文宪法存在的情况下，在成文宪法典和宪法修正案之外如果仍然存在宪法性文件或宪法性法律的话，那么，从逻辑上首先必须区分宪法性文件与非宪法性文件、宪法性法律与非宪法性法律，而这样的区分基本上是不可能的。因为一旦上述在逻辑上对应的概念是成立的，就存在一个宪法与宪法性文件、宪法性法律之间的关系和宪法与非宪法性文件、宪法与非宪法性法律之间的关系是否具有实质的相异性问题，特别是在法律效力关系上是否一

---

① 我国1982年宪法已经经历了1988年、1993年、1999年、2004年和2018年的五次修改，共52条修正案。由于每一条具体的宪法修正案并不具有独立性，所以，如何引用被修改后的宪法条文是比较困难的。如果不考虑宪法修正案的规定，那么引用宪法条文时无法判断该条文的演变过程；如果直接引用宪法修正案，则会出现修改宪法修正案的宪法修正案条文如何引用的问题。如宪法修正案第6条涉及对宪法正文第8条第1款的修改，而宪法修正案第15条又一次对宪法正文第8条第1款加以修改，实质上是对宪法修正案第6条进行了修改。在宪法正文经过两次修改后如何引用时，宪法修正案第6条与第15条之间的关系怎样表述显然有困难。

② 如张庆福先生在《宪法学基本理论》一书中主张，宪法与法律是没有绝对界限的。能够成为宪法渊源的只是法律中的一部分，仅指与国家的基本制度和公民的基本权利及基本义务有直接关系的法律。参见张庆福主编《宪法学基本理论》，社会科学文献出版社1999年版，第108页。

③ 法国1789年通过的《人权和公民权宣言》可以视为最早的宪法文件，具有宪法的效力。事实上，在1791年的法国宪法中，该宣言被作为宪法的一部分。1917年由列宁起草的《被剥削劳动人民宣言》也可以视为宪法文件，此文件在1918年的苏俄宪法中被作为该宪法的序言。

④ 宪法性文件主要是指该文件涉及有关限制国家权力和保障公民权利的内容，但文件的制定程序不是非常规范，文件也不具有宪法效力。

致。如果是一致的，那么，对宪法性文件与非宪法性文件、宪法性法律与非宪法性法律的区分就是无意义的；如果是不一致的，就会导致同一个立法机关制定的法律之间效力不等的逻辑矛盾。所以，在成文宪法国家中，从逻辑上看，只应存在宪法与法律之间通过立法程序而产生的一般性区分，而不应对法律产生任何特殊的不同性质的区分。

另外，在成文宪法国家，除了宪法典及其修正案之外，由议会制定的法律也不能用"宪法相关法"这一术语来描述法律与宪法的关系。近年来，在我国法学理论界有一种观点认为，宪法及宪法相关法是我国法律体系的主导法律部门，它是我国社会制度、国家制度、公民的基本权利和义务及国家机关的组织与活动的原则等方面法律规范的总和。它规定国家和社会生活的根本问题，不仅反映了我国社会主义法律的本质和基本原则，而且确立了各项法律的基本原则，最基本的规范体现在《中华人民共和国宪法》中，还包括国家机构的组织和行为方面的法律，民族区域自治方面的法律，特别行政区方面的基本法律，保障规范公民政治权利方面的法律，以及有关国家领域、国家主权、国家象征、国籍等方面的法律[1]。依据该观点，包括国家机构的组织和行为方面的法律，民族区域自治方面的法律，特别行政区方面的基本法律，保障规范公民政治权利方面的法律，以及有关国家领域、国家主权、国家象征、国籍等方面的法律相对于其他法律而言，与宪法关系更为密切。这种法律分类方法实质上没有认真地区分宪法与法律的不同特性，而是从法律规范内容的相似程度来做出的主观性分类。这种分类方法面临的最大法理问题就是，与"宪法相关法"相对应，在逻辑上就应当存在"与宪法不相关法"。如果这种推论是成立的，那么，宪法与"与宪法不相关法"之间的法律关系和逻辑联系就无法确定。因此，提出"宪法相关法"的分类概念在逻辑上是不通的。所以，在考察宪法与法律之间的关系时，不能从法律的内容与宪法的内容的相似性来做出判断，而应当从制定或修改宪法以及法律的程序和效力来判断两者之间的关系。宪法和法律是两种不同性质的法律规范，宪法在法理上是由人民制定的，而法律则是由议会或立法机关制定，两者的法律地位截然不同，不可随意加以混淆。

在不成文宪法制度下，宪法性法律的确认是由立法机关自行决定的。

---

[1] 参见全国人大常委会法制讲座第八讲《关于有中国特色社会主义法律体系的几个问题》中关于法律体系的分类。

不同国家的立法机关所确认的宪法性法律范围并不一样，这与不同国家所奉行的宪法理论之间的差异密切相关。如英国，议会制定的法律中被视为带有宪法性质的立法包括：1215 年的《自由大宪章》（Magna Carta）、1628 年的《权利请愿法》（Petition of Right）、1689 年的《权利法案》（Bill of Rights and Claim of Right）、1701 年的《王位继承法》（the Act of Settlement）、1707 年的《与苏格兰联盟法》（the Act of Union with Scotland）、1911 年和 1949 年的《议会法》（the Parliament）、1947 年的《英王程序法》（the Crown Proceedings Act）、1972 年的《欧洲共同体法》（the European Communities Act）、1976 年的《种族关系法》（the Race Relation Act）、1983 年的《人民代表法》（the Representation of the People Act）和 1986 年的《共同秩序法》（the Public Order Act）等①。1998 年由英国议会通过的《人权保障法》也是公认的非常重要的宪法性法律。

（四）宪法解释

1. 宪法解释作为宪法的形式渊源的特性

宪法解释就是有权解释宪法的机构依照一定的解释程序对宪法的含义所做的解释和说明。

宪法解释的对象在哲学属性上同宪法是相通的，宪法解释的对象无疑就是宪法。宪法解释的对象的内涵和外延在逻辑上同宪法的内涵和外延是等同的，在进行宪法解释时必须对宪法进行整体、全方位、多角度意义上的释义。既要对抽象意义上的宪法进行释义，又要对具体的宪法进行解释；既要从整体上把握宪法的原则、结构、功能，又要从宪法的具体条文入手，对宪法的每一个具体的内容加以分析和明确其基本含义；既要研究具体个别宪法规范的含义，又要从整体上把握宪法规范的结构体系和不同宪法规范之间的法律关系；既要界定规范意义比较强的宪法条文的含义，又要准确地揭示那些非规范性的宪法条文的意义；既要阐明宪法规范自身的含义，又要将宪法规范同其他法律规范在概念的内涵和外延上科学地区分开来；既要对成文的宪法进行释义，又要对不成文的宪法进行解释等。总之，只要是属于宪法某个方面或整体的性质、特征需要进一步予以明确说明的，都会产生宪法解释问题。

---

① Cf. Wade and Bradley: Constitutional and Administrative Law, 1993, eleventh edition, Longman Group UK Ltd, Longman House, Burut Mill, Harlow, Essex CM20 2JE, England, pp. 12-16. 参见王磊《宪法的司法化》，中国政法大学出版社 2000 年版，第 15 页。事实上，在英国到底哪些法律可以被视为宪法性法律，学者们的意见也不一样。

作为宪法规范的内涵和外延的进一步说明，一旦产生以后，应当具有确定性。也就是说，就某一具体的宪法规范而言，在特定场合下具有何种含义一旦产生了权威性的解释，这种解释就应当包含在该宪法规范的可能具有的逻辑内涵之中。很显然，权威性的宪法解释与被解释的宪法规范一样，也是现实宪法的存在方式，是宪法渊源之一。但是，应当看到的是，宪法规范所具有的法律效力与对宪法规范所做出的宪法解释的法律效力具有一定的差异，如果一个宪法规范的内涵与外延要从根本上加以改变，或者是通过宪法解释完全改变了宪法规范本来的含义，在这种情况下，宪法解释是没有存在的必要的。

作为宪法的形式渊源之一，宪法解释一般不具有独立的宪法规范的特性，必须依附于某个具体的宪法规范而存在。例如，我国现行宪法第79条第1款规定："中华人民共和国主席、副主席由全国人民代表大会选举。"根据该条款的规定，不经全国人民代表大会选举，不可能合法地产生中华人民共和国主席和副主席。因此，该条款是中华人民共和国主席、副主席产生的最基本的宪法依据。但是，由于现代汉语的构词法中名词没有复数形式，因此这样的主席、副主席，尤其是副主席到底是一名，还是一名以上，特别是如果将上述规定翻译成具有名词单复数构词法的少数民族语言或者是其他外国语言时，就必须对"副主席"的单复数属性做出判断。一旦这样的翻译文本依法产生后，很显然，不论是对"副主席"进行单数解释，还是理解成复数，应该说，由于中华人民共和国现行宪法文本没有明确"副主席"的单复数属性，这种翻译文本就具有解释现行宪法第79条第1款的功能，成为确认现行宪法第79条第1款所规定的如何产生中华人民共和国副主席的法律依据。再者，如现行宪法第79条第2款规定："有选举权和被选举权的年满四十五周岁的中华人民共和国公民可以被选为中华人民共和国主席、副主席。"此条款确立了当选为中华人民共和国主席、副主席的法定资格，其中年龄资格为年满四十五周岁。但是，由于我国长期以来不同地区有使用公历和农历计算周岁的不同习惯，所以，现行宪法第79条第2款关于当选为中华人民共和国主席或副主席的年龄资格的规定从逻辑上讲存在一个公民可能在被提名当选中华人民共和国主席或副主席时，依照公历已经年满四十五周岁，而依照农历却仍未达到四十五周岁，或者是依照农历已经达到四十五周岁，而依据公历仍未年满四十五周岁的情况。这种情形一旦在全国人民代表大会选举中华人民共和国主席、副主席之前发生，就必须加以解释。尽管这样的问题并不会经常出现，但是，由于涉及严格依据宪法的规定进行选举的问题，所以，必须从逻辑上加以解决。对现行宪法第79条第2款关于当选为中华人民共和国主席或副主席的年龄资格一旦经有权机关解释后，应当具有与该条款一样的法律约束力。不过，由于对现行宪法第79条第2款所进行的上述解释在实施该条款的过程中发生的可能性很小，因此，上述解释如果作为该条款的必要内容来加以确认很显然会影响该条款的规范性，所以，作为宪法解释的形式存在更加有利于发挥该条款的规范功能。从此意义上看，宪法解释作为宪法渊源而存在，一般是针对特定情形的或者是个别情形的，它与宪法规范的关系是一般与特殊的关系。它本身不能成为独立的宪法规范，只能与它所说明和解释的宪法规范结合在一起共同构成一个在逻辑上内涵和外延完整的宪法规范。

2. 宪法解释作为宪法的形式渊源的存在方式

宪法解释在实践中主要分为四种类型，即立宪解释、行宪解释、违宪司法审查解释和监督解释。每一种解释都是为了保证宪法更好地得到实施，维护宪法的权威性而进行的，并且各种不同的解释方式都遵循着宪法解释的共同原则。

（1）立宪解释。立宪解释主要是指在制定和修改宪法的过程中对宪法条文、规范、原则、结构、功能及其相关的法律关系所做的分析、说明。此种解释属于立宪范畴，有时并不严格地同制定宪法和修改宪法的行为相区分。这种解释的特征是以宪法文件为核心，围绕着宪法文件中的宪法条文、规范、原则、结构、功能及相关的法律关系的含义做进一步补充说明，因此，有些学者又称立宪解释为补充解释。但是这种补充解释对不成文宪法和宪法惯例的含义补充也是适用的，不过以成文宪法为主。立宪解释与宪法规范一样具有一般的抽象的法律约束力。

立宪解释以解释内容和宪法文件的依附关系进行划分，可以分为随件解释、另件解释和特件解释三种情况。

第一种随件解释。

随件解释是立宪解释中最常见的一种解释形式，也是一般法律解释通用的表达方式。它一般在宪法文件中专设条文，对宪法文件上下文提到的某个名词术语的含义，某个法律关系的特征以及某些宪法规范、原则之间的关系和宪法结构与功能的意义做专门的说明。如1965年《新加坡共和国宪法》第91条第1款就对该宪法文本中所涉及的近30个术语的含义做了明确的解释。该条款规定：本宪法中除另有规定或上下文另有要求，下列词语具有如下所指出的意义:"内阁"是指根据本宪法成立的内阁;"新加坡公民"是指根据本宪法规定具有新加坡公民身份的人;"现行法律"是指紧接本宪法实施之前作为新加坡宪法一部分而生效的任何法律;"法律"包括成文法以及联合王国立法或在新加坡实施的任何其他法律或法律文件,和在新加坡有效的普通法律以及在新加坡具有法律效力的任何风俗和习惯;"成文法律"是指本宪法和马来西亚宪法以及所有在新加坡现行有效的法令、条约和补充立法,并包括根据1958年新加坡宪法敕令所制定的规则、规程,只要它们在新加坡仍然有效。此外,该条涉及的词语还包括"议会""总理""公职""届期""服务条件"等近30个专门术语。

随件解释的优点就是能够使宪法文件中的宪法条文、规范、原则以及结构和功能及相关的法律关系的含义一目了然,但其缺陷就是适应性差,即由于随件解释已经较规范地揭示了宪法的含义,一旦在行宪实践中遇到立宪时所未遇到的新情况,就出现了需要再解释的必要。这一点从随件解释存在的法律前提来看,一般也可以一目了然。如上所引证的《新加坡共和国宪法》中对专门术语内涵所做的解释的前提并没有否定"本宪法中除另有规定或上下文另有要求",因此,宪法解释的内容越详尽,宪法的灵活性就越差。随件解释一般不宜视为独立的宪法渊源。

第二种另件解释。

另件解释也是立宪解释中的一种重要表现形式,但由于宪法的根本法地位使得宪法文件的形式仅限于宪法典、宪法修正案等具有宪法效力的法律文件,故成文宪法国家立宪解释多采取随件解释形式,即通常指宪法解释附于宪法典中,以保全宪法的权威。而用另件解释宪法的多为不成文宪法国家,这些国家多主张,用制定法的一般规则来解释宪法,如根据习惯,英国枢密院和加拿大最高法院的法官们一直认为应以适用于制定法的一般规则来解释《不列颠北美法》(标准的宪法文本)。

作为立宪解释的一种重要形式,另件解释中的"件"通常表现为专门的解释法。解释法其英文词为 Interpretation Act 或 Interpretation Statute。它规定法律解释的一般原则,并规定大量法规中最常见词的标准含义,除非特殊法规,或上下文,或其他情形指明有其他含义,这些规定的标准含义在解释所有成文法规时均适用,宪法也不例外。这些规定集中于一身的立法文件,便是解释法。《牛津法律指南》一书认为,英国制定的《解释法》(*Interpretation Act*),于1837年、1889年、1978年数度进行修改,即英国解释法至少制定于 1837 年以前。利德·迪克森（Reed Dickerson）著《立法起草》及 G. G. 图尔顿（G. G. Thornton）著《立法草案》均认为 1850 年制定的著名的 Brougham's Act 是现代解释法的先驱。1954 年北爱尔兰制定《解释法》，1967—1968 年加拿大制定《解释法》。美国也有解释法。1983 年澳大利亚联邦秘书处（The Commenwealth Secretariat）公布了一个模范解释法案（a model Interpretation bill）。1984 年西澳大利亚（Western Australia）颁布了一个相似于上述规范的《解释法》[①]。

另件解释在成文宪法中也有示例，其中多数表现为在宪法条文中指明某种法律文件可适用于宪法的解释，这种形式的另件解释其实是成文宪法随件解释的一种方式。如 1979 年孟加拉国宪法第 152 条就规定，1897 年"一般条例法"关于：其一，议会法令的规定同样适用于本宪法；其二，以议会法令使任何条例废止、无效或失效的规定同样适用于本宪法使之废止、无效或失效。

另件解释是宪法解释制度中的一项重要制度，它通常以解释法的形式出现，将涉及一国法律制度的基本原则和法律术语的含义统一化和规范化，有利于构造一个体系完整、结构严密的法律规范体系。但对于成文宪法而言，由于宪法典的根本法地位，故一般不宜将宪法规范和普通法律规范并同加以注释，尽管两者在逻辑结构上存在极为相似甚或相同的特征。此外，成文宪法的法律效力也不能同解释法的法律效力相提并论，除非成文宪法对解释法中相同解释条款的法律效力予以宪法效力的认可。对于不成文宪法来说，解释法本身就可以视为宪法性法律，故另件解释的效力并不是一个非常突出的问题。

第三种特件解释。

特件解释，顾名思义是用特殊形态的法律文件来做宪法解释，但特定法律文件的法律效力并不能视为与宪法文本相同，只有通过宪法制定和修改程序产生的宪法条文才具有正式的宪法效力，特件解释内容的约束力以特件自身的法律效力为限。如 1990 年 4 月 4 日由第七届全国人民代表大会第三次会议通过的《全国人民代表大会关于〈中华人民共和国香港特别行政区基本法〉的决定》中规定："香港特别行政区基本法是根据《中华人民共和国宪法》按照香港的具体情况制定的，是符合宪法的。"[②] 此处

[①] 参见曹叠云《立法技术》，中国民主法制出版社 1993 年版，第 203—204 页。

[②] 从严格意义上讲，该决定不应当视为宪法解释，而应当视为宪法适用中的解释，决定的效力只约束香港基本法，而没有涉及宪法条文自身。

规定应视为宪法解释，但该决定一般不宜视为同宪法具有同等效力，而只具有法律效力。因此，特件解释仅仅以"件"中与宪法解释相合的内容而与宪法发生直接的法律关系，一般情况下不宜对载有宪法解释内容的特件做宪法文件之观。另外，特别值得注意的是，特件解释所针对的对象也有所不同。如果特件解释所针对的是宪法条文本身的内涵，这种特件解释的效力应当与被解释的宪法条文相同，特别是应当与宪法条文一样具有一般的抽象的约束力；而如果特件解释所针对的是宪法适用的对象，这种解释如果不涉及宪法条文，仅仅涉及宪法适用的对象是否具有合宪性的话，那么，这种特件解释应当视为宪法适用中的解释，其解释效力不具有一般性，只能针对具体的适用对象或者个案生效。

因此，立宪解释在解释功用上主要是补充宪法规定的不足，这种补充既可以对宪法条文中名词术语的含义加以揭示，也可以是对宪法条文中所蕴含的宪法规范、原则以及宪法文件所载的宪法规范的整体结构和功能的意义及相关的法律关系予以说明。立宪解释立足于使宪法更完善、详尽，使其具有较强的规范性、严谨性和科学性。由于立宪解释在行为方式上表现为补充立宪的义务，因此，学理上一般视立宪解释为一种积极、主动的宪法解释，它是立宪者以积极主动的态度进行的，解释的起意不受他人或机构意志的左右，完全是立宪者自主的法律行为。

（2）行宪解释。行宪解释就是行使宪法职权和履行宪法职责的机构在具体实施宪法时，对宪法中需要加以说明的名词术语、规范原则和法律关系所做的注释，这种注释只是为了便于实施宪法，且解释适用的范围具有特定性，解释的形式也不拘泥于成文化，很多场合下解释是不成文的，这种解释一般视为有权实施宪法的机构正确履行宪法职责的一项重要内容。从世界各国宪法规定来看，立法机关、国家元首和政府行政机构都可以在履行宪法职责的过程中对宪法中需要加以说明的名词术语、规范原则和法律关系做具体适用性解释，但这种解释一般只对解释宪法的机构自身实施宪法行为有拘束力，对其他有权实施宪法的机构的宪法行为就不一定有拘束力，行宪解释主要解决如何将宪法规范适用于具体的履行宪法职权和职责的行为中。

以法国 1958 年宪法为例，该宪法第 5 条规定，"共和国总统监督遵守宪法"；"他通过自己的仲裁，保证公共权力机构的正常活动和国家的持续性"。法国总统据此规定可以进行行宪解释，其宪法解释之范围涉及整个第五共和国宪法（1958 年宪法）且包括第五共和国宪法序言中所载的

1789 年人权宣言和 1946 年第四共和国宪法序文, 故法国总统在宪法解释中的作用是相当大的。

从法国总统行宪解释的实践来看, 其涉及范围也颇为广泛。1984 年 7 月 12 日, 密特朗总统在电视广播中强调, 有关总统"保证国家独立"的责任中"国家独立"含有"国家团结"(L'unité nationale) 之义。但此解释含义并不十分清晰, 因法国为文化、政治、种族、社会、宗教、经济均呈多元化国家, 并且在海外还拥有广大领地, "国家团结"一词其意尚需进一步界定, 故此种解释遭到不少非议, 被誉为"为解释而解释之举"。1985 年, 密特朗在出席"人口暨家庭高等委员会"(Haute Cour et de la familie) 揭幕典礼上, 强调"人口问题"关乎"国家存亡的利益"(les intérêts vitaux de la nation), 而他本人是国家存亡利益的保障者, 故人口问题与其职责有关①。该项解释被认为是总统已将职责扩大到广泛的社会事务上。

由立法机关做行宪解释的也不乏立法规定。如 1980 年越南宪法第 100 条规定, 国务委员会负责解释宪法、法律和命令。1968 年民主德国基本法第 71 条也规定, 对宪法和法律有拘束的解释, 由国务委员会进行之, 但以人民议院本身未作这种解释为限。

行宪解释就其实质而言, 是有关国家机关在实施宪法、履行宪法所规定的职权和职责时, 对宪法条文、规范原则以结构、功能和相关的法律关系所做的进一步说明。从法理上来看, 行宪解释是一种适用宪法的解释, 不能包含在严格的立宪解释的范围之中, 且行宪解释是行宪机构为实施宪法、履行宪法职权和职责而发生的, 因此, 行宪解释是一种主动性的宪法解释, 是行宪机构因行宪之需而主动进行的。

行宪解释一般只是适用、实施宪法的解释, 并不是终极的宪法解释, 其解释的效力也只是针对具体的行为, 而不能改变被解释的宪法条文自身的含义。一些国家宪法规定, 对行宪解释认为不妥者, 可由有关机构和个人向宪法仲裁机构提出撤销或变更的诉讼请求。特别是在多党制国家, 若议会和行政机构掌握在不同党派手上, 则行宪解释引起的宪法诉讼或违宪审查则是经常性的。如法国第五共和国时期, 总统为了限制"共治"政府, 经常委托国会议员提案请宪法委员会出面解释限制政府欲以国会多数优势强行通过某项法律。1974 年 10 月 20 日宪法第 61 条修订后, 规定国

---

① 参见莫纪宏《宪政新论》, 中国方正出版社 1997 年版, 第 71 页。

会议员在聚齐60名时可请求宪法委员会解释。此种规定，实质上保障了总统请求释宪而又不冒政治风险的机会，对"共治"政府具有相当的制衡作用，成为总统集权的一个重要的宪法途径①。

（3）违宪司法审查解释。违宪司法审查解释是司法机关对于法律、命令甚至规则或处分（见日本国1946年宪法第81条，在宪法学理论上可概括为受司法审查的法律或行为）审查其是否合乎宪法所做的解释。违宪司法审查解释属于适用宪法的解释，解释的起因是要判明受违宪审查的法律、法规或者是行为是否合宪。因违宪司法审查的过程直接涉及对宪法条文、规范、原则及结构、功能和与之相关的法律关系的含义的理解，故违宪司法审查须以宪法解释为前提。

最早确立违宪司法审查解释制度的是美国。该制度成立背景为中世纪及近世之自然法思想与根本法思想，认为有居于各种实在法之上的自然法或根本法的存在；另外有"王与神均在法之下之格言"所表示的"法的支配"的观念与之相互呼应；此外，宪法至上以及三权分立等思想与违宪司法审查解释都有密切关系②。故在美国成立初期的各州立法，为防止立法权滥用起见，以人权宣言的形式，敦促立法机关忠于职守，不得擅自超越宪法所规定的权限，因此，防止立法机关逾越之举则成为司法机关的一项专门任务。除上述背景外，殖民地时代（17世纪后半期），由英国上议院司法委员会组成的枢密院，对于殖民地议会制定的法律，有为纯司法审查的先例，各州自1780年至联邦宪法制定时，也多有宣告法律违宪的先例。因此，美国违宪司法审查解释制度的产生，与美国司法机关违宪立法审查权相关。

但1787年美国宪法并未明确规定法院是否有违宪司法审查解释的权力，仅在第6条规定："本宪法，与依据本宪法所制定的合众国权力所缔结或将缔结之条约，均为全国之最高法律，纵与任何州之宪法或法律有抵触，各州法官均应遵守。"因此，就联邦最高法院有无违宪司法审查解释权遂成争议。及至1803年，联邦最高法院院长马歇尔（J. Marshall）在马伯里诉麦迪逊一案中，首创联邦最高法院有违宪司法审查解释之权。马歇尔在判决中阐述了联邦最高法院享有违宪司法审查解释权的理由有四：

第一，马歇尔认为，美国国会的立法权是有限的，仅限于宪法列举为

---

① 参见刘嘉宁《法国宪政共治之研究》，台湾商务印书馆1990年版，第73页。
② 参见林纪东《比较宪法》，五南图书出版公司1980年印行，第499页。

国会所享有的立法权（美国宪法第 1 条第 8 款），而又未曾禁止国会行使立法权（第 1 条第 9 款）的事项。人民组织政府，给予各种机关以各种权限，不许各种机关有越权之事；议会也不能例外，其行使立法权，须限制在一定范围之内。欲使人们不会忘记权力之有限制，欲使限制范围不致发生错误，故将"限制"写在宪法上。倘令国家机关受了限制，而又可破坏其限制，则限制之目的何在？写在宪法之上，又有什么意义？倘令这种限制不能拘束国家机关，国家机关的序文不论是禁止的，还是允许的，均为有效，则立法与专制又有什么区别？简要之，议会不能用普通立法程序来变更宪法，乃是自明之理。

第二，宪法是国家的最高法律。宪法作为国家的最高法律，不能用一般立法程序加以变更。一般法律通过议会的普通立法程序产生。因此，宪法作为国家的最高法律，在制定程序上要严格于普通法律的制定程序。故起草宪法的人，必然以宪法为国家的最高法律，因此，在成文宪法之下，法律违宪者无效是当然之理。

第三，法院享有司法审查解释权力的根据。阐明法的意义，是法院的职权。法官适用法律规范，以审判诉讼案件，更有解释法律规范的必要。当两种法律规范相互抵触，法院必须决定适用哪一种法律规范。所以，当宪法和法律适用于同一个具体案件时，倘若法律和宪法抵触，如果法院尊重宪法，以为宪法的效力在法律之上，则宜舍法律而适用宪法，否则一切成文宪法都没有存在的必要了。

第四，马歇尔根据美国宪法条文的规定，说明法律不可不审查的理由：联邦司法权，乃管辖联邦宪法之下所发生的一切案件（Cases and Controversies），这是联邦宪法明文规定的。有了这种条文，法院能够不参与宪法而乱下判决吗？举例示之，宪法禁止各州对输出的贸易货物征收直接税或间接税（宪法第 1 条第 9 款第 5 项），倘若某州法律蔑视这项条文规定，而致发生诉讼，法院能够不考虑宪法，而仅参照法律吗？又如联邦宪法禁止议会制定 bill of tander 或 export factor law（宪法第 1 条第 9 款第 3 项），倘令议会制定了一个法律与这个条文相左，而致发生诉讼，法院能够不考虑宪法，而置犯人于死地吗？显然，制宪者不但欲用宪法来拘束议会，而且要用宪法来拘束法院[①]。

[①] 上述马歇尔的言论由台湾学者萨孟武先生总结阐要说明之，参见林纪东《比较宪法》，五南图书出版公司 1980 年印行，第 499—501 页。

总结马歇尔阐述的美国联邦最高法院享有违宪司法审查解释权的理由，概括起来主要是三个方面：（1）法理理由。宪法在其他一切法律形式之上，故违反宪法的法律、法令、命令、规则和处分等，自应无效。（2）制度理由。依照三权分立的观点，独立于立法部门之外的司法权，自有自主的宪法解释权，以纠正立法的谬误。在实行人民民主的国家，宪法代表了人民的最高意志，因而自然优于由人民代表所组成的国会意志，法院在人民与国会之间起中介调停作用，适用法律时应视人民意志高于国会意志。（3）政策理由。法院作为宪法的守卫者，在处理具体争诉时，保障人民权利，使人民权利不受违宪法令的侵害。

违宪司法审查解释制度在美国产生后，最初美国最高法院一直处于消极被动的地位，在南北战争之前，不过两件。后来，联邦最高法院逐渐采取了积极的护宪行为，不仅对立法机关及行政机关的行宪行为进行合宪性司法审查，并做出相应的宪法解释，而且对于适用法律程序问题往往也进行合宪性审查且做相关解释。但联邦最高法院在审查所有立法之前，原则上均先推定为合宪，以示对立法机关的尊重。

违宪司法审查解释制度虽肇源于美国，但此种制度并未被美国成文宪法以宪法规范的形式加以规定，只是作为一项宪法惯例而被联邦最高法院所遵循。19世纪下半叶，中南美洲国家纷纷独立，许多国家多仿效美国的违宪司法审查解释制度，并在宪法中明文加以规定，其后，东亚国家如菲律宾、日本等国也效仿此制。如在中南美洲国家中，《巴西联邦宪法》第101条就规定，联邦最高法院在下列场合下，对于第一审或其他法院判决，为特别上诉之判决：（1）判决违反本宪法之规定，或联邦条约或条约或法律之规定者。（2）联邦法律是否符合宪法，发生问题，而原判决拒绝适用被控违宪之法律时。（3）地方政府之法律行为，被控违宪或违反联邦法律，但原判决以该法律或行为为有效时。再如，《巴拿马共和国宪法》第167条规定：最高法院，负责维护宪法之完整，故除本宪法及法律所赋予之特权外，得对于行政机关，以内容或形式不合宪法，而拒绝批准之法律草案，及对于任何公民，以同样原因，向该法院控诉之法律、条例、命令、决议及其他行为，经征询国家检察长的意见后，确定其是否合宪。在东亚国家中，《菲律宾共和国宪法》第8条第10项规定，关于条约或法律是否违背宪法之案件，应由最高法院全体法官加以审理及判决，非经最高法院全体法官三分之二同意，不得宣告某条约或法律违宪。日本国1946年宪法第81条也规定，最高法院是有权决定一切法律、命令、规则或处分是否符合宪法之终审法院。

违宪司法审查解释同立宪解释、行宪解释一样都是宪法解释制度的重要组成部分，并且是宪法解释制度中最主要的解释模式。同立宪解释、行宪解释相比，违宪司法审查解释在法理上有以下几个显著特点：(1) 违宪司法审查解释中宪法解释在法律行为的性质上属于司法行为的范畴，作为司法行为，违宪司法审查解释其法理依据是三权分立的护宪观，通过司法行为做出的宪法解释对立法机关、行政机关的法律行为及其制定相关法律文件进行制约而起到维护宪法权威的目的。(2) 违宪司法审查解释的直接行为目的并不是解释宪法，而是要对某项法律文件或法律行为做出是否符合宪法规定的合宪性判断。为了做出此种判断，就需要对被审查的法律文件或法律行为所涉及的相关宪法条文进行名词术语、规则原则、结构功能及相关法律关系含义进行界定，解释宪法的前提是为审查法律文件或法律行为是否合宪为前提，而不是为解释宪法而进行解释，所以，违宪司法审查解释一般属于适用宪法性质的解释，解释所影响的只是被审查的相关法律、法规或者是行为。(3) 违宪司法审查解释行为在法理上通常属于被动或者说是消极的解释行为，它是附有条件发生的法律行为，一般须有违宪控告才会发生，因而违宪司法审查中的宪法解释往往是针对个别具体案件的。其宪法解释的针对性很强。(4) 违宪司法审查中的宪法解释，其解释的内容本身就有可能是有争议的，因为在许多采取此制的国家，就某个具体案件而对宪法所做的解释并不一定要求全体法官的同意，而只采取多数同意制。此外，违宪司法审查解释还会随着时间的迁移而发生变化。如1890 年，美国路易斯安那州众议院通过了著名的"平等但隔离"的法案。后该法案因普莱西诉弗格森案而上诉到美国最高法院。在该案件判决中，美国联邦最高法院认为，路易斯安那州的"平等但隔离"法案，并没有违反联邦宪法第 13 条修正案和第 14 条修正案。到 20 世纪中叶，随着社会平等意识的不断增长，美国联邦最高法院在布朗诉堪萨斯州托皮卡地方教育委员会一案的判决中，完全否定了美国联邦最高法院在普莱西诉弗格森一案中所持的保守立场，彻底地抛弃了"平等但隔离"的思想，反映了美国联邦最高法院在保护公民平等权方面的历史进步性。由此也可以体现违宪司法审查解释的相对灵活性。

(4) 监督解释。监督解释是由具有监督宪法实施职能的国家机构依照法律规定的程序对宪法的实施进行解释，并对实施宪法中发生争议、需要进一步加以明确的宪法规定事项予以解释。监督解释从广义上说应包括一切有监督宪法实施职能的机构对宪法进行的解释，故行宪解释和违宪司法审查解释一般也包括在广义的监督解释的范围之内。监督解释从狭义上说主要指制宪机构、立法机关和专门监督机构对宪法实施进行监督且对宪法条文、规范、原则、结构、功能和相关的法律关系需要进一步明确含义做出解释。

监督解释中解释行为在法律行为的属性上属于积极主动的法律行为的范畴，它是有权监督宪法实施的机构采取积极有效的措施，通过审查相关的法律文件或法律行为是否合宪，对宪法条文、规范、原则、结构、功能和相关的法律关系作出解释说明，从而使宪法得到更好的贯彻实施。

制宪机构是监督解释的重要主体，许多国家宪法都将保障宪法实施的职责赋予制宪机构，以利于维护宪法和制宪机构的权威性。如 1971 年《保加利亚人民共和国宪法》第 78 条规定，国民议会负责制定和修改宪法。为了保障宪法得到准确地贯彻实施，该宪法第 85 条规定，国民议会保证使法律符合宪法；只有国民议会能够决定法律是否同宪法相抵触和法律的发布是否符合宪法规定的条件。1968 年捷克斯洛伐克联邦宪法性法令也规定，联邦宪法和联邦议会宪法性法令的制定及修改、捷克斯洛伐克社会主义共和国总统的选举以及宣战，必须经人民议院全体议员的五分之三多数同意以及民族院中由捷克社会主义共和国选出的全体议员和斯洛伐克社会主义共和国选出的全体议员各五分之三的多数同意。该宪法性法令还规定，由人民院和民族院组成的联邦议会可以废除政府发布的违反宪法或联邦议会其他法令的政令或决议，也可以废除联邦各部或者其他国家行政机关发布的违反宪法或者联邦议会其他法令的具有普遍拘束力的条例。

立法机关进行宪法实施的监督解释主要是基于立法机关监督宪法实施的职责。立法机关在许多国家就是制宪机构，故这种权力机关性质的立法机关的监督解释同制宪机构的监督解释在法理上的意义是一样的。而在另外一些国家，立法机关同制宪机构并不统一，宪法规定立法机关也享有监督宪法实施的职权。如在美国，联邦最高法院的违宪司法审查解释是一种主要的宪法解释形式，但立法机关和行政机关也有监督宪法实施的职责，故立法机关在监督宪法实施的过程中，对宪法所做的解释应视为宪法解释的组成部分。如《美国宪法》第 1 条第 10 款规定：无论何州，非经国会同意，不得对进口货物征收进出口税，但为执行该州的检查法律所必要者，不在此限。任何一州，对进出口货物所征收的一切进出口税的实际所得额，应充作合众国国库之用，各州的所有这种法律，应受国会修改与监督。该款又规定，无论何州，非经国会同意，不得征收船舶吨位税；不得在平时设置军队或战舰；不得与他州或外国缔结协定或盟约；不得交战，唯实际已受入侵或遇到刻不容缓的危急时，不在此限。

专门监督机构对宪法实施所进行的监督解释是宪法监督解释的主要内容。专门监督机构在有些国家宪法中确定为宪法法院，有的则确定为宪法仲裁委员会、宪法委员会，虽然专门监督机构也处理与宪法相关的具体案件，但专门监督机构的宪法监督行为不能完全纳入司法行为中，而是一种专门的监督法律行为，即使像宪法法院也是独立于普通司法程序之外的，如1951年《联邦德国宪法法院法》第13条第5款规定：联邦宪法法院有权对基本法进行解释；1994年《关于俄罗斯联邦宪法法院的联邦宪法性法律》第3条第4款也规定：俄罗斯联邦宪法法院应当对俄罗斯联邦宪法做出解释。由宪法法院对宪法所做出的解释，并不完全依赖于具体的诉讼案件，可以是基于国家机关的提请解释申请来行使宪法解释权。宪法法院的宪法解释往往具有一般的抽象的约束力，一经做出，所有国家机关都必须予以遵守。因此，从宪法解释制度的发展历史来看，专门监督机构的宪法解释活动构成了违宪司法审查解释制度之外的另一个重要的宪法解释形式。

监督解释作为一项重要的宪法解释，同立宪解释、行宪解释和违宪司法审查解释相比较具有以下几个重要特征：其一，监督解释是一种法律监督行为，其行为直接目的是保证宪法的规定得到更好地实施，监督解释中宪法解释是宪法监督的一项重要内容，但并不是唯一内容。一般来说，宪法监督中都要涉及对相关宪法条文含义的理解，但对于宪法监督来说，并不是每一个监督行为都涉及宪法解释，有些监督行为如果所依据的宪法条文含义明确、能够准确地适用于具体的法律事实，宪法解释就是不必要的。其二，由于宪法监督行为的实施对象的范围是广泛的，故宪法解释的发生并不一定仅因为宪法控告而发生，享有监督宪法实施职权的机构可以主动地去审查某项法律文件或某个法律行为是否合宪。因此，监督解释可以是对具体法律事实同某个宪法条文规定之间含义一致性的比较、推定，也可以是对某项抽象的法律规定同宪法规定在语言逻辑等含义属性相同或相似性的判断。其三，监督解释的主体较其他几种类型的宪法解释的主体复杂，在有些国家，宪法所确定的监督解释主体是分层次的，但一般以具有最高权力的监督解释主体的宪法解释为准。

（五）宪法判例

宪法判例也是重要的宪法的形式渊源之一，尤其是在确立法院具有违宪审查权的国家。宪法判例是法院在审理有关宪法问题做出相应的判决中形成的。值得注意的是，并不是法院所做出的每一个涉及宪法问题的判决都可以作为宪法判例，也不是所有的法院都可以产生宪法判例。通常在法院所做出的宪法判决中能够作为宪法判例使用的也只涉及有关宪法问题所做出的实体判断的核心部分。这些关于宪法的实体判断一般属于对宪法的含义进行解释，所以，宪法判例一般又可以被视为在违宪司法审查程序中所产生的宪法解释。

具有宪法性质的判例法制度在英国法院早已存在，英国的判例法包括两类：一类是固有的普通法。它包括历代法官在特殊案件的审理中所宣布为法律的判决。这些案件判决的报告涉及君主特权、政府机关和政府官员的权限、人身保护法所反对的不法行为的补充实施办法等。例如，1611年"公告案"，裁定国王不得利用其公告，把以前不构成犯罪的行为改为犯罪行为。又如1839年"Stockdale vs. Hansard"案，认为只经下议院通过的决议不能改变国家的法规。1913年"Bowles诉英伦银行"案否决只凭下议院所通过的决议就可以征收新税的决定。再如，1947年"Christie诉Leachinsky"案确认警察逮捕任何人时，须说明该人被怀疑犯了什么罪等等。另一类是法院对法规含义的解释（The Interpretation of Statutes Law）①。但是，在宪法学理论中被视为宪法判例起源的，则为1803年美国马伯里诉麦迪逊案件。在该案中，美国最高法院大法官马歇尔通过对宪法的解释确立了这样一条原则，即"所有制定成文宪法的人们都是要想制定国家的根本的和最高的法律，因此，一切这种政府的理论必定是：与宪法相抵触的立法机关法案是无效的"②。

从制宪发展的历史来看，宪法判例在完善宪法制度、健全宪法规范体系方面起着十分重要的作用。特别是在一些宪法典产生比较早，但是，经过很长时期仍然保留下来继续有效的国家，由法院所做出的宪法判例最大限度地适应了客观现实对宪法规范不断更新的要求，弥补了成文宪法典规定的不足。

例如，宪法判例在建立挪威宪法制度方面发挥了十分重要的作用。挪

---

① 参见许崇德主编《宪法学》（外国部分），高等教育出版社1996年版，第10页。
② 参见李树忠、焦洪昌主编《宪法教学案例》，中国政法大学出版社1999年版，第7页。

威 1814 年宪法并没有明确规定法院有权对议会所制定的法律享有违宪审查权。而在 1850 年之前，挪威最高法院也认为司法审查不过是一个很小的问题。法院的中心任务是应当忠实地执行议会所制定的法律，议会的立法权是至上的，不得随意侵犯。但从 1850 年开始，这种情况开始发生变化。最高法院在它所做出的判例中逐渐地涉及了对议会制定的法律的合宪性进行审查的问题。1850—1890 年这一段时间，挪威最高法院开始在判决中对所引用的议会法律做严格的解释，防止议会所制定的法律因解释范围过宽而与宪法的规定相矛盾。在 1890 年之前，大多数案件都是涉及对公务员进行赔偿的议会法律，而最高法院判定这些法律与 1814 年《挪威王国宪法》第 22 条、第 97 条和第 105 条相抵触。虽然最高法院对议会立法的合宪性进行审查最明确的起源在挪威司法界和学术界尚存争议，但是绝大多数人认为，挪威的司法审查制度最晚也应当在 19 世纪 60 年代末的最高法院判决中建立起来了。1890 年后基本上属于司法审查制度成熟化的阶段。1900 年前后，最高法院在审查议会制定的法律是否合宪时已经不仅仅局限于对经济和社会方面的法律进行审查，而且开始涉及政治性的争议。挪威最高法院在 20 世纪一直延续了 19 世纪进行司法审查的传统，但是最高法院在进行司法审查时，尤其是对议会的法律进行合宪性审查时一直是比较慎重的，不到万不得已一般不会宣布议会制定的法律违反宪法。不过，自 1976 年最高法院在一桩著名的案件中做出保障人权的判决后，最高法院在审查议会制定的法律是否有效地保证了宪法所规定的公民权利的实现方面的态度越来越积极和鲜明。

与最高法院创设司法审查制度相适应，挪威的法院在审判实践中也通过对宪法所做出的解释，不断地丰富了宪法的内容。这种宪法解释往往沉淀在著名的宪法判例中，成为比较有影响的宪法原则。如挪威最高法院对 1814 年《挪威王国宪法》第 100 条关于言论自由的规定与刑法典之间的关系，就先后在判例法中做出了三种不同性质的解释。第一种解释认为，适用于每个案件的刑法典的规定必须以宪法第 100 条作为背景来解释；第二种解释认为，在解释刑法典时，重心应当放在宪法第 100 条所规定的表达自由上；第三种解释则主张，刑法典的规定必须使用宪法限制原则[①]。判例法成为挪威宪法的一项重要的法律渊源。

[①] 参见莫纪宏《表达自由的法律界限》，中国人民公安大学出版社 1998 年版，第 42—43 页。

(六) 其他宪法渊源

由于世界各国的宪法制度所产生的历史背景不同，加上实施宪法的文化传统各具特色，因此，在实施宪法的实践中，可以被视为宪法渊源的还有其他的法现象，如学者关于宪法原理的论述、国际组织的宪章、国际人权法院的判例等等都可以作为审理宪法案件的宪法依据。

将学者关于宪法原理的论述视为宪法的形式渊源，一般都发生在普通法系国家的违宪审查活动中[①]。英联邦国家常常采用此法来解释本国宪法的疑难。如在尼日利亚，从独立之日起，最高法院就掌握了比较宪法的资料，并愿意在宪法解释中使用它们。它经常援用美国、澳大利亚、加拿大、印度和北爱尔兰的判例。尼日利亚学者对此也表示赞赏。卡苏尼姆教授认为："参考其他宪法条文无疑是明智的。"[②] 在印度，最高法院的法官们在解释宪法时也特别注重运用比较法的资料。最高法院明智地指出："当你面临所解释的宪法条文不甚清楚或不明确的难题时，你会倾向于探询：其他国家的思想是如何回应由其他国家宪法相似规定所提出的挑战的。"[③]

以往，宪法学者在研究宪法的形式渊源时一般总是将视野停留于一个民族国家内的成文宪法或不成文宪法上。这种研究视野主要是受到传统主权理论的影响。按照博丹等人提出的传统主权理论，主权是在一个民族国家内统一、完整和不可分割的。在 20 世纪第二次世界大战以后，出现了超越于民族国家之上保护人权的国际性组织，这些国际性组织中就设立了相应的司法机构。截至目前，比较有影响的包括联合国的国际法院、国际刑事法院、欧洲理事会的欧洲人权法院、美洲国家间组织的美洲国家间人权法院以及欧盟的欧盟法院和欧盟法院第一审法院。这些国际性组织所设立的法院主要是协助国际性组织开展司法活动。与国际性组织成员国的法院相比，这些法院都有一个共同的特点，就是国际性组织成员国只有承认上述法院对其享有司法管辖权的，上述法院才对有关的成员国具有管辖权；另一个特点就是上述法院所管辖的案件必须是在有关国家司法救济途

[①] 在英国审判实践中，某些知名宪法学家的著作虽然没有正式的法律效力，但往往会对法官的审判活动产生重要的影响作用，特别是当两个宪法原则发生冲突时。一般在审判活动中受到法官关注的宪法学者包括洛克、戴雪、穆勒等，他们的著作如《法律论文》《特权》《程序与议会的适用》等都被视为有权威的著作。

[②] ［美］切斯特·詹姆斯·安修：《宪法解释》第八章，奥新纳公司 1982 年版。

[③] ［美］切斯特·詹姆斯·安修：《宪法解释》第八章，奥新纳公司 1982 年版。

径已经穷尽的情况下才可以提起，如果在有关国家的国内法院尚未穷尽所有司法程序的救济手段时，这样的案件一般不予受理；再有一个特点就是，上述法院所做出的判决对有关国家和当事人是强制性的，如果有关国家或者是当事人不认真履行法院的判决，那么，上述法院可以将判决交给有关国际性组织监督执行。从上述法院所具有的基本特性来看，它们所做出的判决对于有关国家具有最终性（当然，对这种最终性，有关国家在任何时候都是可以通过做出声明予以放弃的），其中包括对有关国家行使宪法审判职权的法院所做出的判决都具有法律约束力。所以，这些法院实际上是有关国家在法律上予以承认的承担宪法审判职权的超越于民族国家之上的宪法法院。如果要用主权理论解释的话，这些法院的判决效力由于是得到有关国家承认的，所以，实质上这些国际性组织所下设的法院起到了补充有关国家国内宪法法院所应当承担的职责的作用。由于这些法院对有关承认其管辖权的国家采取同样的法律标准和法治原则，因此，它们所做出的判决对有关国家国内法院的司法审判活动可以起到很好的示范与监督作用。

相对于国际法院、欧洲人权法院和美洲国家间人权法院而言，欧盟法院对于欧盟各个成员国的法律拘束力更强。欧盟法院在长期的司法实践中，对欧盟成员国国内的法院形成了两个最基本的原则，即欧盟法律在欧盟成员国中的直接的法律效力；欧盟法律具有高于欧盟成员国国内法的效力。如果有关欧盟成员国不承认上述法治原则，那么，唯一的出路就是根据欧盟有关条约的规定，退出欧盟。所以，从传统主权理论来看欧盟法院的性质，它的存在并不是为了否定欧盟成员国国内法院对案件的司法绝对管辖权，而是为了补充和完善无法由欧盟成员国国内法院所实施的保护本国公民权利和本国利益的功能。从不同意欧盟法院的超国家之上的司法管辖权就应当退出欧盟的法律规定角度来看，说明保持民族国家宪法法院对民族国家内的司法事务享有绝对的管辖权是现代宪法法院制度的出发点。

欧盟法院是根据欧盟条约所建立起来的重要制度。它一方面有义务在欧盟各个不同的机构之间保持平衡；另一方面，又有责任在欧盟与欧盟成员国之间保持平衡。在履行其司法审查权的过程中，它通常需要解决具有宪法性质的问题以及具有重要经济意义的问题。

在欧盟法院于1962年、1964年和1978年所作出的Van Gend en Loos Costa v ENEL和Simmenthal判决中，欧洲公民具有可以在本国法院面前发现国内法与欧盟法律相抵触从而主张不应适用的权利。基于这些原则，欧盟法院确实使"欧洲公民"的身份具有了现实性。

欧盟法院通常还被要求澄清欧盟成员国在商品自由流通、建立统一的大市场、保证拆除保护本国市场和企业的贸易壁垒，也就是阻碍在欧盟成员国之间进行贸易的一切障碍等事务方面的职责①。

欧盟法院等国际性组织所设立的国际性法院的存在，从主权理论上来看，并没有破坏传统的主权在民族国家内具有最高性的特征，相反，它还扩大了传统主权理论的适用范围和适用形式，丰富了传统主权理论的内涵，使主权存在的目的更加明确，即民族国家的主权紧紧地围绕着保障民族国家公民的人权、自由和合法利益的目的而存在。当然，是否接受国际性法院对民族国家内的司法事务的管辖权通常还必须根据一个国家的具体国情来决定，尤其是必须遵守有关国际法的原则，如《维也纳条约法公约》的规定。没有民族国家的自愿，任何国际性法院都无权主动地行使对一个不承认其管辖权的国家内的司法事务的管辖权，否则，就违背了国际法的一般原则。

近年来，一些国家在积极履行国际人权公约方面还采取了更为积极主动的措施。如在尊重联合国在保障人权方面的权威性方面，挪威政府做出了积极的努力，先后批准了《公民权利和政治权利国际公约》《经济、社会和文化权利国际公约》以及联合国等重要的国际组织所通过的重要的人权公约，主动承担了大量的履行国际人权公约的义务。1999年5月21日，挪威议会通过了《在挪威法律中加强人权地位的法律》，该法律规定，《公民权利和政治权利国际公约》、《经济、社会和文化权利国际公约》以及《欧洲人权公约》可以直接作为挪威国内法的一部分来加以实施。这在某种意义上，实际是将国际人权公约融合到国内宪法之中，使国际人权公约直接成为国内法意义上的宪法的形式渊源。

第五节　宪法规范的逻辑结构

宪法规范是宪法作为根本法的法律特征所在，宪法正是通过宪法规范来指导和约束人们的行为，发挥自身的法律功能。在实践中，由于宪法规范是以宪法文本的形式出现的，因此，宪法规范并不能以直观的形式而存

---

① 参见莫纪宏《宪法审判制度概要》，中国人民公安大学出版社1998年版，第67—68页。

在，而必须依据宪法规范自身的逻辑特征来加以识别。特别是具体的宪法规范又存在于具体的宪法条文中，所以，很容易将宪法条文与宪法规范混同起来。很显然，宪法规范离不开宪法文本、宪法条文，但宪法规范具有自身独立的逻辑结构，是一种以行为模式存在的行为规则。在不成文宪法制度下，宪法规范并不一定与宪法文本、宪法条文等具体形式相联系，但是，宪法规范所体现出来的行为模式的要求却仍然可以发挥自身的法律规范功能，有效地约束人们的行为。所以，要认识宪法作为根本法的规范特征，首先要弄清宪法规范的逻辑结构，也就是说，宪法是如何通过宪法规范来对人们的行为进行规范的。

一　宪法典的形式与结构

在世界各国，作为成文宪法的宪法典都具有一定的形式和结构。宪法典的形式通常是指宪法典是以一个宪法文件的形式表现出来，还是以多个宪法文件的形式表现出来。在成文宪法制度下，宪法典通常由宪法文本和宪法修正案构成，宪法修正案往往是作为独立的宪法文本而存在，并对正式的宪法文本起补充和修正作用。在有些成文宪法制度下，宪法典的形式比较复杂，通常包括除宪法修正案之外的几个独立的宪法文本。如在瑞典，宪法典是由四部宪法文件构成的，包括《政府组织法》（*the Instrument of Government*）、《王位继承法》（*the Act of Succession*）、《出版自由法》（*the Freedom of Press Act*）和《表达自由法》（*the Fundamental Law on Freedom of Expression*）。而在荷兰，宪法典的形式更加复杂，既有1814年就已经生效的《荷兰宪法》，又有自1954年起开始生效的《荷兰王国宪章》。但是，一般来说，大多数成文宪法国家的宪法典形式都比较简单，只有一个正式的宪法文本以及对宪法文本进行相应修改的宪法修正案。

宪法典结构的构成是基于对宪法规范进行合理、充分和有系统地予以表述而产生的，在一定程度上也反映了一个国家创制宪法的立宪技术特征。由于各国的具体国情有所不同，加上立宪意图的差异，因此，在宪法典中安排宪法规范的方式就有区别，呈现出不同的结构特点。在一定意义上，宪法典的结构特征能够比较准确地反映一个国家中起主导作用的宪法思想的特点。以三权分立理论作为立宪基础的美国宪法，其正文由立法条款、行政条款、司法条款以及州条款等七条构成，该结构充分反映了三权分立原则和联邦与州的分权原则。而以主权在君的立宪思想产生的挪威王国宪法其章名的排列顺序依次是政体和宗教，行政权、国王和王室，公民权利和立法权，司法权和一般规定等。

宪法典的结构一般分为形式结构和内容结构两种。形式结构是指将宪法规范予以合理排列的顺序、方式，一般分为章、节、条、款、项和目，也有在章之上再分编或者是篇的，有的国家宪法对章、节、条、款、项的排列顺序仍然进行细化，如章下分分章，节下分分节，条、款、项下分小条、小款、小节或者是条之几、款之几和项之几的。宪法典形式结构的作用主要在于形式结构可以有利于识别宪法规范的所在位置，以方便在不同的宪法规范之间建立形式逻辑关系，简化宪法规范的表述方式。内容结构是指将具有相同性质的宪法规范安排在宪法典中的某一部分，一般包括序言、总纲、正文、特殊规定和附则等。序言主要表述制定宪法的意图、指导思想和基本国策，总纲是对基本国家制度和社会制度的规定，正文部分明确国家权力与公民权利的产生、存在和变更的条件、形式以及相互关系，特殊规定一般涉及非常时期宪法的效力，附则一般确定宪法生效的期限或者是过渡性的宪法条款，等等。认识宪法典的内容结构有利于全面地认识和掌握宪法规范的内容、宪法规范的性质以及宪法规范所调整的对象的范围。

我国现行宪法在结构上的特点表现在：（1）宪法的形式结构分章、节、条、款、项，共4章，其中第3章分8节，共143条。在引用某一宪法规范时可以表述为：宪法第几章第几节第几条第几款或者是宪法第几章第几节第几条第几项（我国宪法中没有在同一条下设两款以上的款别而又在款别下设项的，只有在同一条下设一款，并在该款下设若干项，一般在表述某项时省略第一款的中间结构，直接表述为某条某项）。（2）宪法的内容结构分序言，第1章"总纲"，第2章"公民的基本权利和义务"，第3章"国家机构"（分8节，第1节全国人民代表大会、第2节中华人民共和国主席、第3节国务院、第4节中央军事委员会、第5节地方各级人民代表大会和地方各级人民政府、第6节民族自治地方的自治机关、第7节监察委员会、第8节人民法院和人民检察院），第4章"国旗、国徽、首都"。根据2004年宪法修正案第31条的规定，第4章章名修改为"国旗、国歌、国徽、首都"。

二 宪法规范的形式与结构

宪法规范是指具有宪法效力的法律规范。作为具有宪法效力的法律规范，宪法规范区别于一般法律规范的最主要的地方是，一般的法律规范所规范的对象只涉及法律事实和法律行为，而宪法规范除了对法律事实和法律行为具有规范作用，它对法律规范也具有规范作用，是一种规范的规范，具有价值规范的特性。宪法规范的这种复合规范性要求一般法律规范在调整社会关系时必须以宪法规范为前提，不得与宪法规范的要求相抵触和相矛盾。

在宪法学的研究和教学中，宪法规范是一个最重要的法学概念，正确地表述宪法规范的含义不仅有助于认识宪法规范的特征，还有助于理解宪法作为根本法所具有的法律意义。

1. 宪法规范的构成要素和表现形式

作为一种特殊形式的法律规范，宪法规范应当具备以下几个要素：规范的主体、规范的客体、规范的对象、规范力的范围等。

规范的主体是指宪法规范的制定者与宪法规范的遵守者，也就是说，谁向谁通过宪法规范发出行为指令。从宪法规范实施的形式来看，表面上好像是宪法规范与宪法规范遵守者之间的关系，但是，实际上宪法规范的遵守者在遵守宪法规范时服从的是宪法规范制定者的意志。如果有义务遵守宪法规范的主体不服从宪法规范的要求，就可能导致宪法规范制定者对违反宪法规范的主体产生消极和否定性的评价态度，并会导致相应的反应措施的产生。如我国现行宪法第5条第3款规定，"一切法律、行政法规和地方性法规都不得同宪法相抵触"。该款规定表述的宪法规范，规范者是宪法的制定者，被规范者是法律、行政法规和地方性法规的制定者。当法律、行政法规和地方性法规的制定者所制定的法律、行政法规和地方性法规与宪法相抵触时，作为宪法的制定者就有权通过一定的方式来纠正法律、行政法规和地方性法规制定者的违宪行为。

规范的客体是指宪法规范调整的是何种性质的社会关系。以现行宪法第5条第3款的规定来看，该款规定所表述的宪法规范所调整的社会关系是制定法律规范的立法关系，也就是说，立法关系是该款所表述的宪法规范的规范客体。

规范的对象是指受宪法规范所调整的社会关系的标的物。如在现行宪法第5条第3款中所表述的宪法规范的规范对象就是法律、行政法规和地方性法规，而该宪法规范对规范对象的约束力涉及一切法律、行政法规和地方性法规，也就是说，该宪法规范的规范力涉及所有法律、行政法规和地方性法规。

宪法规范通常是通过宪法文本、宪法条文表现出来的，宪法文本是宪法条文的总体集合，宪法条文是宪法文本的具体化。但是，宪法条文与宪法规范之间并不存在完全的一一对应的关系。在有些情况下，一个宪法条文仅仅表现一个宪法规范，在有些情况下，一个宪法条文可以独立地表现两个以上的宪法规范；而一个宪法规范既可以通过一个宪法条文体现出来，也可以通过几个宪法条文体现出来。此外，有些宪法规范还可以通过宪法中的非条文表述体现出来，即宪法规范体现在叙事性的宪法序言中。不管宪法规范以何种形式表现出来，宪法规范所包含的基本构成要素都应当是相同的，并且这些构成要素之间按照一定的逻辑顺序建立起一定的逻辑结构。

2. 宪法规范的逻辑结构

宪法规范是通过特定的逻辑结构来表示规范主体、规范客体、规范对象和规范力之间的逻辑联系的。这种逻辑结构一般包括规范发生的条件、规范形态和规范的调控方式。

规范发生的条件是指将宪法规范中各种构成要素组合在一起的逻辑条件，包括时间条件、空间条件、事实条件以及行为条件，等等。如我国现行宪法第67条第3项规定，全国人民代表大会常务委员会在全国人民代表大会闭会期间，对全国人民代表大会制定的法律进行部分补充和修改，但是不得同该法律的基本原则相抵触。从该项的规定来看，它所表述的宪法规范中的主体规范部分是全国人民代表大会常务委员会有权对全国人民代表大会制定的法律进行部分补充和修改，而该主体规范部分成立的逻辑前提是这样一个事实条件的存在，即全国人民代表大会闭会期间。

规范形态是指宪法规范所要求的可能性、不可能性和应然性或必然性①。从可能性来看，宪法规范的规范形态呈授权性状态，即宪法制定者通过宪法规范给予了宪法规范的遵守者从事某种行为的可能性，一般又称

---

① 可能性、不可能性以及应然性或必然性表示的属于事实或行为的确定性，而或然性是指事实或行为的不确定性，或然性所体现的行为状态一般是用鼓励、推行、发展等等动词表达的。有很多宪法规范的规范形态是以或然性的方式体现的，所以，就产生了政策性规范。有些宪法规范的规范形态是以现实性的方式体现的，一般称为事实性规范，这种宪法规范的意义在于肯定某个事实的确定性，并禁止任何否认该事实的行为的存在。因此，从宪法规范的遵守者来看，事实性规范实际上是表现为禁止性规范，即宪法规范禁止宪法规范遵守者否认宪法规范所规定的事实的确定性。宪法原则类型复杂，如果宪法原则的规范形态是以确定性方式出现的，那么，宪法原则可视为授权性规范、禁止性规范和义务性规范；如果宪法原则的规范形态是以或然性方式出现的，那么，宪法原则就起着政策性规范的作用。

为授权性规范；授权性规范所赋予的可能性既可以是授予权力，也可以是授予权利。从不可能性来看，宪法规范的规范形态呈禁止性状态，即宪法制定者通过宪法规范规定了宪法规范的遵守者从事某种行为的不可能性，一般又称为禁止性规范。从应然性或必然性来看，宪法规范的规范形态呈应然性或必然性状态，即宪法制定者通过宪法规范要求宪法规范的遵守者应该或必须从事某种行为，一般又称为义务性规范；义务性规范所要求的既可以表现为职责，也可以表现为义务。以授权性规范为例，上述所提及的现行宪法第 67 条第 3 项所规定的宪法规范就属于授予权力的规范，即全国人民代表大会常务委员会有权对全国人民代表大会制定的法律进行部分补充和修改。而通过宪法规范授予权利的授权性规范在现行宪法第 2 章"公民的基本权利和义务"关于公民的基本权利的条款中就规定得比较详细。禁止性规范的形式如上述所提及的现行宪法第 5 条第 3 款所规定的宪法规范就是明显的一例，该宪法规范是以一切法律、行政法规和地方性法规都"不得"同宪法相抵触的禁止性状态表现出来的。义务性规范不论是职责，还是义务，规范形态是通过"应该""不得不"和"必须"等体现应然性或必然性的情态动词表达的。如我国现行宪法第 41 条第 2 款规定，"对于公民的申诉、控告或者检举，有关国家机关必须查清事实，负责处理"。上述"必须"两字表示国家机关具有的职责内涵。再如我国现行宪法第 56 条规定，"中华人民共和国公民有依照法律纳税的义务"。这里"有……的义务"表示的是一种行为的必然性，也就是说，上述规定体现了一种义务性的宪法规范。

宪法规范的规范调控方式是宪法规范对规范形态所做的条件限制，这种条件限制与宪法规范的发生条件不一样。宪法规范的发生条件是宪法规范的规范形态赖以存在的前提，而宪法规范的规范调控方式是作为对规范形态存在特征的一种要求。这种要求实际上相当于宪法规范的规范形态的界限。如我国现行宪法第 67 条第 3 项所规定的宪法规范中，主体规范部分是一种授权性规范，即全国人民代表大会常务委员会有权"对全国人民代表大会制定的法律进行部分补充和修改"，但是，该授权性规范又附加了授权的界限，即"但是不得同该法律的基本原则相抵触"。在宪法规范中，对一个宪法规范的规范形态所给予的条件限制往往是通过另一个宪法规范来表示的，这两个规范就成为规范形态具有密切的逻辑联系的可集合性宪法规范，往往表述在同一宪法条文中以体现这两个宪法规范之间在规范形态上所具有的紧密联系。如现行宪法第 77 条规定，"全国人民代表大会代表受原选举单位的监督。原选举单位有权依照法律规定的程序罢免本单位选出的代表"。从上述规定来看，该宪法条文规定了两个宪法规范，一个是义务性规范，即"全国人民代表大会代表受原选举单位的监督"，另一个是授权性规范，即"原选举单位有权依照法律规定的程序罢免本单位选出的代表"。从后一个宪法规范设立的目的来看，实际上起到了调控前一个宪法规范的规范形态的作用。也就是说，如果全国人民代表大会代表不接受原选举单位的监督，原选举单位就有权依照法律规定的程序罢免本单位选出的代表，在此，原选举单位有权依照法律规定的程序罢免原选举单位的代表此项授权性规范是作为使得全国人民代表大会代表接受原选举单位监督这一义务性规范得以实现的保障手段。

3. 宪法规范的存在方式

宪法规范是以何种方式为人们所知晓、理解和掌握的呢？或者说人们怎样才能知道这就是宪法规范，那不是宪法规范呢？这是识别宪法规范特征的基本技术问题。要能够准确地判定一个宪法规范的存在，宪法规范的外在表现形式必须具有确定性，也就是说，一个模糊的宪法规范是很难识别并加以利用的。从宪法规范的存在方式的一般特征来看，分为明示的宪法规范和默示的宪法规范两种，明示的宪法规范是以书面文字的形式表达出来的宪法规范，默示的宪法规范是指作为习惯而被共同遵循的宪法规范。默示的宪法规范的构成要素以及逻辑结构与明示的宪法规范的构成要素以及逻辑结构是一样的。在实施宪法规范的实践中，默示的宪法规范往往需要比识别明示的宪法规范更复杂的技术手段，尤其是对宪法判例中所包含的默示的宪法规范的认定更是如此。

明示的宪法规范是通过作为成文宪法的宪法典和作为不成文宪法的宪法性法律体现出来的。它的载体特征是由特定的语言和特定的逻辑形式所表示的。所以，表述明示宪法规范的语言和逻辑形式对明示宪法规范的存在方式具有很大程度的影响。从语言学的角度来看，在缺少单复数和阴阳性构词法的语言系统中，对表述宪法规范所涉及的单复数和阴阳性事物的描述就只能采取全称概念的逻辑表达形式，这种由表述宪法规范的语言系统的独特的特征所决定的宪法规范存在的语言逻辑形式一般在对宪法规范进行不同语言等义表述时会产生某些分歧。如我国现行宪法第79条第1款规定，"中华人民共和国主席、副主席由全国人民代表大会选举"。该规定中所涉及的中华人民共和国主席、副主席如果使用具有单复数和阴阳性构词法的其他语言系统来表达，首先就必须明确上述规定中的主席、副主席是单数,还是复数;是阴性,还是阳性;或者是阴性和阳性都包括。

作为明示的宪法规范,不论是表述在作为成文宪法的宪法典中,还是表述在作为不成文宪法的宪法性法律中,都受到作为宪法渊源的不同法律形式的外部形式结构特征的影响。作为宪法渊源的法律形式其表述宪法规范的基本手段是条款。在创制宪法的过程中,条款的形式、内容和范围都是基于表述宪法规范的要求而产生的,所以,这就产生了如何通过宪法条款来最好地表述宪法规范,从而使人们最容易识别宪法条款所表述的宪法规范的问题。从宪法条款与宪法规范的逻辑联系来看,宪法条款是宪法规范的外在表现形式,宪法规范必须以宪法条款的表述为前提。从宪法条款与宪法规范的对应关系来看,可以是一一对应的逻辑关系,即一个宪法条款表述一个宪法规范,这包括一条表述一个宪法规范,一款表述一个宪法规范,或者是一项表述一个宪法规范,或者是更小的形式单元表述一个宪法规范;也可以是交叉对应的逻辑关系,即同一个宪法条款表述不同的宪法规范或者是同一个宪法规范表述在不同的宪法条款中。在此,宪法条款与宪法规范的逻辑对应关系取决于识别宪法规范的目的,也就是说,宪法条款与宪法规范一一对应的逻辑关系一般是针对宪法规范的绝对性而言的,与宪法条款建立一一对应逻辑关系的宪法规范本身是最简单的宪法规范,它本身不具有任何复合性的特征。如我国现行宪法第 56 条规定,"中华人民共和国公民有依照法律纳税的义务"。在此条规定中表述的宪法规范其规范要素不具有可分性,该宪法规范作为义务性宪法规范,性质明确,内涵清晰,很容易被识别,不需要做进一步语言和逻辑上的说明。所以,该条与该条所规定的宪法规范之间建立的是一一对应的逻辑关系。宪法条款与宪法规范之间交叉对应的逻辑关系形式比较复杂,一般分为两种类型,一是两个以上的宪法规范通过合并规范要素变成一个宪法规范,如我国现行宪法第 55 条第 2 款规定,"依照法律服兵役和参加民兵组织是中华人民共和国公民的光荣义务"。该款所表述的宪法规范在形式上是一个宪法规范,而在实质上它所表述的是两个宪法规范,也就是说,该款所表述的一个宪法规范可以分解成由两款所表述的两个宪法规范,这两个宪法规范可以通过两款表述为,"依照法律服兵役是中华人民共和国公民的光荣义务"和"依照法律参加民兵组织是中华人民共和国公民的光荣义务"。宪法条款对宪法规范的复合作用,是立宪技术的重要价值体现。通过宪法条款对宪法规范的规范要素依照一定的逻辑联系进行复合,就使得宪法规范变得简练，易于被人们识别和掌握。所以，宪法规范的存在方式是否科学、合理对于宪法规范能否为人们所使用具有非常重要的作用。科学、合理地表现宪法规范的法律形式必须既能有效地反映一个国家所有属于宪法规范的法律规范的全貌，又应当具有简便易懂的语言和逻辑形式。在实施宪法的过程中，适用宪法规范的国家机关或者是其他性质的主体常常不拘泥于宪法条款中对宪法规范的规范要素的组合方式进行重新组合，这种复合宪法规范要素的方式对立宪技术具有重要的影响，一些被实施宪法实践证明是科学、合理的复合宪法规范的规范要素的技术可能就会被修改宪法的活动所吸收。所以，从宪法条款与宪法规范的逻辑对应关系来看，宪法规范实际上是由最简单的宪法规范、复合的宪法规范和依照一定原则对宪法条款中的宪法规范进行重新组合而产生的复合宪法规范组成的宪法规范体系。

4. 宪法规范与法律规范的关系

宪法规范是一种具有宪法效力的法律规范。很显然，宪法规范是一种特殊形态的法律规范。但是，在实施宪法的过程中，如何来判定宪法规范与普通法律规范的区别，使宪法规范更容易被人们所掌握至关重要。另外，在一个国家法律体系中所存在的宪法规范与普通法律规范两者之间是通过什么样的手段联系在一起，宪法规范与普通法律规范是何种关系，宪法规范与普通法律规范的区别点表现在哪几个方面，这些问题是最基本的宪法理论问题。

宪法规范作为一种具有宪法效力的法律规范，很显然，在法律效力关系上应当是先有宪法规范的存在，然后才能依据宪法规范的要求确立相应的法律规范。也就是说，法律规范的产生、内容、变更、效力等特征都必须以宪法规范的存在为前提。从逻辑上看，没有宪法规范，就不可能有法律规范的存在，或者说没有宪法规范的存在，就不可能产生除宪法规范之外的普通的法律规范。普通法律规范必须以宪法规范作为自身存在的基础和前提条件。普通法律规范不能超越宪法规范所允许的范围来展示自身规范的内容和产生不符合宪法规范所要求的规范力[①]。

[①] 值得注意的是，这里所论述的宪法规范与普通法律规范的关系是从法律规范的建构特征来说的，并不是基于对宪法规范与普通法律规范所存在的历史特征予以考察的。由于宪法是民主政治的产物，所以，宪法规范的存在和宪法规范具有根本法的法律效力具有强烈的制度建构性。在缺少遵守宪法的法律意识的环境下，在考察普通法律规范的效力和特征时，很容易受法律文化传统的影响而忽视宪法规范的存在。

从宪法规范与普通法律规范的逻辑联系上看,作为行为规范的都是由相同性质的规范构成要素组合而成的,并且具有相同的逻辑结构。所不同的就是组成宪法规范的规范构成要素与普通法律规范的规范构成要素的特征不一样。如组成宪法规范的规范主体是宪法制定者与宪法遵守者,如果宪法遵守者不遵守宪法,宪法制定者就可以通过一定的方式和手段来调控宪法遵守者依照宪法规范的要求去行为。如宪法规范规定议会依照宪法规范所规定的程序和方式享有立法权,如果议会不依照宪法规范所规定的程序和方式进行立法活动,那么,宪法制定者就有权通过一定的方式和手段来监督议会的立法活动,如法国第五共和国时期设立的宪法委员会就有权依照宪法规范的规定监督议会所制定的法律是否违反宪法。而由议会所制定的普通法律中的法律规范,其规范主体只是制定有关法律的议会和应当遵守该法律的人员,当有关人员不依照法律规范的要求去行为,那么,制定有关法律的议会就有权对有义务遵守法律的人员采取适当的措施来保障法律得到有效的实施。当然,如同宪法制定者不一定要亲自监督宪法规范的实施一样,法律规范是否得到实施也可以通过议会制定的法律中所确定的特殊手段和方式来进行。总之,宪法规范与普通法律规范的区别首先表现为在规范主体的构成上有所不同。其次,宪法规范与普通法律规范在规范的客体上也有所差异。宪法规范的规范客体一般是一个国家或社会中最重要的社会关系,其核心内容是个人与国家之间的政治和法律关系,如哪个阶级是统治阶级,哪个阶级是被统治阶级,哪个阶级是统治阶级的同盟者;国家权力机构之间的权限关系;国家权力与公民权利之间关系的基本原则,等等。而普通的法律规范调整的往往是具体的社会关系,属于个人与国家之间关系的演变和具体化,如家庭中的父母与子女之间的财产关系、学校中的教育与接受教育的关系、商场中的货物买卖关系,等等。当然,判断一个社会关系是否具有重要性以及是否能够成为宪法规范的规范客体的标准也不是固定不变的。在许多国家的宪法中,都存在基于本国国情而产生的对特殊社会关系进行调整的宪法规范。另外,宪法规范的规范对象与普通法律规范的规范对象也不一样,宪法规范的规范对象往往是最基本的社会制度,而普通法律规范所规范的对象一般是普通的社会制度,如合同制度、证券交易制度、毕业制度、留学制度、生产服务制度,等等。从规范对象的角度来看,宪法规范与普通法律规范的重要区别就是宪法规范可以将普通法律规范作为规范对象,尤其是可以将议会制定的法律中的法律规范作为规范对象,如果议会制定的法律中的法律规范与宪法规范的要求相违反，那么该违宪的法律规范就应当受到违宪审查。而议会制定的法律则不能将宪法规范作为规范对象，也不能随意地确定处理不同法律中所规定的相互矛盾的法律规范的原则①。从宪法规范所具有的规范力来看，使用全称概念来表述是一个重要特征，如宪法规范常常使用"一切""所有""全部"，等等；而普通法律规范一般不采用全称概念，只使用特称概念来表述所要规范的对象。

宪法规范与普通法律规范具体的逻辑联系形式非常丰富，依据规范形态的不同，主要可以分为以下几种情形：(1) 对事实性宪法规范，普通法律规范不能设立禁止性规范来否定宪法规范所确立的事实，如我国现行宪法序言确立了"中国是世界上历史最悠久的国家之一"这一事实，普通法律规范在描述同一事实时就不能改变上述事实或者不承认上述事实，或者禁止承认上述事实。从事实性宪法规范对普通法律规范的约束作用来看，宪法序言中的规定也具有规范效力，只是规范效力的要求和层次与确定性的宪法规范相比有所差异。(2) 对或然性宪法规范，尤其是政策性规范，普通法律规范可以设立授权性规范、义务性规范和禁止性规范来保障政策性规范的实现。(3) 对确定性宪法规范，授权性宪法规范在普通法律规范中不得对宪法规范的授权内容予以禁止，如宪法规定公民享有言论自由，而普通法律规范规定公民不得享有言论自由就是违宪的，当然，普通法律规范可以对宪法规范所保障的公民言论自由依据宪法规范的有关规定设立一定的实现条件；宪法规范授予国家机关职权的授权性规范，普通法律规范不得随意将这种授权无限或者是任意地再通过法律规范授予一个新的被授权主体，也就是说，普通法律规范不得对宪法规范的授权内容随意进行再授权立法，除非经过宪法制定者的认可。如我国现行宪法规定国务院可以制定行政法规，而国务院在制定行政法规时就不能随意将制定行政法规的制定权授权其下属职能部门或者是其他国家机关。对于义务性宪法规范中所确认的义务，普通法律规范不得随意创制授权性规范来豁免宪法规范所要求特定主体承担的宪法义务。对于禁止性宪法规范，普通法律规范不

---

① 在有些国家中，议会制定的法律是不受违宪审查的，如英国议会奉行议会立法至上的原则，但是由于在英国存在与制定法相对应的判例法制度，这种判例法制度在某种程度上可以对制定法起到一定程度的制衡作用。在大陆法系国家中，由于建立了宪法审判制度，因此，对议会立法的合宪性只能由或者主要由宪法法院或者是宪法监督机构进行违宪审查或合宪监督。

得设立解除禁止性要求的法律规范或者是豁免性的规范①。

第六节 宪法与其他法律形式的关系

宪法与其他法律形式之间的关系是涉及宪法作为根本法的法律规范特性的一个重要宪法问题,这个问题既具有很强的理论性,又有很强的实践指导意义,是宪法学理论研究的一个重要范畴。但是,传统的宪法学并没有对宪法与其他法律形式之间的关系做出系统和全面的理论研究,甚至还出现了许多混淆两者之间关系的观点和学说。

一 宪法与其他法律形式之间关系的性质

从严格意义上讲,宪法与其他法律形式之间的关系通常是指狭义上的成文宪法与狭义上的由立法机关制定的法律之间的关系。在不成文宪法制度中,由于奉行议会至上主义原则,因此,在宪法与议会制定的其他法律之间从形式上看,并没有什么实质性的不同;而在内容上,被称为宪法的法律与一般法律之间的界限也不是非常清晰,带有很大的理论上的随意性。法国宪法学者莱昂·狄骥在《宪法学教程》一书中曾经探讨过这个问题。他指出:"同北美洲的美国和许多其他国家一样,法国的宪法是狭义宪法。同时,人们可以区分出两种类型的法律:由立法者以一般形式制定的普通法律和在一定条件下并根据确定的形式制定的宪法。普通法律既不能修改宪法也不能废止宪法。总之,宪法只能以特定形式由宪法对其本身进行修改或废止。"在狄骥看来,"宪法和普通法律的区分,其渊源可追溯到古老的体制,这一区分在法国是从1780年被划定的"②。

关于狭义上的宪法与狭义上由议会制定的普通法律性质的区分,在北美独立战争时期曾经被北美独立战争时期的一些资产阶级思想家充分讨论

---

① 宪法规范与普通法律规范之间的逻辑联系是一种依照宪法规范所具有的根本法的性质在逻辑上构造起来的。这种构造的逻辑基础就是下位规范必须与上位规范保持一致以及一个国家的法律规范体系应当具有统一和协调、和谐的特征。在实际的立法中,由于对宪法规范所具有的特性理解的分歧,常常会产生忽视宪法规范存在的立法倾向,这种立法倾向容易引起在实施普通法律规范中对普通法律规范是否合宪的判定标准的争议。所以,从宪法规范与普通法律规范之间的逻辑联系出发来指导议会的立法实践,可以较好地避免实施法律中出现的对宪法规范的含义产生矛盾性解释的问题。

② [法]莱昂·狄骥:《宪法学教程》,王文利等译,郑戈校,辽海出版社、春风文艺出版社1999年版,第482—483页。

过。为了否定英国议会立法对北美殖民地的合法性，许多政治家注重引用洛克等人的自然法假说，认为在议会制定的普通法律之上，仍然存在自然法这种"高级法"形式。例如，亚当斯在《教会法和封建法的目的》一文中就明确地主张："权利先于所有世俗政府——这就是人法所不能废止或不得限制的权利——这就是源于宇宙最伟大的立法者上帝的权利。……英国人的自由权不是君主或议会特许的权利，而是原初的权利，是原初契约的条件……它与政府一同产生。……我们的许多权利是固有的、根本性的，是大家作为准则一致同意的，并且是作为政府的开端确立的，这些权利甚至在议会出现之前就已有了。"① 为什么北美殖民地独立后所建立的宪法制度，没有确立立法至上的原则呢？美国学者考文对此给予了非常生动的解释："如果我们在此仅从制度层面上来回答这个问题，那么有两方面的原因。一方面，在美国的成文宪法中，高级法最终获得这样一种形式，这种形式可以给它提供一种全新的有效性，即源于人民主权的制定法规的有效性。一旦高级法的约束力转移到这种全新的基础上，那么普通立法机关至上的观念就自动消失了，因为一个服从于另一个立法机关的机构不可能是一个主权的立法机构。但是，另一方面，如果没有司法审查制度做后盾，即使制定法的形式也无法保证高级法作为个人求助的源泉。既具备制定法的形式，又以司法审查制度做补充，高级法又恢复了它的青春活力，从而进入了其历史上的一个伟大时代，这是从查士丁尼时代以来法学上最富有成果的时代。"② 由此可见，在美国独立战争胜利后诞生的《美利坚合众国宪法》是一种完全区别于议会立法的以人民主权原则为基础的"高级法"。

在欧洲大陆，曾经参加 1920 年奥地利共和国宪法起草工作，并于 1920—1930 年任奥地利宪法法院法官的维也纳大学教授汉斯·凯尔森则从"纯粹法学"出发，强调一个国家所有的法律规范都是由基本规范而来，并且由基本规范的性质所决定。而这个所谓的"基本规范"，在他看来，就是"第一部宪法的效力是最后的假设，是法律秩序中一切规范效力所根据的最后假设，即人们应当像第一个宪法创立者所命令的那样行为。

---

① 转引自 [美] 爱德华·S. 考文《美国宪法的"高级法"背景》，强世功译，生活·读书·新知三联书店 1996 年版，第 81—82 页。
② 参见 [美] 爱德华·S. 考文《美国宪法的"高级法"背景》，强世功译，生活·读书·新知三联书店 1996 年版，第 93 页。

这就是该法律秩序的基本规范"①。按照凯尔森的说法，人们必须无条件地遵循第一部宪法，因为基本规范不是法律创立机关以法律程序建立的。它之所以有效力，并不是因为它像实在法律规范那样，由法律行为在一定方式下创立，而是"因为它是被假定有效力的；而它之所以被假定有效力，因为没有这一假定，人们的任何行为都不能被解释为法律行为，尤其是创立规范的行为"②。

总的来说，关于狭义上的宪法与狭义上的法律之间关系的性质，不论是以人民主权说作为宪法的正当性依据，还是以基本规范作为宪法自身合法性的前提，宪法作为一个国家的根本法，不是由哪个具体的立法机关或者是某个具体的法律程序制定出来的，而是基于自然权利观念、人民主权学说以及基本规范等理论假定无条件地成立的，宪法与法律之间的关系不是简单的"上位法"与"下位法"的关系，宪法属于"价值法"，是"人民"制定的法律，而普通法律属于"实在法"，是由立法机关制定的法律。"在所在自由的国家中，宪法是确定的，由于最高立法机关的权力和权威皆源于宪法，所以它不能摆脱宪法的限制，否则就便会破坏自己赖以存在的基础。"③ 因此，宪法与议会制定的法律之间的关系实际上反映了人民主权学说对议会立法权的控制作用。

二 宪法与其他法律形式之间关系的表现形式

在现代法治社会中，由于崇尚宪法作为根本法的最高权威地位，因此，在具体的法制建设实践中，存在着在更加广泛的意义上来探讨宪法与其他法律形式之间关系的学说倾向和实践做法，结果导致了宪法与其他法律形式之间关系的泛化和混乱，特别是在多元化的立法体制下，出现了作为狭义上的宪法与广义上的多种法律形式之间关系的宪法问题。就这种宪法问题的性质来看，有些是真实的，有些则具有虚拟性。从宪法与其他法律形式之间关系的一般表现形式来看，既包括了宪法这一法律形式与其他法律形式的层级关系，也包括了宪法规范与法律规范之间的逻辑联系，主要有下列几种类型：

---

① 参见［奥］汉斯·凯尔森《法律和国家概论》，哈佛大学出版社1945年版，第115页。
② 参见［奥］汉斯·凯尔森《法律和国家概论》，哈佛大学出版社1945年版，第116页。
③ 参见［美］爱德华·S.考文《美国宪法的"高级法"背景》，强世功译，生活·读书·新知三联书店1996年版，第82页。

1. 宪法与其他法律形式发生直接的关系

宪法作为一个国家的根本法，是其他一切法律形式赖以产生、存在的法律依据。在实行三权分立政治制度的国家中，由于宪法将立法权完全授予了作为代议机构的议会或者国会，因此，与宪法直接发生关系的只有议会或者是国会制定的"法律"，其他任何法律形式都不可能与宪法发生直接的关系。例如，1787年《美国宪法》第1条第1款规定："本宪法所规定的各项立法权，均属于合众国国会。"当然，由于美国是联邦制国家，因此，作为适用于全联邦范围内的宪法，通常只能约束联邦机构，而对于各州议会制定的宪法和法律，根据1791年的宪法修正案第10条的规定，"宪法未授与合众国，也未禁止各州行使的各项权力，分别由各州或人民保留"。因此，由于涉及联邦宪法与州宪法、州法律之间的立法界限问题，所以，美国联邦宪法实际上与州宪法、州法律也会发生直接的关系。这一点在美国宪法第14条修正案中有明确的体现。该修正案第1款规定：无论何州，不得制定或施行剥夺合众国公民之特权及特免的法律。

除作为代议机构制定的法律直接来源于宪法，不得与宪法相违背之外，一些国家的宪法中也涉及了法律之外的其他法律形式不得与宪法相抵触的问题，这样的规定实际上也是肯定了除法律之外的其他法律形式与宪法具有的直接的关系。例如，1991年12月8日通过的《乌兹别克斯坦共和国宪法》第16条第2款规定：任何一项法律或其他规范性法律文件都不得违背宪法的规范和准则。1992年5月18日通过的《土库曼斯坦共和国宪法》第5条第2款也规定：土库曼斯坦宪法是国家最高法律，载入宪法的规范及条款具有直接效力。凡与宪法相抵触的法律及其他法律文件均不具有法律效力。

关于法律之外的其他法律形式与宪法发生直接的关系，必须以宪法为依据和不得与宪法相抵触的其他法律形式究竟包含了哪些方面，这一点各个国家宪法的规定不太一样，与一个国家宪法所设立的国家权力体制有密切的关系。以俄罗斯为例，根据1993年12月12日通过的《俄罗斯联邦宪法》第125条第2款的规定，俄罗斯联邦宪法法院可以解决下列文件是否符合俄罗斯宪法的规定，包括：（1）联邦法律，俄罗斯联邦总统、联邦委员会、国家杜马、俄罗斯联邦政府的规范性文件；（2）各共和国宪法，俄罗斯联邦各主体就属于俄罗斯联邦国家权力机关管辖和俄罗斯联邦国家权力机关与俄罗斯联邦各主体国家权力机关共同管辖的问题所颁布的法律和其他规范性文件；（3）俄罗斯联邦国家权力机关和俄罗斯联邦各主体国家权力机关之间的条约，俄罗斯联邦各主体国家权力机关之间的条约；（4）尚未生效的俄罗斯联邦的国际条约等。

2. 宪法与其他法律形式发生间接的关系

关于其他法律与宪法发生关系的形式，在1949年《联邦德国基本法》中甚至明确规定了宪法约束的对象只是联邦议会制定的法律，而其他法律形式只受联邦制定的法律的约束，与宪法不能直接发生关系。该基本法第20条第3款规定：立法权受宪法的约束，行政权和司法权受法律和基本权利的约束。由于基本法在联邦层面上只涉及与联邦议会制定的法律发生直接的关系，因此，除州法律与基本法之间按照基本法的规定相互划分立法权限之外，其他的法律形式应当首先与联邦法律发生直接关系，与联邦宪法之间的关系需要通过联邦法律来间接地联系在一起。因此，相对于联邦法律必须具有合宪性来说，联邦层次的其他法律形式首先应当具备的是"合法性"，而不是"合宪性"。这一点从1951年3月12日颁布的《联邦德国宪法法院法》的规定就可以一目了然。该法第13条规定联邦宪法法院的职权，其第6款、第11款和第14款比较清晰地明确了联邦宪法法院可以审查两个层次的合法性问题，一是联邦法律以及州法律的"合宪性"问题；二是州法规或其他法律的"合法性"问题。其中第6款规定：应联邦政府、一个州政府或者是联邦议院成员的三分之一的请求，对联邦法律与基本法或者是州法律与基本法、州法律与任何其他联邦法律在形式上和实体上是否相一致产生了不同意见或者是疑义；第11款规定：一个法院提出请求要求决定一个联邦或者是州法律与基本法，或者是一个州的法规或者是其他法律与联邦法律是否一致；第14款规定：对作为联邦法律的一个法律的持续性产生了疑义等。

对议会制定法律的合宪性以及对其他法律形式的合法性同时进行审查的，还可以从其他国家宪法法院的职能中找到明确依据。例如，1982年的《葡萄牙宪法法院组织、工作和程序法》第51条规定，宪法法院可以受理请求评价宪法第278条和第281条所规定的法律规定的合宪性和合法性申请，应当向宪法法院院长提出，除有关法律规定之外，应当说明被侵犯的宪法规则或者是原则。

我国现行宪法对宪法与其他法律形式的关系规定得比较复杂，既规定了法律、法规不得违反宪法的合宪性要求，也规定了法规不得违反法律的合法性要求。现行宪法第5条第3款规定："一切法律、行政法规和地方性法规都不得同宪法相抵触。"第100条又规定："省、直辖市的人民代表大会和它们的常务委员会，在不同宪法、法律、行政法规相抵触的前提下，可以制定地方性法规，报全国人民代表大会常务委员会备案。"

3. 宪法与其他法律形式发生抽象的关系

宪法作为国家的根本法，与其他法律形式之间的关系，应当表现在每一个具体的法律规范上，也就是说，包括议会制定的法律在内，如果必须依据宪法制定，那么，这些法律形式从产生、内容到变更都必须具有明确的宪法依据，所有与宪法发生直接关系的法律形式都应当是适用宪法的结果。但在实践中，即便是议会制定的法律，在绝大多数情况下，也只保证了"在抽象的意义上"与宪法发生直接的关系，立法者在制定法律等规范性法律文件时，享有很大的立法上的自由裁量权，所以，即使是立法机关制定的法律，也只在形式上，在抽象意义上被要求与宪法"不相抵触"和"保持一致"。这一点，在各个国家的立法中都有所体现。

关于"不相抵触"原则，许多国家宪法文件都有明确规定。例如，1949年2月16日通过的《以色列国过渡时期法》第11条规定：1948年5月14日在巴勒斯坦施行的法律继续有效，只要它们与本法令、与临时参议院制定的或临时参议院委托其他机构制定的其他法律"不相抵触"，只要它们为适应以色列及其政府的建立，进行相应的修正。1995年7月5日通过的《亚美尼亚共和国宪法》第6条第3款规定：被认定与宪法"相抵触"的法律以及被认定与宪法和法律"相抵触"的其他法律文件不具有法律效力。从上述关于"不相抵触"的宪法规定来看，其他法律形式与宪法之间的关系实际上是滞后的，也就是先有了"其他法律形式"，然后依据宪法来判断是否存在"抵触"，立法的空间非常大。而另外一些国家的宪法中则要求其他法律形式"符合宪法"，这样的要求实际上从立法一开始就应当依据宪法和遵照宪法上的根据。例如，1995年8月24日《格鲁吉亚共和国宪法》第6条第1款规定：格鲁吉亚宪法是国家基本法。其他所有法律文件均应"符合"宪法。1995年8月24日通过的《哈萨克斯坦共和国宪法》第4条第1款则规定：宪法规范、"符合"宪法的法律、其他规范性法律文件、共和国的国际条约和其他义务，以及共和国宪法委员会和最高法院的规范性决议，均为哈萨克斯坦共和国的现行法。

不难看出，不论是"不相抵触"原则，还是"符合"或"相一致"原则，表现在宪法与其他法律形式之间的关系上，实际上是"抽象"性的，宪法并没有对其他法律形式产生直接的一一对应的立法要求。

4. 宪法与其他法律形式发生具体的关系

为了从立法上有效地限制议会或者是其他立法机关滥用立法权而将宪法搁置一边,从而影响宪法作为根本法的约束力,一些国家宪法中对其他法律形式与宪法之间的关系做出了非常具体和明确的规定,议会或者是其他立法机关在制定其他法律形式时必须严格地按照宪法的相关规定来制定法律或者是其他法律形式,没有多少立法上的"自由裁量权",因此,在这种情形下,宪法对其他法律形式产生直接的法律上的控制和约束关系。宪法与其他法律形式发生具体和明确的关系包括两种类型:一是宪法明确规定法律或者是其他法律形式必须规定某些事项,或者是只能由法律规定某些事项;二是宪法明确地禁止法律规定某些特殊事项。

关于法律必须明确规定宪法所要求的某些事项,如 1995 年 11 月 12 日《阿塞拜疆共和国宪法》第 25 条规定:阿塞拜疆共和国国徽的制作由阿塞拜疆共和国法律予以确定。阿塞拜疆共和国国歌词谱由阿塞拜疆共和国法律予以确定。该法第 28 条又规定:自由权只能按照法律规定的程序,通过逮捕或剥夺自由的方式予以限制。再如 1949 年《联邦德国基本法》第 19 条第 1 款规定:根据本基本法,某一基本权利可以受法律限制或依法予以限制,就此而言,这种法律必须普遍适用而不仅适用于个别情况。此外,这种法律必须列出基本权利,提出有关的条款。

在宪法中明文规定法律或其他法律形式不得规定某些事项的,最经典的例子是 1791 年美国宪法第 1 条修正案的规定,该修正案规定:国会"不得"制定关于确立宗教或者禁止自由信仰宗教的法律;不得制定剥夺言论自由或出版自由的法律;不得制定法律,剥夺人民集会及向政府请愿的权利。

5. 宪法与其他法律形式主动发生的关系

所谓宪法与其他法律形式主动发生的关系,是指在其他法律形式制定的时候,或者是在法律文件中明确地说明该法与宪法之间的关系,或者是使用单独的法律文件来说明某一法律与宪法之间的关系,这种主动关系体现了"依宪立法"的基本要求。其他法律形式与宪法主动发生关系,既有一般性指出某个法律文件是符合宪法或者是依据宪法制定的,也有在具体的法律条文中指出相关的宪法依据。

一些国家的宪法法院法在指明宪法法院的审判职能时,比较重视声明宪法法院的每一项审判职权在宪法上的明文依据。例如,以德国违宪审查的对象为例,根据 1951 年联邦德国《联邦宪法法院法》第 13 条规定,联邦宪法法院可以决定的案件包括以下几个方面：

（1）剥夺基本权利（基本法第 18 条）；

（2）政党违宪（基本法第 21 条第 2 款）；

（3）对联邦议院关于一项选举有效性所做出的决定或者是对取得或者是丧失联邦议院一个代表席位所做出的决定提出的申诉（基本法第 41 条第 2 款）；

（4）由联邦议院或者是联邦参议院提出的对联邦总统的弹劾（基本法第 61 条）；

（5）对基本法进行解释，当涉及对一个联邦最高机构的权利和义务内容出现了争议时或者是由基本法或者是该联邦最高机构的程序规则规定了自己拥有权利的其他当事人（基本法第 93 条第 1 款第 1 项）；

（6）应联邦政府、一个州政府或者是联邦议院成员的三分之一的请求，对联邦法律与基本法或者是州法律与基本法、州法律与任何其他联邦法律在形式上和实体上是否相一致产生了不同意见或者是疑义（基本法第 93 条第 1 款第 2 项）；

（7）对联邦与州的权利和义务产生了争议，特别是由州执行联邦法律和行使联邦监督权时（基本法第 93 条第 1 款第 3 项和第 84 条第 4 款第 2 句）；

（8）涉及在联邦和州之间、不同的州之间或者是同一州有关公法的其他争议，除非可以向其他法院提起诉讼（基本法第 93 条第 1 款第 4 项）；

（I）宪法诉愿（基本法第 93 条第 1 款第 4 项第 1 目以及第 2 目）；

（9）对联邦和州法官的弹劾（基本法第 92 条第 2 款和第 5 款）；

（10）一个州内的宪法争议，如果这样的争议是由州立法授权给联邦宪法法院处理的（基本法第 99 条）；

（11）一个法院提出请求要求决定一个联邦或者是州法律与基本法，或者是一个州的法规或者是其他法律与联邦法律是否相一致（基本法第 100 条第 1 款）；

（12）一个法院提出请求要求决定一个国际公法规则是否是联邦法律的一个组成部分以及这样的规则是否直接创设了个人的权利和义务（基本法第 100 条第 2 款）；

（13）一个法院提出请求要求决定一个州的宪法法院在解释基本法时，是否与联邦宪法法院或者是另一个州的宪法法院的决定相背离（基本法第 100 条第 3 款）；

（14）对作为联邦法律的一个法律的持续性产生了疑义（基本法第126条）；

（15）由联邦立法所授予联邦宪法法院审议的其他案件（基本法第93条第2款）①。

相同的事例还可以从土耳其宪法法院法中发现。如1983年土耳其《宪法法院组织法和审判程序法》第18条就规定，宪法法院享有下列职权和权力：

（1）宪法法院有权废止在形式上和内容上都违宪的大国民议会制定的法律、修正法律的法令、议事规程或者是一些特殊的条文或者是规定；

（2）根据宪法第152条的规定对其他法院提起的程序问题做出决定；或者是作为最高法院处理案件和审理解散政党的案件；或者是对本条上述所规定的案件的预审程序做出相应决定；

（3）作为最高法院，可以审判共和国总统，部长会议成员，宪法法院、高等法院、高等军事法院、高等军事行政法院的院长和成员，大检察官，首席检察官，法官和检察官委员会以及审计法院的院长和成员在履行职责时所犯的罪行；

（4）审判与解散政党有关的案件；

（5）对政党包括收入和支出在内的财政活动进行监督；

（6）对大国民议会撤销对议员的豁免权或者是取消他或者是她的议员资格或者是取消不是首相的一般部长在议会中的豁免权而产生的违反宪法或者是程序规则的违宪争议做出撤销决定；

（7）司法冲突法院院长的职位应当由宪法法院在其成员中任命的法官担任；

（8）履行宪法所赋予的其他职权。

与此同时，该法又对不受违宪审查的事项做了明确的规定。该法第19条规定：根据宪法第121条和第122条的规定所产生的修正法律的法令以及在紧急状态、戒严或者是国家处于战争状态时所颁布的法律不得由宪法法院予以废止，也不得对上述法律提出形式和内容违宪的审查请求。

很显然，上述宪法法院法对宪法法院的审判职权在宪法上的依据是给

---

① 参见莫纪宏《宪法审判制度概要》，中国人民公安大学出版社1998年版，第166—167页。

予了最直接的交代，以体现宪法法院法的"合宪性"。

就法律中一般性规定"依据宪法"的事例，可以从我国现行立法中找到相关例证。我国全国人大及其常委会作为宪法所规定的享有国家立法权的立法机关，从1996年开始就比较注重在比较重要的法律中明确规定"依据宪法"，以此来表明立法者在制定法律时对宪法上相关规定的尊重。例如，2007年3月16日第十届全国人民代表大会第五次会议通过的《中华人民共和国物权法》第1条明确规定：为了维护国家基本经济制度，维护社会主义市场经济秩序，明确物的归属，发挥物的效用，保护权利人的物权，根据宪法，制定本法。不过，这种在法律中笼统地规定"根据宪法"，是否就解决了法律自身的"合宪性"问题，在法理上还存在许多值得加以研究的问题。以《物权法》为例，尽管在第1条宣示了该法是"根据宪法"制定的，但是，在我国现行宪法中连"物权"概念都不存在的情形下，《物权法》是如何"根据宪法"制定的，具体的宪法依据是哪些条文等等，这些问题还需要在法理上进一步探讨。再如1990年4月4日由第七届全国人民代表大会第三次会议通过的《全国人民代表大会关于〈中华人民共和国香港特别行政区基本法〉的决定》中规定，"香港特别行政区基本法是根据《中华人民共和国宪法》按照香港的具体情况制定的，是符合宪法的"[①]。该决定很显然是想通过"主动"说明的方式，来论证《中华人民共和国香港特别行政区基本法》是依据《中华人民共和国宪法》来制定的。

6. 宪法与其他法律形式被动发生的关系

宪法作为国家的根本法，是一个国家一切法律、法规赖以产生、存在和变更的基本法律依据，任何法律形式都必须具有宪法上的依据，不管这种依据是直接通过"合宪性"确立的，还是通过"合法性"间接确立的。但是，要将宪法与其他法律形式做是否"符合""不相抵触""不违背"等"合宪性"的比较，这种比较程序通常是通过违宪审查程序被动进行的。也就是说，不论是像在法国宪法委员会那样的"事先审查"模式中，还是像德国和奥地利宪法法院的那种"事后审查"模式中，被审查的法律或者是其他法律形式是否与宪法"相一致"或是否具有"合宪性"，都是在比较被审查的法律形式与宪法之间的差别与异同

[①] 从严格意义上讲，该决定不应当视为宪法解释，而应当视为宪法适用中的解释，决定的效力只约束香港基本法，而没有涉及宪法条文自身。

基础之上做出的判断，不存在主观上事先就已经存在的"相一致"或者是"合宪"的固定结论。当然，在违宪审查中发展出来的"合宪性推定原则"也只是对其他法律形式与宪法之间关系的一种"法律推定"，而不是一种真实的"事实结论"，违宪审查活动仍然可以推翻"合宪性推定原则"的合理性。

违宪审查机构往往是在基于违宪审查请求程序基础上，对受审查的法律形式是否与宪法相违背做出自己的判断，特别是当被审查的法律形式存在违反宪法的情形时，为了维护宪法的根本法权威地位，宣布违反宪法的法律形式无效，从而来维护宪法作为其他一切法律形式的正当性依据的法律地位。例如，1803年，美国联邦最高法院院长马歇尔（J. Marshall）在马伯里诉麦迪逊一案中，对受审查的《联邦司法法》与《联邦宪法》之间的关系，就做出了明确的司法判断。他认为，宪法是国家的最高法律。宪法作为国家的最高法律，不能用一般立法程序加以变更。一般法律通过议会的普通立法程序产生。因此，宪法作为国家的最高法律，在制定程序上要严格于普通法律的制定程序。故起草宪法的人，必然以宪法为国家的最高法律，因此，在成文宪法之下，法律违宪者无效是当然之理。阐明法的意义，是法院的职权。法官适用法律规范，以审判诉讼案件，更有解释法律规范的必要。当两种法律规范相互抵触，法院必须决定适用哪一种法律规范。所以，当宪法和法律适用于同一个具体案件时，倘若法律和宪法抵触，如果法院尊重宪法，以为宪法的效力在法律之上，则宜舍法律而适用宪法，否则一切成文宪法都没有存在的必要了①。

由此可见，违宪审查通过被动的法律程序来处理宪法与其他法律形式之间的关系，对于确立宪法的根本法地位以及正确地处理宪法与其他法律形式之间的关系具有非常重要的意义。

三　宪法在一国法律体系中的核心地位

法律体系，又称"法的体系"或"法体系"，是指由一国现行的全部法律按照一定的结构和层次组织起来的统一整体②。宪法是基于人民主权学说建立起来的一个国家的根本法，作为根本法，它是一切法律、法规和人们行为的基本法律依据。在现代法治社会中，宪法至上原则是法治的首

---

① 参见[美]保罗·布莱斯特等《宪法决策的过程：案例与材料》，中国政法大学出版社2002年版，第81—93页。
② 参见孙笑侠主编《法理学》，中国政法大学出版社1996年第1版，第47页。

要原则,合宪性是一个国家一切法律形式正当性的基本条件。宪法在一个国家的法律体系中居于核心地位,没有宪法,就不可能有符合法治原则要求的法律体系;没有宪法,也就没有真正意义上的法治。因此,处理宪法在一个国家法律体系中的地位,必须要将宪法放在最核心的位置,宪法的价值优位于任何普通的法律形式。宪法在一个国家法律体系中的地位和作用是宪法学的一个重要研究课题。

1. 宪法是其他一切法律形式赖以产生和存在的法律依据

宪法作为根本法,它通过法律的形式体现了人民主权原则对立法机关的立法权正当性的一种价值控制。在现代法治社会中,宪法是一个国家所有法治原则的集中体现,也是一个国家其他法律形式合法性的起点。正如詹宁斯在《法与宪法》一书中所指出的那样:成文宪法作为国家的根本法,在一种意义上是对法治学说的明确体现。所有公共机构——立法、行政、司法——的权力都直接或间接地源于宪法。宪法性法律是有关宪法的法律,是决定这些机构及其行使的一般权力的根本法[1]。当然,宪法的这种根本法的性质以及宪法是其他一切法律形式产生和存在的法律依据仅仅适用于"成文宪法",因为只有成文宪法才与一般法律形式存在这种明显的价值差别。在英国,按照詹宁斯的观点,"大不列颠的法律之间没有这类明显的区别。事实上,权力是由女王、议会、行政机构和法院行使的。但是这些权力并非源于任何根本法。唯一的根本法便是议会至上。其他的法律或源于立法,或源于未被立法推翻的法官所创的法律。因此,严格而论,大不列颠根本不存在任何宪法性法律,所有的只是议会的专断权利"[2]。

宪法作为其他一切法律形式赖以产生和存在的法律依据,首先约束的是立法机关,也就是说,立法机关制定其他法律形式的立法权应当是来自宪法所规定的"立法职权",而不是立法机关可以自己随意行使的"立法自由权"。即便是在联邦制国家中,宪法在划分联邦与州之间立法权限时也有着明确的界限,可以供联邦和州的立法机关有效地行使自身的立法权。宪法作为其他一切法律形式赖以产生和存在的法律依据还表现在宪法规范是其他一切法律规范的逻辑前提,不论确认性宪法规范,还是授权性

---

[1] [英] W. I. 詹宁斯:《法与宪法》,龚祥瑞等译,生活·读书·新知三联书店1997年版,第43页。

[2] [英] W. I. 詹宁斯:《法与宪法》,龚祥瑞等译,生活·读书·新知三联书店1997年版,第45页。

宪法规范、义务性宪法规范，或者是禁止性宪法规范，对其他法律形式中所设定的法律规范的性质和行为模式的特点都具有特别的要求。例如，作为禁止性宪法规范，在其他法律形式中的法律规范绝对不能以授权性规范来加以实施，而只能同样以禁止性规范的方式将禁止性宪法规范的内容具体化；对确认性宪法规范，其他法律规范也不得采取否认的方式来明确违反宪法规范的要求，等等。当然，作为其他法律形式产生和存在的法律依据的宪法，其自身的规范内涵也有不完全、不清晰的地方，这就需要在适用宪法规范解决其他法律形式中存在的法律问题时，对宪法规范做出进一步的解释，或者是对不适宜的宪法规范做出相应修改，以维护宪法自身的最高权威性。

2．一切法律形式必须具有"合宪性"或者是基于"合宪性"而产生的"合法性"

"合宪性原则"是现代法治社会的一项重要法治原则，"合宪性原则"的存在首先表明了宪法作为根本法在国家政治生活和社会生活中具有直接的法律效力，可以直接作为评判人们行为是否对错的法律依据；其次，"合宪性原则"可以赋予公民个人直接引用宪法的规定来对抗国家机关侵犯其宪法所规定的基本权利的行为。在"合宪性"层次上，国家权力与公民权利都具有了平等的法律地位，国家权力可以得到宪法的有效控制。因此，宪法作为根本法，首先要求其他一切法律形式应当具有"合宪性"，这种"合宪性"可能直接来源于宪法上的明确授权，也可能是基于另一个具有"合宪性"的上位法。如果有权制定法律、法规等规范性法律文件的国家机关在制定法律、法规等规范性法律文件时，从来都不去考虑法律、法规等规范性法律文件的"合宪性"问题，那么，这样的法律、法规是根本不可能实现法治原则，只能是人治的变相表现形式。

对于一切法律形式都必须具有"合宪性"，在一些国家宪法中有明确的规定，例如，1996年6月28日通过的《乌克兰宪法》第8条规定：乌克兰宪法具有最高法律效力。法律和其他规范性法律文件依据乌克兰宪法通过并应与宪法相一致。乌克兰宪法规范是具有直接效力的规范。保障直接依据乌克兰宪法为捍卫宪法所规定的人和公民的权利与自由诉诸法院的权利。1787年美国宪法第6条第2款也规定：本宪法与"依照本宪法制定的合众国法律"，以及以合众国的名义缔结或将要缔结的条约，均为国家的最高法律，即使与任何州的宪法或法律相抵触，各州法官仍应遵守。可见，"合宪性"是宪法作为根本法对其他一切法律形式进行正当性控制的有效途径。

3. 一切法律形式都不得与宪法相抵触或者是相违背

在现代法治社会中，宪法作为根本法是一切其他法律形式的起点和正当性前提，因此，从法理上看，宪法要保持其根本法的法律地位，就要求所有的法律形式在法律效力上要低于宪法，在法律规范的内涵上不得与宪法规范相矛盾和发生不一致。尽管在许多国家的立法体制中承认对本国有效的国际条约也是本国立法机关进行立法活动的重要依据，但是，从法制统一性的角度来看，一方面要求在批准国际条约之前应当对条约的合宪性进行审查，要么对违宪的内容进行保留，要么就修改宪法的相关规定，总之，批准条约的前提是条约与宪法之间的高度一致性；另一方面，条约在本国生效，通常都必须要经过立法机关的立法进行转换，变成国内法的形式，因此，履行条约义务的国内立法，不管其法律形式如何，都不得与作为根本法的宪法在法律效力和法律规范的内涵方面发生矛盾和冲突。例如1994年3月15日通过的《白俄罗斯共和国宪法》第8条就规定：白俄罗斯共和国承认普遍公认的国际法原则的优先地位，保证立法与其相适应。不允许缔结违反宪法的国际条约。再如1994年7月29日通过的《摩尔多瓦共和国宪法》第8条也规定：摩尔多瓦共和国有义务遵守联合国宪章和它所签署的条约，以普遍公认的国际法原则和准则为基础同其他国家建立关系。在条款内容与宪法相抵触的国际条约生效之前，应首先重新审议宪法。当然，也有国家是采取全民公决形式来批准国际条约的，对于这样的国际条约，基于人民主权原则和制宪权理论，应当将经过全民公决通过的国际条约视为该国成文宪法的重要表现形式和宪法形式渊源的重要组成部分。

4. 宪法是解决一切法律形式之间效力冲突和规范矛盾的法律依据

宪法的根本法地位还体现在一旦其他法律形式之间发生法律效力或者是法律规范上的矛盾和冲突时，宪法中的各项规定是解决这些法律矛盾和纠纷的法律依据。

在一些国家宪法法院所处理的权限争议案件中，都确认了宪法在处理权限争议案件中的重要作用。例如1994年的《关于俄罗斯联邦宪法法院的联邦宪法性法律》第94条就规定：俄罗斯宪法法院考虑权限争议案件应当仅仅根据由俄罗斯联邦宪法所规定的立法、行政和司法之间的分权原则以及政府机构的权限规定进行。审议涉及权限争议的法令是否与俄罗斯联邦宪法相一致，应当以单个的申诉为基础根据审议法令是否合宪的程序从法律规定的内容、形式、签字、小结、通过、公布和生效等程序的角度来考虑。在有些国家，由于宪法本身对联邦与州的立法权有明确划分，因此，如果州法律与联邦法律之间发生了冲突，那么，解决冲突就必须依据联邦宪法的规定。例如，1949年《联邦德国基本法》第70条规定：各州在本基本法未赋予联邦以立法权的范围内，有立法权。联邦和各州之间权限的划分由本基本法关于专有立法权和共同立法权的条款决定。该基本法第93条第1款第2项也规定：在联邦法律或州法与基本法在形式和实体上是否一致，或州法与其他联邦法律是否一致方面发生意见分歧或怀疑时，经联邦政府、州政府、联邦议院三分之一议员的要求，由联邦宪法法院依据宪法规定进行裁决。

5．"宪法至上"是一种强法治原则

在现代法治社会中，为了维护法制的统一性，存在许多具有不同规范功能的"法治原则"。例如，"宪法至上原则""下位法服从上位法原则""法不溯及既往原则""特别法优于一般法原则"以及"后法优于前法原则"，等等。但是，这些不同类型的法治原则在实现法治方面的价值大小是有所差别的，有的属于"强法治原则"，例如，"宪法至上原则"；有的则属于"弱法治原则"，例如，"下位法服从上位法原则"。当"强法治原则"与"弱法治原则"同时适用时，应当采取"强法治原则"优先适用的法理立场。例如，在判定各种法律形式是否相互一致或者是不相抵触时，由于存在不同层级的立法形式，而如果下一层次的立法与上一层次的立法发生矛盾和冲突时，如果简单地运用"下位法服从上位法原则"，就很可能使得本身具有"合宪性"的下位法因为不符合不具有"合宪性"的上位法而被宣布为无效，所以，判断下位法与上位法之间的关系，首先应当使用"合宪性原则"，而不是简单地以立法机关权威的大小和立法之间的行政层级关系来决定法律冲突的性质。

在"合宪性原则"下，宪法不是简单地以最高"上位法"的形式存在的，宪法是以根本法的形式存在着，以维护法制统一为目的。其他法律形式，不论其在立法体系中所处的层级如何，只要具有"合宪性"，那么，就具有存在的正当性。在一个国家独立和完整的法律体系中，宪法作为根本法是处于一切法律形式的"核心"，但这种"核心"一定意味着宪法是处于一个国家法律体系的"顶端"，宪法与其他法律形式的关系是多层次的，并不存在简单的以法律效力为基础的"金字塔"式的法律体系结构。宪法作为法律体系的"核心"，强调的是"宪法至上原则"。"宪法至上原则"作为一项强法治原则，其正当性来自人民主权原则，通过"宪法至上原则"，可以有效地防止任何组织和个人通过窃取最高立法权从而实行专断和独裁。对此，1996年6月28日通过的《乌克兰宪法》第5条第3款明文规定：确定和改变乌克兰宪法制度的权利仅为人民所有，不得被国家、国家机关或官员所篡夺。

6."最低限度的宪法秩序"是转型时期法治原则的核心价值

宪法作为现代法治社会的根本法，它基于"宪法至上原则"，建立了一种法制统一的秩序，使得一个特定国家的社会秩序可以建立在由宪法规范所限定的秩序框架内。基于宪法规范建立的"社会秩序"是法治社会的"基础"，任何时候如果抛弃了宪法规范的约束，那么，所谓的"法治原则"也就不再存在。

在现代法治社会中，基于宪法所建立的社会秩序应当适用于所有的社会环境，既包括在平常时期按照宪法的规定，建立符合宪法规范所要求的"国家权力机关配置和运行机制"以及"保障公民的基本权利制度"；同时又包括在过渡时期或者是紧急状态时期，仍然要坚持宪法所确立的一些最基本的法治原则。特别是在社会转型时期，各种社会关系不断发生变化，而建立在社会经济基础之上的"宪法"，在适应社会不断发展变化的同时，也应当保持自身相对的稳定性，也就是说，"最低限度的宪法秩序"是转型时期法治原则的核心价值。"最低限度的宪法秩序"表现在权力配置和运行机制上，就要求宪法不得被随意加以修改或者是被政策所代替；表现在公民的权利保护制度上，一些最基本的权利不得随意被废止或者是任意加以限制。至于在紧急状态时期，保持"最低限度的宪法秩序"可以体现在行政紧急权应当受到立法权和司法权的制约，公民的权利保护应当具有"紧急状态下的人权保护的最低标准"，等等。宪法的根本法特性应当是历时性的，不应随着时间的变化和社会环境的变化而随意加以抛弃。宪法作为根本法对建立社会秩序的最基本要求就是要求现代法治社会是一个"宪法社会"，宪法的规范作用和社会作用应当无时不有、无处不在。

7.宪法作为根本法的法律地位随国家主权原则的发展变化而不断演变

当今世界已经进入全球化时代，全球化的发展也导致了传统宪法的社会功能的不断扩展，特别是宪法规范在调整社会关系过程中所积累的经验具有一定的普遍性意义，这些具有普遍性意义的宪法规范至少产生了两个方面的影响：一是伴随着国家间组织的发展而被国际性的条约或协定所接受；二是随着宪法观点的传播而被他国的宪法实践所借鉴。当然，宪法的"域外影响或作用"仍然是以传统民族国家的主权原则为基础的，即便是像《欧洲人权公约》这样具有非常广泛影响力的区域性国际人权公约，在通过欧洲人权法院这一区域性司法机制发挥自身的影响力时，仍然是以欧洲理事会成员国之间的协作与协商来作为公约实施的保障条件的。而像《欧盟宪法条约草案》这样的国际性条约，由于其自身的调整对象已经超越了传统宪法的框架，所以，在欧盟成员国举行的全民公决中并没有如愿以偿地被通过。这说明宪法作为根本法的法律地位仍然是以民族国家的主权最高性原则为前提条件的，即便像南非宪法法院广泛使用外国宪法资料来作为判案依据的情形，也只是借鉴了国外宪法规范的社会功能，并没有产生外国宪法规范对本国宪法规范效力优位的问题。所以说，宪法的根本法地位是由民族国家的主权最高性原则决定的，只要国家主权原则不受侵犯或者是外在的影响，那么，宪法的根本法地位就不可能动摇。

8. 政策、习惯对法律的约束必须通过宪法制度来实现

在确定一个国家宪法与其他法律形式的关系以及宪法在一个国家法律体系中的地位时，对于其他法律形式赖以产生和存在的依据最容易产生指导思想上混乱的问题主要是政策、习惯对其他法律形式的影响。

关于政策对法律的影响，一般表现在立法机关在制定具体的法律时，会确立一些具体的立法政策，并基于这些政策来设计具体的法律规范。在法理上，立法政策对立法的指导作用被称为"政策是法律的依据"；但是，从"合宪性原则"的角度来看，如果立法机关在制定具体法律时只依据政策，而不考虑宪法上的依据，那么，这样的立法实际上依据政策架空了宪法。这样的立法实际上是不符合法治原则要求的。

关于习惯对法律的影响，通常会表现在民事立法领域或者是程序立法领域等方面。一些地方由于历史和文化传统的影响，在很多民事关系领域存在大量的习惯法，而这些习惯法仍然具有很强的社会影响力。国家立法机关在制定相关民事法律规范时，往往会考虑这些习惯法的影响，并通过立法程序认可其中的一些习惯法。因此，在民事立法或者是程序立法领域，在法理上好像存在基于习惯法来指导民事立法或程序立法的立法原则。但是，从"合宪性原则"来看，一个国家的立法机关即便是要吸收和认可一些民事习惯法作为民事法律的组成部分，这种立法上的认可活动也不能离开"合宪性"的要求。如果简单地以保留习惯法为出发点而忽视了宪法对立法机关立法活动的指导作用，那么，这样的立法活动必然会偏离"合宪性"的要求，无法在立法活动领域来有效地实现法制统一原则。

总之，宪法在一个国家法律体系中的核心地位是现代法治社会法治原

则的重要体现,宪法以其最高性、根本法而成为其他一切法律形式产生和存在的法律依据,宪法通过"合宪性原则"来调控其他一切法律形式的正当性,从而保证在"宪法至上原则"的统帅下,实现一个国家法律体系的系统化和有序化,维护一个国家法制的有机统一。

四 宪法与部门法关系的虚拟化及理论弊端

"部门法"这一概念,在有的法学著作和教科书中又称为"法律部门",它是根据一定的标准和原则,按照法律调整社会关系的不同领域和不同方法等在对一个国家法律体系不同的法律规范所做的划分基础上对同类法律规范进行归类所形成的法律规范的总和。部门法是与法律体系密切相关的一个概念,是一个国家独立而完整的法律体系的组成部分。关于划分部门法的标准,我国法理学界一般采用两个标准:一是法律规范所调整的社会关系;二是法律规范的调整方法[①]。

长期以来,宪法与部门法的关系在我国宪法学界并没有得到充分讨论,只是法理学界将此放在法律体系概念中,作为法理学研究的基本范畴。但是,由于一些法学著作在没有说明比较前提的基础上来探讨宪法与部门法之间的关系,结果导致了宪法与部门法关系的虚拟化和复杂化,严重地混淆了宪法作为一个国家根本法的性质以及宪法作为根本法与其他法律形式之间的关系,为此,必须慎重加以对待。

1. 宪法与部门法关系虚拟化的表现形式

有的法学著作将宪法视为与其他法律形式一样的一个独立法律部门,即宪法法律部门,认为宪法法律部门是由现行宪法及其修正案构成,除此之外,宪法法律部门还包括国家机关组织法、国家权力机关议事规则及人民代表法、选举法、民族区域自治法、特别行政区基本法、立法授权法、国籍法和其他公民权利法,另外,作为宪法法律部门还包括立法法和监督法,等等。与宪法法律部门相对应的是"行政法法律部门""民商法法律部门""经济法法律部门""劳动法法律部门""自然资源法和环境法法律部门""刑法法律部门""诉讼法法律部门""军事法法律部门""国际法法律部门"等[②]。上述观点是有关混淆宪法与部门法关系的最典型的学说观点,其基本的法理依据是在一个法律体系中,将"规定国家的各种根本

---

① 参见张文显主编《法理学》,法律出版社1997年版,第100—101页。
② 参见张文显主编《法理学》,法律出版社1997年版,第103—108页。

制度、基本原则、方针,规定国家机关的组织和活动的基本原则,以及公民的基本权利和义务等"①的法律规范确定为具有"宪法法律部门"特性的法律规范。不难看出,上述关于法律部门的分类观点已经严重地混淆了宪法与其他法律形式的关系。即便是按照法律部门划分的两个标准来看,宪法也不可能与"行政法""民商法""经济法""刑法""劳动法"等成为相互并列的一种法律形式。首先,宪法作为根本法,其调整对象覆盖了社会生活的各个领域,在法律规范所调整的社会关系上,在法理上很难得出结论认为哪些问题专属于宪法的调整范围,哪些问题就不属于宪法问题。即便是像《物权法》这样的民事法律,其中也规定了许多国家行政机关如何行使管理职权的事项,例如,2007年3月16日十届全国人大五次会议通过的《中华人民共和国物权法》第22条规定:不动产登记费按件收取,不得按照不动产的面积、体积或者价款的比例收取。具体收费标准由国务院有关部门会同价格主管部门规定。上述规定仍然是带有行政管理色彩的行政法律规范。所以,将宪法与行政法、民商法、经济法、劳动法、自然资源法和环境资源法、刑法、诉讼法、军事法和国际法等放在同一个制度层面,作为可以分类比较的独立要素来对待,在法理上实际犯了"不当列举"的错误。

宪法作为根本法,它给所有的法律形式和法律规范都提供了合宪性依据,因此,不论对一个国家的法律体系做多少种类的划分,宪法规范都应当是所有部门法的组成内容之一,将宪法单独列为一个法律部门,必然会淡化和忽视宪法相对于其他法律形式所具有的最高法律效力的法律特征以及宪法规范作为基本法律规范对一般法律规范的规范控制功能。

2. 宪法与部门法关系虚拟化给法学理论造成的危害

由于在法理上宪法被不恰当地划分成一个与其他法律部门并行的独立的法律部门,而且作为一个独立的法律部门,宪法法律部门又包含了一些规定国家机关组织职权和公民的基本权利的法律形式和法律规范,结果在理论上就产生了像"宪法相关法"②这样的概念。而其他的"与宪法不相关的法"可以以独立的法律部门的形式而存在,可以独立地发展本法律部门的"法律原则""立法政策"等法理,而宪法作为根本法的指导作用在这些"法律部门"中被完全忽略了,或者是说被模糊了。因此,尽管改革

---

① 参见张文显主编《法理学》,法律出版社1997年版,第103页。
② 参见全国人大常委会法制讲座第八讲《关于有中国特色社会主义法律体系的几个问题》一文关于法律体系的分类。

开放以来我国法制建设和法学研究事业都有了很大发展，但像在民法、商法、行政法、刑法、经济法、诉讼法、劳动法、环境法等一些最重要的法学研究领域，由于排斥了宪法与其他法律形式之间的法律关系，导致了研究上述问题的相关法学学科缺少宪法学理论的指导，盲目地发展，甚至在学科研究对象都不清晰的情形下，仍然在主观地生造一些概念、名词和术语，严重地影响了法学学科基础理论的构造。特别是在法理学界，由于对宪法这一根本法做了不恰当的部门法的分类，导致了本来就具有"立法依据"性质的宪法被搁置一边，为了解决各种不同的法律形式和法律规范之间的矛盾和冲突，在法理上又创造出"立法法"这一独立的法律形式，结果在法理上又陷入立法法与其他法律形式的关系以及宪法与立法法的关系等虚假问题的层出不穷。法理学的基本原理实际上成了脱离宪法学原理而存在，并且对其他法学学科的基础理论具有直接指导作用的"上位学科"，法理学的一些基本概念和范畴在完全脱离了"制度对应性"的基础上，为部门法的法理构建设置了"应用性障碍"。

3. 宪法与部门法关系虚拟化对宪法实施产生的负面影响

由于在法理上建立了宪法与部门法之间的虚拟化的法律关系，因此，这种似是而非的学说观点在实践中也深刻地影响到宪法的实施和实践活动。在一些法律实践部门看来，宪法只不过是调整国家机关之间的组织关系和设定公民的一些基本权利，如选举权、宗教信仰自由等的"政治法"，对于平等的民事主体之间的法律活动没有规范和约束作用，所以，在法律实践中，特别是在司法审判实践中，很少有法官会主动运用宪法来作为评判案件是否对错的依据，尤其是公民的合法利益根本得不到充分救济。立法机关制定的大量的法律、法规是否具有合宪性，因为这些法律、法规本身与"宪法"不相关而得不到审查，结果造成了宪法所规定的公民的基本权利在法律实践中不能得到很好的救济，"法律违法""法律违宪"的问题无法获得"法治原则"的调控，"与宪法无关论""宪法无用论""法律至上论"等否定或忽视宪法作为根本法的法律特征的观点在法律实践中很有影响，其结果是宪法在大多数社会生活领域的根本法地位得不到维护，宪法在实际生活中的法律地位要远远低于立法机关制定的刑事法律规范、民商法律规范、诉讼法律规范等，"宪法至上原则"根本无从体现。造成这种在实践中忽视宪法权威的现象，不能不说与在法理上将宪法作为与其他法律形式相并列的学说观点存在一定的联系。

4. 宪法与部门法关系虚拟化对法制建设产生的阻碍作用

宪法与部门法关系的虚拟化也导致了在法制实践中容易形成立法机关

权威至上，由于调整社会关系的大量的法律规范都被排除在宪法法律部门之外，因此，解决这些领域的问题只能依靠立法机关自身所制定的法律、法规。由于缺少"合宪性"指导，立法机关制定的法律、法规很难克服自身的法律矛盾和冲突，结果大量的法律、法规存在违宪问题得不到纠正，立法机关、行政机关和司法审判机关的权威代替了宪法的权威，国家机关在执法时的公正成了"法治原则"的主要实现渠道。但是，由于国家机关在实施其他部门法的过程中缺少应有的"合宪性"的控制，所以，对在实践中产生的各种真实的宪法问题往往束手无策，对各种法律问题和纠纷的处理很难产生"确定力"和"拘束力"，最高司法审判机关仍然需要设置一些信访机构来解决依法无法解决的社会矛盾和纠纷，国家机关实施法律缺少应有的权威。导致这些现象出现的一个重要原因就在于公民不能很好地利用宪法来维护自己的权利，宪法中所确立的"正义""公平"等价值观无法在具体的法律实践中实现。

5. 树立"合宪性"观念，消除"计划法治""管理法治"的不良影响

要解决由于错误地理解宪法与其他法律形式之间的关系给法学理论研究和法制实践所带来的各种弊端，必须在肯定宪法作为根本法的法律特性基础上，重新构建宪法与其他法律形式之间的关系。要将法理上的"宪法与部门法的关系"与制度上的"宪法与其他法律形式的关系"严格地加以区分。

从法理上看，可以从研究目的出发，对法律现象做任何特定角度的分类研究，并由此产生不同的法学学科。例如，对宪法现象加以特别的研究形成宪法学；对犯罪和刑罚问题加以特别研究可以形成刑法学；对平等主体之间的人身和财产关系加以研究相应地会产生民法学，等等。但是，在理论上对法律现象进行分类研究的时候，实际上是以法律制度的整体特征作为理论研究的对象的，因此，像宪法学虽然以研究宪法现象为主，但必然会涉及宪法与立法机关制定的刑事法律规范、民事法律规范等法律规范之间的关系；刑法学以研究犯罪和刑罚为重点，但是在研究罪与非罪的界限时，必然会涉及被指控行为的"合宪性"问题；至于说民法学，虽然研究对象涉及平等主体之间的人身关系和财产关系，但是，一个国家立法机关制定的法律规范能够在多大程度上设定为宪法所承认或许可的民事法律规范，这些问题也是民法学研究民法现象时所需要涉及的理论问题。

从制度上来研究"宪法与其他法律形式的关系"，主要应当解决立法机关依据宪法可以建立怎样的"立法体系"，以及司法审判机关如何适用宪法来解决各种法律、法规之间的矛盾和纠纷，维护法制的统一。

从法理上看，以部门法为研究对象的部门法学的研究成果可以为立法机关建立比较健全的立法体系[1]和制定立法规划服务，具有服务于立法的实践价值。一个国家立法机关在依据宪法制定法律时，究竟应当如何制定系统、全面和有效的法律规范，没有科学的分类标准是很难适应立法工作的需要的。所以，从建设立法体系的角度来研究部门法的问题，既可以突出宪法作为根本法对于立法机关制定法律活动的指导作用，同时又有利于立法机关在正确分析法律所要调整的社会关系的基本特性的基础上，制定比较稳定可靠的立法规划，有计划和分步骤地推进科学立法活动，依照宪法有效地行使各项立法职权。另外，在部门法学研究部门法的特征时，引进多元化的立法体制的概念，有利于建立以宪法原则为指导，以不同法律形式中的法律规范为核心的部门法法律规范的法律形式体系，进一步理顺各种部门法法律规范之间的法律效力关系和法律规范的逻辑联系。

总之，宪法与其他法律形式的关系问题是被传统宪法学著作和教科书所忽视了的一个非常重要的宪法学理论问题，对该问题缺少深入的理论研究其结果必然会导致宪法学学科知识的有效性不足。在法治实践中，也无法发挥宪法作为根本法对其他法律形式的规范和约束功能，不能很好地推动宪法实施活动的开展，也无法以"合宪性"为前提，来解决各种不同法律形式和法律规范之间产生的矛盾和纠纷。所以，在宪法学上加强对宪法与其他法律形式之间关系的研究，是使宪法学走出研究困境和低谷的重要途径，必须要在总结我国宪法制度实践的经验基础上，对此问题开展进一步深入和系统化的理论研究。

第七节 宪法与国际法的关系

一 国际法与国内法关系的传统法理及其理论缺陷

（一）国际法与国内法关系的传统法理

1. 关于国际法与国内法关系的理论模型

在传统的宪法学和国际法学研究中，宪法与国际法的关系主要是放在国际法与国内法关系的框架中来研究的。有关国际法与国内法关系的理

---

[1] 在郭道晖主编的《当代中国立法》一书中，就从"立法体系"的角度来探讨宪法与其他法律形式的关系，其分析问题的思路非常清晰。参见郭道晖主编《当代中国立法》，中国民主法制出版社1998年版，第240页。

论，主要有"两派三说"。两派即"一元论"和"二元论"，其中"一元论"又有"国内法优于国际法"和"国际法优于国内法"两个分支。"一元论"是指认为国际法和国内法属于同一个法律体系，可以进行效力等级的比较。"二元论"则认为国际法和国内法是两种绝对不同的法律体系[1]，它们的渊源、主体和实体都不相同，也不能进行效力等级的比较。"国内法优于国际法"的观点认为，国际法是从属于国内法的次级法律，国际法的效力来自国内法。只有依赖国内法及主权国家的强制力，国际法才能成为真正有约束力的法律。这种学说往往与"国家至上"和"主权绝对论"相结合，强调国家的意志在法律上是绝对的、无限的。按照这一观点，当国际法与国内法相抵触时，国内法具有优先的法律效力；国际法只有在不与国内法相抵触的前提下，才具有法律效力。"国际法优于国内法"的观点则认为，国际法规范是由全世界所认同的，它拥有约束主权国家的效力，而国内法则通常不能约束"主权行为"，所以国际法规范具有高于国内法规范的效力。这种学说以"主权相对论"和"世界主义"作为基本理论依据，反对"国家主义"和"主权绝对论"，强调国际法是体现全世界人民根本利益和共同意志的最高规范，而国内法则不能与之相抵触，否则应视为无效。

从各国实践看，当发生本国法律与国际法相冲突的情况时，一般有三种解决办法：（1）承认国际法的优先性。许多国家在宪法中明确规定优先执行一切公认的国际法规范。例如，德意志联邦共和国基本法规定"国际公法的一般规定乃是联邦法律的组成部分。它们位于各项法律之上，并直接构成联邦国土上居民的权利和义务"。一些国家虽然未于宪法中明确规定国际法的优先效力，但在专门法律中有国际法优先适用的规定。（2）规定国际法与国内法处于同等地位，当国际法与国内法的条款存在歧义时，采取"新法优于旧法"或"按照不相抵触的思路理解、解释、适用"有关条文的原则予以处理。（3）规定国内法优先于国际法。一些国家的宪法明确规定，宪法和国会立法优先于国际法规则。例如，委内瑞拉宪法规定，国际法规则如与宪法和共和国法律相抵触，则不得采用。

传统的"一元论"主要视国际法是一种附属于国内法的法律，也就是说，国际法的效力来自国内法的保障。该理论曾在19世纪末一度为德国

---

[1] 参见《奥本海国际法》第1卷第1分册，[英]詹宁斯、瓦茨修订，王铁崖等译，中国大百科全书出版社1995年版，第31页。

的公法学家所提倡，20世纪30年代在德国又曾一度抬头。但是，由于"一元论"完全否定了国际法的独立性，后来逐渐遭到摒弃。19世纪末叶以后，"二元论"逐渐取代了"一元论"，逐渐把国际法看成是与国内法完全不同的另一种法律体系。在论证国际法与国内法的关系过程中，发展出"转化"（transformation）、"纳入"（adoption）① 两种关联理论。"转化"的含义是：条约不能直接在本国国内法上取得法律效力，而必须经过例如制定相应的法律等国内立法行为将其转化为国内法，才能在本国国内适用②。"纳入"意指：无论是条约还是国际法规范一经批准后就可以直接在本国国内适用，而无须再经过转化，其国际法的形式和内容不加以改变③。第二次世界大战以后，国际社会又出现了另一种"一元论"，即国际法绝对高于国内法的原则，具体表现为最高国际法规范就是"条约必须信守"和"国际社会的意志必须得到尊重"。近年来，这种极端化的"一元论"又产生出"人道主义干涉"等新的国际法准则。1999年3月，以美国为首的北约就以"人道主义干涉"为借口，悍然轰炸主权国家南联盟。由此在国际社会引起了新的一轮对国际法和国内法之间关系的探讨。

2. 国际法与国内法关系在实践中的表现形式

就国际法与国内法之间的关系在实践中并没有像理论模型所解释的那样简单。正如《奥本海国际法》指出的那样："这些学说上的不同，未为国家实践或在这种情况下适用的国际法规则所解决。国际发展，如个人作为国际法主体的不断增长的作用、条约中划一的国内法规定以及像欧洲共同体那样的法律秩序的出现，都倾向于使国际法和国内法之间的区别不像以前那么清楚而且是更加复杂了。"④ 事实上，各国在实践中处理国际法与国内法之间的关系并没有严格地遵循"一元论"或"二元论"，而是一种混合，有时甚至不太关注这种关系的理论合理性，而主要关注通过这种关

---

① 在国际法著作中，经常使用的一个词是"incorporation"，但是，该词的含义不能完全翻译成"纳入"，有时也含有"转化"的意思，一般是指履行国际法下的义务。Cf. Karl Josef Partsch, in R. Bernhardt (ed), Encyclopedia of Public International Law, Vol. 10, Elsevier Science Publishers B. V. 1987, p. 245.

② Cf. D. P. O' Connell, International Law, Second Edition, Vol. 1, Stevens & Sons, 1970, p. 49.

③ Cf. Karl Josef Partsch, in R. Bernhardt (ed), Encyclopedia of Public International Law, Vol. 10, Elsevier Science Publishers B. V. 1987, p. 245.

④ 参见《奥本海国际法》第1卷第1分册，[英]詹宁斯、瓦茨修订，王铁崖等译，中国大百科全书出版社1995年版，第32页。

系所要解决的问题。以几个主要的西方国家为例:

（1）美国。早在美利坚合众国成立之前由北美 13 个殖民地组成的邦联就发行了债券和货币,对这些问题的处理成为美利坚合众国联邦宪法的主要内容。1787 年美国宪法第 6 条第 1 款规定:"本宪法施行前规定的一切债务与所订立的一切条约,在本宪法上如同邦联条例一样,对合众国仍然有效。"该条款的规定可以说为美国处理国际法与国内法之间的关系开了先河。

为了明确美利坚合众国处理国际法与国内法关系的基本原则,1787 年美国宪法第 6 条第 2 款又规定:"本宪法与依照本宪法制定的合众国法律,以及以合众国的名义缔结或将要缔结的条约,均为国家最高的法律,即使与任何州的宪法或法律相抵触,各州法官仍应遵守。"据此,以合众国名义缔结的条约成为美国联邦最高法律的组成部分。当然,条约如同国家的法律一样,必须与联邦宪法保持一致。正如美国最高法院大法官布莱克所指出的那样:"最高法院经常一致承认,宪法具有高于条约的最高法律效力。"① 因此,作为一项总的宪法原则,在美国,国际法不具有高于国内法的效力。

（2）英国。就联合王国而言,所有被普遍承认或至少为联合王国所接受的国际习惯规则本身,就是本国法律的一部分。不过,"国际法是本国法律的一部分这一事实,并不意味着,英国法律在一切情形下都承认国际法的最高性。英国制定法即使与国际法的要求相抵触,对于英国法院也是有拘束力的,不过,如有疑义时,则推定国会并没有违反联合王国的国际义务而行事的意思"②。因此,在英国,制定法是优于国际法的,"有关的条约义务对私人各方并不直接产生权利和义务,但可能间接地对私人各方产生影响","除使制定法优于国际法之外,英国法院在某些情况下必须认为行政部门的陈述对于这些情况所包含的事项是决定性的,而且不得审查这些陈述是否符合国际法。同样,英王在行使特权时做出的关于领土主权的声明,即使超出国际法允许的范围,法院也应予执行"③。因此,英国通

---

① 李德诉考沃特,《美国判例汇编》第 354 卷第 1 页（1957 年）,参见［美］卡尔威因、帕尔德森《美国宪法释义》,吴新平、徐卫东译,华夏出版社 1989 年版,第 168 页。
② 参见《奥本海国际法》第 1 卷第 1 分册,［英］詹宁斯、瓦茨修订,王铁崖等译,中国大百科全书出版社 1995 年版,第 35 页。
③ 参见《奥本海国际法》第 1 卷第 1 分册,［英］詹宁斯、瓦茨修订,王铁崖等译,中国大百科全书出版社 1995 年版,第 35—36 页。

过国会的转换立法形式实质上还是强调了国内法高于国际法的原则。

（3）法国。法国1946年宪法在序言中承认国际法规则，而且在1958年宪法序言中予以重新确认。因此，法国法院是适用国际习惯法的①。关于条约，1958年宪法第53条要求某些种类的条约（如商务条约或包含有国家财政承诺、修改立法规定或涉及人身地位的条约）应由法律加以批准或核准。依据宪法第54条，宪法委员会可以宣告一项条约违反宪法，在这种情况下，只有宪法经过修正后，才能批准或核准该条约。因此，国际法在法国也不具有高于国内法的效力。

（4）德国。联邦德国基本法第25条规定：一般国际法规则构成联邦法律的一部分并优于法律，而且为联邦领土上居民直接创设权利和义务，但这只适用于国际法的一般习惯规则，至于说条约，除非构成了国际法的一般规则，否则不得享有联邦宪法第25条所给予的优位地位。另外，联邦基本法第59条还规定，联邦共和国政治关系或涉及联邦立法事项的条约成为联邦立法的对象。用这种方式正式同意的条约，至少它们是自动执行的，将由德国法院予以适用。但是，这种条约仍然必须服从基本法。

（5）欧盟法与欧盟成员国法。近年来，随着欧洲一体化进程的加剧，欧盟法与欧盟成员国法律之间的关系正在突破传统的国际法与国内法关系的逻辑框架，呈现出新的发展趋势。

早在1957年3月25日签订罗马条约创建欧洲经济共同体的时候，欧洲共同体的几个条约都没有明确确定欧洲共同体法律具有高于各成员国国内法律的效力。在1964年的 Costa v ENEL 案件中，欧洲共同体法院赋予了欧洲共同体法律高于意大利国内法的效力。

欧洲共同体法院认为，欧洲共同体是独一无二的。它不属于那种传统的在缔约国之间建立各种关系的国际条约，相反，欧洲共同体建立了立法机构，可以为成员国的国民规定各种权利和义务。因此，当欧洲共同体的法律与成员国的法律发生冲突的时候，应当适用欧洲共同体的法律②。在 Internationale Handelsgesellschaft 一案中，欧洲共同体法院进一步指出：欧洲共同体的法律在一个成员国内部的合法性及其效力，是不能因为欧洲共同体法律与成员国宪法所规定的基本权利或者宪法结构中的原则相矛盾而受到影响。根据欧洲共同体法院所持的这一观点，欧洲共同体的法律对成

---

① 参见《奥本海国际法》第1卷第1分册，[英]詹宁斯、瓦茨修订，王铁崖等译，中国大百科全书出版社1995年版，第37页。

② 参见王世洲主编《欧洲共同体法律的制定与执行》，法律出版社2000年版，第185页。

员国的宪法也具有了最高的法律效力①。在 Factortame 一案中，欧洲共同体法院还认为，在对待欧洲共同体法院确定欧洲共同体法律规定的权利的确切含义时，成员国法院必须有能力保护欧洲共同体法律的一些公认的权利高于国内法的明确规定②。

为了适应欧洲共同体法律高于成员国法律这一原则，欧洲共同体成员国在本国法律中都采取了相应的措施来确认这一原则。如英国议会在1972年通过的《欧洲共同体法》规定：直接有效的欧洲共同体法律高于英国法律。1993年10月12日，德国宪法法院做出了一个判决，确认德国批准欧洲联盟条约的合法性。德国宪法法院认为，欧洲法院在保护基本权利方面负有首要责任，这就意味着只有当欧洲共同体法院没有很好地完成这一任务的前提下，德国的宪法法院才来承担这一责任。为了保证本国法律与欧洲共同体法律具有一致性，1992年4月9日，法国宪法委员会做出决定：法国只有在修正宪法的有关规定之后才能批准欧洲联盟条约。1994年瑞典基本法之一《政府组织法》第10章第5条规定：议会赋予欧洲共同体制定决定的权利，只要这种权利是旨在保护与《政府组织法》和《欧洲人权公约》所保护的自由和权利相一致的自由和权利。议会做出这样的授权应当以通过基本法一样的方式，即出席和参加投票的议员四分之三同意为基础。据此，凡欧洲共同体所做出的各项保护自由和权利的决定，在瑞典都当然具有宪法权利的特性。目前，取代欧洲共同体法院的欧盟法院③仍然遵循着欧洲共同体法院所确立的欧洲共同体法律具有高于成员国法律效力的原则，并且随着欧盟成员国一体化进程的加剧得到进一步加强。27个欧盟成员国最新达成的《里斯本条约》也重申了欧盟以往的立法原则，进一步强化了欧盟法律在成员国的约束力。

总之，国际法与国内法之间的关系在实践中已经变得越来越复杂，不是简单地运用一种理论就能够说清楚，许多做法还没有非常有效和自圆其

---

① Cf. Case 11/70 Internationale Handelsgesellschaft v Einfuhr- und Vorratsstelle fuer Getreide und Futtermittel [1970] ECR 1125.

② Cf. Case C-213/89 [1990] ECR1-2433.

③ 欧盟法院的前身是欧洲共同体法院，由三个法院组成，即欧洲煤炭和钢铁共同体法院、欧洲经济共同体法院和欧洲核能共同体法院。在实际运作过程中，随着上述三个法院的名称的变化而发生变化。目前，由于欧洲共同体根据1993年《马斯特里赫特条约》已经改为欧盟，因此，欧洲共同体法院也相应改为欧盟法院。实际上，自欧洲共同体法院于1952年成立以来，只有一个法院在工作，该法院承担了上述三个法院的审判功能。

说的解释理论来加以支撑。所以，在当今世界上，国际法与国内法之间关系的实践已经领先于理论论证，理论先导的作用正在受到国际法实践的挑战，必须要摆脱传统法理的束缚，从当今世界国际关系的新情况、新问题出发来构建我国国际法与国内法之间的关系。

(二) 国际法与国内法关系传统法理的理论缺陷

1. 缺少逻辑基础

不论是"一元论"，还是"二元论"，关于国际法与国内法之间关系的理论学说始终没有摆脱直观描述、就事论事的简单化倾向。没有将国际法与国内法放到一个更广的范畴中去考察，只是看到了国际法与国内法所具有的法律特性的一面，而没有看到隐藏在国际法与国内法背后的意志与利益关系，特别是国际法与国内法自身的主体性特征。将国际法简单视为具有大于、等于或小于国内法的法律效力，实质上是受到确立必然现象之间逻辑关系的形式逻辑的影响，将大于、等于或小于的逻辑属性移植到国际法与国内法关系上，虽然具有区分两者的直观意义，但是，却不利于建立国际法与国内法之间的深层逻辑联系。即便从形式逻辑的规律来看，关于国际法与国内法关系的传统法理在逻辑上也是不周延的。因为如果要比较两个逻辑分析单位之间的逻辑联系时，通常运用的逻辑形式包括相斥关系、包容关系、交叉关系、重合关系四种逻辑关系。国际法与国内法之间的关系也应当符合上述基本的形式逻辑规律。如果国际法与国内法之间属于相斥关系，这就意味着两者是彼此没有任何逻辑联系的两种独立的不同的法律形式；如果国际法与国内法之间属于包容关系，这就表明要么国际法从属于国内法，要么国内法从属于国际法；如果两者是交叉关系，这意味着国际法与国内法虽然各自是独立的法律形式，但是，在某些区域存在交叉关系，国际法可以转化为国内法，国内法也可以转化为国际法；如果两者之间属于重合关系，那么，将国际法与国内法区分为两种不同的法律形式就没有实质的意义。所以，仅仅从形式逻辑关于不同范畴之间的一般关系规律来看，国际法与国内法之间关系的逻辑形态就可以有四种形式。

但是，究竟哪一种逻辑关系能够更好地反映国际法与国内法之间关系的现实呢？这个问题从来就没有得到自觉的讨论。从形式逻辑的规律出发，也很难找到有效的答案。毋庸置疑，形式逻辑的规律制约着实践中的国际法与国内法关系的状况，但是，在真正确立一个具有普遍意义的逻辑分析框架时，形式逻辑的规律适用于国际法与国内法之间关系时却会遇到各种各样的逻辑障碍。以形式逻辑的规律来分析事物之间的逻辑关系的现实状况存在"以果推因"的逻辑误区，即不是从事物本身的特征来证明一事物与他事物之间的逻辑联系，而是从事先已经存在的形式逻辑的规律来给事物之间的逻辑联系贴上简单的标签。关于国际法与国内法之间关系的"一元论"和"二元论"都是符合形式逻辑的规律的，但究竟应当选择哪一种逻辑形式，必须要加以严格的证明。否则，就可能出现"一元论"与"二元论"并存的局面，这种并存与其说反映了国际法与国内法关系的现实状况，倒不如说是关于国际法与国内法之间关系的法理带有强烈的主观色彩的理论预设。所以，以"高于""等于"或者"小于"作为国际法与国内法之间关系的分析手段在逻辑上存在过于简单化的倾向。

从国际法与国内法作为规范形态来看，国际法与国内法的关系问题应当属于价值问题，也就是说，这种关系不能视为纯粹的事实问题。所以，将以揭示事物之间必然联系为基础的形式逻辑规律套用到只是以可能形式存在的规范领域无法准确地揭示规范问题之间的逻辑联系。自休谟在《人性论》中提出了事实问题与价值问题的区别以来①，关于价值问题的解析逻辑主要是以道义逻辑②的形式存在的，但是，道义逻辑一直没有获得具有确定性的逻辑推理形式。不过，作为与解析价值问题的价值主观性与客观性相关的主体性与客体性对于描述价值的特征和解决价值的意义具有非常重要的作用。作为价值问题，国际法与国内法之间的关系不服从"是什么"的形式逻辑规律，而是遵循"应该是什么"的道义逻辑规律。在国际法与国内法自身内涵受制于主观性的支配下，两者之间不可能建立起具有确定性的"大于""等于"或"小于"的逻辑关系。关于国际法与国内法关系的传统法理，不论是"一元论"，还是"二元论"，由于在逻辑形式上采用了必然性的逻辑判断形式，将价值问题简化为事实问题来探讨，所以，这种判断结论不可能真正地揭示国际法与国内法之间的关系。

---

① 休谟在《人性论》第三卷第一章第一节"道德的区别不是从理性得来的"最后的一则附论中提出的。中心的意思是指，休谟认为，在以往的道德体系中，普遍存在一种思想跃进，即从以"是"或"不是"为联系词的事实命题，向以"应该"或"不应该"为联系词的伦理命题（价值命题）的跃进，而且这种思想跃进是在不知不觉中发生的，既缺少相应的说明，也缺少逻辑上的根据和论证。参见［英］休谟《人性论》下册，关文运译，商务印书馆1980年版，第509—510页。

② 道义逻辑（deontic logic）由恩斯特·马利首创。根据波尔查诺和蒯因对逻辑真理所下的定义，所谓道义逻辑就是由规范性词语作为逻辑联结词的逻辑判断，如"义务""责任""准许""权利"等。参见［美］R.B.马库斯等《可能世界的逻辑》，康宏逵编译，上海译文出版社1993年版，第235页。

作为价值问题，国际法与国内法之间的关系受到国际法主体以及国内法主体意志的支配，它受到国际法价值与国内法价值属性的影响，也就是说，在"什么是国际法"和"什么是国内法"这两个价值问题不能很好地通过具有必然判断逻辑形式的"定义法"获得确定性的情况下，"国际法与国内法之间的关系"这个价值关系问题也具有不确定性。因此，对"国际法与国内法之间的关系"的确定性的把握不可避免地受到这个问题解答者的主观意志的影响，"国际法与国内法之间的关系是什么"这一事实问题很显然没有"国际法与国内法之间的关系应该是什么"这个价值问题具有更好的确定性。传统的国际法理论和宪法理论试图将"国际法与国内法之间的关系"作为事实问题来处理，也就不可避免地引发了各种强迫性的逻辑结论的产生。"人权高于主权"此类的命题都具有强迫逻辑的逻辑判断特征。

2. 缺乏宪治理念

虽然对宪治的基本理念学术界仍然存有分歧，但是大致上包括了限权政府、法治和保障基本人权三个方面。也就是由民主方式产生政府，通过法治的途径来保障基本人权[①]。从现代宪法理念出发可以看到，法律之间的关系究其实质而言是主体与主体之间的关系，即通过主体性建立起来的权力与权利之间的关系秩序。不论是国际法还是国内法，反映的实际上是不同的意志和利益关系。从国际法与国内法的主体意志性来看，国际法也好，国内法也好，都存在一个正当性问题。也就是说，制定法律主体的资格问题。民主原则在解释国内法的正当性上起到了很好的建构作用，但是，民主原则在国际法的正当性建构中却一直处于较弱的状态。因此，长期以来，国际法制定主体与国内法制定主体之间的同一性较差，主体性没有在处理国际法与国内法之间的关系时发挥应有的逻辑连接作用。另外，关于国际法与国内法关系的传统法理也很少从法律功能的角度来探讨两者之间的逻辑联系，没有关注国际法与国内法在实现利益方面的一致性。由"利益的一致性"所连接的国际法与国内法也是比较符合主体性要求的。"普遍主义"的人权观、全球一体化、人类的共同利益都是分析国际法功能的重要因素。由于传统国际法理论与宪法理论过度注重了国际法"法"的特性，因此，国际法制定主体的正当性问题基本上消失了。从法

---

① Cf. "Constitutionalism, Identity, Difference and Legitimacy", Michel Rosenfeld, Editor, 1994 Duke University Press, p. 3.

律规范制定主体的独立性来看，国际法不过是处于"世界法"与"民族国家法"之间的"间性法"。也就是说，由于目前国际法的主体部分是"条约"，是一种国家间的契约，所以，国际法的法律效力只能停留在"条约必须信守"的道德强制阶段，而没有真正地成为具有普遍约束力的法律规范。即便是国际习惯法规则，也只是在"有用""便利"的层次上为民族国家所接受，不具有刚性的约束力。而基于民主原则形成的国际法规范则与基于民主原则而产生的国内法规范具有相同性质的正当性，是一种超越于民族国家意志之上的"世界法"。特别是在全球化的时代，个人与其所居住的国家正在摆脱强制性的依附关系，个人开始成为与政治国家具有同等身份和地位的国际法关系主体，因此，政治国家的法律对于实现个人的政治意愿和个人自由来说必然就具有一定的选择性，许多人正在变成身份复杂的"世界公民"。在这种情形下，国际法与国内法在履行自身的社会功能方面就不能完全分开。

值得注意的是，"世界法"作为人类社会法律发展的趋势并不存在现实与逻辑的直接对应关系。在逻辑形态上可能存在的"世界法"并不是在人类社会的任何发展阶段都具有现实性的。从人类社会集体意志发展的逻辑线索来看，人类集体意志的发展是在不断地扩大内涵和外延的过程中得到丰富的。也就是说，由局部法治发展到局部自治，再由全部法治最终到达全部自治。"世界法"从逻辑形态上看也不是人类集体意志存在的最后和最高的形式，只有体现了个体自治与人类全体自治相结合的"大同社会"，才能真正地实现人类自身的"知、行、意""个体与集体""法治与自治""可能与现实"的高度统一。

二 确立国际法与国内法关系的分析方法

（一）"同一性"或"间性"的内涵及其意义

"同一性"（identity），根据《布莱克法律辞典》的解释，意为"相同点"（sameness）或者是"身份上的一致性"。近年来，西方宪法学界在使用"同一性"概念时，主要是从主体性的角度来考虑的，也就是说，考察两种不同的价值在主体性上的"一致性"。例如，米歇尔·罗森菲尔德[1]在《宪政、同一性、差异性和法治》一书中，将"同一性"与"差异性"视为"限权政府""法治"和"保障基本人权"三种宪政基本价值存

---

[1] 美国耶西瓦大学本杰明·卡窦佐法学院人权教授，曾任国际宪法学协会主席。

在的相互对立的"价值证据"①。实际上,"同一性"的概念正成为宪法学领域解释宪法自身的正当性的主流概念,相对于传统的"主权""人民"等概念来说,"同一性"所提供的正当性带有很强的归纳特征,而与"主权""人民"等作为正当性大前提的概念具有明显不同的理论构建功能。

"间性",亦称"交互主体性"(德文是 intersubjektivitaet,法文是 intersubjectivité,英文是 intersubjectivity),学术界有人将之译为"主体间性"或"主体际性",由现象学大师胡塞尔首创。胡塞尔认为,人们在生活世界中进行着生动的、充满"人格主义态度"的交往,这种交往是主体间的交往,其中具有决定意义的性质是"交互主体性"(intersubjektivitaet)。"交互主体性"包括两方面的含义:其一为主体间的互识,即在交往过程中两个或两个以上的主体间是如何相互认识、相互理解的;其二为主体间的共识,即在交往过程中两个或两个以上的主体如何对同一事物达到相同理解,也即主体间的共同性和共通性。毫无疑问,主体间的互识与主体间的共识是相互联系的:主体间不能"互识"便很难达成"共识",主体间达成了"共识"便促进了"互识"。胡塞尔认为,科学世界的"客观性"是由生活世界中的"交互主体性"所决定的,因为所谓"客观性"无非是主体间达成了"共识"。因此,所谓的"间性",实际上是确定"同一性"的一种方法,特别适用于两个具有不同性质和文化传统的主体系统,也很适应处理国际法与国内法之间相互联系的逻辑需要。

应当看到,"同一性"与"间性"都属于"主体性"的范畴,它们都将价值属性之间的联系转化成主体之间的联系。这就克服了"价值绝对主义"倾向,使得价值的"客观性"受到了主体性的支配,符合认识价值之间相互联系的逻辑要求。"同一性"与"间性"所不同的是,"间性"更强调主体之间的"互动",而"同一性"则比较关注主体之间的相同或相似的性质或特征。所以,"同一性"和"间性"比较好地表现了主体之间的联系,是通过主体性解释不同价值之间逻辑联系的最好的逻辑"联结项"。

(二)国际法与国内法之间的"同一性"或"间性"

毫无疑问,国际法与国内法作为规范,都属于价值现象的范畴。它们

---

① Cf. "Constitutionalism, Identity, Difference and Legitimacy", Michel Rosenfeld, Editor, 1994 Duke University Press, "Modern Constitutionalism as Interplay between Identity and Diversity", pp. 4-6.

自身的"客观性"受到主体性的制约，因此，考察国际法与国内法之间的关系，就不能仅仅从国际法与国内法所具有的"法"的特性来进行片面考察，而是要考察透过国际法与国内法的"法"的特征所反映出来的国际法制定主体与国内法制定主体之间的关系。如果国际法制定主体与国内法制定主体之间不具有"同一性"，那么，由此产生的"国际法"与"国内法"也就不可能建立起有效的价值联系；如果国际法制定主体与国内法制定主体缺少必要的"间性"，"国际法"与"国内法"也就不可能有机地统一在一起，而只能被强迫被动地扭结在一起。

国际法与国内法之间的"同一性"或"间性"主要反映在主体的"意志性"和"利益性"两个方面。

1. 国际法与国内法制定主体意志的"同一性"

国内法是在民族国家主权意志的支配下产生的，是解决个人与其发生政治关系的政治国家之间的基本法律联系，所以，国内法的性质和根据受到国家主权学说的影响而具有相对的确定性。特别是在传统的"领土主权"观念的支配下，国内法属于比较确定的法律规范领域。尽管国内法的存在形式多种多样，并且会发生各种变化，需要通过法律解释制度来进一步予以明确，但是，国内法至少可以通过民族国家主权意志适用的领土范围来获得独立性。

国际法并非受到民族国家主权意志的完全支配，因此，由"意志—行为"的规范价值模式不能完全解释国际法的性质。一个民族国家的主权意志不可能完全参与对其适用的所有的国际法规范的制定。国际法来自"共同同意"，这种"共同同意"当然不能意味着所有国家必须对构成国际法规则总体的各部分都明示同意。因为这种共同同意在实践中是永远不能确立的。所以，所谓的"共同同意"，不意味着对特定规则的同意，而是民族国家在特定的时间内对包含国际法作为整体的规则总体的明示或默示同意。《奥本海国际法》对此解释道："国际社会的成员资格就带有服从现有这种规则总体的义务和按照关于修改和发展程序的规则对这种规则总体的修改和发展做出贡献的权利。因此，新产生而被接纳于国际社会之中的国家就服从于它们被接纳时有效的国际行为规则总体。任何一个国家在加入国际社会时都不能说它只愿意服从某些国际法规则，而不服从另外一些国际法规则。加入就包括服从一切有效规则的义务，唯一的例外是那些只对创造有关规则的条约当事国有拘束力的规则。"①

应该说,《奥本海国际法》对国际法性质的解释还没有完全揭示国际法的主体性。因为在《奥本海国际法》看来,国际习惯法相当于自然法,对于国际社会的成员具有当然的约束力。这种受自然法影响的国际法观念在法理上没有完全解决国际习惯法自身的合法性问题。如果说国际习惯法可以独立于民族国家主权意志之外而存在的话,这种国家习惯法规则也必须要得到民族国家的承认后方能有效。如果不经民族国家的认同就存在当然生效的国际习惯法,这就意味着民族国家的主权意志是不完整的。民族国家承认某种已经存在的国家习惯法也是主权意志的体现,或者说反映了一种与民族国家"并行不悖"的协调意志。所以,国际法所体现出来的民族国家的主权意志,既有主权意志的"参与",又有主权意志的"认可"。对于国家条约而言,与民族国家国内法的关系的"同一性"在于缔约国对国际条约制定活动的直接参与;对于国际习惯法而言,与民族国家国内法的关系的"同一性"既有民族国家主权意志的直接参与,也有民族国家主权意志的认可,并且主要是民族国家主权意志的默认。而对于个人来说,由于个人开始具有与政治国家一样平等的国际法主体地位,因此,个人对最佳国内法的选择权又成为国际法发展的强大动力,特别是在人权保护领域,国际人权公约正在以保障个人的基本自由和权利为核心,日益影响着缔约国自身的人权立法和人权保障制度。

就国际条约与国际习惯法②所体现出来的与民族国家国内法的"同一性"来看,只有通过国际民主原则,由所有民族国家共同参与制定的国际法规则才能真正地与民族国家国内法具有"共同意志"基础。传统的国际条约,即便是多边条约,也无法改变条约自身的契约性质。如在"日本酒精类饮料案"中,WTO 上诉机构强调:"WTO 协议是条约——在国际上等同于契约。这是不证自明的:WTO 各成员所达成的协议,正是通过行使主权,追求其国家利益的结果。为了获得各自作为 WTO 成员的利益,他

---

① 参见《奥本海国际法》第 1 卷第 1 分册,[英]詹宁斯、瓦茨修订,王铁崖等译,中国大百科全书出版社 1995 年版,第 8—9 页。
② 陈寒枫等认为,国际法应该分为普遍国际法、一般国际法和特殊国际法。普遍国际法是指对一切国家毫无例外地具有拘束力的规则的总体。包括尊重国界、保护外交代表、遵守条约等规则。主要是共处法,当然也不排除合作法。一般国际法是指对包括主要国家在内的很多国家具有拘束力的规则的总体。特殊的国际法只对少数国家具有拘束力。上述观点仍然没有区分国际法的性质,只是从国际法对民族国家适用的数量来分类,因此,不能很好地解决国际法的特征。参见陈寒枫、周卫国、蒋豪《国际条约与国内法的关系及中国的实践》,《政法论坛》2000 年第 2 期。

们同意根据 WTO 协议规定的义务行使主权。"① 在国际法上的古老的法则："条约必须信守"（Pacta sunt servenda）是以履行契约义务来要求履行条约的。1969 年《维也纳条约法公约》第 26 条也明确规定："凡有效之条约对其各当事国有拘束力，必须由各该国善意履行。"这里的"善意履行"，实质上是要求诚实、公正地信守国际条约②。

2. 国际法与国内法制定主体利益的"同一性"

国际习惯法在实践中之所以能够被民族国家自觉地遵守，其合法性的依据仍然来自民族国家的"认可"，相对于民族国家主权意志"参与"国际条约的制定来说，国际习惯法与国内法之间的"同一性"更多地表现在国际习惯法在功能上的"合理性"，也就是说，遵守国际习惯法符合民族国家的最大的利益。与国际条约相比，国际习惯法虽然在合法性上较弱，但是，它又得到了自身合理性的补充。正如王铁崖先生指出的那样："国际法效力的根据在法律上是各国的意志的协调一致，而在事实上是国家往来关系的需要。"③

国际条约在实现民族国家利益方面发挥着更加重要的作用。民族国家缔结条约是以条约可以给民族国家自身带来巨大利益为前提的，如果条约的履行不能给民族国家带来任何利益或者是参加缔结条约的当事国违背了条约的规定给自身造成了巨大的利益损失，那么，条约就不可能继续获得有效地遵守。第二次世界大战后缔结的各种人权公约，虽然不能给缔约国带来直接的经济效益，但是，人权公约在保障公民权利方面的目标与各民族国家法律保障人权的目标是一致的，因此，批准人权公约也涉及巨大的国家利益。如美国从自身的国家利益出发，迄今为止仍然没有批准加入《经济、社会和文化权利国际公约》，是与该国际人权公约在价值观方面和美国国内法上的人权价值观的巨大差异分不开的。由于缺少利益的"同一性"，因此也就影响到意志的"同一性"，这不能不说是当代国际法与国内法关系中的一个最显著的法则。

3. 国际法与国内法制定主体的"间性"

无论是国际法，还是国内法，都与制定主体的意志和利益特性紧密相关。因此，国际法与国内法制定主体的确定性是体现两者关系的最重要的决定因素。相对于国内法来说，国际法的制定主体往往具有更大的不确定

---

① Cf. Japan-Taxes in Alcoholic Beverages WT/DS8/AB/R（4 October 1996），p. 15.
② 万鄂湘等：《国际条约法》，武汉大学出版社 1998 年版，第 169 页。
③ 王铁崖：《国际法引论》，北京大学出版社 1998 年版，第 36 页。

性。大量的国际法准则实际上是依靠一套比较完善的法律程序来获得自身的合法性的。从双边条约到超国家组织的法律规则以及到联合国宪章和联合国各种国际法文件，对相关国家政府和公民生效的国际法准则都是由政府出面批准和加入的，很显然与"人民主权"的现代宪法思想相去甚远。另外，由于国际法自身的软法性质，迄今为止，对于不履行条约的当事国，除国际社会给予道义谴责之外，还没有出现多少行之有效的强制性履约措施。国际法与国内法之间的关系由于主体性的模糊而处于不稳定的状态。因此，必须建立一套保证国际法获得有效履行的法律机制。

在国际法还不能依靠国际民主原则产生的情况下，国际法治原则和国内法治原则都可以使国际法在民族国家中具有"合法性"的地位。所谓国际法治原则，首先，就是不论是国际条约，还是国际习惯法，必须建立不得予以保留的机制。因为一旦允许缔约国拥有过多的保留权，同一个国际法规则就无法对所有的缔约国适用，由此产生的国际法效力的不平衡就会损坏国际法的法律权威。其次，原则上，参加国际条约和认可国际习惯法不得随意"退约"或者是否定缔约国在条约下应尽的义务，随意"退约"无疑会使国际法准则的效力处于不稳定的状态。最后，必须建立履行国际法准则的相关的仲裁机构。如果没有这种统一解释国际法准则的权威性机构的存在，国际法仍然会被国内法的原则所掩盖而丧失自身的独立性。所谓国内法治原则，即民族国家所批准、认可的所有的国际法准则必须纳入民族国家自身的法律体系中，其中，国际法在民族国家法律体系中的地位应当与批准和认可国际法准则的民族国家的国家机构所制定的国内法在国内法法律体系中的地位持平。

无论是国际法治原则，还是国内法治原则，都可以在国际法制定主体合法性不完整的情况下，最大限度地实现国际法作为一种法律规范所应当具有的规范功能。没有对国际法治原则和国内法治原则的认同，国际法与国内法之间的关系就只能处于随意的状态，两者之间不可能出现良性互动的关系。法治原则应当视为国际法与国内法之间的"间性"，即使得国际法与国内法有机地联系在一起共同发挥规范作用的必要的逻辑中介。

三　法治原则在建立国际法与国内法关系中的作用

1. 民族国家在现代国际秩序中的作用

毋庸置疑，民族国家（在国内法意义上表现为与个人相对应的"政治国家"）生存的合法性和合理性今天正受到来自全球化和部落主义两个方

第二章 宪法的概念及存在形式

面的挑战。从全球化的角度来看，随着欧洲一体化的进程不断加快，目前，欧盟国家正在继续寻求"欧盟宪法"诞生路径，民族国家的法理功能正在日趋萎缩；从部落主义的角度来看，以苏联的解体为标志，存在以强调民族自决权为口号的分裂主义倾向，与此相适应，民族国家内部分权的趋势也日渐加强，自治问题显得日益重要。但是，在可见的未来，民族国家作为人类生存的基本社会单位是无法加以改变的。

值得注意的是，从中世纪末期在欧洲所形成的民族国家的概念成为近现代宪法理念的主要载体以来，以人权保护为主要特征的宪法价值是紧紧地围绕着主权和政府责任展开的。随着民族国家的不断发展，尤其是超国家的国际性组织和民族国家内的非政府性组织的出现，作为传统宪法价值的载体——国家主权和政府保障人权的责任，不论其形式还是其内容都产生了显著的变化。

1999年7月12日至16日在荷兰鹿特丹市爱拉摩斯大学举行的第五届世界宪法大会上，与会者们对民族国家在现阶段维护国际秩序中的基本功能予以了充分肯定。与会者们认为，对于超国家的国际性组织在保障人权方面的作用，在目前的状况下，只有那些由存在相似性文化基础的民族国家所缔结的超国家性质的国际性组织在保护人权方面产生了实质性的作用，如欧洲人权法院、欧盟法院等超国家性质的国际性组织在审理个人对国家所提起的侵犯人权的诉讼案件方面发挥了一定的作用，但是这并不等于说这样的超国家性质的国际性组织就具有普适性的价值。尤其是在多元文化的社会，人权保护的国际合作就显得比较困难。因此，在考虑宪治的普遍主义性质时不能不重视文化多元主义的影响。对于民族国家内的非政府组织在保障人权方面的作用，一些与会者给予了高度评价，认为民族国家内人权保护应该是政府责任与社会责任的结合。在保护人权方面，政府的作用和非政府组织的功能是互补性质的，而不是对立的。政府不应该把非政府组织在保障人权方面的努力一概视为与政府唱对台戏或者是将应该由政府所承担的保护人权的职责推卸给非政府组织。尤其是在发展市场经济的过程中，政府仍然应当关注社会的平等权，不能过度地放纵自由权的范围，弱化政府在保障人权方面的作用。还有一些与会者认为，"小政府大社会"的模式是不利于保护人权的，一方面，从历史上看，从来没有一个弱的政府能够有效地保护本国公民的人权的，而相反的结论却很容易看到；另一方面，人权保护主要是基于人文价值而产生的，不完全受到社会经济等因素的制约，与以实现利益为目标的权利保护机制的功能不完全相同。所以，政府在任何场合下也不应该不合理地推卸保护人权的责任。还有的与会者强调了那些具有公共管理职能的私人团体也具有保障人权的责任，尤其是那些私立学校，其管理行为必须受到宪法权利的限制。

民主和法治也是变化中的民族国家实行宪治所面临的重要问题。一些与会者认为，随着一些超国家性质的国际性组织在保护人权方面的作用越来越大，这些国际性组织的民主基础也受到了缔约国公民的广泛质疑。而人权的国际保护中所产生的人道主义援助原则又很容易丧失最基本的法治秩序，成为人道主义干涉的代名词。所以，强调尊重民族国家在参与国际合作中的主权原则和国际社会的法治秩序是很有必要的，它不仅可以有效地促进民族国家之间在保护人权方面的国际合作，还可以充分发挥民族国家自身在保障人权方面的主动性和能动作用。国际社会中的强权政治形态只可能导致人类社会走向冲突，而不可能产生真正地符合人类和平价值的理想秩序。反对强权政治是变化中的民族国家实践宪治所不可放弃的一项重要的原则[①]。

2. 法治原则下现代国际关系秩序的基本结构

在民族国家的法理地位没有发生根本性改变的情况下，以价值先导原则为内容的国际法准则不可能给国际社会造成一个完全公平的秩序。如保护人权原则，如果人权的国际保护离开了民族国家主权的参与，人权观念的传播可能就会异化为一种强权价值的推行。如以美国为首的北约集团以人道主义干涉为借口对主权国家南联盟实行轰炸可以说是人权价值过于优位的片面价值观的反映。人道主义干涉原则的产生应当说使得国际法与国内法之间的关系趋于紧张化，国际法与国内法之间的功能的"同一性"被过分强调，国际法与国内法在制定主体的意志性上的"同一性"遭到忽视，国际法治原则和国内法治原则也没有得到很好的尊重。

从目前国际社会的基本秩序来看，国际民主原则不可能在短时间内得到完全的实现，"世界议会""世界政府"也只能说是在逻辑上可能存在的未来时，因此，依靠国际民主原则来使得国内法从属于国际法是不太可行的。正当功能原则在法理上只应作为附属于国际民主原则、国际法治原则和国内法治原则而存在的次要原则，因为在国际法与国内法功能具有"同一性"上仍然存在权威性的判断者。比较现实和可行的连接国际法与国内法的逻辑中介应当是体现了国际法与国内法各自的独立性和相互作用

[①] 参见莫纪宏《宪政、普遍主义与民主》，《外国法译评》2000年第1期。

特征的国际法治原则和国内法治原则，其中对于任何一个民族国家而言，应当以国内法治原则为核心、以国际法治原则为补充来积极参与国际社会法律秩序的建立。

坚持国内法治原则要求民族国家在参与建立国际社会法律秩序时，应当以自身的法律体系为出发点，将国际法置于体现了民族国家主权意志特征的国内法法律体系范围之内，国内法在法律效力上高于民族国家所批准和认可的国际法。为了保证国际法得到有效遵守，并获得最低限度的法律权威，不论是国际条约，还是国际习惯法，都必须以严格的形式为缔约国所遵守，而不应被轻易地加以抛弃。对于国际法的实施，应当建立相关的强制性的机构。只有国际法是"法"，国际法才能真正地与民族国家的国内法发生相互作用，发挥自身应有的规范功能。

3. 权力形态的国际化与全球利益一体化

随着全球一体化趋势的不断加剧，国际社会的权力和人类的共同利益问题实际上已经提到了民族国家宪法理论的日程表上。在今天，不承认国际社会的权力是不现实的，而且也会阻碍国际社会合作的发展。如联合国组织、WTO对成员国所行使的某些权力实质上是具有一定独立形态的，尽管这些权力受到民族国家主权意志的制约，但确实有其存在的客观依据。国际社会权力的存在使得传统的以国际条约、国际习惯法为基础的国际法规则体系的性质发生了质的变化，即使得国际法建立在必要的权力基础之上，国际法与国内法一样也成为某种权力的产物，而不仅仅是一种契约或者是习惯，而是一种正在形成的法律。从人类的共同利益来看，涉及每一个国家利益的国际性犯罪，如劫机、贩毒、海盗、大规模种族灭绝等，都是所有国家一致反对的。再如，对日益恶化的生态环境的共同治理也符合各个国家的根本利益。因此，对共同利益采取一致性的行动实质上已经构成了国际法的权力基础，即国际社会全体成员的整体利益通过国际社会全体成员的集体意志来实现。由此不难看出，随着全球一体化的不断发展，"世界法"的形成在所必行，它的出现是不以人的意志为转移的，也不是某一个国家主观上就可以随意阻碍的。今天的人类，正在依靠自身的聪明才智和科学技术进步逐步地向自然界和宇宙拓展自己的生存空间。人类"类"的自由随着人类个体自由的发展也逐步得到发展，人类正在逐渐克服"知、行、意"上的不协调，人与自然、人与人、身与心、心与心等基本的社会关系正变得更加有序，世界也正在朝着日益具有"统一性"的方向前进。国际法作为"民族国家法"与"世界法"之间的"间性法"

在沟通各种法律文明、推动国际社会相互合作、维护人类共同利益方面发挥着越来越重要的作用。个人与国家通过宪法所建立的法律关系体系正在松动，个人在国际社会的生存权利日益扩大，对法律和秩序的选择权也随着国际法的不断发展得到进一步扩展，"世界公民"的权利问题开始受到宪法学和国际法学理论的普遍关注，并对传统的法学理论带来了新的挑战。

总之，以调整和确认个人与国家之间的基本社会联系和政治关系的传统意义上的宪法正处于一个功能不断转型的时期。个人相对于传统意义上某个政治国家的权利义务关系开始在国际法的推动下逐渐地扩展自身适用的领域，他国法律在国际人权公约的约束下也开始具有保护本国公民的合法权利的义务的特性，个人与特定政治国家的法律联系模式开始发生结构性变化，个人自由和权利成为全世界各国政府必须共同予以关注和加以保护的重要问题。政治国家的宪法所承担的社会责任也越来越大，个人与国家之间的关系正在发生更有利于个人实现基本自由和权利的变化。

本章小结

本章比较全面和系统地介绍了宪法作为宪法学的研究对象自身的形式特征和内容特征，通过全面梳理宪法产生和演变的历史，突出强调了宪法的本质是限制国家权力、保障公民权利的法律。宪法作为根本法，与一般法律形式相比，在法律构成要件和运行机制上都具有更加严格的要求，包括严格的制宪程序、宪法内容的重要性以及宪法具有最高法律效力。本章在分析宪法的法律特征时指出了宪法首先产生于包括了宪法观念、宪法指导思想、宪法原则和宪法政策在内的宪法价值，宪法价值是实质意义上的宪法。从逻辑和历史角度来看，未有宪法文本之时就已有宪法观念和宪法价值的存在，宪法价值决定了宪法文本中的宪法规范的内容。宪法作为根本法是通过宪法规范中所确立的授权性规范、义务性规范和禁止性规范等行为模式来指导人们的行为的，宪法作为根本法在指导人们行为时，与一般法律形式既有区别，又有联系。宪法在一个国家的法律体系中具有核心地位，而在全球化时代，宪法的内容和效力也越来越受到国际法的影响。因此，宪法作为根本法，其存在形式和实质内容都会随着社会的发展变化而不断地发展变化。

思 考 题

一 名词解释

宪法　宪法现象　宪法渊源　宪法的实质渊源　宪法的形式渊源　成文宪法　不成文宪法　刚性宪法　柔性宪法　钦定宪法　民定宪法　法治宪法　自由宪法　联邦宪法　州宪法　宪法价值　宪法原则　宪法政策　宪法规范　宪典　宪法修正案　宪法性法律　平时宪法　过渡宪法

二 简答题

1. 简要论述英国宪法产生和演变的特点。
2. 简要论述美国宪法产生和演变的特点。
3. 简要论述法国宪法产生和演变的特点。
4. 简要论述德国宪法产生和演变的特点。
5. 简要论述日本宪法产生和演变的特点。
6. 简要论述宪法政策的基本特征。
7. 简要论述宪法规范的逻辑结构。
8. 简要论述宪法原则的逻辑体系。
9. 简要论述宪法在一国法律体系中的核心地位。
10. 简要论述宪法解释作为宪法的形式渊源的特性。

三 论述题

1. 试论中华人民共和国宪法产生和演变的特点。
2. 试论宪法与其他法律形式的关系。
3. 试论宪法与国际法的关系。
4. 论宪法原则。
5. 论宪法规范。

阅读参考文献

张文显主编：《法理学》，法律出版社1997年版。

徐秀义、韩大元主编：《现代宪法学基本原理》，中国人民公安大学出版社2001年版。

董和平、韩大元、李树忠：《宪法学》，法律出版社2000年版。

张庆福主编：《宪法学基本理论》，社会科学文献出版社1999年版。

周叶中主编：《宪法》，高等教育出版社、北京大学出版社 2000 年版。

蒋南成、雷伟红主编：《宪法学》，浙江大学出版社 2007 年版。

全国人大常委会法制工作委员会宪法室编：《中华人民共和国制宪修宪重要文献资料选编》，中国民主法制出版社 2021 年版。

王铁崖：《国际法引论》，北京大学出版社 1998 年版。

万鄂湘等：《国际条约法》，武汉大学出版社 1998 年版。

《奥本海国际法》第 1 卷第 1 分册，[英]詹宁斯、瓦茨修订，王铁崖等译，中国大百科全书出版社 1995 年版。

[荷兰]亨利·范·马尔赛文、格尔·范·德·唐：《成文宪法的比较研究》，陈云生译，华夏出版社 1987 年版。

[日]美浓部达吉：《宪法学原理》，欧宗祐、何作霖译，汤唯点校，中国政法大学出版社 2003 年版。

"Constitutionalism, Identity, Difference, and Legitimacy", Michel Rosenfeld, Editor, 1994 Duke University Press.

第三章　宪法的调整对象及宪法关系

> **内容提要**
>
> 作为根本法宪法的调整对象，在法理上应当能够概括一切法律关系的特点，并且还应当成为一切法律关系赖以演绎的逻辑前提。宪法与其他法律形式在调整对象上一个最大的不同点就是，宪法是调整个人与国家之间的关系的，它通过宪法规范的形式，在个人与国家之间建立起比较固定和有效的法律联系。个人与国家之间的宪法关系使得当今世界以政治国家为基础的国际关系秩序获得了法治原则的有力支持。由于国家的抽象性和个体形态的多样性，因此，宪法所调整的个人与国家之间的关系又是通过不同主体之间、不同性质的宪法关系表现出来的。个人与国家之间的关系既可以是价值意义上的个体与作为整体意义上的人民或者是全民相对应形成的价值性的宪法关系，也可以是作为具体的个人与作为履行国家政治统治功能的国家机构相对应而形成的事实性的宪法关系。个人与国家之间的关系通过宪法规范所确立的行为模式所体现出来的是国家权力与国家权力、国家权力与公民权利以及公民权利与公民权利之间的价值关系，这些宪法关系的背后实质都涉及个人与国家之间的整体关系。宪法关系是宪法在调整个人与国家之间的关系过程中形成的法律关系，它不同于一般法律规范调整社会关系时所形成的一般法律关系。

第一节　个人与国家之间的关系是宪法调整的对象

宪法的调整对象一直是宪法学的一个基本理论问题。对此问题，宪法学界长期存有争议。宪法的调整对象与宪法学的研究对象经常被混同在一起，使得宪法自身的法律功能没有得到很好地揭示，宪法学也因此投入很大的精力来研究宪法所调整的对象的问题，与政治学、法理学等相关学科进行了交叉研究。例如，传统宪法学教科书中一般比较重视对"国体"

"政体""国家结构形式"等问题的研究①,而政治学也将"国体""政体""国家结构形式"等政治制度的问题作为自身学科的重点研究对象。

一 关于宪法的调整对象的若干学说观点

迄今为止,有关宪法的调整对象,宪法学界认识不一,大致上有以下三类观点:第一类是力量对比说;第二类是制度和机制说;第三类是关系说。

1. 力量对比说

力量对比说认为,宪法是调整力量对比的,通过确立力量对比,来建立统治秩序和维护社会秩序。力量对比说又分为"政治力量对比说"和"社会力量对比说"。

"政治力量对比说"认为,宪法是各种政治力量对比关系的集中体现,所谓政治力量对比,首先指阶级力量对比,但它不局限于阶级力量对比,政治力量的对比关系要比阶级力量对比的含义更为广阔。政治力量既包含着与阶级力量有直接联系的同一阶级内各个阶层、各个派别的力量,也包含着与阶级力量既有若干联系又有重大区别的各种社会集团的力量②。

"社会力量对比说"认为,宪法的本质在于集中表现了各种社会力量对比关系。我国现阶段的阶级结构和阶级斗争状况呈现这样的特点,一方面敌对阶级已经消灭,另一方面阶级斗争依然存在。那么,在新的历史条件下,什么是宪法的本质呢?在回答这一问题前,有必要对整个社会结构进行考察。考察的结果告诉我们,阶级与阶级的矛盾、斗争正日趋削弱,而阶层、集团间的矛盾、斗争则日益激烈。也就是说,在统治阶级内部,由于各阶层、集团间利益的差异,决定着他们各自的要求和目的不同。因此,为了实现各自的要求、利益,彼此间势必有矛盾、有冲突,这就是所谓的力量较量。而宪法和法律当然也会对此予以反应。事实上,宪法和法律就是这种力量较量的产物。但这种力量对比不是所谓阶级力量对比,而是阶层或者可以说是社会力量对比。但这种力量对比是敌对阶级消灭以

---

① 例如,吴家麟主编的高等学校法学试用教材《宪法学》一书,其中的第二编就是"国家制度"。该编包括第四章"国家阶级本质",第五章"政权组织形式",第六章"选举制度",第七章"国家结构形式"。第三编则是"经济制度"。很显然,该宪法学教材与政治学的内容重复较多,没有突出宪法学的法学特征和宪法的法律特征。

② 参见何华辉《比较宪法学》,武汉大学出版社1988年版,第17页。

后宪法的本质。实际上这也适用于存在对立阶级的社会，只不过在存在对立阶级的社会中，社会力量的对比主要表现为阶级力量的对比而已①。

2. 制度和机制说

制度和机制说主张宪法的调整对象是国家制度以及国家机关的运行机制，宪法通过对国家制度的确立，来巩固国家政权、维护社会秩序。例如，《拉鲁斯大百科全书》就认为："宪法规定一个国家的整套政治制度。"② 馨元在《宪法概念的分析》一文中指出："宪法是确立国家权力的实现形式，规范国家权力运行的根本法。"③ 苏联学者法尔别洛夫也认为：宪法是规定国家政治形式、国家机关体制、国家机关成立和活动的程序及公民基本权利和义务的根本法④。

3. 关系说

关系说主要是认为宪法是以社会关系作为调整对象的，并且通过宪法规范对社会关系的调整形成了具有法律性质的宪法关系。关系说根据其发生关系的主体不同，又可以分为以下几个类型的关系说：

（1）政府与公民的关系说。蔡定剑在《关于什么是宪法》一文中指出：宪法是一种专门调整政府与公民关系的法律，它以规定政府的组织、结构、职权、行使职权的方式和公民的基本权利为内容，以规范和限制政府的权力和保障公民的基本权利为目的⑤。

（2）国家机关相互关系说。王世杰、钱端升在《比较宪法》一书中就坚持"国家最重要机关的组织、职权及其相互关系"是宪法的重要内容。而"所谓国家的主要机关，虽无确定的范围，然最高行政，立法，司法各机关的组织、职权，及其相互关系，固不容不于宪法有所规定。此类机关的组织、职权，及其关系，虽然仍有许多部分必须以普通法律为补充的或具体的规定，然凡与国家组织有重大关系者，固不容不规定于宪法之中。至于中央机关与地方机关的关系，在单一国家，虽不至于宪法上有何规定，在联邦国家，则中央与各邦的权限，固莫不于宪法上划定"⑥。

（3）国家机关与公民关系以及国家机关相互关系说。朱福惠在《宪法

---

① 参见李龙、周叶中《宪法学基本范畴简论》，《中国法学》1996年第6期。
② 转引自上海社会科学院法学研究所编译《宪法》，知识出版社1982年版，第41页。
③ 参见馨元《宪法概念的分析》，《现代法学》2002年第2期。
④ ［苏］库德里亚采夫等：《苏联宪法讲话》（删节本），刘向文译，群众出版社1983年版，第1页。
⑤ 参见蔡定剑《关于什么是宪法》，《中外法学》2002年第1期。
⑥ 王世杰、钱端升：《比较宪法》，中国政法大学出版社1997年版，第4页。

学新编》一书中持上述观点，认为"宪法是调整国家机关与公民之间的权利义务关系和国家机关之间的相互关系的国家根本法"①。

（4）全体个人或法人关系说。法国学者波诺持此说。他认为：宪法是据以组织国家管理和调整全体个人或法人的关系的一种根本法②。

（5）立政关系说。俞德鹏在《立政关系法——宪法概念的新定义》一文中认为："宪法是调整立政关系，即人们在确立国家重要制度和决定国家重大事情的过程中形成的人与人之间关系的法律规范体系。'立政'一词表示人们参与、组织和争夺国家政权的行为和活动，其相应的社会关系就是立政关系，在立政关系中，最主要、最重要的是立政主体（包括公民和公民代表机关）与施政主体（包括行政机关和司法机关）之间的关系，其次是不同的立政主体之间的关系和不同职能的施政主体之间的关系。"③

总的来说，关于宪法的调整对象，关系说呈主流学说，但在关系说中，宪法究竟是调整谁与谁之间的关系，宪法所调整的社会关系的基本关系构成是什么，这些问题在传统宪法学的理论探讨中都没有得到很好的探讨，是宪法学理论研究的薄弱环节。

二 个人与国家之间的关系是宪法调整的对象

宪法作为法律规范，属于社会上层建筑。宪法在与经济基础以及社会上层建筑中的其他形态发生作用时，是通过调整社会关系来建立社会秩序，规范人们的行为。因此，宪法作为法律规范，在指引人们行为时，是通过调整人们行为之间的社会关系来影响人们的相互交往行为。正如列宁指出的那样："思想的社会关系不过是物质的社会关系的上层建筑，而物质的社会关系是不以人的意志和意识为转移而形成的，是人维持生存的活动的（结果）形式。"④ 人们在从事社会交往过程中的一切行为都可以放到一定的社会关系中来加以考察，因此，作为宪法的调整对象，"关系说"可以涵盖人们所有的社会交往行为和活动，既包括物质的，也包括思想的。宪法作为法律规范正是通过对特定的社会关系的调整，从而建立人们之间正常的交往秩序。

从法律规范对社会关系调整的历史来看，在古今中外的法律制度发展过程

---

① 参见朱福惠主编《宪法学新编》，法律出版社1998年版，第9页。
② 转引自肖蔚云等《宪法学概论》，北京大学出版社1982年版，第8页。
③ 参见俞德鹏《立政关系法——宪法概念的新定义》，《政治与法律》1998年第6期。
④ 《列宁选集》第1卷，人民出版社1995年版，第19页。

中，先后出现了调整平等主体之间的社会关系的民法，调整国家机关与公民之间社会关系的刑法以及调整国家机关相互之间社会关系的官制法、行政法。但是，作为个人与国家之间的基本社会关系却从来没有一个法律来全面和系统地加以规范。在"朕即国家"的专制制度下，个人与国家之间的关系完全是附属性的、被动性的，只有专制政权的最高统治者才享有个人与国家关系中的主动处置权。在个人与国家之间关系无法法律化的制度背景下，不论是民法，还是刑法、行政法等法律形式，它们自身的存在都是工具性的，都是为了巩固专制统治政权的手段。所以，只要统治者愿意，随时可以改变这些法律在调整社会关系过程中所形成的法律秩序，民法可能会为特权制度提供法律依据，刑法更是可以让"刑不上大夫"的法律理念堂而皇之地存在，以官制为基础的行政法也只能是为等级特权服务。

宪法不同于以往一切法律形式的根本特征在于，它作为法律规范，将个人与国家之间的关系也纳入了法律规范调整的范畴，使得国家以及作为国家象征的统治者也必须服从宪法的规定，宪法真正使得法律具有了超越国家权力之上的法律权威，使得一切社会关系都必须服从法律规范的要求。以人类社会最早出现的宪法性文件1215年英国《自由大宪章》为例，该宪章对国王的权力做出了明确的限制，从而使得国家与个人之间的关系完全服从宪章的规定，任何组织和个人都不具有超越宪法的权威。所以，正是因为《自由大宪章》限制了最高统治者的权力，才使得宪法成为规范个人与国家之间关系的法律基础。

个人与国家之间的关系是现代宪法赖以发挥自身法律功能的社会基础。没有国家这个特定的集时间、空间与人及人的活动于一体的人的集合概念，宪法发挥自身的法律规范作用的范围就不清晰。迄今为止，尽管有欧盟成员国曾经在2004年起草了《欧盟宪法条约草案》，该条约草案被冠以了"宪法"的名称，但由于法国、荷兰在全民公决中没有支持该草案的生效①，所以，"宪法"一词仍然没有超出政治国家的概念范围来发生效力。

---

① 《欧盟宪法条约》在2005年5月29日和6月1日举行的法国和荷兰全民公决中遭到否决。这是对《欧盟宪法条约》生效的一种打击，说明了以《欧盟宪法条约》为基础的欧洲统一理想的实现还是一个很长远的事情，不可能一蹴而就。

三　宪法的法律功能在于以宪法规范调整个人与国家之间的关系形成宪法关系为目标

现代宪法实际上使得个人与一个特定的政治国家紧密地联系在一起，彼此发生各种形式的法律关系。从近代法国学者博丹创造"国家主权"概念以来，生活在世界上不同地区的人群是根据不同的国家来划界的，因此，"国家"就成了个人赖以生存和生活的具体空间和地域。传统的宪法学将作为宪法存在的空间和地域环境的"国家"理解为由"三要素"构成，也就是说，国家由居民、领土和统治组织组成[①]。因此，就生活在一个国家的个人来说，"国家"只是一个抽象的实体，而不是与个人直接产生一一对应关系的法律关系主体。事实上，国家在很大程度上必须依赖个人的存在而存在，因此，个人与国家的关系也就表现在诸多不同的层面，例如，由单个的个人组成的一个国家全体居民的集合体，包括"人民"等在内的集体名词；由个人按照一定的法律程序和制度组成行使一个国家管理权的国家机关；由一个国家居民以个体与集体相混合的方式与其他国家的居民相区分的"国家主权"的概念，等等。个人在与国家发生关系时，首先由个人通过各种法律制度和程序来组成抽象意义上的国家以及具体意义上的国家机关、社会组织的概念；其次，由个人与由个人通过集体组合的方式所形成的国家、国家机关、社会组织发生社会关系；再次，个人与国家之间的关系还会不断地扩展到由个人组成的国家与国家机关、社会组织相互之间的关系；最后，不论这些社会关系呈现出多少不同的特点，它们存在的总的目的都只有一个，即将个人与个人赖以生存和生活的国家紧密地联系在一起。而宪法正是确认和规范在个人与国家之间，表现为不同层次、不同方面的社会关系的根本法律规范。宪法通过对个人与国家之间社会关系的调整，形成了一整套宪法关系，作为一个国家生存和存在的法理基础，也作为个人在一个国家独立生存和生活的基本行为规则。

所以，在现代法治社会中，离开了个人与国家之间的关系来研究宪法的法律功能，或者是来分析宪法关系的法律特征，是不可能的。个人与国家之间的宪法联系，从确认个人是否具有一个国家居民身份的国籍开始，到公民可以依据宪法和法律享有的各种法律权利，再到依据普遍人权保障

[①] ［日］美浓部达吉：《宪法学原理》，欧宗祐、何作霖译，汤唯点校，中国政法大学出版社 2003 年版，第 82—85 页。

原则的要求，一个国家对生活在其境内的个人采取一般性的人权保障措施等等，由此形成了个人与国家之间的权利与义务关系的纽带。宪法作为一个国家的根本法，目的也在于通过规范个人与国家之间的关系，来建立一整套有利于个人有效生存和生活的宪法关系。

第二节 宪法关系的概念、法律构成及类型

宪法关系的概念在我国传统的宪法学中并没有得到很系统的学术建构。在相当长的一段时间内，宪法关系的性质、构成都没有学术著作加以研究，这种对宪法关系概念学术价值的漠视，不仅使得我国的宪法学理论体系缺少原理聚集的"焦点"，也导致了宪法功能的缺失和宪法学学科价值的弱势。近年来，一些宪法学著作开始关注宪法关系概念在宪法学理论研究中的学术地位，对宪法关系的性质、构成做了必要的探讨，取得了一定的成绩。如徐秀义、韩大元主编的《现代宪法学基本原理》第6章"宪法关系"涉及了"宪法关系的概念化问题""宪法关系的性质认定""宪法关系的主体及其权利和义务"以及"宪法关系体系"等[1]。周叶中主编的《宪法》第7章"宪法关系"探讨了"宪法关系的概念和特征""宪法关系的主体""宪法关系的内容"以及"宪法关系的客体"等[2]。杨海坤主编的《宪法学基本论》第7章"宪法关系与宪法文化"第一节"宪法关系"涉及了"宪法关系的概念""宪法关系的主体""宪法关系的客体""宪法关系的内容"和"宪法关系的演变"等[3]。

从国外宪法学的研究状况来看，一般很少从宪法关系的角度来探讨宪法问题，至少没有将宪法关系这个概念所具有的学术价值提升到应有的地位来加以自觉地研究。在我国，由于宪法学界长期以来没有对宪法关系进行认真的研究，特别是没有在宪法关系的性质和构成上明确提出比较清晰的学术主张，所以，宪法到底在实际生活中起什么样的作用，究竟有哪些法律问题属于宪法问题而不是普通的法律问题，这些宪法学基本理论问题都没有得到很好的探讨，其直接的后果就是不仅宪法的作用范围无法有效

---

[1] 参见徐秀义、韩大元主编《现代宪法学基本原理》，中国人民公安大学出版社2001年版，第110—136页。

[2] 参见周叶中主编《宪法》，高等教育出版社、北京大学出版社2000年版，第137—151页。

[3] 参见杨海坤主编《宪法学基本论》，中国人事出版社2002年版，第94—98页。

地予以界定，而且宪法与其他部门法的关系也无法予以有效地甄别。宪法学的法理对其他部门法学的法理失去了应有的指导作用。在法律实践中，由于宪法关系没有成为一个制度上的显性的概念，所以，不论是在立法领域，还是在行政和司法领域，很少有人主动地去考虑在实际中发生的具体法律关系是否属于宪法关系以及如何来处理宪法关系这样基础性的宪法学理论问题。因此，为了突出宪法的社会功能和法律功能，使得宪法真正具有自己独立的调整对象，必须建立科学的宪法关系理论。

一　宪法关系的定义和性质

宪法关系是基于宪法的规定而产生的一种社会关系。宪法关系是宪法所具有的社会功能，是宪法价值的重要表现形式。宪法关系是宪法作为根本法在调整个人与国家之间关系过程中形成的法律关系，是一个国家所有法律关系的基础。因此，从某种意义上来说，正是由于宪法关系具有与一般法律关系不同的性质，宪法才真正地具有了区别于一般法律的法律地位。但是，在传统宪法学理论研究中，在区分宪法关系与其他法律关系的范围时，却始终无法找到一个比较恰当的标准。通说认为，宪法关系是一种基本的社会关系，或者说宪法关系是最重要的社会关系[①]。但是，在建立关于"基本的社会关系"或者是"最重要的社会关系"的关系模式时，却无法建立有效的分析系统。结果导致了宪法法律部门、宪法相关法等似是而非的宪法学概念和范畴的出现。在实践中，最常见的一种看法是把选举法、组织法、立法法、民族区域自治法、特别行政区基本法视为与宪法相关的法律，而把刑法、民法、经济法、劳动法等则看成与宪法的关系距离较远。由此产生了"宪法相关法"的价值判断[②]。

但是，"宪法相关法"这个概念却存在严重的价值缺陷。如果在事实上作出"宪法相关法"的判断，那么，自然就会有"与宪法不相关法"对应概念的出现。如果"与宪法不相关法"的判断是成立的，宪法与这些"与宪法不相关法"的关系如何确定呢？特别是"与宪法不相关法"是否还存在违宪的可能呢？很显然，"宪法相关法"这种事实判断存在严重的价值矛盾。究其根源，是因为没有弄清楚宪法关系的性质。

宪法关系与其他法律关系不同点在于宪法关系不仅仅是一种事实关

[①] 参见杨海坤主编《宪法学基本论》，中国人事出版社2002年版，第94页。
[②] 参见全国人大常委会法制讲座第八讲《关于有中国特色社会主义法律体系的几个问题》一文关于法律体系的分类。

系，而且是一种价值关系。宪法关系与其他法律关系的性质完全不同。其他法律关系是通过法律所调整的事实性的社会关系而产生的，如法律通过调整社会政治关系、经济关系和文化关系形成政治性质的法律关系、经济性质的法律关系和文化性质的法律关系，等等。不同的法律具有不同的社会关系调整领域，如经济法是调整经济领域的社会关系的，并继而形成经济法律关系；文化法是调整文化领域的社会关系的，并相应地产生文化法律关系；传统的民事法律关系是在调整人身利益和财产利益的关系过程中形成的法律关系；劳动法律关系是在调整劳动关系过程中形成的法律关系，等等。但是，宪法关系并不是宪法直接调整某一个具体的社会关系领域而产生的法律关系，而是在调整个人与国家之间关系的过程中，通过间接地确立各种社会关系存在的合法性基础而形成的法律关系，是一般社会关系产生、存在和变更的前提，是通过调整法律关系而形成的一种法律关系，是对社会关系的再调整。

宪法关系的性质是由宪法的性质来决定的。在现代法治社会中，宪法区别于其他法律形式的基本法律功能就是，宪法是一种价值法，它是构建和分配合法性的规则，是规则之上的规则。如果把一般社会关系依据主体性质的不同分为国家机关与国家机关之间的关系、国家机关与公民之间的关系、公民与公民之间的关系，那么，一般的法律是给上述三种客观的社会关系建立一套基本的规范。但宪法的功能却不是直接调整上述三种关系的，而是调整规范上述三种社会关系的规则的规则。具体来说，一般法律在调整国家机关与国家机关之间关系时，主要是赋予不同国家机关以不同的利益和行为可能性，至于说不同国家机关所享有的国家权力之间是什么关系，却无法由一般的法律来规范，而必须由宪法来规范，所以，宪法是规范国家权力与国家权力之间关系的，而不是国家机关与国家机关之间的关系。同样的道理，宪法在调整国家机关与公民、公民与公民之间关系时，也不是规范它们之间的事实性的关系，而是规定国家权力与公民权利、公民权利与公民权利之间的关系。宪法关系之所以具有上述特征，是与宪法作为根本法在调整个人与国家之间关系中的具体要求分不开的。个人与国家之间的关系往往并不是事实意义上的社会关系，由于国家在某种程度上是个人在抽象的意义上组合起来的，所以，个人与国家之间关系的性质，从整体上看，更具有价值意义，必须要通过各种具体事实性的社会关系体现出来。因此，区分事实意义上的社会关系和价值意义上的社会关系，有利于区分宪法与一般法律所履行的不同的法律功能。

由于宪法关系的性质与一般法律关系的性质不同，所以，宪法在调整社会关系时与一般法律在调整社会关系时所要解决的问题不一样。如民事法律调整平等主体之间的关系，所使用的法律手段是赋予民事主体以必要的法律上的民事权利。当公民之间的利益发生纠纷时，就必须依靠民事法律来加以调整。具有民事权利保护的当事人的利益得到法律的优先保护。但是，当民事主体都有相应的权利来保护自己的利益时，就必须要确定哪一种权利应当优先加以保护。这个问题就不是普通民事法律规范所能解决的任务，而必须由宪法来加以调整。宪法在调整公民权利与公民权利之间的关系时，实际上是在处理个人与国家之间的关系，而不是一个个体与另一个个体之间的利益关系。公民权利背后是与公共利益和国家利益等不同的集团利益概念联系在一起的。所以，宪法实际上在确立不同的合法性之间的价值次序，调整的是合法性与合法性之间的关系。一般的法律可以赋予国家机关以不同的权力、赋予公民以不同的权利，但是，涉及这些不同国家权力之间、国家权力与公民权利以及公民权利与公民权利之间的关系时，就必须通过宪法来加以调整和规范，这是宪法调整个人与国家之间关系的一个重要法律特征。

　　为什么只有宪法才能调整合法性与合法性之间的关系呢？理由起源于宪法本身的性质。在现代法治社会中，法律制度本身的合法性是通过宪法建立起来的，一般法律的合法性无法超越制定法律主体自身的合法性，所以，一般法律不能确立终极性的合法性，只能建立相对意义上的合法性。以议会提供的合法性而言，议会无法解决在制定法律时，利用法律来规定自身所享有的国家权力的正当性问题。所以，由具体的国家机关所提供的合法性是存在严重的价值缺陷的。宪法的价值基础不是建立在某一个具体的国家机关的合法性基础之上，而是超越于具体国家机关之上的价值意义上的"人民"。由于"人民"是一种超越于制度之上的抽象的单个人的结合体，所以，宪法的正当性就是一种抽象意义上的。根据现代法治理论，决定宪法正当性的"人民"是通过民主制度来形成的，宪法的正当性来自民主价值，而不是来源于某个终极性的国家机关、组织或个人。合法性问题实际上涉及个人与国家之间的基本社会关系。

　　宪法关系的特性还可以通过宪法关系的主体特征表现出来。根据现代宪法的基本原理，宪法是人民之间的契约，它并不是表现为具体的个体与个体之间的合同关系，而是表现为价值形态上以整体形式存在的市民与市民社会之间的关系以及公民个人与政治国家之间的关系。这种关系是一种价值关系,而不是一种具有完全的客观性的事实关系。首先,市民与市民社会不完全是一组事实概念,而是以个体与社会作为一组对立的社会主体形成的价值概念,目的是解决人类社会组织形态的正当性,市民之间的契约并不等同于单个的个体之间的契约,它具有整体性和不可分割的特征,是一种基于价值论而存在的"假设"。其次,公民个人与政治国家之间的关系也不是一种纯粹的事实关系,因为政治国家除由领土、人口和统治机构等组织制度组成之外,还需要抽象意义上的主权、文化传统乃至民族精神等概念来予以确认。所以,宪法关系反映的首先是一种抽象性质的社会关系,是一种政治意义上的通过价值形式表现出来的社会关系。当然,宪法也调整具体的社会关系,但这些关系是价值形态意义上的,表现为通过宪法制度所建立的国家权力与国家权力、国家权力与公民权利、公民权利与公民权利之间的价值关系。宪法关系不以具体的国家机关和公民个体的存在为核心,而是以国家机关享有的宪法职权和公民个体享有的宪法权利为核心。由于国家权力可以赋予经宪法授权的国家机关行使,也可以通过宪法所确认的公民投票程序来行使,所以,国家权力与国家权力之间的关系也不完全只涉及相关的国家机关,很可能涉及公民整体与某个具体的国家机关在行使不同的国家权力之间的关系。例如,在瑞士,就存在对立法机关制定的法律进行公民复决的制度;而在法国,宪法委员会只能审查议会制定的法律的合宪性,而不能对全民公决的结果进行违宪审查。

了解宪法的上述基本特性之后,就不难区分宪法关系与一般法律关系。宪法关系既是一种价值关系,又是一种事实关系,而一般法律关系仅仅是一种事实关系。宪法是超越于一切机构和个人合法性之上的价值法,一般法律的合法性在具体的法律制度下无法超越制定法律的主体自身的合法性。一般法律的合法性从属于宪法的正当性,因此,一般法律合法性之间的关系也必须由宪法来加以整合,一般的法律之间的关系必须以合宪性为前提。

上述对宪法关系性质的分析思路,可以有效地走出传统宪法学就事实意义上的社会关系无法划分出一块独立的社会关系归属宪法调整的范围的逻辑困境,通过区分宪法与一般法律的不同价值功能来精确地划分宪法与一般法律各自所调整的社会关系领域。

在传统的法理学中,法律关系的构成一般分为主体、客体和权利义务三要素①。

以张文显主编的《法理学》教材为例，该教材在论述法律关系时除将法律关系的构成归结为上述三个基本的要素之外，对每一个要素性质和特征的描述，基本上指向了民事法律关系。如该教材认为，"法律关系主体是法律关系的参加者，即在法律关系中享有权利或负有义务的人，通常又称为权利主体和义务主体"。法律关系主体包括了自然人、法人，以及在某种意义上涉及国家法人。在法律关系客体的定义中，该教材认为："法律关系客体是法律关系主体的权利和义务指向的共同对象，又称权利客体和义务客体。它是将法律关系主体间的权利与义务联系在一起的中介，没有客体作为中介，就不可能形成法律关系。"该教材列举的法律关系客体共四类，包括物、行为、智力成果和人身利益，当然，该教材也没有否认还有其他形式的法律关系客体的存在。李步云主编的《法理学》则将法律关系客体的种类列举为行为、物、精神产品、信息、自然人的人身和人格、法人等②。关于法律关系中的权利和义务，张文显主编的《法理学》探讨了权利能力和行为能力，而李步云主编的《法理学》涉及了权利能力、行为能力和责任能力。

毫无疑问，用上述法理学进行法律关系的论述是根本无法说明宪法关系的特征的。正如苗连营教授指出的那样："我国传统的法律关系构成理论，基本上局限于民事法律关系的研究，即简单地将民事法律关系的概念、范畴作为适用于一切法律关系的模式"；"然而，如果将其简单地移植到其他一切法学领域之中，则显得牵强"；"套用民事法律关系的理论来解释宪法现象具有很大的局限性"③。

很显然，传统法理学论及的法律关系理论是无法解决建构宪法关系所遇到的法理问题的。宪法关系的构成理论既有与一般法律关系构成理论相似的一面，同时，宪法关系的构成又有自己独特的特点。主要原因在于宪法关系既是一种客观性的法律关系，又是一种主观性的法律关系。作为一种客观性的法律关系，宪法关系是以具体的宪法规范为依据、以具体的宪法关系主体为对象而形成具有一定具体内容的宪法权利义务关系；作为一种主观性的法律关系，宪法关系是以宪法的价值基础为依据、以价值形态

---

① 参见张文显主编《法理学》，法律出版社1997年版，第163页。
② 参见李步云主编《法理学》，经济科学出版社2000年版，第200页。
③ 参见徐秀义、韩大元主编《现代宪法学基本原理》，中国人民公安大学出版社2001年版，第119页。

的宪法关系主体为对象而形成的抽象形态的价值关系。

作为一种主观性的法律关系，宪法关系体现了价值形态上的"人民之间的契约"的特征。宪法首先表现为人民之间的契约，这种契约的主体并不是具体的个人，而是价值形态上的代表了主权者的人民。作为"人民之间的契约"，宪法关系的主体可以表述为订立契约的参与者。这种参与者并不是具体形态上的，而是价值形态上的，主要包括市民、公民与政治国家。宪法关系的客体主要指向宪法关系主体通过宪法这一契约所保证的基本价值目标，这些价值目标包括：（1）社会秩序，市民社会的基本目标是要通过人类的组织行为来建构基本的道德和法律秩序；（2）基本人权，市民社会对每一个个体参与社会的最基本的承诺就是要解决社会交往的基本条件，这些条件就是相对于单个的个体生活来说无法获得保障的基本人权；（3）国家主权，政治国家存在的价值基础就是包含了领土、人口、政府在内的国家主权，这是政治国家与公民个人相互对立和相互依赖的前提条件；（4）公民权利，作为市民社会中的每一个个体加入政治国家的前提条件就是要获得基于公民身份而获得的宪法权利，这是"人民之间的契约"的基本道德要求。在主观意义上的宪法关系，宪法关系主体之间的权利义务关系不同于一般的法律关系主体之间的权利义务关系，这种权利义务关系不具有完全的确定性，特别是宪法关系主体的权利能力、行为能力和责任能力三者是相互统一的，通过宪法所产生的个人与国家（包括市民与市民、公民个人与政治国家）之间的相互交往关系中的可能性与应然性是一致的。凡是市民之间、公民个人与政治国家之间可能存在的交往方式都是可以通过宪法确定为彼此之间的权利义务关系和道德责任。

作为一种客观性的法律关系，宪法关系是通过宪法规范的规范要求来确定宪法关系的主体、客体以及宪法关系主体权利义务的内容的。宪法所确立的具体的宪法关系主体包括国家机关、公民个人、社会组织等。宪法关系的客体总的来说直接指向个人与国家之间的关系，但在具体的事实关系上，宪法关系的客体由于宪法关系主体的性质的不同也有所差异。宪法关系客体所指向的对象主要包括：（1）国家权力。宪法通过赋予国家机关一定的权力来保证宪法确立的各项价值和各项制度在现实生活中得到实现。（2）基本人权和公民的合法利益。宪法通过规定公民基本权利，来赋予公民个人的基本人权和基本的合法利益。（3）组织利益。宪法不仅保护公民个人的基本人权和合法利益，而且也保护以组织形式存在的各种合法利益。以客观形态出现的宪法关系的内容主要分为三个不同层次：一是国家机关通过宪法的授权获得相关的宪法职权，同时必须履行相关的宪法职责。国家机关在依据宪法行使宪法职权的过程中，其可能发生的权利义务关系包括两个方面：（1）宪法制定者与国家机关的授权与被授权关系；（2）国家机关相互之间的权力制约与协作的关系。二是公民个人通过宪法的规定获得宪法上的基本权利，与此同时，公民个人又必须履行一定的宪法上的义务。公民获得宪法上的基本权利的对应宪法关系主体应当是宪法制定者，具体可以体现为各个不同的政治国家，政治国家在向公民个人承诺保证基本权利的同时，作为一种对应性的权利义务关系，公民个人必须向民族国家承诺履行宪法上的基本义务。三是公民在行使宪法权利与履行宪法义务的过程中，与国家机关形成的管理与被管理的权利义务关系。公民有义务服从国家机关依据宪法行使宪法职权的行为，与此同时，公民又享有国家机关保护其宪法权利实现的权利。

由此可见，与一般的法律关系不同的是，宪法关系的构成是比较复杂的。在宪法关系中，既有价值形态的宪法关系，又有事实形态的宪法关系。价值形态的宪法关系与事实形态的宪法关系也不是完全隔离的，如国家机关行使国家权力、公民个人行使宪法权利都涉及宪法制定者与国家机关、公民个人之间的主体对应关系，这种对应性关系与民事法律关系中的处于事实状态的民事法律关系主体之间的相互对应的权利义务关系显然是不一样的。在事实形态的宪法关系中，真正具有客观性的宪法关系是国家机关与公民个人之间的关系，在这种宪法关系中，国家机关以国家权力与公民个人所享有的宪法权利相对应[①]。但是，国家机关与公民个人之间的宪法关系只是国家机关与公民个人之间法律关系的一种形式，国家机关与公民个人之间还可能发生民事法律关系、行政法律关系和刑事法律关系等一般性的法律关系。在这些不同性质的法律关系中，国家机关与公民个人相互之间的权利义务内容，特别是权利能力和责任能力是不一样的，对行为能力的要求也有所差异。

宪法关系的构成是一个非常复杂的法律关系体系，必须与宪法的性质、宪法关系的性质结合在一起加以系统考察，不能简单地套用一般法律

[①] 国家机关与公民个人之间的法律关系不完全是宪法关系，所以，不能简单地认定宪法关系是调整国家机关与公民个人之间的关系。事实上，宪法在调整国家机关与公民之间关系时，主要调整国家机关依据宪法所享有的宪法职权与公民个人依据宪法所享有的宪法权利之间的关系，这种宪法关系的客体仅仅表现为国家权力和公民的宪法权利两个方面，而不涉及国家机关和公民个人的具体的法律行为。

关系的构成理论来分析宪法关系的特征①。可以说，对宪法关系的深入研究，有利于从根本上改变我国宪法学理论研究体系的结构，可以更加清晰地界定和区分宪法与一般法律所具有的不同的社会功能。

二 宪法关系的构成

宪法关系作为一个宪法学的概念，可作广义和狭义的两种解释。广义上的宪法关系是与宪法价值的价值特性联系在一起的，它泛指在现代法治社会中，一切社会关系都必须纳入宪法价值的评价范围，因此，一切社会关系在社会关系的主观要求方面都具有宪法关系的特征；狭义上的宪法关系主要是宪法价值和宪法规范直接作用的社会关系领域里形成的社会关系。狭义上的宪法关系具有一定的宪法关系的构成要件，也就是说，只有具备宪法关系的构成要件和宪法关系形成条件的社会关系，才具有宪法关系的性质。宪法关系的构成，不同于一般的社会关系。一般的社会关系通常需要的构成要件，包括发生社会关系的主体、社会关系主体交往的目的、社会关系主体相互交往的行为、社会关系对社会关系主体产生的后果和影响等。一般社会关系的构成要件实际上反映了人们之间社会交往行为的客观性。宪法关系作为社会关系，既具有一般社会关系的客观性，同时又具有作为法律关系所具有的指引人们行为的主观性，是客观社会关系和主观社会关系的统一体。

作为客观社会关系和主观社会关系的统一体，宪法关系通常由以下几个构成要件组成：

1. 具有明确的行为指引要求的宪法价值和宪法规范

宪法关系是一种特殊类型的法律关系，它的特殊性表现在必须首先有宪法价值和宪法规范的存在，然后才能有相关的宪法关系的存在。宪法关系具有很强的主观性。在没有宪法价值和宪法规范存在的社会中，宪法关系是不存在的。尽管可能存在与宪法关系相同或相似的行为主体之间的交往关系，如国家与个人、国家机关与国家机关、国家机关与公民之间的关

---

① 事实上，社会组织在宪法中的地位也日渐突出，以社会组织作为宪法关系主体的一方的宪法关系也是宪法学研究的重要课题。至于法人能否作为宪法关系的主体这个问题也需要宪法学理论给予很好的回答。此外，随着超国家组织和国际组织的日益发展，民族国家对国际社会和国际组织所承担的宪法义务也是需要在宪法学理论中加以澄清的。所以，宪法关系的理论涉及了宪法学的根本问题，是宪法学理论研究的"瓶颈"，宪法学不能在宪法关系上有所建树，要建立科学的宪法学研究体系是比较困难的。

系，但这些关系不具有宪法关系的特性，其关系的性质可以依据其他的价值标准来判断或者是具有自然的组织政治国家的政治关系的色彩。也就是说，"宪法关系的建立必须有严格的宪法依据，不符合，甚至违背宪法规范而成立的政治关系不能成为宪法关系"①。

宪法关系必须要有明确的宪法价值和宪法规范的存在，同时，在实际上发生的社会关系事实上必须受到宪法价值和宪法规范的支配，特别是在行为主体的交往方式和行为规则方面，必须要完全符合宪法价值和宪法规范的要求，否则，这样的社会关系就不具有宪法关系的特性。其主要原因在于宪法是一种特殊性质的法，它首先是一种价值法。说它是价值法，即指宪法提供的行为规则绝大多数在现实生活中不可能自发地产生，而是经过一定的观念和思想的形成机制，最后形成具有一定形态的宪法价值。在宪法价值形成后，宪法价值的基本内涵也不是一成不变的，它会随着时间、地点、场景等发生和存在条件的变化而具有不同的价值内涵。宪法价值在存在和发展的过程中，其稳定形态就是规定在宪法文件中的宪法规范和宪法原则，其中，宪法规范是宪法价值存在的主要制度形式和具体的行为要求，宪法原则是宪法规范的补充形式，一般直接体现了宪法价值的价值要求。

2. 发生一定社会交往关系的行为主体

任何社会关系都是发生在人们从事社会交往的过程中的，所以，离开了社会关系产生的行为主体，就不可能有社会关系的存在。发生社会交往的行为主体通过相互间的交往行为形成了某种特定形态的社会关系，因此，发生社会交往的行为主体又叫作社会关系主体。

宪法关系也是发生在不同的社会交往主体之间的，因此，宪法关系主体也是宪法关系的重要构成要件。但是，由于宪法关系是基于宪法价值和宪法规范的存在而存在的，而宪法价值既可以以宪法规范和宪法原则的形式通过宪法制度表现出来，也可以在现实生活中直接地支配人们的社会交往活动，所以，相对于基于立法机关制定的法律而形成的法律关系来说，形成宪法价值和宪法规范过程中所产生的宪法关系就具有自身的特殊性。

从形成宪法价值的过程来看，宪法价值包括了一系列具有善性功能的价值和观念，这些价值绝大多数在历史上不同的时期就已经产生，但是，

---

① 参见周叶中主编《宪法》，高等教育出版社2000年版，第138页。

并没有在宪法关系的意义上加以整合。如在古希腊城邦国家时期，就已经出现了以公民大会为形式的民主价值思想；在中国古代春秋战国时期，已经出现了思想比较完整和系统的"法治"意思；在资产阶级革命时期，出现了现代意义上的国家主权观念和人民主权思想，等等。但是，这些价值观念并没有形成一个治理国家的系统的价值体系，特别是没有对这些彼此隔离的价值观念建立彼此之间的价值联系。在现代宪法产生的过程中，主权、民主、法治、人权、自由、分权、监督、制约等价值观念被有机地组合起来，并且以社会绝大多数人的"同意"作为这些价值观念赖以存在的客观基础。可以看到，在接受宪法价值支配的现代法治社会中，存在社会绝大多数公众与极少数人价值观念和思想意识之间的对立，如恐怖主义分子和各种极端势力，对现代宪法所确立的主要的价值原则就持否定的态度。所以，受宪法价值关系支配的社会关系主体本身具有一定的不确定性，但是，在一个法治社会中，这种宪法价值关系却具有比较稳定的社会基础，能够获得绝大多数社会公众的支持和认同。

宪法关系存在的第二个领域是宪法规范之间的关系，特别是宪法规范与一般法律规范之间的关系。在此领域，宪法关系反映的是宪法关系的主观性与宪法关系的客观性相互作用和相互融合的过程，是宪法关系主体从不确定向确定转化的过程。在这一过程中，宪法关系涉及的行为主体从基于宪法价值而存在的"人民"发展到基于宪法规范所设立的代表机构，通过"宪法规范"与"法律规范"之间的关系，全面地反映了作为宪法制定主体"人民"与一般法律制定的主体"立法机关"之间的相互作用和相互影响。所以，"人民"与"立法机关"之间就制定宪法规范和法律规范所发生的关系，也当然具有宪法关系的特点，受到宪法价值观念的规范和指引。

宪法关系存在的最重要的形式是通过宪法规范来限定不同社会关系主体之间的社会交往关系。在此种意义上的宪法关系，必须以宪法规范的明确规定来界定宪法关系的存在，宪法规范中没有涉及的行为主体，一般不宜视为宪法关系主体。如同样的统治机构之间的关系，依据现代宪法的原则建立的国家立法机关与行政机关、司法机关之间的权力平衡与制约关系，就属于宪法关系，而国家立法机关、国家行政机关和国家司法机关在这一宪法关系中，就属于宪法关系的主体。但是，如果是在仍然保留独裁体制的国家，独裁者、军人政权等国家机构与立法机关、行政机关和司法机关之间的关系，就不能视为宪法关系，只应视为一般的政治关系。只有基于宪法规范的明确规定形成的社会关系，才具有宪法关系的性质。再如，当今绝大多数国家的宪法都只规定了公民的基本权利受宪法保护，而没有规定公民的其他权利受到宪法保护，所以，在保护公民权利领域，国家机关与公民个人之间的宪法关系仅限于在保护公民的基本权利过程中形成的社会关系，在保护公民的一般权利过程中在国家机关与公民个人之间形成的社会关系不宜视为宪法关系。

3. 形成社会互动和社会依赖关系的目的性

宪法关系是不同的社会关系主体基于宪法价值和宪法规范的要求形成的社会关系。但是，不同的社会关系主体，在实际的社会交往过程中，可以形成各种各样性质的社会关系，形成宪法关系只是其中的一部分。所以，同样的社会关系主体，只有基于特定的宪法上的目的相互联系在一起，才有可能形成宪法关系。例如，一个特定的人群，如果聚集在一起仅仅是为了组成某个营利性的企业或者是生产组织，那么，这一特定人群之间形成的社会关系只能是一般的社会关系。但是，如果这一特定人群聚集在一起，目的是选举国家机关领导人或者是代表，那么，这一特定人群聚集在一起形成的社会关系，就是具有选举性质的宪法关系。所以，社会交往的目的性是宪法关系构成的一个重要要件。只有社会关系主体进行相互交往时或者是产生相互依赖关系时，目的是实现宪法价值的某项要求或者是建立宪法规范所确立的某项宪法制度，那么，由此产生的社会关系才具有宪法关系的性质。最典型的例子就是，在立法机关与行政机关之间发生的社会关系，如果是为了履行宪法上的职权发生了社会关系，这种关系就属于宪法关系，但是如果立法机关因为内部组织管理的需要，要求行政机关颁发一定的法律证照，这种关系可能就属于一般的行政法律关系，属于行政机关与行政相对人之间的管理与被管理关系，而不属于宪法关系。因此，任何国家设立的宪法机构，其活动中形成的社会关系，并不都是宪法关系性质的，有许多属于其他性质的法律关系，有些则不具有法律关系的特征。

在一般法律关系构成中，有法律关系客体和法律关系指向的对象等构成要件之说。但是，由于宪法关系构成的复杂性，在确立宪法关系之间相互作用的原因时，只能以彼此之间交往的目的性来笼统地说明宪法关系主体相互作用的客观性。其实，如果借用一般法律关系构成要件中的法律关系客体和法律关系指向的对象的概念来解释导致宪法关系主体之间发生相互作用的客观因素，也可以看到一些宪法关系构成的重要特点。

（1）宪法关系的客体。所谓宪法关系的客体[①]，实际上就是相对于宪法关系主体而存在的客观现象，是将宪法关系主体联系在一起组成宪法关系的客观要件。由于宪法关系具有很强的主观性，所以，导致宪法关系主体发生相互作用的客观现象是受到严格的限制的。从现代宪法存在的基本正当性依据来说，宪法是为了解决特权现象而产生的，因此，将宪法关系主体联系在一起的最直接的客观现象是"特权现象"，在实际中表现为"特殊的权力""特殊的权利"和"特殊的权势"。宪法关系主体组成宪法关系的所有目的都是为了从价值和制度形态上来消灭各种"特权现象"，建立完全公平、公正的社会制度和社会秩序，所以，从更广义的角度来看待宪法关系的客体的特性，宪法关系的客体其实质就是符合宪法价值和宪法规范要求的宪法秩序，这一宪法秩序的基本特性是消除了"特权现象"的社会秩序（实际上表现为一定形态的个人与国家之间的社会关系）。宪法秩序是宪法关系主体相互交往的目的性所在。不过，宪法秩序是一个过于宏观的宪法现象，其存在的基本形态还需要通过宪法价值和宪法规范的具体价值设计才能具有比较具体的内容。从宪法秩序的基本构造来看，宪法秩序通常包括人民主权、制宪权、民主选举制、代议制、依法行政、司法审查、违宪审查、中央和地方分权、人权保障、法律监督，等等。宪法关系主体在相互交往的过程中，不管相互交往的目的性如何，都会或多或少地基于上述某项具体的宪法秩序而发生宪法关系，离开了宪法秩序的指引，宪法关系主体之间的交往活动就会偏离宪法价值和宪法规范的要求，宪法关系主体发生的社会关系的性质也就会转化为其他性质的社会关系。

（2）宪法关系指向的对象。宪法关系指向的对象，实际上是宪法关系主体在相互作用过程中具体连接宪法关系主体的标的，这种标的既可以是行为，也可以是物，还可以是某种抽象的存在等。总之，宪法关系指向的对象实际上是宪法关系客体存在的构成要素，是宪法关系客体最显著的客观特征[②]。例如，在民主选举制度中，选民汇聚在一起是为了实行公开和公正的选举，民主选举制是因选举而产生的宪法关系的客体。而民主的选

[①] 周叶中在《宪法》（全国高等学校法学专业核心课程教材）中对宪法关系的客体做了详细探讨，认为"宪法关系的客体是指宪法关系各主体的宪法权利和宪法权力所指向的对象，是宪法权利和宪法权力得以实现的媒介"。这一观点基本上沿袭了一般法律关系客体的定义，没有能够突出宪法关系所赖以建立的"宪法"的价值特征。参见周叶中主编《宪法》，高等教育出版社2000年版，第148页。

[②] 周叶中主编的《宪法》一书中也注意到了宪法关系的客体与宪法关系的标的存在区别。参见周叶中主编《宪法》，高等教育出版社2000年版，第149页。

举制要能够存在，必须要有许多具体的法律要素共同构成民主选举的价值基础。例如，通过民主的程序产生候选人，通过民主的程序选举正式的代表。在此，候选人、代表是参与民主选举的选民选举行为共同指向的标的，没有候选人、代表的存在，选民不可能形成选举宪法关系。再如，在违宪审查的过程中，如果没有被提请违宪审查的法律、行为，违宪审查活动就不可能产生，因违宪审查而发生的宪法关系也不可能存在。在公民采取列队方式在公共场所进行游行示威的时候，如果没有采取列队行进的方式表达自己的主张，就无法构成宪法上所规定的行使游行示威的自由的行为。总之，没有宪法关系指向的对象的存在，宪法关系主体就没有被具体和有效地结合在一起，宪法关系也无从发生。

与一般法律关系指向的对象相类似，宪法关系指向的对象也包括了各种精神产品和精神现象，不过，作为宪法关系的对象的精神产品和精神现象，既有具体的，也有抽象的。例如，当一个国家为了维护国家主权安全采取相关措施时，主权就成为宪法关系指向的对象。所以，相对于一般法律关系指向的对象来说，宪法关系所指向的对象不仅种类繁多，而且内涵复杂，几乎涉及了各种形式的社会存在，很难给出一个具体的范围。但是，不论宪法关系所指向的对象有如何复杂，在与宪法关系主体相关联这一点上，它只不过是宪法关系客体的构成要素之一。在一般法律关系中，由于法律关系客体的构成要素有时比较具体和简单，所以，法律关系客体与法律关系指向的标的有时可以混合在一起来对待，特别是在法律关系指向的标的指向具体的物时，法律关系客体的构成就显得非常简单。但是，宪法关系客体非常复杂，通常不论某一个具体的宪法秩序内涵如何，构成宪法秩序的要素都是多样和复杂的，同一个宪法秩序中也可能存在多个重要的标的。因此，要认识宪法关系客体的特性，必须要建立更加有效的分析理论。

4. 确立交往方式的行为规则

任何社会关系的发生都是以社会关系主体相互之间的行为互动为契机的，没有社会关系主体之间的行为互动，就不可能形成任何性质的社会关系。宪法关系的构成同样需要宪法关系主体之间的行为互动，当然，这种行为的表现可以是作为，也可以是不作为。

一般的社会关系中，社会关系主体之间的行为互动是以行为的可能性来联系社会关系主体的，也就是说，只要是客观上具有可能的行为，都可以在实际生活中成为社会关系主体之间行为互动的内容。但是，宪法关系不同于一般的社会关系，宪法关系主体之间的行为互动不完全取决于行为的可能性，还取决于行为的"应然性"。也就是说，虽然行为在客观上可能发生，但是，受到宪法价值和宪法规范的约束，可能发生的行为不一定在实际中允许发生，或者是不受任何限制的发生，行为的发生必须具有"应当发生"的特性。由此可见，在宪法关系中宪法关系主体之间的行为互动必须遵守一定的行为规则，也就是说，将宪法关系主体和宪法关系客体连接起来的行为，只能是宪法价值和宪法规范允许发生的行为。

从宪法规范对宪法关系主体的行为要求来看，国家机关、社会组织和公民个人都可以是宪法关系的主体，并且根据它们相互之间组成宪法关系的目的性的不同，构成不同类型的宪法关系。但是，作为宪法关系的主体，要形成彼此之间的宪法关系，其行为互动必须要受到宪法规范的支配。例如，两个国家机关之间的宪法关系，从行为互动的性质来看，如果随意将可能发生的行为都视为宪法关系主体之间的行为互动的内容，那么，两个国家机关之间的宪法关系将会覆盖两个国家机关之间所有可能发生的行为。这种宪法关系的形态实质上是泛化了宪法关系的范围，可能会导致宪法关系的存在失去任何学术价值和实践意义。所以，发生在两个国家机关之间的宪法关系，只能是这两个国家机关依据宪法规范所赋予的宪法职权产生的行为互动。例如，在美国，根据联邦宪法规定，国会通过的法律，应当交由总统公布生效。总统因此获得了否定国会立法的"口袋否决权"。对于公布生效的法律一事，总统可按时公布，也可以在特殊的情形下，在规定公布生效的期限内不予公布。在这种情形下，不论总统是公布生效的法律，还是不公布生效的法律，发生在联邦国会与总统之间的都属于符合联邦宪法规定的宪法关系。但是，如果总统要坚持只有总统批准联邦国会制定的法律才能生效的话，由此产生的就不属于宪法关系，因为美国联邦宪法并没有赋予联邦总统批准法律生效的权力。再如，目前世界上大多数国家宪法都没有将环境权视为公民个人的基本权利，因此，如果公民个人想要启动违宪审查程序来要求政府履行保障环境权的职责，在法律上就很难获得支持。当然，在许多情况下，由于宪法本身对国家机关所享有的宪法职权规定得不够清晰，在实践中就会导致很难评价宪法关系主体之间的行为互动的正当性问题。例如，依据我国现行宪法所确立的人民代表大会制度的基本原则，各级人大作为各级国家权力机关，有权对"一府一委两院"（国家行政机关、国家监察机关、国家审判机关和国家检察机关）实施宪法和法律的行为进行监督，但是，在具体实施监督的过程中，各级人大对"一府一委两院"的哪些行为可以实施宪法监督，现行宪法并没有完全界定清晰，这样就导致了人大与"一府一委两院"之间发生宪法关系的范围界定模糊，在监督实践中，对人大是否应当介入具体案件的监督产生了严重的争议。特别值得注意的是，在我国司法实践中，还是出现了一个地方法院以另一个地方法院作为刑事案件的被告人的问题，虽然从刑法理论上可能没有特别大的法理障碍，但从宪法理论上来看，这种做法是需要认真加以研究的。因为一旦人民法院作为刑事案件的被告人受到侦查、起诉和审判，该法院就无法履行宪法所赋予的审判职能，很显然，如果人民法院作为刑事案件的被告人会严重地破坏宪法关系的构成，必须慎重对待①。

在确认宪法关系的行为构成过程中，按照宪法享有国家权力的国家机关的不作为是否成为宪法关系赖以产生和存在的事实依据，这也是宪法关系理论中的一个非常重要的问题。一般来说，判断一个国家机关是否构成了宪法上的不作为，必须要严格地依据宪法所规定的宪法职权，而不能依据宪法价值或者宪法原则来推断某个国家机关具有宪法上的行为义务，所以，不履行宪法所明确规定的具体"法定职责"，才能构成不作为，才符合宪法关系构成理论的要求。

总之，宪法关系主体之间的行为互动必须要符合一定的行为规则，从宪法关系理论构成来看，并不是发生宪法关系主体之间的所有的社会关系都属于宪法关系，也就是说，不能简单地以宪法关系主体身份来定义宪法关系的内涵，宪法关系从宪法关系主体之间的行为互动的特征来看，只能包括发生在国家机关与国家机关之间的关系、国家机关与公民之间的关系以及公民与公民之间的关系中部分和特定的社会关系，这些特定性质的社会关系之所以被视为宪法关系，主要是基于宪法关系主体严格地依据宪法所赋予的宪法职权和宪法权利来产生行为互动。

5. 行为主体可重复的行为激励或强制机制

宪法关系一经依法形成，应当在宪法关系主体之间形成一定的稳定的社会交往关系模式。宪法关系实际上是宪法价值和宪法规范社会功能的体现，所以，宪法关系一经产生，就应当具有可预见性、可重复性，并且形成一定规模的宪法关系体系。为此，宪法关系的形成必须要有自身的行为

---

① 新疆乌鲁木齐铁路运输中级法院因涉嫌单位受贿罪，作为刑事被告人由新疆昌吉回族自治州中级法院开庭审理。参见《法制日报》2006年7月7日。

激励或者是强制机制,对于破坏宪法关系的行为应当设立相应的矫正机制。没有宪法关系的矫正机制的存在,宪法关系的产生和存在很容易无序化和随意化。

当然,在实践中,依据宪法价值和宪法规范的要求和规定应当发生的宪法关系很可能在相当长的时间内并没有发生,如我国现行宪法关于宪法解释的相关规定,尽管全国人大常委会依据现行宪法第 67 条第 2 款的规定有权解释宪法,但迄今为止全国人大常委会还没有依据该条款的规定正式做出一起宪法解释。这就意味着,依据宪法规定在实践中应当发生的宪法关系,也存在不会发生或很难发生的可能性。所以,从宪法关系理论来看,在一个法治国家中,依据宪法规定应当形成的宪法关系总量一般都会远远大于实际中已经发生和存在的宪法关系总量。宪法关系规范形态与实际形态的不统一实际上反映了一个国家宪法对现实生活的影响和作用程度。当然,有些在宪法规范上成立的宪法关系,在实际生活中很少发生,可能是因为在实际生活中缺少发生这种宪法关系的社会条件,例如,世界上绝大多数国家宪法中都有关于战争状态的规定,但却很少有国家实施这些规定,原因在于战争状态在和平时期很难发生。但是,也有些在宪法规范上成立的宪法关系,在实际生活中没有发生或者很少发生,是因为宪法关系主体自身主观方面的原因或者是宪法规范本身质量不高的原因所致。对于此类在实际生活中没有发生的但依据宪法规定应当发生的宪法关系,必须通过提升宪法在实际生活中的权威性以及建立必要的保证宪法关系顺利产生和有效存在的激励机制或强制机制来保证其正常地产生。定期选举制度、宪法监督制度、违宪审查制度、弹劾制度等都是保证宪法关系顺利产生和有效存在的良好的制度保障机制。

三 宪法关系的类型

宪法关系在传统的宪法学理论研究中并没有作为一个非常重要的学科范畴来加以研究,因此,有关宪法关系的类型也鲜有论述。其实,宪法关系作为一种特殊类型的社会关系,其分类也可以从不同角度来进行,但是,并不是任何一种角度对宪法关系的简单分类都具有很好的学术价值。例如,可以从宪法关系主体的不同将宪法关系分为国家机关与国家机关之间的宪法关系、国家机关与公民个人之间的宪法关系以及公民个人与公民个人之间的宪法关系等。虽然上述分类有助于区分发生宪法关系的主体的不同,但是,仅仅从宪法关系主体的不同对宪法关系所做的分类往往很难准确地反映宪法关系的特征。如发生在国家机关与国家机关之间的宪法关系，如果不做进一步细化，很容易被理解为国家机关与国家机关之间的关系就是宪法关系。其实，只有符合宪法价值和宪法规范的要求和规定的发生在不同国家机关之间的关系才具有宪法关系的特征，所以，实际上只有国家机关与国家机关在履行宪法所赋予的宪法职权时发生的关系才属于宪法关系，也就是说，从法理上看，不能笼统地认为国家机关之间的关系就属于宪法关系，只有国家机关之间依据宪法发生的权力与权力的关系才是宪法关系。同样的道理，发生在国家机关与公民个人之间的关系也不都是宪法关系，只有国家机关行使宪法职权与公民个人享有宪法规定的基本权利时发生的关系才具有宪法关系的性质，即发生在国家机关与公民个人之间的权力与权利关系是宪法关系，而公民个人之间的社会关系也只有在公民个人行使宪法所规定的基本权利时产生的关系才属于宪法关系，即公民个人之间的权利与权利关系属于宪法关系。所以，对宪法关系做出有意义的分类，对于认识宪法关系的性质，在实践中进一步发挥宪法的规范功能和社会作用具有非常重要的意义。

宪法关系的类型可以是多层次的，其中，任何一个层次的宪法关系在实践中都会有独自存在的领域以及独特的社会影响。从宪法关系归根到底反映人与人之间的关系的本质特征来看，一般可以将宪法关系分为下列几个类型：

1. 不同宪法价值之间的宪法关系

在现代法治社会中，宪法现象首先是通过宪法价值的形式来影响人们的日常生活的。宪法价值是一个非常复杂的精神现象，属于社会上层建筑的范畴，具有一定的历史性、民族性和文化继承性。但是，在特定的历史时期，在特定的社会中，宪法价值总是以特定的社会公众的政治意愿表现出来的观念、看法和思想。由此，通过宪法价值在不同的社会公众之间形成了一种精神上的联系，这种联系可以视为一种类型的宪法关系。这是宪法关系区别于普通法律关系的重要特征之一。普通法律关系通常以明确、具体的法律规定来约束人们的行为，形成一种比较稳定和具体的法律关系秩序，宪法关系首先以宪法价值的形式出现，并在社会公众之间形成一种思想意识形态的关系。作为宪法价值形态出现的宪法关系，可以脱离一定的宪法规范而存在。例如，在许多民族国家取得民族独立地位之后、尚未制定宪法之前，在此过渡期间，就可以基于宪法价值观念来发生宪法关系。宪法制度史上存在的临时政府、过渡政府、临时宪法等现象都与宪法关系有着实质性的联系。

当然，宪法价值毕竟不同于宪法规范，宪法价值的内涵往往带有抽象性，因此，不同的宪法价值彼此之间也存在如何协调的问题，这些不同的宪法价值之间的价值关系，表面上缺少人与人之间的社会关系的特征，实际上还是在一个特定历史时期和特定社会中，不同的社会公众相互交往和相互作用的精神产物，宪法价值之间的关系也体现了不同社会关系主体之间的宪法关系，特别是个人与国家之间关系的一般价值要求。

从宪法价值的存在形式看，不同的宪法价值的存在也不是杂乱无章的，彼此之间具有一定的价值次序。现代宪法的基本价值出发点是人民主权说，即强调国家的一切权力属于人民。人民通过民主的方式来行使自己的权力。人民可以通过自己的行为直接地行使管理国家和社会公共事务的权力，也可以通过委托的方式间接地行使管理国家和社会公共事务的权力。在人民通过间接方式委托其他主体行使管理国家和社会公共事务的权力时，为了保证被委托者能够按照人民的意愿和要求来行使权利，必须要通过法律约束被委托者行使被委托权利的行为。在通过法律，由被委托者行使权力的过程中，人民通过宪法赋予国家机关行使国家权力的方式是现代社会最好的国家治理和公共管理方式。为了保证国家机关能够按照宪法的要求行使国家权力，国家机关除依据宪法履行自身的宪法职权之外，还必须尊重宪法所赋予的公民的基本权利，等等。如果暂时抽象掉上述各种社会关系主体的身份背景，很显然就可以发现一组具有非常严格的价值次序关系的宪法价值。即从人民主权原则发展出民主原则，民主原则包括了直接民主和间接民主两种形式。间接民主原则要与人民主权原则相一致，必须以法治原则作为补充。而宪治原则是法治原则的核心内容。在宪法原则体系下，依宪办事、宪法至上、保障人权等都是相互联系的价值体系。上述一系列宪法价值之间的价值联系，追根溯源可以溯及到以反对"特权"为思想基础的现代宪法的核心价值即"人民主权"原则。

很显然，宪法关系会随着宪法价值的发展而逐渐展开自身的内涵，宪法关系从发生形态上看，有一个逐渐生长的过程，有着从量的规定性到质的规定性的发展轨迹。在宪法规范确立了严格的行为规则之前，宪法价值对宪法规范所确立的行为规则起到循序渐进、承上启下的关联作用。研究宪法关系，不能脱离宪法价值之间的关系来简单地就事论事。

2. 宪法规范与法律规范之间的宪法关系

宪法关系从宪法价值的关系转化为人们之间的宪法行为关系，其中，必然要经过一个宪法规范关系的过渡。与一般法律关系不同的是，一般的法律规范在调整人们行为的过程中，法律规范自身的性质是非常清晰的，它一般由国家立法机关来制定，法律规范因而具有明确性、具体性，在具体指导人们行为、形成相关的法律关系时，不需要对法律规范确立的行为规则进行明确界定，法律规范具有直接适用的特性。但是，宪法规范在指导人们的行为过程中，首先存在一个如何确认宪法规范的特性问题。宪法规范是从宪法价值发展而来的，是具有一定的确定性内涵的宪法价值。与宪法价值反映的社会关系主体不特定性不同的是，宪法规范通常被视为宪法制定主体与基于宪法规定享有宪法职权的国家机关和基于宪法规定享有基本权利的公民个人之间的行为互动的产物。但是，与一般法律由具体的立法机关通过法律程序制定不一样的是，宪法制定主体往往具有抽象性，不论是制宪会议，还是全民公决，这些制定宪法的具体形式都不能非常精确地体现宪法制定主体"人民"的价值内涵。所以，从宪法价值向宪法规范转化的过程中，必然会出现宪法规范能够全面和准确地体现宪法价值的价值要求的问题，因此，作为指导人们行为的宪法规范，在被赋予行为规则的特性之前，存在一个价值选择的问题。对于宪法规范适用的选择，实际上也是体现了在宪法规范背后不同的社会关系主体之间的关系。在一个法治社会中，宪法规范作为行为规则进行选择适用时，通常需要处理的关系是宪法与一般法律的关系以及宪法与国际法的关系。

宪法与一般法律的关系，其关系的实质是制定宪法的主体与制定法律的主体之间的宪法关系。根据现代宪法的基本原则，制定法律的主体一般是国家的立法机关，国家立法机关制定法律必须基于宪法所规定的立法职权，所以，在宪法制定主体与立法机关之间存在的宪法关系的性质实质上是授权与被授权的宪法关系。

宪法与国际法的关系，也涉及法律规范背后制定主体之间的关系。一个国家批准的国际条约或者是协定是否具有宪法的性质，能否作为宪法规范来加以适用，这涉及制定宪法主体与批准条约主体之间的关系。如果一个国家采取了制定宪法的程序来批准国际条约或国际协定，那么，由此被批准的国际条约或国际协定就具有宪法规范的性质，可以作为宪法规范来加以适用。如果不是经过宪法制定程序来批准的，那么，还需要根据批准国际条约或国际协定的具体程序所反映的批准主体的特性来决定。如许多国家采取全民公决的方式来批准国际条约或国际协定，但全民公决并不是制定宪法的程序，在这种情形下，基于全民公决的性质，也可以视经全民公决的国际条约或国际协定具有宪法规范的特性，可以作为宪法规范加以适用。宪法与法律的关系以及宪法与国际法的关系比较系统地反映了个人与国家之间关系的基本特征。

3. 基于不同性质的行为而发生的宪法关系

宪法关系绝大部分表现为与一般法律关系相同的属性，即宪法关系是发生在宪法关系主体之间的一种行为互动关系①。这种行为互动的前提是依据宪法规范所确立的行为规则。与宪法价值之间的关系、宪法规范与法律规范之间的关系性质不同的是，基于不同性质的行为而发生的宪法关系必须严格地按照宪法规范所确立的行为规则进行，因此，具有明确性、具体性。

对于国家机关来说，作为宪法关系的主体，其活动是基于宪法所赋予的宪法职权进行的。国家机关只有依据宪法赋予的宪法职权才能行使对国家和社会公共事务的管理权力，所以，与国家机关有关的宪法关系必然会涉及权力问题，具有权力关系的性质。对于公民个人来说，作为宪法关系的主体，仅指依据宪法享有宪法规定的基本权利，凡是公民个人行使基本权利的行为都会涉及宪法关系，这种关系可能会涉及国家机关，也可能会涉及其他公民。因此，从宪法关系主体的行为互动的特征来看，宪法关系实际上包括了国家机关与国家机关之间的权力关系、国家机关与公民个人之间的权力与权利关系以及公民个人与公民个人之间的权利关系。如果公民个人之间并不是因为行使基本权利发生关系的，那么，这种关系就不具有宪法关系的性质，例如，两个公民之间签订民事性质的协议，一般情况下不宜于视为发生了宪法关系；而参加列队游行示威的特定人群可以视为共同行使了宪法赋予的基本权利，应当构成宪法关系。同样，国家机关在与公民个人发生关系时，如果不涉及公民的基本权利时，也不宜视为发生了宪法关系。例如，公民依法申请执照、证件等行为，不宜视为与有关的行政管理机关发生了宪法关系，除非颁发证照的行为涉及宪法所保护的公民的基本权利，如平等保护权，等等。

总之，宪法关系作为一个非常重要的宪法学概念，在建构宪法学的概念体系和确立宪法的研究领域等方面具有非常重要的作用。由于宪法本身具有价值法和政治法的特性，所以，宪法关系本身也不能完全纳入法律关

---

① 周叶中主编的《宪法》一书认为宪法关系主体的权利和权力所指向的对象只能是宪法行为，这种观点实际上将宪法的法律功能完全客观化了，这种解释方法很难全面地分析宪法在社会生活中发挥作用的形式和渠道。参见周叶中主编《宪法》，高等教育出版社2000年版，第148页。

系的范畴中加以简单地处理。宪法关系是一种独立的社会关系，具有自身完整的关系构成和关系结构，对宪法关系的建构和解构，可以很好地发现传统宪法学所没有发现的宪法问题，特别是可以进一步清晰地了解宪法的规范功能和社会作用，有助于充分发挥宪法作为根本法的权威作用。

本章小结

宪法关系是在调整个人与国家之间的关系基础上产生的法律关系，它与一般法律关系既有联系，又有区别。宪法关系是基于宪法规范的规定产生的，因此，宪法关系具有明确的合宪性依据。宪法关系基于宪法自身的政治性和法律性的双重属性，其法律关系的性质也具有双重属性。宪法关系既可以表现为价值主体之间的宪法价值关系，也可以表现为具体的行为主体之间的宪法事实关系。宪法关系是一种独立的社会关系，具有自身完整的关系构成和关系结构，对宪法关系的建构和解构，可以很好地发现传统宪法学所没有发现的宪法问题，特别是可以进一步清晰地了解宪法的规范功能和社会作用，有助于充分发挥宪法作为根本法的权威作用。

思 考 题

一 名词解释

宪法关系　法律关系　宪法关系主体　宪法关系客体　主观性宪法关系　客观性宪法关系　宪法价值关系　宪法事实关系

二 简答题

1. 简要论述宪法关系与一般法律关系的区别。

2. 简要论述国家机关与国家机关之间的关系和国家权力与国家权力之间的关系的性质区别。

3. 简要论述国家机关与公民个人之间的关系和国家权力与公民权利之间的关系的性质区别。

4. 简要论述公民与公民之间的关系和公民权利与公民权利之间的关系的性质区别。

5. 简要论述宪法关系的主要类型。

6. 简要论述宪法关系的构成。

三 论述题

1. 试论宪法关系的主观性。

2. 为什么说个人与国家之间的关系是宪法的调整对象？
3. 试论宪法关系对于宪法学理论框架构建的学术价值。

阅读参考文献

《法理学》编写组：《法理学》（第二版），人民出版社、高等教育出版社 2020 年版。

《宪法学》编写组：《宪法学》（第二版），高等教育出版社、人民出版社 2020 年版。

张文显主编：《法理学》，法律出版社 1997 年版。

李步云主编：《法理学》，经济科学出版社 2000 年版。

徐秀义、韩大元主编：《现代宪法学基本原理》，中国人民公安大学出版社 2001 年版。

周叶中主编：《宪法》，高等教育出版社 2000 年版。

杨海坤主编：《宪法学基本论》，中国人事出版社 2002 年版。

王世杰、钱端升：《比较宪法》，中国政法大学出版社 1997 年版。

第四章 宪法制度

> **内容提要**
> 一个完整的宪法制度是以宪法规范所确立的行为规则为核心,它以宪法价值观念为基础,以宪法规范为指导,以保证宪法规范能够得到有效实施的组织、机构、程序、设施以及各种保障条件为必要手段,使得人们的行为能够符合宪法规范的各项要求,由此实现宪法的法律规范功能的基本法律制度,是一个社会法律制度的基础和法治原则赖以实现的基本制度条件。宪法制度的概念引入宪法学理论研究领域,可以有效地避免传统宪法学仅仅关注宪法规范和宪法原则作为行为规则的指引作用,它通过将宪法规范、实施宪法规范的机构、实施宪法规范的程序和保障条件等相互结合起来,形成一整套确立和实施宪法规范的行为规则体系和实施机制,从而可以更好地、动态地、整体地把握宪法作为根本法在调整人们行为中的作用机制,进一步提升宪法的法律规范功能和行为规则的意义。

第一节 宪法制度的法律特征及主要作用

如果说宪法作为根本法首先以宪法观点、宪法学说、宪法原则以及宪法政策中所包含的宪法价值出现的话,宪法作为法律规范在约束人们行为的过程中,就必须要基于宪法规范所确立的行为模式以及与实施这种宪法规范所确立的行为模式所必须的组织、机构、程序、设施以及保障条件等具体的宪法制度,来具体体现宪法作为根本法的法律指引作用和行为规范作用。宪法在实践中对国家生活和社会生活的具体指导作用是通过汇集了规范、组织、机构、程序、设施以及保障条件等一系列制度要素在内的各个具体的宪法制度来实现的。宪法制度是宪法作为根本法在国家生活和社会生活中发挥自身法律规范功能的主要作用机制和依据。在传统的宪法学理论研究中,对宪法作为根本法的法律特征的研究通常只关注了宪法的价值形态、宪法原则和宪法规范,而缺少对将上述各个要素组合起来共同发挥作用的宪法制度的深入研究,宪法制度的概念没有成为宪法学的主要概念,宪法制度的定义、构成要素、法律特征、类型以及宪法制度发挥规范作用的机制等都没有相应的理论探讨。宪法规范与实际中存在的人们的行为之间的连接机制空缺,或者是没有建立起规范有序、可重复的稳定联系,宪法作为根本法在法律实践中对人们行为缺乏具有整体性的调整作用。不仅具体的宪法制度没有得到有效建立,不同宪法制度之间的相互联系也缺乏整体性、系统性,严重地影响了宪法实施机制的建立和完善。所以,要建立一套规范、有序,具有实效的宪法实施机制,必须要加强对宪法制度的理论研究。

一 宪法制度的概念及构成要素

制度一词,在汉语中最早可见于《礼记》。《礼记·礼运》载:"大人世及以为礼,城郭沟池以为固,礼义以为纪,以正君臣,以笃父子,以睦兄弟,以和夫妇,以设制度,以立田地,以贤勇知,以功为己。"这里的"制度"是"规制法度"的含义。制度一词在现代意义上,含义非常广泛,有广义和狭义之分。狭义上的制度,一般指"行为规则"或者是"办事规程",例如,《现代汉语词典》解释"制度"为"要求大家共同遵守的办事规程或行动准则"[1]。而广义上的制度,则包括了一系列思想观点、行为规范、组织机构、物质设施等在内的行为规则体系。《牛津法律大辞典》认为,法律制度比"法"的含义要广一些。因为它包括各种制度、传统、个人、技术、实践以及作为法尚存疑问的其他因素[2]。新制度经济学派的代表人物诺思认为,制度是"一系列被制定出来的规则、守法程序和行为的道德伦理规范"[3]。

宪法学中所研究的"宪法制度"实际上是指由宪法价值观念所支配的,根据宪法原则、宪法规范和宪法政策所确立的行为规则以及实施这些行为规则所必需的组织、机构、程序、设施以及各种保障条件共同构成的行为规则体系。宪法制度的核心是宪法规范,而宪法规范实施的各种主客观条件又构成了宪法制度的必要组成部分。宪法作为根本法,其法律功能

---

[1] 参见中国社会科学院语言研究所词典编辑室编《现代汉语词典》,商务印书馆1996年修订本第3版,第1622页。
[2] 李盛平等编:《牛津法律大辞典》,光明日报出版社1988年版,第546页。
[3] [美]道格拉斯·C.诺思:《经济史中的结构与变迁》,陈郁、罗华平等译,上海三联书店、上海人民出版社1994年版,第225—226页。

正是通过具体的各项宪法制度的有效运行来加以实施的。没有宪法制度的保障，宪法就不能发挥其根本法的法律功能，也不可能对国家生活和社会生活起到行为规则的指导作用。

二 宪法制度的法律特征

宪法制度的基本法律特征是由宪法规范所确立的一整套行为规则体系，而这套行为规则体系发挥其法律规范作用，又是由各种具体的制度构成要素相互配合、共同完成的。宪法制度在规范人们行为的过程中所表现出来的法律特征有以下几个方面：

（1）宪法制度的核心是由宪法规范所确立的一整套的行为规则。一个国家现行的宪法制度是以宪法规范为核心的，不论是采取成文宪法的国家，还是采取不成文宪法的国家，宪法规范是宪法制度赖以建立的行为规则基础。没有宪法规范，宪法就无法给人们的行为提供最基本的行为模式，宪法对国家生活和社会生活的影响和作用就只能停留在"纲领"或是"宣言"的层面。因此，许多国家的宪法文本都明确规定宪法规范具有"法律效力"，宪法规范必须予以遵守。例如，1992年5月18日通过的《土库曼斯坦共和国宪法》第5条第1款规定：国家及所有机关和官员均受法律及宪法制度的约束。第2款又规定：土库曼斯坦宪法是国家最高法律，载入宪法的规范及条款具有直接效力。凡与宪法相抵触的法律及其法律文件均不具有法律效力。1994年7月29日通过的《摩尔多瓦共和国宪法》第7条规定：摩尔多瓦共和国宪法是最高法律。与宪法条款相抵触的任何法律或其他法律文件，均不具有法律效力。

（2）包含在宪法学说和思想、宪法原则和宪法政策中的宪法价值观念可以对宪法规范起到指导、补充和保障的作用。宪法的基本价值观念是宪法规范赖以产生的实质渊源，同时也可以对宪法规范起到很好的指导、补充和保障作用。因此，宪法价值观念也是一个国家宪法制度的构成要件和依据。例如，1958年法国宪法序言就宣称，法国人民庄严宣告：我们热爱1789年《人权和公民权宣言》所规定的，并由1946年宪法宣言所确认和补充的人权和国家主权的原则。根据这些原则和人民自由决定的原则，共和国对那些表明愿意同共和国结合的海外领地提供以自由、平等、博爱的共同理想为基础的，并且为其而设计的新体制。很显然，宪法原则在这里对基本宪法制度起到了很重要的补充和指导作用。

（3）宪法规范根据其调整对象所涉及的社会关系领域，必须由一定的组织、机构和人员来予以实施。宪法对人们行为的要求，除通过宪法规范确立行为规则之外，要使宪法对人们的行为起到实际的规范和约束作用，必须要有相应的组织、机构和人员来实施各项宪法规范的规定。所以，作为宪法制度的重要构成要素，实施宪法规范所必需的组织、机构和人员也是不可或缺的。作为一项完整的宪法制度，仅仅有宪法规范是不够的，还需要组织、机构和人员的保障，宪法规范才能得到实际的运行和有效的实施。因此，明确实施宪法规范的组织、机构和人员是许多国家宪法文本的最显著的特点。例如，1919年德国《魏玛宪法》第5条就规定："国权之关于联邦事务者，由联邦之机关，依照联邦宪法行使之。""关于各邦事务者，由各邦机关，依照各邦行使之。"再如，1966年《乌拉圭东岸共和国宪法》第149条就规定：行政权应由共和国总统和一部长或若干部长或者按照本编或其他相同的规定而建立的部长会议共同行使。

（4）宪法规范作为根本法，在对人们的行为起规范和指导作用时，必须严格地按照一定的法律程序来发挥自身的规范指引功能。宪法规范在规范和指引人们行为时，需要通过一定的法律程序来具体落实宪法规范所确定的行为模式的各项要求，所以说，宪法规范在实施过程中的各项具体程序也构成了宪法制度的重要组成部分，没有宪法程序的保障，宪法规范也很难有效地发挥行为规则的指引和约束作用。例如，1980年《圭亚那合作共和国宪法》第6章就专门规定了"国会的权力与程序"一小节。该小节详细规定了国会在行使宪法职权过程中所必须依据的程序。例如，该宪法第68条规定：凡与国会（包括其程序）有关的其他一切事项由第165条至第172条（含第172条）各条款规定。1962年《牙买加宪法》第5章"议会"第2节就规定了"议会的权限和程序"，对议会行使的各种权限及行使相关权限应当遵循的法律程序做了明确限制的规定。宪法程序是与宪法规范密切相关的宪法制度的重要组成部分，是宪法规范对人们的实际行为起到规范约束作用的具体方式、步骤，离开了宪法程序的保障，宪法规范就很难获得有效的实施，从而就会影响宪法规范的实际效力。例如，我国现行宪法第67条第2款规定，全国人大常委会有权解释宪法。但是，宪法并没有规定全国人大常委会根据何种程序来解释宪法，因为宪法程序不配套，所以，至今我国宪法解释制度仍然停留在规范层面，没有形成一种实际有效的由相互配套的宪法规范所组成的宪法制度。由此可见，宪法程序作为宪法制度的重要组成部分，其意义是非常重大的。

（5）宪法规范在具体发挥其行为规则的指导作用的过程中，还可以通过各种具体的物质保障设施以及具体的实施环境条件来促进宪法规范的实施。为了保障和促进宪法规范在实际生活中发挥其重要作用，许多国家都通过建立必要的"宪法节"，或者是提供必要的物质保障、法律保障等来推进宪法规范的实施。例如，1948年《意大利共和国宪法》所附录的"过渡性决定和最后决定"第18条第2款规定：宪法文本应在1948年全年陈放在共和国各市（镇）的市政大厅里，以便每个公民都能熟知。第3款又规定：盖有国玺的宪法文本将收入共和国法律和法令的官方汇编里。

（6）宪法制度是集中了某一方面的宪法规范的相对系统、全面和稳定的行为规则体系，具有可持续性、可重复性、可预期性，能够比较有效地实现宪法作为根本法的法律功能。

总之，一个完整的宪法制度是以宪法规范所确立的行为规则为核心，它以宪法价值观念为基础，以宪法规范为指导，以保证宪法规范能够得到有效实施的组织、机构、程序、设施以及各种保障条件为必要手段，使得人们的行为能够符合宪法规范的各项要求，由此实现宪法的法律规范功能的基本法律制度，是一个国家法制的基础和法治原则赖以实现的基本制度条件。宪法制度的概念引入宪法学理论研究领域，可以更好地、动态地、整体地把握宪法作为根本法在调整人们行为中的作用机制，进一步提升宪法的法律规范功能和行为规则的意义。

三 宪法制度的种类及划分标准

一个国家完整的宪法制度是由各种各样的具体的宪法制度构成的完整体系。而组成统一完整的宪法制度的各个具体的宪法制度，其存在的方式以及在保障宪法规范有效实施中的意义又是有所差别的。具体的宪法制度可以从不同角度进行分类，例如，可以从宪法规范所调整的社会关系领域来进行划分，这种划分可以将宪法制度划分为政治宪法制度、经济宪法制度、文化宪法制度和社会宪法制度，也可以根据宪法与宪法调整对象之间的对应关系，将上述分类表述成宪法政治制度、宪法经济制度、宪法文化制度和宪法社会制度等。但是，这种分类方式并没有突出宪法规范作为行为规则的法律特征，强调的只是宪法规范所调整的对象自身的特征。从宪法规范作为行为规则的特征来看，宪法规范在确立行为规则时，通常可以表现为授权性规范、义务性规范和禁止性规范，因此，宪法制度也可以区分为授权性宪法制度、义务性宪法制度和禁止性宪法制度。从宪法文本与宪法规范之间的形式与内容的关系来看，上述分类又可以表现为宪法授权制度、宪法义务制度、宪法禁止制度等。

　　宪法制度最有学术价值的分类是从宪法规范所起的社会功能来区分宪法制度的特征。从此角度来进行分类，可以得出三个层次意义上的宪法制度。一是宪法确认的社会制度，即在宪法中确认现有的各项社会制度，使之成为宪法规范所认可的宪法上的"事实"，宪法所确认的社会制度涉及一个国家现行的政治、经济、文化和社会等基本制度以及一些重要的具体制度。二是宪法规定的社会制度，这些社会制度是通过宪法的规定产生的，没有宪法，就没有这些制度，例如，宪法中的授权制度，宪法中的基本权利制度，等等。这些制度与不以宪法作为自身存在前提的一般社会制度相比，它们的存在需要以宪法规范的规定为前提，例如，宪法对基本权利的规定使得基本权利与其他法律权利可以是否在宪法规范中得到明确的体现而明确加以区分。宪法规范明确将立法权赋予了议会或代表机关，那么，议会或代表机关之外的其他国家机关就不得行使立法权。三是宪法自身的运行制度，这种宪法制度主要是解决宪法作为根本法如何来发挥自身的法律功能，这些制度包含宪法的制定制度、宪法解释制度、宪法修改制度、宪法运行程序制度、宪法保障制度，等等。总体来说，从宪法规范所起的社会功能的不同，对宪法制度所作出的分类，可以比较好地反映宪法的基本法律特征，特别是可以很好地区分宪法制度与一般法律制度，突出宪法作为根本法的法律意义，是宪法学理论应当普遍加以采用的分类方法和分类标准。

四　宪法制度的实施机制

　　宪法制度作为以宪法规范为主要内容的行为规则体系，它既包括了静态的宪法规范，也包含了宪法规范在发挥其行为规则指导作用的各种动态的组织、机构、程序、设施和保障条件等宪法规范的实施机制。宪法制度是静态规范与动态的规范实施机制的有机统一。只有宪法制度，才能真正地反映宪法的根本法的法律特征，也才能真正地发挥宪法的法律功能。

　　宪法制度的实施机制是宪法制度中的一部分，也是处于动态形式的宪法制度，是宪法充分发挥其行为规则的指导作用的具体表现形式。所以，健全宪法制度，除要在正确的宪法价值观念的指导下进一步健全和完善宪法规范的形式和内容之外，更重要的是应当加强宪法制度实施机制的建设，使得"纸上的宪法"能够变成"行动中的宪法"和"实际中的宪法"。

宪法规范在实施的过程中，需要有具体实施宪法规范的组织形式，具体依据宪法享有权利和义务的机构和人员，具体落实宪法规范的宪法程序，保障宪法规范能够指导人们行为的各种物质和法律条件等。正因为如此，基于构建宪法制度的需要，就会相应地产生宪法组织、宪法机构、宪法人员、宪法程序、宪法保证等与宪法制度构成相关的宪法学概念。而决定这些概念与宪法密切相关的最重要的决定因素就是宪法规范的明确规定。因此，如果宪法规范没有赋予其职权的组织就不能随意称为宪法组织；宪法规范中没有直接设定权利与义务的机构和人员，就不能称为宪法机构和宪法人员；同样，所谓宪法程序也就是指实施宪法规范的程序，一般法律程序不属于宪法程序的范围；宪法规范实施的保障条件也可以称为宪法保证。正是有了宪法组织、宪法机构、宪法人员、宪法程序以及宪法保证等宪法制度组成要素的作用，宪法规范在实践中才能够真正有效地付诸实施，并发挥自身作为根本法的法律功能。宪法制度的实施机制也是依靠上述各项宪法制度的构成要素组合起来的，如果在构建某一个具体的宪法制度过程中，缺少了宪法制度的实施机制这个构成要素，那么，尽管某一项宪法制度已经具备了宪法制度的"雏形"，但也不是在现实中真正能够发挥自身制度功能的法律制度。

五　宪法制度对于发挥宪法根本法的法律作用的意义

宪法作为调整人们行为的根本法，它首要的功能是法律规范功能。宪法如果不能发挥其自身作为行为规则的指引作用，那么，宪法就与政策、道德等现象没有本质区别。因此，宪法要作为根本法存在，就必须具有行为规则的法律特征。

作为一项行为规则，宪法是以宪法规范的形式出现的，但是，宪法规范仅仅以行为规则的形式确立了一系列行为模式，包括允许做什么、禁止做什么和应当做什么等，这些行为规则要在实际生活中具体指导人们的行为，就必须建立与宪法规范相适应的实施机制。所以，从发挥宪法作为行为规则的作用角度来看，宪法的根本法特征不只是表现在宪法规范的层面，更重要的是应当以宪法规范为基础，建立以宪法规范具体指导人们行为的宪法规范实施机制，即需要构建以宪法规范为核心的完整的宪法制度。

宪法制度相对于单纯的宪法规范来说，对于实现宪法的根本法作用具有更加现实的指导意义和保障作用。宪法规范只有制度化，才能构建起针对社会生活领域中某一类相同或相似的社会关系的行为规则体系，宪法规范所确立的行为规则才是真实有效的，没有制度化的保障，宪法就只能停留在文本阶段和规范层面，缺少作为行为规则对人们行为的实际指导作用。所以，加强宪法实施工作，首先应当强化宪法制度建设，保证宪法规范的各项规定能够依据健全有效的宪法制度在实践中得到有效实施。

第二节 宪法与基本国家制度

宪法作为根本法，通过调整个人与国家之间的关系，为一个国家的各种社会关系的建立奠定必要的法律基础。宪法在调整个人与国家之间关系的过程中，首先是对一个国家现有的基本国家制度予以宪法上的确认，赋予宪法上的效力，使得这些基本国家制度能够得到宪法的保护。从宪法作为根本法与基本国家制度的关系来看，在逻辑上，应当是国家基本制度在先，宪法作为根本法在后，国家基本制度是宪法的政治基础和社会基础。宪法作为根本法，主要是对基本国家制度进行确认，并将这些基本国家制度作为宪法存在的正当性基础。如果基本国家制度由于社会的发展变化而产生变化了，那么，宪法也必须适应这种客观变化的需要，对宪法中所确认的基本国家制度做适当修改。因此，相对于由宪法原则所确立的宪法规范来说，宪法中所确认的基本国家制度，更容易受到宪法政策的指引，也会因为宪法对这些基本国家制度适应性变更的相对有效性而出现"宪法变迁"现象，即实际生活中真实存在的基本国家制度已经突破了宪法所确认的基本国家制度，但却能为宪法政策所指引，为"宪法变迁"所容纳。

一个国家的宪法制度，首先是由宪法作为根本法对已经存在的基本国家制度的确认而建立起来的，属于宪法的政治基础和社会基础，是宪法制度的重要组成部分。

一 国家构成制度和主权制度

在现代法治社会中，个人以及由个人组成的社会群体首先是在一个政治国家的范围内居住和生活的，因此，国家构成制度是一切社会制度的基础，也是个人赖以发生各种社会关系的前提，是个人与国家之间关系的基本关系要素，没有在制度形态上与个人相对应的国家的存在，那么，就无法理顺社会关系的层次，也就无法建立一套有序的社会制度。

国家构成制度既涉及国际法的问题，也涉及国内法的问题。在传统法学理论中，由于国家的概念涉及国际社会的承认问题，所以，一个具有充分完全主权形态的国家，必须要以国际社会成员普遍承认的方式才能作为国际法的主体①。相对于国内法所主张的"国家"来说，国际法的"国家"的法律特征更加明显和更加完整，所以，有关国家构成制度问题基本上由国际法来加以研究，宪法学上一般不涉及国家构成问题。但实际上从国内法的角度来研究国家构成问题也是很重要的，除国际社会的普遍承认之外，一个由个人居住和生活的政治实体，必须要有一定的空间和范围，与此同时，居住和生活在同一个社会共同体中的个人也必须要有一整套的表达集体意志和共同意志的渠道，任何社会共同体都需要履行社会公共职能的机构，特别是从构建社会秩序的角度出发，更需要一个与个人在抽象和具体意义上相对应的"国家"。事实上，近现代宪法文件，对国家构成问题都给予了高度关注，并以国家的存在作为社会制度和宪法制度存在的政治基础。

（一）国家构成制度

根据《奥本海国际法》的解释，当人民在他们自己的主权政府下定居在一块土地之上时，一个正当意义的国家就存在了。因此，国家的存在必须有四个条件：（1）首先必须有人民。人民是共同生活在一个社会里的个人集合体，尽管他们可能属于不同种族或信仰或文化，或有不同的肤色。（2）必须有人民所定居的土地，尽管"没有这样的规则：国家的陆地边界必须完全划定和明确"；这些边界确实可能是有争议的。但是土地的大小是没有关系的，有时，例如城邦，只是一个城镇。（3）必须有一个政府——那就是说，有一个或更多的人为人民并且按照本国的法律进行统治。一个国家要求社会作为一个政治单位组织起来，以别于，例如，一个部落。但是，国家一旦建立起来，它的有效性的暂时中断，例如在内战中，或由于交战国占领的结果，与国家的继续存在是不矛盾的。（4）最后，必须有一个主权的政府。主权是最高权威，这在国际上并非意味着高于所有其他国家的法律权威，而是在法律上并不从属于任何其他世俗权威

---

① 《奥本海国际法》认为，承认是否一个新国家成为国际社会一部分的唯一方法，是没有确定的见解的。但绝大部分的国家实践并不接受这种观点，即：一个社会仅仅要求成为一个独立国家，就自动使它有权被认为是这样的国家，或者一个现有国家不问一个新社会是否符合一个国家的条件，就有理由承认或拒绝承认它是一个国家。虽然承认是在各国的自由决定的范围之内的，但是，它不是一个专断意志或政治让步的问题，而是按照法律原则给予或拒绝给予的。参见《奥本海国际法》（第1卷第1分册），[英]詹宁斯、瓦茨修订，王铁崖等译，中国大百科全书出版社1995年版，第96—97页。

的法律权威。因此,依照最严格和最狭隘的意义,主权含有全面独立的意思,无论在国土以内或在国土以外都是独立的①。根据上述论述,一个在国际法上可以得到承认的"国家",至少需要四个基本要素,即"人民""领土""政府"和"主权"。当然,"一个国家可能不完全满足国家资格的所有条件,或者它的地位在其他方面有些不正常,但是仍然可以得到一般承认"②。

在国内法上,宪法作为根本法通常也会首先确认宪法所赖以存在的国家的构成基本要素,并以宪法的规定作为国家存在的正当性前提。早期的宪法文件对国家构成要素并没有从整体意义上加以规定,而是更多地侧重于国家的"主权""政府"要素。例如,1791年法国宪法第2篇第1条规定:"王国是统一而不可分的。"第3篇"国家权力"第1条规定:"主权是统一的、不可分的、不可剥夺的和不可移动的;主权属于国民:任何一部分人民或任何个人皆不得擅自行使之。"在成文宪法不断发展的过程中,"领土""人民"等作为国家构成的必要要素,在宪法文本中也得到了体现。例如,1919年德国《魏玛宪法》第1条就规定:"德意志联邦为共和政体","国权出自人民"。第2条又规定:"联邦领土,由德意志各邦构成之。其他地方,如其人民照自决原则愿归属者,得以联邦法律接受,使归入于联邦版图。"第18条还规定:"联邦区分各邦应顾虑各该地人民之意见,以求发展其最高经济及文化能力为目的。""在联邦内变更各邦领土及组织新邦,应依照联邦法律修正宪法之手续行之。"虽然上述规定是针对德意志联邦的组成部分各邦的,但是,对作为联邦组成部分的各邦,首先重视的就是这些邦的"人民"意愿以及这些邦的"领土"划分问题。

在宪法制度不断发展的过程中,受到国际法上的国家承认制度的影响,许多通过国际法上承认获得国家地位的新独立的民族国家或者是前殖民地国家都非常重视在宪法中确认国家构成要素,以使得这些新独立的国家在国内法上具有明确的正当性。例如,1969年《巴拉圭共和国宪法》第1章"基本声明"前3条就非常明确地宣布了巴拉圭作为一个独立主权国家的构成要素,此外,还在第2章专列一节来规定国家的重要构成要素"领土"问题,体现了宪法对国家独立和国家作为一个独立的国际法主体

---

① 参见《奥本海国际法》(第1卷第1分册),[英]詹宁斯、瓦茨修订,王铁崖等译,中国大百科全书出版社1995年版,第92页。
② 参见《奥本海国际法》(第1卷第1分册),[英]詹宁斯、瓦茨修订,王铁崖等译,中国大百科全书出版社1995年版,第98页。

的正当性高度关注。《巴拉圭共和国宪法》第 1 条明确规定：巴拉圭现在和将来都是一个自由和独立的国家，是一个实行代议制民主政治的单一的和不可分离的共和国。第 2 条规定：巴拉圭共和国的主权必须和完全属于人民。人民依照本宪法的规定通过国家政权行使主权。第 3 条规定：共和国政府由立法机关、行政机关和司法机关在分离、平衡和相互依存的体制内共同管理。第 2 章第 1 节"领土"分为两条，详细规定了巴拉圭共和国的领土主张。第 12 条规定：禁止把国家领土割让、转让、出租或者以任何形式暂时让渡给外国人。与共和国有外交关系的国家和共和国参加的国际组织只可以按照法律规定取得为其代表机构设立总部所必需的不动产，但在任何情况下都不得影响共和国对地产的主权。第 13 条规定：共和国按法律规定的范围和条件对其领土包括河流、内湖、地下土和领空行使主权、支配权和警戒权。有些国家的宪法在规定国家构成要素之一"领土"时，还非常明确地指出了"领土"所涉及的地理范围和空间范围，以此来明确国家的领土内涵。例如，1972 年《巴拿马共和国宪法》第 3 条规定：依照巴拿马与哥伦比亚和哥斯达黎加签订的边界条约，巴拿马共和国的领土包括在该两国之间的地面、领海、海底大陆架、地下和空间。国家领土决不能租让、转让和割让给其他国家，即使是暂时的和部分的。但大多数国家宪法尽管涉及了领土，但对领土的具体范围由于涉及边界问题，所以一般没有明确做出规定。据荷兰宪法学者马尔赛文等统计，在总共 142 部宪法中，有 50 部确立了相关国家所辖的领土，占总数的 35.2%[①]。

（二）国家主权制度

传统宪法学所探讨的主权问题通常只涉及一个国家对内的最高权威，其理论的焦点在于一个国家的最高权威是属于专制统治者个人或集团，还是属于一个国家所有的全体居民，因此，宪法学意义上的主权并不具有现代国际法意义上的主权所具有的对内最高和对外独立的双重属性。这种宪法思想表现在宪法文本中就是早期的宪法文本很多都涉及主权以及主权归属，但是，明确国家主权概念以及确立国家主权制度的宪法文件就相对较少，直到今天，大多数国家的成文宪法也很少在国内法的国家主权意义上来探讨主权问题，所以，主权往往与一个国家的整体意义上的人民联系在一起，"人民主权说"占据统治地位。此外，还有一些混合主权说，国家

---

① 参见［荷］亨利·范·马尔赛文、格尔·范·德·唐《成文宪法的比较研究》，陈云生译，华夏出版社 1987 年版，第 182 页。

主权理论在宪法文本中明确得到承认的并不占多数。所以,作为现代国际法意义上的"国家"的四个构成要素,"国家主权"也没有从整体上与国家的其他构成要素联系起来。所以,从宪法文本的角度看,作为与个人相对应的概念"国家"并没有获得一个整体上的制度体现,国家构成要素基本上处于分散状态,其中最重要的就是一个国家的最高权力,或者是说主权,在宪法意义上,被确定为属于"全体人民"享有。荷兰学者马尔赛文等曾经统计,在总共 142 部宪法中,涉及了"人民主权"的有 66 部,占总数的 46.5%[①];而涉及主权概念的有 118 部,占总数的 83.1%[②]。对于主权国家或者是国家主权的提法,则很多都出于模糊规定之中。当然,也有一些国家宪法明文规定"主权属于国家"的,例如,1886 年通过、经过多次修改至今仍然生效的《哥伦比亚宪法》第 2 条就规定:"主权从根本上并且完全属于国家,一切国家权力均产生于国家,并且在本宪法规定的范围内行使。"

所以,从宪法文本对主权问题的规定情况来看,尽管直接规定"国家主权"的属于少数,但是,那些规定"人民主权"的宪法文本实际上只是从国内法的角度来看待国家主权的特征,仍然可以将"人民主权说"归纳到"国家主权说"的范围,因为"人民"在国际法意义上本身就可以归结为国家的必要构成要素之一。从构建一个完整的宪法制度角度出发,在宪法学理论上,还是应当肯定"国家主权说"的合理性,因为个人与人民的关系,实际上是个人与国家之间关系的一种延伸或者是说一种表现形式,坚持"国家主权说"可以为建立全面和系统的宪法制度理论提供必要的逻辑依据和社会基础。

二 国籍制度和公民资格制度

作为宪法关系的社会基础,个人与国家之间关系中的个人也是宪法制度所必须予以确认的重要内容。事实上,与国家直接相对应的并不是抽象的个体,而是一个个具体的自然人,但是,作为与国家具有紧密联系的"个人"就不是泛指在一个政治国家范围内生活着的所有的自然人个体,而是特定的那些与政治国家自身的构成和正当性密切相关的自然人个体,

---

[①] 参见[荷]亨利·范·马尔赛文、格尔·范·德·唐《成文宪法的比较研究》,陈云生译,华夏出版社 1987 年版,第 125 页。
[②] 参见[荷]亨利·范·马尔赛文、格尔·范·德·唐《成文宪法的比较研究》,陈云生译,华夏出版社 1987 年版,第 127 页。

或者是在国际法意义上,作为"国家"构成要素之一"人民"或者"居民"组成部分的"个体"。在传统的宪法学理论上将这种与国家相对应的"自然人个体"称之为"公民"。正是因为有"公民"的存在,政治国家才通过与公民个人之间发生各种形式的社会关系,形成一个国家的基本社会关系秩序。因此,大多数国家宪法文本中都比较重视明确与国家在宪法上存在权利与义务关系的"公民"的身份和资格。其中,绝大多数以获得"国籍"作为公民的法定条件,也有些国家对"公民资格"又设定比国籍更高的法律要求。

1. 国籍制度

在目前的国际关系框架内,任何自然人个体都是生活在特定的政治国家疆域内的,除在全球范围内的旅游观光者之外,绝大多数自然人个体都会与他(或她)所居住的政治国家之间存在一定的固定联系,或者是作为该政治国家的合法性来源的组成部分"人民"或"国民"的一分子,或者是作为外国人或无国籍人依据国际法规则与所居住的政治国家发生一定的社会关系。在传统宪法学理论中,一般很少关注个人与其所居住国的制度联系,而仅仅关注有权直接参与政治国家政治决策形成活动的公民个体自身的正当性问题。个人与国家之间首先是以国籍制度来相联系的,但是,个人是否具有针对国家的"国籍请求权"却没有得到宪法学理论的探讨,在宪法文本中也缺少"国籍权"的相关规定。据荷兰宪法学者马尔赛文等统计,在总共142部宪法中,只有4部涉及了国籍权利的规定,只占总数的2.8%,而涉及国籍条款的却有138部,占总数的97.2%[①]。而早期的宪法文件中基本上不涉及国籍问题,国籍问题基本上在国际法理论中加以研究。关于国籍请求权或者是国籍权的问题,各国都以移民政策问题来加以解决,尚未提到权利的高度来加以保护。例如,1982年1月11日通过的《洪都拉斯共和国宪法》第35条就规定:移民问题必须受到国家、社会、政治、经济和人口利益的制约。法律将规定关于移民迁入的要求、费用和条件以及对外国人禁止、限制和惩罚的措施。国籍制度的具体内容通常不在宪法中加以规定,而是以单行法的形式加以规定,例如,《毛里塔尼亚宪法》第33条规定:关于国籍的规则由法律规定之[②]。

---

① 参见[荷]亨利·范·马尔赛文、格尔·范·德·唐《成文宪法的比较研究》,陈云生译,华夏出版社1987年版,第145页。
② 参见[荷]亨利·范·马尔赛文、格尔·范·德·唐《成文宪法的比较研究》,陈云生译,华夏出版社1987年版,第145页。

根据各国国籍法的有关规定，国籍的取得主要有两种方式，一种是因出生而取得一国国籍；另一种是因加入而取得一国国籍。

因出生而取得一国国籍，又称作原始国籍，这是最重要的一种取得国籍的方法，世界上绝大多数人都因出生而取得国籍。但世界各国在取得国籍所适用的立法原则上有所不用，通常又分为三种情形：1. 血统主义。即国籍根据血统而取得。根据这种原则，凡是本国人所生的子女，当然为本国国民，而不论其出生在何地。例如，1950年《日本国国籍法》第2条就规定：（因出生取得国籍）子女符合下列情况者为日本国民：（1）出生时父亲是日本国民；（2）出生前死亡的父亲死亡时是日本国民；（3）父亲不明或无国籍，而母亲是日本国民；（4）在日本出生，但父母不明，或无国籍。2. 依出生地原则。根据这种原则，在哪里出生，即取得哪里国籍。这种情况主要出现在拉丁美洲等移民国家。例如，1984年《厄瓜多尔共和国宪法》第8条规定，出生在厄瓜多尔本土的属于厄瓜多尔人。1986年《尼加拉瓜共和国宪法》第16条第1款规定：出生在尼加拉瓜的人为尼加拉瓜人，但不包括外国外交官子女、国际组织中的外交官员子女或外国政府驻尼加拉瓜工作人员子女，除非他们自己选择尼加拉瓜国籍。3. 血统主义与出生地主义相结合。许多国家在确定本国人国籍问题时都采取血统主义与出生地主义相结合的原则。例如，在美国，联邦宪法第14条修正案第1款规定：凡出生或归化于合众国并受其管辖之人，皆为合众国及其所居之州的公民。根据美国联邦1952年6月27日公法第301条第1款第7项的规定：出生在美国境外及其外领地的人，其双亲中一人是外国人，而另一人是美国公民，且后者在该人出生前曾在美国或其在外领地居住至少10年，其中至少5年是在自己年满14岁以后居住在那里者，在出生时即为美国国民和公民。

取得国籍的另一种方式是加入国籍。在因出生而取得国籍的情况下，国家是不问取得国籍的个人的意愿而给予国籍的，而在加入国籍的情况下，则须根据个人的意愿或某种事实，并须具备入籍国立法所规定的某些条件。通过加入而取得国籍的，主要有：（1）婚姻；（2）收养；（3）自愿申请。

由于各国国籍制度的不同，有的人可能具有一个国籍，有的人可能获得两个以上的国籍。有的国家规定，本国人只能有一个本国国籍，不得同时具有其他国的国籍。例如，1980年《中华人民共和国国籍法》第3条规定，中华人民共和国不承认中国公民具有双重国籍。根据上述规定，中国公民在法律上不可能同时具有两个以上国籍。有的国家则允许本国国民具有两个或两个以上国籍。例如，1986年《尼加拉瓜共和国宪法》第20条规定：任何本土出生国民的国籍均不受剥夺除非本人自愿获得别国国籍。获得其他中美洲国家或与尼加拉瓜签有双重国籍协定国家的国籍者，亦不丧失尼加拉瓜国籍。

国籍是一个自然人与某个特定政治国家的法律纽带，在现代社会生存，每一个自然人都应当获得一个特定国家的国籍，才能获得特定国家的宪法和法律的必要保障。无国籍人的权利相对于有国籍人来说，是很难得到固定和有效保障的。所以，在国际法层面曾经针对具有两个以上国籍的人的第三国待遇问题做了专门规定。1930年海牙国籍法公约第5条规定：具有一个以上国籍的人，在第三国境内，应被视为只有一个国籍。第三国在不妨碍适用该国关于个人身份事件的法律以及任何有效条约的情况下，就该人所有的各国籍中，应在其领土内只承认该人经常及主要居所所在国家的国籍，或者只承认在各种情况下似与该人实际上关系最密切的国家的国籍。为了减少无国籍而造成的个人权利易受侵犯的问题，国际社会也先后就无国籍问题达成和缔结了许多国际公约，例如，1930年海牙国际法会议订有《关于某种无国籍情况的议定书》，1933年订立的《美洲国家间国籍公约》，1954年联合国关于《无国籍人地位的公约》等，这些国际公约都为解决无国籍问题提供了很好的法律途径。

就目前的宪法文本关于国籍规定的情况来看，大多数移民国家都比较重视在宪法文本中直接确立国籍制度，例如，拉丁美洲国家的宪法文本，大都在第一章首先明确国家构成制度和国籍制度，其背后的社会原因在于这些移民国家必须要通过宪法明确国籍制度的方式来确立作为国家构成基本要素的"人民"的来源，而一些具有悠久历史传统的文明古国，由于不用担心本国居民的来源，所以，很少有在宪法文本中直接规定国籍制度的，只是通过专门的国籍法来加以确认。所以，以宪法规范的形式来肯定国籍制度在宪法学理论上也是具有非常重要意义的。将国籍问题纳入宪法之中，实际上就将与国家相对应的个人的法律地位提升到了与国家相互并列的高度，从而为宪法调整个人与国家之间的关系提供了最坚实的社会关系基础。

2. 公民资格

将具有本国国籍的人作为与政治国家相对应的权利义务关系主体，继而通过宪法的规定来产生一个国家的基本宪法制度，这是绝大多数国家宪法制度的基本特色，但也有一些国家并没有将具有国籍的人与作为与政治国家相对应的主体"公民"直接对应起来，而是对具有国籍身份的一部分人赋予了"公民"身份，并且通过宪法赋予公民相应宪法权利的方式来区别具有国籍身份的人与具有公民身份的人在宪法上的地位的不同。例如，1984年《厄瓜多尔共和国宪法》第12条规定：18岁以上的厄瓜多尔人为公民。第13条规定：凡有下列情况者，停止享有公民权：（1）在法律剥夺其权利期间（因无偿付能力的确实破产者）；（2）在被判处徒刑剥夺自由期间（不服判决者除外）；（3）法律规定的其他情形。1987年《海地共和国宪法》第16条规定：公民资格兼有公民权和政治权。这些权利的享有、行使、中止或丧失由法律规定；法定年龄为18岁。根据上述规定，很显然，公民资格并不仅仅与政治权利有关，与公民权也有一定的法律联系，同时还与公民义务有关。1986年《尼加拉瓜共和国宪法》第52条明确规定：公民身份与公民的义务相关。每项权利均有相应的对等义务。由此可见，作为与国家相对应的个人"公民"，如果仅仅以具有国籍来作为确认标准，就可能会导致有相当多的具有本国国籍的人由于自身行为能力的限制，而只能享有国家提供的权利，无法有效地履行对国家所尽的义务，故从权利与义务相一致的原则出发，将公民身份与具有国籍的人相区分，对于正确地认识个人与国家之间的关系也具有一定的理论意义和实践意义。不过，从总体上看，个人与国家之间的权利义务关系是以国籍作为纽带的，个人与国家之间的权利义务关系也不完全如同民事法律所确定的权利义务关系一样一一对应，具有整体对应性和抽象对应性的特点。

3. 外国人问题

外国人问题也是传统宪法学理论没有加以重视的，但该问题在宪法学理论中加以系统探讨是很有必要的。虽然外国人与自己所居住的国家不存在宪法上紧密的联系，但是，也涉及外国人所居住的国家是否应当承担保障外国人权利的宪法义务问题。这个问题在早期的宪法文件中都没有严格地加以区分。第二次世界大战后，在联合国通过《世界人权宣言》，确立了各缔约国保障人权的普遍责任之后，即便是生活在本国境内的外国人，其根据有关国际人权公约所应当享有的基本人权，其所在的居住国也应当给予尊重和保护。由此就对现代国家在保障个人的权利方面提出了双重的保障义务。首先，任何政治国家都有义务依据个人与国家之间的关系，保护具有本国国籍的人和本国公民的合法权利；其次，任何政治国家，即便是没有参加国际人权公约，也有义务在该国的领土范围内，对居住在该国领土境内的所有自然人承担保障基本人权的义务。例如，1993年5月5日通过的《吉尔吉斯斯坦共和国宪法》第14条规定：每个吉尔吉斯斯坦共和国公民均由于其国籍而享有权利并承担义务。在吉尔吉斯斯坦共和国的外国人和无国籍者享有公民权利和自由，并且根据法律、国际条约和协定所规定的理由、条件和程序承担义务。当然，根据该宪法的规定，在吉尔吉斯斯坦共和国的外国人和无国籍者享有的权利与具有本国国籍的公民享有的权利范围是不一样的。外国人和无国籍人享有的是该宪法第15条到第20条规定的各项权利，而这些权利吉尔吉斯斯坦公民同样有权享有。但是，该宪法从第21条到第41条所规定的"公民的权利与义务"则主要适用于吉尔吉斯斯坦公民。

外国人虽然在其所居住的国家也享有宪法上的权利保护，但这种保护也是以外国人应当依法向所居住国家承担一定的义务为前提的。不存在外国人只享有权利，而不承担义务的情形。总之，作为调整个人与国家之间关系的宪法，不论是调整哪一个层面的具体社会关系，宪法作为根本法其根本任务就是在被调整的社会关系主体双方或者是各方之间设立相应的权利与义务一致性的关系。这是宪法所调整的个人与国家之间关系的一般法律原则的要求。

三　政党制度

政党政治是现代民主政治的一大特点。"政党是这样一种组织，它通常是通过选举它提出的候选人担任公职，以达到控制政府机构的目的。政党有很多形式，但它们的主要职能都是相同的，这便是：提供担任政府职务的人员；组织这些人员制定和执行国家政策；以及在个人和政府之间起桥梁作用。"① 马克思主义政党学说认为，政党是一定的阶级、阶层或利益集团为了共同利益，以夺取或控制政权，或影响政治权力的运用，而由其先进分子建立的具有一定组织形式的现代政治组织。简单地讲，政党是指以实现特定的政治理想为目的的政治组织和团体。一般认为，政党主要由四个要素组成：（1）党员；（2）政治纲领；（3）领袖；（4）组织纪律。政党的特点是：（1）具有鲜明的阶级性，反映一定阶级或阶层的共同利益；（2）其目的是夺取或控制政权，或影响政治权力的运用，最终实现自

---

① 《新哥伦比亚百科全书》，哥伦比亚大学出版社1975年纽约和伦敦版，第2076—2077页，转引自张庆福主编《宪法学基本理论》下卷，社会科学文献出版社1999年版，第460页。

己的利益（政治目的性）；（3）为实现前述目的，政党都有体现其基本政治目标和政治见解的政治纲领（政治纲领是区别不同政党的主要标志）；（4）政党是以结社自由为法律基础建立起来的社会政治组织，有一定的组织体系（组织结构、领袖集团、党纪）。

政党制度是关于政党组织、政党活动及政党参与行使国家权力的方式的一系列制度的总和。它包括三个要素：（1）国家对政党的政治地位、活动规范和执政参政的法律规范；（2）事实上形成的政党活动方式、执政参政方式，执政党与其他党派、社会团体的关系，以及社会对政党的承认程度；（3）政党自身的政治纲领、组织原则和组织体系。

各国的政党制度因历史传统和具体国情不同而具有很强的差异性、民族性和国家特点。自资产阶级政党产生以来，政党的活动就渗透于国家权力运行的各个环节。宪法是主要用来调整国家权力运行的国家根本法，必然要对政党的活动加以规范。但各国的政党制度是长期以来政党干预政治的习惯所形成的，早期在宪法中没有明文规定，只是以宪法惯例形式在代议制中发挥着作用。最早规定政党制度的是1919年德国魏玛宪法。该宪法将政党作为社团组织的形式，作为人民基本权利之一加以规定。第二次世界大战后，各资本主义国家的政党制度有了变化，主要是在议会中产生的派系（党派）逐渐固定化。将政党活动纳入法治轨道，使它在宪法和法律规定的范围内开展活动，成为世界各国政党制度发展的潮流。如1949年德意志联邦共和国基本法第21条规定："政党参与人民的政治意志。可以自由建立政党。政党的内部组织必须符合民主原则。它们必须公开说明其资金来源。……"广大发展中国家宪法对政党制度也加以确认。1970年伊拉克临时宪法第26条规定："在遵守宪法目标的条件下并在法律规定的范围内，本宪法保障……组织政党和社团的自由。"

然而，到目前为止，各国宪法对政党制度的规定仍很原则，世界上只有德国等极少数的国家制定了专门的政党法，关于政党制度的一些基本内容多散见于组织法、选举法以及民法、刑法等普通法律中。在各种法律形式中，宪法是政党制度化的基本形式。世界各国宪法规定的有关政党制度的内容主要有：（1）结党自由。第二次世界大战以后各资本主义国家接受了法西斯政党的教训，对公民自由组织政党予以严格的法律保护，政党活动只要不违背宪法和法律规定，法院概不干预。（2）多党制还是一党制。多党制是现代资本主义政治制度的一个重要特征，它是适应资本主义竞争的要求而产生的。多党制包括两党制和两党以上政党的制度。两党制的代表有英国的保守党和工党、美国的民主党和共和党等。这些国家的两党制是作为宪法惯例而存在的。目前多数资本主义国家实行两党以上的多党制,多党制的特点是经常由几个政党联合轮流执政,或几个政党联盟轮流执政。法国、德国是多党制的典型。一些发展中国家在民族独立后,受原殖民国或宗主国的影响,在政治体制上多采取多党制。而在宪法中规定一党制的国家主要是非洲和太平洋地区的发展中国家。这些国家大多是在某政党的领导下,取得了民族民主革命的胜利。革命胜利后,该政党继续成为国家政治活动中的核心力量。(3) 对特别人群结党自由的限制。如1973年《巴基斯坦宪法》第17条第2款规定:"凡不担任巴基斯坦公务员的任何公民都有建立或参加政党的权利。"

中国共产党领导的多党合作和政治协商制度是我国的政党制度,是有中国特色的社会主义民主政治制度的重要内容。它是在坚持四项基本原则的基础上,中国共产党与各民主党派长期共存、互相监督、肝胆相照、荣辱与共,共同管理和建设国家。在我国,有关政党制度的内容是通过宪法和有关的组织法规定的。它包括以下几个方面的基本内容:

(1) 我国宪法序言规定:"全国各族人民、一切国家机关和武装力量、各政党和各社会团体、各企业事业组织,都必须以宪法为根本的活动准则,并且负有维护宪法尊严、保证宪法实施的职责。"中国共产党和各民主党派都必须在宪法和法律规定的范围内活动。

(2) 我国是人民民主专政的社会主义国家。中国共产党是社会主义事业的领导核心,是执政党。现行宪法第2条第1款规定:中国共产党领导是中国特色社会主义最本质的特征。各民主党派是自己所联系的一部分社会主义劳动者、社会主义事业的建设者和一部分拥护社会主义的爱国者的政治联盟,是接受共产党领导的,同共产党通力合作、致力于社会主义事业的亲密友党,是参政党。我国的多党合作必须坚持中国共产党的领导,必须坚持四项基本原则,这是多党合作的政治基础。

(3) 坚持社会主义初级阶段的基本路线,为把我国建设成为富强民主文明和谐美丽的社会主义现代化强国,为统一祖国、振兴中华而奋斗,是各党派的共同任务。

(4) "长期共存、互相监督、肝胆相照、荣辱与共"是多党合作的基本方针。

(5) 民主党派享有宪法规定的权利和义务范围内的政治自由、组织独立和法律平等地位。中国共产党支持民主党派独立自主地处理自己的内部事务，帮助他们改善工作条件，支持他们开展各项活动，维护本组织成员及其所联系群众的合法利益和合理要求。

我国的政党制度有别于其他国家的两党制、多党制和一党制。它的特点表现在：

第一，确认中国共产党的领导地位。

这是多党合作制的前提。《中国共产党章程》开宗明义地宣布："中国共产党是中国工人阶级的先锋队，是中国各族人民利益的忠实代表，是中国社会主义事业的领导核心。"明确了中国共产党作为工人阶级政党的性质和执政党地位。

第二，民主党派是参政党，与中国共产党一起共同参加国家政权机关的管理工作，没有执政党和在野党之分。

我国目前有八个民主党派，他们分别是中国国民党革命委员会（简称"民革"）、中国民主同盟（简称"民盟"）、中国民主建国会（简称"民建"）、中国民主促进会（简称"民进"）、中国农工党（简称"农工党"）、中国致公党（简称"致公党"）、九三学社（简称"九三"）、台湾民主自治同盟（简称"台盟"）。中国社会主义改造完成以后，民主党派已由过去以民族资产阶级和城市小资产阶级为主体的政党，转变为由一部分社会主义劳动者、社会主义事业的建设者和拥护社会主义的爱国者组成的为社会主义服务的政党。

中国共产党和民主党派一起，共同参与对国家事务的管理。它们之间只有领导执政与参与执政之分，没有西方两党制或多党制下那种执政党和在野党之分。对于参政党的含义，尚无明确的法律规定。从宪法惯例和政策看，我国民主党派是参政党，具体来说就是参加政府，在国家机关中占一定席位，并适当担任公职，参加国事管理，根据宪法与执政党一道就国家大政方针、人事问题和社会重大问题进行协商，根据互相监督的原则对执政党的活动进行监督，并且发挥民主党派成员在文化、科学、技术等方面的专长为社会主义建设提供服务等。

目前，民主党派参政的途径主要包括：通过人民政协发挥各民主党派的作用；通过中国共产党各级机关与各民主党派的相应机关之间的协商活动发挥民主党派的作用；通过在人民代表中占有一定的比例，从而在人民代表大会中发挥作用；通过民主党派成员在国务院及其有关部委和县以上地方政府及有关部门担任领导职务，从而通过国家各级政府和审判机关、检察机关发挥民主党派的作用；在国家有关部门的支持和指导下，各民主党派按照国家的宪法和政策规定，有计划地开展对台湾同胞、港澳同胞、海外侨胞和外籍华人的联谊工作。

第三，政治协商、互相监督、长期共存。

政治协商是指在多党合作的过程中，中国共产党和各民主党派就有关国家和地方的大政方针以及政治、经济、文化和社会生活中的重要问题在决策之前进行协商和就决议执行过程中的重要问题进行协商的制度。互相监督包括中国共产党对各民主党派的领导与监督和民主党派对中国共产党及其所领导政权的监督两方面内容，但主要是后者。在国家政治生活和政党关系中，民主党派的民主监督范围十分广泛，主要包括对国家宪法、法律和法规的实施，重大方针政策的贯彻执行，国家机关及其工作人员的工作通过建议和批评进行监督。

中国的多党合作体制，既能发扬各党派之间相互监督的长处和一党统一领导的优点，又克服了两党制或多党制下各党相互争斗带来政局动荡的弊端和一党制下很容易产生缺乏监督制约的不足，是一种具有中国特色的新型政党制度。

四 选举制度

关于选举制度与宪法的关系，在传统的宪法学理论中，存在不同的学说观点。一种观点认为，选举制度受民主原则和选举原则的支配，其正当性不依赖于宪法的规定而获得，恰恰相反，宪法的正当性要依靠选举制度产生的代议机构或者是其他形式的制宪机构来获得，所以，选举制度不属于依据宪法规范建立起来的宪法制度，宪法对选举制度的规定只能视为宪法规范对选举制度的确认，选举制度属于基本国家制度的范畴，宪法作为根本法只是运用法律的形式来肯定选举制度[1]。另一种观点则主张，选举制度应当以保障选民的选举权利为核心，属于依据宪法规定所产生的宪法制度，选举制度必须严格地依照宪法规范的规定来运行[2]。

---

[1] 例如，唐晓等的《当代西方国家政治制度》一书就主张："选举制度是政治制度的重要组成部分，它以法律的形式规定了选举国家代表机关的代表和国家公职人员的原则、程序和方法，是各种选举法律规则的总称。"参见唐晓等《当代西方国家政治制度》，世界知识出版社1996年版，第61页。

[2] 周叶中、韩大元主编的《宪法》一书主张，"选举制度虽然从表面上看是由选举法律规定的选举原则、选举程序、选举方法、计票规则、当选制度等构成的具体制度的总和，但从本质上看，选举制度实质是规定或保障选举权利行使的一系列制度"。参见周叶中、韩大元主编《宪法》，法律出版社2006年版，第401页。

笔者认为，选举制度应当作为现代社会一个国家政治制度的组成部分，是现代民主政治相对于专制制度的产物，但由于选举制度在民主政治中具有基础性的构建作用，是其他政治制度的正当性基础，所以，选举制度具有自身的独立性。从基于民主政治产生的现代宪法的正当性来看，选举制度所赖以存在的选举原则是宪法价值的重要来源，选举制度在价值形态上可以独立于宪法规范之外独立存在。因此，从法理上看，选举制度的正当性基础并不一定可以完全法律化，从选举制度与宪法的关系来看，许多国家往往是在正式的宪法产生之前，就已经存在以选举原则为指导的选举制度。例如，新中国直到1954年才制定出第一部宪法，而第一部宪法是由基于选举法产生的第一届全国人民代表大会通过的。早在1953年2月11日，中央人民政府委员会第22次会议审议通过选举法，并于3月1日起正式实施。根据选举法以及选举法所确立的选举原则，1954年6月在全国完成第一次普选，1954年9月15日至28日在北京召开了第一届全国人民代表大会，并在第一届全国人民代表大会上通过了《中华人民共和国宪法》。很显然，相对于1954年宪法来说，在我国，是选举法在先，选举制度是作为宪法赖以产生的政治基础而存在的，因此，选举制度不完全依附于宪法的规定而存在，具有一定的制度独立性。从1954年宪法到1982年现行宪法，宪法中关于选举制度的规定实际上是对在1954年宪法产生之前业已存在的选举制度的确认。

事实上，以民主原则为基础的现代选举制度是基于选举的基本原则而形成的，选举制度的具体制度设计都是旨在有效地实现选举的基本原则。这些原则主要包括选举的普遍原则、平等选举原则、直接选举与间接选举相结合原则以及秘密投票原则。选举制度在实际中的运行机制也是适应选举的基本原则的要求不断向前发展的，具有很强的政策性特征。特别是选举中的普遍性原则和平等选举原则，是随着选举实践的发展而不断得到完善的。宪法作为根本法，对于这些选举原则只是在事后起着确认和肯定的作用。

现代选举民主理论是以保障选民的选举权为核心的。许多关于选举民主的理论探讨就是从研究选举权的性质入手的。日本宪法学者森口繁治在《选举制度论》一书中比较详细地探讨了有关选举权性质的学术争论。有关选举权的性质，总共存在三种主流看法。

第一种学说是以德国的拉班德（Laband）为代表，认为选举人行使的权利与选举人自身依据法律所享有的权利性质不同，离开了国家，选举人就没有意义,因此,选举权是一种国家的权利,是法的反射,而不是个人的权利。

第二种学说是以法国的狄骥(Duguit)为代表,认为选举人是权利主体,又是负担公务的,选举权是权利,又是职务。说选举权是权利,就是说承认公民的资格,如果具备了其他条件,就可以投票。

第三种学说是以德国的耶林内克(Jellinek)为代表,主张选举权是职务同时又是权利。但说选举是权利,其意义不外是指权限,本来没有当作权利。选举人执行选举,与直接民主国人民自己执行国家权力的作用相同,属于执行公务,在其中行使公务的权利主体是国家,而不是选举人为了自身获利而存在的权利主体[①]。

我国著名比较宪法学者王世杰、钱端升在《比较宪法》一书中也对选举权的性质相关理论做了深入探讨,归纳出三种不同理论,一是选举权为国民的固有权利说;二是选举权为社会职务说;三是选举权兼具权利与职务两性说[②]。并将选举权定义为"公民得以书面的或非书面的方法,选举国家立法机关或其他国家机关的人员的权能"。这种"权能"兼具"权利"与"职务"两种性质[③]。

关于选举民主的另一个重要理论焦点是选举权应当是普遍的,还是有限的。主张有限的认为,选举权应当受到男性、财产和教育条件的限制。主张选举权应当是普遍的,主要有卢梭的"人民主权说"和边沁的"功利主义说"。卢梭认为,人民应当平等地享有"主权",如果一个国家有6000人,那么,每一个人应当享有1/6000的主权。边沁认为,选举权的普遍性应当从人人追求功利和幸福的角度来理解。选举权不是一个权利问题,而是一个功利问题。

关于妇女是否应当与男子一样享有同等的选举权,这是传统选举民主理论所关注的另一个重要问题。主张妇女不应当与男子一样享有选举权的观点认为,妇女自身的生理特点、男女之间的社会分工以及妇女不承担兵役义务等决定了不应当给予妇女普遍的选举权。赞同赋予妇女选举权的,主要起源于英国的女权运动的推动者穆勒。他主张妇女应当与男子一样享

---

① 参见[日]森口繁治《选举制度论》,刘光华译,廖初民点校,中国政法大学出版社2005年版,第49—59页。
② 参见王世杰、钱端升《比较宪法》,中国政法大学出版社1997年版,第134—136页。
③ 参见王世杰、钱端升《比较宪法》,中国政法大学出版社1997年版,第134页。

有同等的选举权①。

总的来说，选举民主理论一直是围绕着选举权的性质、选举权的普遍性以及选举权的平等性等问题展开的。由于存在截然不同的相反观点和学说，所以，选举民主在实践中也是逐步向前发展的。直到20世纪中叶，选举中的普遍原则和平等原则才在各国宪法、选举法中得到了充分肯定。

有关选举民主的另一个重要理论问题是直接选举与间接选举之间的相互关系，例如，像美国总统选举中的选举人团制度与选民的关系问题。选举人团制度，在欧洲一直可以追溯到罗马共和时期的百户代表大会选举罗马参议员。罗马共和国时期，罗马的成年男性根据财产划分成百人一组，然后每组一票来选举参议员。这样一种民主的制度基因，千年来由天主教教廷保存了下来。世事沧桑，到处分分合合改朝换代，教皇却一直是按照这一程序选举产生的。美国独立战争后，制宪会议的精英们采纳了这一制度来决定美国总统的人选。1787年《美国宪法》第2条第1款规定：行政权属于美利坚合众国总统。总统任期四年，副总统的任期相同。总统和副总统按以下方法选举：每个州依照该州议会所定方式选派选举人若干人，其数目同该州在国会应有的参议员和众议员总人数相等。但是，选举人团制度在实践中也出现了一些问题，主要是选民投票率高的候选人，可能会因为选举人团制度无法当选美国联邦总统。此类事情在历史上总共发生了四次。1876年的总统大选就出现得票率低的候选人获胜的情形，当时共和党候选人海斯以超过一张选举人票击败得票率高达51%的民主党候选人提顿。1888年民主党的克利夫兰得票率为48.6%，却输给得票率为47.8%的共和党候选人哈里逊，因为哈里逊获得的选举人票比克利夫兰多出65张。更怪的事发生在1824年大选上，贾克森的得票率与选举人票都比对手为多，但却未入主白宫。在当时，这种不正常的现象似乎司空见惯，并没有激起选民愤怒或抗争的情绪。最近的一次是2000年美国总统大选，民主党候选人戈尔选票领先，但却因为选举人票不够而没有当选。针对选举人团存在的问题，以致有的美国政治家提出要废除"选举人团制度"②。不过，由于选举人团制度避免了民众直接投票所造成的忽视州的利益的弊端，所以，目前仍然有效，并成为美国现代选举民主的一个重要特色。

---

① 参见王世杰、钱端升《比较宪法》，中国政法大学出版社1997年版，第136—142页。
② 《江南时报》2000年11月12日第3版。

在选举实践中,选举的普遍原则、平等选举原则也是逐步实现的。在早期的选举制度下,选举资格却受到各种各样的限制。所谓普选制恰恰是与那种选举权仅仅被少数人所享有的制度相对应的、一般民众可以普遍享有选举权的法律制度。从历史发展的角度看,普选制度的逐步推行本身就是一个选民资格不断扩大的过程。从世界范围看,普遍选举权的实现主要是 19 世纪开始逐步实现的。以要求普遍选举为由,进一步扩大选举权,这是整个 19 世纪的一种普遍趋势①。以英国为例,1867 年英国降低了对选民财产资格的要求,把公民权扩大到工人阶级,这次改革使选民比例上升到 13%。1884 年,英国再次扩大公民选举权,给予郡的工人以选举权,并进一步降低对选民财产资格的要求,规定无论在郡和自治市,每年收入达 10 英镑的成年男子即有选举权,从而使选民比例达到 29%。1928 年,英国将妇女的选举年龄降至 21 周岁,从而使英国所有成年人均享有选举权。1969 年,英国又将公民选举年龄降至 18 周岁。首先是选举权由特定的阶层享有转而由纳税人享有,即身份选举制向纳税选举制的转化②。此后,随着纳税标准的降低,选举权的普遍性进一步扩大,逐渐打破财产、性别等限制性因素。

关于选举平等原则,在早期的选举实践中,并没有得到很好的贯彻。在美国,直到 1919 年才通过了第 19 条宪法修正案,该修正案规定公民的选举权不得因性别而被加以拒绝和限制,从而实现了男女平等的选举权。1964 年,美国联邦宪法第 24 条修正案取消了选民人头税及其他税种的限制;1965 年,国会通过的选举法取消了各州对选民的文字测验;1971 年,美国联邦宪法第 26 条修正案确认了年满 18 岁的公民即享有选举权。

在法国,1789 年资产阶级大革命时期,虽然产生了以自由选举为基础的大国民会议,但却基于财产等因素的限制,将公民区分为积极公民和消极公民。只有积极公民才享有充分的选举权。1875 年,法国恢复了共和政体,才使选举中的民主原则得到了充分肯定并稳定下来。此后,随着 1946 年、1958 年和 1974 年等多次修改选举法,才真正地实现了选举的普遍原则和平等原则。

可以看到,选举制度与宪法的关系是宪法不断地通过宪法规范确认选举制度的基本原则的方式来巩固选举制度的改革和发展成果的。在选举制

---

① [日]佐腾功:《比较政治制度》,法律出版社 1984 年版,第 35 页。
② 参见胡盛仪、陈小京、田穗生《中外选举制度比较》,商务印书馆 2000 年版,第 76 页。

度的发展过程中,许多国家逐渐在成文宪法文本中明确了选举的基本原则。例如,1994年11月6日通过的《塔吉克斯坦共和国宪法》第27条第5款规定:选举和公决按照普遍、平等、直接选举制度,采用秘密投票方式进行。1995年7月5日通过的《亚美尼亚共和国宪法》第3条明确规定:亚美尼亚共和国总统、国民会议、地方自治机关选举及全民公决,均按照普遍、平等、直接选举制,采用秘密投票方式进行。有的国家宪法则对"选举制度"做专章节规定,将选举制度全面、系统地纳入宪法制度的范围。例如,1976年2月15日通过的《古巴共和国宪法》第11章"选举制度",就详细规定了选举权利、选举程序等一系列选举的基本制度。再如,1949年11月7日通过的《哥斯达黎加共和国宪法》不仅在第2章"政治权利与义务"中专设第2节规定"选举制度",而且在该章第3节还规定了保障宪法所确认的选举制度有效运行的"最高选举法院",使得选举制度不仅有宪法规范的约束,而且还有选举法院的保障,比较好地体现了作为宪法规范所确认的基本国家制度的最重要的法律特征。

五 基本国家政权制度

一个国家的基本国家政权制度主要是确立该国的国家政权性质、政权组织形式以及国家结构形式的规则、程序、组织、人员等政治基础的一系列行为规则以及规则运行机制的总和,是一个国家"政治统治功能"的"内容"与"形式"的高度统一。其中,国家政权性质,传统宪法学简称为"国体",是指一个国家的政治统治功能的实质"内容";国家政权组织形式,传统宪法学简称为"政体",是一个国家的政治统治权力的组织形式,也是一个国家基本国家制度的表现形式,国家结构形式也是"政体"的另一种表现形式。一个国家的基本国家政权制度,是个人与国家之间关系的最重要的表现形式,它是宪法制度赖以产生和存在的前提。作为根本法的宪法,它首先是一个国家基本国家政权制度的产物,与此同时,它是一个国家基本国家政权制度的集中体现。世界上绝大多数国家的宪法都对该国基本国家政权制度做了充分的肯定,并以此作为宪法正当性的政治基础和制度保障。

(一)宪法对国体的确认

传统的宪法学理论认为,国体实际上就是指在一个国家中,谁是统治阶级,谁是被统治阶级,谁是统治阶级的同盟者,国体又称为"国家的阶级本质"①。国体反映在个人与国家之间的关系上,实际上就是决定作为国家构成要素之一的"人民"的范围,特别是可以行使国家主权的"人民"的范围。虽然在宪法学理论上,作为国家构成要素的"人民"的概念逐渐普遍化,成为具有一个国家国籍的人的集合体,但是,"人民"这一具有高度政治性的概念目前仍然具有一定的存在价值,特别是在许多国家的宪法文本中仍旧得到了肯定。例如,1787 年美国宪法序言就明确宣称:"我们合众国人民",为建立更完善的联邦,树立正义,保障国内安宁,提供共同防务,促进公共福利,并使我们自己和后代得享有自由的幸福,特为美利坚合众国制定宪法。有的国家在宪法中明确对国家性质的过渡性做出肯定,例如,1980 年《圭亚那合作共和国宪法》第 1 条规定:圭亚那是一个正在从资本主义向社会主义过渡的、不可分割的、世俗的和民主的主权国家。其全称为圭亚那合作共和国。

中华人民共和国是人民民主专政的社会主义国家。我国的人民民主专政经历了新民主主义革命和社会主义革命与社会主义建设两个时期。它随着革命的发展产生了相应的发展变化。应该说,人民民主专政是在中国共产党领导下,中国人民在长期革命斗争中的一个伟大创造。抗日战争时期,各抗日根据地的革命政权就是人民民主专政的雏形。

在马克思主义国家学说的指导下,新中国成立后的共同纲领和历部宪法都对国体做了规定。例如,《共同纲领》第 1 条规定:"中华人民共和国为新民主主义即人民民主主义的国家,实行工人阶级领导的、以工农联盟为基础的、团结各民主阶级和国内各民族的人民民主专政,反对帝国主义、封建主义和官僚资本主义,为中国的独立、民主、和平、统一和富强而奋斗。"1954 年宪法第 1 条规定:"中华人民共和国是工人阶级领导的、以工农联盟为基础的人民民主国家。"1975 年、1978 年宪法都规定:"中华人民共和国是工人阶级领导的、以工农联盟为基础的无产阶级专政的社会主义国家。"现行宪法第 1 条、第 2 条规定:"中华人民共和国是工人阶级领导的、以工农联盟为基础的人民民主专政的社会主义国家。""中华人民共和国的一切权力属于人民。人民行使国家权力的机关是全国人民代表大会和地方各级人民代表大会。"上述规定确认了我国的一切权力属于人民整体,人民行使国家权力的机关则是全国人民代表大会和地方各级人民代表大会。

---

① 参见肖蔚云等编著《宪法学概论》,北京大学出版社 1982 年版,第 101 页。

人民民主专政作为无产阶级专政的重要特点在于人民民主专政有一个广泛的统一战线作为它的政治基础。

中国共产党在领导中国人民进行革命斗争和社会主义建设事业中，以马克思主义为指导，创造性地建立了统一战线。统一战线是中国革命和建设中的重要法宝。为此，宪法在序言中做出规定："在长期的革命、建设、改革过程中，已经结成由中国共产党领导的，有各民主党派和各人民团体参加的，包括全体社会主义劳动者、社会主义事业的建设者、拥护社会主义的爱国者、拥护祖国统一和致力于中华民族伟大复兴的爱国者的广泛的爱国统一战线，这个统一战线将继续巩固和发展。"

统一战线经历了三个时期：新民主主义革命时期、新中国成立初期（包括社会主义改造基本完成时期）以及改革开放和社会主义现代化建设的新时期。党的十一届三中全会以后，统一战线进入了改革开放和社会主义现代化建设的新的历史时期，此时的统一战线称为爱国统一战线。它是由中国共产党领导的，有各民主党派和各人民团体参加的，包括全体社会主义劳动者、社会主义事业的建设者、拥护社会主义的爱国者、拥护祖国统一和致力于中华民族伟大复兴的爱国者的广泛的政治联盟。爱国统一战线在本质上仍然以工农联盟为基础，实际上也还包含两个联盟，即以社会主义为政治基础的由内地范围内全体劳动者、建设者、爱国者组成的联盟和以拥护祖国统一为政治基础的包括台湾同胞、港澳同胞、海外侨胞在内的联盟。凡是赞成祖国统一的，都是统一战线团结的对象。爱国统一战线经由中国人民政治协商会议这种组织形式在我国社会主义建设和祖国统一的大业中发挥着重要的作用。

党的十七大报告对于人民政协的性质、地位和作用又有了新的精神，这些精神对于健全和完善多党合作和政治协商制度，对于通过宪法来确立我国的政党制度都具有非常重要的意义。十七大报告提出：支持人民政协围绕团结和民主两大主题履行职能，推进政治协商、民主监督、参政议政制度建设；把政治协商纳入决策程序，完善民主监督机制，提高参政议政实效；加强政协自身建设，发挥协调关系、汇聚力量、建言献策、服务大局的重要作用。上述报告精神可以通过宪法修改的途径进入宪法文本中，成为我国现行宪法所确立的政党制度的一部分内容。

（二）宪法对政体的确认

对于政体，不同时代、不同学派的政治学家和法律家都有各自不同的理解，并在各自的研究范围内广泛使用这个概念。如洛克认为，"政体、政府的形式以最高权力，即立法权的隶属关系而定"①，并据此将政体分为民主政体、寡头政体和君主政体；卢梭则说："凡是实行法治的国家——无论其行政形式如何——我都称之为共和国。"② 长期以来，我国法学界特别是宪法学界一般在一种特定的或专门的意义上理解和使用"政体"，将其作为区别于体现国家阶级性质的"国体"的概念来使用。根据我国宪法学界传统的理解和做法，政体通常指的是政权组织形式，即特定社会的统治阶级采取何种原则和方式，组成并代表国家系统地行使权力，以实现阶级统治任务的政权机关体系。毛泽东同志曾对政体做了这样的表述："所谓'政体'问题，那是指的政权构成的形式问题，指的一定的社会阶级取何种形式去组织那反对敌人保护自己的政权机关。"③

依照国家类型的不同，我们可以把政体分为奴隶制国家的政体、封建制国家的政体、资本主义国家的政体和社会主义国家的政体。根据国家元首的权力是民选还是世袭，可以把政体分为共和制和君主制。

共和制是指国家权力，尤其是主权属于人民，最高国家权力机关和作为国家代表的国家元首由选举产生并有一定任期限制的一种政体。具体包括以下类型：

（1）总统制。凡是由总统直接领导政府，政府不对议会负责的国家，成为总统制共和国。例如，美国的总统制，法国等国家的半总统制。前者的特点是总统既是国家元首，又是政府首脑，国家权力依一定原则在总统、议会和司法机关（最高法院法官终身任职，由总统任命）中进行配置，三者独立，总统和议会均由选民选举产生，总统和由其任命的各部部长不对议会负责，总统对议会有否决权，但不得解散议会。总的来看，总统权力呈加强的趋势。后者的特点是总统由选民直接选举产生并作为国家元首拥有实权，由议会中的多数党组阁，成立政府，对议会负责，议会可以倒阁。

（2）议会内阁（cabinet）制，又称议会制或责任内阁制。凡是政府（内阁）由拥有多数议席的政党组成并对议会负责的国家，都称为议会制的共和国。其特点是，国家元首为虚权元首，仅在形式上代表国家，不对议会负责，立法机关也不得更换国家元首。议会由选举产生的议员组成，政府由议会中的多数党或政党联盟组成，政府（内阁）对议会负责，议会

---

① ［英］洛克：《政府论》下册，瞿菊农、叶启芳译，商务印书馆1983年版，第81页。
② ［法］卢梭：《社会契约论》，何兆武译，商务印书馆1982年版，第51页。
③ 《毛泽东选集》第2卷，人民出版社1991年版，第677页。

可以通过不信任案倒阁。政府也可以依照宪法程序解散议会，重新组织大选。例如，德国、意大利、印度。

（3）委员会制。即国家的最高行政权由委员会集体行使的一种制度，是以瑞士的联邦行政委员会制为代表的政体。在瑞士，国家权力分为立法、行政、司法权，立法权由国民院和联邦院组成的联邦议会行使。联邦行政委员会由议会选举7人组成，分别执掌行政委员会所属7个部。行政委员会是一个合议制机构，每周开一次会，做出决定开会人数应为4人，委员会就有关问题平等地进行讨论，以出席会议的委员过半数通过决定。

（4）人民民主共和制。社会主义国家由其国体所决定，采取的必然是适合于广大人民当家做主的治理形式。在国家权力结构上，立法权高于行政权、司法权，马克思把这种权力结构称为"议行合一"制。我国称之为民主集中制。这种权力结构所要求出现的政权组织形式是苏维埃、人民代表大会制等多种组织形式。苏维埃政体形式是列宁在巴黎公社经验基础上结合俄国革命的具体历史情况发展起来的苏联国家政体形式。

君主制又称有限君主制，是以君主或国王为国家元首，但其权力按照宪法规定受不同程度限制的政权组织形式。它实际上是向共和制过渡的一种形式，主要有两种形式：

（1）议会君主制。例如，英国、比利时、荷兰、日本等。在这些国家，君主作为国家元首，仅在形式上代表国家，在国家机关的权力配置中不享有实质意义的国家权力，国家权力主要在议会以及由议会产生的政府和司法机关间进行配置，议会和政府关系处于整个国家机关关系的轴心。

（2）二元君主制。例如，约旦、沙特阿拉伯等国。在这些国家，君主作为国家元首，尚拥有相当的国家权力，君主在国家机关体系中占有重要地位，议会权力较小，政府对君主负责。

我国的政体是人民代表大会制度，即国家的一切权力属于人民。人民代表大会制度是中国特色社会主义民主政治"全过程人民民主"实现的制度载体。这一制度是人民在民主普选的基础上选派代表，组成全国人民代表大会和地方各级人民代表大会作为行使国家权力的机关，其他国家机关由人民代表大会产生，受它监督，对它负责，人大常委会向本级人民代表大会负责，人民代表大会向人民负责的基本政治制度。人民代表大会制度是按照民主集中制的原则组成的，反映了我国国家权力的组织形式。这一政体比较完善地表现了我国人民民主专政的国家性质，既体现了国家权力与人民权利的统一，又保证了各级政府能够在民主的基础上集中处理国家事务，是我国各族人民在中国共产党的领导下，在长期革命斗争中根据我国当时的国情由人民群众创造和发展起来的，因而是适合我国人民民主专政的政体。

我国有不同的政治制度，例如，人民代表大会制度、选举制度、政党制度、工会制度、军事制度、司法制度等。而在这些制度中，处于核心地位，发挥着凝聚、协调政治体系，以及支配政治制度运作的是人民代表大会制度。人民代表大会制度是国家履行自身政治统治功能的表现形式，因此，它是我国的根本政治制度，这种根本性表现在：（1）它直接全面地反映了我国的阶级本质，具体表现在人民代表大会的组成，人大与同级其他国家机关的关系，以及人大和由人大产生的国家机关在行使职权职责过程中始终处于人民的监督之下等三个不同的方面。（2）人大制度产生于我国的革命斗争中，是其他制度（罢工工人代表大会、农民协会、全国工农兵代表大会等）赖以建立的基础。人大制度对这些制度的运行起着决定性的作用。（3）它反映了我国政治生活的全貌。人民代表大会制度是按照民主集中制原则确立的国家机关组织和国家权力配置体系，反映了我国国家制度的基本框架，能全面反映丰富多彩的政治生活；而各种具体制度只能反映我国政治生活的一个侧面。

我国现行宪法第2条、第3条明确规定："中华人民共和国的一切权力属于人民。""人民行使国家权力的机关是全国人民代表大会和地方各级人民代表大会。""中华人民共和国的国家机构实行民主集中制的原则。全国人民代表大会和地方各级人民代表大会都由民主选举产生，对人民负责、受人民监督。""国家行政机关、监察机关、审判机关、检察机关都由人民代表大会产生，对它负责，受它监督。"这表明，我国的政体具有以下特征：

第一，国家的一切权力属于人民，这是人民代表大会制度的实质和根本原则。所谓实质和根本原则，是指人民代表大会制度的组织和一切活动应遵循的最高准则，以及所应达到的最终目标，它反映和体现这个制度的核心内容和本质精神，是人民代表大会制度的灵魂。国家的一切权力属于人民的原则可以追溯到资产阶级启蒙思想家的"主权在民"思想。马克思主义吸收了这一思想的科学蕴涵，提出国家的一切权力属于广大劳动人民的观点，并把它作为政权建设的根本原则。而实现这一原则的方式，在所有的公民无法全部直接参与国家管理的情况下，由人民选举一个代表机关，赋予代表机关掌握国家的一切权力，并从事国家事务管理，然后人民对这个机构及其人员实施监督、罢免。这种方式在我国就表现为人民代表大会制。它能够保证基于选举产生的人民代表大会是国家的权力机关，其他国家机关都由人大产生并接受人大监督，从而在制度上保证国家的权力属于人民。

第二，民主集中制是人民代表大会制度的组织和活动原则。民主集中制的思想最初由马克思主义创始人针对党的组织建设而提出，明确提出该概念的是列宁。列宁首先在建党理论中提出民主集中制，后来在国家制度建设中也经常提到，大多在针对地方自治、反对官僚主义和无政府主义时提及。中国共产党的领导人很早就把民主集中制作为政权的组织原则。1937年毛泽东首次系统论述了民主集中制的意义，我国1954年宪法正式将民主集中制作为国家政权组织的原则。民主集中制原则作为我国政体的组织原则，具体表现为：（1）在人民与人大的关系中，全国人民代表大会和地方各级人民代表大会都由人民直接或间接选举产生，对人民负责、受人民监督。（2）国家行政机关、监察机关、审判机关和检察机关由人民代表大会产生，对它负责，并接受它的监督。（3）中央和地方的国家机构职权的划分，遵循在中央的统一领导下，充分发挥地方的主动性和积极性的原则。（4）人民代表大会本身实行合议制。即人民代表大会在讨论和决定问题时充分发扬民主，实行少数服从多数的原则。但需要注意的是，在处理民主与集中的关系时，不能错误地将"民主基础上的集中"解释为"集中正确意见"；也不能错误地把"集中指导下的民主"演变为"集权民主制"。邓小平同志曾经指出："民主集中制执行得不好，党是可以变质的，国家也是可以变质的，社会主义也是可以变质的。"[①]

第三，我国的人民代表大会制度的结构具有如下特点：（1）人民代表大会制设置了作为国家权力机关的常设机关。而在其他许多国家的代议机构中，并不设常设机构，它们的议会本身就是经常活动的，议会会期很长。（2）人民代表大会制采取一院制的组织形式。世界各国的代议机关有两院制和一院制之分。美国、英国、法国、日本、印度等国的议会由两院构成；荷兰、丹麦、瑞典、缅甸、朝鲜等国的代议机关由一院构成。采取何种形式取决于各国的政治传统和具体国情。

（三）宪法对国家结构形式的确认

国家结构是指国家的政权组成，也就是指国家的政体是由哪些部分组

[①] 《邓小平文选》第1卷，人民出版社1994年版，第303页。

成的。国家结构形式则是指特定国家按照什么原则，采取何种形式来划分国家内部区域，调整整体与部分、中央与地方之间的相互关系。以地缘政治为基础的国家，必然存在整体与部分、中央与地方的关系问题。如何看待和调节这种关系，就构成了国家结构的问题。

国家结构形式与政权组织形式同属国家形式，是国家本质的外在表现，是国体的具体外在实现形式。但二者具有严格区别：国家结构形式着重从政权体系纵的方面体现国家权力的运行关系，是以中央和地方不同层次的行政区域划分表现出来的；政权组织形式则着重从政权体系横的方面体现国家权力的运行关系，以统一行政区域内立法机关、行政机关、监察机关、审判机关和检察机关以及其他国家机关的相互关系表现出来。

国家结构形式是随着国家的产生和发展而形成和变化的。历史上，自奴隶制国家产生后，即按地域划分行政区，以代替原始社会按血缘划分的氏族。由于各国的具体国情不同，处理中央与地方关系的原则和方式也有所不同。但一般来说，国家结构形式主要有单一制和复合制两大类型。

所谓单一制，是指国家由若干普通行政单位或自治单位、特别行政区等组成，各组成单位都是国家不可分割的一部分的国家结构形式。现代国家大多采用这种国家结构形式。单一制的基本标志是：全国只有一部宪法，只有一个中央国家机关体系（包括立法机关、行政机关、监察机关、审判机关和检察机关）；公民有一个统一的国籍；各行政单位或自治单位均受中央政府的统一领导，不能脱离中央而独立；各行政单位或自治单位所拥有的权力通常都由中央以法律形式授予；国家政体是代表国家进行国际交往的唯一主体。

复合制国家是指由两个或多个成员国联合组成的国家联盟或联盟国家。近代复合制国家主要有联邦和邦联两种形式。

联邦制是指由两个或者两个以上的联邦组成单位（如邦、州、共和国等）组成联盟国家的国家结构形式①。国外有的学者从分享立法权的角度将其看作"一种立法权由中央立法机构和组成该联邦的各州或各地域单位的立法机构分享的立法体制"②。"联邦制度，乃将政治活动分成地区和中

---

① 许崇德主编：《中华法学大辞典》（宪法学卷），中国检察出版社 1995 年版，第 235 页。
② ［英］戴维·米勒、韦农·波格丹诺：《布莱克维尔政治学百科全书》，邓正来译，中国政法大学出版社 1992 年版，第 255 页。

央两大部分,彼此各有某些专司,并负责其最后决定之政治组织体。"① 联邦制的基本标志是:联邦和其成员国分别有自己的宪法和法律,以及各自的国家机关体系(包括立法机关、行政机关、监察机关、审判机关和检察机关);公民具有双重国籍,既是成员国的公民,又是联邦的公民;联邦的最高立法机关通常采用两院制,其中一院由联邦成员国选派代表组成;通过宪法划分联邦与成员国之间的权力,联邦的权力,包括立法权、行政权和司法权,均来自各成员国的授予,凡未授予联邦的权力通常由各成员国保留;在对外关系方面,联邦的组成单位一般没有权力,但有的联邦国家允许其组成单位同外国签订某方面的协定。联邦制也是现代最常见的国家结构形式。

邦联是指若干主权独立国家为实现某种共同目的(如军事、贸易等)而结成的松散的国家联盟。这种联盟一般以条约为基础。邦联不是一个主权国家,没有统一的宪法、国家机关、军队、赋税、预算、国籍等,各成员国均保留自己独立的国家主权。邦联的主要机关由各成员国派遣代表组成,或者是定期召开由成员国国家元首、政府首脑参加的会议,但邦联的决议必须经过成员国批准才能生效。邦联这种形式产生于资本主义国家发展的早期,反映了当时各成员国之间共同的利益关系。历史上著名的邦联有:1776—1787 年的北美、1815—1848 年的瑞士同盟、1815—1866年的德意志同盟等。第二次世界大战后,1968 年成立的东南亚国家联盟等区域性国际组织,一般也被看作邦联形式的国家联盟。目前比较典型的邦联是 1982 年成立的塞内加尔—冈比亚邦联。

此外,还有一些国家基于某种目的而组成国家联合,虽然不是严格意义上的国家结构形式,但与国家结构形式存在一定的联系。这些形式主要有君合国、政合国等。

君合国又称"两合君主国""人合国"或"身合国",是指两个君主国由一个君主实行统治的国家联合。在这种形式下,两国共有一个国际交往的主体,但每个成员国又拥有自己的宪法、议会和政府,保持一定程度的独立性。如 1815—1890 年荷兰与卢森堡的联合及 1867 年成立的奥匈帝国等。

政合国又称"物合国",是指两个或两个以上的国家在缔结条约基础

---

① 威廉·瑞克尔:《联邦论》,载《政治制度与程序》,台湾幼狮文化事业公司 1983 年版,第 138 页。

上组成的国家联合。在这种形式下，各成员国之间有统一的宪法和国家机关，有同一个国家元首，并对军事、外交、财政等事务进行统一管理，对外是国际关系中的主体，但又分别有自己的宪法、议会和政府，彼此之间有相对的独立性。如1814—1905年瑞典与挪威的国家联合等。

现今世界上几乎所有的大国都是联邦制国家，从美洲的加拿大、美国、巴西，欧洲的俄罗斯，亚洲的印度，非洲的尼日利亚，到大洋洲的澳大利亚，都是联邦国家。而我国作为一个大国是唯一的例外。《共同纲领》及新中国的历部宪法均明确规定，中华人民共和国是全国各民族人民共同缔造的统一的多民族国家。这一规定表明，我国实行的是单一制的国家结构形式。我国采取单一制的国家结构形式是历史、民族、经济发展、国防建设等多方面原因综合作用的结果：

第一，长期实行单一制的历史传统。我国自秦汉以来，在漫长的历史发展进程中，除较短时间处于分裂状态外，一直实行统一的中央集权制。特别是自元朝以后的700多年，我国再没有出现大的分裂局面，长期的历史传统决定了我国有建立统一的主权国家的政治基础和政治心理。

第二，民族分布和民族成分状况。我国是有56个民族的多民族国家，各民族的状况决定了在我国的具体条件下，不适宜采取联邦制，而宜于采取单一制的国家结构形式。各民族在长期的交往过程中，相互学习，人员交错往来；就全国范围来看，绝大多数少数民族都与汉族相互交错地居住在某一地区，逐渐形成了大杂居、小聚居的局面。这样的人口结构，比较有利于实行单一制，而实际上无法实行联邦制。

第三，融洽的民族关系。各民族在历史上相互合作、相互交流，共同创造了中华民族的灿烂文化。虽然曾经有过民族间的矛盾和战争，但友好合作是民族关系的主流，这也为实行单一制提供了可能。

六　基本经济制度

（一）经济制度概述

在宪法学上，经济制度是一个存在分歧的概念，对它的理解有许多不同的观点。第一种观点也是比较普通的观点认为："经济制度即经济基础，是社会发展到一定阶段上的生产关系的总和。"[①] 第二种观点认为："经济制度是指一国在一定的社会历史发展阶段上的生产关系和在此基础上建立

[①]　吴杰主编：《宪法教程》，法律出版社1987年版，第138页。

的经济管理体制的总和。"① 第三种观点认为："经济制度就是反映所有制的性质和形式，社会生产目的，分配社会产品和管理国民经济原则的国家经济生活制度。"② 马克思主义认为，国家政权作为上层建筑的主要组成部分是由一定的经济基础决定，并为经济基础服务的。当政权赖以建立的经济基础或社会的主要生产关系被一种新的生产关系替代时，国家的性质必然会发生变化。国家的经济制度是对国家经济生活的法律化的描述和设定，而对经济基础的确认、保护和促进更是国家经济制度的主要目的所在。

宪法学中的经济制度是作为上层建筑体系中制度范畴之一的经济制度，是一个法律化了的概念。经济制度是指，一个国家用宪法、法律所确认和规定的各种生产资料所有制和它们所构成的经济成分，国家对各种经济成分的基本政策与管理国民经济的原则等方面的制度的总和。它具备如下特点：首先，从形式上看，经济制度是由宪法、法律、政策等认可的构成具有内在联系的国家经济制度体系。就其性质而言，它同宪法、法律、政策一样，属于上层建筑的范畴。其次，经济制度是调整经济关系的制度，它必须与一定的经济关系相适应，并以其为基础和出发点。最后，从内容上看，经济制度主要包括两个方面的制度。一是确认生产关系的制度，如生产资料所有制、分配制度等；二是以此为基础建立起的经济管理体制，如计划经济体制或市场经济体制，以及与该经济管理体制有内在联系的基本经济政策。

宪法与经济制度有着紧密的联系，经济制度是宪法的基础。近代意义上的宪法产生以来，经济制度便成为宪法必不可少的内容。概括来说，经济制度的各个主要方面，如生产资料的所有制形式、各种经济成分以及国家对它们的基本政策、国家发展经济的基本方针、国家管理经济的基本原则等，都可能成为宪法调整的对象。但是，不同性质的宪法以及同一国家不同时期的宪法，对经济制度反映和保护的范围和方式都不同。

自由资本主义时期，各主要资本主义国家的宪法通常仅强调对作为私有制基础的私有财产权的保护，大都从公民权利角度间接反映国家的基本经济制度，而极少直接规定国家发展经济的方针和政策。19世纪末20世纪初，各主要资本主义国家先后完成从自由资本主义向垄断资本主义的过

---

① 《中华人民共和国宪法教程》，光明日报出版社1988年版，第201页。
② 《苏联宪法讲话》，群众出版社1982年中译本，第51页。

渡。这些国家的宪法对经济制度的规定也相应发生了明显的变化，具体体现在：为了强化国家对经济的干预，国家的经济立法权和行政权大为扩展；为了适应垄断资本主义社会化大生产的需要，原先备受尊崇的私有财产神圣不可侵犯的原则开始受到某些限制；为了反映资本主义国家经济社会化的要求，宪法从只确立公民财产权利逐渐向全面肯定包括财产权在内的各种社会权利过渡；为了强化经济制度的宪法地位，宪法开始用专章、专节或者更多的条款来对国家经济制度做出全面系统的规定。1918年苏俄宪法、1924年苏联宪法等早期社会主义性质的宪法，也都有关于经济制度的规定，它们宣布彻底消除资本主义赖以建立的经济基础，实行土地等重要自然资源及基本生产资料的公有化，全面建立起社会主义的经济基础，即社会主义全民所有制的国营经济和劳动者集体所有制的集体农庄，实行"各尽所能""按劳分配"的社会主义原则。第二次世界大战以来，各国宪法对经济制度的规定出现了新的特点：不少资本主义国家意识到经济计划对发展国民经济的重要作用，并以宪法加以肯定；福利政策成为一些发达资本主义国家经济制度的最主要部分，并被规定在宪法中；越来越多的国家开始关注经济环境的建设和改善，并将它写入宪法；为了摆脱苏联经济模式，一些社会主义国家在宪法中确立了社会主义经济体制改革的基本原则；一些民族主义国家宪法所确定的经济制度具有"泛社会主义"倾向。

（二）我国宪法所确定的经济制度的主要内容及特征

对经济制度做出系统规定是我国历部宪法的鲜明特色。现行宪法经过1988年4月、1993年3月、1999年3月、2004年3月和2018年3月五次修改后，对经济制度的规定更加符合社会主义初级阶段的生产关系的实际情况，体现了浓厚的、有中国特色的社会主义经济制度的基本特征，也深刻地反映了宪法对客观存在的经济制度的准确、及时和有效的确认功能。

1. 社会主义公有制是我国经济制度的基础

生产资料所有制形式是生产关系的核心，它决定着生产关系的其他方面，并进而决定着国家政权的阶级本质，是经济制度的基础。因此，不同性质的国家，生产资料的所有制形式也有所不同。概括来说，资本主义国家实行以私有制为主体的所有制结构，而社会主义国家实行以公有制为主体的所有制结构。

1956年生产资料私有制的社会主义改造基本完成，标志着以公有制为基础的社会主义经济制度在我国正式确立。我国历部宪法都对社会主义经济制度的基础——生产资料的社会主义公有制做了明确规定，我国 1999 年宪法修正案第 14 条规定："中华人民共和国的社会主义经济制度的基础是生产资料的社会主义公有制，即全民所有制和劳动群众集体所有制。社会主义公有制消灭人剥削人的制度，实行各尽所能、按劳分配的原则。""国家在社会主义初级阶段，坚持公有制为主体、多种所有制经济共同发展的基本经济制度，坚持按劳分配为主体、多种分配方式并存的分配制度。"对我国社会主义公有制可从以下几个方面来理解：

（1）全民所有制和劳动群众集体所有制是我国社会主义公有制的两种基本形式。全民所有制是指生产资料归全体人民所有，人民作为一个整体拥有生产资料，任何个人或者一部分人都不能充当所有者和拥有所有权的一种所有制形式。在我国，由于人民是国家的主人，国家代表着人民，所以全民所有制也就表现为国家所有制。我国经济体制改革的实践证明：国家代表人民对全民所有制企业行使的所有权和企业自身的经营权既可以结合，也可以分离；并且为了适应社会主义市场经济发展的需要，加快企业产权制度的改革步伐，建立现代企业制度，有必要将大多数全民所有制企业的所有权和经营权分离开来，使企业真正成为自主经营、自负盈亏的市场主体。因此，1999 年宪法修正案第 5 条放弃了"国营经济"的提法，而将"国有经济"作为全民所有制经济的代名词。

全民所有制经济即国有经济以国家投资设立的各类国有企业为主体。但是，由于土地等自然资源是国有经济赖以发展的物质基础，所以宪法也对此做了明确规定。宪法第 9 条规定："矿藏、水流、森林、山岭、草原、荒地、滩涂等自然资源，都属于国家所有，即全民所有；由法律规定属于集体所有的森林和山岭、草原、荒地、滩涂除外。"根据宪法第 10 条规定，城市的土地属于国家所有；农村和城市郊区的土地原则上属于集体所有，但由法律规定属于国家所有的，属于国家所有。在中国，国有企业和国有自然资源是国家财产的主要部分。另外，国家机关、事业单位、部队等全民单位的财产也是国有财产的重要组成部分。

国有经济在我国国民经济中占据优势地位，从而决定着我国国民经济的性质和发展水平。它控制着我国国民经济的命脉，是我国实现社会主义现代化的基本物质力量。搞好国有经济对于建立社会主义市场经济体制和巩固社会主义制度，具有极为重要的意义。为此，1999 年宪法修正案第 5 条规定："国有经济，即社会主义全民所有制经济，是国民经济中的主导力量。国家保障国有经济的巩固和发展。"

集体所有制是指生产资料归集体经济组织内部的劳动者共同所有的一种所有制形式。这种形式的特点在于生产资料是集体经济组织的公共财产，劳动者之间存在互助合作的关系，但劳动者同生产资料的结合仅限于集体经济组织的范围之内。

现行宪法第8条规定："城镇中的手工业、工业、建筑业、运输业、商业、服务业等行业的各种形式的合作经济，都是社会主义劳动群众集体所有制经济。"农村集体所有制经济是现阶段我国农村的主要经济形式。1999年的宪法修正案继1993年的修改之后，再次修改宪法中关于农村集体经济的规定。现行宪法修正案第15条规定："农村集体经济组织实行家庭承包经营为基础、统分结合的双层经营体制。农村中的生产、供销、信用、消费等各种形式的合作经济，是社会主义劳动群众集体所有制经济。参加农村集体经济组织的劳动者，有权在法律规定的范围内经营自留地、自留山、家庭副业和饲养自留畜。"另外，现行宪法还规定，法律规定属于集体所有的森林、山岭、草原、荒地和滩涂属于集体所有；宅基地和自留地、自留山，也属于集体所有。

劳动群众集体所有制经济目前是我国社会主义公有制的重要组成部分。它不仅为我国现代化建设提供了大量的资金、原料和产品，而且吸纳了大量的城乡剩余劳动力，在我国国民经济中占有重要的地位。因此，宪法规定："国家保护城乡集体经济组织的合法的权利和利益，鼓励、指导和帮助集体经济的发展。"

（2）我国社会主义市场经济的重要组成部分。在经济体制改革过程中，人们对非公有制经济的认识逐步深化，宪法有关内容的变化也真切反映了这一点。1982年宪法第11条规定："在法律规定范围内的城乡劳动者个体经济，是社会主义公有制经济的补充。国家保护个体经济的合法的权利和利益。""国家通过行政管理，指导、帮助和监管个体经济。"1988年4月通过的现行宪法第1条修正案补充规定："允许私营经济在法律规定的范围内存在和发展。私营经济是社会主义公有制经济的补充。国家保护私营经济的合法的权利和利益，对私营经济实行引导、监督和管理。"而随着我国社会主义市场经济的逐步确立，个体经济、私营经济等非公有制经济的快速发展，人们意识到，非公有制经济与社会主义经济是紧密结合在一起的，并已经成为社会主义市场经济的重要组成部分。1999年3月通过的宪法修正案规定：国家保护"在法律规定范围内的个体经济、私营经济的合法的权利和利益。国家对个体经济、私营经济实行引导、监督和管理"。

现阶段，我国的非公有制经济主要包括三大类：（1）个体经济。它是指城乡劳动者依法占有少量的生产资料，以个人及其家庭成员的劳动为基础，从事生产经营活动的一种经济形式。（2）私营经济。它是指私人占有生产资料，使用雇工8人以上，以营利为目的从事生产经营活动的一种经济形式。（3）中外合资企业、中外合作企业和外商独资企业。我国现行宪法第18条规定："中华人民共和国允许外国的企业和其他经济组织或者个人按照中华人民共和国法律的规定在中国投资，同中国的企业或者其他经济组织进行各种形式的经济合作。""在中国境内的外国企业和其他外国经济组织以及中外合资经营的企业，都必须遵守中华人民共和国的法律。它们的合法的权利和利益受中华人民共和国法律的保护。"中外合资企业、中外合作企业和外商独资企业是我国利用外资的三种基本形式。中外合资经营企业是由外商与中国的企业等经济组织共同投资、共同经营，并且按照出资比例共负盈亏的一种经济形式。中外合作经营企业一般由中方提供土地使用权、厂房、设施和劳力，由外商提供资金、技术和设备，双方按照事先达成的协议进行合作经营。外商独资企业则是指外商按照中国法律在中国境内设立的独立投资、独立经营的企业。中外合资企业、中外合作经营企业和外商独资企业的存在和发展，有利于我国吸收外资，弥补建设资金的不足；同时也有利于引进技术、设备和先进的管理办法，提高我国的技术水平和经营管理水平。2019年3月15日十三届全国人大二次会议通过的《中华人民共和国外商投资法》将中外合资企业、中外合作经营企业和外商独资企业通称为"外商投资企业"。

2. 我国社会主义经济建设的基本方针

我国2004年宪法修正案第18条明确规定："国家的根本任务是，沿着建设中国特色社会主义道路，集中力量进行社会主义现代化建设。"经济建设是社会主义现代化建设的中心内容。宪法作为国家的根本法对我国社会主义经济建设的基本方针做了原则性的规定。

（1）社会主义生产的目的及其实现途径。党的十一届六中全会指出，现阶段，我国社会的主要矛盾仍然是人民日益增长的物质和文化需要同落后的社会生产力之间的矛盾。因此，宪法第14条规定："国家合理安排积累和消费，兼顾国家、集体和个人的利益，在发展生产的基础上，逐步改善人民的物质生活和文化生活。"这表明，我国社会主义生产的目的是改善人民的物质和文化生活。至于如何实现这一生产目的，宪法第 14 条规定："国家通过提高劳动者的积极性和技术水平，推广先进的科学技术，完善经济管理体制和企业经营管理制度，实行各种形式的社会主义责任制，改进劳动组织，以不断提高劳动生产率和经济效率，发展社会生产力。"概括说实现社会主义生产目的的途径主要包括：第一，提高劳动者的积极性和技术水平；第二，推广先进的科学技术；第三，完善经济管理体制和企业经营管理制度。实行各种形式的社会主义责任制，改进劳动组织；第四，厉行节约，反对浪费。所有这些途径归根到底是为了提高劳动生产率和经济效率。党的十九大报告指出：中国特色社会主义进入新时代，我国社会主要矛盾已经转化为人民日益增长的美好生活需要和不平衡不充分的发展之间的矛盾。必须认识到，我国社会主要矛盾的变化，没有改变我们对我国社会主义所处历史阶段的判断，我国仍处于并将长期处于社会主义初级阶段的基本国情没有变，我国是世界上最大发展中国家的国际地位没有变。[①] 由此可见，社会主要矛盾的转换并没有改变社会主义的生产国以及其主要实现途径，现行宪法的规定仍然适合社会主要矛盾变化的要求。

（2）社会主义的分配原则。分配制度作为社会经济制度的一个重要方面，是由生产资料所有制的性质决定的。与生产资料社会主义公有制相适应，我国在社会消费品的分配上实行按劳分配的原则。宪法规定："社会主义公有制消灭人剥削人的制度，实行各尽所能、按劳分配的原则。"所谓按劳分配，就是对于劳动者创造的社会总产品，在扣除生产过程中需要的部分和公共消费的部分后，作为个人消费品，根据每个劳动者提供的劳动数量和质量进行分配，实行多劳多得、少劳少得的原则。马克思指出："第一个生产者在做了各项扣除以后，从社会方面正好领回他给予社会的一切，他所给予社会的，就是他个人的劳动量……他以一种形式给予社会的劳动量，又以另一种形式全部领回来。"[②]

然而，在我国社会主义初级阶段，按劳分配只是占统治地位的公有制经济内部的分配原则。由于在公有制之外还有其他经济形式，因而也必然相应地存在其他的分配方式。如利息收入、股息收入、私营经济的利润等

---

① 参见习近平《决胜全面建成小康社会　夺取新时代中国特色社会主义伟大胜利》（2017年10月18日），本书编写组编著：《党的十九大报告辅导读本》，人民出版社 2017 年版，第 11—12 页。
② 《马克思恩格斯选集》第 3 卷，人民出版社 1972 年版，第 10—11 页。

都不是依据按劳分配的原则取得的。这些收益和分配方式都是市场经济发展的必然结果，理应受到宪法和法律的保护。总之，与以公有制为主体、多种所有制经济共同发展的基本经济制度相适应，我国在社会主义初级阶段实行按劳分配为主体、多种分配方式并存的分配制度。

（3）社会主义市场经济体制。经济体制即国家的经济管理体制。计划经济体制和市场经济体制是两种对立的经济体制。在计划经济体制下，国家通过计划来配置社会资源，企业的经营管理必须按照国家下达的计划来进行。而在市场经济体制下，国家通过价格、税收、利率等经济杠杆来调动市场，由市场来配置社会资源，企业的生产和经营活动由企业根据市场的需求自行决定。新中国成立后相当长的时期内一直实行计划经济；随着经济体制改革的深入，人们逐渐认识到市场与社会主义之间不存在内在的矛盾，在社会主义条件下建立市场经济体制是我国商品经济发展的必然要求。因此，1993年3月通过的宪法修正案对1982年宪法做出了修改，明确规定："国家实行社会主义市场经济。"我国实行的社会主义市场经济，与资本主义市场经济有所不同，它坚持以公有制为主体，坚持把共同富裕作为发展经济的最终目的。并且，在我国社会主义市场经济体制下，国家的经济计划仍然是国家调节市场的重要手段之一，国家仍要适当发挥管理经济的作用。为此，宪法规定："国家加强经济立法，完善宏观调控"，"国家依法禁止任何组织或者个人扰乱社会经济秩序，破坏国家经济计划"。

（4）对财产权的保护。我国现行宪法对财产权的保护首先表现在确立生产资料公有制是国家经济制度和社会制度的基础后，规定了对公共财产的保护。宪法第12条规定："社会主义的公共财产神圣不可侵犯，国家保护社会主义的公共财产。禁止任何组织或者个人用任何手段侵占或者破坏国家的和集体的财产。"宪法规定公共财产神圣不可侵犯，主要是说任何人都不能以任何形式侵犯公共财产，表明公共财产在社会财富中处于受法律绝对保护的地位。宪法第9条还规定，"国家保障自然资源的合理使用"，"禁止任何组织或者个人用任何手段侵占或者破坏自然资源"。这些规定也都属于国家保护社会主义公共财产的重要任务，也是公民、法人和其他组织应当自觉履行的义务。

保护公民的合法私有财产所有权和私有财产的继承权，是我国社会主义经济制度的又一重要内容，也是宪法规定的公民的一项基本权利。2004年3月通过的宪法修正案，将宪法第13条修改为："公民的合法的私有财产不受侵犯。国家依照法律规定保护公民的私有财产权和继承权。国家为了公共利益的需要，可以依照法律规定对公民的私有财产实行征收或者征用并给予补偿。"将"私有财产神圣不可侵犯"上升为国家政策的高度，具有深刻的意义。

七 基本文化制度

（一）文化制度概述

文化是一个内涵丰富的概念，对它的界定众说纷纭。概言之，文化大致可以分为三个层次。第一层次即最广义的文化，是指人类在社会历史发展过程中所创造的物质财富和精神财富的总和。这个意义上的文化近义于社会文明。第二层次的文化则特指人类在一定历史阶段所创造的精神财富。这个意义上的文化近义于社会的精神文明。第三层次即最狭义的文化，限指文化艺术、新闻出版、广播影视等特定的社会事业。本书所讨论的文化属于第二层次，与我们通常所说的精神文明在主要内容上是一致的。文化相对于政治、经济而言；而精神文明相对于物质文明而言。从政治、经济、文化三个方面能够准确全面地说明一个国家的性质；而物质文明、精神文明还必须加上制度文明才能达此目的。

文化制度是指一国通过宪法和法律调整的以社会意识形态为核心的各种基本文化关系的规则、程序、组织、人员等文化活动的一系列行为规则以及规则运行机制的总和。文化制度主要包括教育事业，科技事业，文化艺术事业，广播电影电视事业，医疗、卫生、体育事业，新闻出版事业，文物事业，图书馆事业以及社会意识形态等方面。不同性质的国家，其基本文化制度各不相同。文化制度从一个侧面反映着国家性质。它本身是一种文化现象，属于上层建筑的范畴，具有鲜明的阶级性、历史性和民族性。

近代意义上的宪法产生以来，文化制度便成为宪法不可缺少的重要内容。列宁在《落后的欧洲和先进的亚洲》一文中，把资产阶级统治下的欧洲称为"技术十分发达、文化丰富、宪法完备的文明先进的欧洲"[1]。但是，不同国家的宪法以及统一国家不同历史时期的宪法，对文化制度的规定有很大的差异。早期资产阶级宪法或宪法性文件对文化制度的规定具有以下特点：第一，内容狭窄，仅限于著作权、教育等几个方面；第二，大

---

[1] 《列宁选集》第 2 卷，人民出版社 1956 年版，第 449 页。

多从公民权利的角度间接反映文化制度的某些内容，对国家发展文化的政策规定极少；第三，社会意识形态的基本原则大多来自资产阶级启蒙思想家的自然法学说，因此强调人民主权、天赋人权、人人生而平等，鼓吹资产阶级政治哲学和道德理想。随着自由资本主义向垄断资本主义过渡，资本主义国家的文化制度渐趋完善，宪法对文化制度规定也随之丰富起来。1919年德国魏玛宪法第一次比较系统地规定了文化制度，后为许多资本主义宪法所效仿。这一时期资本主义国家宪法对文化制度的规定具有以下特点：第一，内容广泛具体，涉及教育、艺术、科学、学术、文物、语言、意识形态等各个方面；第二，直接明确规定国家的基本文化政策；第三，社会意识形态的基本原则反映了时代特点，因此，又强调福利国家、全民国家的思想。

早期社会主义宪法一般都宣布社会主义文化是大众文化，并重视对公民受教育权和国家教育制度的规定；在意识形态上则强调社会主义—共产主义学说的指导作用。

第二次世界大战后，世界各国宪法关于文化制度的规定大体可以分为三种类型，即资本主义的、社会主义的和民族民主主义的文化制度。这三种文化制度一方面在指导思想和基本原则上存在明显差异，另一方面在各自发展过程中也借鉴了其他国家有益的文化形式。总的来说，第二次世界大战后世界各国宪法对文化制度的规定更加丰富和完善，其主要内容包括：第一，国家的基本文化政策；第二，发展教育事业；第三，发展科学事业；第四，发展文学艺术事业；第五，发展教育、卫生事业，增强人民体质；第六，保护文物等历史遗产；第七，尊重人才；第八，意识形态的基本原则。然而，应该指出的是，宪法的性质和文化丰富多彩的内容决定了宪法对文化制度的规定，只能涉及文化生活和文化关系的一些基本方面，因此宪法对文化制度的规定，只能是一个国家基本的文化制度，而不可能取代文化制度的其他形式。

(二) 我国宪法所确定的文化制度的主要内容及特征

文化制度一向是我国宪法的重要内容之一。早在新中国成立前夕，由中国人民政治协商会议第一届全体会议通过的《共同纲领》第41条就明确规定："中华人民共和国的文化教育为新民主主义的，即民族的、科学的、大众的文化教育。人民政府的文化教育工作应以提高人民文化水平，培养国家建设人才，肃清封建的、买办的、法西斯主义的思想，发展为人民服务的思想为主要任务。"1982年宪法对新时期文化制度的原则、内容做了全面系统的规定。现行宪法实施以来,由于客观形势的变化和宪法有关内容的修改,若干有关文化制度规定的含义也相应地发生了演变。党的十五大报告把有中国特色社会主义建设作为我国社会主义现代化建设的一个重要方面予以系统阐述,指出:"有中国特色社会主义的文化,是凝聚和激励全国各族人民的重要力量,是综合国力的重要标志。""建设有中国特色社会主义,必须着力提高全民族的思想道德素质和科学文化素质,为经济发展和社会全面进步提供强大的精神动力和智力支持,培养适应社会主义现代化要求的一代又一代有理想、有道德、有文化、有纪律的公民。这是我国文化建设长期而艰巨的任务。"党的十五大报告的这些论述是正确理解我国宪法关于文化制度规定的指导思想。我国现行宪法对基本文化制度的规定如下:

(1) 文化建设是我国社会主义现代化建设的重要内容。2004年宪法修正案第12条指出,我国将长期处于社会主义初级阶段;国家的根本任务是沿着有中国特色社会主义道路,集中力量进行社会主义现代化建设;我国各族人民的奋斗目标是,逐步实现工业、农业、国防和科学技术的现代化,把我国建设成为富强民主文明和谐美丽的社会主义国家。现代化是一个综合性的概念。"社会主义现代化应该有繁荣的经济,也应该有繁荣的文化"①,文化的现代化是社会主义现代化议题中应有之义;文化建设是社会主义现代化建设的重要内容。

(2) 国家发展教育事业。宪法第19条规定:"国家发展社会主义的教育事业,提高全国人民的科学水平。国家举办各种学校,普及初级义务教育,发展中等教育、职业教育和高等教育,并且发展学前教育。国家发展各种教育设施,扫除文盲,对工人、农民、国家工作人员和其他劳动者进行政治、文化、科学、技术、业务的教育,鼓励自学成才。国家鼓励集体经济组织,国家企业事业组织和其他社会力量依照法律规定举办各种教育事业。"世界各国现代化建设的进程,在很大程度上取决于国民素质的提高和人才资源的开发。我国实现现代化客观上要求数以亿计高素质的劳动者和数以千万计的专门人才,这就决定了教育是我国文化建设的一项基础工程。

(3) 国家发展科学事业。宪法第20条规定:"国家发展自然科学和社会科学事业,普及科学和技术知识,奖励科学研究成果和技术发明创造。"

---

① 《中国共产党第十五次全国代表大会文件汇编》,人民出版社1997年版,第36页。

当代科学技术的迅猛发展极大地促进了生产力水平的提高。各国之间的竞争在一定意义上可以说是科技水平的竞争。科学也是中国文化建设的一项基础工程。奖励科研成果和技术发明创造，普及科学和技术，是国家科技制度的重要内容，也是推动科学技术发展的重要途径。随着科教兴国战略和可持续发展战略的确立，科学技术作为第一生产力的作用越来越突出，进一步加强科技制度建设具有重要意义。

（4）国家发展医疗卫生体育事业。宪法第21条规定："国家发展医疗卫生事业，发展现代化医药和我国传统医药，鼓励和支持农村集体经济组织、国家企业事业组织和街道举办各种医疗卫生设施，开展群众性的卫生活动，增强人民体质。"医疗卫生事业和体育事业的发展水平是衡量一国国家文明程度的重要指标。发展医疗卫生和体育事业，提高人民的健康水平，客观上有利于劳动者在学习、工作、劳动和社会活动中发挥他们的聪明才智，从而有利于社会劳动生产率的提高和现代化建设事业的发展。

（5）国家发展文学艺术及其他文化事业。宪法第22条规定："国家发展为人民服务、为社会主义服务的文学艺术事业、新闻广播电视事业、出版发行事业、图书馆博物馆文化馆和其他文化事业，开展群众性的文化活动。"社会主义文化事业的发展对于普遍提高人民的文化素质，丰富人民的精神生活，为劳动者创造一种健康、文明的生活环境具有重大意义。我国文化事业的社会主义性质客观上要求各项文化事业必须把社会效益作为最高标准，努力提高精神产品的质量，满足群众的广泛需求。

（6）加强思想道德建设。宪法第24条规定："国家通过普及理想教育、道德教育、文化教育、纪律和法制教育，通过在城乡不同范围的群众中制定和执行各种守则、公约，加强社会主义精神文明建设。国家提倡爱祖国、爱人民、爱劳动、爱科学、爱社会主义的公德，在人民中进行爱国主义、集体主义和国际主义、共产主义教育，进行辩证唯物主义和历史唯物主义教育，反对资本主义的、封建主义的和其他的腐朽思想。"思想道德建设关系个人的正确世界观、人生观、价值观的树立，关乎民族凝聚力和综合国力的增强，关乎全社会共同理想和精神支柱的形成，决定着文化建设的根本性质和方向。党的十五大报告指出："在全社会形成共同理想和精神支柱，是有中国特色社会主义文化建设的根本。"

（7）宗教制度。宗教是一种属于意识形态领域的文化现象。宗教制度是国家对待宗教的基本政策以及管理宗教事务的制度，内容一般涉及宗教信仰、宗教组织同政权的关系等方面。我国宪法第36条规定："中华人民共和国公民有宗教信仰自由。任何国家机关、社会团体和个人不得强制公民信仰宗教或者不信仰宗教，不得歧视信仰宗教的公民和不信仰宗教的公民。国家保护正常的宗教活动。任何人不得利用宗教进行破坏社会秩序、损害公民身体健康、妨碍国家教育制度的活动。宗教团体和宗教事务不受外国势力的支配。"

党的十七大报告对社会主义文化制度的内容又做了进一步概括和提升，提出了社会主义核心价值的理念。十七大报告指出：建设社会主义核心价值体系，增强社会主义意识形态的吸引力和凝聚力。社会主义核心价值体系是社会主义意识形态的本质体现。要巩固马克思主义指导地位，坚持不懈地用马克思主义中国化最新成果武装全党、教育人民，用中国特色社会主义共同理想凝聚力量，用以爱国主义为核心的民族精神和以改革创新为核心的时代精神鼓舞斗志，用社会主义荣辱观引领风尚，巩固全党全国各族人民团结奋斗的共同思想基础。根据十七大报告上述精神，我国现行宪法中所确认的文化制度应当进一步予以补充和完善。2018年现行宪法第五次修改时，又将"国家倡导社会主义核心价值观"写进了宪法第24条第2款，从而突出了我国现行宪法在文化制度方面鲜明的意识形态立场。

八 基本社会制度

（一）社会制度概述

根据一般的理解，社会制度指的是人类社会活动的规范体系。它由一组相关的社会规范构成，也是相对持久的社会关系的定型化。可分为：总体社会制度，或称社会形态，如资本主义制度、社会主义制度；一个社会中不同领域里的制度，如经济制度、教育制度等；具体的行为模式和办事程序，如考勤制度、审批制度等。不同层次的社会制度产生不同的功能，其影响和制约的范围也不相同。总体社会制度决定着社会形态的性质，是制定各种制度的依据。不同领域里的制度决定各种具体行为模式和规则。

本书所讨论的社会制度，则特指法治社会意义上的"基层社会自治制度"。主要是相对于通过国家权力基于自治方式来形成基层治理秩序的国家制度，旨在形成法治社会的制度基础。

建设法治社会意义上的社会制度的价值原则主要有五方面：（1）个人主义。个人主义是法治社会的理论基石，它假定个人是社会生活的基本单位，法治社会和国家都是为了保护和增进个人的权利和利益而存在的。

(2) 多元主义。它要求个人生活方式的多样化，社团组织的多样性，思想的多元化，提倡宽容的文化。(3) 公开性和开放性。政务活动的公开化和公共领域的开放性是公众在公共领域进行讨论和进行政治参与的前提条件。(4) 参与性。它强调公民参与社会政治生活和制约国家权力。(5) 法治原则。倡导法治原则的目的是为了划定国家活动的界限。反对国家随意干预法治社会内部自治事务，从而保证法治社会成为一个真正自主的领域。总之，法治社会主要强调了相对于国家的独立性和自主性，可以防止国家权力对公民个人实施的政治、经济等权益的损害。

(二) 我国宪法所确定的社会制度

我国现行宪法第2条第3款规定："人民依照法律规定，通过各种途径和形式，管理国家事务，管理经济和文化事业，管理社会事务。"宪法第111条第1款规定："城市和农村按居民居住地区设立的居民委员会或者村民委员会是基层群众性自治组织。"1989年通过的《城市居民委员会组织法》，1998年通过的《村民委员会组织法》，这些规定为我国基层群众性自治制度和基层民主制度建设提供了宪法依据。

新中国成立后长期以来，我国在经济上推行社会主义公有制和计划经济，在政治上实行以共产党领导为核心内容的高度中央集权体制。只有少数团体如"民主同盟会""九三学社"等民主党派保留了下来。中国共产党创办的工会、青年团和妇联也有所发展。但总的来说，其种类和数量都非常有限。20世纪70年代末的改革为上述情况带来了实质性的变化。经过改革开放，法治社会赖以存在和发展的经济、政治、法律和文化环境发生了根本变迁。在中国历史上，第一次大规模催生了民间组织。到1989年，全国性社团骤增至1600个，地方性社团达到20多万个。1989年政治风波之后，经过整理和登记，1992年全国性的社团为1200个，地方性社团为18万个，到1997年，全国县级以上的社团组织即达到18万多个。其中省级社团组织21404个，全国性社团组织1848个，县级以下的各类民间组织保守估计至少在300万个以上。除了社团组织，改革开放后，中国还发展起了另一类比较特殊的民办非企业单位，民办非企业单位是指民间的服务性事业单位，它们不享有国家的经费资助，通过向社会提供有偿性服务维持运转。据初步统计，到1998年这类组织达到了70万多个。经过改革开放，以社团组织为基础的基层自治型的法治社会形态已初具规模。

(三) 基层群众性自治制度

基层群众性自治制度是指基层群众性自治组织形式及其运作方式，它是基层群众性自治组织自我教育、自我管理、自我服务的方式、方法、程序的综合，是人民直接参与管理国家事务和社会事务的一种形式，是社会主义民主制度的一个重要方面。

在我国制宪史上，基层群众性自治组织这一概念，首见于1982年制定的现行宪法。但居民委员会作为基层群众性自治组织的一种形式，在20世纪50年代就已经存在。早在1950年我国人民代表大会制度还未正式建立的时候，天津就成立了我国第一个居民委员会。1954年12月第一届全国人民代表大会常务委员会第四次会议制定了《城市居民委员会组织法》，为居民委员会的健康发展提供了法律保障。党的十一届三中全会以后，农村实行家庭联产承包责任制导致农村经济体制发生了重大变革。到1982年年底，村民委员会在全国不少农村地区得到发展，1982年宪法确认了村民委员会的法律地位，明确规定村民委员会是我国农村基层群众性自治组织。1989年12月26日第七届全国人民代表大会常务委员会第十一次会议通过了《城市居民委员会组织法》。1987年11月，六届全国人大常委会第二十三次会议通过了《村民委员会组织法（试行）》，依据宪法第111条的规定，对村民委员会的性质、地位、职责、产生方式、组织机构和工作方式以及村民会议的权利和组织形式做了比较具体、全面的规定，从而使村民自治作为一项新型的群众性自治制度和直接民主制在法律上正式确立。1998年11月，九届全国人大常委会第五次会议通过了《村民委员会组织法》，总结了村民自治十年来的经验，进一步完善了村民自治制度。

根据现行宪法、《城市居民委员会组织法》和《村民委员会组织法》，以及我国城乡基层社会组织建设的实际情况，基层群众性自治组织指的是依照有关法律规定，以城乡居（村）民一定的居住地为纽带和范围设立，并由居（村）民选举产生的成员组成的，实行自我管理、自我教育、自我服务的社会组织。基层群众性自治是非政权型的，即非国家性质的自治，而是一种社会自治。基层群众性自治组织具有以下几个方面的特点：

（1）基层性。基层群众性自治组织的这一特点，主要表现在三个方面。一是从组织结构上看，居民委员会和村民委员会成员都是由社会最基本的单元——个人组成的，每个社会成员都平等地参加了该自治组织。二是从组织系统上看，居民委员会和村民委员会只存在于居住地区范围的基层社区。它们都没有上级组织，更没有全国性、地区性的统一组织。不像工会、共青团、妇联、残联等群众团体，除有基层组织外，还有上级的地区性组织和全国性组织。三是从自治内容上看,居民委员会和村民委员会的任务及所从事的工作,都是居(村)民居住范围内社区的公共事务和公益事业,不涉及其他地区。

(2)独立性。居民委员会和村民委员会在组织上具有独立性。它既不是国家机关的下级组织,也不隶属于任何社会团体和社会经济组织,它们之间不存在领导与被领导的关系,国家机关及其派出机构无权对它发布指示和命令。

(3)自治性。居民委员会和村民委员会在活动上具有自治性。它通过居(村)民的自我管理、自我教育、自我服务开展工作,实行民主选举、民主决策、民主管理、民主监督。尽管不设区的市、市辖区的人民政府或者它的派出机关、乡、民族乡、镇的人民政府,对居民委员会和村民委员会的工作可给予指导、支持和帮助,但不得干预依法应属于居(村)民自治范围的事项。

1. 村民自治制度

(1)村民委员会的设置。根据《村民委员会组织法》第8条的规定,村民委员会设置的原则是根据村民居住状况、人口多少、便于群众自治。村民委员会的设置还应遵守经村民讨论同意的原则。村民委员会的设置,先由乡、民族乡、镇的人民政府提出,经村民会议讨论同意后,报县级人民政府批准。

(2)村民委员会的组织。根据《村民委员会组织法》的规定,村民委员会由主任、副主任和委员3至7人组成。村民委员会成员中,妇女应有适当名额,多民族居住的村应有人数较少的民族的成员。村民委员会主任、副主任、委员由村民直接选举产生,未被依法剥夺政治权利的18周岁以上的村民有选举权和被选举权。村民委员会每届任期3年,可连选连任。

(3)村民委员会的任务。依照宪法第111条的有关规定,新的《村民委员会组织法》对村民委员会的任务做了规定,概括如下:第一,宣传宪法、法律、法规和国家政策,教育和推动村民履行依法应尽的义务,爱护公共财产,维护村民的合法权利和利益,促进村和村之间的团结、互助,开展多种形式的社会主义精神文明建设活动;第二,办理本村的公共事务和公益事业,调解民间纠纷,协助维护社会治安,向人民政府反映村民的意见、要求和提出建议;第三,协助乡、民族乡、镇的人民政府开展工作;第四,支持和组织村民发展生产、供销、信用、消费等各种形式的合作经济，承担本村发展生产、供销、信用、消费等各种形式的合作经济，承担集体经济组织依照法律规定独立进行经济活动的自主权；第五，维护集体经济组织和村民、承包经营户、合伙的合法的财产权利和其他合法的权利和利益；第六，依照法律规定，管理本村属于村民集体所有的土地和其他财产，教育村民合理利用自然资源，保护和改善生态环境；第七，村民委员会应当教育村民加强民族团结，互相帮助，互相尊重。

2. 居民自治制度

（1）居民委员会的设置。根据《城市居民委员会组织法》第6条规定，居民委员会设立的原则是根据居民居住状况，便于居民自治。居民委员会的范围为100户至700户。居民委员会的设立、撤销、规模调整，由不设区的市、市辖区的人民政府决定。

（2）居民委员会的组织。居民委员会由主任、副主任和委员5至9人组成。多民族居住的地区，应吸收人数较少的民族的居民参加委员会。居民委员会成员由选举产生，年满18周岁没有依法被剥夺政治权利的居民，享有选举权和被选举权。居民委员会每届任期3年，可连选连任。居民委员会进行工作，应当采取民主的方法，不得强迫命令。居民委员会决定问题，采取少数服从多数的原则。根据需要可以设人民调节、治安保卫、公共卫生等委员会。

（3）居民委员会的任务。根据宪法的规定，居民委员会的任务是办理本居住地区的公共事务和公益事业，调解民间纠纷，协助维护社会治安，并且向人民政府反映群众的意见、要求和提出建议。《城市居民委员会组织法》将居民委员会的任务具体列举为以下几个方面：第一，宣传宪法、法律、法规和国家政策，维护居民的合法权益，教育居民履行依法应尽的义务，爱护公共财产，开展多种形式的社会主义精神文明建设活动；第二，办理居住地区的公共事务和公益事业；第三，调解民间纠纷；第四，协助维护社会治安；第五，协助人民政府或者它的派出机关做好与居民利益有关的公共卫生、计划生育、优抚救济、青少年教育等工作；第六，向人民政府或者它的派出机关反映居民的意见、要求和提出建议。此外，居民委员会还应对编入居民小组的、被依法剥夺政治权利的人进行监督和教育。

3. 社会团体自治制度

1998年6月民政部正式将原先主管社会团体的"社团管理司"更名为"民间组织管理司"。1998年10月国务院颁布了《社会团体登记管理条例》(根据2016年2月6日《国务院关于修改部分行政法规的决定》修订)、《民办非企业单位登记管理暂行条例》，使得民间组织初步取得了合法地位。但在一些法律法规中，关于民间组织的规定依然非常模糊。总的来说，民间组织的法律地位并未完全得到有效的承认。

根据《社会团体登记管理条例》的规定，社会团体"是指中国公民自愿组成，为实现会员共同意愿，按照其章程开展活动的非营利性社会组织"（第2条）；"国家保护社会团体依照法律、法规及其章程开展活动，任何组织和个人不得非法干涉"（第5条），肯定了社会团体享有在遵守宪法、法律、法规和国家政策的前提下自治的权利（第4条）。

根据《民办非企业单位登记管理暂行条例》第2条的规定，民办非企业单位"是指企业事业单位、社会团体和其他社会力量以及公民个人利用非国有资产举办的，从事非营利性社会服务活动的社会组织"。

2000年4月10日民政部、公安部发布的《取缔非法民间组织暂行办法》对非法民间组织也做了界定："具有下列情形之一的属于非法民间组织：（1）未经批准，擅自开展社会团体筹备活动的；（2）未经登记，擅自以社会团体或者民办非企业单位名义进行活动的；（3）被撤销登记后继续以社会团体或者民办非企业单位名义进行活动的。"

社会团体的成立采用审批制，登记管理机关可以在收到全部有效文件之日起60日内，做出批准或者不批准筹备的决定；不批准应当有法定理由并应向发起人说明该理由。社会团体的登记管理机关履行下列监督管理职责：（1）负责社会团体的成立、变更、注销的登记或者备案；（2）对社会团体实施年度检查；（3）对社会团体违反本条例的问题进行监督检查，对社会团体违反本条例的行为给予行政处罚。业务主管单位履行下列监督管理职责：（1）负责社会团体筹备申请、成立登记、变更登记、注销登记前的审查；（2）监督、指导社会团体遵守宪法、法律、法规和国家政策，依据其章程开展活动；（3）负责社会团体年度检查的初审；（4）协助登记管理机关和其他有关部门查处社会团体的违法行为；（5）会同有关机关指导社会团体的清算事宜。

九　国家象征制度

国家的象征，也即国家的标志，是指由国旗、国徽、国歌的图案、文字或声响等代表的国家的主权和尊严，各国在宪法和特定法律中通常加以规定。严格来说，首都不能称作国家象征，但它作为一国的政治中心（往往同时是该国的经济和文化中心），在国民心中被视作国家的"心脏"，在国际社会中也被认为是国家的缩影，所以在宪法和法律中通常也指明本国首都之所在。

（一）国旗

1. 国家的象征和标志

国旗是国家主权和民族尊严的象征，是国家的历史传统和民族精神的体现。它通过一定的式样、色彩和图案反映一个国家的特殊的历史文化传统。国旗源于欧洲十字军东征时（1097—1291年）用的军旗。迄今为止，全世界190多个独立主权国家都有自己的国旗。国旗的式样、色彩、图案、名称、象征意义和使用方法，一般都在宪法或其他特定法律中予以规定。

1949年9月27日，中国人民政治协商会议第一届全体会议通过了《关于中华人民共和国国都、纪年、国歌、国旗的决议》，正式确定了中华人民共和国的国旗。之后，在1954年宪法、1975年宪法、1978年宪法和1982年宪法中，都以专章专条加以规定。1990年6月28日，第七届全国人民代表大会常务委员会第十四次会议通过了《中华人民共和国国旗法》①，对我国国旗的制作、升挂和使用等问题做了具体规定。

2. 我国的国旗

我国宪法第136条规定："中华人民共和国的国旗是五星红旗。"国旗法第3条规定："中华人民共和国国旗是中华人民共和国的象征和标志。"五星红旗作为我国的象征和标志，其构成和制作方法有别于其他国家，同时还具有独特和深刻的含义。

国旗的构成是指国旗的形状、颜色、图案等要素体现在旗面上的相互关系。各国国旗的区别主要体现在国旗的具体构成上。1949年9月28日，中国人民政治协商会议第一届全体会议主席团公布了《国旗制法说明》。根据《国旗制法说明》的规定，我国国旗的构成为：旗面为红色，长方形，长高的比例为3∶2。旗面左上方缀有五颗黄色五角星。一颗较大，其外接圆直径为旗高的3/10；四星较小，其外接圆直径为旗高的1/10，呈椭圆状环拱于大五角星之右，并各有一角尖正对大星的中心点。旗杆套为白色。

---

① 根据2009年8月27日，第十一届全国人民代表大会常务委员会第十次会议《关于修改部分法律的决定》第一次修正；根据2020年10月17日，第十三届全国人民代表大会常务委员会第二十二次会议《关于修改〈中华人民共和国国旗法〉的决定》第二次修正。

国旗必须严格按照国旗法和《国旗制法说明》的规定制作，而且国旗法上规定，国旗只能由省、自治区、直辖市人民政府指定的企业制作；未经指定的企业以及事业单位、群众团体和个人制作国旗均无法律依据，属于违法行为，应予以禁止和取缔。

国旗作为主权国家的标志和象征，具有独特的历史背景和深刻的政治内涵。我国国旗旗面的颜色为红色，象征着革命，五颗五角星及其相互关系，象征着中国共产党领导下的革命人民大团结和人民对党的衷心拥护和无比爱戴。五星红旗上的大五角星代表中国共产党，四个小五角星代表中华人民共和国成立时我国人民所包括的四个阶级：工人阶级、农民阶级、城市小资产阶级和民族资产阶级。四颗小五角星围拱于大五角星右侧，各有一个角尖正对着大星的中心，象征党的领导坚定有力，稳如泰山。黄色代表温暖，黄色五角星既代表了优雅、温和、珍贵的美感，又与红旗相映衬，象征在人民共和国里，人民内部的团结贵如金子。

3. 国旗的升挂使用

升挂国旗有其特定的范围和日期：（1）应每日升挂国旗的：北京天安门广场，新华门；中国共产党中央委员会，全国人民代表大会常务委员会，国务院，中央军事委员会，中国共产党中共纪律检查委员会，国家监察委员会，最高人民法院，最高人民检察院，中国人民政治协商会议全国委员会；外交部；出入境的机场、港口、火车站和其他边境口岸以及边海防哨所等处。（2）工作日和学习日应升挂国旗的：中国共产党中央各部门和地方各级委员会；国务院各部门；地方各级人民代表大会常务委员会；地方各级人民政府；中国共产党地方各级纪律检查委员会、地方各级监察委员会；地方各级人民法院和专门人民法院；地方各级人民检察院和专门人民检察院；政协地方委员会；各民主党派、各人民团体；中央人民政府驻港澳特别行政区有关机构，应在工作日升挂国旗。全日制学校，除寒暑假和周末以外，也应每日升挂国旗。有条件的幼儿园参照学校的规定升挂国旗。（3）节庆日应升挂国旗的：在国家法定的节庆日如国庆节、国际劳动节、元旦和春节等，各级国家机关和人民团体都应升挂国旗；企事业组织、村民委员会、居民委员会、城镇居民院以及广场、公园等公共活动场所，都可升挂国旗；民族区域自治地方在自治地方成立纪念日和主要传统民族节日，也可以升挂国旗。（4）特定期间升挂国旗的：在重大庆祝、纪念活动、大型文化、体育活动，大型展览等重大活动期间，也可升挂国旗。

根据国旗法第13条第1款的规定，国旗应当每天早晨升起，傍晚降下。第13条第2款规定：遇有恶劣天气，可以不升挂国旗。

国旗法第14条对升旗仪式做了规定：参加升旗仪式的人应当面对国旗肃立行注目礼，向国旗致敬，这是升旗仪式的主要内容；举行升旗仪式，可以奏唱国歌。北京天安门广场每日举行升旗仪式。此外，全日制中小学除假期外，每周须举行一次升旗仪式。

根据国旗法第15条规定，如遇国家主席、全国人大常委会委员长、国务院总理、中央军委主席、政协全国委员会主席，对国家、对世界和平或者人类进步事业做出杰出贡献的人士逝世应下半旗志哀；此外，举行国家公祭仪式或在发生特别重大伤亡的不幸事件或因严重自然灾害、突发公共事件造成重大伤亡之时，也可以下半旗志哀。

4. 维护国旗的尊严

国旗法第4条规定："每个公民和组织，都应当尊重和保护国旗。"因此，维护国旗的尊严是每个公民和组织的义务。为了维护国旗的尊严，国旗法第19条规定："不得升挂破损、污损、褪色或者不合规格的国旗。"第20条规定：国旗及其图案不得用作商标、授予专利权的外观设计和商业广告，不得用于私人丧事活动。全国人大常委会《关于惩治侮辱中华人民共和国国旗国徽的决定》还规定，在公众场合故意以焚烧、毁损、涂划、玷污、践踏等方式侮辱中华人民共和国国旗的，处3年以下有期徒刑、拘役、管制或者剥夺政治权利。

（二）国歌

国歌是代表国家、表现民族精神的歌曲。作为国家的象征，国歌一般由国家立法机关或政府确定或认可。由于民族和历史传统以及国家性质不同，各国国歌的内容不一，但都体现了自己国家的尊严和民族精神。

现在世界上大多数国家在确定国歌时专门创作歌词和歌谱；有部分国家采用传统的革命歌曲或爱国歌曲作为国歌，如法国、意大利；有的国家采用古老的歌词创作歌谱，如日本。大部分国家的国歌，由其最高权力机关或政府以发布命令的形式颁布；有的国家国歌约定俗成，并无法律依据；有的国家（如瑞士、加拿大等国）没有统一的国歌，习惯上使用的国歌有两首或两首以上不等。

我国的国歌是《义勇军进行曲》。1949年9月27日，中国人民政治协商会议第一届全体会议通过了关于国歌的决议，决定在中华人民共和国的国歌未正式确定前，以《义勇军进行曲》为国歌。《义勇军进行曲》是电影《风云儿女》的主题歌，1935年由田汉作词、聂耳作曲。《义勇军进行曲》诞生在抗日战争的烽火之中,曾激励过无数仁人志士投身到民族解放战争的洪流当中,对抗日战争的胜利起到过重大作用。这支歌曲高昂激越,铿锵有力,表达了中国人民抵抗帝国主义的不屈精神和对中华民族未来的坚定信念。

1978年3月5日,第五届全国人民代表大会第一次会议通过了一个关于国歌的决议,决定在保留歌曲曲调的基础上修改国歌的歌词,修改后的国歌,由于没有受到人民的普遍认同,流传不广。1982年12月14日,根据广大人民群众的意见和要求,第五届全国人民代表大会第五次会议通过决议,决定恢复《义勇军进行曲》为中华人民共和国国歌。2004年3月通过的宪法修正案,在原宪法条文的第136条中增加规定:"中华人民共和国国歌是《义勇军进行曲》",国歌正式入宪。2017年9月1日第十二届全国人民代表大会常务委员会第二十九次会议通过了《中华人民共和国国歌法》,并于2017年10月1日起施行。《国歌法》第2条确认了中华人民共和国国歌是《义勇军进行曲》,并规定中华人民共和国国歌是中华人民共和国的象征和标志。一切公民和组织都应当尊重国歌,维护国歌的尊严。

今天,奏唱《义勇军进行曲》,不仅能够使广大人民牢记近代屈辱的百年史和各族人民奋起抵抗帝国主义入侵的艰难岁月,而且能够激发和增强我们的爱国主义精神,鼓励我们为建设富强、民主、文明与和谐的社会主义国家而努力奋斗。奏唱国歌是弘扬我们民族精神和爱国主义精神的严肃事情,必须庄重、肃穆。根据有关规定,在重要庆典、政治性公开集会、正式的外交场合或重大的国际性集会的情况下应奏唱国歌。在遇有维护祖国尊严的斗争场合,也可奏唱国歌。禁止在舞会、私人婚丧庆悼等活动和商业活动中奏唱国歌。

(三)国徽

1. 国家的象征和标志

国徽也是主权国家的象征和标志。它以图案组成,常常表现一国的历史背景、革命传统乃至传说故事,也能象征一国的社会制度、政治和宗教信仰,以及传统的政治思想。国徽不仅在特定的场所悬挂以示国家的名义和尊严,同时也作为国家的纹章或国玺在特别的场合下使用。

我国国徽的图案是由中国人民政治协商会议第一届全国委员会第二次会议提出,1950年9月20日中央人民政府委员会第八次会议通过,由毛泽东主席予以公布,并由历部宪法所确认。1991年3月2日,第七届全国人大常委会第十八次会议通过了我国第一部《国徽法》。2020年10月17日，十三届全国人大常委会十次会议又对《国徽法》作了最新修正。

2. 国徽的含义和制作

我国现行宪法明确规定："中华人民共和国国徽，中间是五星照耀下的天安门，周围是谷穗和齿轮。"齿轮和谷穗象征工人阶级领导下的工农联盟的人民民主国家；天安门表示中国人民从五四运动以来进行的新民主主义革命的胜利和中华人民共和国的诞生；国徽中的五星象征着中国共产党领导下的各族人民的大团结。国徽鲜明地反映了新中国的阶级性质。

国徽法第2条第2款规定："中华人民共和国国徽按照1950年中央人民政府委员会通过的《中华人民共和国国徽图案》和中央人民政府委员会办公厅公布的《中华人民共和国国徽图案制作说明》制作。"在特定场所需要悬挂通用尺度国徽的，报国务院办公厅批准。按照以上规定，国徽只能由国家指定的企业按照法定的规格和标准统一制作，其他任何单位和个人不得自行制作，否则即为违法。

3. 国徽的悬挂和使用

按照国徽法第4条的规定，县级以上各级人大常委会、县级以上各级人民政府、中央军委、各级监察委员会、各级人民法院和专门人民法院、各级人民检察院和专门人民检察院、外交部、国家驻外使馆、领馆和其他外交代表机构，中央人民政府驻香港特别行政区有关机构、中央人民政府驻澳门特别行政区有关机构，均应当悬挂国徽。在这里，其他外交代表机构是指公使馆、代办处、驻国际组织的代表团等。另外，北京天安门城楼、人民大会堂；县级以上各级人大及其常委会会议厅，乡、民族乡、镇的人民代表大会会场；各级人民法院和专门人民法院的审判庭；宪法宣誓场所；出入境口岸的适当场所也应当悬挂国徽。

根据国徽法第6条的规定，下列机构的印章应该有国徽图案：全国人民代表大会、国务院、中央军委、国家监察委员会、最高人民法院、最高人民检察院；全国人大各专门委员会和全国人大常委会办公厅、工作委员会；国务院各部、各委员会、各直属机构；国务院办公厅以及国务院规定应当使用刻有国徽图案印章的办公机构，中央军事委员会办公厅及中央军事委员会规定应当使用刻有国徽图案印章的其他机构；县级以上地方各级人大常委会、人民政府、监察委员会、人民法院、人民检察院、专门人民法院；国家驻外使馆、领馆和其他外交代表机构。

国徽法第13条规定，国徽及其图案不得用于：商标、授予专利权的外观设计、商业广告；日常用品、日常生活的陈设布置；私人庆吊活动；国务院办公厅规定不得使用国徽及其图案的其他场合。国徽法第14条还规定，不得悬挂破损、污损或者不合规格的国徽。

4. 维护国徽的尊严

国徽法第3条第2款规定："一切组织和公民，都应当尊重和爱护国徽。"维护国徽的尊严也是公民和一切组织的一项重要义务。为了维护国徽的尊严，国徽法第18条规定："在公众场合故意以焚烧、毁损、涂划、践踏等方式侮辱中华人民共和国国徽的，依法追究刑事责任；情节较轻的，由公安机关处以十五日以下拘留。"

（四）首都

首都是一个国家法定的中央国家机关所在地。通常也是一个国家的政治、文化、经济中心，是各国大使馆以及国际组织在该国的驻在地。世界上绝大多数国家只有一个首都，但也有极少数国家有两个或两个以上，通常一个是法定首都，一个是实际首都。例如，沙特阿拉伯的正式首都是利雅得，夏都是塔伊夫，外交之都是吉达，宗教之都是麦加。

北京作为我国的首都是由1949年9月27日中国人民政治协商会议第一届全体会议做出的决议决定的，以后制定的历部宪法都有明文规定。我国现行宪法第143条规定："中华人民共和国的首都是北京。"北京是中国共产党中央委员会、全国人民代表大会常务委员会、国务院等党和国家领导机关的所在地，也是各国驻中国的大使馆和公使馆的所在地。

北京的地理位置和自然条件优越。它位于北纬$39°56'$，东经$116°20'$。西部、北部和东北三面环山，东南面通向平原，东距渤海150公里。北京是重要的交通枢纽，扼中原与东北、西北交通的要冲。北京是历史文化名城，具有光辉灿烂的历史。它有着三千年的历史，曾有许多王朝在此建都。中国历史上的最后三个封建王朝都把都城建在北京。它有雄伟的古代宫殿，秀丽的皇家园林和无数的珍贵文物。此外，北京还具有光荣的革命传统。中国近代史上的一系列重大的历史事件有很多都发生在这里。它是维新变法的发源地，是五四运动策源地，全民的抗日战争在这里打响第一枪，中华人民共和国在这里宣告成立。

新中国成立后，北京作为共和国的首都进入了新的发展时期，成了我国政治、经济、文化中心，是新中国的缩影和象征。

第三节 宪法权利制度

在传统宪法学教科书中，对宪法权利制度的研究一直是比较薄弱的，特别是没有从个人与国家之间的关系中去探讨宪法上的权利与义务制度，只有在权利性质上不太清晰的"公民的基本权利"以及"人的基本权利"等制度概念和范畴。事实上，近年来世界各国制宪实践已经开始关注从个人与国家之间的关系上来规定宪法权利，也就是说，所谓的宪法权利，是个人与国家对彼此拥有的可以做或者可以不做什么的行为资格或利益可能性。这种宪法权利，对于个人来说，个人的宪法权利是以个人向国家履行相应的宪法义务而获得自身的正当性；对于国家来说，国家相对于个人来说获得的宪法权利也是以国家向个人履行宪法上的义务为前提的。在个人与国家关系的框架内探讨宪法权利与宪法义务，很显然，可以使宪法的各种权利与义务获得合宪性价值的评价和限制，以此突出宪法在规定权利与义务中的根本法的特征。从制宪的实践来看，1992 年 10 月 25 日通过的《立陶宛共和国宪法》就比较好地体现了宪法权利的上述法律特征。该宪法第 2 章的主题就是"个人与国家"，并且将个人享有的权利称为"宪法权利"。该宪法第 30 条规定：任何人，其宪法权利和自由受到侵犯时，均有权向法院申诉。由此可见，在个人与国家的关系框架内重新认识宪法上所确立的公民的基本权利的性质，具有深化宪法学理论研究成果的重要学术价值。

一　宪法权利的概念及功能

1. 目前有关宪法权利的定义存在的理论和实践问题

宪法权利一词，是近年来宪法学界开始关注和逐渐予以认同和接受的宪法学的基本概念和范畴，但是，围绕着宪法权利概念的内涵，不论是在理论上，还是在实践中，对宪法权利概念的解释都是众说纷纭，莫衷一是。

从理论上看，宪法权利与很多宪法学的基本概念具有非常密切的联系，例如，公民的基本权利、基本人权，等等；从宪法权利与宪法文本之间的关系来看，宪法权利有广、狭义之分，狭义上的宪法权利仅指宪法文本中所涉及的权利，而广义上的宪法权利则还包括基于宪法原则和宪法的价值理念以及宪法解释、宪法判例所肯定的宪法权利；从宪法权利的主体来看，狭义上的宪法权利主体仅仅限定于传统宪法学所承认的"公民"，而广义上的宪法权利主体则不仅包括"公民",还因为宪法权利种类和内涵的不同,享有宪法权利的主体可以扩展到国家、社会组织、自然人和公民等;从宪法权利的种类和内涵来看,宪法权利可以分为宪法基本权利和一般宪法权利;从宪法与宪法权利之间的价值关系来看,宪法权利可以分为"宪法所确认的权利"与"宪法所保障的权利",等等;从宪法权利的权利来源看,宪法权利还与宪法文本之外的"一般行为自由"存在密切的价值联系等。上述这些问题都与准确地理解宪法权利的概念密切相关,但目前中外宪法学界对这些问题都没有深入进行研究,基本上是用某个层面上的宪法权利概念来代替整体意义上的"宪法权利",因此,宪法权利概念在理论上有概念不确定、内涵和外延相对缩小化的趋势。

从实践来看,宪法权利在宪法文本中的表现形式也是不一样的。宪法上确认的权利,即为宪法权利,或称基本权利。基本权利主要是德国学者使用的概念。除基本权利外,各国宪法还有其他不同的称谓,如"宪法权利"(智利)、"个人的权利"(巴西)、"个人和社会的权利"(巴拿马)、"基本人权与自由"(巴哈马)、"自由、权利"(阿联酋)、"国民的权利"(日本)、"人和人权及自由"以及"公民的权利和自由"(阿塞拜疆)、"权利"(美国)、"公共权利"(科威特)、"人民的权利"(菲律宾)、"人和公民的基本权利、自由"(土库曼斯坦)、"人和公民的权利和自由"(俄罗斯)、"人和公民的权利、自由与义务"(乌克兰)、"一般权利"(芬兰)、"基本自由和权利"(克罗地亚)、"自由和基本权利"(摩纳哥)、"个人权利和社会权利"(希腊)、"人的保障"(玻利维亚)、"基本自由权"(马来西亚)、"个人权利和社会权利、政治权利"(多米尼加)、"民事权利和社会保障"(哥伦比亚)、"权利、义务和基本保障"(古巴)等。据不完全统计,在108个国家中,有39个国家的宪法使用"基本权利",另外有35个国家的宪法使用"权利",27个国家的宪法使用"自由",3个国家的宪法使用"人权",3个国家的宪法使用"公共权利",2个国家的宪法使用"基本人权"[①]。总的来说,在宪法文本中明确指称宪法权利的概念以"公民的基本权利"居多。

迄今为止,有关宪法权利概念的理解,不论在理论上,还是在制度设计中,宪法权利基本上是以"公民的基本权利"来表述的,宪法权利的主体限于"公民"层次上来讨论,而宪法权利的内涵也主要集中在"基本权

---

① 参见姜士林等主编《世界宪法全书》,青岛出版社1997年版。

利"的范围内。在自然人意义上探讨宪法权利的主体主要是第二次世界大战后受国际人权公约的影响,许多国家在宪法中进一步扩大了基本权利的主体,将基本权利扩展到"自然人"的层面。

2. 基本权利作为宪法权利进入宪法文本的历史渊源

在传统宪法学中,将宪法权利限定在"公民的基本权利"的含义上来理解,是有着广泛和深厚的历史渊源的。基本权利进入宪法文件是法律对"权利"价值充分肯定的结果,是自然权利法定化的体现。

现代权利的观念源自西方。关于个人享有权利、侵犯个人权利是不道德的行为以及个人权利应当受到法律保护的观念,是现代西方文明一个比较独特的产物。人类学家路易·迪蒙在对各种传统文明的意识形态进行比较研究后得出结论,现代西方文明的一个独特之处在于,它把价值体系中最高的价值赋予个人,而在其他的文明形态中,社区、社会秩序或整体总是处于优先的地位①。

在古希腊、古罗马的文明世界中,中世纪的基督教文明中或传统的中国文明中,都不存在权利这样的概念②。在许多古代的和现代的语言中,有"正义""公正的做法""正当的做法"的词语和表达,"权利"这个词却是比较现代的发明。在 15 世纪以前,无论是古典的或中世纪的希伯来语、希腊语、拉丁语或阿拉伯语中都没有任何表达权利概念的方式,更不用说在英语和日语中③。权利被引入欧洲的语言是由于拉丁语词"ius"("jus")在用法上变化的结果,这种变化发生在 14 世纪和 15 世纪。"ius"一词获得了它在古典时期所没有的含义,即人类有一种固有的特性,按照这种特性,一个人应当拥有某些东西,能够做某些事情,或应当不受某些干预。权利这个词汇的实际意义在于,它能够使个人或集体要求并声称某些利益和权益是他或他们应当得到的,并给这些要求赋予道德上

---

① 转引自陈弘毅《权利的兴起:对几种文明的比较研究》,周叶谦译,载夏勇编《公法》第 1 卷,法律出版社 1999 年版,第 196 页。

② 古代汉语早有"权利"一词,但大体上是消极的或贬义的,如荀子曾说:"是故权利不能倾也,群众不能移也,天下不能荡也。"这种语义上的权利不是描述法律关系的法学概念。中国古代法律语言里也没有像英文"权利""义务"那样的词汇。19 世纪中期,美国学者丁韪良在把维顿的《万国律例》(Elements of International Law)译成中文时,选择"权利"这个古词来对译英文"right",并说服朝廷接受它。此后,"权利"在中国逐渐成了一个褒义的,至少是中性的词,并且被广泛使用。夏勇:《权利哲学的基本问题》,《法学研究》2004 年第 3 期。

③ [英] A. J. M. 米尔恩:《人权哲学》,东方出版社 1991 年版,第 7—8 页,转引自张文显《法学基本范畴研究》,中国政法大学出版社 1993 年版,第 65 页。

的合法性。这一变化可以在一些中世纪基督教作家的著作中发现踪迹，他们把拉丁语"ius"的用法加以修改，用于讨论财产的持有、使用和所有权。而对权利一词的表述是在17世纪早期苏亚雷斯和格老秀斯的著作中确定的。为了反对封建专制，他们发明了"自然权利"和"天赋人权"这两个词汇。在同一个世纪，霍布斯和洛克发展了关于国家的社会契约论，这种理论的基础就是个人有自我保护的权利或有生存、自由和获取财产的权利。这可能是人类思想史上对权利进行的最早分析。此后，关于权利的论述在西方的道德和政治思想中占据主导地位[①]。

基本权利的发源地是近代宪法的故乡英国。尽管英国不存在受到宪法和法律保护以防止议会干预这种意义上的基本权利[②]，但人类最早的宪法意义上的权利和自由是由1215年的《自由大宪章》规定的，而且《自由大宪章》还是英国后来一系列宪法性文件的基础。这部宪法性文件大部分内容为国王与封建贵族和骑士之间缔结的协定，保障的主要是贵族和骑士的权利，而不是普通公民的权利，严格地说，这些文件尚不能视为公民基本权利的保障文书。但如果说这些文件与基本权利毫无关系，也不切合实际，比如，大宪章第39条关于人身自由的规定，权利请愿书关于非经议会同意不得征税的规定等，与我们今天讨论的基本权利没有任何实质性的区别。

把基本权利写入宪法，并使政府严格遵守的观念始于1776年至1789年间美国各州制定的宪法。弗吉尼亚州宪法是这些州宪的杰出代表。1776年6月12日，由乔治·梅森起草的弗吉尼亚《权利法案》是世界上第一个权利法案，开创了在宪法中确认权利法案的先河。法案共16条，规定一切人生而同等自由、独立，并享有某些天赋权利，这些权利包括生命、自由、财产权以及追求幸福和安全的权利。法案还确立了主权在民、司法独立、人身自由、言论自由、征税须经议会同意、平等权、普选权等原则。这些原则成为近代宪法的范本。22天后，被马克思

---

① 前引陈弘毅《权利的兴起：对几种文明的比较研究》，周叶谦译，载夏勇编《公法》第1卷，法律出版社1999年版，第182—199页。

② 英国是不成文宪法国家，其宪法由一系列宪法性文件组成，这些文件由议会制定并可由议会修改。议会主权神圣不可侵犯，法官不能凌驾于议会之上，因而英国不可能产生像美国那样受到特殊宪法和法律保护、议会不得干预的基本权利。权利的保护依赖于大臣和公务员的正义感、政治反对派的警觉、新闻界的影响、公共舆论的压力以及自由和秘密选举。参见前引［美］路易斯·亨金、阿尔伯特·J. 罗森塔尔编《宪政与权利》，生活·读书·新知三联书店1996年版，第427页。

誉为"第一个人权宣言"的《独立宣言》表达了美国关于基本权利的理论:"我们认为以下真理是不言而喻的:人人生而平等,造物主赋予他们某些不可转让的权利,其中包括生命权、自由权以及追求幸福的权利。为了保障这些权利,人们建立起其正当权力来自被管理者同意的政府;任何形式的政府,一旦破坏这些目标,人民就有权利去改变它或废除它。"美国1787年制宪会议通过的宪法本来没有权利法案,但人们普遍认为新成立的联邦政府可能威胁公民的权利,尽管这些权利已经为大多数州宪法中的权利法案所确认。在宪法被提交各州批准时,有七个州允诺新国会成立后通过修宪程序补充权利法案,有些州直接把拟议的权利法案附于宪法之后①。因此,美国第一届国会所做的第一件事就是制定并颁布前十条权利法案。这份权利法案来源于英国的普通法传统和殖民地时期权利的积累,向世界提供了最权威的权利目录。从此,在宪法中规定公民基本权利的做法,为各国所效仿。

在基本权利方面被公认为对世界各国影响最大的宪法性文件是法国1789年《人权和公民权宣言》,它在法国的宪法史上也具有重要地位。这份宣言在很大程度上以美国弗吉尼亚州1776年《权利法案》为蓝本并受到时任美国驻法大使托马斯·杰斐逊的巨大影响②。英国的大宪章等宪法性文件,主要规定的是君主的义务和封建贵族的特权,并非专为保障公民的基本权利而制定。美国的《独立宣言》虽然充分体现了天赋人权思想,但不具体。而法国1789年人权宣言规定了各种具体权利,更具普遍性,对法国宪法和欧洲其他国家的宪法,如1831年比利时宪法和1850年普鲁士宪法,产生了广泛而深远的影响,至今依然备受推崇。基本权利观念至此得以普及,且逐渐成熟。

到了19世纪,由于资本主义经济的发展,自由主义思想的传播,为了防止专制,保障自由,基本权利的保护日益扩张,遍及欧洲,东至日本。在这个时期,对公民基本权利的保护主要关注的是个人自由,没有涉及社会权利。

19世纪末20世纪初,由于社会经济形势的变化,人们认为,宪法不仅应当保障个人自由,还应当保障个人的生存权;不仅应当保护个人的利益,还应当兼顾社会的利益。因为自由权是消极的个人自由,贫苦的人不

---

① 参见李昌道编著《美国宪法史稿》,法律出版社1986年版,第111页。
② See Albert P. Blaustein, Constitutions of the World, Fred B. Rothman & Co., 1993, p. 8.

能以此为食，以此为衣，如果不能维持生存，自由就毫无意义。生存权犹如皮，个人自由犹如毛，皮之不存，毛将焉附。因此，这个时期的基本权利观念与18世纪有着重大的差异。一方面基本权利的数量有所增加，由尊重自由发展为兼顾生存权；另一方面基本权利的性质也发生了变化，由尊重个人自由发展到兼顾社会利益。这个时期最具代表性的宪法是1919年魏玛宪法。从条文上看，魏玛宪法对于婚姻、家庭和青少年的保护，对于经济权利和社会权利的规定，独具特色，被视为"第二代人权"制度化的开端。第一次世界大战后，各国把魏玛宪法奉为典范。

第二次世界大战后，为了吸取法西斯独裁统治给人类带来巨大灾难的教训，许多国家的新宪法，特别是战败国的新宪法把尊重个人权利和自由放在一个突出的位置。例如，《联邦德国基本法》第1条强调人的尊严不可侵犯，尊重和保护人的尊严是全部国家权力的义务。意大利宪法第2条规定，共和国承认并保障个人人权不受侵犯，并需履行政治经济和社会团结方面的不可违背的义务。日本宪法第11条规定，国家不得妨碍国民享有的一切基本人权。国际社会加强了对人权的保护。1948年联合国大会通过的《世界人权宣言》得到了所有政府的批准。1966年联合国大会通过的《公民权利和政治权利国际公约》和《经济、社会、文化权利国际公约》所确认的权利和宣扬的观念也得到越来越多国家的承认。国际人权事业的发展极大地促进了国内基本权利的保护。总的来看，基本权利在总量上呈现扩张趋势，在政治、经济、文化和社会权利方面得到全面发展，在权利的保障方面更加有力、更加细密。人类进入了一个前所未有的权利时代。这个过程仍在进行之中。

如今，基本权利以及由基本权利发展而来的适用于所有自然人的普遍人权已成为现代宪法的一个不可或缺的重要组成部分。但宪法是否应当规定基本权利，历来存有争议。

一种观点认为，宪法不应当规定公民的基本权利。法国1789年制宪时，议会中就有一部分人反对把人权宣言列入宪法。德国1919年制定魏玛宪法时，议会中也有一部分人反对在宪法中规定个人的权利和义务。而1875年法国第三共和国宪法和德国1871年宪法完全省却了权利法案。其理由是，基本权利比较原则、概括，不可能十分具体。在普通法律未做具体规定之前，基本权利的行使不具有可操作性。如果没有得到法院的保障，任何权利都将形同虚设。在宪法上规定基本权利还有危险性，因为宪法确认某种权利，难免使人认为这项权利不受任何限制，这就可能产生恣意抗拒限制这种权利的法律的危险。美国在起草 1787 年宪法时，也没有提到公民权利。针对梅森在制宪会议上提出的权利法案，制宪会议的反对理由如下：（1）各州宪法已包含与权利法案类似的条款，再制定一部人权法案没有必要；（2）从严格意义上说，人民没有交出任何权利，既然人民保留全部权利，自然没有必要在宪法中宣布保留任何个别权利；（3）权利法案中包括对未曾授予政府的权力的限制，这些事务政府本来无权处理，没有必要再次宣布不得如此处理，这样做可能给滥用权力的人提供口实；（4）保障权利依赖于公共舆论以及人民和政府所具有的精神，而不是宪法规定①。由于上述反对意见，这项提议以十票对零票的结果遭到否决。

另一种观点认为，宪法应当规定基本权利，其理论基础有两个：一是天赋人权说，二是革命权利说。

天赋人权说主张，权利先于国家而存在。洛克以及 17、18 世纪的许多人都认为，人身自由、言论自由等自由是人类与生俱来的权利，是人权或自然权利，这些权利不是任何法律所赋予，也非任何法律所能剥夺；宪法仅是宣示这些权利的存在，而不能创造这些权利。事实上，多数情况下，国家的成立并不是人民和政府之间缔结契约的结果。关于人权是人类与生俱来的权利的命题，也很难证明。所以，启蒙思想家的人权观念对于推翻封建专制统治具有重大意义，但理论依据却存在重大缺陷。19 世纪以来，这种观点受到了许多学者的质疑。社会法学派否认天赋人权说，认为国家之所以保障人权，是为了使人们充分发展其人格，以胜任和履行国家和社会的责任②。

革命权利说认为，法律上强调自由的原因在于人的不自由，强调平等的原因在于人的不平等。不自由和不平等是封建专制制度的特征。如果人们要享有权利，必须以革命手段推翻封建君主或贵族专制的统治，因而这种学说又称为革命民权说。权利之所以在革命之后规定于宪法中，是为了更妥善地保障权利③。

另外，有的学者认为，在宪法中确认基本权利，有利于对公民的权利提供有效的保障，有利于革除政治上的弊端，可以为立法、行政、司法部

---

① 参见［美］汉密尔顿、杰伊、麦迪逊《联邦党人文集》，程逢如等译，商务印书馆 1995 年版，第 427—431 页。
② 王世杰、钱端升：《比较宪法》，中国政法大学出版社 1997 年版，第 64—65 页。
③ 参见张镜影《比较宪法》（上），黎明文化事业公司 1983 年版，第 92—93 页。

门提供统一的行为标准,还可以加强法治宣传教育①。

总的来说,公民的基本权利以及在此基础上发展而来的适用于所有自然人的普遍人权目前已经成为世界各国宪法所明文规定的"宪法权利"的核心内容。在绝大多数国家宪法中,公民的基本权利与自然人的权利在宪法文本中是混合在一起加以保护的,就一组被视为基本权利的宪法权利,到底哪些属于公民的基本权利,哪些属于所有自然人应当享有的基本人权,在宪法文本中没有具体加以区分,在理论上也还没有完全加以界定。但在少数国家的宪法中,已经注意区分宪法权利的结构,在宪法文本中明确地将"自然人的权利和自由"与"公民的基本权利"分别加以规定,以示其作为宪法权利享受的主体不同,受到宪法保护的力度和方式也有所差别。

在一些传统的老的宪法中,如1791年美国的《权利法案》,该法案中所规定的各项权利,在宪法条文中并没有非常清晰地区分哪些权利属于普遍人权意义上的,哪些权利属于美国公民所特殊享有的。事实上,大多数宪法权利既有普遍人权的性质,也具有公民权利的性质。区分普遍人权与公民权利不是依靠宪法条文的明确规定,而是依靠在人权保护实践中所形成的具体保护制度来加以适当的区别对待。路易斯·亨金在《宪政与人权》一书中认为,"美国宪法权利和国际人权在根本上有契合之处,同时也有重大不同"②。

在20世纪90年代之后,由于受到国际人权文件的影响,一些国家在宪法和法律中开始改变传统观念下将普遍意义上的人权保护和公民权利混合在一起加以笼统保护的做法,开始在宪法中分别设立普遍人权和公民权利两个层次上的宪法权利保护体系。如1993年5月5日通过、1996年2月10日修改和补充的《吉尔吉斯斯坦共和国宪法》第2章"公民",就对"人的权利和自由"以及"公民的权利和义务"单独列节加以规定。根据该宪法第16条的规定,在吉尔吉斯斯坦共和国,根据普遍公认的国际法原则和准则,吉尔吉斯斯坦共和国批准的有关人权问题的国际条约和协定,人的基本权利和自由得到认可和保障。在吉尔吉斯斯坦共和国,每个人都拥有如下权利:生命、身体和精神不受侵犯;人身自由和安全;自由发展其个性;信仰自由、精神和祭祀自由;自由表达和传播思想、想法和

---

① 参见前引王世杰、钱端升《比较宪法》,中国政法大学出版社1997年版,第57—60页。
② 参见[美]路易斯·亨金等主编《宪政与权利》,郑戈等译,生活·读书·新知三联书店1996年版,第510页。

意见、文化、艺术、学术和技术创作自由，出版、传播和扩散信息的自由；在吉尔吉斯斯坦共和国全境迁移和选择逗留与居住地的自由、自由离开其国境和不受阻碍地返回；结社；和平集会、不携带武器、自由进行集会和游行；住宅不受侵犯；通信自由与秘密；名誉、私生活、个人与家庭秘密；通信、电报、电话交往秘密；拥有财产，拥有和使用并按自己的意愿予以支配；经济自由、自由运用能力和财产从事任何经济活动；劳动自由、自由选择活动类型和职业，等等。该条还规定：对宪法中的上述权利和自由，不得做出否定或限制人的普遍公认的其他权利和自由的解释。可以说，该宪法基本上接受国际人权公约关于普遍人权的提法，并且将这些人权作为最基本的宪法权利加以保护。此外，该宪法在第2章第3节又专门规定了"公民的权利和义务"。在"公民权利"方面，该宪法规定，公民对国家管理的参与权、进入国家机关的平等权、保卫祖国的权利、接受国家物质帮助权、劳动保障权、罢工权、休息权、受教育权、拥有住宅权、健康保护权、环境权、罪行法定等等，这些权利都只有具有吉尔吉斯斯坦共和国国籍的公民才能享有。而且该宪法第37条第2款还规定，吉尔吉斯斯坦共和国为宪法和法律所确认的公民的一切权利和自由的司法保护提供保障。很显然，该宪法对宪法所规定的"公民权利"给予了有效的"制度保障"。

与上述《吉尔吉斯斯坦共和国宪法》将普遍意义上的人权和公民权利分类相类似的例子还有许多。例如，1995年11月12日通过的《阿塞拜疆共和国宪法》第2编"基本权利与自由"就明确设立了两章，一章是"人的权利与自由"，一章是"公民的权利与自由"。根据该宪法的规定，受到宪法保护的普遍人权意义上的人权包括生命权、自由权、财产权、平等权、安全生活权、住宅不可侵犯、人身不可侵犯、名誉和尊严保护权、思想与言论自由、信仰自由、集会自由、信息自由、婚姻权、劳动权、劳动保护权、罢工权、休息权、社会保障权、在健康环境中生活的权利、知识产权、创作自由、保护健康权、受教育权、居住权、民族属性权、母语使用权，等等。该宪法第59条规定：在阿塞拜疆境内，人的权利与自由直接生效。该宪法在规定普遍人权作为宪法权利的最重要的一部分基础之上，又规定了一系列的公民权利意义上的人权，这些权利包括国籍权、参与社会和国家政治生活的权利、参与国家管理的权利、选举权、投诉权、结社权、获得法律帮助权、无罪推定、不许对同一次犯罪再判刑、不许强迫为亲戚作证、被拘留和逮捕以及被控犯罪者的权利、要求赔偿损失权、企业活动自由权，等等。很显然，如果与《吉尔吉斯斯坦共和国宪法》关于普遍人权和公民权利的规定相比，《阿塞拜疆共和国宪法》的规定更加明确和具体，更具有系统性。但是，引人注目的是，这两部宪法对普遍人权的理解是不太一样的。在《吉尔吉斯斯坦共和国宪法》中作为"公民权利"的人权在《阿塞拜疆共和国宪法》中则成了具有法律上直接效力的普遍意义上的人权。由此可见，在实行普遍人权与公民权利保护制度相分离的国家，由于对普遍人权和公民权利的权利内容划分的不同理解，导致了对两者权利内容的分类的价值标准有所差异，这也体现了有关人权的"普遍性"认识上存在的价值差异。

值得注意的是，在1998年12月8日通过的《瑞士联邦宪法》中，也对普遍人权与公民权利做了分类。有意思的是，在该宪法中，将普遍意义上的人权称为"基本权利"，而将公民权利意义上的人权称为"公民身份和政治权利"，很显然，该宪法将公民权利主要限制在政治权利领域。这一点与上述提及的两部宪法关于公民权利的理解又有所差别。

在发现普遍人权意义上的人权与公民权利意义上的人权之间的价值差异基础之上，有一个重要的概念是需要加以甄别的。即作为民事权利意义上的"公民权利"（civil rights）是一种普遍意义上的人权，而以公民身份和国籍为基础的"公民权利"则属于与普遍权利相对应的"公民特权"（rights of citizens）。这一点在英文和其他语言中可以有效地表达出来，而在汉语中则只能通过相应的权利解释来加以区分，或者是干脆将后一种意义上的"公民权利"改为"公民特权"，以区别于具有平等价值基础的普遍意义上的人权。

因此，抛开世界各国宪法对公民的基本权利和自然人的普遍人权的保护形式来看待当代宪法对基本权利的保护特征，实际上受宪法所保护的"基本权利"分为"所有自然人可以享有的基本权利"和"只有具有本国国籍的公民可以享有的基本权利"两种类型，前者由于享有基本权利的主体适用于所有自然人，所以，这些基本权利又可以视为"普遍人权"，而后者由于只有具有本国国籍的公民才能享有，因此，这些基本权利可以视为"公民的基本特权"。对于生活在一个特定国家的公民来说，享受宪法所规定的"基本权利"实际上包括两类，一类首先是以自然人身份可以享有的"普遍人权"，另一类是以公民身份享有的"公民特权"。

3. 宪法权利的定义应当能够客观地反映宪法文本的特征

尽管"基本权利"可以概括和反映"宪法权利"的主要特征，但是，近年来，一些国家在宪法文本中不断地拓展宪法权利的主体、内涵、外延、功能等等，使得宪法权利的概念越来越广泛，特别是由于宪法文本中明确地肯定了这些新的类型的宪法权利的存在，因此，从法理上就必须对这些新型的宪法权利的性质做出准确和有效的解释，而不能只局限于传统宪法学所认定的"基本权利"的层次。除公民的"基本权利"之外，宪法文本中所涉及的"权利"通常会涉及以下领域：

（1）国家的权利或者组成国家的政治实体的权利。国家的权利通常体现为国家的主权，体现在国家主权的对外独立性和对内最高性。由于现代宪法在法理上首先反映了作为个人整体的国家与个人之间的契约关系，也涉及主权国家整体与主权国家内的其他政治实体之间的契约关系，所以，宪法对国家与个人之间的权利义务关系以及主权国家与主权国家内的政治实体之间的权利义务关系都有着同等的确认和保护责任。许多国家宪法文本对"国家主权"问题都明确地加以肯定，这些规定实际上从制度上体现了"宪法权利"的特征。例如，1991年12月8日通过的《乌兹别克斯坦共和国宪法》第70条第2款规定：卡拉卡尔帕克斯坦共和国主权由乌兹别克斯坦共和国来保护。上述规定实际上涉及一个主权国家范围内两个政治实体之间通过宪法规定相互所享有的权利和必须履行的义务。1971年《阿拉伯联合酋长国临时宪法》第1条规定：阿拉伯联合酋长国是一个独立主权联邦国家。第2条又规定：联邦对各酋长成员国国际边界线以内的领土及领海，以及对宪法规定由它管辖的一切事务行使主权。除联邦对联邦构成主体享有"宪法权利"之外，联邦构成主体依据宪法对联邦也享有相应的"宪法权利"，例如1977年《苏联宪法》第72条规定：每一个加盟共和国都保留自由退出苏联的权利。

许多国家宪法对国家作为财产权的主体身份做了充分肯定，确立了国家所有权制度。例如，1994年3月15日通过的《白俄罗斯共和国宪法》第13条规定："财产既可以为国家所有，也可为私人所有。""矿藏、水源、森林仅为国家所有。""可以用法律规定只能由国家所有的其他客体，或将这些客体转为私有的特殊程序，也可载明国家从事某种类别的活动的特有权利。"

再如，1967年《巴拉圭共和国宪法》第44条规定：只有国家才可以拥有和使用战争武器。该宪法第46条又规定：只有国家才有权制造和发行货币、建立度量衡和管理商标。很显然，上述关于国家的"宪法权利"规定是针对个人来说的，明显地在个人与国家之间确立了比较清晰的权利与义务关系的界限。

很显然,宪法文本中有关"国家"的"宪法权利"规定比比皆是,这些"宪法权利"如果不恰当地从"宪法权利"的内涵中排除出去,就会使宪法权利的概念明显失去制度性基础,对宪法文本中实际所包含的宪法权利类型也缺少有效的整合和解释手段。

(2) 代表或议员的权利。代表或议员是现代民主政治发展的产物,是由选民根据特定的选举程序选举产生的,代表的宪法权利严格意义上讲是与代表或议员履行代表职务相关的,这些权利是代表或议员履行职务的法律保障,主要属于保障代表或议员有效地履行代表职务的程序性权利和保障性权利。至于代表或议员在参与代表机关活动中所行使的实体权利,通常是受选民或原选举单位委托的,除与宪法和法律规定相抵触的之外,一般来说,不受宪法的限制,而属于一种政治性权利,是人民直接通过选举机制赋予代表或议员的。从代表或议员组成的代议机构来看,代议机构要能够有效地履行宪法所赋予的各项职权,代议机构自身必须要有可以行使宪法所赋予的职权的行为能力,因此,代表或议员的宪法权利实际上是作为代议机构能够有效行使宪法职权的保障条件而存在的,属于具体实现个人与国家之间权利与义务关系的宪法权利制度。

世界各国宪法对代表或议员履行职务所设定的宪法权利主要有以下几个方面:其一,豁免权。例如1946年《日本国宪法》第50条规定:两议院议员,除法律规定的情况外,在国会会期中不受逮捕。会期前被逮捕的议员,如经所属议院提出要求,在会期中必须予以取消。其二,质询权。如1958年法国宪法第48条规定:每周有一次会议专供议会议员提出问题和政府进行解答。其三,会上发言免受追诉权。例如,1946年法国宪法第21条规定:议会议员不得因行使职权所发表的意见或表决而受追缉、搜索、追捕、拘禁或审判。其四,拒绝作证权。例如,1949年联邦德国基本法第47条规定:议员在自己以议员的身份被人告密或以议员的身份密告他人时,有权拒绝为这些有关的人员和事实本身作证。如议员拒绝作证,不得扣留其证件。其五,享受年薪或津贴权。例如,1919年德国《魏玛宪法》第40条规定:凡联邦国会议员,在德意志国所有铁路,有免费乘车之权,及依照联邦法律标准,领受损害赔偿,并得支领岁费。岁费由联邦法律定之。1949年的联邦德国基本法第48条也规定:议员有权领取一笔适当的保证其独立性的津贴。他们有权免费使用国家的一切交通工具。其详细办法另由联邦法律规定。其六,投票权。例如,1958年法国宪法第27条规定：议员的投票权属于其本人。其七，不受阻挠地有效地行使权利和义务。例如，1977年苏联宪法第106条就规定：保证代表不受阻挠地有效地行使其权利和义务的条件。代表的不可侵犯性以及代表活动的其他保证，由关于代表地位的法律及苏维埃社会主义共和国联盟、加盟共和国和自治共和国的其他立法文件规定之。

代表或议员的上述各项宪法权利都是与代表或议员的职务密切相关的，一般公民不得享有上述只有代表或议员才能享有的与职务相关的宪法权利，而代表或议员一旦不再担任代表或议员职务，或者是实施的行为与履行职务完全无关，那么，也就不能享有这些宪法权利。

（3）社会组织、政党、法人的权利。许多国家的宪法都明确规定了社会组织，包括政党、法人等享有一定的宪法权利，这些宪法权利实际上是个人与国家之间宪法关系的一种合理延伸，是个人享有集体人权的一种重要的法律和组织途径。例如，1994年3月15日通过的《白俄罗斯共和国宪法》第5条规定：政党和其他社会团体有权按照立法规定的程序利用国家舆论。当然，政党、社会团体享有上述宪法权利，必须在"白俄罗斯共和国宪法和法律范围内开展活动，促进公民政治意志的形成与表达，参与竞选"。再如，1995年8月24日通过的《格鲁吉亚共和国宪法》第45条规定：宪法中指明的人的基本权利和自由，也可在考虑其内涵的情况下适用于法人。

（4）外国组织和外国人的权利。外国组织和外国人也可以依据宪法享有一定的宪法权利，这些权利同样也是以特定的国家义务为前提的，这些权利与人权的国际保护要求有关，也有一些是基于国民待遇原则产生的。例如，1994年3月15日通过的《白俄罗斯共和国宪法》第11条规定：在白俄罗斯共和国境内的外国公民和无国籍者与白俄罗斯公民一样享有权利和自由并履行义务，如果宪法、法律和国际条约未做其他规定的话。再如，1981年1月11日通过的《洪都拉斯共和国宪法》对外国人可以行使的宪法权利做了明确规定。总的原则是外国人可以享有与洪都拉斯人一样的宪法权利，但是，这种享有宪法权利的资格不能优位于洪都拉斯人。例如，该宪法第31条第1款规定：除了依法规定的为了公共秩序、安全、社会利益或便利而实行的限制外，外国人享有与洪都拉斯人同样的公民权利。第33条第1款规定：外国人只有当洪都拉斯人处于与其一样情况而以一定方式要求国家赔偿时，才能要求国家赔偿。第34条又规定：只有在没有洪都拉斯人能担任的情况下，外国人才能依法担任教授科学和艺术，向国家提供技术服务或顾问等职务。再如，1995年8月24日通过的《格鲁吉亚共和国宪法》第47条规定：除宪法和法律规定的情形外，居住在格鲁吉亚的外国人和无国籍者具有与格鲁吉亚公民相同的权利和义务。根据普遍公认的国际法准则和法律规定的程序，格鲁吉亚为外国人和无国籍者提供避难。禁止将由于政治信念或者按照格鲁吉亚法律不属于犯罪的行为而遭受迫害的避难者引渡给其他国家。

（5）公民享有的与基本权利相对应的"非基本权利"。在许多国家的宪法文本中，公民个人享有的宪法权利，除宪法上所明确赋予的"基本权利"之外，在宪法条文中，也经常性地以个人为主体，规定可以享有其他性质的宪法权利，这些宪法权利并没有被视为基本权利，但由于是在宪法中明确加以规定的，所以，也可以归入"宪法权利"的范围。例如，1992年的《土库曼斯坦共和国宪法》第9条规定：土库曼斯坦确认生产资料、土地、其他物质及智力财富的私人所有权。它们也可以属于公民团体及国家。第11条第2款也规定：每个人都有权自主地决定对待宗教的态度，单独或与他人一道共同信奉任何宗教，表达或传播与宗教态度有关的信念，参与举行宗教祭祀、礼节和仪式。上述有关个人的宪法权利是规定在第一篇"宪法制度的基础"中的，而没有规定在第二篇"人和公民的基本权利、自由和义务"中。很显然，上述这些规定在宪法中的权利至少在宪法文本的意义上不属于"基本权利"的范围。

4. 宪法权利的性质可以限定宪法权利概念的内涵

宪法权利之所以成为宪法学上一个非常有争议的理论问题，关键在于宪法学对宪法权利性质的理解。在传统的宪法学理论框架中，宪法中的权利主要是从政治学意义上来认定的，通常是关注作为与国家相对应的公民个人的基本自由和权利，而没有将宪法中所设定的权利制度与宪法本身的根本法特性联系起来，所以，传统宪法学所研究的公民的基本权利，这种权利只是揭示了宪法权利中的最重要的部分，而没有从整体上来研究宪法权利的性质。宪法作为现代社会的根本法，它首先是一个法律，它通过宪法规范来确立宪法关系主体各方的权利和义务关系，必须要从宪法关系的角度来重新解释宪法权利。

从宪法权利的性质来看，宪法权利实际上是宪法作为根本法赋予宪法关系主体做或不做某种行为的资格和可能性，因此，宪法权利的概念应当将权利主体的范围进一步从公民个体扩展到公民集体，例如，社会组织或者是社会团体，还应当扩展到与公民个人相对应的宪法关系主体国家以及依据宪法履行国家统治职能的国家机构和一切公共管理机构。据此产生的宪法权利理论才能很好地解释宪法与宪法所确立的权利性规范之间的关系。对于国家作为宪法权利的主体，与在国际法中，国家作为国际法关系的主体的性质是不一样的。在传统的国际法框架中，国家作为国际法关系的主体，其权利与义务关系是在国家与其他国家签订双边条约与多边条约中产生的，与国家权利和国家义务相对应的是一个国家基于国际关系而对国际社会应当承担的国家责任。在传统的宪法学框架中，一般很少强调国家相对于公民个人所具有的权利，很明显是受到了国家与公民个人关系中国家具有优越于公民个人绝对性的支配地位观念的影响。在现代法治社会中，在人民主权学说支配下，个人与国家之间的关系不再是依附性的，而是平等性的；居民是政治国家的构成要素之一，而单个人在全球化时代也越来越有更多的迁徙自由和国籍方面的选择权，国家与个人之间的关系必须依赖宪法来加以确定，而不是传统社会依靠土地的附着关系或者是人身的依附关系，使得个人必须无条件地服从国家。个人相对于国家来说，没有平等的法律地位，也不能随意脱离国家或者是直接与国家相对抗。在这种历史背景下，国家不需要从与个人的关系中获取权利，只有个人为了有效地生存和发展，而需要向国家请求权利。在现代社会中，由于政治国家的有效生存直接受到居民要素的影响，国家也必须依靠对居民拥有一定的权利才能获得自身存在的正当性，所以，宪法既要关注公民个人的权利，也需要关注国家本身的权利。

二 宪法权利制度的构成

宪法权利制度是基于宪法的规定而建立起来的权利制度，因此，其权利的特性需要受到宪法作为根本法的法律特性的影响。与传统宪法学所使用的基本人权、公民的基本权利等概念不同的是，宪法权利制度是一种严格意义上的法定权利，凡是宪法规范没有明确授权的，一般不宜视为"宪法权利"。所以，在宪法权利制度下，政治学意义上的"基本权利"的范围可能会大于宪法权利制度所认可的基本权利。具体来说，宪法权利制度是基于宪法规范的明确授权而产生的，由个人、社会组织和国家等特殊的宪法关系主体享有的，为了保证个人与国家之间建立有效的政治和法律联系所必需的，并由一定的宪法程序和宪法所确立的保障条件予以保障实施的法定权利的规则体系以及规则运行机制的总称。宪法权利制度是以宪法中的授权性规范为核心的，享有宪法权利的主体依据宪法中的授权性规范获得了一定的行为资格或利益的可能性。宪法权利制度由以下几个方面的要素构成：

1. 宪法权利制度是基于授权性宪法规范建立起来的法定权利体系

所谓宪法权利，是基于宪法的根本法的法律特性而受到保护的权利，因此，凡是没有宪法的明确规定，都不能归入宪法权利的范畴。所以，一些权利可能非常重要，但因为没有在宪法中得到确认，所以，也不能称之为宪法权利。这些权利也可以称之为"基本权利"或"基本自由和人权"，但是，不具有宪法权利的特性。另外，凡是在一般法律中所确认的权利，而宪法中没有予以确认的，这些权利只能称之为"法律权利"，而不能视为宪法权利。因为规定在宪法中的权利与规定在普通法律中的权利虽然权利的主体、内涵、功能可能相似或相同，但由于权利赖以存在的法律形式的效力不一样，所以，在实践中受到法律保护的力度也就有所差异。对于宪法权利的宪法特性，许多国家宪法都做了比较明确的规定。例如，1992年《立陶宛共和国宪法》第6条规定：宪法是综合和直接适用的法律。每一个人应当依据宪法来维护其权利。1995年7月5日通过的《亚美尼亚共和国宪法》第6条规定：亚美尼亚共和国保障法律至上。共和国宪法具有最高法律效力，其规范直接有效。法律只能在正式颁布后适用。未公布的涉及人的权利、自由和义务的法律文件不具有法律效力。可见，宪法权利应当以宪法规范的方式明确已经成为宪法权利具有法律效力的重要条件。

2. 享有宪法权利的主体主要是个人与国家

宪法权利是个人与国家之间的相互关系的产物，也是个人与国家之间法律联系的重要体现。根据宪法的契约性质，个人与国家之间通过彼此之间的权利义务关系相互联系在一起，个人的宪法权利相对于国家的宪法保障义务[1]，而国家的宪法权利又必须以个人的宪法义务为前提。所以，个人与国家都是宪法权利的重要主体。此外，在个人与国家之间存在的，作为个人与国家之间的社会关系纽带的社会组织也可以在一定的情形下享有宪法权利。这种宪法权利的目的最终还是指向个人的合法权益的，而作为行使国家权力的国家机构，其根据宪法的授权性规范所实施的宪法行为，在本质上属于代表国家履行统治和管理职能，因此，国家机构的宪法权利

---

[1] 1996年6月28日通过的《乌克兰宪法》第3条第2款规定：人的权利和自由及其保障规定着国家活动的内容和方向。国家对其活动向人负责。确认并保障人的权利和自由是国家的主要义务。

在性质上属于基于宪法产生的、属于宪法职权的范围。

关于个人作为宪法权利的主体，许多国家宪法都做了明确规定。例如 1995 年《哈萨克斯坦共和国宪法》第 13 条第 1 款规定：人人都有权被承认为权利主体，并有权采用不违反法律的方式来维护自己的权利和自由，包括必要的自卫。

关于国家作为宪法权利的主体，许多国家宪法也做出了明确规定，这些权利涉及国家权力的专属所有权、重要财产的国家所有、一些重要经济资源属于国家所有等方面。例如，1995 年 11 月 12 日通过的《阿塞拜疆共和国宪法》第 14 条规定：财产可以为国家所有。该宪法第 20 条规定：阿塞拜疆共和国国家银行仅为国家所有。货币发行权属于国家银行。

有些国家宪法还对由个人组成的抽象整体人民的宪法权利做了明确规定，这种权利既不属于单个的个人，也不属于国家，而是专属整体意义上的人民。例如，1996 年 6 月 28 日通过的《乌克兰宪法》第 5 条第 3 款规定：确定和改变乌克兰宪法制度的权利仅为人民所有，不得被国家、国家机关或官员所篡夺。

社会组织或法人作为自然人个体的延伸，相对于国家来说，也享有一些特殊的宪法权利。例如，1996 年《乌克兰宪法》第 14 条第 2 款规定：土地所有权予以保障。这种所有权只能依据法律由公民、法人和国家获得和实现。

3. 宪法权利的行使必须遵循一定的宪法程序

宪法权利的行使必须严格地依照一定的宪法程序来进行，这种宪法程序可能是宪法直接确定的法律程序，也可能是宪法所规定的由法律所明确的程序。依据法律程序来行使宪法权利，体现了宪法权利制度自身将实体宪法权利与程序宪法权利有机地结合在一起的宪法理念，对于宪法权利的有效实现具有很好的制度保障功能。例如，1992 年《土库曼斯坦共和国宪法》第 40 条第 2 款规定：对国家机关及社会组织、官员违反法律、超越权限、损害公民权利和自由的行为，可向法院控诉。该宪法第 41 条也规定：公民有权通过诉讼程序对国家机关、其他组织及其工作人员，以及个别人以非法行为对其造成的物质及精神损失要求赔偿。上述规定是关于依据宪法直接规定的程序来行使宪法权利的。该宪法还在第 2 章"人和公民的基本权利、自由和义务"中对许多基本权利的行使规定需要受到法律所规定的程序的限制。例如，该宪法第 34 条规定：公民在年迈、生病、残疾、失去劳动能力、失去供养人及失业情况下有权得到社会保障。这一权利实施的程序和条件由法律调整。1991年11月29日颁布的《马其顿共和国宪法》第50条第1款则明确规定：每个公民可通过建立在优先和紧急原则基础上的程序，向普通法院和马其顿宪法法院提出要求保护其宪法规定的自由和权利。

4. 宪法权利的实现具有一定的实施条件的保障和权利救济机制的保障

宪法权利在德国宪法学上有主观权利与客观法规范之说。作为主观权利，宪法权利是宪法赋予公民个人的一种行为资格或利益可能性；而作为客观法规范，宪法权利可以产生直接的法效力和法律上的请求权，如果宪法规定的权利受到侵犯，那么，有关权利受害者可以依据宪法的相关规定直接请求有关机关给予宪法权利的救济。而有些国家则在宪法文本中明确规定了宪法权利直接有效，对立法具有约束力，或者是直接可以被视为客观的法规范。例如，1993年《俄罗斯联邦宪法》第18条规定：人和公民的权利与自由是直接有效的。它们规定着法律的意图、内容和适用、立法权和执行权、地方自治的活动并受到司法保证。也有的国家宪法中通过规定宪法的直接效力，来赋予宪法权利的直接生效。例如，1994年11月6日通过的《塔吉克斯坦共和国宪法》第10条规定：塔吉克斯坦宪法具有最高法律效力，其规范直接发生作用。

许多国家宪法在规定宪法权利时，同时还确立了这些宪法权利得以实现的物质和法律保障措施。例如，1973年《巴林国宪法》第31条规定：本宪法所规定的公民权利和自由，非通过法律或根据法律，不得调整和解释。调整和解释均不以压制该权利的固有本质为限。再如1949年《印度宪法》第45条规定：对儿童实行免费义务教育的规定——国家应尽力在本宪法实施的十年内，对于十四岁和十四岁以下的所有儿童实施免费义务教育。1996年的《乌克兰宪法》第8条第3款规定：乌克兰宪法规范是具有直接法律效力的规范。保障直接依据乌克兰宪法为捍卫宪法所规定的人和公民的权利与自由诉诸法院的权利。

三 宪法权利的种类及主要内容

宪法权利是基于个人与国家之间的权利与义务关系产生，并通过宪法中的授权性规范来加以确认的。在传统宪法学的框架中，由于宪法权利仅仅在狭义上被理解为公民的基本权利，所以，关于宪法权利的种类，也仅仅是从公民的基本权利类型来认识的。主流的宪法学教科书一般将公民的基本权利划分为自由权、平等权、受益权、社会权、参政权和救济权。而随着人权保障事业的发展以及宪法对基本权利保护水平的提高，宪法权利的种类已经远远地超出了传统宪法学所界定的公民的基本权利的类型。首先，从宪法权利的主体来看，作为与个人相对应的国家，其对个人享有的宪法权利成为宪法权利的有机组成部分，这些由国家对个人享有的宪法权利基于国家与个人之间的关系性质和国家自身存在的目的、形式等可以表现为不同类型的宪法权利；其次，基本权利的享有主体个人已经从公民扩展到自然人的范围，随之产生了适用于每一个自然人的普遍人权和仅仅依据公民身份享有的公民特权；再次，作为连接个人与国家之间政治和社会关系的法律纽带，社会组织也取得了相对于其成员和国家的宪法权利；最后，公民依据宪法享有的基本权利的范围逐步扩大，并且出现了一些介于宪法所规定的基本权利与一般法律权利之间的由宪法所规定的非基本权利。此外，各国的宪法还针对各种特殊的宪法关系主体设置了一些特殊形式的宪法权利。总之，宪法权利已经由单纯的公民的基本权利发展成为包括了以个人和国家分别为宪法权利的主体而产生的由各类宪法权利所组成的宪法权利体系。具体来说，比较重要的宪法权利种类有以下几个方面：

1. 自然人的基本人权

以自然人作为宪法权利的主体形成的宪法权利，是个人与国家之间宪法关系进一步发展的产物，也是在第二次世界大战后联合国所推动建立的人权国际保护机制影响下的产物。在第二次世界大战前，绝大多数国家宪法中所确立的针对个人的宪法权利都不是以自然人为享有主体的，只是针对一个特定国家的国民或公民。联合国所倡导的普遍人权观念对缔约国的宪法权利结构产生了非常重大的影响，使得宪法权利赖以建立的传统的个人与国家之间的宪法关系也发生了重大变化，一个政治国家不仅要对本国公民承担保障基本人权的义务，而且还要依据国际人权公约的规定，对居住在本国境内的外国人、无国籍人承担与本国人相同或相似的最基本的人权保障义务。

由自然人作为宪法权利主体所形成的宪法权利体系主要是按照个人与国家关系所涉及的社会生活领域来划分的，主要分为公民权利（实际上相当于国内法上的民事权利）、政治权利、经济权利、文化权利和社会权利。这些权利在联合国《世界人权宣言》和《公民权利和政治权利国际公约》以及《经济、社会和文化权利国际公约》中都有明确的规定。具体来说，经济、社会和文化权利主要包括《经济、社会和文化权利国际公约》从第6条至第15条所规定的以下几项基本权利：（1）工作权的权利（第6

条）；（2）享受公正和良好的工作条件的权利（第 7 条）；（3）组织和参加工会的权利（第 8 条）；（4）享受社会保障，包括社会保险的权利（第 9 条）；（5）家庭、母亲、儿童和少年得到尽可能广泛的保护和协助的权利（第 10 条）；（6）为自己和家庭获得相当的生活水准的权利，包括足够的食物、衣着和住房，并能不断改进生活条件的权利，免于饥饿的基本权利（第 11 条）；（7）享有能达到的最高的体质和心理健康的标准的权利（第 12 条）；（8）受教育的权利（第 13 条和第 14 条）；（9）参加文化生活，享受科学进步及其应用所产生的利益的权利（第 15 条），等等。

公民权利和政治权利主要包括《公民权利和政治权利国际公约》从第 6 条至第 27 条所规定的以下几项基本权利：（1）生命权，对十八岁以下的人所犯的罪，不得判处死刑；对孕妇不得执行死刑（第 6 条）；（2）对任何人均不得加以酷刑或施以残忍的、不人道的或侮辱性的待遇或刑罚（第 7 条）；（3）任何人不得使之成为奴隶，任何人不应被强迫役使，任何人不应被要求从事强迫或强制劳动（第 8 条）；（4）人人有权享有人身自由和安全（第 9 条）；（5）所有被剥夺自由的人应给予人道及尊重其固有的人格尊严的待遇（第 10 条）；（6）任何人不得仅仅由于无力履行约定义务而被监禁（第 11 条）；（7）合法处在一国领土内的每一个人在该领土内有权享受迁徙自由和选择住所的自由，人人有自由离开任何国家，包括其本国在内（第 12 条）；（8）合法处在本公约缔约国领土内的外侨，只有按照依法做出的决定才可以被驱逐出境（第 13 条）；（9）所有的人在法庭和裁判所前一律平等，凡受刑事控告者，在未依法证实有罪之前，应有权被视为无罪（第 14 条）；（10）任何人的任何作为或不作为，在其发生时依照国家法或国际法均不构成刑事罪者，不得据以认为犯有刑事罪（第 15 条）；（11）人人在任何地方有权被承认在法律前的人格（第 16 条）；（12）任何人的私生活、家庭、住宅或通信不得加以任意或非法干涉，他的荣誉和名誉不得加以非法攻击（第 17 条）；（13）人人有权享受思想、良心和宗教自由（第 18 条）；（14）人人有权持有主张，不受干涉；人人有自由发表意见的权利（第 19 条）；（15）和平集会的权利（第 21 条）；（16）人人有权享受与他人结社的自由，包括组织和参加工会以保护他的利益的权利（第 22 条）；（17）婚姻、家庭、儿童应有权享受家庭、社会和国家保护（第 23、24 条）；（18）直接或通过自由选择的代表参与公共事务的权利（第 25 条）；（19）所有的人在法律前平等，并有权受法律的平等保护，无所歧视（第 26 条）；（20）人种的、宗教的或语言的少数人的权利（第27条），等等。

关于国际人权公约所规定的普遍人权直接作为国内宪法中的宪法权利，许多国家宪法中都做出了明确的规定。例如，1991年11月29日颁布的《马其顿共和国宪法》第8条规定：马其顿共和国宪法制度的基本准则是：被国际法所承认并载入宪法的个人和公民的基本自由和权利。而该宪法第二章"个人和公民的基本自由和权利"对基本自由和权利的分类是直接采用联合国国际人权公约关于基本人权的分类模式，包括了公民的和政治的自由和权利，经济、社会和文化的权利，等等。再如，1984年5月16日通过的《厄瓜多尔共和国宪法》第44条规定：国家保障它管辖下的所有男女自由而有效地行使和享有在各种声明、条约、协议以及现行国际法中规定的民事、政治、经济、社会和文化的各种权利。

2. 公民的基本权利

关于公民的基本权利作为宪法权利的类型，在传统宪法学的框架中，主要分为自由权、平等权、受益权、社会权、参政权和救济权。自由权是依据宪法的限制所享有的行为自由，即只要个人行为没有触犯宪法所设定的限制，即可以自由而为。例如，人身自由、表达自由、迁徙自由、结社自由、宗教信仰自由等。自由权与纯粹的"自由"内涵不同。纯粹的"自由"不受法律限制，不属于宪法权利的范畴。平等权是指所有的宪法权利都应当平等地为所有自然人或符合条件的公民所享有。受益权主要是指依据法律正义原则获得的司法公正审判权利、国家赔偿权等。社会权是以国家对个人承担的保障其有效地完成个人社会化所必需的各项物质和法律帮助权，包括婚姻家庭权利、受教育权、劳动权和社会保障权等。参政权是公民表达自己政治意愿、参与国家事务和社会事务的管理权，包括选举权、被选举权和担任公职的权利等。救济权指当个人或公民依据宪法所享有的宪法权利受到不法侵犯时所享有的诉权或救济请求权等。受到国际人权公约的影响，一些国家宪法逐渐将公民的基本权利限制在以公民身份享有的宪法权利的范围，而原先在宪法权利体系中以公民作为权利主体的大量的宪法权利在权利主体上则扩展为自然人。这样的公民的基本权利制度，不仅扩大了本国公民的宪法权利，而且还进一步强化了本国公民与国家之间的政治和法律联系。关于以公民身份享有的基本权利，在《公民权利和政治权利国际公约》第25条中有明确的规定。该条规定：每个公民应有下列权利和机会，不受第2条所述的区分和不受不合理的限制：(1) 直接或通过自由选择的代表参与公共事务；(2) 在真正的定期的选举中选举和被选举，这种选举应是普遍的和平等的并以无记名投票方式进行，以保证选举人的意志的自由表达；（3）在一般的平等的条件下，参加本国公务。该条所涉及的人权简称参与公共事务的权利、选举和被选举权、平等地接受公共服务的权利。

与《公民权利和政治权利国际公约》所确认的其他权利和自由（保证缔约国领土内并受其管辖的所有的个人享受这些权利）相比，第 25 条保护每一个公民的权利。因此，公民的概念是非常重要的。不同国家给公民下了不同的定义，人权事务委员会关心的是这样的定义不会过多地限制第 25 条的适用。人权事务委员会曾经指出，界定公民资格的国家法律条文需要被列举在有关第 25 条的国家报告之中。

第 25 条在人权委员会的起草工作是以《世界人权宣言》第 21 条以及苏联在 1949 年提出的一些草案和南斯拉夫与法国在 1953 年提出的妥协性建议为基础的。苏联的草案不是提出主体性权利，而是缔约国保障政治参与机会的义务。这些草案全面地禁止了歧视，明确提及了普遍、平等、直接和以无记名投票方式进行的选举，并且禁止 19 世纪和 20 世纪初在资本主义国家很普遍的、用以剥夺选举权的那些理由。南斯拉夫—法国提出的草案不仅寻求保障每个公民政治参与的机会，而且还寻求保障这种权利。人权委员会以较快的速度就南斯拉夫—法国的草案达成了协议。联合国大会在对人权委员会所通过的文本基础上做了一些细微的改动便通过了这一条的内容。

第 25 条第 1 款规定了参与公共事务的一般性的权利。该款规定仅仅要求国家权力的行使必须建立在人民主权原则之上，即政府最终对人民负责，人民可以控制并罢免政府。因此，建立在绝对君主合法性、元首制原则或类似的专制结构之上的国家，都违反了第 25 条第 1 款所规定的国家应保障公民的政治参与的基本权利。第 25 条第 2 款所要求的选举必须是"真正的"和"定期的"。这两个词也见诸于《世界人权宣言》第 21 条第 3 款，它们是在南斯拉夫—法国提议的基础上被采用的，措辞比较含糊。定期意味着选举必须在常规时间间隔内举行。但什么是真正的选举，确定标准比较困难。从准备工作材料来看，第 25 条第 2 款所规定的选举也包括可以在一党制国家实现。普遍、平等、秘密投票和自由选举则是近代资产阶级革命以来选举制度的一般性原则，是比较成熟的选举制度。关于第 25 条第 3 款，苏联提交的草案寻求在与对选举权的规定相同的条件下，规定公民担任公共职务的权利，而南斯拉夫—法国的草案则对参加公共事务给予了较弱的保护。第 25 条第 3 款并不保障担任公职的权利，而只是保障这种"可能机会"。

一些国家在批准《公民权利和政治权利国际公约》时对第 25 条做出了保留。澳大利亚在保留中声明：接受第 25 条第 2 款"普遍的和平等的投票"的规定，不影响规定在划定选区时得考虑地区利益之类的因素的法律，也不影响为市政和其他地方政府选举规定有关收入来源和这些政府职能的特别许可的法律。墨西哥在保留中声明：墨西哥政府对此规定（第 25 条第 2 款）也做保留，因为《墨西哥合众国政治宪法》第 130 条规定，宗教牧师既无选举权，也无被选举权，也没有为政治目的而组织社团的权利。

目前，一些国家宪法中根据联合国国际人权公约的规定，在宪法文本中对自然人享有的普遍人权和以公民身份享有的公民的基本权利做了简单区分，但是，究竟哪些基本权利应当属于所有自然人可以依据宪法享有的，哪些基本权利只能是以公民身份才能享有的，各国宪法规定也不一致，这个问题还有待于宪法学做进一步的理论探讨。从目前各国宪法的规定精神来看，本国宪法中仍然有一部分专属于本国公民才能享有的宪法权利，这些权利所带来的法益只能惠及本国公民。例如，1991 年 12 月 23 日通过的《斯洛文尼亚共和国宪法》第 13 条规定：根据国际条约，外国人在斯洛文尼亚享有本宪法和法律所保障的一切权利。但依照宪法和法律只属于斯洛文尼亚公民的权利除外。

3. 法人的宪法权利

在许多国家的宪法文本中，法人也可以享有一定的宪法权利。当然，法人的宪法权利在权利目的上最终是指向个人利益和国家利益的，法人并不是一个完全独立的宪法关系主体，只是属于在调整个人与国家之间宪法关系过程中产生的一种特殊制度。

应当说，传统的宪法学并没有将法人作为宪法权利的主体来看待。早期的宪法文件只是在公民个人与国家和政府之间建立一种人权保护关系，法人的权利问题至少没有上升到宪法的层面来加以考虑。最早在宪法文件中涉及法人的宪法权利的是 1819 年以普奥为主体建立的"德意志邦联会议"所制定的宪法。该宪法文件首次承认个人之外的其他社会主体享有宪法上的权利，这就是社会组织和教会拥有财产权。随后法兰克福宪法又认可了"法人及团体"的请愿权①。但是，法人能否作为宪法上独立的权利主体取得宪法上的权利能力，这个问题并没有得到明确的肯定。在后来的 1919 年《魏玛宪法》中，虽然"社团"及"法团"获得了宪法的肯定，但是其权利能力必须根据民法的规定获得。该宪法第 124 条第 3 款规定："社团得依据民法规定，获得权利能力。此项权利能力之获得，不能因该社团为求达其政治上、社会上、宗教上目的而拒绝之。"

在美国，早期的宪法条文，包括宪法修正案在内，都没有直接赋予法人以宪法上的权利保护。但是，由于美国宪法自身具有权利推定的特征，因此，1873 年，最高法院在"屠宰场"一案中所做出的判决，将原本只限于保护公民个人自由的第 14 条修正案解释为保护公司法人不受州管理的制约。1881 年，最高法院又将平等保护条款扩大到公司。截至 1939 年，美国最高法院裁决的涉及宪法第 14 条修正案平等保护条款的案件数达 554 件，其中 426 件即 76.9%涉及企业。20 世纪 30 年代及 40 年代，在"罗斯福新政"期间，法人的宪法权利又被扩展到言论、出版、不受非法搜查、财产不受非法扣押等领域②。

关于法人的宪法权利问题，在日本宪法学上也得到了有力支持。美浓部达吉在《逐条宪法精义》中认为：有关自然人的规定同样也应当适用于法人，只是兵役、监禁等以肉体的人为前提的规定无法适用于法人。宫泽俊义也主张：宪法中有关国民的权利同样适用于法人。1970 年 6 月 24 日，日本最高法院在"八幡制铁所政治捐款案"中也通过判决主张：法人与自然人一样，具有对国家政党的特定政策给予支持、推进或反对等的政治行为的自由③。

真正第一次通过成文宪法的规定来确定法人享有宪法权利的，是德国 1949 年制定的波恩宪法。该宪法第 19 条第 3 款规定："在基本权利的性质许可的范围内，基本权利也适用于从事家务劳动的、法律上承认的人。"④ 战后，依据《联邦德国基本法》的上述规定，形成了以法人可以作为宪法诉愿人为核心的法人宪法权利保护制度。根据刘兆兴教授的统

---

① 参见徐显明《人权主体之争引出的几个理论问题》，《中国法学》1992 年第 5 期。
② 参见陆镜生《美国人权政治》，当代世界出版社 1997 年版，第 41、241 页。又见徐显明主编《人权研究》，山东人民出版社 2001 年版，第 45 页。
③ 参见徐显明主编《人权研究》，山东人民出版社 2001 年版，第 45—46 页。
④ 即《联邦德国基本法》第 19 条第 3 款。" Die Grundrechte gelten auch für inländische juristische Personen, soweit sie ihrem Wesen nach auf diese anwendbar sind".

计，在宪法诉讼的实践中，德国本国的法人或无权利能力的私法社团、在德国被准许的外国法人，均能提起以下几种类型的宪法诉愿：

（1）因侵犯基本法第2条第1项规定的每个人均具有自由发展其个性的权利，提起宪法诉愿。有权利能力的社团、商法上的人合公司均可提起这种宪法诉愿。

（2）因侵犯基本法第3条第1项规定的法律面前人人平等的基本权利，提起宪法诉愿。普通法人、商法上的人合公司、无权利能力的政党组织等，均可提起这种宪法诉愿。

（3）因侵犯基本法第9条规定的结社自由（Vereinigungsfreiheit），提起宪法诉愿。无权利能力的政治性组织或者经济性组织，均可提起这种宪法诉愿。

（4）因侵犯基本法第14条规定的所有权（eigentum）、继承权（erbrecht）以及被征用（Enteignung）时的保护性的权利，提起宪法诉愿。商事公司涉及共有财产时，可提起这种宪法诉愿。

（5）因违反基本法第101条关于禁止设立特别法院（verbot von Ausnahmegerichten），不得剥夺任何人由合法的法官审判的权利，只有依照法律才能设立处理特别事项的法院（Gerichte für besondere Sachgebiete）的规定，提起宪法诉愿。一般法人、公司法和私法上的商事公司，均可提起这种宪法诉愿。

（6）因侵犯基本法第103条第1项规定的被告的基本权利，即请求依法审理的权利，提起宪法诉愿。任何法人、社团在其成为被告时，均可提起这种宪法诉愿。

值得注意的是，以上所列举的是法人或社团所提起的各种宪法诉愿。但是，因侵犯上述各种基本权利时而提起的不同的宪法诉愿，是指法人或社团自身受到侵犯，而非指其成员个人权利受到侵害。如果是因为后者，则不得提起宪法诉愿[①]。

关于法人的人权问题，在一些区域性的国际人权公约中也获得了肯定。如1952年的《欧洲人权公约第一任择议定书》第1条就明文规定："每一个自然人或法人均有权平等地享用其财产。"1995年通过的《规定集体申诉制度的欧洲社会宪章附加议定书》也规定了集体申诉程序。根据该议定书的规定，有权提交集体申诉的组织有：（1）1961年《欧洲社会宪章》第27条

---

① 参见刘兆兴《德国联邦宪法法院总论》，法律出版社1998年版，第314—315页。

所指的国际雇主组织和工会组织;(2)在欧洲理事会享有咨商地位的国际非政府组织,以及为此目的而被政府委员会列入名单的组织;(3)申诉所针对的缔约国管辖范围内的雇主和工会的有代表性的国内组织等。当然,也有的国际人权公约明确排除法人享有基本人权的。如1969年《美洲人权公约》第1条第2款规定:在本公约内,"人"是指每个人。

4. 国家主权与国家所有权

在与个人相对应的宪法关系中,国家依据宪法规定所享有的宪法权利主要集中在国家针对个人而言享有主权,同时,国家还可以对一些重要的自然资源和社会财富享有所有权,即国家在充当公共事务管理者的同时,也可以同时担任所有者。

国家主权对内来说,实际上是国家对个人体现出来的最高权力和最高权威。这种最高权力和最高权威必须由组成国家的人民整体来掌握和行使,而不能由任何个人或组织不经宪法和法律的授权来行使。这是国家相对于个人所具有的政治权威。例如,1994年《摩尔多瓦共和国宪法》第2条就规定:国家主权属于摩尔多瓦共和国人民,人民可以直接,或者按照宪法规定的形式通过自己的代表机构行使主权。任何个人、任何一部分人、任何一个社会团体、任何一个政党和社会组织均不能以自己的名义行使国家权力。篡夺国家权力是严重的反人民罪行。

国家所有权根据各国所建立的基本国家制度的不同而有所不同。有的国家宪法规定以国家作为所有权主体,这种情形比较少,有的则非常重视国家所有权,甚至将国家所有权上升到国家主权的地位来认识。例如,1972年的《巴拿马共和国宪法》第9章"国家财政"第一节就专门规定了"国家的财产和权益"。根据该章节的规定,不仅国家可以直接拥有大量的财产和权益,而且有许多财产和权益只能由国家所有,而不能由私人享有。

四 宪法权利制度的法律特征

宪法权利制度是以宪法权利为核心的,相对于传统宪法学所使用的"基本权利""基本人权"等概念来说,宪法权利比较集中地体现了宪法作为根本法与基本权利保护之间的关系,反映了能否较好地将基本权利的保护控制在合宪性框架中。所以,近年来,很多宪法学者开始在其著作中使用"宪法权利"的概念来重新解释宪法中所规定的基本权利的法律意义。例如,罗纳德·德沃金仅在《自由的法——对美国宪法的道德解读》第1章"罗伊判例的危机"中,就有大约16处直接使用了"宪法权"或者"宪法权利"一词。在"美国宪法的内涵"一章中,大约有30多处使用了"宪法权利"①。路易斯·亨金在《宪政与权利》一书的"导论"一节中,有10处直接使用了"宪法权利"②。由此可见,宪法权利是一个正在走向成熟和完善的宪法学概念和宪法制度范畴。宪法权利制度概念的出现必然会进一步强化宪法作为根本法在对基本权利保护中的重要作用以及宪法在调整个人与国家之间关系过程中所坚持的权利与义务相一致原则。作为一项不断趋于成熟的宪法制度,宪法权利制度的法律特征主要有以下几个方面:

1. 宪法权利具有法定性

与传统宪法学中所使用的基本权利、基本人权等概念不同的是,宪法权利的概念具有一定的规范性,也就是说,凡是在宪法规范中予以确认的基本权利或其他权利和自由就可以认定为宪法权利。虽然世界各国宪法中所确认的基本权利或其他权利和自由的内涵和范围都不一样,但是,相对于基本权利、基本人权等概念的内涵来说,宪法权利具有规范性,是由宪法加以规定的。宪法权利的规范性和法定性,使得在制度层面上探讨权利的重要性和权利的法律效力成为可能。特别是第二次世界大战后由联合国通过的《世界人权宣言》确立了一些由自然人普遍享有的普遍人权,这些普遍人权的类型、作用以及实现方式都通过人权的国际保护机制深深地影响了国内宪法中的基本权利体系,使得宪法中所保护的基本权利具有了一定的确定性。事实上,写在宪法条文里的基本权利或者是其他性质的权利和自由在法律效力上总是可以非常轻易地获得优于一般法律权利的适用地位。所以,在今天的人权国内法保护中,宪法权利应当受到优先保护已经成为人权保护的一项重要原则。

2. 宪法权利是由具有不同特性的权利构成的权利体系

宪法权利制度是从宪法作为根本法的特性来认识宪法中所规定的权利的法律特性的,因此,宪法权利的功能远远地超出了公民的基本权利的作用。宪法权利制度首先是确认个人与国家之间的基本宪法关系,其制度功能是有利于个人和国家两者,而不仅仅是指向个人的自由和合法权益。因此,在宪法权利制度下,各种宪法权利首先是为了满足法治原则的要求,

---

① 参见 [美] 罗纳德·德沃金《自由的法——对美国宪法的道德解读》,刘丽君译,上海人民出版社2001年版,第59—77、103—161页。

② 参见 [美] 路易斯·亨金等编《宪政与权利》,郑戈等译,生活·读书·新知三联书店1996年版,第121页。

并且是为了建立一个政治国家内部的基本宪法关系。宪法权利包括公民的基本权利，但不限于公民的基本权利，还包括了国家、社会组织等主体的宪法权利以及公民的非基本权利，等等。所以，宪法权利制度所囊括的权利不完全是人权意义上的，而是法定权利的集合体。宪法权利制度的功能首先是确保宪法的根本法权威，然后才是对基本人权的尊重和保障。

3. 宪法权利需要受到一定的法律限制

由于宪法权利制度是建立在个人与国家之间的宪法关系基础之上的，所以，宪法权利制度中所包含的各种具体的宪法权利必然要受到宪法自身的法律特性的影响，必须受到一定的法律限制。不论是个人享有的宪法权利，还是国家享有的宪法权利，都存在一定的宪法界限。对于个人的宪法权利来说，由于个人宪法权利的实现必须以国家履行一定的保障义务为前提，所以，国家保障个人实现宪法权利的能力和可能都成为个人所享有的宪法权利可能受到的法律限制。对于国家的宪法权利来说，由于国家是由居民组成的，因此，国家针对居民个人享有的宪法权利就不是无限的。个人具有相对于国家来说一定的自由选择权。特别是在今天全球化的时代，个人对与自己可能建立政治和法律联系的政治国家具有了一定的自由选择权，故国家对个人的宪法权利就是有条件的，否则，就会危及国家自身生存的正当性。一些国家宪法对个人的宪法权利和国家的宪法权利应当受到的限制都有比较明确的规定。前者如1982年《加拿大宪法法》第1条规定：加拿大的权利与自由宪章保障在宪章上开列的权利与自由，只服从在自由民主社会中能够确凿证明正当的并且由法律规定的合理限制；后者如1992年《土库曼斯坦共和国宪法》第7条规定：任何人不能被剥夺国籍或改变国籍的权利。土库曼斯坦公民不得被引渡给别国，或者被驱逐出土库曼斯坦国境或者被限制返回祖国的权利。总的来说，宪法权利受到限制的原因包括公共紧急状态以及外部入侵等严重事态。例如，1985年《危地马拉共和国政治宪法》第138条规定：当发生国土遭入侵、和平受严重破坏、国家安全受危害和公共灾害时，宪法权利所规定的权利可停止充分有效。

4. 宪法权利之间的价值冲突需要通过确立一定的权利次序加以解决

宪法权利制度是对宪法权利整体加以规范的宪法制度，因此，相对于单个和孤立地考察基本权利和自由的法律特性来说，宪法权利制度必然会涉及为宪法所肯定和确认的各项宪法权利之间的价值次序问题。因为没有宪法权利之间的价值次序，一旦宪法中所规定的各项宪法权利之间发生了价值冲突，就很难找到平衡宪法权利价值冲突的途径和手段。所以，从宪法权利制度的制度特性来看，宪法权利需要一定的价值次序来处理彼此之间的价值冲突。一些国家在保障宪法权利实现的过程中，也在实践中形成了关于宪法权利的价值次序理论，对于构建宪法权利制度来说，具有一定的理论意义和实践意义。例如，联邦德国宪法法院曾经在"魔菲斯特"（Mephisto）案中支持了汉堡高等法院做出的判决，强调联邦德国基本法第5条所保护的艺术自由，应当受到基本法第1条所规定的人的尊严和人格权的限制。在汉堡高等法院的判决中，法院认为，有争议的小说固然是艺术作品，依据基本法第5条所规定的艺术自由的基本权利，可以受到宪法的保护。但这并不意味着基本法第5条所规定的艺术自由就可以高于宪法所规定的其他自由和权利。事实上有争议的小说作者已经侵犯了受害者的人格权，根据利益权衡原则（Güter und Interessenabwägung），应当做有利于受害者的宪法判断①。

当然，强调权利所保护的对象之间的重要性，并不意味着要通过这种重要性的价值标准来贬低或者是轻视某些权利的价值，而是要通过这种重要性的区分来解决权利冲突和权利的优先适用问题，尤其是要通过这种重要性区分来防止滥用权利。事实上，世界上大多数国家都通过宪法和法律来防范这种随意地在权利之间做出价值区分，从而过分重视某些权利，而忽视另外一些权利。如1992年《土库曼斯坦共和国宪法》第16条规定：宪法和法律中所列举的某些权利和自由不能被用以否定或者贬低其他权利和自由。1991年《斯洛文尼亚共和国宪法》第15条第5款也规定：斯洛文尼亚现行法规规定的任何一种人权和基本自由，都不得以本宪法不承认的或者在较小范围内承认的权利和自由为借口而加以限制。因此，以权利所保护对象的重要性来区分权利价值，确立在权利冲突中的权利保护次序，本身应当是一种积极的价值区分，目的是更好地保护权利，而不是一种消极意义上的区分，目的在于限制或者是剥夺权利，这一点是对权利进行重要性区分的正当性价值界限，也是构建宪法权利次序的重要意义所在。

5. 基于权利的法益性，宪法权利的适用具有权利竞合的特征

宪法权利，特别是宪法权利中的公民的基本权利，在具体实现过程

---

① 参见胡建淼主编《外国宪法诉讼及评述》下册，北京大学出版社2004年版，第704—705页。

中，常常会因为基本权利需要保护的法益而产生基本权利的竞合关系。所谓基本权利的竞合关系，一般是指一个基本权利主体的一个行为同时被数个基本权利所保障[①]；由此产生在基本权利案件之中单一的基本权利主体向国家主张同时适用几种基本权利的情况[②]。从基本权利受侵害的角度看，基本权利竞合指某种公权力措施，是否侵害基本权利，有不同的基本权条款可供衡量[③]。关于基本权利竞合的分类，学界主要观点有三：（1）基本权利竞合关系可以分为真正的基本权利竞合关系（又称想象竞合）以及非真正的基本权利竞合关系（又称法律竞合、法条竞合）两种类型[④]。（2）基本权利竞合关系可以分为实质竞合（具体竞合）和想象竞合（抽象竞合）。所谓实质竞合是基本权利主体所主张的各项基本权利，其要件都可以分别成立并独立存在；所谓想象竞合是主张的数个基本权利之间是相互交错或完全重叠的[⑤]。（3）与上述理论不同，有学者将不同基本权利之间具有特别法与普通法关系称之为"法条竞合"，将不具有特别法与普通法关系称之为"想象竞合"，而"想象竞合"又依其内容为相互重叠或各自独立，分为"牵连性想象竞合"与"独立性想象竞合"[⑥]。

宪法权利的竞合涉及宪法权利对具体法益的实际保护，是宪法权利发生法律效力的重要理论问题。虽然目前学界对此问题争论很大，但是，至少从宪法权利的竞合关系可以看出，宪法权利制度所要追求的制度目标与制度手段之间仍然存在巨大的鸿沟，需要在法理上加以认真甄别。

6. 宪法权利需要具体的法律权利予以客观化

宪法权利虽然表达了个人与国家之间的一般宪法关系，但是，由于个人与国家之间的宪法关系在具体的实践中会以各种不同的事实关系存在，所以，作为个人与国家之间的宪法关系重要标志的宪法权利，如果从"主观权利"变成一个具体的可实施的"法规范"，就需要通过立法机关制定具体法律的形式，将宪法权利进一步细化。虽然许多国家宪法规定了宪法权利具有直接的法律效力，可以在司法机关直接请求救济，

[①] 法治斌、董保城：《宪法新论》，元照出版公司2004年版，第195页；李惠宗：《宪法要义》，元照出版公司2001年版，第121页。
[②] ［韩］权宁星：《基本权利的冲突与竞合》，韩大元译，《外国法译评》1996年第4期。
[③] 吴庚：《宪法的解释与适用》，三民书局2004年版，第174页。
[④] 吴庚：《宪法的解释与适用》，三民书局2004年版，第175页。
[⑤] 李震山：《基本权利之冲突》，《月旦法学杂志》1995年第5期。
[⑥] 刘建宏：《德国法上的职业自由》，《宪政时代》1992年总第18卷第2期。

但是，宪法权利体系中的绝大部分宪法权利仍然需要通过转化成可以实施的具体的法律权利。从现代法治原则出发，不论是行政法上的权利，还是民事权利，都是通过法律的形式获得的，而不是依据宪法的规定直接获得①，更不能以其他法律形式的规定而存在。行政法上的权利虽然是行政机关依照法定条件和标准来赋予行政管理相对人，但是行政法上的权利的设定却应当由法律加以规定，否则，公民依据宪法所享有的宪法自由权的范围就会因为行政机关自己设定权利、自己赋予权利而受到限制。民事权利通过法律来加以规定，可以更好地限制法律对宪法自由权设定禁止范围，充分保证民事权利的自由特征。行政法上的权利是延伸意义上的宪法中的非自由性质的权利②，民事权利是延伸意义上的宪法中的自由性质的权利。不论是行政法上的权利，还是民事权利，它们都是宪法权利的具体实现方式，与宪法权利的直接行使方式一样，共同构成了现代法治社会中宪法权利正当性的制度性保障，成为公民个人在法治社会中追求个人幸福权的重要制度保证。

7. 宪法权利具有宪法义务的特性，是权利与义务的有机统一

宪法权利作为处理个人与国家之间政治和法律联系的产物，不仅具有法益性，而且还具有依存性。所谓法益性，是指宪法权利会给宪法权利主体带来某种法律上的特殊利益；而所谓依存性，是指宪法权利作为连接个人与国家之间的法律关系纽带，无论是国家，还是个人，都不能随意予以放弃。对于个人来说，如果随意放弃个人依据宪法享有的宪法权利，那么就意味着个人在国家面前失去了应有的尊严，个人与国家之间的平等宪法关系也就无从谈起；对于国家来说，如果随意放弃了对个人拥有的宪法权利，那么，国家自身的存在就会发生危机。所以，个人与国家所享有的宪法权利许多既有权利的特性，又有义务的特性，是宪法权利与宪法义务的

---

① 在现代法治社会中，宪法权利一般需要通过转化为法律上所规定的"行政法上的权利"或"民事权利"或者是其他性质的法律权利来实现。但在某些情况下，宪法权利可以具有直接的法律效力。特别是当运用宪法权利来判断立法机关制定的法律是否违反了宪法权利的基本精神时，宪法权利具有约束立法的直接效力。

② 宪法上规定的公民权利是以公民身份为前提的，行政法上的权利是以行政法上的资格或身份为前提的。相对于宪法上的公民权利来说，行政法上的权利主体的范围更窄，但是其基本权利特性是平等的，必须以宪法所保障的平等权为前提。公民身份问题、法人身份问题在一般情况下比较容易区分，前者属于宪法问题，后者属于行政法问题，但是在实践中，有相互交叉的趋势，即公民身份的行政法化以及法人身份的宪法化。从严格的宪法理论来看，只应当将公民身份确立为宪法问题，只有满足少数人权利保障要求的少数人才能够享有宪法上的权利主体地位。

有机统一。例如，1993年《吉尔吉斯斯坦共和国宪法》第21条第2款规定：吉尔吉斯斯坦共和国公民实现权利和自由同他的义务是不可分割的，履行这些义务是保证个人和国家利益所必需的。1992年《土库曼斯坦共和国宪法》第37条规定：实现权利和自由与公民及个人履行自己对社会和国家的义务不可分割。

8. 宪法权利是一个开放的权利体系

尽管宪法权利是由宪法规范明确加以规定的，但是，宪法权利本身并不是一个封闭的体系，而是随着时间的推移和条件的变化，一些与宪法权利具有同等重要地位的基本权利和自由可能会通过制宪或者是修宪的程序被写入宪法，成为宪法权利的重要组成部分。许多国家宪法中对宪法权利的开放性都做出了明确规定，目的是给予宪法权利之外的其他权利和自由的保护提供正当性依据。例如，1996年6月28日通过的《乌克兰宪法》第22条规定：本宪法所确认的人和公民的权利和自由不是详尽无遗的。宪法规定的权利和自由予以保障并且不得被废除。在通过新的法律或对现行法律进行修改时，不许压缩现有权利与自由的内容和幅度。

总之，作为受宪法规范所约束的宪法权利，是一项比较完整的宪法制度。正是基于宪法的根本法特性，在人的权利和自由的法律保护体系中，宪法权利才获得了基础性的地位。在现代法治社会中，特别是在一个主权国家范围内，任何人的权利和自由都必须获得法治原则的支持和肯定才能产生现实的效果，所以，以宪法权利制度的概念来强化人权的国内法保护不仅具有较好的理论价值，而且对于加强一个国家人权保障的法律制度建设也具有非常积极的作用。

第四节 宪法义务制度

宪法作为调整个人与国家之间关系的根本法，通过设定个人与国家之间的相互义务来规范两者之间的宪法关系，是世界各国宪法文本的一项重要特色。与由立法机关制定的法律所确定的一般法律义务不同的是，宪法中所设定的义务是针对个人与国家的，与宪法所确定的权利是相互统一的。个人通过宪法获得的对国家的宪法权利是基于个人根据宪法的规定以向国家履行义务为前提的。当然，与一般民事法律义务性质不同的是，个人与国家之间的宪法义务是通过个人与国家之间的身份、社会交往的条件、社会行为的正当性等价值联系在一起的，个人的宪法义务是以个人通过宪法对国家享有的整体宪法权利相对应的；同样道理，国家的宪法义务也是以国家通过宪法对个人享有的整体宪法权利为基础的。没有无宪法权利的宪法义务，也没有无宪法义务的宪法权利。与宪法权利的性质和法律地位一样，宪法义务也是一项重要的宪法制度，是由宪法中的一系列义务性规范、履行义务的不同主体和程序等构成的。

一 宪法义务制度的概念及功能

宪法义务制度，是由宪法规范所规定的、为了保证个人与国家能够有效地组合在一起进行有秩序的社会互动，由此保证个人能够满足自身的生存和生活需要，保证政治国家统治秩序有效存在所必需的，要求个人与国家向对方做出一定行为的义务性规范体系以及基于这种义务性规范体系而建立起来的由义务主体、义务履行程序和义务履行保障条件等构成的规范运行机制。

宪法义务制度是以宪法中所确立的义务性规范为前提的，但宪法中的义务性规范依据彼此之间存在义务的主体相互关系的不同，可以分为宪法职责规范和宪法义务规范。宪法职责规范从广义上说，是宪法义务规范的一种形式。但宪法职责规范是国家机构在依据宪法规定履行宪法职权的过程中所产生的，是国家机构对国家承担的宪法义务。这样的宪法义务完全是依据宪法的规定而产生，是国家机构行使国家统治职能的条件。而狭义上的宪法义务规范实际上是指在宪法中确立个人与国家之间的权利与义务关系中所产生的义务性规范，它的作用在于明确个人与国家基于宪法所产生的权利与义务关系。

宪法义务制度可以使得个人与国家之间产生紧密的社会联系纽带。对于个人来说，通过国家对自己所承诺的各项义务，特别是对自身最基本人权的保障义务，可以获得作为一个自然人所必需的生存和生活条件。此外，个人通过国家所承担的一般性宪法义务，可以获得自我发展的条件和机会，从而有效地实现自己的价值追求，并增强自身对国家的认同感和爱国主义情愫。对于国家来说，通过宪法的规定确立个人对国家所必须履行的宪法义务，可以使国家的政治统治功能获得合法性的认可，通过个人积极地参与国家的统治和管理活动，使得政治国家能够建立一整套良好的法律制度。通过个人服兵役、履行保卫国家的义务，可以保证国家的独立性；通过个人纳税，可以建立公共财政体系，从而保证整个国家机器的运转获得有效的物质保障条件，等等。所以，宪法义务制度所产生的法律功能是使个人与国家紧密地结合在一起；所产生的社会作用是使个人和国家都能够获得各自有效生存和发展的必要的法律条件。

二　宪法义务制度的构成

宪法义务制度是由一系列法律要素构成的，主要包括义务性宪法规范、宪法义务主体、履行宪法义务的程序以及宪法义务的实施保障条件，等等。宪法义务制度是由一系列行为规则、行为主体、行为方式和条件等构成的一个有机整体，脱离了制度中的任何一个要素来分析宪法义务制度的特性，都可能对宪法义务制度作为宪法制度的一个重要组成部分的法律意义产生错误或片面的理解。

（一）义务性宪法规范是宪法义务制度的合宪性依据

宪法义务制度首先是由义务性宪法规范构成的，没有义务性宪法规范，就不可能产生宪法义务制度，义务性宪法规范是宪法义务制度产生的合宪性前提。义务性宪法规范的存在也使得宪法义务与一般法律义务相区分。通过义务性宪法规范，个人与国家彼此之间建立起比较有效和紧密型的社会联系。

关于义务性宪法规范，从早期的宪法文件中就已经开始涉及。通常是有关个人的义务性宪法规范具有比较明确和完整的规范要求，而对国家设定的义务性宪法规范则以不同程度的义务性要求表现出来。例如，1791年法国宪法在设定国家对个人应当履行的宪法义务时，就采取了多种形式的义务性宪法规范来加以确认。在被作为1791年法国宪法序言的1789年《人权和公民权宣言》中就规定：一切政治结合的目的都在于保存人的自然和不可动摇的权利。这里虽然没有出现"国家"的字样，但是，由于该条款对具有政治统治功能的国家，即"一切政治结合的目的"提出了"保存人的自然和不可动摇的权利"，所以，实际上上述条款表达的是国家应当对个人所承担的"义务性宪法规范"。此外，1791年法国宪法还就国家针对个人整体应当承担某些特殊宪法义务做出明确规定。该宪法第1篇规定："应行设立或组织一个公共救助的总机构，以便养育弃儿、援助贫苦的残疾人、并对未能获得工作的壮健贫苦人供给工作"；"应行设立和组织为全体公民所共有的公共教育，一切所必需的那部分教育应当是免费的，此类教育机构应按王国区划的配合渐次分布之"；"应行规定国家节日，以便纪念法国大革命，保持公民间的友爱并使他们热爱宪法、祖国和法律"；

"应行制定一部为全王国所共同的民法典"。1791年法国宪法对个人针对国家的宪法义务也做了比较明确的规定。该宪法第2篇第5条规定：公民誓言如下："我宣誓忠于国家、忠于法律和忠于国王，并以我的一切能力来支持国民制宪议会于1789年、1790年和1791年所制定的王国宪法。"1793年法国宪法第6篇还规定了外国人对法国的义务。该宪法规定：住在法国的外国人，和法国公民一样服从同样的刑法和治安法规，但与外国有协定者不在此限。

从总体上看，世界各国的宪法文本对个人针对国家的"宪法义务"是非常明确的，大多数采用专章、专节的形式，并且明确使用"公民的规定义务"或者是"国民的义务"等名称表达出来。例如，1952年《约旦哈希姆王国宪法》第2章就明确规定"约旦人的权利和义务"。在该章，宪法以"约旦人义务"的形式表达了个人对国家的宪法义务关系。该宪法第20条规定：约旦人必须接受义务基础教育，并可免费进入政府办的学校。而在同一章中，宪法又对国家对约旦人的劳动权的保障义务做了"原则性要求"。例如，该宪法第23条第2款规定：国家根据下列原则保护劳动并制定法规：（1）劳动者应得到与其劳动质量和数量相称的工资；（2）每周的劳动时数应予限定，劳动者享有工资照发的每周休假和年度休假；（3）对有家庭负担的劳动者因裁员、疾病、年老和劳动性质而发生急难时应给予特殊补助；（4）对妇女和青少年的就业予以特殊照顾；（5）工厂和工场必须符合卫生规范；（6）在法律规定的范围内可以组织自由工会等。

所以，一般来说，个人对国家的宪法义务在宪法文本中通常会以"应当""有义务"等规范形式表现出来，而国家对个人的宪法义务在宪法文本中并没有特殊严格的"规范要求"，而是以"原则上""鼓励""促进"和"保障"等"准"义务性宪法规范的方式表现出来。但不管宪法文本中所规定的个人和国家的宪法义务的义务性宪法规范的规范表现形式是否完整，作为宪法义务制度的法律基础，义务性宪法规范的明确要求是宪法义务制度的合宪性依据。

（二）个人、社会组织、国家机构和国家都可以作为宪法义务的主体

作为宪法义务，是个人与国家之间关系在宪法制度的重要反映形式，因此，宪法义务的主体实际上就是个人与国家。但是，在个人与国家发挥社会互动关系的过程中，个人不仅以单个的个体与国家发生交往关系，通常也会以集体的形式与国家发生交往关系，因此，作为个人社会化的产物，社会组织也在一定程度上承担了个人对国家的义务。同样，由于国家的统治职能很大程度上

通过宪法被赋予了相应的国家机构来行使，所以，国家机构在很多情形下又代表国家向个人或是社会组织履行国家应尽的宪法义务。故宪法义务的主体通常包括了个人、社会组织、国家机构和国家。

1. 个人作为宪法义务的主体

个人作为宪法义务的主体是宪法义务主体的最主要形式，也是个人与政治国家法律联系的重要纽带。由于在绝大多数情形下每一个个体都在政治关系上与某一个特定的政治国家相联系，所以，具有一个国家国籍的人或者是公民成为宪法义务的最主要的主体。由于在现今的国际关系下，在一个特定的政治国家领土范围内居住的不完全是具有本国国籍的自然人，还有外国人或者是无国籍的人，因此，作为对国家承担宪法义务的主体，个人在宪法上也有不同的表现形式，主要包括：

（1）公民作为宪法义务的主体。公民是以国籍为基础形成的自然人与特定政治国家之间的法律纽带，自然人因为公民身份而与特定国家发生法律上的权利与义务关系。从世界各国宪法文本的规定来看，通常情况下，作为向政治国家承担宪法义务的首先是该国的公民。宪法文本中所规定的义务性宪法规范，也大多是针对具有公民身份的"自然人"。例如，1972年12月27日通过的《朝鲜民主主义人民共和国社会主义宪法》第4章就规定了"公民的基本权利和义务"。该宪法第72条第1款规定：保卫祖国是公民最大的义务和荣誉。再如，1960年7月6日通过的《蒙古人民共和国宪法》第8章就专门规定了"公民的基本义务"，该宪法第89条共规定了蒙古人民共和国公民具有九项基本义务，内容涉及了诚实劳动、遵守宪法和法律、正确处理个人利益与国家利益的关系、爱护社会主义公共财物、重视国际友谊、热爱劳动、保守国家机密、保卫祖国以及要求其他公民同样履行宪法所规定的基本义务等。

（2）本国人作为宪法义务的主体。在许多国家宪法中，对本国人做了两种性质的区分，一种是具有本国国籍但不享有公民资格的本国人；另一种是既具有本国国籍，又具有公民资格的本国公民。在对本国人做出上述区分基础上，宪法不仅对本国公民的宪法义务做出规定，对不具有公民资格的本国人的基本宪法义务也做出了明文规定。例如，1982年1月12日通过的《洪都拉斯共和国宪法》第2章就对"洪都拉斯人"与"公民"做了区分。该宪法第22条规定，凡具有洪都拉斯国籍的人都是洪都拉斯人；宪法第36条又规定：年满18岁的洪都拉斯人都是公民。但该宪法对"洪都拉斯人"和"公民"所确立的宪法义务很显然不相同。"公民"的宪法义务要比"洪都拉斯人"的宪法义务内容更加广泛。该宪法第38条规定：所有洪都拉斯人都有保卫祖国、尊重当局、在道义上和物质上支持国家的义务。第39条规定：所有洪都拉斯人都应在国家人口登记部门登记。而该宪法第40条所规定的公民义务则包括：履行、维护和监督宪法和法律的实施；领取身份证；参加选举；担任经普选产生的职务，但有特殊情况或正当理由而拒绝的除外；服兵役；宪法和法律所规定的其他义务。很显然，作为"公民"的洪都拉斯人要比不具有公民资格的洪都拉斯人承担更多的宪法上所规定的宪法义务。

（3）外国人或无国籍人作为宪法义务的主体。外国人或无国籍人虽然不像公民那样与本国之间存在紧密的政治和法律联系，但是，由于他们在居住国生活，自身的合法权益也受到居住国宪法不同程度的保护，特别是在将国际人权公约中的普遍人权观念引入本国宪法的国家，享有居住国给予的基本人权保障的外国人、无国籍人与居住国公民一样，对居住国也必须承担一些必要的宪法上的义务。对此，很多国家宪法都有明确的规定。例如，1975年8月15日制定的《巴布亚新几内亚独立国宪法》序言"基本社会义务"就宣称：我们谨此宣布：所有公民都对自己、对后代、对国家以及相互之间负有义务。有义务将经济活动的收益用于我们国家和人民的进步；法律对于在我国或从我国出发从事经济活动的非本国公民规定了类似的义务。1982年1月11日通过的《洪都拉斯共和国宪法》第31条第2款规定：外国人必须同洪都拉斯人一样，依法缴纳通行的例税和特别税。

2. 社会组织作为宪法义务的主体

社会组织作为个人社会化的产物，是个人利益赖以实现的一种重要形式。与宪法赋予社会组织一定的宪法权利一样，社会组织，包括政党和宗教团体在内，也有与其享有的宪法权利相适应的宪法义务。许多国家宪法对此都有明确的规定。例如，1980年2月14日通过的《圭亚那合作共和国宪法》第38条规定：为保证实现本章规定的权利，国家、合作社、工会及其他社会经济组织和全体人民有义务进行不懈和步调一致的努力，最大限度地提高生产力和发展经济。

3. 国家机构作为宪法义务的主体

国家机构，包括国家机关、政府官员和政府组织在内应当依据宪法承担一定的宪法义务，就其宪法义务的性质来说，属于宪法职责，这种宪法职责可能与自身履行的宪法职权密切相关，也可能是宪法对国家机构提出的独立的义务要求,但总体上可以纳入宪法职责的范围。至于说,国家机构在宪法的明确规定之外是否仍然负有一定的作为或不作为的义务,一般来说,不受宪法原则的支持。例如,韩国宪法法院在宪法审判的实践中就对国家立法机关的不作为区分为纯粹不作为和真正不作为。纯粹不作为属于宪法没有确立其立法义务的,因此,不作为并不会引起相应的宪法责任的产生。只有宪法上有明确规定作为义务而不作为的,才构成应当承担宪法责任的真正不作为。总的来说,除与特定的宪法职权相适应的宪法义务之外,国家机构的宪法义务一般具有概括性,属于国家应当承担的宪法义务的具体化。例如,1994年3月15日通过的《白俄罗斯共和国宪法》第59条第2款规定:国家机关、国家官员和受托执行国家职能的其他人员,有义务在其职权范围内采取必要措施,以实现和捍卫个人的权利和自由。再如,1972年《巴拿马共和国宪法》第129条规定:政府有义务保障选举的自由与诚实。

4. 国家作为宪法义务的主体

国家作为宪法义务的主体,负有从总体上保障宪法所规定的个人的自由和权利的义务,这是一个政治国家保持自身正当性和合法性的最低保障。所以,很多国家宪法对国家在这一方面的宪法义务都做了非常明确的规定。由于国家是由个人组成的居住集合体,所以,对个人的尊重和保护是国家的首要宪法义务。例如,1994年《摩尔多瓦共和国宪法》第16条第1款规定:"尊重和保护个人是国家的首要职责。"再例如,1994年3月15日通过的《白俄罗斯共和国宪法》第59条规定:国家有义务采取所能采取的各种措施,以创造完全实现宪法规定的白俄罗斯共和国公民的权利和自由所必需的国内国际秩序。当然,国家在某些公共事务方面应当承担的宪法义务并不排斥个人在这些领域同样也应当承担相应的宪法义务。例如,1967年《巴拉圭共和国宪法》第127条规定:在有关人民的福利、教育和幸福方面国家承担的义务并不排除因社会团结需要,私人个人按其能力应有的义不容辞的责任。

(三) 宪法义务需要特殊的法律程序来保证其履行

宪法义务是与宪法权利相对应的概念,也是宪法在调整个人与国家之间的关系中所形成的基本社会价值。宪法义务在以义务性宪法规范明确在宪法文本中予以表达出来之后,有关的宪法义务主体必须要认真履行宪法义务,才能通过履行宪法义务来实现宪法的相关价值目标。为了真实、有效和合法地履行宪法义务,很多国家的宪法文本都规定了较为详细的法律程序以保证宪法义务的履行。

1. 履行宪法义务的具体程序可由立法机关做出规定

由于宪法义务涉及的领域非常广泛，所以，要保证宪法义务主体能够有效地履行宪法义务，就必须通过立法来详细规定宪法义务履行的法律程序。一些国家宪法对此有明确规定。例如，1980年2月14日通过的《圭亚那合作共和国宪法》第39条规定：国会、政府、法院和其他一切公共机关有义务在本章规定的原则的指导下履行其职责。国会对任何法院法庭实施本章规定的原则或任何原则，都可做出规定。

2. 履行宪法义务应当按照宪法和法律规定的程序进行

有关宪法义务的具体履行程序，应当根据宪法的规定和要求进行，如果宪法没有具体程序规定的，应当按照立法机关所制定的法律所规定的具体程序进行。例如，1992年12月8日通过的《乌兹别克斯坦共和国宪法》第9条规定：社会生活和国家生活的最重要的问题交给人民讨论和提交全民投票（公决）。举行公决的程序由法律规定。该宪法第52条也规定：保卫乌兹别克斯坦共和国是乌兹别克斯坦共和国每个公民的义务。公民必须服兵役或按照法律规定的程序履行其义务。

3. 履行宪法义务具有普遍性

作为处理个人和国家之间关系的宪法义务制度，其义务性宪法规范具有普遍性，对于个人应当依据宪法承担的宪法义务，应当是针对所有人的，而不存在享有特权的个人。这是宪法义务得以实现的重要制度保障。例如，1993年《秘鲁共和国宪法》第72条规定：所有人都有在尊重他人权利的情况下和平地生活和致力于巩固一个公正的、友爱的和团结一致的社会的义务。

4. 宪法义务与其他法律义务可以同时存在

宪法义务是由义务性宪法规范明确加以规定的。对于宪法义务主体来说，承担宪法义务的同时，不能以履行宪法义务为理由而拒绝履行同时存在的其他性质的法律义务，也就是说，宪法义务与其他法律义务是可以同时生效的。有些国家宪法对此有明确的规定。例如，1966年《多米尼加共和国宪法》第10条规定：第9条所规定的各项义务不是限制性的，这些项目并不排除存在着其他同样性质的义务。

5. 宪法义务的豁免必须符合严格的法定条件

宪法义务在某些特定情形下可以对特定的义务主体予以免除。对宪法义务的免除构成了宪法豁免权制度。但是，基于宪法义务的普遍性原则的要求，宪法义务的豁免必须满足严格的程序和法定条件，很多国家宪法对此都有比较明确的规定。例如，1991年修改的《哥伦比亚宪法》第13条第2款规定：不能强迫入籍的外国人和定居在哥伦比亚的外国人拿起武器反对其出生国。有些国家的宪法对宪法义务的豁免制度规定一般性条款，即由宪法、法律和国际条约来加以具体规定。例如，1994年3月15日通过的《白俄罗斯共和国宪法》第11条规定：在白俄罗斯境内的外国公民和无国籍者与白俄罗斯共和国公民一样享有权利和自由并履行义务，如果宪法、法律和国际条约未做其他规定的话。

（四）宪法义务建立在各种相关的制度和物质保障基础之上

宪法义务作为对义务主体的一种行为命令和要求，在义务主体履行宪法义务过程中，并不是单纯地依靠国家的强制力来保证其履行的，而是通过各种有效的制度和物质保障条件来保证其实现的。世界各国宪法在确立宪法义务时，都注意结合其他的制度和物质保障条件来保证宪法义务的履行。主要保障条件有：（1）履行宪法义务是以享有宪法权利为前提的。例如，1966年《多米尼加共和国宪法》第9条规定：本宪法上条所赋予并保证的权利，是以存在着对人类在社会上的行为有约束力的相关联的法律和道义责任为前提的，鉴于认识到这一事实，现宣布以下基本义务。（2）在各种国际组织和社会组织的帮助下，有效地履行宪法义务。例如，1966年《多米尼加共和国宪法》第8条规定：国家采取充分措施并在国际会议和国际组织的帮助下，同各种社会弊端作斗争，应建立专门中心和组织，以惩治并根除这些弊端。

三　宪法义务制度的种类及主要内容

宪法义务是宪法对个人与国家之间相互依存关系的重要制度保障措施，没有宪法义务，个人与国家之间就很难建立起有效的社会联系，政治国家就无法从居住在本国境内的居民中获得必要的统治正当性和物质支持。因此，与宪法权利制度一样，宪法义务制度对于构建个人与国家之间的宪法秩序，实现宪法的价值目标具有非常重要的作用。由于宪法义务涉及国家、社会组织和个人，因此，不同的宪法义务主体所承担的宪法义务的内容也不一样，具体来说，根据宪法义务主体的不同，宪法义务内容具有以下几个方面。

（一）国家的宪法义务的内容

国家的宪法义务是基于个人与国家之间的平等的法律地位而产生的，

是国家对个人承担的基本义务，也是个人向国家履行基本宪法义务的正当性前提，是建立个人与国家之间的固定和有效的法律联系的重要的制度保障。但是，受到传统宪法学理论国家主义至上观念的影响，大多数国家的成文宪法都没有系统地规定国家对个人应当承担的基本宪法义务，这些国家应当履行的宪法义务基本上是零星加以规定，而许多宪法条文所明确规定的国家义务实际上是面向国际社会的，并没有直接地针对本国的居民。具体来说，包括以下几个方面：

1. 保障个人所必须享有的基本人权，并且为这种基本人权的实现创造必要的条件

例如，1979年《孟加拉人民共和国宪法》第14条规定：国家的一项基本职责是从一切形式的剥削中解放劳苦群众——农民和工人——和落后基层的人民。该宪法第15条还规定：国家的一项基本职责是通过有计划的经济增长达到生产力的不断提高和人民的物质生活与文化生活的逐步改善，目的是向公民保证：（1）供应基本生活必需品，包括食品、服装、住房、教育和医疗；（2）工作权利，即按工作质量和数量给予合理工资的有保证的就业权；（3）合理的休养、娱乐和休息权；（4）社会保障权，即因失业、疾病或残废而生活困难者，或者寡妇、孤儿或老年人等无以为生者享受社会救济的权利。

2. 国家有维持和平、防止侵犯公民权利的战争发生的宪法义务

例如，1946年的《日本国宪法》是一部典型的"和平宪法"，该宪法第9条明确规定：日本国民衷心谋求基于正义与秩序的国家和平，永远放弃以国家权力发动的战争，使用武力或武力威胁作为解决国际争端的手段。为达到前款目的，不保持海陆空军及其他战争力量，不承认国家的交战权。

3. 国家与宗教相分离的宪法义务

许多国家在宪法中都确立了国家与宗教相分离的原则，从而保证国家生活不受宗教势力的干涉。例如，1993年《俄罗斯联邦宪法》第14条规定：俄罗斯联邦是非宗教国家。任何宗教均不得规定为国家的或必须信仰的宗教。宗教团体与国家分离并在法律面前一律平等。

4. 国家有义务保护居住在海外的侨民的合法利益

由于一个国家中具有本国国籍的人可能因为种种原因居住在本国境外，但作为对本国国民承担基本权利保护义务的国家，有义务对居住在本国境外的本国人的合法权益加以保护，以体现和巩固个人与国家之间紧密

的法律联系。例如，1990年《克罗地亚共和国宪法》第10条规定：克罗地亚共和国保护在国外生活或居留的自己国民的权利和利益，促进他们同祖国的联系。

5. 国家有义务保护在本国境内生活的外国人和无国籍人的基本人权

在现代社会中，个人与国家之间的关系已经发生了深刻的变化，特别是国家，在保障人权方面的宪法义务已经扩大到对居住在本国境内的外国人或无国籍人，这是目前国际人权公约下缔约国的一项基本义务。例如，1984年《厄瓜多尔共和国宪法》第17条规定，根据法律和国际惯例，国家保护外国人的避难权。再如，《哥伦比亚宪法》第11条规定：外国人在哥伦比亚享有与哥伦比亚人同样的民事权利。

6. 国家负有不得随意终止与个人之间的法律联系的宪法义务

个人与特定国家的政治结合是个人在现代社会生存的基本条件，其中以一个具体国家的国籍身份作为公民生活在特定的国家中，是每一个个人的基本宪法权利，国家不得随意终止任何一个本国人与国家之间的制度联系，随意剥夺一个人合法获得的国籍。例如，1992年《斯洛伐克共和国宪法》第4条规定：任何人不得在违背本人意愿的情况下被剥夺斯洛伐克共和国公民的身份。

总之，目前世界各国宪法中所确立的国家作为义务主体的宪法义务主要是向本国公民承担的，这是构成个人与国家最基本的政治和法律联系的制度基础。

（二）社会组织的宪法义务的内容

社会组织作为生活在一个国家的个人的联合体，其存在是个人与国家之间关系的产物，因此，社会组织在宪法上的地位实际上是个人相对于国家而独立存在的一种方式。所以，当个人的基本权利和利益需要通过社会组织来加以实现的时候，国家对个人所承担的宪法义务就必然会通过国家对社会组织所承担的宪法义务的形式表现出来。另外，由于社会组织是相对于国家而言的个人的延伸，因此，社会组织对个人和国家两个方面都需要承担一定的宪法义务才能获得自身存在的宪法依据。从目前世界各国的宪法规定来看，社会组织的宪法义务是与社会组织针对参加社会组织的个人或者其他公民所享有的权利和对国家所享有的基本权利相对应的。具体来说，社会组织的宪法义务表现在以下几个方面：

（1）对国家应当承担的宪法义务。1958年《法国宪法》第4条规定：各政党和政治团体协助选举表达意志。它们可以自由地组织并进行活动。

它们必须遵守国家主权原则和民主原则。例如，1993 年的《俄罗斯联邦宪法》第 13 条第 5 款规定：禁止建立其目的或活动在于用暴力手段改变宪法制度的原则，破坏俄罗斯联邦的完整，危害国家安全，成立武装组织，煽动社会、种族、民族和宗教纠纷的社会团体，并不允许其活动。再如，1992 年的《立陶宛共和国宪法》第 8 条规定：以强制手段夺取国家权力或夺取国家的任何机构都被认为是反宪法的，是非法和无效的。

（2）对社会组织成员应当承担的宪法义务。1993 年《俄罗斯联邦宪法》第 30 条第 2 款规定：任何人都不得被强制加入或留在某个社会团体中。再如 1996 年《白俄罗斯共和国宪法》第 34 条第 2 款规定：国家机关、社会团体负责人有义务向白俄罗斯共和国公民提供熟悉涉及其权利和合法利益的资料的机会。

（三）个人的宪法义务的内容

个人的宪法义务主要是个人对国家应尽的基本义务，这种义务在传统宪法学中一般被归纳为以下几个方面的公民的基本义务：（1）维护国家主权和国家安全、国家利益的义务；（2）遵守宪法和法律的义务；（3）服兵役的义务；（4）纳税的义务，等等。上述公民的基本义务的履行都涉及政治国家存在的正当性和物质基础，因此，一直受到各国宪法文本的高度重视。但是，除了上述几项最基本的宪法义务之外，许多国家宪法还根据本国的具体情形，又在宪法中确立了其他性质的个人的宪法义务，特别是对具有本国国籍的人所承担的宪法义务与具有公民身份的人所应当承担的宪法义务做出了明确的区分。例如，1985 年 5 月 31 日通过的《危地马拉共和国政治宪法》第 2 章第 11 节规定了"公民的政治义务和权利"。该宪法第 135 条规定：公民义务和权利。除载入共和国宪法和其他法律中的规定外，危地马拉人的权利和义务如下：（1）保卫和服务祖国；（2）实施并监督实施共和国宪法；（3）为危地马拉人的公民文化、道德、经济和社会发展而工作；（4）按照法律规定的方式资助公共开支；（5）服从法律；（6）对当局保持应有的尊重；（7）依法服兵役和从事社会服务。宪法第 136 条规定：政治义务和权利。公民的权利和义务是：（1）到公民登记处登记；（2）选举和被选举；（3）监视投票的自由和有效性以及选举过程的纯洁性；（4）选择公职；（5）参加政治活动；（6）维护总统职务更换和不得连任的原则。宪法第 137 条还规定：政治问题请愿权。政治问题请愿权只属于危地马拉人。这种请愿都应在不超过八天期限内解决并通知。如当局未在此期限内解决，请愿就应当视为被否决，当事人可以提起上诉。该宪法对危地马拉人与公民做了区分。宪法第146条规定：入籍。依法获准入籍的人是入籍危地马拉人。入籍危地马拉人，除受本宪法规定的限制外，享有原生危地马拉人同样的权利。第147条规定：公民资格。年满18岁的危地马拉人均为公民。公民除受本宪法和法律规定的限制外，不受其他限制。第148条规定：公民资格的中止、丧失和恢复。公民资格的中止、丧失和恢复依法律规定。

四 宪法义务制度的法律特征

宪法义务制度的内涵及其作用在传统的宪法学理论中没有得到很好的揭示。在传统的宪法学理论框架中，由于没有明确地将宪法义务制度作为宪法的基本制度和宪法学的基本范畴，只有公民的基本义务等狭义上的宪法义务概念，所以，通过宪法义务制度可以揭示的个人与国家之间的"互动关系"也就没有得到很好的讨论。这也导致了宪法关系理论非常薄弱，宪法的社会功能长期无法得到有效的阐述，个人无法与政治国家获得平等的宪法地位。宪法义务制度引进宪法学理论研究领域，其自身的法律特征可以得到很好的表述，通过宪法义务制度，宪法关系的法律特征以及宪法的社会功能等基本概念和范畴也可以得到深入和有效的揭示，由此可以极大地丰富宪法的基本原理。

（1）宪法义务制度的建立可以使得权利与义务相统一的关系在宪法制度框架内得到有效的适用和进一步加以发展。在传统的宪法学概念体系中，宪法义务没有得到明确的表述，因此，宪法制度所确立的权利与义务概念的法律特征不突出，没有很好地体现个人与国家之间权利与义务关系的互动性和一致性。按照传统宪法学的理论体系，只有宪法义务的一部分"公民的基本义务"得到了关注，而且"公民的基本义务"是作为与"公民的基本权利"相对应的概念而存在的，权利与义务的一致性被限制在同一个宪法关系主体身上，而没有将权利义务关系的一致性通过完整的宪法关系表现出来，因此，公民的基本义务对应着的"法益"获得者不太清晰，同样，谁负有宪法上的义务来保护公民的基本权利也不清晰，国家机构往往代替了国家直接与公民个人发生宪法关系，宪法中有关国家活动的规定往往将国家放在一个命令者和统治者的地位，个人与国家之间的关系完全处于不平等的状态。使用宪法义务的概念，以及建立宪法义务制度，可以通过宪法权利与宪法义务的对应关系来确立个人与国家之间的完全平等和清晰有效的宪法关系，从而使得现代政治国家的正当性建立在必要的宪法原则之上，也使得宪法中的权利义务关系得到了更准确和有效的表述。

（2）宪法义务制度使得个人在宪法面前获得了与国家一样的平等的主体地位，奠定了宪法关系的制度基础。宪法义务制度可以使得个人与国家彼此之间的关系具有对等性，也就是说，个人和国家基于宪法的规定向彼此承担一定的宪法义务从而在个人与国家之间建立起比较固定和有效的政治和法律联系，既可以有效地实现政治国家的功能，也可以有效地维护个人的最大限度的合法权益。

（3）宪法义务制度弥补了传统宪法学就国家对个人的义务问题的研究不足，确立国家在宪法下的基本义务，进一步完善了国家义务的结构和类型。宪法义务制度通过将国家对个人的宪法义务纳入宪法义务制度的整体框架中，从而在国家机构的宪法职责之外，又建立起保障公民的宪法权利得到有效实现的宪法保障制度。国家的宪法义务还可以进一步丰富传统宪法制度中不太规范的国家义务制度，使得国家义务有了系统性和规范性，健全了国家义务的结构和类型。

（4）宪法义务制度有效地区分了国家以及依据宪法规定而设立的国家机构对公民承担的宪法义务的不同法律特征，可以比较清晰地界定国家对个人的义务以及国家机构依据宪法规定对个人应当承担的宪法职责。在传统的宪法学理论框架中，对公民个人的宪法权利负有保障职责的主要是国家机构，国家作为宪法关系的重要主体，如何向个人承担必要的宪法义务被忽视了，因此，许多本来应当由国家承担的宪法义务在理论上和在实践中都被简化为国家机构应当对公民个人承担的义务。这样来自国家对公民个人的权利限制问题没有得到很好的讨论，个人与国家之间的关系不平衡，在个人与国家的政治和法律联系中，个人处于从属的地位，这种状况不适应当今社会全球化的特点和国际人权保护趋势的要求。建立宪法义务制度有助于区分国家和国家机构对公民个人承担的宪法义务的性质、内容和法律特征，从而进一步强化对公民个人的宪法权利的保护。

（5）宪法义务制度的建立为区分宪法义务与宪法禁律的规范特性和不同规范功能提供了制度依据，也为在宪法学上建立宪法禁律制度提供了必要的法理基础。宪法义务制度的建立可以将宪法义务与宪法禁律的规范属性比较好地区分开来，从而凸显了宪法作为根本法，在调整个人与国家之间的关系以及作为人们的行为规则的法律规范特性。

（6）宪法义务制度为宪法责任制度的建立提供了制度前提，宪法义务制度使得宪法作为根本法具有了法律规范所应当具有的国家强制力特征，使宪法从"软法"变成了"硬法"。宪法中所规定的宪法义务究竟是否应当履行，不履行是否会产生法律上的消极性后果，通过何种方式来保证宪法义务得到有效的履行，这些问题在传统的宪法学理论中没有得到很好的讨论，对于公民的基本义务的履行，往往是在具体的法律义务和法律责任上来讨论，宪法制度本身对自身设计的义务性规范缺少必要的保障措施。建立宪法义务制度的概念，可以进一步全面和系统地建立具有规范强制力保障、必须在实践中认真和严格地予以实施的宪法义务制度。值得注意的是，由于在传统的宪法学理论中没有建立起严格的宪法义务制度，所以，很多国家的宪法在对宪法义务的规范要求方面就显得比较松散，从而使得宪法义务缺少应有的法律约束力。例如，1975年8月15日制定的《巴布亚新几内亚独立国宪法》第63条规定：除去法律所规定的情形外，基本社会义务均是非司法性的。然而，在各自权限范围内鼓励遵守这类义务是所有政府机构的职责。再如，1979年《瓦努阿图宪法》第8条也规定：除法律另有规定外，第7条所规定的基本义务不属于审判的范围。然而，所有公共当局都在自己的权限范围内鼓励人们履行这些义务。

总之，建立科学和完整的宪法义务制度，可以进一步明确个人与国家之间的宪法关系的特点，使个人在宪法面前获得与国家同等的宪法地位。与此同时，宪法义务制度又可以与宪法权利制度相互结合，从而实现宪法作为根本法对个人与国家之间的权利与义务关系的总体调控。

第五节 宪法职权制度

宪法作为根本法的法律功能除首先对一个国家现存的基本国家制度予以确认之外，还需要通过设定具体规范的方式，来调整一个国家的基本国家制度运行中所涉及的各种社会关系，建立符合宪法价值要求的宪法秩序。因此，宪法的第二项重要的法律功能就是通过设定宪法规范，来确立人们行为的基本准则，为一个国家的各项基本国家制度以及一般社会制度提供行为规则。宪法的秩序构建功能集中体现在通过宪法规范设定行为模式，通过行为模式来限定人们的行为，从而保障宪法所确认的基本国家制度的有效运行。宪法在设定行为模式中所建立的宪法制度，是完全基于宪法规范的规定而产生的,这些宪法制度因宪法规定的存在而存在,没有宪法的规定,这些宪法制度不可能自发地形成,因此,由宪法规范建立起来的宪法制度首先突出强调的是宪法规范所要求的人们行为的"合宪性"。这些宪法制度与宪法在确认基本国家制度中所形成的宪法制度相比,更容易体现宪法的根本法的特征,它们的存在既是为了保证宪法所确认的基本国家制度的存在和有效地运行,同时,又通过宪法的规范指引作用,通过对人们的行为加以宪法规范的约束,来限定、指引、改造宪法所确认的基本国家制度符合宪法价值的要求,实现宪法的政治功能与法律功能的相互统一。

一 宪法职权制度的概念及功能

宪法职权制度是基于宪法规范而产生的,它是通过宪法规范的明确授权,设立行使宪法规范所赋予的公共管理职权的国家机构,并通过规定一系列行使宪法职权的程序,保证行使宪法职权的国家机构能够正确、有效地履行宪法规范所赋予履行公共管理职能的授权任务。所以,宪法职权制度实际上是基于宪法规范所设定的授权性规范建立起来的、由履行公共管理职能的规则、组织、机构、程序和保障条件组成的行为规则体系和规则运行机制的总和。

宪法职权制度具有非常重要的制度功能,它是宪法作为根本法的基本法律特征的体现,也是宪法作为行为规则对人们行为的指引作用的要求,更是建立宪法秩序的需要。具体来说,宪法职权制度具有以下几个方面的功能。

1. 宪法职权制度能够体现宪法的法律规范功能,突出人们行为"合宪性"的意义

在传统的宪法学教科书中,一般很少使用"宪法职权"的概念,只有国家权力、公民的基本权利等概念,这些概念在理论上的一个重要特征就是没有突出这些概念的"宪法制度"特性,也就是说,没有在宪法制度的意义上探讨这些概念的内涵。国家权力、公民的基本权利等这些传统的宪法学概念,实际上只是政治学意义上的,没有提出这些权力、权利自身的合法性来源,因此,在理论上就很难将这些概念限制在某个特定的范围内来严格地加以探讨。事实上,传统宪法学所指称的"国家权力"概念,相当于宪法制度意义上的"宪法职权",但又具有不同的价值特点。国家权力带有很强的政治色彩,属于一个国家或者国家机构所掌握的统治权力或

管理权力，来源于一个国家的政治制度，可能是执政党通过革命途径获得的，也可能是执政党通过选举获取的。国家权力的概念并没有完全纳入"宪法规范"的范围，所以，宪法对国家权力只是履行"确认功能"，而不是"建构功能"，没有宪法规范的行为指引，国家权力似乎也能存在。这样的理论观念最大的缺陷就是无法建立"宪法至上"的法治原则以及无法从根本上防止和改变法治原则之外的"非法治"价值相对于法治价值的优位性。

从现代法治原则出发，如果将宪法作为调整个人与国家之间关系的基本行为规范，那么，相对于个人而言的国家，获得的应当是宪法上的"权利"，而不是"权力"。这种宪法上的"国家权利"本身具有开放性。一方面，国家相对于个人的"权利"被宪法所确认；另一方面，国家在宪法规范之外仍然具有获取"权利"的资格和条件。个人相对于国家来说，从宪法中获得的也属于"权利"，在宪法规定之外，个人仍然具有一定的"权利"。个人与国家之间的关系是通过宪法上的权利与义务概念联系在一起的，而为了组织国家政权履行公共管理职能的国家机构并没有基于宪法直接对抗个人和国家的"宪法权利"，而只能基于宪法的规定行使"宪法职权"。也就是说，任何基于宪法规范的规定而设立的国家机构其法律地位完全是由宪法规范加以界定的，国家机构在宪法之外的任何行为都不具有"正当性"。而在宪法规范的规定之外也不存在任何具有"正当性"的国家权力。这种基于宪法制度构建理论产生的"宪法职权制度"学说可以突出宪法作为根本法的法律规范功能，对传统宪法学意义上的"国家权力"严格地加以"合宪性"的限制。

从宪法制度的意义上看，宪法职权制度强调的是宪法规范由关于公共管理职权的规定、履行公共管理职能的国家机构、行使公共管理职权的宪法程序以及各种保障条件构成的一个以"合宪性"为基础的宪法行为规则体系和规则运行机制。在宪法职权制度下，不存在一般意义上的国家权力，如立法权、行政权、司法权、监督权等，而只存在以宪法所设定的履行公共管理职能为前提的以国家机构为基础的各项宪法职权，例如，立法机关的"宪法职权"，行政机关的"宪法职权"，监察机关的"监察职权"，检察机关的"宪法职权"，审判机关的"宪法职权"，等等。作为宪法制度意义上的立法机关的"宪法职权"不能简单地等同于传统宪法学意义上的"立法权"，因为宪法所设立的立法机关可能享有在"立法权"之外的其他"宪法职权"。同样道理，依据宪法规定而设立的行政机关，也可以依据宪法所赋予的"宪法职权"来制定相应的法律规范，履行传统宪法学意义上的立法职能。所以，从宪法制度意义上看宪法职权制度，它是以强调宪法规范的存在为前提、以实施宪法规范为目的而设立的以国家机构为核心的宪法制度。宪法职权制度相对于传统宪法学意义上的"国家权力"而言，更容易突出宪法的根本法的法律规范功能，体现了对国家机构行为的"合宪性"要求。例如，1961 年 1 月 23 日通过的《委内瑞拉共和国宪法》就比较好地体现了对"国家权力"严格限制在"宪法职权"的意义上来行使的宪法至上的法治原则。该宪法第 117 条规定：国家的权力应当在宪法和法律中加以确定，并依法而行使之。第 118 条规定：国家的每一个部门都有它自己的职权，但是负责实行的代理机构在完成国家的目标时应互相合作。第 119 条规定：任何人逾越权力的行为无效。

2. 宪法职权制度可以很好地体现宪法的社会功能，树立宪法在国家生活和社会生活中的指导地位

宪法作为一个国家的根本法，它在价值形态上体现了一个国家由所有个体组成的"全体人民"的意愿。宪法除以法律规范的形式来反映人民的意志之外，更重要的是通过宪法规范中所建立的行为模式来指导人们的行为，调整个人与国家之间的关系，建立符合全体人民利益的宪法和法律秩序。由于人民作为宪法的制定者只是价值意义上的，人民行使国家权力，特别是履行公共管理职能必须要依靠一定的国家机构和组织。但为了防止国家机构随意滥用人民赋予的对公共事务的管理权力，所以，必须要通过宪法的途径，通过设定宪法职权的方式，来保证国家机构能够正确地按照人民的意愿行使国家权力，履行各项公共事务管理职能。没有宪法职权制度的存在，一个国家的公共管理职能就没有有效的组织保障措施来保证其得到实现。

由于现代社会日益发展，国家生活和社会生活的领域也不断地得到扩展。所以，传统意义上的宪法通过设定立法权、行政权和司法权的方式，建立相应的立法机关、行政机关和司法机关，保证宪法所确立的公共事务管理职能得到履行的方式很显然不能适应时代的需要。所以，在立法权、行政权和司法权之外，还派生出其他性质的国家权力，如监督权、协调权等。与这些为维护社会秩序所必需的国家权力相适应的国家机构的设置也就会发生相应的变化，立法机关不仅仅限于行使立法权，也可能会行使协调权、监督权、人事任命权，甚至是对重大问题的决定权，等等。但不管

适应社会管理需要的国家权力结构如何发生变化，行使国家权力的国家机构都必须严格地依据宪法所设定的宪法职权来履行公共管理职能。宪法职权制度由于能够不完全拘泥于国家权力的性质来赋予国家机构行使公共管理职权，因此，该制度可以有效地发挥宪法的社会功能，使得宪法所设计的国家权力制度能够很好地适应社会现实发展变化的要求。

3. 宪法职权制度可以有效地明确国家机构的法律地位，有利于建立完善的国家权力运行机制

宪法职权制度突出强调的是以宪法规范的"规定"为依据，而不是什么样的"国家权力"应当由谁行使作为出发点。所以，所有的国家机构，不论其法律名称如何，都属于宪法所设立的行使公共管理职权的机构，这在宪法制度上意味着：一是宪法没有明文设立的机构无法行使宪法所规定的宪法职权；二是宪法明文规定的国家机构才能有权行使宪法职权；三是所有有权行使宪法职权的国家机构只能按照宪法的规定，在宪法所规定的宪法职权范围内行使自身的宪法职权；四是任何依据宪法规定可以行使宪法职权的国家机构在宪法规定之外不能由自身随意创制宪法职权；五是行使宪法职权的国家机构仅就宪法所赋予的宪法职权承担相应的宪法责任。

正因为宪法职权制度比较好地体现了行使宪法职权的国家机构在宪法中的法律地位，所以，相对于传统宪法学意义上的"国家权力"概念来说，宪法职权制度更能够有效地安排国家权力的运行方式、准确地确立国家权力与国家机构之间的对应关系以及对国家权力保持必要和有效的合宪性控制。

宪法职权制度在明确国家机构的法律地位中的作用在早期的宪法文本中并没有得到很好的关注，但在近期新制定的宪法中通常都得到了较好的表述。例如，1993年5月5日通过、1996年2月10日修改和补充的《吉尔吉斯斯坦共和国宪法》第7条就规定："一、吉尔吉斯斯坦共和国国家权力所依据的原则是：全民选出的国家元首——吉尔吉斯斯坦共和国总统代表并保障的人民权力至尊至上；国家权力分为立法、执行和司法三个分支，三个权力分支协调地行使职能并相互协作；国家机关向人民负责并为人民利益而行使其职权；国家权力与地方自治职能分开。二、在本宪法规定的职权范围内代表并行使吉尔吉斯斯坦共和国国家权力的是：吉尔吉斯斯坦共和国总统；由两院即最高会议立法会议和最高会议人民代表会议组成的吉尔吉斯斯坦共和国最高会议；吉尔吉斯斯坦共和国政府和地方国家

行政当局；宪法法院、最高法院、高等仲裁法院、司法系统的法院和法官。"上述各项规定很显然通过"宪法职权"的概念明确了国家机构的宪法地位。

4. 宪法职权制度有利于处理个人与国家之间的社会关系，特别是能够明确国家的政治统治功能、国家机构的治理国家功能以及公民个人的基本权利

现代宪法是建立在对个人与国家关系进行全方位调整的基础之上，目的在于通过法律规范的手段来有效地将个人组合成相互联系、自成体系的人群集合体，形成具有统治和治理功能的政治国家。在传统的政治学理论中，个人往往缺少与国家之间发生社会关系的制度途径，首先面临的是个人与国家机关（具体形态上的国家机构）之间的管理与被管理关系，国家机构相对于个人来说，在某种程度上直接取代了国家的地位，因此，产生于政治国家自身的正当性的"国家权利"概念，被简单地以国家机构所掌握的"国家权力"概念所代替，对应到个人与国家之间的关系上，也就是个人对国家机构所掌握的国家权力的绝对服从。但在现代宪法所赖以确立的"人民主权原则"的指引下，国家机构相对于个人获得的传统意义上的统治地位受到"合宪性"的控制，国家机构所行使的国家权力不是国家机构自身所具有的，而是宪法所赋予的。行使国家权力的国家机构不能自己创造权力，而必须严格地按照宪法的规定来行使自身的宪法职权。所以，宪法职权制度很好地界定了国家机构的法律性质，同时在国家、国家机构和个人之间，通过宪法，建立起一个比较清晰和稳定的社会关系结构。个人相对于国家机关来说，在合宪性原则的保护下，再也不是被动的，而是可以通过宪法职权制度的概念来要求国家机关依据宪法行使自身的宪法职权，从而更好地保护自身的合法权益受到宪法的有效保护。

5. 宪法职权制度可以正确地处理宪法的政治功能与法律功能之间的关系，有利于建立符合宪法价值的基本宪法秩序

相对于传统宪法学意义上的"国家权力"概念，宪法职权制度能够很好地表述国家权力之间的相互关系，通过宪法上的授权性规范，通过具体行使宪法职权的国家机构，可以在不同的国家权力之间明确各自的权限和范围，进一步区分宪法的政治功能与法律功能。如传统宪法学意义上的国家权力，包括立法权、行政权、司法权等性质的国家权力，只是从国家权力在实施法律中的特点来进行分类的，立法权一般指制定法

律规范的权力，行政权通常是执行法律规范的权力，司法权是解决法律争议的权力，但是，到底哪些性质的权力属于立法权的范围，实际上并没有一个明确的法律界限。立法权的性质、范围很容易受"立法行为"性质和范围的影响。所以，宪法中对立法权的规定，更多是履行"确认功能"，宪法规范中所确立的"立法权"并不能概括一个国家在实际政治生活中有权制定法律规范或者是法律规则的所有行为的正当性。宪法所确立的国家权力，本身的政治性非常强，宪法自身的规范性和强制性很难有效地约束依据宪法所产生的各种不同的立法权。在宪法职权制度下，由于国家权力的存在是依附于相应的行使国家权力的国家机构而存在的，所以，任何性质的国家权力都是具体的和有界限的。即便是在宪法赋予组成国家机构的不同的国家机关所行使的宪法职权中或多或少地都涉及相同性质的管理职能，如议会享有立法职权，总统也可以享有立法职权，甚至法院作为司法机关也享有一定的立法职权，但是，这些立法职权都是宪法规范明确规定的，相互之间不存在矛盾和交叉关系。因此，在一个国家的宪法中所确立的立法职权的总量具有一定的确定性，不会导致国家机关随意行使立法职权行为的出现。但在以立法权为核心的宪法规范设计中，由于立法权的性质和范围具有很强的政治性，所以，立法权应当由谁行使、应当怎样行使等都具有不确定的法律特征，所以，即便是宪法也不能给出立法权一个很好的界定标准和范围。宪法关于国家权力的设定其法律特征受到严重的削弱。

例如，1791年《法国宪法》第3章"国家权力"就是在传统宪法学意义上来确认国家权力制度的。该章第3条规定：立法权委托给由人民自由选出的暂时性的代表们所组成的国民议会，由它协同国王的批准按照下面所规定的方式行使。第4条规定：政府是君主制；行政权委托给国王，在他的统辖之下由部长和其他官员按照下面所规定的方式行使。第5条又规定：司法权委托给由人民按时选出的审判官行使之。法国1791年宪法关于国家权力的上述各项规定具有一定的典型和代表意义，反映了早期的宪法文件对国家权力的一种依附性，没有突出宪法作为根本法对国家权力的限制作用。事实上在该宪法第4章"行政权的行使"第1节"法律的公布"第6条又规定：行政权不得制定任何法律，即使是暂时性的法律，只得发出符合法律的公告以便命令或号召法律的施行。不难看出，尽管上述条文在尽量避免行政机关行使立法权，但是，行政机关依照法律发出的公告行为仍然是立法行为，而要对这种立法行为的合宪性做出判断，在行政机关制定这种公告的过程中是无法完成的。所以，取狭义上的立法权来限定立法机关之外的其他国家机关行使某种意义上的制定法律规范的权力是不可能的。相对于限制国家机构的宪法职权来说，运用宪法直接行使国家权力这种方式在实际中运行起来会遇到更多的法律障碍。

总之，通过宪法职权制度建立起完全受宪法规范所支配的国家权力运行机制对于树立宪法的根本的权威和突出宪法至上的法治理念是非常重要的。宪法学理论也只有通过更多地关注国家权力的合宪性依据，才能更好地体现宪法作为根本法的法律特征。

二 宪法职权制度的构成

宪法职权制度是一个由宪法规范、宪法组织机构、宪法程序以及宪法实施保障条件构成的行为规则体系和规则运行机制。因此，宪法职权制度是从整体上体现宪法的根本法的法律特征的法律制度，它的法律构成必须满足以下几个方面的构成要件。

1. 宪法上明确的"授权性规范"

宪法职权制度首先依赖于宪法上的明确的"授权性规范"的存在而存在。宪法上的"授权性规范"分为两类：一类是授予宪法职权的"授权性规范"；另一类是承认和赋予宪法权利的"授权性规范"。这两种授权性规范最相似的法律特征就是通过授权性规范，允许被授权者依据宪法的规定做一定行为或者是不做一定的行为。作为宪法职权的"授权性规范"是人民基于委托通过宪法赋予国家机构管理公共事务的国家权力，国家机构在依据宪法行使宪法职权时，对于具体的个人并不产生权利义务对等关系，也就是说，国家机构是依据宪法的规定要求个人服从国家机构的管理行为，而无须以向个人履行相应的义务作为行使宪法职权的前提。国家机构在行使宪法职权时，其行为的"合宪性"最为重要。通过国家机构严格地遵循宪法职权的"合宪性"要求，从而实现国家机构行使国家权力对人民负责的价值要求。作为宪法权利的"授权性规范"，是以个人与国家之间的相互关系为前提的，因此，个人依据宪法享有宪法权利是以依据宪法向国家承担相应的宪法义务为前提的，同样道理，国家依据宪法享有宪法权利是以依据宪法向个人承担相应的宪法义务为条件的。作为宪法权利的"授权性规范"严格地体现了权利与义务关系的一致性。

宪法上对宪法职权的"授权性规范"一般以明确的授权方式进行，其授权的逻辑形式包括"列举""概括"以及"突出强调"三种形式，其中以"列举"形式为最常用，也最符合宪法职权本身的法律性质。例如，1994年7月29日通过的《摩尔多瓦共和国宪法》就对作为宪法职权的"授权性规范"以上述三种不同逻辑形式进行了明确的表述。例如，该宪法在规定议会的宪法职权时，就以"列举""概括"以及"突出强调"的方式，比较全面地确立议会的宪法职权。该宪法第66条规定："议会拥有下列基本职权。"很显然，该条款是通过"列举"的方式确立了议会的宪法职权。此外，该宪法第66条第17项还明确规定：议会可以"行使宪法和法律规定的其他职权"。这是关于议会所享有的宪法职权的"概括性"规定。除此以外，该宪法第60条第1款还明确规定：议会是摩尔多瓦共和国人民的最高代表机关和国家唯一立法权力机构。很显然，该条款"突出强调"了议会的某项宪法职权。

2. 依据宪法可以享有宪法职权的国家机构

依据宪法规定享有宪法职权的国家机构，在不同的国家具有不同的形式。但通常绝大部分国家宪法中都会在中央一级国家机构设立中央立法机关、中央行政机关和中央司法机关。据荷兰宪法学者马尔赛文等统计，在总共142部宪法中，设立了中央立法机关、中央行政机关的占总数的100%，而设立了中央司法机关的也有136部，占总数的95.8%[1]。因此，立法机关、行政机关和司法机关是一般意义上宪法赋予宪法职权的中央国家机构的重要组成部分。此外，在大多数单一制国家中，对依据宪法享有宪法职权的地方国家机构也有较为详细的规定。在总共142部宪法中，规定了地方立法机关的有26部，占18.3%；规定了其他机构的有46部，占总数的32.4%[2]。可见，大多数国家对依据宪法享有宪法职权的地方国家机构的规定主要涉及地方立法机关。

关于依据宪法有权行使宪法职权的国家机构的构成，不同国家的宪法具体规定方式也有所不同，大致采取"单项列举""总体概括""宪法组织法规定"等方式，所涉及的"国家机构"既包括特定的国家机关，也包括一定的组织、人员。

---

[1] 参见［荷］亨利·范·马尔赛文、格尔·范·德·唐《成文宪法的比较研究》，陈云生译，华夏出版社1987年版，第74页。

[2] 参见［荷］亨利·范·马尔赛文、格尔·范·德·唐《成文宪法的比较研究》，陈云生译，华夏出版社1987年版，第94页。

通过单项列举有权行使宪法职权的国家机构，这是大多数国家宪法所通行的做法。例如，1787 年《美利坚合众国宪法》总共 7 个条文。该宪法第 1 条第 1 款规定：本宪法授予的全部立法权，属于参议院和众议院组成的合众国国会。第 2 条第 1 款规定：行政权属于美利坚合众国总统。第 3 条第 1 款规定：合众国的司法权，属于最高法院和国会随时规定和设立的下级法院。

通过总体概括的方式来确立依据宪法享有宪法职权的国家机构，也是一些国家宪法对有权行使宪法职权的国家机构的规定方式之一。例如，1975 年 8 月 15 日制定的《巴布亚新几内亚独立国宪法》第 9 章就是关于"宪法规定职务担任者与宪法规定机构"。该宪法第 220 条规定："宪法规定机构"是指本宪法设立的或本宪法规定设立的任何职务或机构，但国家元首一职，阁员职务或国家行政委员会不包括在内。"宪法规定职务担任者"指法官；检察官或公共律师；首席推事；法纪调查委员会成员；选举委员会成员；议会秘书；公务人员委员会成员；审计长；基本法或议会法令宣布作为本章所说的宪法规定职务的任何其他职务的担任者。

宪法组织法是一些国家规定依据宪法享有宪法职权的国家机构的规定方式，通过宪法组织法来系统和全面地规定有权享有宪法职权的国家机构的组成、职权，从而使得宪法职权制度建立在比较系统、完整和可靠的组织机构的保障基础之上。在许多国家宪法中，除规定专门行使立法职权、行政职权和司法职权的议会、行政机构、法院、检察院等主要的国家机构之外，还设立了大量的行使特别宪法职权的国家机构，例如，保障人权的人权委员会；进行财政监督的审计机构；任命公职人员的人事委员会；组织选举的选举委员会和选举法院；享有军事指挥职权的军事委员会；管理金融事务的中央银行，等等。为了明确这些机构的宪法职权，一些国家还制定了专门的宪法组织法，详细规定依据宪法享有宪法职权的各类国家机构。例如，1980 年 8 月 11 日通过的《智利共和国政治宪法》第 97 条规定：设立一个自治的、财政自主的技术性机构，称中央银行。中央银行的体制、组织形式、职能和权限范围由宪法组织法做出规定。第 87 条也规定：共和国总审计署为自治机构，对政府行为是否合法进行监督，并依照法律检查国库、市政府及其他机构和服务部门的收支情况；审查上述单位资金负责人的报告并做出判断；统管全国的统计工作，并根据宪法组织法负责其他方面的工作。

3. 国家机构行使宪法职权的宪法程序

宪法职权作为宪法赋予国家机构的特定国家权力，享有行使宪法职权的国家机构在依据宪法规定行使宪法职权时，也必须严格地按照宪法所规定的行使宪法职权的法律程序来行使宪法职权，才能符合宪法规范的授权要求。依据宪法规定享有宪法职权的国家机构按照宪法程序规定来行使宪法职权，是宪法职权制度的重要组成部分，也使保证宪法规范所确立的与宪法职权有关的"授权性规范"得到有效实施的法律保障。因此，行使宪法职权的法律程序构成了宪法职权制度的重要组成部分，构成了宪法职权制度的程序法治基础。

关于行使宪法职权的法律程序，有些是由宪法在授权时直接加以规定的，有的则由宪法明确指出由法律来加以规定。前者如1996年6月28日通过的《乌克兰宪法》第19条第2款规定：国家权力机关及地方自治机关及其官员必须依据乌克兰宪法和法律并按照宪法和法律规定的职权范围和方式开展活动。后者如1995年8月24日通过的《格鲁吉亚共和国宪法》第4条第4款规定：两院构成、权限与选举程序由专项法律予以规定。

有的国家宪法规定，未经宪法规定的程序来中止宪法职权的行使或者是产生其他的新的宪法职权属于违反宪法的行为。例如，1991年12月8日通过的《乌兹别克斯坦共和国宪法》第7条第3款规定：采用宪法未规定的程序，攫取国家权力、中止或停止权力机关的活动，成立新的平行的权力结构是违反宪法的并将依法追究责任。

4. 国家机构行使宪法职权的法律保障条件

为了保证宪法职权自身的授权的严肃性，许多国家宪法对国家机构行使宪法职权都确立了必要的法律保障条件，规定了宪法职权的专门性，防止不具有被授权资格和条件的组织和个人随意行使宪法职权。例如，1995年8月30日通过的《哈萨克斯坦共和国宪法》第5条第2款规定：各社会团体在法律面前平等。不许国家非法干预社会团体的事务和社会团体非法干预国家的事务，不许将国家机构的职能委托给社会团体，不许国家向社会团体拨款。

三 宪法职权制度的类型及主要内容

宪法职权是通过宪法将国家的统治职能赋予特定的国家机构来行使产生的国家权力。在传统宪法学的理论研究中，一般不使用宪法职权的概念,而是使用"国家权力"或者"宪法权力"的概念,其中以"国家权力"的概念使用频率居高。但是,由于传统宪法学理论没有突出行使"国家权力"的主体行使国家权力的合法性来源,所以,谁有权行使国家权力,享有国家权力的国家机构可以享有多大的国家权力,究竟谁有义务遵守国家权力,行使国家权力的不同国家机构之间的关系如何处理,宪法中可以规定多少种类型的国家权力等,这些理论问题的研究往往都很容易脱离国家权力存在的形式载体来加以探讨,其结果是所产生的学说观点众说纷纭,主观性太强。宪法学有关国家权力问题的探讨基本上没有在法学的意义上进行,而是在政治学和社会学等学科意义上来研究国家权力的行使主体、划分方式、彼此之间的关系等。这种研究方式使得宪法规范对国家权力的约束力减弱,也使国家权力具有了广义上的不确定性。宪法学所提供的国家权力理论不能很好地解决宪法与国家权力之间的关系。"宪法权力"的概念相对于"国家权力"的概念来说,对国家权力与宪法之间的关系给予了更多的关注,但是,由于宪法权力概念所反映出来的行使权力主体的特征还不明显,所以,宪法权力的概念仍然没有完全反映出宪法与国家权力之间的关系。"宪法职权"的概念比较好地处理了宪法与国家权力之间的关系。首先,在合法性来源上,宪法是国家权力的一种产物,是人民主权原则的体现。人民享有一切国家权力,包括人民有权作为宪法制定者制定宪法的权力。其次,人民主权原则下国家权力实质上是作为个人整体的国家对个体所享有的权利的体现,是个人意志与集体意志之间的相互辩证关系的具体表现形式,因此,表现为集体意志的国家权力既可以由人民通过直接民主形式来直接行使,也可以通过宪法规范的形式赋予特定的国家机构来代表人民行使。例如,1995年7月5日通过的《亚美尼亚共和国宪法》第2条规定:亚美尼亚共和国的权力属于人民。人民通过自由选举、全民公决和宪法规定的国家机关、地方自治组织和官员实现自己的权利。再次,通过宪法赋予国家机构行使的国家权力并不是人民所掌握的国家权力的全部内容,在宪法所规定的国家权力之外,还有一些人民通过直接民主形式直接行使的国家权力。最后,国家机构所行使的国家权力,只能基于宪法的授权规定,所以,宪法赋予国家机构可以行使的国家权力是有限的,而且不同的国家机构所行使的国家权力只能按照宪法所赋予特定国家机构行使国家统治职能的不同目的来决定,属于一种因"职"而享有的权力。

正因为宪法职权是由宪法规范明确加以规范和限制的国家权力,所以，依据宪法享有宪法职权的国家机构，就必须严格地按照宪法的规定来行使宪法职权，而不能随意超越宪法的规定滥用职权或者是超越职权。尽管在宪法规定之外，某种性质的国家权力仍然存在，但是，这些国家权力不经过宪法创制程序被吸收进宪法，就不能成为一种"宪法职权"，不受宪法自身的合宪性的控制，属于个人与国家之间的政治关系。所以，在确立了宪法职权概念的基础上，对宪法职权的分类和对宪法职权内容的设计就不是以"国家权力"为中心，而是以宪法的规定和宪法规定享有宪法职权的国家机构为核心。宪法职权制度所关注的是宪法将国家权力授予了哪个国家机构，授予了多少职权，而不是宪法如何去规范所有的国家权力。

基于宪法职权概念的特性，结合世界各国宪法关于宪法职权的授权性宪法规范的规定，常见的宪法职权包括以下几种类型。

1. 立法机关的宪法职权

立法机关的宪法职权与传统宪法学上所讲的"立法权"其性质和内涵并不完全相同。立法权是指国家统治职能需要通过制定法律规范的形式体现出来，而制定法律规范的权力可以统称为"立法权"。立法权的存在是为了实现特定的国家立法职能。但是，一个国家制定法律规范的权力，是否只能由一个特定的国家机关享有，这个问题即便是在早期的宪法文件中也没有完全得到比较清晰的回答。尽管在1787年美国联邦宪法中明确将立法权确定为属于联邦国会享有，但是，其他依据宪法设立的国家机构是否就没有制定法律规范的宪法职权，该宪法也没有说得很清楚。例如，该宪法第2条所规定的美国总统的"口袋否决权"，实际上是通过立法程序部分地赋予了美国总统一定程度的立法权。所以，所谓宪法上规定的"立法机关"，并没有作为专门行使"立法权"的国家机关而存在，只是主要的宪法职权属于立法职权，而立法机关在享有立法职权之外，还可以依据宪法的规定享有其他性质的国家权力。因此，"宪法职权"实际上是以宪法所设立的"国家机构"为核心的，是对某一个依据宪法规定而设立的国家机构依据宪法规定所享有的各种宪法职权的总和。故用"立法机关的宪法职权"比使用立法权或者是立法职权的概念更能够有效地表达宪法职权制度的制度特征。

在传统宪法学的理论体系中，基于"三权分立"的宪法理论，大多数国家宪法中都将国家权力主要划分为立法权、行政权（执行权）和司法权三种性质的国家权力。这种权力划分模式以1787年美国联邦宪法为典范。

直到目前为止,这种立法权、行政权和司法权三权分置的模式还是比较通行的宪法制度。据荷兰宪法学者马尔赛文等统计,在142部宪法中,规定了具有三权分立一般特点的宪法有26部,占总数的18.3%①。例如,1992年5月18日通过的《土库曼斯坦共和国宪法》第4条规定:国家建立在权力划分为立法权、执行权及司法权的原则之上,它们独立行为,相互制衡。但是,这种"三权分立"的模式在履行国家统治职能的过程中,并不能完全适应国家权力分工的要求,于是出现了以履行特定的国家统治职能为目的的特殊的国家权力,由于从"三权分立"的角度来看,这些国家权力的性质很难界定这些国家权力究竟可以归结为立法权、行政权及司法权哪种权力,因此,就在法理上产生了立法权、行政权及司法权三权之外的其他国家权力的性质、宪法地位以及行使方式等问题。而在各国宪法文件中,有的直接回避了其他国家权力的性质问题,有的则将其他性质的国家权力作为与立法权、行政权及司法权相并列的国家权力。由于宪法制度的发展,使得传统的三权分立学说并不能与依据宪法实际设立的国家机构一一相对应,因此,在宪法文本中,实际上出现了以国家机构的性质为基础的宪法职权。立法权同样也成为依据宪法规定可以由不同国家机关来行使的国家权力。而立法机关依据宪法所享有的宪法职权也限于立法权的范围。立法机关的主要宪法职权包括:(1)立法权。例如,1993年5月5日通过的《吉尔吉斯斯坦共和国宪法》第58条第1款规定:最高会议立法会议按宪法规定的程序对吉尔吉斯斯坦共和国宪法进行修改和补充;通过吉尔吉斯斯坦共和国法律;对宪法和该院通过的法律做出正式解释;赞同人民会议通过的法律。(2)重大事项决定权。例如,《吉尔吉斯斯坦共和国宪法》第58条第3款规定:最高会议人民代表会议变动吉尔吉斯斯坦共和国边界;解决吉尔吉斯斯坦共和国的行政区划问题等。(3)人事任免权。例如,《吉尔吉斯斯坦共和国宪法》第58条第3款规定:最高会议人民代表会议确定吉尔吉斯斯坦共和国总统选举;对任命吉尔吉斯斯坦共和国总理表示赞同与否;对任命吉尔吉斯斯坦共和国总检察长表示赞同与否;对任命吉尔吉斯斯坦共和国国家银行行长表示赞同与否;根据吉尔吉斯斯坦共和国总统推荐,选举吉尔吉斯斯坦共和国宪法法院院长、副院长和宪法法院法官;根据吉尔吉斯斯坦共和国总统推荐,选举吉尔吉斯斯

---

① 参见[荷]亨利·范·马尔赛文、格尔·范·德·唐《成文宪法的比较研究》,陈云生译,华夏出版社1987年版,第73页。

坦共和国最高法院和高等仲裁法院院长、副院长及吉尔吉斯斯坦共和国最高法院、高等仲裁法院法官；选举中央选举暨全民公决委员会的三分之一成员；按照本宪法规定的程序和情况，解决解除法官职务的问题；任命稽查院三分之一稽查官。（4）监督权。例如，《吉尔吉斯斯坦共和国宪法》第58条第3款规定：最高会议人民代表会议有权对总理进行信任表决；听取总检察长和国家银行行长的总结报告。第1款也规定：最高会议立法会议听取总理以及立法会议任命和选举的机关和官员的年度总结报告，同时考虑到本宪法所规定的有关这些机关与官员独立自主的地位；对吉尔吉斯斯坦共和国总统提出罢免其职务的指控等。（5）对外外交权。例如，1983年12月15日通过的《萨尔瓦多共和国宪法》第131条规定：国会批准行政机构与其他国家或国际组织所签订的条约或协定；建立并管理国家货币系统，决定是否接受外国货币和允许外国货币流通；批准萨尔瓦多国民接受外国政府赠予的荣誉；批准或拒绝外国军队通过本共和国领土；允许或拒绝外国军舰、飞机停泊于本共和国领土的时间超过国际条约或国际惯例所规定的时间。（6）其他性质的国家权力。一些国家宪法规定立法机关可以行使各种不同的综合性或专门性国家权力，以实现国家统治职能。例如，1994年7月29日通过的《摩尔多瓦共和国宪法》第66条规定了议会拥有17项基本职权，除立法权、重大事项决定权、人事任命权、监督权、对外外交权之外，还规定国会可以决定全民公决；批准国家军事学说；设立摩尔多瓦共和国勋章和奖章；宣布局部动员或总动员；宣布紧急状态、戒严状态或战时状态；就有关社会利益的任何问题组织研究和听证；在法律规定的情况下，中止地方公共管理机关的活动；通过大赦令；行使宪法和法律规定的其他职权。

2. 行政机关的宪法职权

与"立法机关的宪法职权"的性质一样，"行政机关的宪法职权"也是以宪法所赋予行政机关的国家权力为核心的，是行政机关依据宪法规定享有的宪法职权的总和。其中，依据宪法规定实施国家宪法、法律和其他法律形式是行政机关最重要的宪法职权，但是，行政机关也可以依据宪法的授权，行使某种程度上的制定法律规范和根据法律规范解决法律纠纷的国家权力。所谓行政机关没有"立法权""司法权"等说法是缺少法理依据的，也与"宪法职权制度"的要求不相一致。对于行政机关来说，主要的宪法职权是"行政权"，据荷兰宪法学者马尔赛文等统计，在142部宪法中，规定了行政权的有74部，包括类似的词的有

40 部，占总数的 80.3%①。关于行政机关的宪法职权，在不同国家宪法中对"行政机关"的定义范围不同，有的采取列举的方式，凡是被列举依据宪法享有行政权力的国家机关都属于"行政机关"。例如，1983 年 12 月 15 日通过的《萨尔瓦多共和国宪法》第 150 条规定：共和国总统、副总统、各部部长和政府其他公职官员组成政府行政权力机关。再如，1985 年 5 月 31 日通过的《危地马拉共和国宪法》第 182 条第 2 款规定：总统、副总统、部长、副部长和下属官员构成行政机关。

3. 司法机关（审判机关）的宪法职权

司法机关（审判机关）的宪法职权是指宪法赋予司法机关（审判机关）的各种国家权力的总和，其中依据宪法、法律和其他法律形式对具体的案件适用法律规范，做出裁决，解决法律争议是司法机关（审判机关）的主要宪法职权。但司法机关（审判机关）也可以依据宪法规定享有包括制定法律规范、执行法律规范在内的各种性质的国家权力。"司法机关（审判机关）的宪法职权"是以宪法中所规定的"司法机关（审判机关）"为核心的，只要是宪法命名为"司法机关（审判机关）"的国家机构，都可以归结到司法机关（审判机关）的范围。但是世界各国宪法对司法机关范围的界定并不一致，一般情况下，司法机关仅指行使审判职能的法院，而不包括其他国家机关，例如，1787 年美国宪法第 3 条第 1 款规定：合众国的司法权属于一个最高法院以及由国会随时下令设立的低级法院。但也有的国家宪法采取的是广义上的司法机关概念，不仅包括了审判机关，还包括了行使检察权力的检察机关以及行使其他性质权力的国家机关。例如，1994 年 7 月 29 日通过的《摩尔多瓦共和国宪法》第 9 章"司法机关"就包括了"法院系统""高级法官理事会"和"检察机关"。

4. 检察机关的宪法职权

检察机关的宪法职权是在传统的宪法学理论体系中缺少充分论证的宪法职权的概念，特别是在早期的宪法学"三权分立"说以及各种有关国家权力的政治学理论的影响下，"检察权""检察职权"等概念，在法理上和制度上对其存在的正当性都产生了很大的学术争议。特别是"检察权是属于行政权，还是属于司法权？""检察权是否属于独立的国家权力？"等等观点，更是将检察机关的宪法地位置于模棱两可的境地。从世界各国宪

---

① 参见［荷］亨利·范·马尔赛文、格尔·范·德·唐《成文宪法的比较研究》，陈云生译，华夏出版社 1987 年版，第 73 页。

法文本的规定来看,存在三种确立检察机关宪法地位的模式,第一种是将检察权归属政府领导,因此,在法理上,检察权也就成为行政权的一部分。例如,1991年修改后的《哥伦比亚宪法》第142条规定:检察权在政府的最高领导下由一名总检察长,由区高等法院检察官以及由法律指定的其他检察官行使。第二种是将检察权作为司法权的一部分,因此,检察权也就成为司法权的重要内容。例如,1984年5月16日通过的《厄瓜多尔共和国宪法》第3章"司法权"第2节"职权机关"第98条规定:具有司法职权的机构有:最高法院、高级法院以及根据法律规定的最高法院所属的法院和法庭;检察院;行政裁决法院以及法律规定的其他法院和法庭。第三种是将检察权视为与审判权平行的一种国家权力,例如,1988年《巴西联邦共和国宪法》第94条规定:法律将就组建与联邦法院平行的联邦检察署做出规定。如果仅仅从国家权力的性质划分角度来看待检察权和检察机关的宪法地位,那么是很难给出清晰和有效的解释的。但是,从宪法职权理论出发,就可以有效地解决检察机关的宪法地位问题。"检察机关的宪法职权"的概念可以有效地避免因为对国家权力的分类标准交叉重叠而产生的理论困境。

5. 监督机关的宪法职权

监督机关的宪法职权,也是世界各国宪法所规定的宪法职权制度的重要组成部分。监督机关在不同国家,由于不同的政治体制,其性质、地位以及在履行国家统治职能中的作用也有所不同,所以,监督机关的宪法地位也是由宪法关于监督机关可以行使的宪法职权来决定的。总的来说,监督机关的宪法职权是以宪法中冠以"监督机关"名称的国家机构的存在为核心的,但是,也有些国家宪法将作为监督宪法和法律实施的宪法法院、检察机关作为"监督机关",因此,不同国家宪法所规定的监督机关的宪法职权,其性质、内容和范围以及在实现国家统治职能中的作用也不一样。所以,只有从宪法职权制度的理论出发,才能比较清晰地解释目前在世界各国宪法中有关监督机关的宪法地位以及监督机关所行使的国家权力的性质。例如,具有宪法裁判职能的宪法法院在许多国家宪法中就具有独立的国家权力,宪法法院相对于立法机关、行政机关、司法机关、检察机关等国家机关来说,属于享有独立的宪法职权的国家机关,并且由于其依据宪法来监督其他国家机关行使宪法职权的行为,所以,作为监督机关,宪法法院享有独立的宪法职权,这种职权完全不同于其他国家机关行使的宪法职权。例如,1994年7月29日通过的《摩尔多瓦共和国宪法》第

134 条规定：宪法法院是摩尔多瓦共和国唯一的宪法裁判机关。宪法法院独立于所有公共权力，只服从宪法。不过在有的国家宪法中，宪法法院又被归入"司法机关"的范围，统一行使国家的"司法权"。例如，1994 年 11 月 6 日《塔吉克斯坦共和国宪法》第 84 条规定：司法权由宪法法院、最高法院、军事法庭及戈尔诺—巴达赫尚自治州、各州、杜尚别市、各市、区法院行使。此外，在有的国家宪法中，检察机关被赋予了"监督机关"的宪法地位，因此，检察机关作为独立于司法机关之外的监督机关而存在，并且依据宪法规定独立享有宪法监督职权，不受其他国家机关的干涉。例如，1994 年 11 月 6 日《塔吉克斯坦共和国宪法》第 93 条规定：总检察长和隶属于总检察长的检察官在其职权范围内对塔吉克斯坦境内准确一致地执行法律实行监督。该宪法第 96 条规定：总检察长和隶属于他的检察官行使其职权时独立于其他国家机关、官员，只服从法律。还有的国家宪法将"人权委员会"等保障人权实现的国家机关作为"监督机关"的一部分。例如，1985 年 5 月 31 日通过的《危地马拉共和国宪法》就规定了"人权委员会""人权检察员"有权监督宪法的实施。再如，1975 年瑞典王国宪法性文件《政府组织法》第 12 章规定了"监督权"，该章第 1 条规定：立法常设委员会负责审查各大臣履行职责以及处理内阁事务的情况。为此，该委员会有权调阅有关内阁事务的决议记录以及一切与之有关的文件。议会的其他常设委员会以及任何议员均有权会同立法常设委员会就大臣履行职责情况或者有关内阁事务的处理情况提出书面质询。此外，还有 1984 年 5 月 16 日通过的《厄瓜多尔共和国宪法》第 3 章"国家机构"第 3 节规定了"监督机构"。该宪法第 113 条规定：国家审计局是独立的技术机构。它监督公共财富的使用、使用原则以及资金周转情况；控制国家机关的财产；同时，为实施本条所提出的目标充当顾问并制定条例。审计局也监督接受国家资助的私人单位对资助金的使用情况。

6. 军事机关的宪法职权

军事机关的宪法职权，是宪法赋予军事机关为了履行保卫国家、建设国防等国家统治职能而享有的宪法职权。在许多国家宪法中，受传统国家权力划分理论的影响，军事机关的法律性质被视为行政机关的一部分，例如，1787 年美国宪法第 2 条第 2 款规定：总统为合众国陆海军的总司令，并在各州民团奉召为合众国执行任务时担任统帅，所以，在宪法中就没有关于军事机关的宪法职权制度。但在有些国家宪法中，军事机关被视为独立于行政机关的国家机构，因此，军事机关也就可以依据宪法的规定，独立地享有某些由宪法所赋予的特定的宪法职权。例如，1962年11月11日《科威特国宪法》第161条规定：依法设立最高国防委员会，负责指挥有关防御、保卫国家完整以及监督武装力量的工作。

7. 中央国家机关的宪法职权

在联邦制国家中，由于联邦与组成联邦的州或共和国各自具有政治上的独立性，所以，联邦宪法往往只规定联邦国家机构的宪法职权，州或共和国的宪法规定州或共和国的国家机构的宪法职权，联邦与组成联邦的州或共和国的国家机构的宪法职权由各自的宪法来规定。但有些联邦制国家，其联邦宪法除规定联邦国家机构的宪法职权之外，也对组成联邦的州或共和国的国家机构规定相应的宪法职权，在联邦与组成联邦的州或共和国之间存在类似于单一制国家宪法中关于中央与地方关系的宪法职权划分。例如，1993年12月12日通过的《俄罗斯联邦宪法》第71条就规定，属于俄罗斯联邦管辖的是：（1）通过和修改俄罗斯联邦宪法和联邦法律、对其遵守情况实施监督。（2）俄罗斯联邦的联邦结构和领土。（3）调整和维护人和公民的权利与自由；俄罗斯联邦国籍；调整和维护少数民族的权利。（4）确定联邦立法、执行和司法权力机关系统、它们的组织和活动程序；建立联邦国家权力机关。（5）联邦的国有财产及其管理。（6）确定俄罗斯联邦国家、经济、生态、社会、文化和民族发展领域中的联邦政策和联邦纲要的基础。（7）确定统一市场的法律基础；财政、外汇、信贷、海关调整、货币发行、价格政策基础；联邦经济机构，包括联邦银行。（8）联邦预算；联邦税收和集资；联邦地区发展基金。（9）联邦能源体系、核能、放射性材料；联邦运输交通道路、信息和通信；航天活动。（10）俄罗斯联邦对外政策和国际关系；俄罗斯联邦的国际条约；战争与和平问题。（11）俄罗斯联邦的对外经济关系。（12）国防与安全；国防生产；决定武器、弹药、军事技术装备和其他军用物资的销售和购买的程序；毒物、麻醉品的生产及其使用程序。（13）规定俄罗斯联邦国界、领海、领空、特别经济区和大陆架的地位并予以保护。（14）法院组织；检察机关；刑事、刑事诉讼和刑事执行立法；大赦和赦免；民事、民事诉讼和仲裁诉讼立法，知识产权的法律调整。（15）联邦冲突法。（16）气象机构、标准、标准器具、公制、时间计算、大地测量和地图、地理目标的命名、正式的统计和会计核算。（17）俄罗斯联邦的国家奖励和荣誉称号。（18）联邦国家机关。而该宪法第73条规定：根据俄罗斯联邦和俄罗斯联邦各主体共同管辖的对象，俄罗斯联邦各主体拥有俄罗斯联邦管辖范围和俄罗斯联邦职权范围之外的全部国家权力。很显然，俄罗斯联邦宪法在上述条款中对俄罗斯联邦国家机关的权限做出了明确规定。

8. 地方国家机关的宪法职权

地方国家机关的宪法职权往往是单一制国家宪法所规定的宪法职权制度的重要特色。在单一制国家宪法中，中央国家机关与地方国家机关依据宪法规定享有各自的宪法职权，分别承担着不同的国家统治职能，中央国家机关与地方国家机关之间的基本宪法关系也是依靠宪法所规定的宪法职权制度来明确区分的。对于地方国家机关来说，没有宪法上的明确授权，就不能随意地像联邦制国家中的组成部分州或共和国那样可以较自由地行使一些属于自身的政治统治权力。单一制国家中的地方国家机关必须按照宪法的规定和中央立法机关制定的法律行使自己的宪法职权和法律职权，不能随意创造国家权力。例如，1982年11月7日公民投票通过的《土耳其共和国宪法》第127条就规定了"地方行政"。该条款规定：地方行政机关是为满足省、市和村的居民的当地共同需要而设立的公共法人实体，其决策机构由选民依据法律规定选举产生，其组织原则由法律规定。地方行政机关的组成和职权由法律依照地方行政原则规定。为确保地方行政部门能依照行政统一的原则履行它们的职能，实现公共服务协调一致，维护社会利益和尽量满足地方的需要，中央政府对地方政府拥有监护权。地方行政机关为开展某些公共服务，经内阁批准可以建立联合体，这些联合体的职能、权限、财政和安全事务以及同中央政府的联系和关系，均由法律规定。对这些行政机关应拨给同它们的职能相称的国家经费。

9. 公共机构的宪法职权

在一些国家宪法中，为了全面地履行国家统治职能，还可能在宪法中设立一些履行公共管理职能的公共机构，这些机构虽然不像一般国家机关那样具有非常严密和完整的组织体系，但却在社会公共管理事务领域的某一方面承担着非常重要的角色。宪法设立这些公共机构，并且赋予这些公共机构一定的宪法职权。这些公共机构依据宪法行使宪法职权，代表国家实现自身的统治职能。例如，1994年7月29日通过的《摩尔多瓦共和国宪法》第8章就规定了"公共管理"。该宪法第107条第2款规定：为领导、协调和监督经济组织领域和其他不属于各部直接管辖的领域，依法成立其他管理权力机关。该宪法第113条规定：区委员会为管理地区社会事务，协调村、镇委员会的活动。区委员会选举产生并根据法律开展活动。

10. 其他机构的宪法职权

许多国家宪法中，为了使国家统治职能得到更好地实现，从本国的具体政治国情和文化传统出发，设立了一些具有特殊性质的国家机构、组织，来行使特定的宪法职权。这些特殊的宪法机构通过履行宪法所赋予的宪法职权，比较好地实现了国家的某一方面或某一领域的统治职能。例如，1957年《马来西亚联邦宪法》第4章"联邦"第2节就规定了"统治者会议"。"统治者会议"是一种依据宪法成立的特殊性质的国家机构，根据该宪法第38条的规定，统治者会议行使以下宪法职权：（1）选举最高元首和最高副元首；（2）决定是否同意将任何宗教行为、仪式或典礼在全联邦推广施行。统治者会议具有独立的宪法地位。该宪法第38条第4款规定：未经统治者会议同意，不得制定任何直接影响统治者特权、地位、荣誉或尊严的法律等。由此可见，"统治者会议"实际上是依据宪法具有宪法职权的特殊的国家机构。

四　宪法职权制度的法律特征

与传统宪法学意义上使用的"国家权力"性质不同的是，"宪法职权"强调了"国家权力"的"合宪性"，"宪法职权"的概念使得国家机构所行使的国家权力成为"宪法之下"的权力，受宪法控制的权力。具体来说，宪法职权制度实际上使得国家权力制度具有了更鲜明的"法律特征"。

1. 宪法职权制度强化了国家权力的合宪性

在近代宪法产生之前，国家权力的合法性往往来自君主的权威和统治阶级的国家机器，宪法的产生使得不受限制的国家权力必须受到宪法权威的约束，也就是说，任何世俗社会的公共权力都必须具有法律的依据，而作为由个人组成的政治国家，其通过国家机构对个人和社会进行管理的国家权力也必须来自人民基于宪法的承认和授权，因此，由宪法赋予国家机构的国家权力就属于宪法职权，对国家权力提出了合宪性的要求。法国1789年的人权宣言甚至认为"分权没有确立"的社会就没有宪法。由于国家权力的正当性来自宪法，因此，行使国家权力的国家机构本身并不拥有国家权力，而是代表人民行使国家权力。因此，在宪法职权制度下，离开了宪法来谈论国家权力就不具有任何正当性的意义。宪法职权制度正是通过赋予国家权力的合宪性的要求，从而确保了国家权力行使的正当性。

2. 宪法职权制度限制了行使国家权力的国家机构行使国家权力的权能，确保了"有限政府"宪法价值目标的实现

在没有宪法职权制度的情形下，即便是成文宪法中确立了国家权力的分配机制和运行机制，因为宪法没有界定国家权力的来源和范围，所以，

行使国家权力的国家机构往往在宪法没有明文规定的时候，很容易随意创造权力，或者是任意行使权力。宪法职权制度使得依据宪法行使国家权力的国家机构必须严格地按照宪法所赋予的宪法职权来行为，不能随意超越宪法的规定任意行使国家权力。因此，在宪法职权制度下，依据宪法行使国家权力的国家机构在国家生活和社会生活中的管理和领导作用就是有限的，也就是说，宪法职权制度保证了"有限政府"宪法价值的实现。这方面的宪法事例是很多的。例如，1967年《巴拉圭共和国宪法》第149条第21项规定：议会"按照本宪法的规定，行使自己权限内的其他权力"。再如，1982年11月7日通过的《土耳其共和国宪法》第6条第3款规定：行使主权的权利不得委托给任何个人、任何集团和阶级。任何个人或任何机关不得行使任何非源于宪法的国家权力。

3. 宪法职权制度明确地划定了国家权力的范围，为国家权力的正当性提供了准确的判定标准

宪法职权制度在赋予国家机构一定的宪法职权时，通常既有概括性的规定，也有列举性的规定，总之，即便是概括性的规定，特定的国家机关依据宪法可以行使的宪法职权也是具有一定的范围的，不存在普遍意义上的不受宪法限制的授权。因此，在宪法职权制度下，一个特定的国家机关是否依据宪法的规定来行使自身的职权是可以基于宪法的相关规定做出比较准确的判断的。宪法职权制度为判断国家机构行使国家权力是否合宪提供了重要标准。

4. 宪法职权制度确立了以行使国家权力的国家机构为核心的政权组织制度，摆脱了传统宪法学理论对国家权力种类划分的困境，建立了新型的国家权力划分标准

宪法职权与一般政治学意义上的国家权力其权力性质不同。政治学意义上的国家权力是依统治阶级掌握国家政权、拥有强大的国家机器为前提的，因此，这种国家权力带有政治强权的色彩。宪法职权是基于宪法的规定来赋予特定国家机关一定的领导和管理社会的国家权力，这种国家权力是人民自身同意并由宪法加以明示的。所以，不属于宪法职权意义上的国家权力往往是依靠统治者对被统治者进行统治来给予保障的；宪法职权下的国家权力，不论赋予哪一个国家机关来行使，都是基于人民自身的同意，国家机构行使宪法职权是代表人民对社会公共事务进行集中管理，而不是对被统治者实现统治。为此，宪法职权制度实际上以被授权的国家机关为核心，以突出国家机关代表人民行使国家权力为重点，国家权力的性

质实际上是以行使国家权力的国家机关为转移的。任何性质的国家权力，都是为了履行一定的公共管理职能。① 任何一种性质的国家权力与其他性质的国家权力的宪法地位都是平等的，它们彼此之间必须互相尊重，相互配合和协作，和谐共处。

5. 宪法职权制度在行使国家权力的国家机构与法律责任制度之间建立了可靠的法律联系，使得国家权力的行使受到了法律的有效控制

由于宪法职权制度强调国家机构应当依据宪法行使职权，所以，一个被宪法赋予宪法职权的国家机关是否正确地行使宪法职权，是可以根据宪法的相关规定做出比较全面和客观的评价的，因此，国家机关行使宪法职权的法律责任也可以比较好地予以确认。而在国家权力不受宪法控制，具有很大的随意性的情形下，国家机关行使国家权力不当所应当承担的法律责任比较难以确立，因此，在法律上也无法有效地监督国家机关正确地行使国家权力。

6. 宪法职权制度为国家权力之间的相互冲突建立了规范化的权限解决途径

在宪法职权制度下，人民通过宪法可以向不同的国家机关授权，授予不同国家机关不同性质和种类的管理国家事务和公共事务的权力。对于依据宪法享有国家权力的国家机关来说，在行使职权的过程中，一般不会与其他国家机关发生冲突。如果发生了权力冲突，由于宪法职权制度比较明确地规定了特定国家机关依据宪法所享有的国家权力的范围，所以，即便是两个不同的国家机关之间发生了权限冲突，也可以依据宪法的规定比较容易地处理这种权限冲突。

7. 宪法职权制度为公民保护自身的宪法权利提供了比较清晰、可靠的宪法依据

宪法职权制度存在的根本目的就是通过宪法赋予国家机构一定的宪法职权的方式，来实现宪法所要追求的保障人权和公民权利的价值目标。因此，在宪法职权制度下，对于公民的宪法权利的实现，是有着比较明确和清晰的宪法保护方式和途径的。依据宪法享有一定的宪法职权的国家机关在保护公民的宪法权利实现方面都具有比较明确的宪法义务和职责。

---

① 2018年3月11日现行宪法第五个修正案在第三章"国家机构"第六节之后增加一节作为第七节，全面和系统地规定"监察委员会"的法律性质、地位、宪法职权和活动方式和原则等事项，就属于以国家机构为核心，赋予特定的宪法职权而形成的宪法制度，与传统宪法学所讲的宪法权、行政权和司法权性质完全不同。

8. 宪法职权制度有效地消除了行政层级官僚制度对于国家权力运行机制的负面影响，进一步完善了国家权力的权能结构

在传统的非宪法体制下，国家权力之间的关系往往是通过行政层级官僚制度来确定的，权力往往被划分为不同级别，权力位阶比较低的要服从权力位阶比较高的，在专制政体下，所有的国家权力最终都必须服从君主和集权者所拥有的最高权力。在宪法职权制度下，由于掌握国家权力的国家机关的权力都是来自宪法，因此，基于宪法的授权所产生的国家权力，不管作用于哪一个社会生活领域，其法律地位都是平等的。任何性质的国家权力最终都必须服从宪法的权威。所以，宪法职权制度比较好地实现了宪法至上的法治目标。

总之，宪法职权制度为树立宪法的根本法的权威地位，为保证宪法至上原则的实现和实现"有限政府"的宪法价值目标奠定了坚实的制度基础，是宪法制度的重要组成部分，也是宪法学理论研究的重要概念和范畴。

第六节 宪法职责制度

宪法职责也是一项重要的宪法制度，它涉及依据宪法享有国家权力的国家机构、组织和人员在履行宪法所赋予的宪法职权时相关的宪法义务。宪法职责是与宪法职权相对应的概念，是宪法所建立的授权制度的一项重要内容，也是宪法学理论研究的一个重要范畴。

一 宪法职责制度的概念及功能

所谓宪法职责，实际上是指依据宪法享有宪法职权的国家机构、组织和人员在行使宪法职权过程中应当遵守的宪法义务，这种宪法义务的产生是与其享有的宪法职权密切相关的，没有相应的宪法职权的存在，也就没有相应的宪法职责的存在。从广义上看，宪法职责是与宪法职权整体相对应的，也就是说，每一个依据宪法规定享有宪法职权的宪法机构、组织和人员都负有最基本的宪法职责，包括认真履行宪法职权、不随意行使宪法职权、不滥用宪法职权等；从狭义上看，一些具体的宪法职责又是与具体的宪法职权相适应的。例如，根据1958年法国宪法第16条的规定，法国总统在国家处于紧急危险局势的情形下，有权依据宪法规定采取紧急措施。但是，总统行使紧急权又必须同时履行宪法所规定的以下义务：正式

咨询总理、议会两院议长和宪法委员会；应以咨文将此事告知全国。此外，总统在行使紧急权期间，必须遵守相关的"宪法禁律"，例如，1958年法国宪法第16条在规定总统享有紧急权、履行一定的宪法职责的同时，还规定"在共和国总统行使非常权力期间，不得解散国民议会"。

宪法职责制度作为依法享有宪法职权的国家机构、组织和人员的宪法义务体系，它是由宪法文本中所规定的一系列义务性宪法规范构成的宪法职责体系以及由履行宪法职责的组织、程序和保障条件等构成的宪法职责运行机制的总和。宪法职责制度的存在，一方面可以充分体现宪法作为根本法对依据宪法行使国家权力的国家机构各项行为的"合宪性"控制权威；另一方面，宪法职责也是宪法职权的法律基础，是宪法职权正当性的前提。没有脱离了宪法职权而存在的宪法职责，同样，也没有无宪法职责的宪法职权。宪法职责制度的社会功能实际上通过宪法的途径将国家应当向个人及社会组织履行的宪法义务委托给相应的行使宪法职权的国家机构来行使，从而可以有效地保证国家统治职能的发挥，保证社会公共事务能够获得有效的管理、执行。宪法职责也可以进一步明确行使宪法职权的国家机构、组织和人员的宪法责任，从法律制度上将国家机构的宪法责任限定在宪法规范的明确规定范围内，从而可以更好地保证国家机构能够有效地依照宪法行使宪法职权、履行宪法职责。此外，由于宪法职责制度内涵的明确性，可以便于从制度上对国家机构行使国家权力的行为进行有效的监督。

二 宪法职责制度的构成

宪法职责制度是由规定宪法职责的一系列义务性宪法规范、承担宪法职责的组织、履行宪法职责的程序以及保证宪法职责制度有效运行的保障条件等制度要素构成的有机整体，是一项集规范与实施于一体的宪法制度。

（一）宪法职责制度以义务性宪法规范为依据

宪法职责作为依据宪法享有宪法职权的国家机构、组织和人员应当履行的宪法义务，必须以宪法上的明确规定为前提。在宪法规范之外，一般情况下不会产生宪法职责。享有宪法职权的国家机构、组织和人员也不能以国家机构的名义随意去履行宪法所没有规定的宪法职责，因为那样做的结果可能会破坏宪法上的授权制度的严肃性，影响宪法规范的权威。宪法职责应当以宪法上的义务性宪法规范为前提，当然这种义务性宪法规范只是针对享有宪法职权的国家机构、组织和人员的，而不包括针对国家、社会组织和个人的一般性宪法义务，也不包括享有宪法职权的国家机构、组织和人员在未履行宪法职权时以一般社会组织身份而应当承担的宪法义务。世界上许多国家的宪法对宪法职责以义务性宪法规范为基础做出了明确的要求。1975年8月15日通过的《巴布亚新几内亚独立国宪法》第25条规定：在各自权限范围内运用和贯彻国家目标与指导方针是一切政府机构的职责。如果我们能够恰当地理解、运用、行使或实施某一法律或法律赋予的某一权力（无论这一权力是立法权、司法权、行政权、管理权还是其他权力），能够像贯彻国家目标与指导方针那样去贯彻议会和本宪法的意图，则我们在凡是能够这样做的地方都应当这样做。

（二）具有宪法职责的主体是依据宪法享有宪法职权的主体

具有宪法职责的主体应当是依据宪法享有宪法职权的主体，这是与宪法作为授权法的特点分不开的，也是宪法自身规范功能的体现。但是，由于世界各国的政治体制不同，因此，依据宪法规定可以享有宪法职权的主体范围很广，种类很多，大致有以下几类主体：

1. 国家机关

国家机关是依据宪法享有宪法职权的国家机构的重要组成部分。国家机关在不同国家种类也不太一样，有纵横向的分类，从横向上看，国家机关包括立法机关、行政机关、司法机关、监督机关等等；从纵向上看，国家机关包括中央国家机关、地方国家机关，在联邦制国家，还包括联邦组成单位的国家机关等。这些不同形式和不同种类的国家机关，依据宪法的规定，享有不同的宪法职权，同样也必须履行与宪法职权相适应的宪法职责。另外，在许多国家，总统、国家元首、军事机关等也是依据宪法享有宪法职权的国家机关的重要组成部分。上述国家机关在享有宪法职权时必须依据宪法的规定，既要履行行使宪法职权的一般性宪法职责，同时又要遵守与特定宪法职权的行使密切相关的特殊和具体的宪法职责。例如，1993年5月5日通过的《吉尔吉斯斯坦共和国宪法》第7条第2款就规定：在本宪法规定的职权范围内代表并行使吉尔吉斯斯坦共和国国家权力的是：吉尔吉斯斯坦共和国总统；由两院即最高会议立法会议和最高会议人民代表会议组成的吉尔吉斯斯坦共和国最高会议；吉尔吉斯斯坦共和国政府和地方国家行政当局；宪法法院、最高法院、高等仲裁法院、司法系统的法院和法官。

2. 国家机关工作人员（政府官员）

国家机关作为国家机构的重要组成部分，是通过国家机关工作人员来具体行使宪法所赋予的宪法职权的。因此，国家机关依据宪法应当承担的宪法职责同样也适用于国家机关工作人员，并且国家机关工作人员在行使国家机关的宪法职权时，还需要承担一些特别的宪法职责，这是宪法职责主体制度的一个重要特色。许多国家宪法都非常明确地规定了可以行使国家机关宪法职权的国家机关工作人员的范围，有的称之为"政府官员"，有的称之为"宪法规定职务担任者"。1975年8月15日通过的《巴布亚新几内亚独立国宪法》第220条规定：在本章内，"宪法规定职务担任者"指：法官；检察官或公共律师；法纪调查委员会成员；选举委员会成员；议会秘书；公务人员委员会成员；审计长；基本法或议会法令宣布作为本章所说的宪法规定职务的任何其他职务的担任者。上述依据宪法规定可以行使相应国家机关宪法职权的国家机关工作人员，在行使宪法职权时应当履行一定的宪法职责。对于议会的议员，一般来说，世界各国宪法都将其作为立法机关的组成部分，而政府的公务员则按照文官法进行管理，属于政府雇员，而不属于可以依据宪法直接行使宪法职权的政府官员，不承担宪法上的相关责任。

3. 宪法规定机构或者是经宪法授权的政府组织

除国家机关和国家机关工作人员应当依据宪法规定履行与其宪法职权相适应的宪法职责外，一些国家宪法中还将宪法职权赋予了其他性质的组织或机构。有的国家宪法简称这类可以行使宪法职权的机构为"宪法规定机构"。例如，1975年8月15日通过的《巴布亚新几内亚独立国宪法》第220条规定："宪法规定机构"指本宪法设立的或本宪法规定设立的任何职务或机构，但国家元首一职、阁员职务或国家行政委员会不包括在内。

（三）宪法职责的履行必须依据特定的法律程序

宪法职责是依据宪法享有宪法职权的国家机构、组织和人员为保证宪法职权得到正确的行使而承担的宪法义务，宪法职责的正确、合法地履行，对于有效地实现宪法的授权功能是非常重要的，因此，许多国家宪法在规定宪法职责的同时，也对有关机构、组织和人员履行宪法职责的程序做了明确的规定。这种对履行宪法职责的程序要求包括两种形式：一是依据宪法直接规定的宪法程序来履行宪法职责，例如，1993年5月5日通过的《吉尔吉斯斯坦共和国宪法》第67条规定：如果法律本身和关于法律生效程序的法律未另行规定，该法自公布时起10天后生效；二是由议会制定专门的程序规则来履行宪法职责，例如，1986年《图瓦卢宪法》第

108条第1款规定：在符合本宪法和任何议会法令的条件下，议会可制定程序规则，以管理并有秩序地进行议事活动，以及在议会会议中处理事务，并达到其他有关的目的。

此外，对于宪法中没有明确履行宪法职责的相关程序的，一些国家宪法也规定了相关的程序补救措施。例如，1975年8月15日通过的《巴布亚新几内亚独立国宪法》第22条规定：本宪法中承认个人权利和团体权利的条款以及授予公共当局以权力、赋予其职责的条款不得因缺少附属法律和程序法律的支持而听任它们不能生效，这一缺陷应由国家法院依据国家目标和指导方针，参照其他法律、总的司法原则与公认的准则，运用类推的方法加以弥补。

（四）宪法职责制度的运行机制需要一定的物质和法律条件的保障

为了保证宪法职责能够得到有效履行，许多国家宪法还对履行宪法职责的行为规定了一定的物质和法律保障条件。例如，1967年《巴拉圭共和国宪法》第45条规定：维护公共秩序、人身安全和他人财产，防止犯罪，是警察的职责，警察的组织和职能由法律规定。该宪法第42条规定：共和国的主权和领土完整由国家的武装部队守护和保卫。再如，1994年3月15日通过的《白俄罗斯共和国宪法》第83条第2款规定：总统宣誓于总统选出后两个月内，在代表院议员、共和国委员会成员、宪法法院和最高法院、最高经济法院法官出席的隆重场合进行。自新当选总统就职时起，上届总统职权即告终止。该宪法第86条第2款又规定：总统在整个任期内中止其担任政党和其他追求政治目的的社会团体的成员资格。

三 宪法职责制度的种类及主要内容

宪法职责制度是以宪法关于宪法职责的义务性宪法规范为基础产生的宪法制度，因此，义务性宪法规范的内容和要求的不同，宪法职责制度的种类和内容也就有所差异。宪法职责制度可以进行多种角度的分类，不同的分类标准所产生的宪法职责的性质、特点也不一样。总体来说，宪法职责制度可以根据义务性宪法规范的特征区分为一般性宪法职责和特殊性宪法职责、抽象性宪法职责和具体性宪法职责；根据宪法职责与宪法职权的关系，可以分为为行使宪法职权所必需的宪法职责和具有一定的独立性的宪法职责。另外，从广义上看，还可以将宪法职责纳入宪法义务的范围，而宪法禁律也可以成为宪法职责的部分内容。具体而言，在理论上相对具有学术价值的宪法职责的分类可以包括以下几个方面。

1. 遵守宪法和法律、维护宪法和法律秩序的宪法职责

依据宪法享有宪法职权的国家机构、组织和人员其行使的国家权力是由宪法赋予的，所以，没有宪法的存在，这些机构、组织和人员自身行使国家权力的行为也就失去了正当性。因此，依据宪法享有宪法职权的国家机构、组织和人员首要的宪法职责就是要遵守宪法和法律的规定，自觉地维护宪法和法律秩序，否则，自身的活动就失去了必要的法律依据。大多数国家都将遵守宪法和法律、维护宪法和法律秩序作为依据宪法享有宪法职权的国家机构、组织和人员的最基本的宪法职责。例如，1992年5月18日通过的《土库曼斯坦共和国宪法》第5条第1款就规定：国家及其所有机关和官员均受法律及宪法制度的约束。再如，1993年12月12日通过的《俄罗斯联邦宪法》第15条第2款规定：国家权力机关、地方自治机关、公职人员、公民及其团体必须遵守俄罗斯联邦宪法和法律。有的国家宪法还规定，国家司法机关在适用法律时，有优先适用宪法的职责。例如，1967年2月2日通过的《玻利维亚共和国宪法》第228条规定：国家宪法是全国法律体系中最高的法律。法庭、法官和当局在执行宪法和法律时要优先执行宪法。

2. 维护国家主权和国家利益的宪法职责

维护国家主权和国家利益是通过宪法将国家职能授权国家机构行使的一个授权目标，也是维护政治国家自身正当性的法律保障。世界上大多数国家宪法中都对此有明确的规定。例如，1993年5月5日通过的《吉尔吉斯斯坦共和国宪法》第42条第3款规定：吉尔吉斯斯坦共和国总统规定国家内外政策的基本方针，在国内和国际关系中代表吉尔吉斯斯坦共和国，采取措施维护吉尔吉斯斯坦共和国的主权和领土完整，保障国家权力的统一和继承性、国家机关协调的职能作用、相互协作并对人民负责。

3. 依据宪法规定行使宪法职权的宪法职责

宪法职责是依据宪法职权而产生的，因此，作为依据宪法规定享有宪法职权的国家机构、组织和人员，首先应当有职责来依据宪法规定行使宪法职权，这种宪法职责即包括正确地行使宪法职权，不得错误地行使宪法职权，也包括不得滥用宪法职权和超越宪法职权；行使宪法职权的国家机构也要彼此之间相互尊重，严格按照宪法所规定权限来行使各自的宪法职权；同时，还包括应当按照宪法所规定的法律程序来行使宪法职权。因此，依据宪法规定行使宪法职权的宪法职责，体现了宪法职责制度对宪法职权制度的法律从属性和保障作用。世界各国宪法大多都有这方面的宪法

职责的规定。例如，1974 年《缅甸联邦社会主义共和国宪法》第 14 条规定：各级国家权力机关应按照社会主义民主惯例，互相通报，互相交换意见，尊重对方的意见和愿望，实行集体领导，集体做出决定，执行集体决定，下级机关要服从上级机关的决定和指示，上级机关也要尊重下级机关提出的意见。再如，1949 年 11 月 7 日颁布的《哥斯达黎加共和国宪法》第 11 条规定：政府官员仅仅是当局的受托者，不得擅自行使法律所授予他们的权力。他们必须宣誓遵守本宪法和法律，对其行为要求负刑事责任的诉讼权是公开的。

4. 保障公民宪法权利的宪法职责

依据宪法享有宪法职权的国家机构、组织和人员在行使宪法职权的过程中，必须要代表国家正确地处理国家与个人之间的关系，特别是要依据宪法的规定保护个人依据宪法规定所享有的各项宪法权利。所以，依据宪法享有宪法职权的国家机构、组织和人员的一项重要宪法职责就是要保障公民的宪法权利。这种保障公民宪法权利的宪法职责，有总体意义上的一般宪法职责，也有对具体的公民宪法权利加以保障的宪法职责。前者如 1965 年《新加坡共和国宪法》第 89 条规定：始终不渝地保护新加坡少数民族和少数宗教集团的利益，应是政府的职责；政府应承认新加坡本土人民马来人的特殊地位，政府应以这种态度行使其职权，因而保护、保障、支持、照顾、促进马来人在政治、教育、宗教、经济、社会和文化方面的利益和马来语言，应是政府的职责。后者如 1993 年 12 月 12 日通过的《俄罗斯联邦宪法》第 24 条第 2 款规定：国家权力机关和地方自治机关及其公职人员必须保证每个人均有可能接触直接涉及其权利和自由的文件与资料，如果法律未另作规定的话。

5. 接受宪法监督的宪法职责

依据宪法规定享有宪法职权的国家机构、组织和人员行使宪法职权能否符合宪法的规定，不仅涉及宪法的授权目的能否实现，也关系到国家的根本利益和个人的宪法权利能够得到有效保障，所以，对行使宪法职权的国家机构、组织和人员进行必要的宪法监督可以保证行使宪法职权行为的合宪性。对于针对行使宪法职权的行为的宪法监督，享有宪法职权的国家机构、组织和人员有接受宪法监督的基本宪法职责。拒绝这种宪法监督必然会破坏宪法的基本价值，也会使宪法职权制度可能会被滥用。对于接受宪法监督的宪法职责，很多国家宪法中做出了明确的规定。例如，1993 年 12 月 31 日通过的《秘鲁共和国宪法》第 295 条规定：当任何一个当局、官员或任何人的行动或失职损害或威胁个人自由时，均可提出人身保护诉讼。该宪法第63条第1款还规定：任何人如不宣誓遵守宪法，不得行使宪法中赋予的公共职责。

6. 履行国家职能的宪法职责

依据宪法规定享有宪法职权的国家机构、组织和人员是基于宪法的授权来履行国家职能，宪法所赋予的宪法职权也是为了实现国家的统治和管理职能。因此，行使宪法职权的国家机构、组织和人员在行使宪法职权时具有正确履行国家职能的宪法职责。有些国家宪法对于行使宪法职权的国家机构、组织和人员履行国家职能、实现国家目标的宪法职责有明确的规定。例如，经1991年修改的《哥伦比亚宪法》第55条规定：国家权力的各个部门有立法部门、行政部门和司法部门。国会、政府和法院具有分立的职能，但在实现国家目标方面和谐地合作。

7. 不得违背宪法禁律的宪法职责

遵守宪法禁律不仅是个人、社会组织的宪法义务，也是依据宪法享有宪法职权的国家机构、组织和人员的宪法职责，只有享有宪法职权的国家机构、组织和人员自觉地遵守宪法禁律，通过宪法禁律所获得保护的公共利益和宪法所追求的价值目标才能得到实现。对宪法禁律的遵守也是享有宪法职权的国家机构、组织和人员的宪法职责。例如，1991年修改的《哥伦比亚宪法》第78条规定：禁止国会或任何一个议院：其一，向国家官员进行煽动；其二，利用决议或法律干涉属于其他权力机构专有的职权范围内的事务；其三，对官方法令投赞成票或不信任票；其四，要求政府通报对外交使节下达的指示或者就保密性谈判提出报告；其五，宣布对个人或团体的禁令或追捕令等。

8. 依法承担宪法责任的宪法职责

依据宪法规定具有宪法职责的国家机构、组织和人员如果违反了宪法的规定，必须承担宪法上所规定的相应的法律责任，而且应当承担这种宪法责任的宪法职责，不得随意推诿。这是保证宪法权威的重要保障。例如，1967年8月25日通过的《巴拉圭共和国宪法》第41条规定：高级政府当局、官员和职员在任何时候都要按照本宪法和法律的规定行事，要依照宪法和法律规定在自己的权限内履行自己的职责和对履行职责时的犯法行为、罪行或过失承担个人责任，不得使将由法律规定的国家责任受到损害。为了保证政府官员有效地工作，他们的责任将由特别法律做出规定。再如，1961年1月23日通过的《委内瑞拉共和国宪法》第121条规定：行使国家权力者，在滥用权力或破坏法律时应由其个人负责。1982年1月11日通过的《洪都拉斯共和国宪法》第4条第2款规定：必须实行共和国总统职务轮换制，违背这一规定构成叛国罪。再如1986年10月12日通过的《菲律宾共和国宪法》第11章第2条规定：总统、副总统、最高法院法官、宪法规定的委员会委员和调查官，因犯有违宪、叛国、受贿、贪污腐化、其他严重罪行，或违背公众委托，而受弹劾判罪者，应予免职。

四 宪法职责制度的法律特征

宪法职责在传统宪法学中是一个很少涉及的概念，即便是作为宪法学的基本术语，其概念的内涵与宪法职权也是混同在一起的。将宪法职责与宪法职权相区分，具有非常重要的理论价值和实践意义。宪法职责可以很好地表述宪法对行使国家权力的国家机构的"规范要求"，突出体现宪法的"法律特征"，即宪法是通过具体的宪法规范来为国家机构确立不同的行为模式的。具体地说，宪法职责制度从以下几个方面进一步彰显了宪法的法律特征：

（1）宪法职责制度体现的宪法与国家机构之间的基本宪法关系不仅仅限于授权性质，宪法对国家机构也有命令的特色。在传统宪法学理论体系中，由于缺少宪法职责制度的概念，导致宪法关于国家机构的宪法地位的规定主要集中在授予国家权力领域，而宪法能否对行使国家权力的机构发出一定的命令，强制要求国家机构做或不做一定的行为这种针对国家机构设立的义务性宪法规范不明确，宪法义务也仅仅限于公民的基本义务等方面，没有在制度上形成与国家机构所行使的宪法职权相对应和相平衡的宪法职责制度，或者将赋予国家机构的相关的宪法职权也视为宪法职责，宪法在确立国家机构的宪法地位时的规范特性没有充分表现出来。宪法职责制度的建立完善了宪法与国家机构之间的基本宪法关系，建立起权利与义务关系相一致的宪法制度框架。

（2）宪法职责制度突出了宪法对国家机构的义务性要求，体现了义务性宪法规范的规范特征。宪法职责制度在广义上是由义务性宪法规范确立的，因此，宪法职责的性质实际上属于宪法义务的一种类型。但是与国家对个人承担的宪法义务和个人对国家承担的宪法义务不同的是，宪法职责是一种附有条件存在的宪法义务，也就是说，只有依据宪法享有宪法职权的国家机构才应当承担宪法所规定的宪法职责。不享有宪法职权的国家机关或者是公共管理机构，尽管依据宪法的规定也应当承担一定的宪法义务，但这种宪法义务是一般性的，不具有宪法职责的特性。

（3）宪法职责制度使得宪法对国家机构所确立的义务性规范具有区别于宪法职权制度的相对独立性，又有约束宪法职权制度的关联性。由于宪法职责制度，使得宪法对国家机构的规范指引作用不仅仅在于向国家机构授权，也可以发出命令，这种命令既可以与被命令者所行使的某项宪法职权具有直接的法律关联，也可能是要求国家机构单独履行的。因此，宪法职责制度使得宪法对国家机构的约束和控制作用具有了双重的途径，即宪法职权制度和宪法职责制度两个方面，特别是宪法职责制度的存在，对宪法职权制度增加了必要的宪法控制，使得宪法秩序下的国家机构无法仅享有国家权力，也要履行宪法义务。

（4）宪法职责制度否定了国家机构活动的完全"权力化"，进一步强化了宪法对国家机构的"义务要求"，为国家机构的不作为法律责任提供了规则依据。由于宪法职责是对国家机构提出的一种从事某种行为的强制性要求，因此，对于具有宪法职责的国家机构来说，如果不履行宪法所规定的相应的宪法职责，那么，就必须要承担一定的法律责任。宪法职责制度的出现使得国家机构依据宪法应当承担的宪法责任进一步明晰化，改变了国家机构仅仅享有国家权力的形象。

（5）宪法职责制度可以较好地整合国家机构在宪法下所应当承担的法律责任，使得国家机构依据宪法应当承担的法律责任与法律义务得到有机的统一。在传统的宪法学理论框架下，国家机构由于其宪法上的义务不明确，因此，国家机构根据宪法应当承担什么样的法律责任，或者说是否应当承担法律责任等，这些问题由于宪法职责制度的欠缺而无法得到有效的讨论。宪法职责制度可以有助于宪法学理论研究加强对国家机构的宪法责任的研究，进一步健全和丰富宪法责任理论。

（6）宪法职责制度使得公民的宪法权利的实现获得了制度的有效保障，特别是宪法职责制度为公民的宪法权利的实现提供了权利保障和救济的途径。作为个人与国家之间互动关系的产物，公民的宪法权利是以国家承担一定的宪法保障义务为前提的。在传统宪法学理论框架中，由于国家对个人的宪法义务以及国家机构对个人的宪法义务没有得到很好的区分，所以，公民依据宪法规定享有的宪法权利究竟应当由谁来加以保障，这个问题没有得到有效的探讨。宪法职责制度使得国家机构在依据宪法行使宪法职权的同时，必须代表国家向公民履行保障其宪法权利的宪法职责，这种宪法职责制度的存在进一步强化了对公民的宪法权利的保障途径，提高了公民的宪法权利实现的可能性和实现的水平。

（7）宪法职责制度也使得国家机构必须受到宪法禁律的有效限制，防止国家机构随意行使宪法所赋予的宪法职权。宪法职责制度的存在也可以比较清晰地区分国家机构依据宪法应当承担的宪法义务和必须服从和遵守宪法所确立的宪法禁律之间的价值功能，从而使得国家机构依据宪法在行使宪法赋予的国家权力的同时，必须履行对国家、对社会和对个人应当承担的一般性宪法义务和特殊的宪法职责。

总之，宪法职责制度可以在法理上比较好地确立依据宪法享有宪法职权的国家机构的宪法地位，对国家机构行使宪法职权的活动实行必要和有效的宪法控制，既可以防止宪法权力的被滥用，同时又可以促进国家机构积极地依据宪法行使职权，建立既有激励作用，又有惩罚功能的宪法职责运行制度。

第七节　宪法禁律制度

宪法禁律以及基于宪法中的禁止性规范形成的"宪法禁律制度"，在传统的宪法学中既没有作为宪法学的一个基本概念，也没有纳入宪法学的研究范围，但是，宪法中的禁止性规范却是宪法文本中客观存在的现象，必须从理论上来概括成文宪法中关于禁止性规范的规定，认真研究宪法禁律制度作为一项独立的宪法制度的制度构成以及法律功能。

一　宪法禁律制度的概念及功能

所谓宪法禁律，是指宪法文本中所设定的禁止性规范的总称，是指宪法明确予以禁止的事项，其行为特征表现为宪法规范对被禁止事项的实际发生的零概率的预期。宪法禁律是宪法规范所设定的行为模式的一种形式，它与宪法权利、宪法义务、宪法职权、宪法职责等一样，共同构成了宪法规范所设计的行为模式。宪法禁律作为一种宪法制度，本身也是由禁止性宪法规范以及应当遵守宪法禁律的主体、遵守宪法禁律的程序、违背宪法禁律的防范和矫正机制等宪法禁律实施机制构成的。

宪法文本中的宪法禁律的存在是由实质性的宪法渊源所决定的。现代宪法是以一系列相互联系、相互协调统一的宪法价值为基础产生的，并且集中表现在宪法原则中,宪法价值和体现宪法价值的宪法原则是宪法规范产生、存在和变更的根本依据。宪法文本中的所有宪法规范,不论其表现形式,还是其设定的具体行为模式,都不得违反宪法的基本价值和宪法原则,所以,宪法禁律的存在对于确保宪法基本价值和宪法原则的实现是非常必要的。没有宪法禁律,宪法的基本价值和宪法原则在指导宪法规范的设计中可能就会在处理许多问题上遇到界限不清的困境;对于宪法关系的主体来说,如果没有宪法禁律的存在,就很难在实际生活中形成具有稳定性和权威性的宪法关系,宪法对人们行为的调整作用的随意性就可能很大,宪法秩序也就很难建立。所以,宪法禁律的存在以及宪法禁律的制度化是宪法作为根本法的一项重要法律特征。宪法禁律作为一项宪法制度而存在,其本身的法律功能在于禁止人们去做某项行为,这种禁止性宪法规范对于建立宪法秩序是必要的,没有宪法禁律的存在,个人与国家之间的关系可能就会因为个人或者是国家的不当行为而遭到破坏。对于个人来说,如果没有对国家的宪法禁律的存在,个人依据宪法所享有的各项权利就容易受到国家的侵犯,特别是个人可能会在国家的统治功能支配下失去支配自己的独立的行为能力,个人会在国家主义至上的氛围下失去自我意识,也不可能在宪法面前与国家获得平等的法律地位。个人与国家之间的关系就会演变成个人成为国家的附庸。对于国家来说,如果没有对个人的宪法禁律,那么,公共利益就很难维护,国家主权以及国家政权的正当性基础可能就会受到破坏。为此,宪法禁律作为以禁止性宪法规范为基础建立起来的一项宪法制度,既可以防范个人和国家随意超出各自的宪法权利范围来侵犯彼此的合法利益,同时又能够保障个人与国家之间的宪法关系能够有效地予以维持,尤其是可以保证政治国家的政治统治功能能够很好地发挥作用。

二 宪法禁律制度的构成

与宪法义务制度、宪法职责制度相似的是,宪法禁律制度也是以广义上的义务性宪法规范为基础的,其行为模式的逻辑形式表现为"不得""禁止"等行为要求。但是,宪法义务制度的功能通常与宪法权利制度的功能相对应,宪法职责制度的功能与宪法职权制度的功能相对应,而宪法禁律制度是从实现宪法制度自身的规范功能和社会功能出发的,是宪法为保证自身确立的宪法价值秩序能够获得有效的实现,对所有宪法关系的主体发出的禁止性命令。凡是违背宪法禁律的行为主体,首先就是违反了宪法的基本价值要求，其次才是侵犯了有关主体的宪法权益，所以，宪法禁律制度具有宪法适用的普遍性和无条件性，与宪法自身的功能直接相关。作为一项完整的宪法制度，宪法禁律制度是由禁止性宪法规范、受宪法禁律拘束的行为主体、保障宪法禁律实施的程序以及违反宪法禁律应当采取的惩罚和补救措施等一系列宪法禁律的实施机制构成的。

（一）宪法禁律制度以禁止性宪法规范为基础

宪法禁律制度首先是以禁止性宪法规范存在为前提的，因为有禁止性宪法规范的明确规定，所以，依据宪法规定受宪法禁律拘束的特定的宪法关系主体的行为才可能受到宪法规范的有效控制。如果没有明确的禁止性宪法规范的存在，就很难对宪法关系主体的行为做出明确的法律限制。例如，1791年美国宪法修正案第1条明确规定：国会"不得"制定下列法律（英文原文为"The congress shall make no law"，可转化成"The congress shall not make the law"的句型）。很显然，正是有了宪法对国会立法权的明确禁止（"shall not"），美国联邦国会在过去的二百多年中才能够自觉和有效地遵守联邦宪法修正案第1条的规定，避免制定宪法修正案第1条所禁止制定的法律。作为禁止性宪法规范，美国联邦宪法第1条修正案对美国联邦的宪法制度的建立和充分发挥自身的社会功能起到非常重要的保障作用。同样，1791年法国宪法对禁止性宪法规范也做了比较系统的规定，突出了禁止性宪法规范在构建整个宪法制度中基础性保障作用。该宪法序言部分，除了将《人权宣言》作为宪法的一部分之外，就是将"宪法禁律"作为整个宪法制度建立的法律基础。该宪法序言部分所规定的禁止性宪法规范集中表现在以下几个方面：国民议会为了要在其刚已承认的和宣布的原则之上制定法国宪法，所以坚定不移地废除损害自由和损害权利平等的那些制度。今后不得再有贵族、爵位、世袭荣衔、等级差别、封建制度、世袭裁判权，也不得有从上述诸制度中所产生的任何头衔、称号和特权，不得有骑士团，不得有任何根据贵族凭证或出身门第的团体或勋章，除在任职时有官吏的上级之外，别无任何其他上级。任何官职今后都不得买卖或世袭。任何一部分国民或任何个人都不得再有任何特权，对全体法国人所应遵守的共同法律不得有例外。今后不得再有行会监视人的职务，亦不得再有职业行会、技术行会和手艺行会。法律不再承认宗教上的许愿，或其他违反自然权利或违反宪法的诺言。

由此可见，宪法禁律制度不仅要以明确的禁止性宪法规范为基础，而且禁止性宪法规范往往成为宪法中其他性质的宪法规范赖以存在的前提条件，禁止性宪法规范构成了宪法规范的价值基础。

（二）宪法禁律对于所有的宪法关系主体具有普遍约束力

宪法禁律的主要价值功能是为了实现宪法的基本价值目标，因此，在一般情形下，宪法禁律的存在构成了宪法制度存在的逻辑前提条件。所以，从逻辑上看，不存在不受宪法禁律约束的宪法关系主体，即便是国家，在对内关系上，也需要受到宪法禁律的限制，否则，个人的权利就很容易受到侵犯。从世界各国宪法文本的规定看，宪法禁律在约束人们行为的时候，其约束的行为主体分为两类：一类是宪法禁律对所有的宪法关系主体具有一般性的约束力；另一类是宪法禁律是针对特定的宪法关系主体的特定的行为的。

1. 针对所有宪法关系主体适用的宪法禁律

作为调整个人与国家之间关系的宪法，首要的任务是在个人与国家之间建立起最基本的价值秩序，没有这些基本价值秩序的存在，个人与国家就无法建立有效的法律联系，政治国家的统治功能也就无法实现。所以，对于那些危及和破坏个人与国家之间最基本的价值秩序的行为的禁止，应当是针对包括个人和国家在内的所有的宪法关系主体的。从世界各国宪法文本的规定来看，绝大多数国家宪法文本中都对此给予了充分的关注。例如，早期的宪法文件1791年法国宪法所肯定的《人权宣言》第17条规定：财产是神圣不可侵犯的权利，除非当合法认定的公共需要所显然必需时，且在公平而预先赔偿的条件下，任何人的财产不得受到剥夺。很显然，上述条款所规定的"任何人的财产不得受到剥夺"这一禁止性宪法规范应当是对所有的宪法关系主体适用。从法理上看，不能将上述禁止性宪法规范仅仅解释成是对国家机关的命令，个人或社会组织也不得对他人的财产随意加以侵犯。这是禁止性宪法规范自身的价值功能所要求的。

2. 针对特定宪法关系主体适用的宪法禁律

为了实现宪法上的特定的价值目标，世界各国宪法文本中通常也设定了针对特定的宪法关系主体的禁止性宪法规范。由于这些禁止性宪法规范所涉及的被禁止行为只可能由特定的宪法关系主体来实施，所以，这些禁止性宪法规范所约束的行为主体就具有专门性。从宪法关系主体的种类来看，特定的禁止性宪法规范所禁止的行为可以涉及各类宪法关系主体，包括：

（1）对国家的宪法禁律。例如，1992年5月18日通过的《土库曼斯坦共和国宪法》第7条第2款就规定：任何人不能被剥夺国籍或改变国籍的权利。土库曼斯坦公民不得被引渡给别国，或者被驱逐出土库曼斯坦国境或者被限制返回祖国的权利。上述禁止性宪法规范实际上针对土库曼斯坦国家而言的，不能将该项规定狭义上理解为仅仅限制某些国家机关的行为。再如，1993年12月12日通过的《俄罗斯联邦宪法》第13条第2款规定：任何意识形态不得被确立为国家的或必须服从的意识形态。很显然，上述禁止性宪法规范是直接针对俄罗斯联邦国家的。

（2）对国家机关及其工作人员的宪法禁律。例如，1993年5月5日通过的《吉尔吉斯斯坦共和国宪法》第8条第4款规定：吉尔吉斯斯坦共和国不允许国家机构与党的机关合而为一以及国家活动从属于党的纲领和决定。不允许在国家机关和组织中成立党组织并开展活动。不允许军人以及内务机关、国家安全机关、司法机关、检察院和法院的工作人员拥有党籍和支持某个政党。再如，该宪法第17条还规定可针对立法机关的禁止性宪法规范，该条规定：在吉尔吉斯斯坦共和国不得颁布废除或损害人的权利和自由的法律。

（3）对社会组织的宪法禁律。例如，1993年5月5日通过的《吉尔吉斯斯坦共和国宪法》第8条第4款规定：吉尔吉斯斯坦共和国不允许按照宗教派别成立政党。不允许宗教组织神职人员干涉国家机关的活动。不允许其他国家政党的活动。再如，1993年12月12日通过的《俄罗斯联邦宪法》第34条第2款规定：不允许进行旨在垄断和不正当竞争的经济活动。

（4）对公民个人的宪法禁律。1993年12月12日通过的《俄罗斯联邦宪法》第3条第4款规定：任何人不得攫取俄罗斯联邦的权力。该宪法第13条第5款规定：禁止目的或行为旨在以暴力改变宪法制度基础、破坏俄罗斯联邦完整性、破坏国家安全的社会团体的建立和活动，禁止建立军事组织，煽动社会、种族、民族和宗教纠纷。

（三）宪法禁律的实施需要一定的宪法程序予以保障

对于宪法禁律的实施，许多国家宪法中都规定了需要通过一定的宪法程序来保障其实施。这种实施程序主要包括三个方面的内容：一是解除禁律必须经过宪法所规定的程序。例如，1993年12月12日通过的《俄罗斯联邦宪法》第15条第3款规定：未予公布的法律不得适用。任何涉及人和公民的权利和自由的规范性法律文件不得适用，如果它们未正式公布为众所周知的话。根据上述规定，只要法律经过正式公布了，那么未予公布的法律不得适用的禁律就不再生效。二是保持宪法禁律的效力所必需的宪法程序。例如，1791年美国宪法修正案第4条规定：人人具有保障人身、住所、文件及财物的安全，不受无理之搜索和拘捕的权利；此项权利，不得侵犯；除非有可成立的理由，加上宣誓或誓愿保证，并具体指明必须搜索的地点，必须拘捕的人，或必须扣押的物品，否则一概不得颁发搜捕状。三是违反宪法禁律承担宪法上的责任必须符合宪法所规定的程序。例如，1957年《马来西亚联邦宪法》第27条第1款规定：在根据第24条、第25条或第26条下令剥夺公民资格之前，联邦政府应将拟下令剥夺其公民资格的理由以书面通知本人，并通知他有权就此事向根据本条成立的调查委员会提出申诉。

（四）违反宪法禁律必须承担一定的宪法责任

对于违反宪法禁律的行为，世界各国宪法对此规定不太一样。对于国家或者是国家机关违反宪法禁律的行为，通常在确定国家或国家机关违法责任的基础上，应承担相应的国家赔偿责任。对于国家机关工作人员违反宪法禁律的，有些国家则通过成立特别的弹劾法院的形式来追究违宪者的宪法责任。对于公民个人违反宪法禁律的，一般采取刑事法律处罚措施来追究其相关法律责任，也有的国家宪法规定，对于违反宪法禁律的个人可以直接追究其宪法责任，剥夺其根据宪法享有的公民权。例如，1814年《挪威王国宪法》第86条第1款规定：王国弹劾法院就下议院提出的对内阁成员、最高法院法官以及对议会议员利用职权的犯罪行为所提出的弹劾做出初审判决和终审判决。值得注意的是，受弹劾法院管辖的国家机关工作人员其行为必须是与宪法所赋予的职权相关的，也就是说，必须是触犯宪法禁律的行为。如果是一般性的违法行为，则不构成承担违宪责任的条件。再如，1949年《联邦德国基本法》第18条规定：任何人为反对自由民主的基本秩序而滥用表达观念的自由，特别是出版自由（第5条第1款）、教学自由（第5条第3款）、集会自由（第8条）、结社自由（第9条）、邮政和通信秘密（第10条）、财产（第10条）或庇护权（第16条第2款），将丧失这些基本权利。丧失和丧失的程度由宪法法院宣告。例如，1982年11月7日公民投票通过的《土耳其共和国宪法》第14条规定：不得出于破坏国家的领土和民族不可分割的整体性，威胁土耳其国家和共和国的生存，消灭基本权利和自由，使国家处于某一个人或集团的控制或建立一个社会阶级对其他社会阶级的统治，或制造语言、种族、宗教和教派上的歧视，或以任何其他方式建立以上述思想观念为基础的国家制度等目的，行使宪法规定的基本权利和自由。凡违反上述禁律，或鼓动唆使他人违反者，其制裁办法由法律规定。

三 宪法禁律制度的种类及主要内容

宪法禁律在宪法文本中是以禁止性宪法规范的形式出现的，因此，根据禁止性宪法规范的不同规范特征，宪法禁律也表现出不同的法律特征，可以从不同的角度来对宪法禁律加以分类。最常见的宪法禁律可以分为以下几种形式：从受宪法禁律约束的行为主体的范围看，有针对所有宪法关系主体的宪法禁律，也有针对具体行为主体的宪法禁律；从宪法禁律所针对的具体行为主体看，宪法禁律可以分为针对主权国家的宪法禁律、针对主权国家构成主体的宪法禁律、针对国家机关和国家机关工作人员的宪法禁律、针对社会组织和社会团体的宪法禁律以及针对公民个人的宪法禁律；从违反宪法禁律应当承担的法律责任形式看，有违反宪法禁律应当承担的宪法责任，也有违反宪法禁律应当承担的政治责任，也有违反宪法禁律应当承担具体的刑事法律责任，等等；从违反宪法禁律能否获得宪法上的豁免权，可以分为不得享有豁免权的宪法禁律以及可以享有包括大赦、特赦在内的豁免权的宪法禁律，等等。总之，宪法禁律的表现形式多种多样，它构成了一个比较完整的宪法制度，是宪法学不可忽视的一个基本范畴。

1. 主权国家以及主权国家构成主体的宪法禁律

作为调整个人与国家之间关系的宪法，其性质具有公共契约的特征。作为个人与国家之间的契约，宪法也必然会对有损个人与国家之间的正常关系的行为做出禁止性规定。对于国家来说，有许多行为也是绝对应当禁止实施的，否则就会破坏现有的个人与国家之间的关系结构和关系状态。许多国家宪法中都明确规定了针对国家的宪法禁律。例如，1967年《巴拉圭共和国宪法》第36条规定：因叛国罪失去的国籍和公民权不得恢复。上述规定实际上是针对国家而言的，因为如果国家允许犯有叛国罪失去国籍和公民权的人恢复国籍和公民权，必然会对其他守法的公民产生不良影响，也会对国家存在的正当性造成潜在的威胁。再如，1995年11月12日通过的《阿塞拜疆共和国宪法》第21条规定：为协助反对阿塞拜疆国家的叛乱或国家政变所欠下的债务，不得由阿塞拜疆共和国认作债务并由阿塞拜疆共和国偿付。该规定明显是针对阿塞拜疆共和国的宪法禁律。1995年8月30日通过的《哈萨克斯坦共和国宪法》第5条第2款规定：各社会团体在法律面前平等。不许国家非法干预社会团体的事务和社会团体非法干预国家的事务，不许将国家机构的职能委托给社会团体，不许国家向社会团体拨款。上述宪法禁律也是直接针对国家的。

2. 国家机关及其工作人员的宪法禁律

针对国家机关及其工作人员的宪法禁律是宪法禁律的重要表现形式。对于国家机关及其工作人员来说，由于其根据宪法的规定以享有宪法上特定的授权而存在，所以，为了正确履行特定的宪法职权，国家机关及其工作人员亦不得从事一定的宪法禁律所禁止的行为。例如，1961年1月23日通过的《委内瑞拉共和国宪法》第131条规定：军事的和内政的权力不得同时由一个官员来行使，但共和国总统以他的国家武装部队总司令的职务为理由来行使时例外。1967年《巴拉圭共和国宪法》第40条规定：任何国家机关，一律不得僭取超出本宪法中规定的特殊权利，或者整个公权，或者有给予对人生、自由、荣誉和私人财产的决定权的最高权力，也不得把这些权力授予其他机关或其他任何人。独裁是非法的。宪法第41条也规定：高级政府当局、官员和职员在任何时候都要按照本宪法和法律的规定行事，要依照宪法和法律规定在自己的权限内履行自己的职责和对履行职责时的犯法行为、罪行或者过失承担个人责任，不得使将由法律规定的国家责任受到损害。为了保证政府官员有效地工作，他们的责任将由特别法律做出规定。

1972年《巴拿马共和国宪法》第129条规定：禁止政府"对民选职位的候选人提供直接的或间接的官方支持，即使为此所采用的手段是隐蔽的"；"在政府机构中开展政党的宣传活动和吸收党员"；"向政府雇员收缴用于政治目的的党费或捐赠，即使以自愿为借口"；"阻碍或刁难公民获得、保存或由本人出示身份证的任何行为"。

3. 社会组织或社会团体的宪法禁律

社会组织或社会团体的宪法禁律也是与维护宪法的基本价值相关的。例如，1949年联邦德国基本法第21条第2款规定：凡由于政党的宗旨或党员的行为，企图损害或废除自由民主的基本秩序或企图危及德意志联邦共和国的存在的政党，都是违反宪法的。联邦宪法法院对是否违反宪法的问题做出裁决。

4. 公民个人的宪法禁律

世界各国宪法文本中对公民个人确立的宪法禁律主要是为了维护宪法制度的权威性。特别是禁止个人挑战国家存在的正当性和破坏宪法赖以存在的各种制度保障条件。这些宪法禁律具有很强的原则性，一般会在立法机关制定的法律中予以细化，有的宪法禁律对于保持个人的国籍和公民权也具有直接的法律约束力。例如，1991年《罗马尼亚宪法》第54条就规定：罗马尼亚公民、外国公民和无国籍人士必须忠实地行使宪法规定的权利和自由，不得侵犯他人的权利和自由。该规定实际上是对个人行为的一般性宪法禁律，需要通过具体的刑事法律制度来规定各种禁止性行为。但有些国家宪法中也直接地规定了具有宪法效力的针对个人的宪法禁律。例如，1949年联邦德国基本法第18条就做了如此规定。

5. 应承担政治责任的宪法禁律

有些国家的宪法文本中对违反具有政治性质的宪法禁律的社会组织、政党和个人规定了应当承担相应的政治责任，这些政治责任的特点就是违反宪法禁律者的政治权利在一定时期内受到宪法的限制。例如，1980年8月11日通过的《智利共和国政治宪法》第8条规定：一切传播侵犯家庭、鼓吹暴力的主张，带有极权特征。信奉以阶级斗争为基础的社会、国家和法律秩序观念学说的个人或团体的行为都是非法的，都是违背共和国的体制原则的。任何组织、运动或政党只要以此为目的或其成员从事这方面的活动，都是违反宪法的。如有违反宪法上述规定的，由宪法法院负责审理。在不妨碍宪法或法律规定的其他制裁措施的情况下，凡有违反上述规定者，无论是否经过人民选举，都不得在宪法法院做出裁决后10年内担任公共职务。10年内也不得在教育部门出任校长或领导者，也不得担负教学工作；不得利用社会宣传手段或担任领导者或管理人员，不得在其中担负与广播、传播舆论或信息有关的工作；不得担任政治组织或与教育有关的组织以及市民、自由职业者、企业家、工会、学生或行业组织的领导人。如上述人员在法院宣判时还占有某一公共职位或职务，不论是否经过人民选举，都应免职使之丧失权力。依据本规定受到制裁者在10年内不得复职。如再犯，本条规定的免职时间将延长一倍。

6. 应承担法律责任的宪法禁律

违反宪法禁律的行为，通常是通过立法机关制定的具体法律来确定应当承担的法律责任，这是宪法禁律自身所具有的法律强制力的特征。例如，1961年《委内瑞拉共和国宪法》第46条规定：国家当局的一切破坏或损害宪法所保证的权利的行为无效。下命令或执行的官员或职员，应当根据事件情况承担刑事的、民事的或行政的责任，并且不能以上级的命令显著与宪法和法律相抵触作为免于追究的理由。1995年11月12日通过的《阿塞拜疆共和国宪法》第88条也规定：违反本宪法和阿塞拜疆共和国法律，包括滥用权利与自由，不履行本宪法和阿塞拜疆共和国法律所规定的义务，追究法律所规定的责任。很显然，根据上述规定，违反宪法禁律需要追究法律所规定的责任。

7. 应当承担宪法责任的宪法禁律

违反宪法禁律承担宪法责任是宪法禁律的一个重要法律特征，也是宪法禁律的重要组成部分。由于各国宪法体制不一样，所以，违反宪法禁律可能导致的责任形式也不同，有承担政治责任的，也有依法承担民事、刑事和行政责任的，但是，更多的情形是违背了宪法禁律应当直接承担宪法责任。所谓宪法责任实际上是责任承担者的宪法权利、权力会受到一定程度的限制，其中也包括宪法上所规定的政治权利受到限制。宪法责任既有法律性，又有政治性，但与一般法律责任不同的是，宪法责任通常需要通过宪法上的特定机构和特定程序来加以认定。例如，1966年《乌拉圭东岸共和国宪法》第80条规定，如果存在下列情形，公民资格将被中止：正被指控犯有刑事罪；被处以流放、监禁、教养的刑罚或服刑期间被剥夺了政治权利；参加一社会或政治组织并提倡以暴力摧毁根本基础，或者进行煽动暴力的宣传，本宪法第1编和第2编所提及的违法行为也在本规定的取消资格和范围之内。如果存在上述任何一种情形，本宪法第78条所赋予的权利将被中止。再如，1983年12月15日通过的《萨尔瓦多共和国宪法》第75条就规定：下列之人丧失公民权利：（1）罪行昭著者；（2）被判有罪者；（3）选举中买卖选票者；（4）签署议案、宣言或协议倡导或支持共和国总统连选连任、或届满不退者；或为此目的而直接采取手段者；（5）限制选举自由的官员、政府当局或其他代表。

对于依据宪法享有宪法职权的国家机关或国家机关工作人员来说，如果违反了宪法禁律，通常可能引起被撤销或罢免的宪法责任。例如，《摩尔多瓦共和国宪法》第89条规定：当摩尔多瓦共和国总统犯下重大罪行而违反宪法条款时，议会可以以议员总数三分之二的多数票罢免总统职务。

对于国家违反宪法禁律的行为，如果造成了个人在宪法上的权利被大规模侵犯以及宪法秩序无法有效运行，那么，代表国家行使权力的国家机构就应当承担失去正当性而被人民推翻的宪法责任的"风险"。例如，1949年联邦德国基本法第20条第4款就规定：所有德国人民都有权在不可能采取其他办法的情况下，对企图废除宪法秩序的任何人或人们进行反抗。

8. 大赦、特赦

由于宪法作为根本法具有高度的政治性，所以，宪法所确立的禁止性规范其社会功能也具有较强的政治性，在很多情况下，对具有高度政治性的禁止性宪法规范的违反，如果遇到了一个国家的政治局势发生变化，那么，违反宪法禁律所应承担的政治责任和法律责任可能就会受到大赦、特赦。例如，1962 年 11 月 11 日公布的《科威特国宪法》第 75 条规定：埃米尔得以命令实行赦免和减刑。但大赦只有根据法律并且是在提出赦免建议之前犯的罪行，才允许实行。

但是，也有些国家宪法规定，对于某些特定的违反宪法禁律行为不得给予大赦和赦免的待遇。例如 1980 年 8 月 11 日通过的《智利共和国政治宪法》第 9 条规定，违反了某些宪法禁律的行为不能获得大赦和赦免。该条款规定：任何形式的恐怖主义在本质上是与人权相对立的。以法定人数通过的有关法律将对恐怖主义行为及处罚办法做出规定。对恐怖罪负有责任者在 15 年内不得担任宪法第 8 条第 4 款所提及的职位、工作或活动，并且在法律规定的更长的时间范围内被依法剥夺其他权利。对这类罪行不实行大赦和赦免，也不对因此受审判者实行假释，从一切法律效应来讲，这一类罪行都应被视为刑事罪而非政治罪。

四 宪法禁律制度的法律特征

总的来说，宪法禁律制度作为一项独立的宪法制度具有以下几个方面的法律特征：

1. 宪法禁律制度是以禁止性宪法规范为依据的，没有宪法的明文规定，就不存在具有宪法效力的宪法禁律。

2. 宪法禁律制度是一个以禁止性宪法规范为基础的禁律规则体系以及禁律运行机制的综合，该制度存在的价值是为了集中体现宪法价值的基本要求，建立符合宪法价值要求的宪法秩序。宪法禁律制度是紧紧地围绕着保障个人与国家之间建立最基本的法律关系而进行的，没有宪法禁律制度的存在，个人与国家之间的宪法关系就很容易受到侵害。

3. 宪法禁律制度不同于宪法职责制度和宪法义务制度，宪法禁律对人们行为所提出的要求是强制性的，有一定的责任制度来保证其得到遵守；而宪法职责和宪法义务则带有很强的政治性，主要通过鼓励、激励、批评、教育等机制来加以引导。

4. 除了宪法有特殊的规定，宪法禁律通常对所有的宪法关系主体都具有约束力，宪法禁律相对于宪法职责、宪法义务来说，更具有适用上的普遍性。而宪法职责、宪法义务一般具有特定性，除非宪法有特殊规定，一般由特定主体承担的宪法职责、宪法义务不得由其他主体来承担。

5. 宪法禁律制度是依靠一定的责任机制来保障其实施的。与一般法律所规定的禁止性规范不同的是，违反宪法禁律的行为，可以依据行为的性质分别承担不同形式的责任和不同程度的责任，包括政治责任、一般民事、刑事和行政法律责任等，也可以直接承担宪法责任。一般法律所规定的禁止性规范，是依靠特定的法律责任形式来保障其得到遵守的。

6. 宪法禁律制度是立法机关制定刑事法律或者是行政处罚法律的宪法依据。刑法立法或行政立法必须根据宪法禁律的规定来确定具体的禁止性法律规范。对于个人来说，宪法上没有明文禁止的行为，在刑事立法或行政立法中也不能随意加以禁止。

7. 宪法禁律制度是保障宪法权威性的重要宪法制度，也是宪法自身法律功能的重要体现。缺少宪法禁律制度，一个国家的宪法制度对社会关系的调控作用可能就会受到削弱，所以，宪法禁律制度是宪法制度不可缺少的重要组成部分。

总之，将宪法禁律制度的概念引进宪法学理论研究中，不仅可以很好地解读世界各国宪法文本中的禁止性宪法规范的含义，更重要的是可以弥补传统宪法学理论研究概念和范畴的缺失，为科学地解释宪法现象和构建合理的宪法学体系奠定必要的法理基础。

第八节 中央与地方关系制度

在传统宪法学理论框架中，中央与地方关系是一项重要的研究范畴，它突出了一个特定的政治国家的国家结构形式，反映了个人与国家之间关系的不同层次的特征。由于世界各国所采取的国家结构形式以及在实际生活中存在的中央与地方关系比较复杂，所以，从宪法学的角度就必须对中央与地方之间的关系做出比较明确的界定。宪法中所确立的中央与地方关系制度通常是以地方依据宪法的规定享有一定程度的自治权来建立基本制度框架的，因此，宪法学对中央与地方关系的研究应当重点放在如何落实地方的自治权上，这种自治权既有宪法职权的特性，也有宪法权利的特征。

一 中央与地方关系的理论基础

（一）自治的辞源意义

自治在英文中为"self-government"，根据《布莱克维尔政治学百科全书》的解释，"self-government"是指某个人或集体管理其自身事务，并且单独对其行为和命运负责的一种状态①。

自治的另一层含义是自主，即"autonomy"。其字面意思是指"自我统治"。自治又是一个与自决相关的概念，即"self-determination"。《布莱克维尔政治学百科全书》对"self-determination"解释为：一种论证个人或团体的自主和独立的正当合理性的激进学说，这种学说认为，个人或团体具有独特的个性和自由意志②。

自治一词在汉语古籍中并没有对应的文献，最早是在清末宪法改革中作为"官治"的对应物而出现的，即所谓"自治"，系"中央政府分统治者与国民各治其地，与官治相鼎，立吾国数千年专制政体一系相承，吾民有纳税之义务，无参政之权利"，故可以说，"自治制度未实行于吾国可断言也"③。孙中山先生曾将自治作为与"官治"相对立的"民治"概念来

---

① 《布莱克维尔政治学百科全书》还对"self-government"进一步解释道：更狭义地说，它是根据某个人或集体所持有的"内在节奏"来赞誉自主品格或据此生活的品格（这需要摆脱外部强制）的一种学说，因此，自治以自决权为先决条件；而从民族形式来看，它是以辉格党的民族性格学说为先决条件，即各民族由它们各自的代表实行统治效果更好。由 J. S. 穆勒所阐述的自由主义学说应当区别于用"有机性"来为民族主义进行的辩护；根据这一辩护，只有民族国家才是真正的国家，而民族自治则是唯一合理的统治形态。民族主义理论起源于对社会和政治的"自然"单位的浪漫偏见，它还来源于对从卢梭和赫尔德到格卡尔普和奥罗宾多等文化民众主义者所提出的自主性和真实性的崇拜。参见《布莱克维尔政治学百科全书》，中国政法大学出版社1992年版，第693页。

② 《布莱克维尔政治学百科全书》还认为，自决作为一种伦理学说，与康德有关善即意志自由和自主的假定伴随而生，康德将这一假定应用于自决的个人，而只有当这一个人不受外部限制时，他或她才被认为是依照道德行事的。

③ 参见《论地方自治为宪政要点》，《湖北地方自治研究总会》杂志第9期。台湾学者董翔飞在《地方自治与政府》一书中认为："自治这个名词，从字义上解释，就是官治的反面。也就是自己管理自己的事务，而毋庸他人过问与管理。从政治的角度来看，自治的观念则代表一种政治制度，此与官治又有显著的不同，所谓官治，即指地方上的公共事务，悉由中央委派人员管理，而地方居民只是被治的地位，丝毫没有政治参与的权利。所谓自治，则完全相反，地方上的事务，完全由地方上的人自己去管理，自己去决定，或选出代表去管理，而不受中央的干预。官治的权力，悉全操在官员的手里，必须以上级政府的意思为意思，也必须对上级政府负责。自治的权力则完全掌握在人民自己手里，以人民自己的意思为意思，地方人民自己有权决定他们去处理地方自己的事务，而不必向上级政府负责。"

对待。他曾在《中华民国建设之基础》一文中指出："……权在于官，不在于民，则为官治；权在于民，不在于官，则为民治。"孙中山先生认为"民治"与"官治"的主要区别就在于"官治之者，政治之权，付之官僚，于人民无与，官僚而贤且能，人民一时亦受其赐，然人亡政息，曾不旋踵；官僚而愚且不肖，则人民躬被其祸，而莫能自拔，前者为婴儿之仰浮，后者则为鱼肉之于刀俎而已。民治则不然，政治主权在于人民，或直接以行使之，或间接以行使之，其在间接行使之时，为人民之代表者，或受人民之委任者，只尽其能，不窃其权，予夺之自由，乃在人民，是以人民为主体，人民为自治者，此其所以与官治截然不同也"①。

从词源上看，自治的核心内涵是自己的事情自己决定的意思。不过，在宪法学看来，当自治的观念被运用到具体的实践中的时候，自治一词的内涵又受到特定的制度背景和条件的限制，因此，自治在不同的情况下具有不同的含义，不能一概而论。自治一词在法理上的基本内容是意思和意志的自主和自由，而在制度层面上通常是用自决、自我统治、自主、自我决定等来解释的。

本书在使用自治一词时，主要是侧重于考察自治的思想和观点的形成、自治权的性质和范围、自治与法治的关系以及自治制度在现代民主法治国家中的作用和地位。

（二）自治理论的起源

自治理论根源于自由的思想。早在古希腊，亚里士多德就特别重视自治与法制的关系，他认为，"公民团体"作为平民政治的体现，必须要服从法制，即"一个城邦要有适当的法制，使任何人都不至于凭借他的财富，取得特殊的权力，成为邦国的隐忧"②。

中世纪的欧洲，基本上是封建领主采邑制度。由于教会势力盛行，人的意志的最高性遭到了否定，因此，体现人的自由特性的自治思想也遭桎梏。这一时期的著名思想家都是在极力论证上帝对人类社会统治的合理性，人的意志在本质上是被视为外来的、上帝赋予的。如托马斯·阿奎那认为，"服从是神法和自然法的一条箴规"；"在人类的事物中，地位较高的人必须依靠上帝所规定的权能来向地位较低的人贯彻自己的主张"；"在人类的事务中，低级的人也必须按照自然法和神法所建立的秩序，服从地

---

① 转引自董翔飞《地方自治与政府》，五南图书出版公司1982年版，第3页。
② 参见《西方法律思想史资料选编》，北京大学出版社1983年版，第48页。

位比他们高的人"①。

16、17世纪，欧洲的空想社会主义者们在批判封建等级特权制度的基础上，对理想的社会中公民自治的组织形式做了一系列生动的描述。如空想社会主义者温斯坦莱在他所构造的理想的"共和国"中，勾画了公民自治的蓝图。他说，"共和国"的公职人员都是由人民选举产生的，凡行动上拥护自由，敢于为土地解放而献身的，并受到过国王迫害的人都可以充当公职人员。在议会中通过的法律，人民可以提出批评意见。在理想的"共和国"中，人民是真正自由的。这种"真正的自由"的实质就是"人之所以进行劳动……归根到底就是为了能够自由利用土地及其果实"②。

现代自治思想的萌芽发轫于资产阶级革命时期资产阶级启蒙思想家的"自然法"学说。在这一时期，绝大多数启蒙思想家都假定在自然状态下，人是自由自在的，所以，人在本质上是可以进行自治的。但是，由于自然状态的不完美，所以，人们还有必要通过契约在国家的组织形式下来过有组织的社会生活。但是，人们在社会中过有组织的社会生活并没有完全放弃自己在自然状态下所具有的自然权利。所以，在国家的法律制度之外，个人仍然保留着较大的自治权。如英国思想家洛克认为，在自然状态下，人人平等地享有生命、自由和财产等权利，没有一个人享有比别人更多的权利，人们也不受任何上级权力的约束。自然状态是自由的，但并不是放任的。在自然状态下，人们的理性原则在起作用。不过，由于在自然状态下，社会缺少一个明确而普遍的判断是非的标准，也缺少论断是非的仲裁者，所以，自然状态对人而言就是不完美的。由于自然状态有这些缺陷，因此，为了公共的幸福、繁荣和安全，人们之间互相契约，自愿放弃自己的部分自然权利，特别是自愿放弃可以做他认为合适的任何事情的权利和单独处罚违反自然法的罪行的权利，而把这些权利交给指定的人员，按照社会成员或他们的代表的同意来行事。洛克认为，这就形成了国家。他说："这就是立法和行政权力的原始权利和这两者之所以产生的缘由，政府和社会本身的起源也在于此。"③ 洛克还指出，尽管人们通过契约将一部分自然权利交给了国家，但是，仍然保留着生命、自由和财产等不可转让的权利。法国思想家卢梭从"自然状态"·的假设出发，断定在自然状态下

---

① 参见《西方法律思想史资料选编》，北京大学出版社1983年版，第109—110页。
② 参见《西方法律思想史资料选编》，北京大学出版社1983年版，第207—219页。
③ 参见[英]洛克《政府论》下篇，瞿菊农、叶启芳译，商务印书馆1964年版，第38页。

人人都是自由的。他指出:"由于自然状态是每一个人对于自我保存的关心最不妨碍他人自我保存的一种状态,所以,这种状态最能保持和平,对于人类也是最为适宜的"①。为此,他得出结论,"自然人是幸福的,文明人是不幸的"。但是,尽管人在自然状态下是自由的,但是"却无往不在枷锁之中"②。卢梭认为,私有制的出现破坏了自然状态下的人所具有的"自由"与"平等"。为了克服因为私有制所造成的人类社会的不平等,人们通过缔结契约来组成民主的社会。他说:"要寻求一种组合的形式,使它能够以全部共同力量来防御和保护每个参加革命的人身和财富;而通过这一组合,每一个与全体相联合的人实际上只是服从本人自己。并且仍然像以往一样地自由。"③ 卢梭将他自己所设计的理想的"共和国"称为"公共的大我",这个"公共的大我"就是"公意",在这个"公共的大我"中,最高主权属于每一个社会成员,法律是公共意志的体现,并提出了"主权是不可转让的"系统的人民主权学说。

从资产阶级启蒙思想家关于"自然法"的假设学说可以看到,资产阶级启蒙思想家们所倡导的"自然法"学说,其实质就是肯定了人在本质上是自由的,也就是说,人本身是自治的,自由是人的自治状态。这就从根本上摆脱了封建神学否定人的自由意志的桎梏,真正地将人的意志和自由从宗教神学的领域里解放出来。当然,这一时期的"自然法"学说并没有直接产生现代意义上的自治思想,但却为现代自治制度奠定了思想基础。

现代自治思想的产生是与自由主义和联邦主义紧密相关的。在18、19世纪,自由主义的学说在资本主义国家自由经济政策的大背景下应运而生。自由主义理论与洛克、卢梭、孟德斯鸠、伏尔泰等启蒙思想家的自然法理论一脉相承。在主要的资本主义国家,如英国、法国、德国和美国,自由主义的思想得到了广泛的弘扬。

在英国,苏格兰学者休谟主张法治下的个人自由④。另一位苏格兰学者亚当·斯密除论证了自由资本主义经济制度的基本特征外,还特别论证了社会制度就是个人自发活动的结果这一命题。在法国,自由主义思想家

---

① 参见〔法〕卢梭《论人类不平等的起源和基础》,李常山译,法律出版社1958年版,第98页。
② 参见〔法〕卢梭《社会契约论》,何兆武译,商务印书馆1961年版,第6页。
③ 参见〔法〕卢梭《论人类不平等的起源和基础》,李常山译,法律出版社1958年版,第19页。
④ 参见《休谟政治论文选》,张若衡译,商务印书馆1993年版,译者前言和第20页。

贡斯当在《人类进步史》中强调个人自由是近代的产物。另一位自由主义思想家托克维尔在他的著作《论美国的民主》一书中认为，美国式民主在削弱"暴政"方面的主要经验一是联邦制，二是独立的法学家阶层。托克维尔还对卢梭的人民主权说提出了批评，认为相对于参与政治的权利而言，个人不受随意侵害的"消极的自由"更有利于保障人权的实现和个人的自治。自由主义在德国找到了知音，其中最著名的人物是康德。康德从纯粹理性角度出发，提出了人的自由意志的结论。他认为："作为实践原则能力的意志，一般说来，意志可以包括有意志的选择行为。……这种选择行为可以由纯粹理性决定，而形成自由意志的行为。"① 康德的自由意志学说被西方学者公认为现代自治理论的出发点，也就是说，自康德后，自治的概念通常是与自由意志联系在一起的②。

在美国，自由主义的思想也有相当的影响。虽然在18世纪末19世纪初，美国并没有产生明确的自由主义学说，但是，自由主义的一些基本理念却得到了实践。美国独立战争时期，资产阶级民主思想家杰弗逊、汉密尔顿、麦迪逊和潘恩等人，都先后撰文，崇尚在欧洲大陆盛行的以自然法学说为基础的自由主义思想。其中一个最重要的特征就是对联邦主义的推崇。如麦迪逊认为："'本宪法如经九州议会批准，即可在批准各州间成立'。这一条是不言而喻的。单是人民的明确权力，就能给予宪法应有的合法性。"③ 汉密尔顿强调："人民绝不可能有意背离其自身利益，然其代表则有可能背叛之；如果全部立法权力尽皆委托给单一的代表机构，比之要求一切公众立法均需分别由不同之机构所认可，其危险显然是更大的。""宪法与法律相较，以宪法为准；人民与其代表相较，以人民的意志为准。"④

应该看到，资产阶级革命以来的以自然法理论为特征的自由主义思想，对于形成现代的宪法国家，尤其是确立现代的自治制度是起过巨大作用的。正如有的西方学者所指出的那样，近代以来的自由主义在欧美行宪实践中的影响集中体现了下列特点，即英国人的自由意味着独立，法国人的自由表示自治，而德国人的自由则是自我实现。⑤

---

① 参见《西方法律思想史资料选编》，北京大学出版社1983年版，第395—420页。
② 《布莱克维尔政治学百科全书》持此种观点。
③ 参见《西方法律思想史资料选编》，北京大学出版社1983年版，第363—379页。
④ 参见《西方法律思想史资料选编》，北京大学出版社1983年版，第363—379页。
⑤ J. G. Merquior: Liberalism Old and New, p. 13.

虽然说近代资产阶级启蒙思想家们以"人民主权"理念作为近代政治制度的理论起点，并且，在民主基础上以自由主义理念构建了遵从自由原则的宪法制度，但是，自治的概念作为政治制度的基本范畴正式提出是与民族自决权思想和地方自治理念相关的。不过，民族自决权思想强调的是国家独立和民族独立，尤其是强调民族国家的主权原则，所以，民族自决权通常是国际法领域的一个基本范畴，但是，由于民族自决权本身体现了国家和民族自治的思想，因此，民族自决权中所包含的自治理念也对以民族国家主权范围内的地方自治等自治思想的形成产生了深刻的影响。此外，自治作为现代民主政治的重要价值已经从社会层面深入到个人生活领域，产生了不同于传统的契约关系中的个人意思自治的自己决定权思想。可以看到，以近代自由主义理念为理论源头的自治思想已经广泛地渗透到国家、集体和个人的三个领域，虽然自治的思想在不同的领域内涵有所差异，但是，却具有某些共同的价值形态，并且都高度重视自治的意志自由特征和自治与现代法治之间的关系。这些不同领域中的自治思想也是相互影响的，它们共同构成了现代自治理论的基本内容。

1. 民族自决权思想与自治

最早提出民族自决权概念的是列宁。在1917年的十月革命胜利之后，列宁创造和发展了"民族自决权"（national right to self-determination）的概念。列宁认为，"民族自决权"原则是与"殖民地与附属国人民争取从帝国主义压迫下获得解放的问题联系在一起"[①]。列宁在《民族自决权》中对马克思主义的民族自决思想做出了明确的解释："马克思主义者不能忽视那些产生建立民族国家趋向的强大的经济因素。这就是说，从历史的和经济的观点看来，马克思主义者的纲领上所谈的'民族自决'，除了政治自决，即国家独立、建立民族国家以外，不能有什么别的意义。"[②] 第一次世界大战期间，美国总统威尔逊提出了著名的"14点纲领"，在该纲领中，威尔逊提到了"自治"（self-government）的概念。威尔逊指出：每个人民都有选择他愿接受其统治的主权之权利。不承认或不接受下述原则，和平就无法或不可能维持下去，即政府的所有正当权力均来自被统治者的同意以及无论何处都不存在把人民像对待财产那样从这个主权者转给那个主权者的权利。第一次世界大战后，威尔逊开始借用列宁的"自决"概念

---

① 参见刘升平、夏勇主编《人权与世界》，人民法院出版社1996年版，第282页。
② 《列宁选集》第2卷，人民出版社1972年第2版，第512页。

来表达他的"自治"含义,主要的原因来自当时布尔什维克的"自决权"提法比威尔逊的"自治"概念更加流行①。

第二次世界大战期间,"自决"的概念得到了广泛的运用。如美国总统罗斯福和英国首相丘吉尔在著名的《大西洋宪章》中提到了这一原则,即"凡未经有关民族自由一致所同意的领土改变,两国不愿其实现","尊重一个民族自由选举其所赖以生存的政府形式的权利。各民族中的主权和自决有横遭剥夺者,两国俱欲设法予以恢复"。《大西洋宪章》中关于"自决"的规定在 1942 年的《联合国家宣言》和 1943 年《莫斯科宣言》中都得到了重申。上述国际文件载入"自决"原则对第二次世界大战后于旧金山通过的《联合国宪章》产生了深刻的影响。《联合国宪章》中有两处涉及了"自决"的规定。一处是第 1 条第 2 款规定联合国的目的是"发展国家间以尊重人民平等权利及自决原则为根据之友好关系,并采取其他适当方法,以增强普遍和平"。另一处是第 55 条在列举该组织应促进经济、文化、教育发展之目标时规定,联合国这样做的目的是"为造成国际间以尊重人民平等权利及自决原则为根据之和平友好关系所必要的安定及福利条件"。

联合国成立以后,随着民族解放运动或非殖民化运动的迅速展开,"自决原则"成为殖民地和其他被压迫民族争取解放、建立新国家的有力武器。20 世纪 60 年代以后,在非殖民化运动的影响下,联合国大会通过了一系列与自决有关的宣言、决议。其中最重要的是 1960 年 12 月 14 日通过的 1514(XV)号决议,即《给予殖民地国家和人民独立宣言》。该宣言宣布:"需要迅速和无条件地结束一切形式和表现的殖民主义。""所有的人民都有自决权;依据这个权利,他们自由地决定他们的政治地位,自由地发展他们的经济、社会和文化。"该宣言还就自决与殖民地国家的义务、自决与国家的团结和领土完整、实现自决的方式等问题做出了规定。

1966 年通过的《公民权利和政治权利国际公约》以及《经济、社会和文化权利国际公约》对"自决原则"都做了系统和完整的表述。两公约规定:(1)所有人民都有自决权。他们凭这种权利自由决定他们的政治地位,并自由谋求他们的经济、社会和文化的发展。(2)所有的人民得为他们自己的目的自由地处置他们的天然财富和资源,而不损害根据基于互利

---

① 参见米克拉·波梅兰斯(Michla Pomerance)《美国与自决权》,《美国国际法杂志》1970 年第 70 卷,第 2 页。

原则的国际经济合作和国际法而产生的任何义务，在任何情况下不得剥夺一个人民自己的生存手段。（3）本公约缔约的各国，包括那些负责管理非自治领土和托管领土的国家，应在符合联合国宪章规定的情况下，促进自决权的实现，并尊重这种权利。另外，1981年非洲国家统一组织通过的《非洲人权和民族权宪章》第20条第1款规定："一切民族……均享有无可非议和不可剥夺的自决权。"由此，自决原则已经成为为国际社会所普遍尊重的基本权利。

应当看到，不论是列宁最初提出"民族自决权"，还是威尔逊所强调的"自治"，以及后来被国际社会所普遍接受的自决权，这里的"自决"是以民族国家的身份出现的，而不是指向一个民族国家内的少数民族。也就是说，在一个民族国家中，应当具有完整的主权。这里的民族自决或者是自治都不是指少数民族的自决或者自治，强调的是一个国家的整体人民。"民族自决权"的理论对于非殖民化和反对帝国主义、霸权主义等随意侵占他国领土、掠夺他国自然资源和财富，保证民族国家的主权独立和领土完整都起到了非常重要的作用。由于自决权的产生和发展与非殖民化运动有关，因此，自决权原则能否适用于殖民地以外的场合，尤其是适用于主权国家内的少数民族或者土著居民一直存有争议。尤其是当今世界上发生局部冲突的地区，往往都是因为没有正确地适用自决权原则引起的。所以，为了避免滥用自决权原则，从而引起一个主权国家不必要的民族冲突和不稳定，有的学者提出，应当将自决分为"内部自决"和"外部自决"两种。"内部自决"是在一个主权国家内的，这种自决实质上是一种高度自治，而不允许独立；"外部自治"是自己决定自己在国际上的地位，因此，它的本质特征应当是独立的。目前，这种内外自决的理论主要为西方国家所接受。

2. 地方自治思想是现代自治理念的核心

近代资产阶级革命以后，自由主义的思想也影响到有关国家结构形式的理论，尤其是社区制度的产生。其中，"分权民主论"具有较大影响。"分权民主论"的理论起源主要有两种类型，一是以卢梭的"人民主权说"为基础产生的雅各宾派式的分权民主；二是托克维尔所强调的美国式的分权民主[①]。按照卢梭的理解，"就民主制这个名词的严格意义而言，真

---

① 参见［日］山内敏弘《分权民主论的50年》，载《宪法理论的50年》，日本评论社1996年版，第133页。

正的民主制从来不曾有过,而且永远也不会有。多数人统治而少数人被统治,那是违反自然的秩序的。我们不能想象人民无休止地开大会来讨论公共事务;并且我们也很容易看出,人民若因此而建立起各种机构,就不会不引起行政形式的改变"①。所以,在卢梭看来,民主只适用小国,而且,即便这样的小国在现实中也是很难存在的。因此,为了解决民主的困惑,人们选择了代议制。由人们选出代表,代表人民议政。因此,在卢梭的主权不可分割的理论下,单一制的国家结构形式得到了法国政治实践的肯定。托克维尔在考察美国的联邦制度的基础上,得出了小国有小国的好处、大国有大国的优点的结论。他认为,小国易于人们的谋生、安居乐业和享受政治自由,大国有利于国家繁荣,而联邦制的好处就是将小国与大国的优点结合在一起,"在联邦制国家,就不存在这样的弊端,因为国会只制定全国性的主要法令,而法令的细目则留给地方立法机构去规定"②。托克维尔认为,联邦制也是有缺陷的,最大的问题就是两个主权并行。因此,联邦制国家必须以具有长期的自治传统和政治常识的社会底层民众为基础。密尔在肯定联邦制的优点的过程中也指出,稳定的联邦应当在居民中间建立足够的信任,各个成员国不能有力量之间的突出的不平衡。也就是说,"最主要的是,不应有任何一个邦比其余各邦强大到能有力量对抗多个邦联合在一起的力量"③。应当说,地方自治的理念最早是与联邦主义思想结合在一起的。组成联邦的各个邦或州实际上是享有政治上的自治权的。

不论是卢梭的分权民主思想,还是托克维尔的分权民主理论,二者都有一个共同特点,都是反对中央政府的过于集权。因此,与单一制国家结构形式相适应,产生了地方政府的自治要求;而在联邦制下,不仅组成联邦的邦或州本身具有相对于联邦的自治权,而且,邦或州下的地方政府也具有分权民主意义上的自治权。如日本明治维新后,创立日本地方制度的山县有朋认为:"今天,当我们要调整中央政府之制度时,首先急于要做的,应当建立地方自治之制度。在未健全地方制度之情况下去建立中央组织,这无疑是本末倒置的做法。是故,欲巩固国家之基础,必欲先建町村

---

① [法]卢梭:《社会契约论》,何兆武译,商务印书馆1980年版,第88页。
② [美]托克维尔:《论美国的民主》上卷,董果良译,商务印书馆1988年版,第182页。
③ [英]J. S. 密尔:《代议制政府》,汪暄译,商务印书馆1982年版,第231—232页。

自治之组织，如此说来，町村为基础，国家犹如建立在其上之房屋也。"①

地方自治思想随着地方自治的实践不断地得到了完善。特别是第二次世界大战以后，联合国为了帮助贫穷国家建立基层的居民组织，促进贫穷国家的社会发展和整体进步，以社区发展计划推动了各国地方自治的实践。但是，应当看到，地方自治的思想本身是与资产阶级革命以来崇尚自由主义的倾向密切相关的，它本身是民主政治的产物。在地方自治的理论中，讨论最多的问题就是地方自治的依据。从各国学者对此问题的态度来看，主要有两种主张：一种是固有权说；另一种是授予说。

依照固有权说，地方自治的权力或者是权利本身是政治性的，是地方自治组织固有的，而中央政府或者是联邦政府的权力是地方自治组织自下而上授予的，因此，中央政府或者是联邦政府只能行使地方自治组织授予的权力，地方自治组织未授予中央政府或者联邦政府的权力，归地方自治组织所有，或者说由实行自治的人民保留。固有权说是以"自然权利说"为背景的，在18世纪末19世纪初欧美国家影响很深。如1791年通过的美国宪法的十条修正案就持上述主张。宪法修正案第9条规定：宪法列举某些权利，不得被解释为否认或轻视人民所保留的其他权利。宪法修正案第10条又规定：宪法未授予合众国，也未禁止各州行使的各项权力，分别由各州和人民予以保留。美国最高法院在违宪审查的过程中也不时地强调由各州所保留的权力应当是独立自主、不折不扣的权力。用大法官斯顿的说法："这是不言自明的道理。"② 不过在实践中，美国最高法院对第10条修正案的解释采用了"二元主义"的态度，也就是说，在最高法院看来，宪法没有明确联邦政府行使的权力就可以当然为各州所保留③。然而，应当看到的是，美国宪法第10条修正案所强调的"剩余权力"还不具有完全的自治权力的性质，因为，根据美国的联邦体制，州不是作为自治机关的性质而存在，州是一个独立的政治实体，州之下的市或者市镇才是地方政府。"剩余权力"的规定依照宪法的规定应当不适用于州之下的地方政府。不过，美国宪法第9条修正案所确立的"保留权利"原则又为地方政府的自治活动提供了直接的宪法上的依据。根据宪法第9条修正案规定的精神，"十条人权法案"本身的性质不是授予"权利"，而是用宪法的

---

① [日] 山县有朋：《征兵制度及自治制度确立之沿革》，载国家学会编《明治宪政经济史论》，有斐阁1919年版，第480页。
② Cf. Under the Constitution by Corwis and Peltason's, Holt, Rinehart and Winston U. S. A, 1979.
③ Cf. Under the Constitution by Corwis and Peltason's, Holt, Rinehart and Winston U. S. A, 1979.

形式来确认人民业已享有的自然权利。可以说，美国宪法第 9 条修正案的规定对于美国现代地方自治制度的建设是具有决定性的影响的。从固有权理论来看，地方依据宪法享有的自治权具有"宪法权利"的特性，中央与地方之间存在一定程度的契约关系。

地方自治理论中还有一种颇具影响的学说是授予说。也就是说，地方自治的权力或者权利不是实行地方自治的组织本身所固有的，而是中央政府授予其行使的。中央政府通过立法将一部分行政管理权限授予地方政府，由实行自治的地方政府自主地处理。因此，地方自治是法律下的自治，通过中央政府授权产生的地方自治不具有政治权力或者政治权力的色彩，实行地方自治的组织不能主张政治上的独立的主体身份和地位。授予说的理论源头可以追溯到主权的不可分割的特征上。在实践中是与单一制的国家结构形式相适应的。如第二次世界大战后，日本宪法学者宫泽俊义就主张："地方公共团体离开国家不可能有完善独立的存在，离开了国家权力，不可能具有独立的固有权，其存在的根据全在于国家的权力……"[①] 田中二郎也认为："把地方自治作为固有的东西绝对化看待，不但作为法构造的解释论不能允许，即使作为政策论也通不过，这样的非难在所难免。之所以这样说，是因为在很多情况下，地方公共团体一方面是一种地缘性协同团体，同时，它又是作为超越其地区而存在的国家统治机构环节之一的公共性机能集团。离开了国家就不可能有地方公共团体。"[②] 不过，授予说在实践中遭到了很多批评，其中最重要的批评意见认为，如果地方自治的属性从属于国家权力，那么，地方自治的实质意义就会受到削弱[③]。从授予说角度来看待地方自治的性质，地方依据宪法所获得的自治权具有"宪法职权"的性质，必须严格地按照宪法的授权性规范的要求来行使自治权，不得随意超越宪法的规定、随意滥用自治权或者是超越自治权的范围来行使自治权。从维护宪法的统一性角度来看，授予说应当比固有权说更容易体现宪法的根本法特性，比较容易解决中央与地方关系中出现的价值冲突。

关于地方自治的性质，还有以人权学说来解释的。如日本的杉原泰雄认为："授予说也好，固有权说也好，这些问题的提法并不能说是有意义的东西，有关中央和地方的权限分配、地方公共团体的组织和作用的方

---

① 参见 [日] 宫泽俊义《日本国宪法》，日本评论社 1955 年版，第 761 页。
② 参见 [日] 田中二郎《行政法》中，有斐阁 1955 年版，第 109 页。
③ 参见 [日] 柳濑良干《宪法和地方自治》，有信堂 1954 年版，第 15 页。

法，宪法上怎样的构造能把握呢？只有把这个问题说清楚才是重要的。"杉原泰雄从人权保障原则出发，提出："在居民的人权保障是不可或缺的情况下，作为原则，无论对于什么事项，不管有无法律依据，也不管法律规定得如何，地方公共团体自己认为可以活动就应当是正常的。""既然日本国宪法的国民主权='人民主权'原理要求的是地方优先原则，那也就可以说是地方公共团体能够处理的事务应当完全由地方公共团体自己处理的原则。如果依据两阶段制的保障，也就是市町村优先的原则。只有市町村不能处理的事务才应当由都道府县处理，只有都道府县不能处理的才能由国家处理，这是一条原则。"① 以人权说来解释地方自治，实际上是将传统的地方自治理论放在个人与国家关系的框架中来考察的。个人与国家之间的关系既可以表现为个人与具有主权地位的整体国家之间的关系，也可以表现为个人与组成主权国家一部分的地方自治单位之间的关系。不论是哪一种关系，中央与地方的关系的实质都是以保障个人的人权为核心的，都是作为与个人相对的国家对个人承担必要的人权保障义务。

总之，自20世纪50年代以后，地方自治的思想主要是在国家宪法和法律的范围内探讨的，也就是说，地方自治本身不属于一种政治活动，而是一种法律活动，是国家宪法和法律保障的地方自治政府行使自主权的活动。在自决意义上探讨民族独立问题只是在殖民地国家、宗主国的附属国得到重视。

3. 自己决定权扩大了现代自治思想的内涵

现代自治思想在民族自决、地方自治理论的基础上又逐渐渗透到传统的个人自治的领域，产生了不同于契约自由中个人自治的人权保障意义上的个人自治的概念，并且，以"自己决定权"的形式引起了学术界和司法实务部门的广泛关注。

自己决定权是什么？日本学者认为，自己决定权是"就与他人无关的事情，自己有决定权，仅仅对自己有害的行为，由自己承担责任"的权利；或者是"就一定个人的事情，公权力不得干涉而由自己决定"的权利②。此种自己决定权，也就是说，自己的私事由自己自由决定的权利。它的内容一般包括四个方面：（1）与处分自己生命、身体相关的自己决定权（自杀、安乐死、拒绝治疗）；（2）与人口再生产相关的自己决定权

---

① 转引自张庆福主编《宪政论丛》第1卷，法律出版社1998年版，第373页。
② 参见［日］长谷部恭男主编《现代宪法》，日本评论社1995年版，第58页。

(性行为、妊娠、避孕、分娩、妊娠中止);(3) 与家庭的形成、维持相关的自己决定权(结婚、同居、离婚);(4) 与其他事情相关的自己决定权。这些自己决定权包括了发型、服装、胡须等与个人外观相关的自己决定权,吸烟、饮酒、使用大麻和幻觉剂、登山、冲浪运动等与个人兴趣相关的自己决定权,不系座椅安全带、不戴头盔等个人好恶相关的自己决定权等①。上述第四个方面,作为与个人爱好和生活方式相关的自己决定权,又可以称为"与生活方式相关的自己决定权"。

"自己决定权"这一权利肇始于美国。在美国,联邦最高法院在1973年的龙诉威义顿判决中,将行使中止妊娠的权利确认为女性的私生活秘密权,将此包含在合众国宪法修正案第14条正当程序条款保护的自由中,对其制约采取严格的审查,判定全面禁止中止妊娠的州法违宪。以此判决为契机,联邦最高法院将妊娠、避孕、分娩、中止妊娠等作为个人的私生活秘密权予以确认②。并且,虽然联邦最高法院仍未确认,但学说上对发型和使用大麻等个人生活方式相关的事情也包含在私生活秘密权利中的见解不断得到发展③。此种私生活秘密权利,亦称为自律权,就一定的私事由自己决定的意思。受美国的影响,日本学说将此作为"自己决定权",主张给予宪法上的保护④。

例如,佐藤幸治教授主张,《日本国宪法》第13条后半段对"幸福追求权"的保障,是与前半段尊重个人的原理相结合的。"主张作为人格自律的存在的自己包括了延续这种存在所必不可少的权利和自由在内的主观权利。"因此,佐藤幸治教授认为,服装、装束、外观、性自由、吸烟、饮酒、体育、登山、驾驶快艇等,就其自身而言,不能作为宪法保障的人权来考虑。而这些行为"围绕着人格的内核,作为整体形成了个体人的这一事实",因此,对这些行为,"为了使人格自律完全,有应该在手段上给予宪法上一定的保护的情形"⑤。

桥本公亘教授主张,在日本国宪法下,"只要不违反公共福祉,一般而言自由不受拘束,这种一般自由权的存在可以允许"。桥本教授认

---

① 参见[日]长谷部恭男主编《现代宪法》,日本评论社1995年版,第58—59页。
② [日]芦部信喜、奥平康弘、乔本公亘:《美国宪法的现代展开1》,东京大学出版社1978年版,第3页。
③ [日]松井茂记:《司法审查与民主主义》,有斐阁1991年版,第404—405页。
④ [日]桥本公亘:《宪法》,有斐阁1988年改订版,第185页。
⑤ [日]佐藤幸治:《宪法学上的"自己决定权"的含义》,《法哲学年报》1989年度版,有斐阁1990年版,第97页。

为，日本国宪法承认私生活秘密权作为一种新的权利，将受宪法保护的私生活秘密权定义为"个人对于公权力的主张有关自己的私生活自主决定，并有拒绝公权力干涉的权利"。此权利以"他人不能介入自己的私生活领域，该领域由自己决定"为内容，因这样就与一般自由权相重复，所以把它称作私生活秘密权①。这正是自己决定权。

应当说，自己决定权作为个人自治的基础，一般是作为基本人权来看待的，与民族自决、地方自治相比，自己决定权通常不涉及国家的基本政治制度，虽然说自己决定权的法理在很大程度上与民族自决、地方自治理论存在相通的地方。自己决定权概念的形成也是与自由主义思想相关的，虽然说目前各国就自己决定权对自治问题的法理构造的影响尚未达成共识，但是，自己决定权的概念的产生很显然有助于丰富现代自治的思想，并且与民族自决理论、地方自治理论等共同构成了现代自治理论有关国家自治、集体自治和个人自治三种自治统一和完整的思想体系，是解决个人与国家之间政治和法律联系的最重要的制度途径。

二 中央与地方关系制度的构成

宪法中所确立的中央与地方关系制度是由关于中央与地方的宪法职权划分的行为规则、依据宪法享有宪法职权的中央与地方国家机构、行使中央与地方各自的宪法职权所必须依据的宪法程序以及保证宪法所确立的中央与地方关系得到有效实现的保障条件等规则运行机制构成的，是有关中央与地方关系的宪法规则体系与规则运行机制的有机统一。具体来说，中央与地方关系制度由以下几个要素构成：

1. 中央与地方关系制度以宪法的明确规定为基础

在现代法治社会中，宪法作为国家的根本法，在规定个人与国家之间的宪法关系的过程中，也对国家的结构形式做出了明确的规定。因为国家结构形式直接关系到个人与国家发生权利义务关系的方式和相互发生政治与法律联系的形式，所以，中央与地方关系制度表面上是国家自身的构成方式，实际上也涉及个人与国家之间的宪法关系的类型。许多国家宪法中都明确地规定了中央与地方必须要服从宪法，并依据宪法来行使自身的宪法职权。例如，1996年《乌克兰宪法》第19条规定：国家权力机关和地方自治机关及其官员必须依据乌克兰宪法和法律并按宪法和法律规定的职

---

① ［日］桥本公亘：《宪法》，有斐阁1988年改订版，第425—426页。

权范围与方式开展活动。该宪法第 13 条还规定：国家权力机关和地方自治机关在本宪法规定的范围内代表乌克兰人民行使所有者权利。

2. 必须有依据宪法规定明确行使宪法职权的中央国家机构与地方国家机构

依据宪法建立起来的中央与地方关系制度，不论中央与地方关系属于联邦制，还是单一制，中央与地方关系的核心主要反映在享有宪法规定的宪法职权的中央国家机构与地方国家机构之间的权限关系上。许多国家的宪法对于中央和地方可以行使宪法职权的国家机构都有明确的列举，除宪法规定的中央国家机构和地方国家机构之外，其他性质的中央和地方国家机构、社会组织或个人都不得随意行使宪法职权来随意处分中央与地方之间的宪法关系。例如，1993 年 12 月 12 日通过的《俄罗斯联邦宪法》第 11 条规定：（1）俄罗斯联邦的国家权力由俄罗斯联邦总统、联邦会议（联邦委员会和国家杜马）、俄罗斯联邦政府和俄罗斯联邦法院行使。（2）俄罗斯联邦主体的国家权力由它们所组成的国家机关行使。（3）划分俄罗斯联邦国家权力机关和俄罗斯联邦主体国家权力机关的管辖范围和权限由本宪法和有关划分管辖范围与权限的联邦条约和其他条约予以实现。第 12 条又规定：俄罗斯联邦承认并保障地方自治。地方自治在其权限范围内是独立的。地方自治机关并不列入国家权力机关系统。

3. 中央与地方之间的矛盾与纠纷的处理必须有明确的宪法程序

由于宪法下的中央与地方关系制度是基于宪法的明确规定产生的，所以，一旦中央与地方发生了宪法职权上的纠纷，那么，就必须严格地依据宪法的规定来处理和解决纠纷。此外，中央国家机构和地方国家机构在日常行使宪法职权的过程中也应当严格地按照宪法的规定来行使相关的宪法职权，特别是地方自治机关在行使地方自治权的时候，不能随意超越宪法和法律的规定，滥用和超越自治权。许多国家的宪法中对此都有明确的规定。例如，1949 年联邦德国基本法第 70 条规定：各州在本宪法未赋予联邦以立法权的范围内，有立法权。联邦和各州之间的权限划分由基本法关于专有立法权和共同立法权的条款决定。第 71 条又规定：在联邦专有立法权的范围内，各州只有在联邦明确授权的情况下，才有立法权。第 72 条规定：关于共同立法权范围内的事项，各州只有在联邦为行使立法权的情况下，并在此范围内，有立法权。该宪法第 93 条在规定联邦宪法法院的职权时明确规定：在联邦法律或州法与本基本法在形式上和实体上是否一致，或州法与其他联邦法律是否一致方面发生意见分歧或怀疑时，经联邦政府、州政府、联邦议院三分之一议员的要求进行裁决。联邦和各州权利和义务，特别是各州执行联邦法律时和行使联邦监督权时，如发生意见分歧，有权予以裁决等。

4. 中央与地方关系制度要有具体的物质和法律条件的保障

作为一项完整的中央与地方关系制度，不论是联邦制国家，还是单一制国家，对中央与地方关系总是要通过宪法所确立的具体的物质和法律条件来确定和巩固这种关系，维护宪法所设定的国家结构形式，同时使得宪法所规定的个人与国家之间的宪法关系能够具有同一性。例如，美国联邦宪法为了保证各州对人权的保护水平与联邦对人权的保护水平相一致，在宪法第 14 条修正案中明确规定：任何州不得制定或执行任何剥夺合众国公民特权或豁免权的法律。任何州，如未经适当法律程序，均不得剥夺任何人的生命、自由或财产；亦不得对任何在其管辖下的人，拒绝给予平等的法律保护。1993 年《俄罗斯联邦宪法》第 5 条规定：(1) 俄罗斯联邦由共和国、边疆区、州、联邦直辖市、自治州、自治区——俄罗斯联邦平等主体组成。(2) 共和国（国家）拥有自己的宪法和法律。边疆区、州、联邦直辖市、自治州、自治区拥有自己的规章和法律。(3) 俄罗斯联邦的联邦结构建立在它的国家完整、国家权力体系统一、在俄罗斯联邦国家权力机关和俄罗斯联邦主体的国家权力机关之间划分管辖对象和职权、俄罗斯联邦各民族平等与自决的基础上。(4) 在同联邦国家权力机关的相互关系方面，俄罗斯联邦所有主体平等。在单一制国家的宪法中，地方自治单位也有行使自治权所必需的宪法保证。例如，1958 年法国宪法第 72 条规定：共和国的地方单位是市镇、省和海外领地。这些地方单位由选出的议会依照法律的规定，自主管理。1993 年《俄罗斯联邦宪法》第 132 条规定：地方自治机关独立管理市政财产，形成、批准和执行地方预算，设立地方税收和集资、维护社会秩序并解决其他地方性问题。地方自治机关可依法分享一部分国家职权，同时转交必要的物资和财政资金以行使这些职权。行使转交的职权由国家监督。

总之，依据宪法产生的中央与地方关系制度一般具有较强的规范性，中央不能随便干涉地方的宪法职权，而地方也不能随意抛开宪法的规定不顾，而谋求独立地行使国家权力。

三 中央与地方关系制度的种类及主要内容

宪法所确立的中央与地方关系制度，大致上有联邦制与单一制之分。

但是，不论是联邦制，还是单一制，中央与地方关系都具有一定的职权划分，中央与地方必须依据宪法的规定行使各自的宪法职权，并且这种宪法职权主要体现在立法职权的分工上，任何一方都不能随意地侵犯另一方的宪法职权。

从国外宪法的相关规定来看，在处理中央与地方立法权限划分上，采取了不同的立法体制。

在联邦制国家，联邦的立法权来自各州或成员邦（或共和国）及其人民的同意，联邦和州或邦享有的立法权限以制宪时的约定为基准。宪法是人民和政府之间的契约，同时也是各州或邦与中央政府间的契约。例如，美国宪法对联邦和州的立法权限做了比较明确的划分，联邦和州分别在各自的立法权限范围内进行立法。宪法第10条修正案规定："宪法未授予合众国、也未禁止各州行使的权力，由各州各自保留，或由人民保留。"该条修正案规定了联邦和州立法权限划分的准则：联邦拥有"授予的权力"，州拥有"保留的权力"。联邦享有的"授予的权力"是宪法第1条至第4条所列举的立法权限；根据联邦最高法院的解释可以从授予的权力合理引申出来的立法权限，为"默示的权力"。为了确保联邦制的贯彻，保证联邦和州按照各自的权限进行立法，美国宪法还禁止联邦或者州行使某些权力，并且规定了联邦和州可以共同享有的立法权限。根据这些宪法规定和联邦最高法院的有关宪法解释，美国联邦和州的立法权限被具体分为以下内容：

授予联邦的立法权限：（1）征税、借款、发行货币；（2）管理对外贸易和州际贸易；（3）制定统一的归化法和破产法；（4）规定伪造合众国证券和货币的罚则；（5）设立邮政局和兴建邮政道路；（6）颁发专利权和版权；（7）设立联邦法院；（8）规定和惩罚公海上的海盗行为和违反国际法的犯罪行为；（9）宣战、颁发捕获敌船许可状，制定关于陆上和水上捕获的规章；（10）建立陆军、海军；（11）征召民兵；（12）管理领地，管理财产；（13）厘定度量衡；（14）办理外交和缔结条约；（15）接纳新州加入联邦；（16）提出宪法修正案。

联邦的默示立法权限：（1）建立银行和其他公司。引申自征税、借款和管理商业的权力。（2）为道路、学校、健康、保险等等提供经费。引申自兴建邮政道路、提供公共福利、国家防务和管理商业的权力。（3）设立军事学院和海军学院。引申自建立和保持陆军和海军的权力。（4）发电和出售剩余物资。引申自处置政府财产、管理商业和宣战等权力。（5）帮助和管理农业。引申自征税、提供公共福利和管理商业的权力。

禁止联邦行使的立法权限：(1) 不得对任何州输出的商品征税；(2) 间接税税率应当全国统一；(3) 不得剥夺权利法案所做的保证；(4) 在商业上，不得给予任何一州优惠于其他州的待遇；(5) 未得到州的同意，不得改变州的疆界；(6) 不得把新接纳的州置于低于创始州的地位；(7) 不得允许奴隶制；(8) 不得授予贵族爵位；(9) 不得通过剥夺公民权利的法案或追溯既往的法律；(10) 不得中止人身保护状的特权，除非发生叛乱和入侵；(11) 未经正当法律程序，不得剥夺任何人的生命、自由和财产。

保留给州的立法权限：(1) 管理州内的工商业；(2) 建立地方政府；(3) 保护健康、安全，维护道德；(4) 保护生命、财产和维持秩序；(5) 批准宪法修正案；(6) 举行选举；(7) 改变州宪法和州政府。

禁止州行使的立法权限：(1) 不得铸造货币，在和平时期不得保持军队和兵舰；(2) 不得缔结条约；(3) 不得制定损害合同义务的法律；(4) 不得否定人民享有法律的同等保护；(5) 不得违反联邦宪法或阻挠联邦法律的实施；(6) 不得因种族、肤色和性别而剥夺公民的选举权；(7) 不得对进口货和出口货征税；(8) 不得允许奴隶制；(9) 不得授予贵族爵位；(10) 不得通过剥夺公民权利的法案或者追溯既往的法律；(11) 不得中止人身保护状的特权，除非发生叛乱或者入侵；(12) 非经正当法律程序，不得剥夺任何人的生命、自由和财产。

联邦和州都可以行使的立法权限：(1) 征税；(2) 借款；(3) 设立银行和公司；(4) 设立法院；(5) 制定和实施法律（在各自权限范围内）；(6) 为公共目的而征用财产；(7) 兴办公共福利。

美国的立法体制还有一项内容，就是联邦法的法律效力高于州法的效力。美国宪法第6条明确规定，合众国的宪法、法律和同外国缔结的条约，都是全国的法律，各州必须遵守；州的宪法或者法律，凡是同联邦宪法、法律和条约相抵触者，一律无效。这项规定确立了联邦法在美国立法体制中的地位，解决了联邦法不能在各州实施的法律问题。

在单一制国家，地方的权力来自中央政府的授权。中央政府是否授予地方立法权以及授予多少立法权，完全由中央政府按照既定的思路和原则以宪法或法律加以规定。如英国传统上实行的是在中央集权控制下的地方有限分权模式，中央与地方的关系是监督控制与被监督、被控制的关系。在立法权限上，只有威斯敏斯特（英国议会）享有立法权，而英格兰、威尔士、苏格兰和北爱尔兰地方议会则不享有立法权。1998年，联合王国议会通过《苏格兰法》，并以此成立了苏格兰议会。根据《苏格兰法》的规定，苏格兰议会的主要权力包括：（1）可以就授权领域制定独立的法律或者实施性的立法；（2）负责制定每年达170亿英镑的预算；（3）可以对个人所得税做3%以内的变动。经过改革后的苏格兰议会可以在教育领域自行立法，而在此之前是由联合王国议会立法。事实上，在此之前，苏格兰地区是世界上唯一拥有自己的教育制度，但缺少自己的教育立法的地区。苏格兰议会成立后有两个层次的立法权，一是原始的立法权；二是附属性的立法权。而在立法方面，威尔士立法会只有附属性的立法权限。苏格兰议会被授权的立法事项还有：负责教育与培训，卫生和社会工作，地方政府、住房和规划，司法、警察和消防，环境、农业和渔业。英国议会制度改革的历史说明在传统的单一制国家中，特别是在存在地方议会的前提下，要让地方议会不享有一部分独立的立法权限是很难发挥地方议会的功能的，而且与现代宪法的基本价值理念也不相吻合。当然，也有一些单一制国家目前仍然采用中央集权的立法模式，如朝鲜、越南、斯里兰卡、土耳其等。

中国在处理香港和澳门问题时，根据"一国两制"方针和"港人治港""澳人治澳""高度自治""爱国者治港"的原则，根据中国宪法第31条的规定，通过香港特别行政区基本法和澳门特别行政区基本法授予香港和澳门特区以较多（高度自治）的地方立法权限。但是，根据香港和澳门基本法的规定，无论香港特别行政区和澳门特别行政区的高度自治权有多大，都不是其固有的，而是来自中央政府的授权。

中国在处理中央政府与民族自治地方的自治机关的关系时，也比较好地体现了中央授权的原则。如现行宪法第116条规定：民族自治地方的人民代表大会有权依照当地民族的政治、经济和文化的特点，制定自治条例和单行条例。自治区的自治条例和单行条例，报全国人民代表大会常务委员会批准后生效。自治州、自治县的自治条例和单行条例，报省或者自治区的人民代表大会常务委员会批准后生效，并报全国人民代表大会常务委员会备案。以自治区的自治条例和单行条例立法权限为例，由于需要全国人大常委会批准后才能生效，实际上自治区的自治条例和单行条例的立法权限是基于授权立法形式获得的。

然而，中国现行宪法和立法法在处理法律、地方性法规立法权限划分上并没有确立内容比较清晰的界定原则和标准。现行宪法第100条规定了地方性法规与法律的"不相抵触原则",而2015年新修订的《立法法》第72条又确立了法律与地方性法规立法权限之间的从属关系,同时又肯定了地方性法规立法权限一定的独立性。这种处理方式实际上使得中央与地方的立法权限划分处于一种不确定状态之中。根据宪法和立法法所确立的法律与地方性法规立法权限的划分原则和标准,既无法肯定地方性法规的立法权限完全来自法律的授权,也无法判断地方性法规的立法权限具有一定程度的独立性。所以,从合宪性角度看待目前宪法和立法法所确立的法律与地方性法规立法权限划分的原则和标准,尚未以此建立起严格和科学意义上的宪法关系。

特别值得一提的是,在立法实践中,还存在全国人大及其常委会向有权制定地方性法规的地方人大进行特别授权的现象。如在1982年宪法颁布之前,全国人大常委会在1981年11月26日通过决议,授权广东省、福建省人民代表大会及其常委会制定所属经济特区的各项单项经济法规。1982年宪法颁布后,1988年第七届全国人大一次会议又在《关于建立海南省经济特区的决议》中,授权海南省人大及其常委会,根据海南经济特区的具体情况和实际需要制定法规,在海南经济特区实施。此外,1992年、1994年和1996年,全国人大常委会又先后向深圳、珠海、汕头和厦门市人大及其常委会授权制定适用于经济特区的法规或规章。如果说1981年全国人大向广东省、福建省人大及其常委会的授权在当时的历史背景下由于省级人大依据1978年宪法不享有立法职权是符合宪法上的授权理论的话,那么,全国人大常委会后来向经济特区的授权立法在合宪性上就存在值得探讨的问题了。全国人大法工委国家法室主任李援在2003年8月28日召开的经济特区立法座谈会上明确地指出:特区授权立法与法制统一原则可以说本身就是一对矛盾①。2003年11月25日至26日在海南省海口市举行的"经济特区授权立法联系会议"上,来自经济特区立法部门和全国人大的领导以及全国著名的立法专家在探讨中国经济特区授权立法制度的特点时,代表们都指出了目前在立法法中得到肯定的经济特区授权立法制度在宪法理论上确实存在很多价值矛盾,特别突出的问题就是"一区两法",即在经济特区存在授权立法和地方性立法两种形式,对于经济特区立法机关来说,哪些事项通过授权立法加以规定,哪些事项通过地方性

---

① 参见"经济特区授权立法联系会议材料"(2003年11月,海口)之一,《全国人大有关领导和专家谈经济特区授权立法》。

立法的形式加以解决，至少目前在法理上很难讲清楚。全国人大法律委员会委员张春生也指出，根据现在经济特区发展的现状，今后向经济特区授权立法的活动应当采取更加谨慎的态度①。这些都说明了目前存在于实际中的授权立法制度，由于授权主体与被授权主体在立法权限上的基本宪法关系并不是非常清晰，导致了立法权限划分很难具有科学性。

2015年新修订的《中华人民共和国立法法》在赋予设区的市人大及政府相应的地方立法权时，对设区的市的地方立法权设定了三个方面法律条件的限制，即一是立法事权的限制。《立法法》第72条第2款规定，设区的市人大及常委会仅就城乡建设与管理、环境保护、历史文化保护等方面事项可制定地方性法规。二是合法性审查。《立法法》第72条规定，省、自治区的人大常委会对报请批准的设区的市制定的地方性法规，应当进行合法性审查。三是权利限制。《立法法》第82条第6款规定，没有法律、行政法规、地方性法规的依据，地方政府规章不得设定减损公民、法人和其他组织权利或增加其义务的规范。

四　中央与地方关系制度的法律特征

中央与地方关系在传统的宪法学理论中被简单地放在联邦制与单一制等概念下来探讨，因此，在中央与地方关系上，常常会出现一些贴标签式的分类理论。而使用中央与地方关系制度，可以在法治原则的前提下，根据宪法的规定来确立中央与地方之间的具体宪法关系，而无须拘泥于中央与地方关系的具体模式。具体来说，宪法下的中央与地方关系制度具有以下几个方面的法律特征：

（1）中央与地方不论各自依据宪法所享有的宪法职权大与小、多与少，都是依据宪法行使宪法职权，而不能根据自身的意愿随意行使不该由自己行使的国家权力。例如，1994年7月29日通过的《摩尔多瓦共和国宪法》第8章专门规定了"公共管理"，具体规定了"中央部门性公共管理""武装力量""地方公共管理的基本原则""行政区域结构""特殊自治地位""乡村与城镇的权力"以及"区委员会"等。为了保证国家权力得到正确的行使，该宪法在第2条第2款明确规定：任何人，任何一部分人民，任何社会集团，任何政党或其他社会团体，都不得以自己的名义行

---

① 参见"经济特区授权立法联系会议材料"（2003年11月，海口）之一，《全国人大有关领导和专家谈经济特区授权立法》。

使国家权力。上述规定就为中央与地方关系制度奠定了坚实的宪法基础，即凡是不按照宪法的规定行使管理国家的权力，不论是何种性质的国家机构，都违反了宪法，构成了对人民的"重大犯罪"。

（2）中央与地方都属于统一的政治国家的组成部分，因此，中央国家机构与地方国家机构都是代表国家行使管理国家事务的国家权力，彼此具有平等的宪法地位。许多国家宪法规定，中央与地方国家机构都由宪法程序平等选举产生，因此，中央国家机构与地方国家机构也应当获得平等的宪法地位，各自依据宪法行使宪法职权。例如，1995年7月5日通过的《亚美尼亚共和国宪法》第2条第2款规定：人民通过自由选举、全民公决和宪法规定的国家机关、地方自治机关和官员实现自己的权利。该宪法第56条规定：共和国总统颁布必须在共和国全境执行的命令和指示。共和国总统的命令和指示不得违反宪法和法律。宪法第110条也规定：地方自治机关的选举程序及其职权，由宪法和法律予以规定。

（3）中央与地方之间的冲突应当通过宪法所规定的纠纷解决途径来处理，而不能简单地以地方服从中央的原则来处理。由于中央与地方关系是由宪法来加以规定的，所以，基于宪法中的平等原则，在中央与地方之间关系发生冲突和纠纷时，也需要通过宪法的程序和途径来解决这种纠纷和矛盾，防止中央国家机构滥用职权干涉地方自治权，或者是地方自治机关随意行使国家权力，危害国家的整体利益。例如，1992年《南斯拉夫联盟共和国宪法》第115条规定：成员共和国的宪法、联盟法律、成员共和国的法律、所有其他法规和综合文件，必须同南斯拉夫联盟共和国宪法一致。该宪法第124条规定：联盟宪法法院可以管辖成员共和国宪法与南斯拉夫联盟共和国宪法的一致性；成员共和国的法律、其他法规和综合文件同联盟法律的一致性；联盟机关与成员共和国机关之间以及各成员共和国机关之间的权限冲突。

（4）中央与地方的职权分工，依据严格的法治原则，应当有清晰的划分原则，宪法中应当尽量采取列举式的分工法。中央与地方关系是否清晰，中央国家机构与地方国家机构能否有效地行使各自的宪法职权而不至于发生权限争议和冲突，其中最为关键的一条就是宪法在赋予中央国家机构与地方国家机构相应的宪法职权时，应当尽可能地采取列举的规定方式，或者是采取职权例外排除法。只有宪法对中央和地方各自的宪法职权规定得明确具体，在实践中才能减少两者之间的权限冲突，特别是在立法领域，更是应当事先划定好中央立法机关与地方立法机关各自依据宪法享有的立法职权。1949

年《联邦德国基本法》在这方面就规定得比较清晰,因此,反映到中央与地方关系的实践方面就比较容易处理两者之间的宪法关系。

(5) 不论是联邦制国家,还是单一制国家,要保证国家法制的统一和宪法具有至高无上的权威,就必须有具有解释宪法、保证宪法实施的最高权力机构。由于中央和地方各自享有的宪法职权均来自宪法,所以,为了保证中央与地方关系的清晰和协调,就需要在制度上建立对中央与地方关系的宪法解释制度。例如,1993年《俄罗斯联邦宪法》第125条就规定:俄罗斯联邦宪法法院根据俄罗斯联邦总统、联邦委员会、国家杜马、俄罗斯联邦政府、俄罗斯联邦各主体立法权力机关的要求解释俄罗斯联邦宪法。该宪法第126条也规定:俄罗斯联邦最高法院在民事、刑事、行政和其他案件,对于拥有一般司法审判权的法院方面,是最高审判机关,它根据联邦法律规定的诉讼形式对这些法院的活动实行司法监督并就司法实践问题做出解释。

(6) 中央与地方对外代表国家的权利可以由宪法加以明确规定。许多国家宪法对中央与地方对外代表国家的权利进行了明确规定,而大部分国家则没有赋予地方国家机构代表国家的权利。规定了地方国家机构可以代表国家对外行使权利的宪法,对中央与地方各自代表国家的权利能力也做了较为明确的规定。例如,1992年4月27日通过的《南斯拉夫联盟共和国宪法》第7条规定:成员共和国在自己的职权范围内,可以保持国际关系,在其他国家建立自己的代表机构,并可成为国际组织的成员。成员共和国在自己的职权范围内,可以签订国际协定,但不得损害南斯拉夫联盟共和国或其他成员国。

总之,中央与地方关系制度作为宪法制度的重要组成部分,其存在的正当性依据是这项制度的合宪性,也就是说,必须严格地按照宪法的规定来行使各自可以代表国家对个人行使的权利,同时,也应当依据宪法的规定,对个人承担国家应尽的宪法义务。传统宪法学所研究的中央与地方关系,并没有完全从合宪性的角度来考察,所以,存在诸多概念化、模式化的地方。特别是很容易受到联邦制、单一制等中央与地方关系模式的影响。而在宪法制度下,中央与地方关系完全依据宪法的规定形成,所以,只要是符合宪法规定的,即便是单一制下的地方自治机构也可能享有在联邦制下的州所不具有的宪法职权。中央与地方关系制度的合宪性要求,可以进一步增加中央与地方关系的灵活性,同时,也可以使中央与地方之间的关系更加符合法治原则和国家统一原则的要求。

第九节 宪法责任制度

在传统的宪法学理论研究中,相对于"宪法义务"而言,"宪法责任"是一个价值属性相对较弱的概念,而且由于缺少"宪法禁律"的概念,也不存在与"宪法禁律"相对应的"宪法责任"。在相当长的一段时期,宪法只是作为一种道德规范为社会成员所接受的。美国最高法院在1803年确立的司法审查原则可以说是在世界上最早确立了"宪法责任"制度。但"宪法责任"概念的意义得到广泛的探讨应该说是第二次世界大战以后随着宪法审判制度在各国的发展而建立起来的。

相对于民事责任、刑事责任、行政责任等法律责任来说,"宪法责任"具有自身的特点。如犯罪嫌疑人一旦被证明实施了某种犯罪行为,那么,该犯罪嫌疑人就必须承担相应的刑事责任。这种责任具有因果性。我国刑法学家高铭暄教授认为,刑事责任是"对违反刑事法律义务的行为(犯罪)所引起的刑事法律后果(刑罚)的一种应有的承担"[1]。我国法理学界对"法律责任"的认识一般是与"法律义务""法律能力"联系起来的。如李步云先生主编的《法理学》就强调了法律责任的以下几项原则,包括:无义务则无责任原则,无能力则无责任原则,过错责任原则等[2]。但是,严格地说,从逻辑学的角度对法律责任的正当性、合理性、确定性和有效性进行系统论述的论著并不多见。以往的法律责任理论基本上集中在对法律责任合理性、确定性和有效性的探讨上,并且已经形成了比较完善的法律责任理论。但是,关于法律责任正当性的研究就显得较滞后。

"宪法责任"是以"宪法义务""宪法禁律"为基础的吗?能否以违反"宪法义务""宪法禁律"作为确立"宪法责任"的逻辑前提?

从确立"宪法责任"的正当性来看,"宪法责任"是一种"违宪"后承担相应的法律后果的"应然性"。它是以"违宪"为逻辑前提的,并且又是与一定的法律后果相联系。

一 宪法责任的主体

法律责任首先是一定法律关系主体的责任。宪法责任毫无疑问应当是

---

[1] 高铭暄等:《中国刑法词典》,学林出版社1989年版,第130页。
[2] 李步云主编:《法理学》,经济科学出版社2000年版,第327页。

宪法关系主体依据宪法规定应当承担的责任。宪法不同于普通的法律，它是两种意义上的法律规范，一是宪法是一种"契约"；二是宪法是一种"授权委托书"。因此，基于宪法自身的性质，宪法责任的主体是双重意义上的。当宪法发挥"契约"功能时，参与"宪法契约"的主体应当就"宪法权利"和"宪法义务"的履行承担法律责任，这是一种"契约责任"。当宪法作为"授权委托书"时，参与"宪法授权"的是授权者和被授权者，宪法责任也就表现在授权者的责任，其中最重要的是监督责任，被授权者的责任，主要包括越权责任和滥用权力的责任。

1. 参与"宪法契约"主体的"宪法责任"

根据现代宪法的基本原理，宪法首先是"人民的总契约"，即人民通过宪法将组成一个有秩序的法治社会人民所应当享有的各种权利和自由以及应当履行的各种义务确定下来，作为所有个人活动的基本准则。作为参与"宪法契约"的各方，对于不履行"契约"可能引起的主要责任形式包括"侵权责任"和违反"宪法义务""宪法禁律"的责任。

"侵权责任"主要是参与"宪法契约"者不尊重宪法赋予每一个人的"宪法权利"和宪法所予以保障的"合法权益"而应当承担的法律责任，这种责任形式是与剥夺"侵权"者的主权者身份和公民身份为特征的。因为从逻辑上看，既然一个人不愿意服从组成一个社会的基本秩序的要求，肆意破坏一个社会基本的宪法秩序，否定宪法所体现的基本价值，那么，这个人也就无法获取在该社会继续生存的权利。实践中，引起"侵权责任"的行为包括践踏基本人权、危害公共安全等等，由这些行为所导致的"应当"承担的法律后果包括剥夺公权、取消公民身份等。

违反"宪法义务""宪法禁律"应当承担法律责任的行为，一般包括破坏基本宪法秩序、投敌叛变、颠覆国家政权、拒不纳税、拒绝服兵役等。这些"宪法义务""宪法禁律"是建立宪法秩序的前提，也是"宪法权利"存在的"正当性"基础。对违反"宪法义务"的行为，一般应当承担的法律后果包括取消公民身份、剥夺国籍和驱逐出境、不得入境，等等。

2. 作为"授权委托书"主体的"宪法责任"

作为"授权委托书"，宪法是主权者（宪法制定权主体）向国家机关授予"宪法权力"的证明。这种宪法上的授权，表现为"宪法职权"。被授权的国家机关有义务按照"宪法授权"来行使"宪法权力"，并对其行使"宪法权力"的行为承担"越权"和"滥用权力"的法律责任。作为授权者，主权者应当就授权行为承担责任，这种责任包括两个方面：一是"自治责任"，二是"监督责任"。作为"自治责任"，主权者应该对自身的行为承担全部责任，这种责任包括了主权者应当对国家机关依照宪法规定行使"宪法权力"的行为负责。因此，当国家机关在行使"宪法权力"时侵犯了公民的权利和自由，并由此造成损害的，主权者必须对由此造成的损失承担赔偿责任，这种责任应当是主权者自身的"自治责任"，任何受害者都有权要求主权者来承担这种"自治责任"。主权者在依据法律承担了相应的责任后，可以要求实施了侵权行为的国家机关承担相应的连带赔偿责任。所以，国家赔偿责任实际上是主权者授权行为必须支付的最低成本。当国家机关在行使"宪法权力"时，主权者有义务来监督国家机关行使"宪法权力"的行为是否"合宪"，如果主权者忽视了这种监督义务，那么，主权者就应当承担这种监督"失职"的责任。当然，从逻辑上看，主权者可以通过宪法的规定来确定一个具体的代替主权者行使监督权利的机构，该机构在依据宪法所规定的被授予的监督权利行使"监督权力"时，如果违反了宪法的规定，则应当依据宪法向主权者承担监督责任。此外，作为"授权委托书"，宪法在赋予被授权者一定的宪法职权的时候，也赋予了一定的与宪法职权不直接关联的"宪法职责"，需要被授权者依据宪法的规定去主动地实施一些行为，如果被授权者漠视宪法的规定不去"做"，那么，就构成了"失职"，由此也应当依据宪法规定承担不作为的宪法责任。

二　宪法责任的判定标准

由于"主权者"以及"宪法制定主体"都属于"应然"范畴的概念，所以，在宪法制度上要建立具体明确的宪法责任制度就会遇到许多逻辑问题。如"宪法权利"与"宪法义务"的享有者和履行者是否具有"确定性"？什么样的主体才有可能违反"宪法义务""宪法禁律"？从宪法作为"人民的总契约"的性质来看，对于缔结宪法契约的主体而言，是否仅仅应当履行"契约必须信守"的"宪法义务"？这是一种道德义务，还是一种法律义务？这些问题都是比较复杂的。

相对于宪法的契约性质来说，宪法作为"授权委托书"时引起的"宪法责任"比较容易确定。因为不论主权者的性质如何处于"不确定状态"，但是，通过"宪法"规定来行使"宪法权力"的国家机构在制度上是比较明确的概念。所以，国家机关在履行宪法职权和宪法职责时的"不作为""侵权""越权"以及"滥用权力"很显然是不符合宪法作为"授权委托书"的要求,因此,相应的国家机构必须对这些行为承担法律责任。不过,主权者的"自治责任"与"监督责任"也因为主权者自身的"应然性"而很难实体化。但是,如果在宪法制度上设计了代替主权者行使监督权利的国家机关及其相应的"监督权力",那么,这种专门的宪法实施监督机构就必须承担相应的监督责任。

在主权者责任弱化的逻辑背景下,通过宪法修改、宪法制约的形式可以比较容易回避主权者的宪法责任问题。因此,相对于民事责任、刑事责任、行政责任等传统的法律责任形式而言,宪法责任的正当性本身存在很大的不确定性。国家机构履行宪法职权和宪法职责是否存在违背主权者意志的情况,在制度设计上无法完全客观化,故国家机构在行使"宪法权力"时更多的是"权限冲突"问题,而不是"权力违宪"的问题。

由于在违宪的"正当性"问题上具有一定的不确定性,因此,宪法责任在制度上可以具体化的主要有"宪法必须信守的义务""宪法权力"的运作背离了宪法的基本要求、宪法所确立的一系列程序受到破坏等方面。"宪法必须信守的义务"是针对所有的宪法关系主体而言的,是基于宪法的"契约"特征而形成的。不论是公民,还是组织、国家机关,抑或是社会团体,都必须以宪法作为自身的基本行为准则。宪法具有平等的适用性,任何组织和个人不得拥有超越于宪法之上的法律权威,这是宪法作为根本法的一条基本原则。"宪法权力"的运作背离了宪法的基本要求主要指行使"宪法权力"的组织和个人没有按照宪法所赋予的基本要求去做,也就是说,"宪法权力"没有完成作为保障基本人权实现手段的功能。包括立法机关在内的国家机关,都可能利用自己手中的权力来非法剥夺公民的基本宪法权利和自由。所以,对国家机构忽视"宪法权力"的手段性功能的行为,相应的国家机关应当承担宪法责任。程序是制度运行的方式、步骤,没有按照宪法规定的程序去行使权利或者是行使"宪法权力",履行宪法职责,使得宪法所确立的各项制度事实上无法发挥应有的作用。阻挠程序发挥作用的主体不论是"作为",还是"不作为",都应当对此承担责任。因为宪法程序是"合宪性"的具体形式,离开了"宪法程序"的保障,"合宪性"问题就无法得到准确的评价。

三 宪法责任的作用

"宪法责任"是相对于宪法"应然性"而言的,是宪法作为根本法所具有的法律自身的矫正和保障功能，也就是说，根据宪法规定"应该"的而没有"应该"，或者是说，根据宪法"不应该"的事实上发生了，这种事实与价值的背离会严重地损坏宪法"应然性"的基础，因此，必须予以纠正。宪法责任的确立就是为了保证宪法"应然性"成为一种价值现象或者是价值事实，而不仅仅是停留在价值规范或价值理念阶段。

从逻辑的视野来看，"宪法责任"是宪法学不可或缺的逻辑范畴，是宪法"应然性"的一种价值补充，它可以使得宪法的"应然性"从纯粹的价值形式转化为一种价值事实，是宪法价值制度化的逻辑中介。没有宪法责任，宪法"应然性"在实践中发展的方向可能就会偏离"手段—目的"的既定的逻辑轨道。因此，"宪法责任"也属于宪法"应然性"的范畴，它是实施宪法的行为与一定的法律后果之间因果关系的"确定性"联系，即实施了一定性质的宪法行为之后"应当"承担相应的法律后果。"宪法责任"是宪法"应然性"的自我矫正和自我协调机制。

"宪法责任"是针对宪法"应然性"而言，它并不与具体的"宪法权利""宪法义务""宪法职权""宪法职责"以及"宪法禁律"相对应。只要宪法主体没有按照宪法的规定来行使"宪法权利""宪法职权"和履行"宪法义务""宪法职责"，触犯了"宪法禁律"，都构成对宪法"应然性"的破坏，所以，都必须在逻辑上与旨在纠正这种破坏宪法"应然性"行为的法律后果联系起来。这种逻辑联系也是"应然性"的，即"应该"联系起来，否则，宪法"应然性"就无法发挥其价值功能。

从"宪法权利"来说，如作为主权者的公民依据宪法享有抵抗权、知情权、诉权、请愿权等对抗"宪法权力"的"宪法权利"，公民依据宪法规定行使这些权利就可以有效地防范"宪法权力"的异化，特别是防止行使"宪法职权"的国家机构利用"宪法权力"搞"特权"，或者是利用"宪法权力"来随意侵犯公民的"宪法权利"。但是，如果公民遭到"宪法权力"的侵害而不去行使上述"宪法权利"，致使公民"宪法权利"的宪法地位不断萎缩，那么，这种不行使"宪法权利"的行为也应当承担一定的"宪法责任"。在这里，公民应当承担的"宪法责任"所对应的后果就是自己作为主权者身份的丧失或者是受到"威胁"，就可能成为"宪法权力"统治下的"被统治者"。当然，这样的法律后果显然是政治性的，因为被迫成为"被统治者"是不符合"应然"宪法的要求的，是与宪法作为"人民的总契约"的价值设计自相矛盾的。所以，与公民放弃"私权"造成一定的"法益"损害不一样的是，放弃"宪法权利"会导致公民的"基本人权"以及"宪法自由"的正当性的丧失。因此,与放弃"私权"相比,放弃"宪法权利"不仅引起的法律后果是消极的,而且是"否定性"的,因此,行使"宪法权利"的"宪法责任"的意义就显得非常重要。

行使"宪法权力"的责任很明显是与失去继续获得授权相联系在一起的。因为行使"宪法权力"者如果不按照主权者的意思行事,不依据宪法的规定来行使权力,那么,因错误地行使"宪法权力"而造成的损失必须由自己承担,同时,作为被授权者也会失去授权者的信任,不能继续获得授权。

根据宪法"应然性"的要求,行使"宪法权利"与"宪法权力"本身都是与"宪法义务""宪法职责"相联系着的,即"宪法权利"与"宪法权力"都是"宪法"范围内的"宪法权利"与"宪法权力",超越了"宪法"的"许可"范围,"宪法权利"与"宪法权力"其权能的辐射力就必须终止。当然,在受宪法"应然性"的限制而产生的在行使"宪法权利"与"宪法权力"过程中所产生的"宪法义务"之外,作为与"宪法权利"相对应的带有绝对性的"宪法义务"(如遵守基本宪法秩序的义务、服兵役的义务以及纳税的义务等)都是不能违背的,一旦违背,就应该接受"否定性的法律后果"(如宪法制裁)等。

所以,"宪法责任"的核心作用就是将实施宪法的行为与一定的法律后果在逻辑上通过"应然性"连接起来,从而保证基于宪法规定所确立的一系列现代宪法的基本价值在实际中得到很好的实现。

四 宪法责任的形式

宪法责任在制度上的表现非常丰富,其性质可以分为"契约性责任"和"授权性责任"两种,其中,"契约性责任"中最重要的是"社会监督责任""公民责任";"授权性责任"中最明显的是"代表责任""国家机构的宪法责任"。

1. 社会监督责任

宪法是主权者意志的体现,这是"应然"宪法的基本要求。因此,从逻辑上看,主权者应当对"宪法"负责。这种"负责"首先表现在宪法的"应然性"应当符合主权者的意志和利益要求,应当是主权者主体性的高度体现;其次,主权者应当有效地监督宪法的实施。

由于主权者是一个"应然性"概念,它必须依靠制度上的法律主体形式体现出来。所以，公民个人、由公民个人组成的社会团体，特别是代表了全体社会成员意见的大众传播媒介，都从各个角度反映了"应然"状态的"主权者"。在制度化的主权者中，新闻媒体对国家机关行使"宪法权力"的监督责任是最重要的宪法责任形式。

新闻舆论被称为"第四权力"，它汇聚了作为主权者的社会全体成员的声音和意见，是主权者意志的"制度化"表现。作为制度化的主权者，它不是以主权者的数量来获得自身的正当性的，而是通过自由地汇集社会全体成员的意见、看法和主张这样的意志表达途径体现出来的。在监督国家机关行使"宪法权力"时，新闻媒介扮演的就是"主权者"的身份。

基于新闻媒介上述属性，新闻媒介就必须获得两种自由，一种是"新闻自由"，这种自由不得因为"宪法权力"而被否定，它是对抗"宪法权力"的"应然性"武器。另一种就是"宪法下的新闻自由"。由于新闻媒介不是事实上的主权者，因此，它不可能超越于宪法之上来监督和控制"宪法权力"的运作和行使，所以，新闻监督必须在宪法规定的程序和范围下活动。这就决定了新闻媒介与"宪法权力"必须彼此尊重。一方面，"宪法权力"无权剥夺"新闻自由"，另一方面，"宪法权力"可以依据宪法的规定来对抗"新闻监督"。如作为"宪法权力"之一的"司法权力"（准确的表达应为"司法机关的宪法职权"），它作为解决法律纠纷和争议的一种国家权力，在发现事实与适用法律方面具有确定性的"权威"。"司法权力"基于法律规定的程序可以建立"法律事实"，尽管这种"法律事实"不等于"客观事实"，是一种"价值化的事实"。"司法权力"应当对"法律事实"具有最终的确定性认定权威，因为没有这种确定性的认定权威，"司法权力"作为一种国家权力在宪法中的设立就是无效的，或者说是不经济的，不符合价值的"有效性"原则。新闻媒介在监督"司法权力"时，必须尊重"司法权力"对"法律事实"的确认权，而不能以"新闻事实"来取代"法律事实"。因此，新闻媒介在监督"宪法权力"运作时，就必须承担尊重合宪运作的"宪法权力"的"宪法义务"，如果违反了这种"宪法义务"，就必须承担相应的"侵权责任"或者是"刑事责任"或"政治责任"，而不应该用新闻监督权利来片面对抗"宪法权力"的合宪性。当然，在"新闻监督权利"与"宪法权力"对抗的过程中，就各自所体现的主权者的利益或者说在制度上表现出来的国家利益、社会利益的大小、轻重程度都是应该考虑的"合宪"性因素。"新闻监督权利"与"宪法权力"在维护主权者利益问题上既有价值冲突,更多的还是价值目标上具有一致性。不过,新闻监督绝对不能成为一种"宪法权力",因为一旦新闻监督成为另一种"宪法权力",那么,它对"宪法权力"的监督就变成"宪法制约"关系,而不是"宪法监督"关系。它与其他"宪法权力"之间首要的是划分权力的界限,而不是解决价值冲突。

2. 公民责任

公民责任是约束作为主权者的公民个人的,它通过对违反宪法义务的公民剥夺其"宪法权利"来引导公民个人自觉地服从宪法所体现出来的各种价值,维护宪法价值的基本权威。如联邦德国宪法第 18 条就规定,如果任何人滥用宪法所规定的言论、新闻、教育、集会、通信秘密、财产权以及庇护权,其目的在于挑战基本的民主秩序,那么,联邦宪法法院享有唯一的剥夺滥用权利者继续享有这些权利并决定剥夺到何种程度的权力。这里明显可以看出,公民的"宪法权利"与国家机关的"宪法权力"在实现宪法的基本价值目标上的价值互动关系。宪法的"法治"意义远远地超出了宪法作为主权者意志的价值功能。

3. 代表责任

代表是由选民基于宪法所确立的选举程序产生的,他们是制度意义上的"主权者",他们在宪法规定的范围内来实现"主权者"的意志。但是,代表本身只是一种"制度化"的"主权者",而不是真正"应然"意义上的"主权者",因此,一旦代表不能按照选民的要求行事,代表就应该承担相应的"宪法责任"。这种"宪法责任"主要表现在代表不履行"宪法义务"或者是不能实践选民的委托,就应该承担被选民罢免或者是代议机构撤销其代表职务的法律责任。当然,代表个人因为触犯了刑事法律而承担刑事责任,或者是代表因为民事纠纷而发生民事责任,这些责任都与代表职务无关,因此,不属于代表应当承担的"宪法责任"的范围。代表的"宪法责任"更多的是一种"政治责任",其法律后果是由选民来实施的。

4. 国家机构的宪法责任

由于在宪法规定的范围内活动的"宪法权力"不存在"宪法责任"的问题,因此,合宪的"宪法权力"纵然是损害了公民的合法权益也不应该承担"宪法责任",由合宪的"宪法权力"所导致的损害属于主权者"自治责任"的范围,而不应该属于"宪法责任"。

与"宪法权力"相关的"宪法责任"实际上是依据宪法获得授权的组

织和个人在行使宪法赋予的"职务权利"(宪法职权)和履行宪法赋予的"职务义务"(宪法职责)时违反了宪法的规定而承担宪法所规定的相应的法律后果。对于依据宪法行使"宪法权力"的个人来说,他的"宪法权力"来源于宪法对其进行的"授权",他是通过"行使宪法权力的宪法权利"(即宪法职权)与宪法发生逻辑关系的,所以,一旦这种权利的行使超出了宪法规定的界限,或者是没有认真行使这种权利,那么,就应该承担被罢免或遭撤职的"宪法责任"。对于行使"宪法权力"的组织来说,特别是行使"宪法权力"的国家机关,如果出现行使"宪法权力"违宪的问题,那么,就面临着受到违宪审查的危险。一旦存在违宪事实,那么,因违宪产生的有关法律、法规、决定、判决的法律效力就应该遭到否定。例如,1961年1月23日通过的《委内瑞拉共和国宪法》第250条就明确规定:本宪法纵使被用暴力干扰的方法废除时仍不失效。在发生这样的情况下,每一个公民不论是否被授予权力,在重新恢复宪法的合法效力上有提供合作的义务。他们在对上述破坏宪法的责任者,对相继组织政府而不在恢复宪法效力方面尽力的主要官员,应当按照本宪法和法律予以审判。国会可以根据其绝对多数议员的同意的决定,命令没收这些人的和那些曾经在篡位当局的保护下非法致富的人们的全部或一部分财产,以便偿还他们给共和国造成的损害。不过,对于行使"宪法权力"的国家机关而言,在相当多的时间里更容易发生的不是违宪问题,而是"宪法权力"相互之间的冲突问题。所以,"宪法责任"问题又与宪法本身的"确定性"联系在一起。由于宪法本身具有一定的不确定性,这种不确定性就会影响到宪法的正当性。由于存在这种宪法的正当性与确定性相互依存的逻辑联系,因此,"宪法责任"相对于民事责任、刑事责任和行政责任具有更大的不确定性。另外,由于宪法是通过法律效力的不同与其他法律形式区分开来的,因此,"宪法责任"与民事责任、刑事责任和行政责任相互之间应该存在逻辑上的交叉关系。只有"宪法责任"与"法律责任""法规责任""决定责任"和"判决责任"相互关联,才能在逻辑上建立起一个相互独立的法律责任体系。

对"国家机构的宪法责任"的追究,"宪法监督"与"宪法诉讼"程序都起着非常重要的价值调控作用,它们都承担着对"国家机构的宪法责任""应然性"的矫正功能,是作为"应然的宪法"的民主性价值对"宪法权力"合宪性的控制。也就是说,"实体价值相对于程序价值而言,无疑具有预决的意义。以一部宪法为裁量器的宪法诉讼,如果缺少其民主性的先导，则机制本身的民主性价值必将流于空谈。对宪法本身民主价值的探究因之而成为宪法诉讼民主价值探讨的前提。"① 因此，从广义上看，也可以将"国家机构的宪法责任"归入"宪法职责"的范围。"宪法职责"作为实体的价值控制与"宪法程序"一道将"宪法权力"有效地控制在宪法所提供的"正当性"和"合理性"的范围之内。

第十节　宪法程序制度

宪法程序在我国传统的宪法学理论中，并没有作为一个必要的宪法概念和宪法学范畴而存在。在宪法实施过程中，宪法程序问题也没有得到应有的重视，特别是通过宪法程序所体现出来的宪法价值基本上没有引起我国宪法学界的关注。

程序问题具有独立的价值。宪法程序对于实体宪法关系的建立起着承上启下的作用，它可以使得各种宪法关系能够有机地衔接起来，避免因为程序失范而导致实体的宪法关系无法有效地发生。近年来，我国宪法学界对于宪法程序的价值以及特征进行了一定程度的研究，特别是在一些具体的宪法制度中，程序问题被放到比较重要的位置。笔者也在《现代宪法的逻辑基础》② 一书中对宪法程序的基本价值做了若干探讨，但总的来说，还没有进行系统性研究。

就宪法程序的特征来说，与一般法律程序是完全相同的。但是，由于宪法程序所支撑的实体宪法关系与一般的法律关系性质有所差异，因此，由此产生的功能就具有自身的特点。本书着重论述宪法程序的不同类型以及不同的宪法程序在构建不同的实体宪法制度中的作用。

一　宪法发生程序及其功能

宪法发生程序涉及宪法自身是否具有稳定的法律形态，以及宪法规范是否具有确定性。就宪法发生的形态来说，可以分为宪法制定程序、宪法解释程序和宪法修改程序。

宪法制定程序的实体价值就是要体现人民主权原则，因此，不能通过一种恰当的程序将人民的意志集中起来，由此产生的宪法可能就不具有必

---

① 参见韩大元、刘志刚《宪法诉讼的民主价值》，《法商研究》2000 年第 4 期。
② 参见莫纪宏《现代宪法的逻辑基础》，法律出版社 2001 年版，2002 年第 2 次印刷。

要的正当性。如我国历史上出现的"袁记约法""曹锟宪法"以及第二次世界大战期间法国维希政府炮制的"维希宪法"等都没有通过体现人民意志的宪法制定程序来制定宪法，其结果，这样的宪法也就只能是体现少数人意志、维护少数人专政的工具。

宪法解释程序是使宪法解释行为具体产生的宪法程序。如果宪法中肯定了宪法解释制度的存在，并且还规定了宪法解释的主体和权限，但是，却没有相应的宪法解释程序来启动宪法解释行为，那么，即便有宪法解释规定的存在，宪法解释在实际中也不可能具体化，宪法解释就不可能作为一种现实的宪法制度而存在。我国1954年宪法中没有规定宪法解释制度，当然也就没有规定宪法解释程序的必要，在实际生活中也不可能出现宪法解释行为。1975年宪法也没有宪法解释制度的规定。1978年宪法明确规定全国人民代表大会常委会有权解释宪法，但是没有规定全国人大常委会如何基于宪法解释程序来行使宪法解释权。现行宪法第67条规定，全国人大常委会的首要宪法职权是解释宪法，但是，在整个宪法中却没有相应的关于宪法解释程序的规定。由于宪法解释程序的短缺，使得虽有宪法的规定，但在实践中，迄今为止还没有一起严格意义上的宪法解释事例的发生。比较1954年宪法、1975年宪法、1978年宪法和1982年宪法关于宪法解释制度的规定，虽然前两部宪法缺少关于宪法解释制度的规定，而后两部宪法明确规定全国人大常委会有权解释宪法，但由于1978年宪法和1982年宪法在规定宪法解释制度时仅仅注重了宪法解释的权力属于谁，而没有关注有权解释宪法的主体如何来具体行使宪法解释权，因此，宪法解释行为在实际生活中还是不能有效地发生。宪法解释程序的缺少对宪法价值产生的直接影响就是宪法规范的不确定性，一旦宪法规范与客观情况不相吻合，很容易产生违宪或修宪的价值判断。

宪法修改程序对于宪法修改活动的价值影响也是非常巨大的。严格的修改宪法程序往往使得宪法修改活动受到严格限制，宪法的稳定性可以获得有效的维护。如美国1787年联邦宪法第5条规定：国会遇两院议员三分之二多数认为必要时，得提出对本宪法的修正案，或根据各州三分之二的州立法机关的请求，召集宪法会议以提出修正案。以上述两种方式提出的修正案，经全国四分之三的州立法机关或各州四分之三的宪法会议批准后，得作为本宪法的一部分而生效。事实上，美国联邦宪法第5条的规定确立了过于严格的修宪程序，以致迄今为止总共才有27条修正案。其中

第 27 条修正案在 1789 年就已经被提议，直到 1992 年才获得通过①。由此可见，严格的修宪程序会限制宪法规范自身内涵和外延的扩展，更容易确立宪法的规范性和确定性等价值。而我国自 1954 年宪法颁布之后，已经先后经过三次大的修改和六次小的修改。我国现行宪法规定：宪法的修改，由全国人民代表大会常务委员会或者五分之一以上的全国人民代表大会代表提议，并由全国人民代表大会以全体代表的三分之二以上的多数通过，这样的修宪程序使得修宪动议很容易被提起，宪法修正案也比较容易被通过，因此，宪法规范的稳定性就受到了冲击，特别是宪法修正逐渐成为一项政府和社会公众处理宪法与社会现实之间价值矛盾的简单化的工具。所以，如果要避免我国修宪频繁的问题，将修宪程序严格化是一个比较可行的思路。故宪法修改程序可以对不恰当的宪法修改活动进行价值调控。

二　国家权力运作程序及其功能

宪法规定了国家政权的组织形式。在我国，国家权力配置制度是依据人民代表大会制度的民主集中制原则建立起来的。首先，宪法规定，中华人民共和国一切权力属于人民；其次，人民行使国家权力的机构是各级人民代表大会；再次，行政机关、检察机关和审判机关由国家权力机关产生，对国家权力机关负责，受国家权力机关的监督；最后，中央和地方的国家机构职权的划分，遵循在中央的统一领导下，充分发挥地方的主动性、积极性的原则。上述制度可以说是我国现行宪法所规定的实体性的国家权力配置机制，其最大的特点就是构建不同的国家权力形式以及不同性质的国家权力相互之间的关系。但是，如何通过一整套行之有效的国家权力运作程序来使得上述宪法所确立的各项实体国家权力关系能够有效地存在，并对社会生活的各个领域起到有效的调控作用，至少在我国现行宪法中没有将这个问题提到与确立基本的国家权力关系一样的宪法地位。这就很容易造成，往往实体性的国家权力关系比较清晰，而不同权力之间的相互衔接和相互关联比较模糊，特别是由于我国现行宪法并没有明确规定国家权力发生冲突时的权限争议解决程序，所以，在实践中很容易滋生两种制度上的弊端。一是国家机关的权力冲突最终以权力所具有的权威性为依

---

① 参见 [美] 保罗·布莱斯特等编著《宪法决策的过程：案例与材料》，中国政法大学出版社 2002 年版，第 14 页。

据，权力的合法性和合理性成为解决权限争议次要考虑的因素。二是由于缺少必要的权力运作程序，国家权力很容易膨胀为无限大，国家权力的自我形成能力比较强，法治原则的约束比较软。从目前我国宪法的有关规定看，在国家权力运作程序方面主要存在以下问题。

1. 权力的产生程序不完整，致使国家权力很容易形成法律上的真空状态

以目前的各级人民代表大会的产生程序来说，新的一届人大与旧的一届人大之间缺少权力移交程序，导致了在法律上由新的一届人大来审议旧的一届选举产生的国家行政机关、国家检察机关和国家审判机关所做的工作报告，由旧的一届人大代表选举产生的国家机关领导人在新的一届人大代表选举出来之后脱离了旧的一届人大代表的监督，而新的一届人大代表在新的一届人大会议举行之前又无法行使必要的监督权。

2. 权力启动程序不健全

如现行宪法第67条第7项规定，全国人大常委会有权"撤销国务院制定的同宪法、法律相抵触的行政法规、决定和命令"。这一规定赋予了全国人大常委会对国务院行政立法的实体立法监督权，但是，通过何种程序来提请全国人大常委会来审议国务院制定的有关的行政法规、决定和命令，宪法并没有做明文规定，所以，在实际生活中，全国人大常委会享有的对国务院行政立法的立法监督权由于缺少权力启动程序而无法行使。

3. 权力运作程序不清晰

如现行宪法第93条、第94条规定了中央军事委员会的宪法职权，但却没有规定中央军事委员会行使相应宪法职权的宪法程序，这种规定方式很容易导致宪法规范的不确定性，影响相关宪法规范的法律权威。

4. 权力运作程序相互交叉，容易使权力的法律效力失序

尤其是现行宪法有关下级国家机关宪法职权的规定，往往规定了众多相互交叉的权力运作程序。如现行宪法第107条第2款规定，"乡、民族乡、镇的人民政府执行本级人民代表大会的决议和上级国家行政机关的决定和命令，管理本行政区域内的行政工作"。对于乡镇人民政府来说，既执行本级人大的指示，又执行上级人民政府的决定，如果所执行的事项发生冲突，很容易使得其中一个指示或决定失去应有的法律约束力。

5. 权力之间缺少协作程序，容易形成职权范围的冲突

如现行宪法第140条规定："人民法院、人民检察院和公安机关办理

刑事案件，应当分工负责，相互配合，相互制约，以保证准确有效地执行法律。"上述规定确立了人民法院、人民检察院和公安机关之间的权力协作关系，但是，由于并没有规定与这种权力协作关系相应的宪法程序，因此，使得相关的立法很难解决上述三个国家机关之间的权力协作程序，最突出的问题就是人民检察院在刑事案件审判中究竟应当在什么阶段介入，在哪些阶段介入，不仅在法律上没有解决好，在实践中也一直存在严重的分歧意见。

6. 权力运作的控制程序不健全，权力运作的效果无法得到准确的评价

现行宪法第131条规定，人民法院依照法律规定，独立行使审判权，不受行政机关、社会团体和个人的干涉；第136条规定，人民检察院依照法律规定独立行使检察权，不受行政机关、社会团体和个人的干涉。但是，宪法却没有规定相应的控制程序来防止可能会影响人民法院和人民检察院独立行使审判权和检察权的情况的发生，所以，在法律上和实际生活中，人民法院和人民检察院行使审判权和检察权的活动仍然会受到来自行政机关、社会团体和个人的干涉，严重地影响上述宪法所规定的人民法院和人民检察院所享有的实体宪法职权的行使。

总之，我国现行宪法在确立国家权力发生和运作机制的过程中，很明显，过于注重对国家机关所享有的宪法职权的规定，而忽视对国家机关行使宪法职权所必须依据的宪法程序的规定。这就很容易导致在实际生活中出现国家机关"有职无权""权力自我扩张""权力冲突"等现象，严重地影响了宪法所设计的国家权力机制的运行。所以，对国家权力发生和运作程序给予充分的关注是提高国家机关依宪活动能力的必要前提。在某种意义上，明确宪法职权行使的程序比仅仅规定宪法职权更能体现法治原则。

三 公民宪法权利的保护程序及其功能

对公民的基本权利通过宪法的方式来加以确认是现代法治社会宪法精神和人权理念的重要体现。对于一个体现了法治社会基本宪法精神和人权理念要求的宪法来说，一方面，应当逐步吸收已经被世界各国宪法和国际人权公约所确认的普遍意义上的人权作为公民的宪法权利，另一方面，又应当设置必要的保障公民宪法权利得以实现的程序。缺少宪法程序保护的公民宪法权利其价值功能仅仅限于政治性的"宣示"，而不具有保障公民权利的实体意义。《美国宪法》第5条修正案和第14条修正案，确立了

"正当法律程序"原则,这样的立宪技术的意义不仅仅在于将实体法与程序法紧密地结合在一起来保障公民权利的实现,更重要的是"正当法律程序"原则在国家权力与公民宪法权利之间建立了一个制度性的连接渠道,使得宪法在调整国家权力与公民权利之间关系方面的功能变得非常明晰。

我国现行宪法对公民实体宪法权利的规定是比较充分的,但在对公民宪法权利保护程序方面的规定却相对滞后。我国现行宪法涉及公民宪法权利保护程序规定主要有两个条款,一是第37条第2款,该款规定:任何公民,非经人民检察院批准或者人民法院决定,并由公安机关执行,不受逮捕;二是第40条规定:除因国家安全或者追查刑事犯罪的需要,由公安机关或检察机关依照法律规定的程序对通信进行检查外,任何组织和个人不得以任何理由侵犯公民的通信自由和通信秘密。这两个条款对公民的"人身自由""通信秘密"和"通信自由"规定了必要的宪法程序的保护。但是,总体来说,我国现行宪法对公民宪法权利的程序保护还存在以下两个问题:一是缺少一般性的宪法权利保护程序的规定,也就是说,没有像美国宪法那样的"正当法律程序"原则,因此,国家权力与公民权利之间的关系并不是非常的清晰,在宪法制度上为国家权力侵犯公民宪法权利留下了比较大的法律空间;二是即便是像"人身自由""通信秘密"和"通信自由"依据宪法规定具有必要的宪法程序的保护,但由于宪法对实际生活中存在的公共权力没有进行有效的全面整合,所以,实践中出现的"双规"和"双指"做法很显然超越了宪法的规定,但却仍然具有一定的合法性基础。

由此可见,对公民基本权利的宪法保护力度不仅仅在于宪法中所规定的公民所享有的实体宪法权利的数量,更重要的还取决于宪法对国家权力与公民权利之间关系的界定。如果宪法对国家权力与公民权利之间关系作了明确的界定,特别是规定了一般性的保护宪法权利实现的"正当法律程序"原则,那么,宪法中所规定的公民宪法权利就是具有实效的,否则,公民的宪法权利就很难获得宪法手段的保护,特别是得到国家权力的必要尊重。从这个意义上来看,通过宪法修改的方式来规定"正当法律程序"原则对于保护公民宪法权利的实现具有至关重要的意义。

四 宪法救济程序及其功能

"无救济就无权利",这是现代法治社会所遵循的一条基本法治原则。我国现行宪法虽然比较全面地规定了公民的宪法权利和人民代表大会制度，但是，却没有规定必要的宪法救济程序来解决在实施宪法过程中可能会产生的国家机关之间的宪法权限之争以及立法机关的立法可能侵犯公民宪法权利的问题。与一般法律救济程序不同的是，宪法作为国家的根本法，首先具有政治性，因此，宪法的实施需要通过政治途径来保障。我国现行宪法规定全国人大及其常委会有权监督宪法的实施。但是，从宪法作为法律的基本法律特征来看，在实施宪法过程中，出现宪法争议是不可避免的，出现了宪法争议就应当设立相应的解决宪法争议的制度，包括解决宪法争议的宪法程序，否则，宪法争议就无法有效解决，甚至会通过简单地修改宪法的方式来解决宪法与社会现实生活之间发生的各种价值矛盾，严重影响了宪法规范的稳定性。

因此，宪法争议程序具有维护宪法规范确定性的功能，没有宪法争议程序，宪法规范要在实际生活中成为人们的行为规范是比较困难的，宪法规范必须同时具备"行为规范"和"仲裁规则"的规范功能，宪法才能作为法律真正地对社会生活起到有效的调控和规范作用。

总之，宪法程序问题在我国现行宪法中没有得到系统的规定，这不仅使得许多价值设计比较好的制度无法有效地运作，而且还很容易造成各种宪法冲突，使得国家权力与国家权力、国家权力与公民权利处于经常性的冲突和矛盾状态之中，也使得宪法职权制度的设计存在巨大的不确定性。要真正地使我国宪法成为具有法律效力的根本法，应当通过宪法改革的方式，强化宪法程序意识，并在今后修改宪法的过程中将必要的宪法程序规定在宪法条文之中，使宪法成为一个具有可操作性的法律规范。

本章小结

传统宪法学理论研究中由于没有引进宪法制度的概念，使得宪法作为根本法的法律特征无法得到有效表达，宪法只是被用来简单地肯定现实中业已存在的各项国家制度和社会制度，对于国家权力、公民权利也只是予以简单地确认，缺少宪法作为根本法通过"合宪性"对于个人与国家之间关系的设计和调控，对国家权力也缺少有效的合宪性的控制。由于没有宪法制度的概念，宪法规范在实际生活中无法获得组织机构、法律程序和各种实施保障条件的法律保障，因此，宪法规范虽然在宪法文本中得到了表述，但在实践中却缺少必要的实施保障机制。宪法制度的概念将宪法规范、宪法组织和机构、宪法程序和宪法实施的保障条件有机地结合起来，并以合宪性为核心，对于国家机关、社会组织和公民个人的行为可以进行有效的控制，由此产生的宪法权利制度、宪法义务制度、宪法职权制度、宪法职责制度、宪法禁律制度、中央与地方关系制度等，既可以有效地保证宪法所确认的各项基本国家制度的有效运行，同时又可以通过宪法责任制度和宪法程序制度的有力保障，使得宪法规范能够充分发挥自身的法律功能，从而可以最大限度地实现宪法的法律功能和对人们行为的指引作用。

思 考 题

一　名词解释

宪法制度　宪法组织　宪法机构　宪法程序　基本国家制度　国家构成制度　主权制度　国籍制度　公民资格制度　政党制度　选举制度　基本国家政权制度　国体　政体　国家结构形式　基层群众性自治组织　三权分立制度　人民代表大会制度　国家象征制度　宪法职权制度　宪法职责制度　授权性宪法规范　宪法权利制度　宪法义务制度　宪法禁律制度　自由权　平等权　社会权　受益权　参政权　救济权　公共利益　义务性宪法规范　禁止性宪法规范　地方自治　民族区域自治　特别行政区自治　宪法责任　宪法程序

二　简答题

1. 简要论述宪法制度的构成。
2. 简要论述宪法制度的种类及法律特征。
3. 简要论述宪法职权制度与国家权力制度的区别。
4. 简要论述宪法权利制度与宪法职权制度的区别。
5. 简要论述宪法职权制度与宪法职责制度的关系。
6. 简要论述宪法义务的主体。
7. 简要论述宪法权利与宪法义务的关系。
8. 简要论述中央与地方关系制度的类型及法律特征。
9. 简要论述宪法职责与宪法责任的关系。
10. 简要论述宪法义务与宪法责任的关系。
11. 简要论述宪法责任的构成。
12. 简要论述正当法律程序在构建宪法职权制度中的作用。
13. 简要论述宪法程序制度的作用。
14. 简要论述宪法制度在保障宪法实施中的作用。

三　论述题

1. 试论宪法制度在实现宪法的法律功能和社会功能中的作用。
2. 试论宪法职权制度的基本法律特征。
3. 试论宪法职责制度的基本法律特征。
4. 试论宪法权利制度的基本法律特征。
5. 试论宪法义务制度的基本法律特征。
6. 试论宪法禁律制度的基本法律特征。
7. 试论中央与地方关系的授权依据。
8. 试论个人与国家之间的主要权利与义务关系。
9. 试论公共利益在确立个人宪法权利和宪法义务中的作用。
10. 试论政治国家对公民的宪法责任。
11. 试论政治国家在保障自然人的基本人权方面的宪法责任。
12. 试论诉权在实现公民的宪法权利中的基础作用。

阅读参考文献

《宪法学》编写组编：《宪法学》（第二版），高等教育出版社、人民出版社2020年版。

姜士林等主编：《世界宪法全书》，青岛出版社1997年版。

姜士林、陈玮主编：《世界宪法大会》上卷，中国广播电视出版社1989年版。

韩大元、莫纪宏主编：《外国宪法判例》，中国人民大学出版社2005年版。

许崇德主编：《宪法学》（外国部分），高等教育出版社1996年版。

韩大元主编：《外国宪法》，中国人民大学出版社2000年版。

胡建淼主编：《宪法学十论》，法律出版社1999年版。

任允正、于洪君：《独联体国家宪法比较研究》，中国社会科学出版社2001年版。

西方法律思想史编写组编：《西方法律思想史资料选编》，北京大学出版社1983年版。

［荷兰］亨利·范·马尔赛文、格尔·范·德·唐：《成文宪法的比较研究》，陈云生译，华夏出版社1987年版。

《奥本海国际法》（第1卷第1分册），［英］詹宁斯、瓦茨修订，王铁崖等译，中国大百科全书出版社1995年版。

［英］亚力克斯·卡雷尔:《宪法与行政法》(*Constitutional and Administrative Law*)(影印本),法律出版社2003年版。

Constitutional and Administrative Law, Twelfth Edition, A. W. Bradley, K. D. Ewing, Addison Wesley Limited 1997.

第五章 宪法运行机制

内容提要

宪法作为根本法除通过宪法规范所确立的行为模式来指导人们的行为，并建立其保证宪法规范得以实施的各种宪法制度之外，宪法本身在调整社会关系的过程中也形成了一整套严格和有序的运行机制。宪法的产生、存在、变更都是严格地按照法律规范运行机制来运作的，正是因为宪法依靠一套行之有效的运行机制来发挥根本法的作用，宪法才能使自身不断地适应调整社会关系的要求，也才能不断地通过确立和认定各种宪法制度，实现自身的法律功能和社会功能。宪法运行机制是宪法作为法律规范动态运行的过程，它涉及宪法产生、存在和变更一系列环节和过程。在这一系列环节和过程中，决定宪法规范能够以法律规范的形式发挥自身行为规则的作用的各种要素非常广泛，其中，宪法创制是宪法规范产生的途径，过渡时期的宪法和紧急状态时期的宪法又是宪法的特殊存在形式。宪法的监督和保障机制是宪法规范以法律规范的形式发挥自身的法律功能的制度保障，宪法争议处理机制是解决宪法规范自身的确定性和规范性的重要途径，违宪审查机制和违宪审查的基准对于维护宪法作为根本法的权威地位具有非常重要的制度保障作用。宪法运行机制有力地保证了宪法作为法律规范能够科学和有效地发挥行为规范的指引功能，维护了宪法规范的正当性、确定性、合理性和有效性。

第一节 宪法创制机制

现代法治社会中每一个具体的宪法制度，都是由具体的宪法制定活动产生的，也就是说，一个主权国家范围内的被称之为根本法的宪法，不论是成文宪法，还是不成文宪法，都必须要通过宪法制定才能以法律的形式存在，并且依据成文宪法或不成文宪法形成具体的宪法制度。而宪法一经制定，也会随着客观形势的发展变化而做出相应的变更。另外，宪法作为根本法，在调整社会关系的过程中，其基本规范的内涵也需要在实践中加以明确和具体化以适应不同情况的要求，所以，在现代法治社会中，一个成熟和稳定的宪法制度总是在不断地发生变化的，宪法本身是以动态的形式来适应不断发展和变化着的社会的要求。宪法本身的发展和变化是由宪法制定、宪法修改、宪法解释、宪法惯例等形式体现出来的。一个国家的宪法制度正是依靠上述宪法本身动态的发展和运动形式来达到相对稳定和平衡的状态，为一个国家奠定最基本的法律秩序。

一　宪法制定

宪法制定是宪法制定者将不能通过宪法制定者自身的行为直接实现的符合宪法制定者利益的事项通过宪法规范的形式确定下来，并通过宪法规范确定相应的实现宪法制定者利益的制度和机制来保证宪法制定者利益得到有效实现的创制宪法规范的活动。宪法制定是宪法创制的主要形式。与宪法制定相关的主要问题是宪法制定者的身份、宪法制定权[①]、宪法制定者的利益以及宪法规范反映宪法制定者的意志和实现宪法制定者旨在通过宪法规范来实现的宪法制定者的利益的可能性。

宪法制定者通常被视为人民，即宪法制定一般视为人民主权原则的一种体现，宪法制定权也是人民主权的一种表现形式。人民在管理国家事务的过程中，可以通过直接民主的方式来实现自身的利益，也可以通过确立法律规范并在法律规范中确立相应的实现人民利益的制度和机制间接地实现自身的利益。宪法制定是间接地实现人民利益的一种方式。宪法制定是

---

① 制宪权是制定国家根本法宪法的一种权力。在近代宪法发展史上，法国大革命时期的著名学者西耶斯最早提出了制宪权的学说。他在《第三等级是什么？》一书中指出："在所有自由国家中——所有国家均应当自由，结束宪法有着种种分歧的方法只有一种。那就是要求助于自己的国家，而不是求助于那些显贵。如果我们没有宪法，那就必须制定一部：唯有国民拥有制宪权。"参见［法］西耶斯：《第三等级是什么？》，冯棠译，商务印书馆1991年版，第56页。西耶斯的制宪权理论主要包括三个方面的内容：（1）制宪权的主体是国民，国民的制宪权是单一不可分的，在实质内容与程序上不受一切法律的限制。（2）制宪权由制宪议会具体行使。（3）制宪权不需要任何实定法上的依据，是具有法创造效力的"始原性的权力"，即制宪权存在于自然状态之中。西耶斯的制宪权理论对近代宪法学理论的发展产生过重要的影响，并且与人民主权的宪法思想是相吻合的，受到各国宪法学理论研究的重视，不过，其中也存在很多自相矛盾之处。从制宪权的权力性质来看，一是不能将制宪权定性为一种国家权力，因为依照现代宪法观点，在逻辑上应当是先有制宪权，后有宪法，再有基于宪法的规定而产生的国家权力，因此，在宪法学理论上，是不能将制宪权的性质确定为国家权力的。二是制宪权是一种主观性的权力，它是宪法理论上的一种假设，主要是为了解决宪法本身的正当性问题，是现代宪法不可缺少的基本范畴。

基于人民民主理论产生的，即只有在人民民主的理论基础之上才有宪法制定活动。宪法制定者只能是人民，宪法制定权也只能属于人民，任何国家机关和个人都无权作为宪法的制定者，也无权享有宪法制定权。人民通过宪法制定活动将符合人民利益的事项用宪法规范的形式肯定下来，并在宪法中设立相应的国家机关来保障人民的利益，这是宪法制定活动的根本意义所在。

宪法制定反映人民的利益的特征主要表现在宪法规范在正确地处理国家、集体和个人利益三者关系的基础上，设定了应当受到社会所尊重的公民的基本权利以及全体公民必须关注的对社会应尽的基本义务。为了保证宪法规范所确定的人民利益得到很好的实现，宪法制定者又通过宪法制定活动建立了相应的保障人民利益能够得到有效实现的制度和机制，其中，国家机关是作为人民通过宪法规范的授权享有管理社会事务和国家事务的组织，在保障人民利益的实现方面具有重要的职责。宪法制定活动的重要意义就在于人民通过宪法制定活动，将人民不能通过直接民主方式实现的自身的利益用宪法规范的形式肯定下来，并通过国家机关对社会事务和国家事务的管理活动以及其他形式的制度和机制来保障人民利益得到充分有效的实现。

新中国成立以后我国所制定的四部宪法充分反映了宪法制定的人民性。1954年宪法的制定历时一年零八个月，经过三次大规模的群众讨论，包括全民讨论。第一次是各方面代表人物的讨论，参加讨论的有8000多人，讨论进行了两个多月；第二次是全民讨论，也进行了两个多月；第三次是全国人大代表的审议。据统计，在宪法草案交付全民讨论时，参加学习和讨论的约有1.5亿人，在讨论中提出了100多万条修改意见和建议，充分反映了人民的意志和利益。1975年宪法和1978年宪法是在特殊历史时期制定的，作为我国社会主义宪法的重要形式，都强调了一切权力属于人民的原则。

1982年宪法是在充分反映人民意志和利益的基础上产生的，其制定过程最大限度地体现了宪法制定的人民性。1982年4月26日，全国人民代表大会常委会公布了《中华人民共和国宪法修改草案》，并交付全国各族人民讨论。从4月底到8月底，全国有百分之八十到九十的成年公民参加了全民讨论，提出了许多修改的意见和建议。中共中央各部门、国务院各部委和直属机关、中国人民解放军、各民主党派、各人民团体共九十多个单位，向宪法修改委员会提出了修改建议。许多海外侨胞和港澳同胞也参加了讨论，并提出了不少宝贵的意见。

二 宪法修改

宪法修改是宪法制定者或者是依照宪法的规定享有宪法修改权的国家机关或其他特定的主体对宪法规范中不符合宪法制定者利益的内容加以变更的宪法创制活动。与宪法修改相关的重要问题是，宪法修改的主体、宪法修改权、宪法修改与宪法制定的关系，等等。

宪法修改是变更宪法规范的活动，从保证宪法修改不影响宪法制定者的立宪意图来看，只有宪法制定者对自己制定的宪法规范进行相应的修改才能保证被修改的宪法规范符合宪法制定者的利益要求。因此，宪法修改权与宪法制定权一样都应当属于宪法制定者。但是，由于作为宪法制定者的人民通过实行直接民主的方式来修改宪法规范在实践中往往程序比较复杂，所以，在宪法制定者制定宪法规范之后，就可以将修改宪法的权力通过宪法规范的规定授予某个特定的国家机关或者是其他特定的修改宪法的主体。得到宪法规范授权可以对宪法规范进行修改的特定主体在宪法规范所授权的范围内依照宪法规范所确定的修改宪法规范的程序和步骤对宪法规范加以适当变更。这种通过宪法规范的授权而享有修改宪法的权力与宪法制定者所享有的宪法修改权在权力性质上是有所不同的。前者是一种依照宪法规范的规定而产生的宪法修改权，这种宪法修改权是由宪法规范赋予的，它是有限的，必须按照宪法规范所规定的修改宪法的程序和步骤进行，否则就会构成违宪；后者是宪法制定者本身所享有的，它是一种原始性的修改宪法的权力，不受宪法规范规定的约束。而且，在法理上，由宪法制定者所享有的宪法修改权的效力高于依照宪法规范的规定而获得的宪法修改权。

宪法修改是对不符合宪法制定者利益的宪法规范所做出的变更。修改宪法规范既包括变更宪法规范的形式，也包括变更宪法规范的内容。从变更宪法规范的形式来看，宪法规范的构成方式、宪法规范组成宪法文件的结构形式等都可以通过宪法修改活动予以变更；从变更宪法规范的内容来看，宪法规范的内容可以通过宪法修改活动予以废除、改变或者是增加。因此，对宪法规范的形式和内容的修改就存在一个质与量的规定性，也就是说，对于一个作为成文宪法的宪法典或者是一个作为不成文宪法的宪法性法律而言，在多大程度上对其中所包含的宪法规范通过宪法修改活动作出变更仍然能够保留原有的宪法典或者是宪法性法律的基本内涵，这是宪法创制活动中的一个理论问题。从宪法创制的实践来看，一般将一个新的国家诞生或者是一个新的政府产生之后首次制定宪法的活动视为宪法制定，而在新的宪法产生之后，由于社会的发展和变化而需要对宪法规范做出适当变更的活动称作宪法修改。宪法修改以不改变原有宪法规范所赖以存在的基本社会制度条件为界限。

新中国成立以后，我国共制定了四部宪法，即1954年宪法、1975年宪法、1978年宪法和现行宪法1982年宪法。从这四部宪法的创制特征来看，由于它们存在的基本社会制度条件都是一样的，所以，严格地说，只有1954年宪法是通过宪法制定的方式产生的，而其他三部宪法应当视为对1954年宪法的修改。只是这些宪法修改活动的幅度比较大。

现行宪法自1982年12月4日由第五届全国人民代表大会第五次会议通过并于同日由第五届全国人民代表大会公告公布施行后，又根据1982年4月12日第七届全国人民代表大会第一次会议通过的《中华人民共和国宪法修正案》和1993年3月29日第八届全国人民代表大会第一次会议通过的《中华人民共和国宪法修正案》、1999年3月15日第九届全国人民代表大会第二次会议通过的《中华人民共和国宪法修正案》、2004年3月14日第十届全国人民代表大会第二次会议通过的《中华人民共和国宪法修正案》以及2018年3月11日第十三届全国人民代表大会第一次会议通过的《中华人民共和国宪法修正案》予以修订，经过五次修改后，现行宪法目前共有52条修正案，这些宪法修正案与现行宪法143条正文一起共同构成了我国宪法典所确定的宪法规范的宪法条文载体。

为了保证宪法修改活动能够准确地实现宪法制定者的利益，我国现行宪法确定了依照宪法规范的授权可以行使宪法修改权的主体是全国人民代表大会，并且，全国人民代表大会在进行宪法修改活动时必须依据特殊的修改宪法的程序。现行宪法第64条规定，"宪法的修改，由全国人民代表大会常务委员会或者五分之一以上的全国人民代表大会代表提议，并由全国人民代表大会以全体代表的三分之二以上的多数通过"。上述规定将宪法修改的合理性与现实性紧密地结合起来，使得我国宪法修改活动能够准确地反映人民的利益和要求。

三　宪法解释

宪法解释是宪法制定者或者是依照宪法的规定享有宪法解释权的国家机关或其他特定的主体对已经存在并且正在生效的宪法规范的含义所做出

的说明。宪法规范一经产生，就存在一个如何适用和遵守宪法规范的规定的问题，而要在实际中正确地适用和遵守宪法规范，其基本前提之一就是必须对宪法规范所包含的含义有一个准确的理解。不理解宪法规范的含义无法正确地适用和遵守宪法规范，而且会使宪法制定者的立宪意图落空。所以，要保证通过宪法规范所体现出来的宪法制定者的意志和要求在实际中成为现实，要保证通过适用和遵守宪法规范来最大限度地实现宪法制定者的利益，就必须对宪法规范的含义做出说明。由于对宪法规范含义的说明涉及宪法制定者的意图，所以，宪法解释活动作为宪法创制的一种形式就必须考虑下列几个重要问题，即宪法解释者的资格、宪法解释权以及宪法解释和宪法修改的关系，等等。

由于宪法解释涉及宪法制定活动是否真正有效，也涉及宪法规范是否能够真正地反映宪法制定者的立宪意图，所以，要保证宪法解释活动符合宪法制定者的要求，宪法解释的权力就必须由宪法制定者掌握，因此，由宪法制定者行使宪法解释权是完全符合宪法创制活动的特点的。但是，由于宪法解释往往发生在适用和遵守宪法规范的过程中，所以，需要对宪法规范的含义做出大量的解释和说明，其中有些解释不涉及给宪法规范创设新的含义，有的解释涉及给宪法规范创设新的含义，所以，依靠宪法制定者对宪法规范的含义做出说明和解释在实际中是很难操作的。因此，大量的宪法解释活动是通过宪法规范所授权的特定主体依照宪法规范所赋予的宪法解释权来对适用和遵守宪法规范过程中遇到的需要对宪法规范的含义做出说明的地方进行必要的解释和说明。从世界各国的宪法规定来看，依照宪法规范的规定可以对宪法规范的含义做出说明的享有宪法解释权的主体涉及国家权力机关、国家立法机关、国家行政机关、国家元首、国家司法机关和专门的宪法实施监督机构，等等。

在对宪法规范的含义进行解释和说明时，宪法规范的含义控制在多大的范围内才可以视为没有超出宪法规范应有的含义的范围，这是宪法解释活动中所涉及的一个重要理论问题，也是宪法解释与宪法修改的界限。一般而言，这是由宪法规范的规范特性所决定的。如果宪法规范的含义明确、具体，那么，宪法规范的含义可以解释的空间和范围就是非常有限的，如宪法规范关于具体时间、数字、界限的规定，基本上不得做具有弹性的含义解释。而涉及一些抽象的事项的宪法规范往往需要通过宪法解释的方式来明确宪法规范的含义，如宪法规范对国家机关宪法职权职责的规定，对公民所享有的基本权利和所必须履行的基本义务的规定，都必须在适用和遵守有关宪法规范的规定过程中对宪法规范的含义予以进一步的说明才能具体地予以运用。

我国新中国成立后所制定的四部宪法中，1954年宪法、1975年宪法未明确规定宪法解释制度，只有关于宪法修改和监督宪法实施的有关规定。1978年宪法赋予全国人大常委会解释宪法的职权，但未在实践中得到有效实施。1982年宪法第67条明确规定，全国人民代表大会常务委员会具有解释宪法和监督宪法实施的职权。从法理上看，由于全国人民代表大会常务委员会是全国人民代表大会的常设机构，所以，应当可以推论全国人民代表大会具有监督全国人民代表大会常务委员会进行宪法解释活动的职权。由于我国的宪法解释制度在实际中尚未建立具体配套的操作程序和机制，因此，还有待于在完善我国宪法制度的过程中逐渐地将现行宪法关于宪法解释的规定予以制度化和具体化。

四 宪法惯例

宪法规范的存在形式分为明示宪法规范和默示宪法规范两种类型。明示的宪法规范是通过宪法文件的形式表现出来的，不论这种宪法文件的性质是属于成文宪法的宪法典还是属于不成文宪法的宪法性法律；默示的宪法规范是在实施宪法的实践活动中产生的具有宪法规范约束力的宪法惯例，这种宪法惯例本身也具有宪法规范的性质。但是，由于在适用和遵守这些宪法惯例的过程中，人们已经习惯于不将这些宪法惯例确定在宪法文件中，所以，这些宪法惯例只能作为一种默示的宪法规范而存在。不过，作为默示的宪法规范存在的宪法惯例在实际中与规定在宪法文件中的明示的宪法规范具有相同的法律地位，具有同等的法律约束力。

1. 宪法惯例的特征

作为默示的宪法规范的宪法惯例，它通常是在实施宪法的长期的实践活动中产生的，并且具有一贯性和连续性，一般被视为实施宪法中所必须遵循的习惯。所以，被称之为宪法惯例的宪法规范本身也应该是在实践中为人们所遵循的宪法规范，脱离了实践指导意义的或者是从未对宪法实施活动产生过影响的抽象的宪法原则或者说是宪法的精神都不应该看作是宪法惯例。这一点，表现在宪法文件中的宪法原则虽然其作为宪法规范的规范性特征较弱，但是，这些宪法原则的作用仍然应当视为明示的宪法规范的范畴，而不应该随意归结为宪法惯例。

2. 宪法惯例的类型

宪法惯例根据其存在的形式一般可分为宪法习惯和宪法判例两种类型。

宪法习惯是由依照宪法规定享有管理国家事务和社会事务职权的国家机关在实施宪法的过程中所形成的行为习惯，这些行为习惯与实施宪法的活动密切相关，经过长期的实践成为实施宪法的一个不可分割的重要组成部分。其中，有些宪法习惯在事实上具有赋予国家机关相应的国家权力的作用。如在英国，英王为虚位的国家元首，在政治上地位中立、超党派，象征国家的统一，不参加内阁会议；内阁首相由下议院多数党领袖充任；英王不得拒绝首相呈请解散任期届满前的下议院而重新改选的要求；内阁对下议院负连带责任，共同进退；英王不会犯错误；上议院为上诉案件的终审机关，但是没有法官资格的贵族不得参加审判等等都构成了英国宪法制度中的宪法习惯。一般来说，在实行不成文宪法的国家中，宪法习惯就很容易形成和被承认。当然，在实行成文宪法的国家中，宪法习惯也是存在的，并且有时这些宪法习惯还可能被明确地规定到成文的宪法中，成为一种明示的宪法规范。如在美国，美国第一任总统华盛顿创立了总统不得连任三届的先例，后来的美国总统都自觉地遵守了这个宪法习惯。但是，在第二次世界大战期间，罗斯福因战争形势而打破了自华盛顿以来总统不得连任三届的先例，连任了四届总统，并在第四任期内死亡。为了维护民主的传统，美国国会于1947年提出宪法第22条修正案，1951年生效。该修正案规定，无论何人，当选总统不得超过两次，从而将过去仅仅作为宪法习惯的总统不得连任三届的默示的宪法规范变成了由成文宪法条文所确定的明示的宪法规范。

新中国成立以来，在实施我国历部宪法的过程中，也形成了一些具有宪法规范约束力的宪法习惯。如在制定1954年宪法时，由中国共产党中央委员会先提出宪法草案初稿，然后由中央人民政府成立的以毛泽东为首的中华人民共和国宪法起草委员会以此为基础，组织讨论，提出宪法草案。以后的宪法修改都遵循了上述惯例，由中国共产党中央委员会首先向全国人民代表大会或者是全国人民代表大会常务委员会提出修改宪法的建议。其他的宪法惯例如从1954年开始至今仍然保留的中国人民政治协商会议与全国人民代表大会同时召开会议，出席政协的全体委员列席全国人民代表大会会议的宪法惯例；还有如由全国人民代表大会主席团公布宪法的惯例。我国宪法对由谁公布宪法并没有在宪法中予以明确规定。但是，自 1954 年由第一届全国人民代表大会第一次会议主席团公布宪法以来，这个宪法惯例一直沿用至今。

宪法判例是另外一种重要的宪法惯例，它一般产生于实行不成文宪法的国家。在这些国家，上级法院的判例对下级法院具有约束作用，同一法院的先前判例对以后的判决产生约束力。由于在许多国家，最高法院可以对法律或者是重要的宪法事项进行违宪审查，这就产生了最高法院对违宪审查的案件所做出的判例对下级法院适用和理解宪法规范的含义起到约束作用。这些由最高法院所做出的违宪审查判例就可以起到宪法惯例的作用。如美国联邦最高法院、加拿大最高法院、澳大利亚最高法院对违宪案件所做出的判例都起到宪法惯例的作用。宪法判例在我国实施宪法的实践中并不存在，所以，在我国，宪法判例不能成为成文宪法典中所规定的明示的宪法规范之外的默示宪法规范。

3. 宪法惯例的作用

宪法惯例，不论是宪法习惯，还是宪法判例，作为默示的宪法规范，其最重要的特征就是宪法惯例对实施宪法活动具有与明示的宪法规范一样的拘束力。从法理上来看，为实施宪法实践活动所遵循的宪法惯例原则上都是可以通过修改宪法的方式将其变成规定在宪法典或者是宪法性法律中的宪法规范的。但是，由于宪法惯例作为一种具有历史传统的习惯性做法一直被人们所遵循，所以，不将宪法惯例明确地规定在宪法典中或者是宪法性法律中，有时更能体现这些宪法惯例在实施宪法过程中的权威性和稳定性。加上有些宪法惯例的规范性的约束对象非常具体，所以，不将它们规定在宪法典或者是宪法性法律中，在实践中可以更好地发挥这些宪法惯例的作用。如宪法判例往往是针对具体的案件产生的，作为宪法惯例被遵循就比将在宪法判例中所涉及的具体的宪法规范上升到作为成文宪法的宪法典或者是不成文宪法的宪法性法律中所规定的明示的宪法规范更容易得到遵守。

第二节 过渡时期的宪法

宪法是一个国家的根本法，是其他一切法律、法规和人们行为的正当性前提，可以说，在现代法治社会中，没有宪法，整个社会就缺少最基本的评价人们行为是否对错的准则，因此，国不可一日无宪法。但是，由于一些国家的政治体制处于经常性的变动之中，导致了频繁地制定新的宪法，故而产生了在新旧宪法过渡期间如何来适用宪法的问题。另外，在新宪法诞生之后，在旧宪法下依据旧宪法产生的法律、法规如何在新的宪法下继续有效，等等，这些问题，都是各国宪法实践中关注的重要宪法理论问题和制度问题。这些问题在宪法学理论上可以笼统地归入"过渡时期的宪法"的基本范畴中加以探讨。

一 过渡时期的宪法的表现形式

过渡时期的宪法在不同国家中的表现形式是不一样的，但是，其主要立宪目的是解决一个国家处于政治体制改革或者是变革时期缺少一个作为根本法的法律形式之需。过渡时期的宪法在法理上是与"永久性宪法"相对应的概念，制定过渡时期的宪法的目的，就是制定"永久性宪法"。从目前世界各国具体的立宪活动的情况来看，过渡时期的宪法主要表现为两种形式：一是"临时宪法"或者是"基本法"；二是在宪法中规定"临时条款"或者是"过渡条款"。

1. "临时宪法"或"基本法"

宪法一经制定，便成为一个国家的政治制度和法律制度的基础，通常，除为适应社会客观形势的变化对宪法进行适当修改之外，为了保证宪法制度的稳定性和权威性，从立宪者的立宪意图和目的来看，都希望自己所制定的宪法是"永久性"的，而不是可以被随意代替或者是被废止的。所以，有些国家在制定宪法时，就冠以"永久性宪法"的名称。例如，1970年12月28日通过的《阿拉伯也门共和国永久宪法》就是一部名称使用"永久性宪法"的成文宪法文件。在该宪法序言中，就明确宣布要通过"该宪法"，"为了今后世世代代的利益，坚决防止独裁制度复辟而实现分权，使对任何形式独裁统治的专横暴戾的揭露有切实的保障"。虽然这样的"永久性宪法"试图使自己能够永久存在下去，但在实际生活中，由于军事政变，这部"永久性宪法"在1974年6月19日就被一部只有20个条款的"临时宪法"所取代。

很显然，很多国家都是依靠制定"临时宪法"来调整过渡时期的社会生活秩序的，因此，"临时宪法"的历史使命也就十分清晰明了，即只是暂时地有效。例如，1971年7月18日，阿拉伯联合酋长国联邦最高委员会通过的《阿拉伯联合酋长国临时宪法》；1970年4月2日卡塔尔颁布的《卡塔尔临时宪法》，等等。当然，这些"临时宪法"会非常明确地宣称"临时宪法"的性质，以《卡塔尔临时宪法》为例，该"临时宪法"序言就宣称"兹特颁布此临时宪法,并宣布在上述过渡时期内根据此临时宪法的规定治理国家"。

1993年12月22日,南非议会特别会议以237票赞成、46票反对,通过了南非历史上第一部非种族主义的临时宪法。这部宪法宣告了南非延续三百多年的少数白人种族统治的终结,南非的民主进程取得了突破性进展。

众所周知,南非是世界上唯一用宪法和法律将种族隔离和种族歧视合法化的国家。南非白人殖民者早在1909年就制定了《南非法》,确立了少数白人在南非的统治地位,使占人口80%的广大黑人被剥夺了基本的人权。南非国民党在1948年上台后公开宣扬"白人至高无上",并依靠手中的国家机器统治和压迫广大黑人。南非白人政府颁布的种族隔离和歧视的法律多达350余种。广大的南非人民为争取自由,进行了坚持不懈的英勇斗争。1955年,由非洲人国民大会等组织召开的南非人民大会所通过的《自由宪章》明确提出,要在南非实行各种族平等,所有南非人享有平等的选举和被选举权、就业和受教育等公民权利。

南非制宪谈判经历了曲折和艰难的过程。1990年,由以总统德克勒克为首的国民党政府和以曼德拉为代表的非洲人国民大会(非国大)共同发起的南非白人和黑人政党之间的和谈,揭开了民主改革的序幕。1992年,德克勒克政府废除了被称为种族主义法令基石的《人口登记法》和《土地法》等几十个种族主义法令。但是国民党政府和非国大等19方举行的多党谈判由于巨大分歧而被迫中断。

进入1993年之后,南非政府继续加快民主改革步伐,非国大及其他政党同政府之间的制宪谈判进程随之加快。4月,南非26个党派成立了多党谈判委员会,讨论制宪问题。7月,多党谈判首脑会议最后确定,1994年4月27日举行南非历史上第一次允许黑人参加的多种族大选。这是多党谈判达成的首项重要成果,它标志着黑人第一次获得选举权和被选举权。9月,白人议会通过了经多党谈判委员会批准的成立过渡行政委员会的提案。根据该提案,过渡行政委员会可行使政府的部分职能,并主持1994年的大选。1993年是南非多党谈判取得突破性进展,民主进程取得一系列重大成果的一年。正如曼德拉所说的,1993年是南非"结束少数白人统治的决定性一年"。

由于南非民主进程顺应历史潮流,得到了国际社会的广泛支持。联合国于1993年10月取消了对南非的经济制裁。欧共体12国外长也决定,分阶段全面恢复同南非的外交和经济关系。曼德拉和德克勒克两位民主改革的代表人物同时获得了1993年度诺贝尔和平奖①。1993年的南非临时宪法，对于南非从种族主义的政权向多种族融合的现代民主政权过渡发挥了非常重要的作用。

与"临时宪法"作为过渡时期宪法的形式相似的是，联邦德国在战后制定了《联邦德国基本法》，由于该基本法是在德国分裂的情况下制定的，所以，该基本法第146条明确规定："本基本法在由德国人民自由决定通过的宪法生效之日起停止生效。"很显然，这一条规定对"基本法"与"宪法"是做了明确区分的，"基本法"（Grundgesetz）只是"临时宪法"或"过渡时期的宪法"，而不是"宪法"（Verfassung）。基本法第146条对"基本法"与"宪法"区别得很清晰，德文用词也不一样②。

2. "临时条款"或"过渡条款"

过渡时期的宪法另一个重要表现形式就是在新宪法中设定"临时条款"或"过渡条款"，以解决在新旧宪法交替的过渡时期如何来处理相关的宪法问题。这种宪法中的"临时条款"或"过渡性条款"相对于"临时宪法"来说，既保证了宪法的稳定性和权威性，同时又考虑到了新宪法在实施中可能遇到的复杂问题，比较好地将宪法的原则性与灵活性结合在一起，因此，受到了许多国家的关注。在20世纪90年代初，苏联国家发生剧变之后，大多新成立的独联体国家在纷纷制定新宪法的同时，又在新宪法中规定了"临时条款"或"过渡性条款"来解决新宪法实施过程中的社会变革之需。据统计，在独联体内，除乌兹别克斯坦、吉尔吉斯斯坦和塔吉克斯坦之外，各国宪法都设有最后的过渡性条款，用以规定新宪法生效的日期、生效程序、原宪法失效及其他重大问题。这部分内容有的称"过渡性条款"，有的称"最后条款"，有的称"最后的过渡条款"，还有国家如乌克兰，其宪法中将"最后条款"与"过渡性条款"分为两个独立的部分③。

---

① 《人民网》，http：//www.people.com.cn/GB/historic/1222/4387.html，2007年8月13日。
② 《联邦德国基本法》第146条，德文原文是："Dieses Grundgesetz, das nach Vollendung der Einheit und Freiheit Deutschlands für das gesamte deutsche Volk gilt, verliert seine Gültigkeit an dem Tage, an dem eine Verfassung in Kraft tritt, die von dem deutschen Volke in freier Entscheidung beschlossen worden ist."
③ 参见任允正、于洪君《独联体国家宪法比较研究》，中国社会科学出版社2001年版，第66页。

二 过渡时期的宪法的法律效力

过渡时期的宪法的法律效力涉及的宪法问题主要包括以下几个方面：（1）新宪法从何时正式开始生效；（2）在新宪法正式生效前，旧的宪法是否仍然有效，或者是只适用新宪法中的"过渡性条款"；（3）"过渡性条款"的有效期与新宪法生效期的衔接；（4）"过渡性条款"生效期间，原有法律的效力；（5）新宪法正式生效后，原有法律的效力；（6）"过渡性条款"生效期间，原有的国家权力的行使方式及法律效力；（7）新宪法生效后，原有的国家权力行使方式如何变更以及新的国家机关如何行使国家权力，等等。实际上，过渡时期的宪法的法律效力主要涉及如何处理新宪法与在新宪法生效之前的各种法律、法规和行使国家权力的行为效力之间的关系。以1996年6月28日生效的《乌克兰宪法》为例，该宪法第15篇"过渡性条款"总共有15项内容，非常详细地说明《乌克兰宪法》生效前和生效后，如何来确认各种法律、法规和行使国家权力行为的"合宪性"，这些过渡性条款内容涉及：（1）本宪法生效前的法律和其他规范性文件与乌克兰宪法不相抵触的部分有效。（2）乌克兰最高拉达自《乌克兰宪法》通过后行使本宪法规定的职权。例行的乌克兰最高拉达选举于1998年3月举行。（3）例行的乌克兰总统选举于1999年10月的最后一个星期天举行。（4）乌克兰总统在《乌克兰宪法》生效后的3年期间内，有权就法律所未调整的问题颁布经乌克兰内阁赞同并由乌克兰总理签署确认的命令，同时按照本宪法第93条规定的程序，向乌克兰最高拉达提交相应的议案。（5）乌克兰内阁根据本宪法在其生效后3个月内组成。（6）乌克兰宪法法院根据本宪法在其生效后3个月内组成。乌克兰宪法法院成立之前，法律解释权由乌克兰最高拉达行使。（7）本宪法生效后，地方国家行政机关首脑根据本宪法第118条拥有地方国家行政机关首脑的地位；相应的苏维埃主席选出后则免除这些苏维埃主席的职权。（8）《乌克兰宪法》生效后，村、镇、市苏维埃和这些苏维埃的主席行使本宪法所规定的职权，直至1998年3月这些苏维埃的新成员选出为止。本宪法生效前选出的区、州苏维埃行使本宪法所规定的职权，直到这些苏维埃的新成员根据《乌克兰宪法》选出为止。市辖区的苏维埃和这些苏维埃的主席在本宪法生效后根据法律行使其职权。（9）检察机关继续根据现行法律对遵守和适用法律行使监督职能和侦查职能，直到调整监督法律遵守情况的国家机关的活动的法律实施、侦查系统组成以及调整其活动的法律实施。（10）在根据本宪法第118条规定基辅市和塞瓦斯托波尔市行使执行权力的特点的法律通过之前，这两个城市的执行权力由相应的国家行政机关行使。（11）本宪法第99条第1款在发行国家货币——格里夫纳之后生效。（12）在根据本宪法第112条组成乌克兰的普通审判法院系统之前，乌克兰最高法院和高等仲裁法院根据乌克兰现行立法行使其职权，但不得超过5年。在本宪法生效之前，选举和任命的乌克兰所有法院的法官根据现行立法继续行使其职权，直到他们被选举和任命的任期结束。在本宪法生效日职权终结的法官，在1年期间继续行使其职权。（13）在本宪法生效后的5年期间内，逮捕、拘留和关押犯罪嫌疑人的现有程序以及对嫌疑人住宅和其他居所进行查看和搜查的程序予以保留。（14）按照乌克兰最高拉达批准的乌克兰国际条约规定的程序，根据租赁的条件，可以利用乌克兰境内的现有军事基地供外国部队临时驻扎，等等。

值得注意的是，在有些国家中，虽然过渡时期的宪法明确规定了过渡时期的宪法的有效期限，但由于种种原因，实际上，过渡时期的宪法并没有在规定的期限内失效或者是在规定的失效情形出现后失效，而是一直长期有效，并有成为长期和稳定的"宪法"的可能。以1949年的《联邦德国基本法》为例，该基本法在第146条明确规定，在德国统一之后，由德国人民制定统一的宪法来取代基本法，但是，迄今为止，基本法仍然在生效，并且有成为长久有效的"正式宪法"的可能。1990年8月，联邦德国与民主德国作为国际法主体，签署了两国之间的最后一个双边条约，即"统一条约"。1990年10月3日，在民主德国批准条约后，民主德国"整体"加入联邦德国。在两德统一后，根据"统一条约"，德国联邦议会两院于1992年1月成立了一个"联合宪法问题研究委员会"，探讨如何制定一部正式的德国宪法的问题。但是，该委员会经过研究在最后提出的报告中建议只修改基本法，而不全面制定新的宪法，以保持宪法制度的连续性。主要的原因是因为民主德国在政治上是"整体"加入联邦德国，而基本法在几十年实施的过程中积累了非常好的经验，特别是联邦德国宪法法院根据基本法的规定，积累了大量很有价值的宪法判例，如果轻易废弃确实可惜，所以，"德国人民之绝大多数不仅尊重亦且接受基本法"。故而，在统一后的德国，根据基本法第146条规定的制宪任务，就目前的情形来说，还是一个很遥远的事情,需要德国社会的进一步发展才能予以推动①。

三 过渡时期的宪法的基本法律功能

过渡时期的宪法,不论是以独立的法律形式存在的宪法文件,还是通过"过渡性条款"表现出来的宪法规范,其本质的功能都只是立足于"临时""过渡"的性质,因此,相对于一个国家的正常的宪法来说,过渡时期的宪法带有临时性、过渡性、相对性、灵活性等基本特征。过渡时期的宪法通常适用于新旧宪法交替阶段和社会变革阶段,为了防止因为新的宪法秩序没有建立而导致社会处于混乱状态,从而破坏了一个国家的基本法治秩序,必须要通过过渡时期的宪法的形式来为新宪法的生效和实施奠定必要的法律基础。当然,由于过渡时期的宪法往往是适应社会变革的需要而产生的,所以,过渡时期的宪法一个最大的社会功能就是保证社会变革的有序进行和实行新旧制度之间的平稳过渡,避免因为缺少必要的法律秩序而使社会处于混乱状态之中。另外,过渡时期的宪法在新旧宪法制度之间可以起到弥补规范缺失的不足,可以有效地解决新旧法律之间的继承关系。

1. 过渡时期的宪法可以很好地衔接新旧宪法之间的效力关系

一个国家不论基于改革或者是社会革命的因素制定新宪法,在新宪法生效之前,必然会有一个旧宪法的存在。除因为社会革命的因素立即废止旧宪法生效之外,因为社会改革的需要而制定新宪法的,就需要在新旧宪法的法律效力之间做出明确的衔接以维护宪法制度的连续性。例如,1995年11月12日通过的《阿塞拜疆共和国宪法》"过渡性条款"第1条就规定:"阿塞拜疆共和国宪法根据全民投票结果,自正式公布之日起生效。自本宪法生效之日起,1978年4月21日通过的阿塞拜疆共和国宪法(基本法)失效。"1995年8月30日通过的《哈萨克斯坦共和国宪法》第90条第1款也规定:"经共和国公决通过的哈萨克斯坦共和国宪法,自正式公布公决结果之日起生效,原先通过的哈萨克斯坦共和国宪法的效力同时终止。"

2. 过渡时期的宪法可以比较好地处理新法对旧法的继承关系

新法对旧法的继承是法律制度不断自我完善的重要途径,也是一个国家法律文化传统的组成部分。通常一个国家中新的宪法的生效会导致

---

① 参见韩大元主编《外国宪法》,中国人民大学出版社2000年版,第104页。

在新宪法生效之前的大量的依据旧的宪法而制定的法律、法规的失效。究竟哪些法律、法规需要停止生效，哪些需要部分停止生效，哪些仍然可以生效，这些问题一定都要等到新宪法生效之后才能确定，过渡时期的宪法，特别是在新宪法中的过渡性条款，在立法技术上就可以很好地解决这个问题。正因为如此，许多国家的宪法中都通过规定"过渡性条款"来详细确立新法与旧法之间的关系。过渡时期的宪法成为连接新法与旧法之间的重要桥梁。有的国家关于新法与旧法的关系一般在宪法的"过渡性条款"中只确立一个总的原则，通常是规定新宪法生效之后，在新宪法生效之前的法律、法规，只要不与新宪法相抵触的，可以仍然生效。例如，1993年12月12日通过的《俄罗斯联邦宪法》第2篇"最后过渡条款"第2条规定："本宪法生效前在俄罗斯联邦境内实施的法律和其他法律文件，与俄罗斯联邦宪法无抵触的部分继续适用。"也有的国家宪法中的过渡性条款明确规定，新宪法生效之前的若干法律在新宪法生效后不得被宣布为无效。例如，1982年11月7日公民投票通过的《土耳其共和国宪法》第174条规定：对宪法的任何条款都不得做如下的理解和解释：下述以确保土耳其社会达到现代文明水准和维护土耳其共和国的非宗教性质为宗旨的并且在土耳其宪法经公民投票之日仍然生效的改革法律为违宪：包括1924年3月3日第430号教育体制统一法、1925年11月25日第671号礼帽法、1982年11月1日第1353号关于采纳和使用土耳其字母的法令等。也有的国家宪法中的过渡性条款明确规定，自新宪法生效之日，原有的特定的法律立即失效。例如，1978年《斯里兰卡民主社会主义共和国宪法》第169条就规定：1973年第44号《司法实施法》建立的最高法院自本宪法生效时起即不复存在；该法关于设立最高法院的条款亦相应废止。

3. 过渡时期的宪法用以肯定一个国家获得的积极的革命成果和对宪法价值的追求

在许多通过社会革命方式建立了新的国家政权、尚未通过正式的宪法来规定新政权的法律基础的国家，往往通过制定"临时宪法"的方式来宣示新政权对宪法价值的追求和态度，为制定正式的永久性宪法提供必要的经验和做好准备工作。例如，1970年《卡塔尔临时宪法》序言就宣称：根据逐步发展的需要，有必要颁布此临时宪法，以便通过必要和适当的阶段实现这些崇高的目标，使公民享受更多的政治自由、法律保证以及各方面的平等权利。同时通过建立咨询议会来扩大政府的咨询基础，让有能力的公民提出自己的建议，参与对国家事务的管理，从而使政府获益。这种做法将一直实行到过渡时期结束，根据初步试验的结果制定的完全宪法公布生效时为止。1971 年《阿拉伯联合酋长国临时宪法》序言也明确规定：基于上述理由，为了完成联邦永久宪法的准备工作，在至高无上的、全能的真主面前，在全体人民面前，我们宣布，一致同意本临时宪法，并在宪法上签名，在宪法规定的过渡时期实施临时宪法。

四　《共同纲领》和 1954 年宪法曾经扮演了"过渡时期的宪法"的角色

新中国成立前夕，由于普选的各级人民代表大会以及全国人民代表大会尚未能够产生，所以，为了适应建设新政权的要求，1949 年 9 月 29 日由中国人民政治协商会议第一届全体会议通过了《中国人民政治协商会议共同纲领》，简称《共同纲领》。它是我国宪法史上第一个比较完备的新民主主义性质的宪法文件，又称为"临时宪法"。它的制定对确立新中国成立初期的大政方针，巩固新生的人民民主专政政权起到了非常重要的法律保障作用，是新中国宪法制度发展史的基石和出发点。《中国人民政治协商会议共同纲领》分序言和总纲、政权机构、军事制度、经济政策、文化教育政策、民族政策、外交政策 7 章，总计 60 条，7000 余字。这个纲领是全国人民意志和利益的集中体现，是革命斗争经验的总结，也是中华人民共和国在新中国成立初期相当长的时期内的施政准则。

1954 年 9 月 20 日，第一届全国人民代表大会第一次会议通过了《中华人民共和国宪法》。1954 年宪法是新中国第一部宪法，但就其产生和存在的历史背景来看，该宪法仍然是"过渡性质"的宪法。对此，刘少奇同志在 1954 年 9 月 15 日第一届全国人民代表大会第一次全体会议上所做的《关于中华人民共和国宪法草案的报告》中阐述得非常清晰。该报告明确指出："因为我们这个宪法是过渡时期的宪法，所以它同社会主义社会已经建成时期的宪法不能不有所区别。一方面，我国现在没有建成社会主义社会，另一方面，我国现实生活中已经存在着建设社会主义社会的事实，而且社会主义的建设正在一天一天地发展。宪法不去描绘将来在社会主义社会完全建成以后的状况，但是为了反映现在的真实状况，就必须反映正在现实生活中发生着的变化以及这种变化所趋向的目标。如果不指明这个目标，现实生活中的许多事情就不可理解。我们的宪法所以有一部分条文带有纲领性，就是因为这个原因。"①

由此可见，新中国的宪法制度也是基于政权建设的实际状况以及社会发展的要求逐渐建立和完善起来的，"过渡时期的宪法"曾在我国宪法制度的建立和发展过程中起到了非常重要的作用。

第三节 宪法与紧急状态

宪法作为一个国家的根本法，它通过调整个人与国家之间的关系，规定了一个国家的基本法律制度，主要涉及国家权力配置和运行制度以及公民权利保护制度。从宪法作为法律规范的效力范围来看，应当说，在宪法生效之后、被废止之前，一个国家的宪法应当在该国主权范围内的任何地方、对该国主权范围内的任何组织和个人都具有约束力。特别是在宪法的生效期内，宪法应当适用于所有的时间段。也就是说，不论一个国家处于正常状态，还是紧急状态，只要宪法没有被废止，那么，宪法所确立的基本法律制度就具有法律效力，任何组织和个人都应当予以遵守，这是宪法至上原则的重要体现，也是现代法治社会的核心法治精神所在。但是，由于宪法所确立的基本法律制度在正常状态和紧急状态下实施所遇到的情况不同，因此，许多在正常状况下可以运行的宪法制度，在紧急状态下就可能无法实施。所以，为了保证宪法的最高法律权威，就需要对宪法在正常状态下的实施方式与在紧急状态下的实施方式做出不同规定，主要体现在为了应对紧急状态，需要对正常状态下的国家权力配置方式做出适当调整，对国家权力的运行机制进行必要的变动；对公民权利的保护水准应当根据紧急状态的具体情形做出必要的调整，或者是对公民权利做出一定的限制，或者是要求公民在紧急状态时期承担比在平常时期更多的法律义务；在遇到情况特别严重的紧急状态时，可能还需要对宪法的部分条款中止实施，采取一切尽可能的措施来应对紧急状态，以保证尽快恢复正常的宪法秩序。

宪法与紧急状态之间的关系是宪法学的重要研究内容和基本范畴，在传统的宪法学教科书和宪法学著作中并未给予必要的关注，对宪法与紧急状态之间的关系的忽视不利于从法理上全面地揭示宪法的法律特征以及宪

---

① 刘少奇：《关于中华人民共和国宪法草案的报告》（1954年9月15日），全国人大常委会法制工作委员会宪法室编：《中华人民共和国制宪修宪文献资料选编》，中国民主法制出版社2021年版，第416页。

法所具有的规范功能和社会功能。宪法学应当对宪法与紧急状态之间的关系予以高度关注，它涉及宪法自身的存在方式以及宪法的变更等基本的宪法问题。

一　国家紧急权的概念及其特性

在古罗马时代就已经存在"紧急权"。但有明文记载的是1763年，由于英国境内发生饥荒，国王彼得发布命令，不准小麦输出，才出现了紧急权理论。1814年法国在制定宪法时仿效英国做法，在制定宪法时规定，在国家处于危难时，政府可以发布紧急命令。1919年德国魏玛宪法明文规定了政府的紧急权①。1939年，英国国会制定《紧急权防卫法》，后来又制定《国土防卫法》，这些都属于紧急命令。第二次世界大战后，法国第五共和国宪法规定了紧急权制度，并于1955年制定了《紧急状态法》。1960年，联邦德国总理艾德诺提出紧急权基本法修正案，旨在充实政府的非常权力以对抗非常状态，但由于遭到社会民主党人的反对和抵制，直到1968年才修改了基本法，将紧急权制度写入基本法之中。目前，大多数宪法中都规定了紧急权制度。

目前世界各国宪法中所确立的紧急权制度差异很大，仅就与宪法的关系而言，就有"合宪"与"否定宪法"两种类型。如《菲律宾共和国宪法》②第7编第18条规定：戒严期间，不得终止实施宪法。《马尔代夫共和国宪法》③第37条规定：在国家面临紧急情况时，共和国总统有发布命令临机应变之权，但这种应变命令不得违反宪法。大多数国家宪法所确立的紧急权制度，都规定了在紧急状态期间，紧急权具有对平时宪法所规定的宪法权力与宪法权利之间关系的否定作用。表现为三种类型：一种是对宪法的全部否定。如《阿尔及利亚宪法》④第123条规定：在战争状态期间，宪法暂停生效，国家元首行使一切权力。一种是对宪法的基本否定。如《尼泊尔王国宪法》⑤第81条规定：如国王认为，整个尼泊尔或其任何部分的安全受到战争、外来侵略或内部动乱的威胁，从而出现了严重的紧急形势，国王可

---

①　参见《魏玛宪法》第48条规定。该条规定，联邦大总统在发生紧急危难情况时，可以将宪法所规定的基本权利全部或部分予以中止。
②　1986年10月12日制宪委员会通过，1987年2月2日全国公民投票通过生效。
③　回历1388年8月20日，公历1968年11月11日通过。
④　1976年11月19日经全国公民投票通过。
⑤　1962年12月16日马亨德拉国王颁布，经1967年、1976年和1980年、1981年修改。

以发布文告宣布：（1）中止执行除本条以外的本宪法一切条款或任一条文或某些条款中的某些规定；（2）赋予全国评议会、其他政府机构或当局的、或由他们行使的一切权力或任何一部分权力，均归国王本人掌握。一种是对宪法的部分否定。如《马来西亚联邦宪法》①第150条规定：除了不能使议会权力扩大到否定涉及伊斯兰教法律和马来人习俗的任何事项，或涉及沙巴州或沙捞越州地方法规或习俗的任何事项或关于宗教、公民资格及语言的规定等事项，在紧急状态的宣布生效期间，议会如认为出于紧急状态的需要，得就任何事项制定法律而不受本宪法任何规定的限制。

  尽管紧急权在宪法制度上已经做了不同的规定，但与紧急权相关的理论问题并没有得到宪法学的高度重视。毋庸置疑，"紧急权"是指"紧急权力"，是就国家机关依据宪法的规定所享有的"宪法权力"（即宪法职权）而言的。但是，在现代宪法的理念下，由于"宪法权力"本身不具有独立的价值形态，因此，国家机关行使"宪法权力"必须以"宪法职权"为基础，没有"宪法职权"作为"宪法权力"的正当性基础，那么，国家机关所行使的国家权力就不具有"宪法权力"的意义，无法通过宪法作为"法治法"的精神实质来加以评价。所以，从此角度看，"紧急权"的存在并不会影响宪法的价值基础，因为只要在紧急状态时期，有关的国家机关仍然按照宪法所规定的"紧急权"来活动，那么，这样的"紧急权"仍然是合宪的。问题是，像1976年《阿尔及利亚宪法》"在战争状态期间，宪法暂停生效，国家元首行使一切权力"的规定存在严重的逻辑矛盾。也就是说，宪法不可能把"宪法权力"授出去，而自己却消失了。任何依据宪法行使"宪法权力"的国家机构、组织和个人在本质上都必须受到宪法的约束，其权力是由"宪法职权"来加以界定的。尽管在战争期间，总统行使一切权力是由宪法来规定的，但若是"宪法"暂停生效了，就无法保障总统权力来源的"合法性"了。因此，要保证紧急权的正当性，在紧急状态期间，宪法绝对不能暂停生效。宪法在形式上必须存在。至于说，在紧急状态时期，宪法的部分条文暂停生效，从逻辑的角度来看是可以自圆其说的。因为实现宪法功能的途径有多种多样，即便在紧急状态时期，国家机关掌握了比平时更多的权力，但这种权力在性质上仍然属于"宪法权力"，属于"宪法职权"的性质，是符合宪法自身的价值目标的，因此，不能视为"违宪"。

---

① 1957年联邦立法议会通过。

在"合宪"意义上的"紧急权"无疑对平时宪法状态下的"宪法权力"与"宪法权力"之间的关系,"宪法权利"与"宪法权利"之间的关系以及"宪法权力"与"宪法权利"之间的关系有所改变,国家机关通过行使"紧急权"获得了相对于公民来说更大的行为逻辑空间。"紧急权"的"宪法权力"特征表现在对"宪法权力"结构的改变,一般扩大了行政权在国家权力体系中的作用,议会的立法权和法院的司法权受到了限制;"紧急权"的"宪法权力"特征还表现在削弱了"宪法权利"对"紧急权"的对抗能力,同时也减少了"宪法权力"在保障"宪法自由",特别是在保障基本人权中的宪法责任。

但是,由于在紧急状态时期,宪法的效力,特别是宪法监督权实质性的作用很小,因此,纵然是国家机关根据宪法的授权来行使"紧急权",也很容易造成行使"紧急权"的国家机关无法实现权力的自我约束,超越于宪法的规定之外去侵犯公民的宪法权利和宪法自由。因此,在宪法理论上必须确立"抵抗权"[①]和"紧急状态下人权的最低标准"两项价值来防止"紧急权"偏离了其应有的正当性。所以说,"抵抗权"和"紧急状态下人权的最低标准"[②]可以说是在紧急状态时期宪法的价值所在,没有这两项价值制度作为约束"紧急权"制度的正当性依据,"紧急权"就很容易脱离现代宪法的基本价值目标,就可能成为"紧急权"行使机构和个人的"强权"和"特权"。

二 对国家紧急权合法性和合理性的控制

紧急权是相对于平常时期宪法所规定的国家机关的宪法职权而言的,紧急权的行使一是会改变宪法所规定的在平常时期不同国家机关所享有的

[①] 抵抗权概念最早出现在托马斯·阿奎那的著作中。他认为,行使抵抗权是为了最大多数人的幸福。1789年,法国人权宣言将"反抗压迫的权利"与"自由、财产和安全"相并列。1946年法国宪法规定:当政府侵害宪法所保障的自由及权利时,一切形式的抵抗,都是神圣的权利,而且是最切实的义务。1947年德国马尔克—勃兰登堡宪法规定:对违反道德和人性的法律,人民有抵抗权。由于抵抗权的出现,在法理上比较好地解决了"紧急权"的正当性问题,也就是说,当"紧急权"越权将宪法搁置一边时,人民可以通过行使"抵抗权"来约束"紧急权"。

[②] 为了防止"紧急权"超越宪法过度干涉公民的宪法权利和自由,许多国家在宪法中都规定了在紧急状态时期不得克减的权利。1976年1月3日生效的联合国《公民权利和政治权利国际公约》,1953年9月3日生效的《欧洲人权公约》以及1969年11月22日在哥斯达黎加圣约瑟城制定的《美洲人权公约》都规定了在紧急状态下也不得剥夺的公民的基本权利,这些权利包括:生命权、人道待遇、不受奴役的自由、不受追溯的自由、思想自由等。通过"紧急状态下人权的最低标准"的价值设计可以控制"紧急权"的合理性,以弥补对"紧急权"所具有的正当性控制的不足。

国家权力的内容以及彼此之间的权力关系，通常是其他国家机关所享有的国家权力向行政机关或军事机关转移或者是地方国家机关的权力向中央国家机关转移，前者如 1981 年韩国戒严法，该戒严法规定，从宣布"非常戒严"时起，戒严司令官掌管戒严区内的一切行政和司法事务，戒严司令官认为军事上需要时，有权对逮捕、拘押、没收、搜查、居住、迁徙、言论、出版、集会、结社和团体行动等事项进行特别处理；后者如《巴基斯坦宪法》①第 232 条第 2 款第 3 项规定，在宣布紧急状态公告生效期间，由联邦政府直接行使省政府全部或任一职权。二是紧急权改变了宪法所确立的在平常时期适用于国家权力与公民权利之间的法律关系，国家紧急权比平常时期国家机关所享有的国家权力具有限制公民权利更大的权能。最直接的表现就是，行使国家紧急权的机关可以限制在平常时期不能加以限制的公民权利，如《塞浦路斯共和国宪法》②第 183 条第 2 款规定：宣布紧急状态的公告可以宣布中止下列宪法条款的执行，包括生命和人身安全权利、不得强迫劳动或强制劳动、迁徙和自由居住的权利、住宅不可侵犯、通信秘密的权利、思想和言论自由、信仰自由、和平集会的权利、国家征用动产和不动产时立即给予补偿、从事职业和经营的权利以及罢工的权利等。

毫无疑问，在现代法治社会中，国家紧急权必须要以维持最基本的宪法秩序为前提，否则，所谓国家紧急权只是国家机关的独裁。适应法治原则的要求，对国家紧急权的法律要求主要包括合法性和合理性两项重要的价值。具体说，国家紧急权的行使应当符合以下几个方面的要件。

1. 必须要有明确无误的紧急危险的存在

从各国关于国家紧急权的立法来看，只有在出现使用正常的管理手段无法维持宪法秩序的公共紧急状态时，国家机关才能行使紧急权，而公共紧急状态一旦消失，国家紧急权的行使也应当终止。如土耳其宪法第 119 条规定："在发生自然灾害、危险的传染病或严重的经济危机等情况下，内阁在总统的主持召集下，得宣布在国家的一个或一个以上的地区，或在全国范围内实行不超过 6 个月的紧急状态。"第 122 条规定："在战争状态下，戒严期限不受限制。"印度宪法第 352 条第 1 款规定：总统如认为战争、侵略或叛乱的危险迫在眉睫，则可在事态出现之前宣告紧急状态，宣

---

① 1973 年 4 月 10 日巴基斯坦国民议会通过，1973 年 4 月 12 日国民议会议长认证的《巴基斯坦伊斯兰共和国宪法》。

② 1960 年 8 月 16 日《塞浦路斯共和国宪法》。

布印度的全部或部分领土的安全遭到战争、入侵或武装叛乱。

国家紧急权的行使是扩大国家权力，而扩张国家权力在本质上是与现代宪法的有限政府理念不一致的，所以，必须存在特殊的理由，才能行使国家紧急权，否则，就会破坏人民主权的宪法理念。

2. 紧急权的行使必须有明确的法律规定

在发生公共紧急状态的情况下，不论是何种性质的国家机关行使紧急权，都必须获得法律上的依据，否则，就很容易侵犯其他国家机关的国家权力，特别是很容易破坏以宪法为基础建立起来的正常的国家权力秩序。1990年4月3日通过的《苏维埃社会主义共和国联盟关于紧急状态法律制度的法律》规定："紧急状态是在发生自然灾害、重大事故或惨祸、流行病、兽疫以及发生大规模骚乱时，为了确保苏联公民的安全，根据苏联宪法和本法宣布的临时措施。"没有宪法和法律上的依据，即便是为了对抗紧急状态的目的，如果随意行使紧急权，也可能会造成无法挽回的后果，所以，要保证紧急权的合法性，紧急权必须要由法律来规定。

3. 必须依据法律规定的程序行使紧急权

程序是法治的重要保证。要保证国家机关在公共紧急状态时期能够正确地按照宪法的规定来行使紧急权，必须确立一套比较健全的行使紧急权的法律程序。只要按照宪法所规定的程序来行使紧急权，就可以有效地防止国家机关利用所行使的紧急权来破坏宪法所规定的正常的国家权力秩序以及有效地保护公民权利。通常依据宪法和法律所规定的程序来行使紧急权主要包括确认紧急状态的存在、宣布进入紧急状态、公布行使国家紧急权的机构、公布在紧急状态期间应当受到限制的公民权利、规定紧急状态的延长和终止期限以及宣布恢复正常宪法秩序。

4. "不可克减的权利"对于限制紧急权的作用

为了保证国家紧急权行使的合法性和合理性，除对国家紧急权行使的条件和方式加以必要的宪法限制之外，另外，强调即使在公共紧急状态情况下也不得"克减的权利"和"抵抗权"的合法性，都可以最大限度地保证国家紧急权行使的正当性。

"不得克减的权利"[①] 在1976年1月3日生效的联合国《公民权利和

---

① "不得克减的权利"与"不得限制的权利"是有区别的，克减是指在紧急状态下进行的限制，而限制是指在平常时期进行的限制；克减是为了防止在紧急状况下国家权力的滥用，限制是为了防止在平常时期个人对权利的滥用；克减以国家责任为基础，限制是一种正常的法律制度，不需要向特别的机构汇报。克减给予了缔约国在紧急状态下减低或减少保障人权的责任的可能。

政治权利国际公约》中有明确的法律要求。为了明确公民权利相对于国家权力的独立的宪法价值和法律意义，国际法协会组织小组委员会还专门研究了在紧急状态下如何处理国家生存和保护公民权利的关系，并于1984年公布了《国际法协会紧急状态下人权准则巴黎最低标准》，提出了与国家紧急权相对抗的"紧急状态下人权最低标准"的概念。这种"最低标准"与"不得克减的权利"具有同等的法律意义。联合国人权事务委员会也先后于1981年第13次会议上发表了"权利克减"的一般性评论意见和于2001年第1950次会议上通过了"紧急状态"的一般性评论意见。在这两个一般性评论意见中，人权事务委员会特别强调"克减权利"的两个必要的条件，即"危及国家生存的公共紧急状态"的存在以及"克减措施"是为维持民主和法治秩序所必需的。另外，公约缔约国在采取上述措施时，应当将采取有关紧急措施的情况及时通报人权事务委员会以及其他的缔约国，以便对缔约国政府行使国家紧急权的行为进行必要的监督。

应当看到，"紧急状态下人权最低标准"相对于"不得克减的权利"来说，在人权理论上具有更强的正当性。"不得克减的权利"属于一种防御性权利，是个人防御政府行为的一种手段；"紧急状态下人权最低标准"属于一种主动性权利，是个人对抗政府行为的一种工具。在现代法治社会，如果一个民族国家的政府不能为公民提供一种"最低限度的人权保障"，那么，这样的政府就丧失了继续存在的正当性。所以说，在公共紧急状态时期，确立"紧急状态下人权最低标准"有利于最大限度地保障个人自由不受公共政策的限制。

5. "抵抗权"对于维护宪法秩序的价值

从政府履行保障人权责任的结果来看，即便在公共紧急状态下，政府也可能不去履行自身保障"最低标准人权"的责任，在政府丧失了合法性基础的情况下，为了保障个人自由，就应当确立"抵抗权"[①]作为恢复政府合法性的价值基础。从逻辑上说，"抵抗权"应当是真正的在任何时候都不得予以克减的"基本人权"。

"抵抗权"起源于17、18世纪启蒙思想家的自然法学说。在1789年法国人权宣言中，反抗压迫被视为一种"天赋人权"。第二次世界大战之

---

① 对于一个民族国家来说，当政府在外敌入侵时向敌人投降后，要保障人民权利，只有对侵略者进行坚决的抵抗才能真正地获得人权。而依赖当了"亡国奴"的政府，是不可能获得什么"不得克减的权利"或者是让这样的政府来承担保障"紧急状态下人权最低标准"的法律责任的。

前，抵抗权的法律化程度不高。1949年联邦德国基本法第20条第一次用宪法的形式赋予了"抵抗权"以合法性，规定："所有德国人都有权在不可能采取其他办法的情况下，对企图废除宪法秩序的任何人或人们进行反抗。"另外，1955年4月3日通过的法国紧急状态法第7条规定，任何受到国家紧急权限制的个人都有权请求撤销有关的限制措施。所以，如果说"不得克减的权利"仍然需要行使国家紧急权的国家机关进行有效地自我约束才能不至于侵犯公民的最基本人权的话，那么，"抵抗权"的合法存在从法律制度上建立了与国家紧急权相对抗的制度，这种制度的存在有利于监督行使国家紧急权的机构严格地依据宪法和法律的规定行使国家紧急权，而不能随意侵犯公民权利。

总之，要重视"不得克减的权利"对于保护人权的意义①，除了应当从正面来论证"不得克减权利"的"权利基本性和不可剥夺性"，还应当在法律制度上设立各种保障机制，防止行使国家紧急权的机构利用紧急权来随意限制公民权利。因此，研究对国家紧急权的限制对于研究"不得克减权利"具有独特的理论价值。运用"紧急状态下人权最低标准"以及"抵抗权"概念来重新解释"不得克减的权利"的权利价值，有利于进一步加强国际人权公约下各缔约国政府保障人权的基本责任。将人权理念的实现建立在合法政府的责任基础之上。由此可见，在公共紧急状况时期，要有效地保障人权不受侵犯，关键是要对国家紧急权做出严格的法律限制，通过对政府行为做出明确而且严格的要求来保护个人自由不至于因为政府使用公共利益的名义来加以侵犯或者是任意剥夺。

---

① "不得克减的权利"在人权理论上存在许多价值矛盾。首先，人权作为人应当享有的权利，这里的"应当"是充分，不存在部分应当或不应当的问题；其次，"不得克减的权利"的存在可能会削减人权保护的意义，也就是说，从逻辑上看，只有"不得克减的权利"才能真正地符合"人权"价值本来的特性；再次，"不得克减的权利"实际上允许人权次序结构的存在，在人权理论上就会出现哪种人权更加重要的价值判断，这种结论与人权理论的功能是不相适应的；最后，"不得克减的权利"意味着这些权利存在明显的价值区间，而事实上，很少有权利具有确定性的内容，因此，在权利本身的界限不清楚的前提下，再强调"不可克减"，这种价值判断在事实上是不可行的。此外，目前的国际人权法制度并没有为整体自由提供合法性基础，如虽然禁止关于鼓吹战争的宣传，但是，没有关于禁止战争的规定，也没有关于个人享有和平的权利，所以，在整体自由得不到国际人权公约承认的前提下，个人自由做最低限度的承诺是不现实的。另外，在《公民权利和政治权利国际公约》中所规定的不得克减的权利，是针对所有人而言的，但并没有针对所有的缔约国政府。这样的规定可能不适用侵略国。"不得克减的权利"是英国代表于1947年在起草《世界人权宣言》时提出的。1950年英国代表提出的"不得克减的权利"又在《欧洲人权公约》中得到了体现。《美洲人权公约》也吸收了"不得克减的权利"的概念，对此做了有关规定。

三 中国紧急权制度的特点以及法治化前景

中国目前的紧急权制度比较分散,大致上包括戒严制度、紧急状态制度、战争状态和一般的行政紧急权制度。1982年宪法规定了戒严制度,同时,我国还制定了戒严法。香港特别行政区和澳门特别行政区基本法都规定了相应的紧急状态制度,即在香港特别行政区和澳门特别行政区境内发生了特别行政区政府不能控制的公共危险状态,全国人大常委会可以宣布特别行政区进入紧急状态,并将全国性的法律宣布在特别行政区适用。另外,《国防法》根据宪法规定的有关精神,对宣布战争状态做了规定。此外,在我国法律制度中,还存在大量的行政紧急权制度,主要是发生重大的自然灾害之后,由国家有关部门组织救灾力量,对灾区实行暂时的特殊管制措施,等等。

2004年修宪将现行宪法第62条、第80条和第89条有关全国人大常委会、国务院有权依据宪法决定戒严,国家主席有权依据宪法发布戒严令的规定修改为全国人大常委会、国务院有权依据宪法决定进入紧急状态,国家主席有权依据宪法宣布进入紧急状态,对于完善我国紧急状态制度,特别是健全我国的应急法律体系具有非常重要的意义。

首先,上述修正案明确地将紧急状态制度写进了我国现行宪法,不仅规范了我国现行宪法中有关紧急状态制度的规定,使我国现行宪法关于紧急状态制度的规定具有了更加严密的科学性,而且还为统一目前处于分散立法状态的紧急状态制度提供了基本的宪法依据,体现了宪法修改的科学精神。

其次,将紧急状态制度写进宪法,有利于依据宪法的规定,根据国际社会普遍接受的标准,特别是《公民权利和政治权利国际公约》的要求,来制定统一的《中华人民共和国紧急状态法》,为我国紧急状态制度立法的系统化、科学化提供了必要的宪法依据;同时也有利于在正式批准《公民权利和政治权利国际公约》时消除我国现行宪法和法律制度中有关紧急状态制度的法律规定与该公约原则和精神不相一致的地方,积极推动我国政府认真和有效地履行该公约下的义务。

最后,将紧急状态制度写进宪法,有利于在实施紧急状态时贯彻法治统一原则,有利于强化国家机关依法行使紧急权力的法律意识,有利于保护公民宪法和法律上的权利。宪法是根本大法,它通过调整国家权力与公民权利之间的基本宪法关系来建立和维护社会的基本秩序。紧急状态制度在宪法中得到了明确的肯定，就意味着一切国家机关、组织和公民个人都必须以宪法的规定为依据，自觉地按照宪法的规定来行使紧急权力，履行在紧急状态时期应尽的法律义务，从而提高政府应急管理工作的水平和效率。

总之，紧急状态入宪，不仅仅只是将"戒严"改成"紧急状态"的词语修改问题，更重要的是这种修改确立了一项基本的宪法原则，也就是作为调整个人与国家之间关系的宪法，其规范作用不仅涉及平常时期的国家机关与公民之间的宪法关系，而且在紧急状态时期，国家机关行使的紧急权力也要来自宪法，也要具有宪法上的依据，以此来巩固个人与国家之间的政治联系。政府在紧急状态时期对公民的宪法权利所加以的限制以及要求公民在紧急状态时期承担的特定紧急法律义务也必须具有宪法上的依据。紧急状态入宪，弥补了原来宪法所规定的戒严制度对国家机关行使紧急权力规范不到位的立法缺陷，比较全面地将国家机关行使国家权力的行为纳入宪法的调整范围，也就是说，国家机关不仅在平常时期要按照宪法所赋予的国家权力行使职权，而且在紧急状态时期也要根据宪法的规定来行使紧急权力。由此体现了宪法的根本法特征，强化了宪法作为根本法的法律权威，突出了以宪法为核心的"依宪治国"的现代法治精神的要求。

当前，在宪法修正案将紧急状态写入宪法之后，应当加紧制定《中华人民共和国紧急状态法》，规范政府的紧急权力，保护公民在紧急状态下的基本权利，将宪法关于紧急状态的各项规定予以具体化；同时还应当对香港、澳门基本法中关于紧急状态的法律做出进一步的明确规定，以利于香港和澳门的稳定和繁荣；此外，紧急状态法还要立足于为维护祖国统一和国家安全提供必要的法律基础。在制定《中华人民共和国紧急状态法》的基础上，根据紧急状态法所确立的应急原则来重新修改目前已经出台的有关应急的各项法规和规章，并根据应急工作的需要制定一些新的法规和规章，由此构成一个以紧急状态法为核心，以规范应急活动的法规和规章为主体的应急法律体系。

我国的应急法律体系应当结合我国现行法律制度的特点，根据实际生活中应急工作的要求，可以分为一般危机管理法和紧急状态法。一般危机管理法应当以发挥各级人民政府在日常应急管理中的组织、协调作用为主，尤其是应当以制定和实施各种灾害和事故的应急预案，坚持"预防为主"的方针；紧急状态法主要是基于宪法所确立的紧急法治原则，对在紧急状态时期国家机关享有的紧急权力进行合理配置，同时，根据人权保障的原则，妥善处理在紧急状态时期公民权利的保护问题。一般危机管理法应当以各种专门的防灾、减灾和处理公共安全的法律规定为主体，突出政府各部门在危机管理中的相互协作；紧急状态法则应当以专门的紧急状态法为依据，根据严格的法治原则来确立在紧急状态时期的国家紧急权力运作机制。作为整个国家的应急法律体系，应当在一般危机管理法与紧急状态法之间建立相互协调、相互衔接和相互配套的关系，并且实行"一般危机管理法优先适用"的原则，也就是说，除非是发生了宪法所规定的正常的国家权力运行体制无法加以有效控制的高度危险的紧急局势，否则，应当依据一般的危机管理的法律规定来对付各种危机事件，而依据紧急状态法的规定采取各种紧急措施必须遵循严格的法定程序。从整个国家应急法律体系的总体构造来看，紧急状态法应当作为整个应急法律体系中最重要的法律形式，其他各项法律、法规和规章都可以参照紧急状态法的立法原则来规定相应的应急法律制度。《中华人民共和国突发事件应对法》（以下简称《突发事件应对法》）由第十届全国人民代表大会常务委员会第二十九次会议于2007年8月30日通过，并自2007年11月1日起开始施行。《突发事件应对法》的颁布实施，是我国突发事件应对工作不断成熟的经验总结，也是我国应急法律制度走向法制统一的标志。认真贯彻落实《突发事件应对法》，严格地按照该法所确立的各项法治原则和建立的应急法律制度来从事突发事件应急工作，对于最大限度地保护公民的生命和财产安全，维护社会正常的法律秩序，具有非常重要的意义。

不过，值得注意的是，从总的立法状况来看，我国目前宪法、法律和法规关于国家紧急权的规定，还没有充分体现法治思想和保障人权的理念，基本上属于加强管理和实行政府有效控制的立法思路。所以，在立法中，即便是在《突发事件应对法》中，既没有强调政府行使各种紧急权应当受到的"法律限制"，也没有从保障公民权利的角度出发来规定在国家紧急权行使的时候也不得"克减"的权利，更没有关于"抵抗权"合法性的规定。

所以，从批准《公民权利和政治权利国际公约》和加强国内法律对人权保护的角度来看，我国宪法和法律、法规中关于国家紧急权的规定还存在许多缺陷。要解决上述弊端的出路有两点：一是在批准《公民权利和政治权利国际公约》时，不对第4条关于"不得克减的权利"做出保留，用批准后产生的政府履行该公约的义务来约束政府行使国家紧急权的行为；

二是在修改有关国家紧急权的法律、法规时，明确国家紧急权行使的法律限制，以及明确引进"不得克减的权利"的概念。当然，在目前宪法上的公民基本权利还缺少必要的实施保障机制的前提下，要注重发挥"不得克减的权利"的人权价值，其任务是相当艰巨的。但必须要迈出这一步。至于是否要在宪法中明确"抵抗权"的合法性，这是需要加以研究的理论问题。从我国人民代表大会制度的本质特征来看，我国的国家政权是建立在人民主权的基础上，人民行使国家权力的机关是各级人民代表大会，因此，公民可以通过各种监督方式来督促国家机关依法行使紧急权，而无须单独确立一个"抵抗权"的概念。

总之，要关注《公民权利和政治权利国际公约》中"不得克减的权利"，如果了解了"克减权利"应当受到的法律限制，特别是国家紧急权行使的法律界限，就可以更主动地来保护那些"不得克减的权利"不至于因国家紧急权的行使而受到侵犯。

第四节　宪法适用机制

宪法作为根本法，其对人们行为的规范作用是通过宪法适用机制来实现的。所谓的宪法适用就是指依据宪法规定享有宪法职权的国家机构在行使自身的宪法职权时，将宪法的有关规定作为自身行为的依据，严格地按照宪法规定的宪法职权来开展各项活动。从广义上看，宪法适用机制也适用于宪法权利的实现，也就是说，依据宪法享有宪法权利的主体也必须严格地依据宪法所规定的宪法权利来实施有关的行为。所以，宪法适用是连接宪法规范与宪法关系主体的宪法行为之间的桥梁，是宪法作为人们的行为规则具体发挥其规范指引作用的具体方式和途径。

一　宪法适用的性质

宪法适用在以往的宪法学理论研究中没有得到足够的重视，关于宪法适用的内涵也没有确定性的解释。在前些年的讨论中，宪法适用一般被解释为"宪法在司法审判中的适用"或者是"宪法作为司法审判的法律依据"。如王磊教授在《宪法的司法化》一书中将宪法适用定义为"国家司法机关根据法定职权和法定程序，应用宪法处理具体案件的专门活动"[①]。

[①] 王磊：《宪法的司法化》，中国政法大学出版社2000年版，第19页。

特别是在2001年最高法院"8·13"批复出台后，宪法适用往往被学者们解释为宪法在司法审判中的适用[①]。

其实，从宪法作为行为规范的特性来看，不论是建立具体明确的国家制度和社会制度，还是指出人们行为的方向，宪法与宪法所调整的行为之间的对应性都是以宪法评价方式来连接的，也就是说，宪法是否得到实施，不完全是通过采取主动的行为来实现宪法的行为目标的，更多地是对现实中存在的各种行为依据宪法所确立的行为标准来进行价值评估，其评价结果也不完全是合宪或者是违宪的肯定性判断，也存在不合宪和不违宪的评价结果。

合宪行为很容易被视为实现了宪法目标的行为，违宪行为当然是与宪法目标背道而驰的。但是，不合宪和不违宪的评价就很难被纳入宪法实现的评价范围之内。

不合宪和不违宪并不意味着违宪，它存在的可能性在于不合宪和不违宪的行为本身与宪法规定和宪法原则无关，特别是与宪法适用无关。宪法对社会关系现实的规范作用是通过宪法适用来发生的。所谓宪法适用就是将宪法作为实施具体行为的评价标准。但是，由于宪法自身的法律特性不同于一般的法律，所以，宪法一般不直接适用于一般的行为，而只适用于国家机关行使国家权力的行为。由于公民依据宪法享有的基本权利和必须履行的基本义务必须通过立法机关制定的法律来加以具体化，所以，公民行使权利和履行义务的行为一般不会直接引起宪法适用问题，也很难产生"合宪"和"违宪"的评价，只可能产生"不合宪"或"不违宪"的价值判断。此外，在实际生活中，有大量的行为实际上超出了宪法规范的调整范围，具有行为的客观性，如人们的心理活动，纯粹的身体运动以及自然界的物理现象和化学现象等，都不可能产生"合宪"和"违宪"的问题，更不可能适用宪法来作为判断是非的标准。所以，只有宪法适用才能使宪法真正地对社会生活产生现实的规范调整意义。没有宪法适用，宪法就不可能介入人们日常生活中。不论是制度行为，还是纯粹的事实行为，都必须以宪法适用为前提来产生相关的宪法判断。

宪法适用与宪法实施相比，在宪法规范与人们的行为之间建立了一个价值判断和价值评价的机制，也就是说，所谓的"宪法实施"，是宪法规

---

① 胡锦光教授在《现代宪法学基本原理》中使用了"宪法的司法适用性"概念，参见徐秀义、韩大元主编《现代宪法学基本原理》，中国人民公安大学出版社2001年版。

范对人们行为所具有的"主观"指引作用与宪法规范通过宪法适用对人们的行为产生"客观"指引作用的统一。宪法原则或者是宪法规范不可能当然地获得实施,而且也不是在所有领域都能够得到实施,特别是并非所有的宪法规范都在实际生活中得到全面的实施。宪法只有通过宪法适用才能真正地得到实施。因此,"宪法适用"是"宪法实施"的核心概念,没有"宪法适用"概念的支撑,"宪法实施"不论是在宪法学理论上,还是在宪法实践中,都很难发挥有效的作用。

二 宪法适用的概念与类型

宪法适用主要是指依据宪法规定享有宪法职权的组织和个人根据宪法的规定来行使职权,并将宪法的规定作为行使宪法职权的依据和判断行为对错的标准。因此,从广义上说,宪法适用是指将宪法作为行使宪法职权的依据的活动。由于宪法在法律性质上具有契约性和授权性,因此,包括宪法修改、宪法解释、行使立法权、行使行政权、行使司法权、行使宪法监督权和宪法审判权等一系列活动都存在宪法适用的问题。宪法适用的种类相应地包括以下几个方面:

1. 宪法修改中的宪法适用

从宪法学的正当性理论来看,宪法制定是先于宪法而存在的,没有宪法制定,就没有宪法。所以,宪法制定是一个民意形成的政治行为,而不是宪法制度行为。故在宪法制定过程中,不存在什么宪法适用问题,也就是说,在制定宪法的过程中,不可能依据宪法来制定宪法。但是,由于宪法制定者可以通过宪法将宪法修改的权力赋予特定的国家机关或者组织,故依据宪法的规定获得宪法制定者授权的宪法修改主体在修改宪法的过程中,就存在如何按照宪法的规定来修改宪法的问题,也就是说,宪法修改首先必须以宪法适用为前提。这种宪法适用主要包括两个方面的内容:一是宪法修改的主体必须按照宪法所规定的宪法修改的程序来修改宪法;二是宪法修改主体必须按照宪法赋予的宪法修改权限来修改宪法,宪法规定不得加以修改的内容,宪法修改主体无权加以修改。当然,如果宪法修改是通过全民公决程序进行的,从法理上可以视为宪法制定者亲自修改宪法,因此,通过全民公决程序进行的宪法修改受到的限制就比其他依据宪法规定享有宪法修改权力的宪法修改主体所进行的修改宪法活动受到的限制要少得多。

对于宪法修改的宪法适用要求,在许多国家的宪法中都做了明确的规定。如1958年的《法兰西共和国宪法》第89条就规定：宪法修改"如果有损于领土完整，任何修改程序均不得开始或继续进行"；"政府的共和政体不得成为修改的对象"。再如1976年《阿尔及利亚宪法》第195条规定："任何修改宪法的草案都不能有损于：（1）政府的共和形式；（2）国教；（3）社会主义选择；（4）人和公民的基本自由；（5）直接的、不记名的普选原则；（6）国家领土的完整。"我国1982年宪法规定全国人民代表大会有权修改宪法，但是宪法修改的提议和通过宪法修正案的法定程序必须遵守宪法的相关规定。即宪法第64条第1款规定的"宪法的修改，由全国人民代表大会常务委员会或者五分之一以上的全国人民代表大会代表提议，并由全国人民代表大会以全体代表的三分之二以上的多数通过"。根据上述规定，全国人民代表大会在修改宪法时必须适用现行宪法第64条的相关规定。

2. 宪法解释中的宪法适用

宪法解释是宪法赋予特定的国家机关和组织依据宪法的规定对宪法条文和宪法规范的含义所做出的解释和说明。因此，宪法解释也必须依据宪法的相关规定进行。首先，宪法解释必须由宪法所规定的有权主体进行解释，在实践中，有些国家的宪法解释主体所享有的宪法解释权并没有直接的宪法上的依据，但是，在大多数国家的宪法中都明确了宪法解释的主体。其次，宪法解释必须以宪法的规定为依据，宪法解释的过程实际上就是明确宪法条文和宪法规范的含义，使宪法能够更好地作为人们行为的依据的过程。最后，由于宪法条文和宪法规范是基于相同的宪法原则来制定的，因此，在宪法解释的过程中，通常会引用其他的宪法条文和宪法规范来说明需要加以解释的宪法条文和宪法规范。总之，宪法解释必须以宪法适用为前提，宪法解释不能脱离宪法条文和宪法规范的指导，否则，就可能因宪法解释歪曲了宪法自身的精神实质而影响到宪法的权威性。关于在宪法解释中适用宪法的情形，各国宪法规定差异较大，一般也是通过设计限制解释的条文来防止宪法解释违反宪法。如1949年《联邦德国基本法》第19条第2款就规定："基本权利的基本内容在任何情况下都不得受到侵害。"

3. 立法活动中的宪法适用

立法活动是宪法适用的主要领域。主要涉及立法者自身是否具有依据宪法制定法律、法规的权限。立法者必须要根据宪法所规定的立法权限来立法，在立法活动中首先必须要说明立法的宪法依据。在立法过程中，立法者通常会发生立法依据之间相互冲突的问题，主要表现在国际条约和协定与宪法的冲突，宪法与普通法律的冲突，宪法与政策之间的冲突，等等。由于宪法是一个国家的根本大法，具有最高法律效力，因此，当立法者从事某项具体立法活动时发现存在与宪法规定不同或矛盾的其他几种形式的立法依据时，立法者应当选择适用宪法，而不是适用其他立法依据，这是宪法作为根本法的基本法律要求。对于立法者行使立法权的宪法限制往往成为立法活动中宪法适用的强制性要求。如为了保障基本人权不受立法机关的侵犯，美国1791年《权利法案》第1条规定："国会不得制定关于确立宗教或禁止自由信仰宗教的法律，不得制定剥夺言论自由或出版自由的法律；不得制定法律，剥夺人民和平集会及向政府请愿的权利。"我国现行宪法也特别强调立法中的宪法适用的必要性。首先在第5条第3款规定"一切法律、行政法规和地方性法规都不得同宪法相抵触"，该条规定从行使立法权的宪法限制的角度对立法提出了适用宪法的要求。其次，在一些宪法条文中还正面强调了立法要以宪法为依据，如现行宪法第89条第1款规定：国务院"根据宪法和法律"，制定行政法规。该规定明确地要求国务院制定行政法规时必须要根据宪法来制定，没有"宪法根据"，国务院就不能随意制定行政法规。最后，我国许多重要的法律出台时，都在法律的第1条明确声明该法是"依据宪法"制定的。如2000年制定的《中华人民共和国立法法》第1条就明确规定："为了规范立法活动，健全国家立法制度，建立和完善中国特色社会主义法律体系，保障和发展社会主义民主，推进依法治国，建设社会主义法治国家，根据宪法，制定本法。"该条规定既明确交代了立法法的制定目的，也直截了当地说明立法法是根据宪法制定的，立法法的制定是宪法适用的产物，而不是依据其他立法依据制定的。此外，2015年新修订的《立法法》第3条也明确规定："立法应当遵循宪法的基本原则"。这一规定为宪法在立法活动中的适用奠定了法律基础。

4. 行政管理中的宪法适用

行政机关一般情形下是宪法所规定的具体负责一个国家行政管理事务、组织公共机构履行公共服务职能、实施立法机关所制定的法律的国家机关。行政机关是具体执行国家公共管理权力的机构，特别是负责具体执行立法机关所制定的法律的机构，因此，行政管理活动一般主要是适用于立法机关制定法律的活动，行政管理活动中主要涉及法律适用，也就是如何"依法行政"。但是，在某些情况下，特别是对于依据宪法享有宪法上所赋予的行政管理职权的中央行政机关或联邦行政机构,在从事行政管理活动的过程中,也会涉及宪法适用的问题。特别是在三权分立的体制下,由于行政机关与立法机关之间存在宪法上的权力制约关系,所以,行政机关往往可以直接行使宪法的授权来制约立法机关制定法律的活动。如美国1787年宪法第2条"行政条款"就规定:总统就职前,应做下列宣誓或郑重声明:我谨庄严宣誓,忠诚地执行合众国总统的职务,尽最大努力维护、保护和保卫合众国宪法。很显然,美国总统在行使自身的行政权力时首先必须适用宪法来获得自己行为的宪法依据。再如1994年《白俄罗斯共和国宪法》第107条也规定:白俄罗斯共和国政府"保障宪法、法律和总统法令和指示的执行",这一规定也体现了对行政机关从事行政管理活动适用宪法的要求。我国现行宪法对行政机关适用宪法也做出了相应规定,如第89条第1款规定:国务院根据宪法和法律,规定行政措施,制定行政法规,发布决定和命令。这一规定表明,根据我国的宪法规定,行政机关不仅要贯彻"依法行政"的原则,而且也要遵守"依宪行政"的原则。宪法适用与行政机关的行政管理活动密切相关。

5. 司法活动中的宪法适用

宪法适用在传统的宪法学理论中,在狭义上往往被视为仅仅是"司法活动中的宪法适用"的代名词。如李步云主编的《宪法比较研究》认为,宪法的适用"狭义上仅指司法机关对宪法的适用"[①]。不过,对司法活动中的宪法适用含义的理解却存在不同的认识。徐秀义、韩大元主编的《现代宪法学基本原理》一书指出:"宪法存在着两种意义上的司法适用性:(1)将宪法规范作为判断当事人之间权利义务纠纷的直接法规范依据;(2)将宪法作为判断当事人之间权利义务纠纷的直接法规范依据的依据。这种意义上的宪法司法适用性,实际上是普通司法机关享有违宪审查权。"[②] 上述观点通俗地说,就是指在司法活动中的宪法适用分为两种形式,一种是直接将宪法作为审理案件的法律依据;另一种是不直接将宪法作为审理案件的法律依据,而是将宪法作为判断作为审理案件的法律依据自身是否具有宪法依据的标准。就后一种情况来看,实际上是在司法活动中运用宪法来判断在制定法律、法规的过程中是否正确地适用了宪法,这种性质的宪法适用可以看成是"立法活动中的宪法适用的司法监督"。

---

① 参见李步云主编《宪法比较研究》,法律出版社1998年版,第338页。
② 参见徐秀义、韩大元主编《现代宪法学基本原理》,中国人民公安大学出版社2000年版,第325页。

从宪法适用的性质来看，不论是将宪法作为审理案件可以直接引用的宪法依据，还是对审理案件所引用的法律依据根据宪法的规定进行违宪审查，在司法活动中的宪法适用都有一个共同的特点，就是由司法机关，包括行使司法职权的一切国家机关（通常在不同国家有不同的内容，一般包括检察机关和审判机关）运用宪法作为司法活动的法律依据。宪法在司法活动中的适用与宪法在立法活动和行政管理活动中的适用其功能是相似的，就是要求司法机关将宪法作为自身行为的法律依据。

值得注意的是，在司法活动中的宪法适用与通过司法活动引起的宪法解释具有不同的功能，两者不应轻易地加以混淆。司法活动的宪法适用重点要解决在司法活动中宪法是否作为司法机关审理案件、判断行为对错的是非标准，宪法适用主要是在宪法规定与具体的法律事实之间进行价值意义上的一致性比较，如果被适用的宪法条文和宪法规范自身的含义是明确无误的，将宪法适用于具体的法律事实时，就不需要对有关的宪法条文和宪法规范的含义进行宪法解释，也就是说，宪法适用不当然涉及对宪法条文和宪法规范自身内涵的释义，只是会涉及适用宪法条文和宪法规范时的适用选择问题。例如，对于由司法机关审理的某个具体案件是否符合宪法规定，是运用一个宪法条文来作为判断是非对错的依据，还是同时运用几个宪法条文来加以判断，这种不同的适用宪法的方法虽然也会涉及宪法条文含义的整体理解，但是，这种适用的效力不具有普遍的约束力，只能约束具体案件的当事人，因此不会产生宪法创制意义上的宪法解释的意义。在司法活动中也可能会引发宪法创制意义上的宪法解释，这种情况一般发生在司法活动中适用宪法的时候发现被适用的宪法条文和宪法规范自身的含义不清晰，不能被很好地适用于具体的案件和法律事实作为司法活动中判断行为对错的具体标准。在这种情况下，就会引发实质意义上的宪法解释。通过宪法解释，不仅仅对具体案件的当事人产生效力，而且还对宪法条文和宪法规范的自身含义产生了实质性的影响。由于在司法活动中的宪法解释具有实质性的改变宪法条文和宪法规范内涵的功能，因此，在许多国家建立了司法活动中的宪法适用和宪法解释相分离的制度，以便使得宪法解释具有更高的权威性，更能够摆脱司法机关的影响，保持宪法解释所具有的宪法创制意义。如 1949 年联邦德国基本法第 100 条第 1 款规定：如果某法律是否有效与法院的裁决有关而法院认为该法为违宪，应即中止诉讼程序。如果认为违反州宪法，即由具有审理宪法争议权限的州法院做出裁决；如果认为违反基本法，则由联邦宪法法院做出裁决。如果认为州法违反本基本法或州法与联邦法律相抵触也适用这一办法。很显然,根据联邦德国基本法的规定,对宪法的解释权并没有赋予普通的法院,而是赋予了专门的宪法法院。当然,对于没有违宪争议的一般案件,联邦德国的普通法院也经常性地引用宪法来作为审理案件的法律依据。如德国联邦劳工法院一直把联邦德国基本法中的基本权利作为审理劳资案件的直接法律依据,并形成具有自身特色的判例法。著名的案件如1954年联邦劳工法院在一个案件中判决私人企业的雇员有权利利用宪法保护的言论自由权利来抗衡雇主的压制行为。

在我国的司法实践中,虽然还没有出现全国人大常委会以正式法律程序发布的具有法律效力的宪法解释,但是,却出现了在司法活动中将宪法条文和宪法规范作为审理案件的法律依据的司法解释和判决。比较著名的是最高人民法院在2001年作出的"8·13"司法批复,在该批复中,现行宪法中的受教育权被直接作为有约束力的法律权利来约束案件所涉及的当事人。地方法院也有在判决中直接引用宪法作为审判案件的法律依据的。如1989年6月5日河北省高级人民法院在审理"王发英诉刘真及《女子文学》等四家杂志侵害名誉权"纠纷案所做出的判决中,认为根据宪法和《民法通则》第101条规定,公民名誉权受法律保护。禁止用侮辱、诽谤等方式损害公民的名誉。上诉人刘真及《女子文学》侵犯了王发英的名誉权,依法应当承担民事责任。该判决属于在法院判决中直接引用宪法解决具体案件中的法律问题的典型事例。类似的还有1988年4月11日上海市中级法院对"沈涯夫、牟春霖诽谤案"所做出的判决。这些判决直接引用了宪法,也就是说直接适用了宪法,但并没有导致具有法律约束力宪法解释的出现。

6. 宪法监督中的宪法适用

宪法监督从法理上来看属于宪法制定者保障宪法能够得到实施的宪法保障行为,并且是不依赖于宪法规定而存在的政治性行为。宪法制定者通过契约赋予了公民基本的宪法权利,通过授权赋予了国家机关、组织和个人特定的宪法的职权。公民能否按照宪法的规定行使基本权利,获得宪法授权的国家机关、组织和个人能否按照宪法的规定行使宪法职权,宪法制定者基于其制定宪法的身份和正当性基础,可以对实施宪法的各项活动进行跟踪监督和检查,目的是推动宪法的各项规定在实际生活中得到更好的实施,防范违宪行为的发生,并对已经发生的违宪行为及时予以制止,由此来维护宪法制定者的权威。但是,宪法制定者在宪法学理论上通常是一个价值概念，而不是指具体的某个机构或个人，在宪法的正当性理论中，宪法制定者与人民的价值内涵是等同的。所以，这就决定了宪法制定者作为宪法实施的具体的监督者是很难有效地监督宪法的实施的，必须通过设立一定的宪法监督制度来保障宪法制定者的宪法监督活动的有效实施。在宪法学理论上，宪法监督可以通过宪法制定者基于宪法的授权来进行，由此便产生了基于宪法的规定实行宪法监督的宪法制度。在这种情形下，由于宪法监督者的宪法监督职权来自宪法，因此，宪法监督者在行使宪法监督职权时就必须严格地依据宪法的各项规定来行使宪法监督职权，而不能随意实行宪法监督。作为宪法上的授权性监督，宪法监督首先要以宪法适用为基础。如法国1958年宪法规定设立宪法委员会，宪法委员会根据宪法规定履行宪法监督职能，包括监督共和国总统选举的合法性，监督公民投票程序的合法性，在组织法公布之前审查其是否符合宪法的规定，等等。法国的宪法委员会显然不是宪法制定者意义上的宪法监督者，其从事的宪法监督活动由宪法加以规定，因此，法国宪法委员会在开展宪法监督活动的过程中，首先必须以宪法的规定作为其开展宪法监督活动的法律依据。

我国现行宪法第62条和第67条规定，全国人民代表大会及其常务委员会有权监督宪法的实施，这种宪法监督也属于应当基于宪法适用进行的宪法监督。因为虽然根据宪法的规定，全国人民代表大会及其常务委员会有权监督宪法实施，但是，宪法并没有规定全国人民代表大会及其常务委员会有权制定宪法，故这种宪法监督在宪法学理论上仍然属于基于宪法的授权而进行的宪法监督。

7. 宪法审判中的宪法适用

宪法审判，顾名思义，是根据宪法的规定来审理案件，并做出相应的判决。宪法审判是由宪法诉讼引起的，是宪法诉讼的重要环节，是在宪法诉讼活动中，由宪法审判机关依据宪法行使宪法审判权力的活动。但是，宪法审判与宪法诉讼并不是同一个概念，宪法诉讼主要是指处理宪法争议的各项法律活动，除包括宪法审判机关依据宪法行使宪法审判职权之外，还包括当事人的申诉、控告、抗辩等诉讼活动。所以，在宪法诉讼中，通常只有宪法审判活动才涉及宪法适用，一般宪法诉讼参与人在宪法诉讼过程中不涉及正式的宪法适用问题，只存在遵守宪法的问题。宪法审判与宪法监督也不一样，宪法审判具有被动性，如果没有产生宪法争议的当事人的申诉，那么，宪法审判机关就不可能主动去运用宪法来审理宪法案件。

根据宪法诉讼的标的物的不同，宪法审判通常分为两种情形：一是运用宪法的规定来解决具体的宪法争议，包括国家机关之间的权限争议、国家机关与公民之间的权力与权利关系的争议以及有关宪法权利冲突的争议；二是运用宪法的规定来解决法院审理案件所依据的法律、法规的制定主体是否具有宪法上的立法权限，法律、法规的内容是否具有宪法上的依据。基于宪法的规定进行宪法审判的结果一般分为三种：第一种是由宪法审判机关来确认受到争议的某种宪法职权或宪法权利的存在和应当受到保护的必要性；第二种是由宪法审判机关在产生宪法争议的当事人之间重新划分宪法权限，包括在不同的国家机关之间重新划分宪法职权，在国家机关与公民之间重新界定彼此的权力与权利关系的界限，对模糊不清的应当受到保护的宪法权利重新界定内涵等，以此结果来消除当事人之间的分歧；第三种是宪法审判机关在运用宪法审判案件的时候，如果发现受到审查的行为或者是法律、法规违反了宪法的规定，可以宣布有关的行为或者是法律、法规违宪，并采取相应措施撤销违宪的法律、法规，停止违宪的法律、法规的生效，消除违宪行为造成的不良影响，对实施了违宪行为的当事人给予相应的法律上的制裁，等等。

宪法审判是以宪法为依据来判断具体的法律行为、法律事件、法律、法规是否具有宪法上的依据，是宪法作为人们行为是非对错的判断标准。由于导致宪法审判的宪法争议是大量和经常性地存在的，具有很强的客观性，因此，相对于宪法监督者对违宪行为的防范来说，宪法审判具有更强的保障宪法实施的功能。

8. 组织和个人遵守宪法与宪法适用问题

宪法适用是将宪法作为判断人们行为是非对错的标准。从理论上看，任何组织和个人都可以运用宪法来作为判断行为是非对错的标准，都存在宪法适用问题。但是，相对于依据宪法享有一定的宪法职权的国家机关、组织和个人来说，不具有宪法上赋予的特定的宪法职权的组织和个人，在运用宪法约束自己的行为时，只能对自身的行为产生约束力，而不能对不特定的社会公众产生约束力。所以，一般组织和公民个人适用宪法的活动不具有制度上的意义，只是在宪法意识的培养和公民道德的建设中会产生积极的影响，故不具有宪法上赋予特定宪法职权的组织和个人适用宪法的活动的特征，在宪法学理论上，只视为"遵守宪法"，而不构成"适用宪法"。但是，宪法要在具体的实际生活中真正地得到实施，既需要享有宪法规定的宪法职权的国家机关、组织和个人要正确地适用宪法来实施宪法上所规定的宪法职权，同时也需要所有的社会组织和公民个人能够自觉地运用宪法的规定来约束自己的行为。

三 宪法适用的效力

宪法适用能否成为具有法律约束力的宪法实施活动，关键在于宪法适用是否具有法律上的效力。如果宪法适用不具有正式的法律上的效力，那么，依据宪法的规定有义务适用宪法的国家机关、组织和个人就可能不会认真地适用宪法，结果就会导致宪法失去了作为人们行为评价标准的作用，宪法的法律功能也就会丧失殆尽，所以，宪法适用必须具有法律效力，必须要对具体的人、物、事件等法律关系主体和法律事实产生法律上的拘束力。

宪法适用的效力主要表现在以下三个方面。

1. 宪法适用的优先性

宪法适用的优先性是指当依据宪法规定享有宪法职权的国家机关、组织和个人在行使自身的宪法职权时，存在与宪法规定不一致的其他形式的法律依据时，应当优先适用宪法。宪法的优先适用性主要表现在宪法作为根本法，应当具有最高的法律效力，在一个国家的主权管辖范围内，不论是对该国家生效的国际法，还是该国立法机关制定的其他法律形式，凡是与宪法不一致的，都必须予以改正或者是不得予以适用。特别是对于同一个行为在选择是适用宪法，还是适用国际法或其他法律形式时，应当首先选择适用宪法。宪法适用的优先性是由宪法的根本法的法律特性决定的，即便是对于缔约国已经生效的国际法，也不得与缔约国的宪法相抵触。所以，在存在明确的宪法依据的情形下，必须要优先适用宪法，而不是任何其他形式的法律或者是规范性文件。

2. 宪法适用的强制性

宪法适用是宪法法律效力的表现形式，如果宪法在实际生活中不能得到适用，那么，就说明没有一个享有公共权力的组织和个人需要从宪法上获得行使权力的法律依据。这实际上只能出现在没有宪法的社会中或者是人治的体制下。如果有宪法却不适用宪法，这恰恰反映了典型的人治和破坏法治的特征。所以，在承认主权在民、依据现代民主原则建立起来的现代法治社会中，国家机关所行使的国家权力或者是其他组织和个人行使的公共权力必须具有宪法上的依据，否则就是越权行为或者是违宪行为。宪法适用对于依据宪法享有宪法职权的国家机关、组织和个人来说是强制性的法律要求，不是可以加以选择的行为准则。大多数国家的宪法中对此都有明确的法律态度。如 1995 年 8 月 30 日通过的《哈萨克斯坦共和国宪法》第 74 条就规定：凡被认为不符合哈萨克斯坦共和国宪法的法律和国际条约，均不能签署、批准和生效。凡被认为损害宪法所确认的人和公民的权利和自由的法律和其他规范性法律文件，均应废除，并不得适用。我国现行宪法第 5 条第 5 款也规定：任何组织和个人都不得有超越宪法和法律的特权。上述这些规定都强调了宪法适用对于享有宪法职权的国家机关、组织和个人来说所具有的强制性。

3. 宪法适用的确定性

宪法适用是将宪法运用到具体的法律事实的评价中，作为人们行为是非对错的判断标准，因此，凡是正确地适用宪法所产生的行为或者是法律、法规，都具有宪法上的依据，这些行为或者法律、法规就应当得到遵守，受到宪法的保护，在具体的实际生活中，就应当具有约束力。宪法适用一经实施，就具有确定性。除非经过宪法争议处理程序，否则不得随意改变宪法适用的法律效果。所以，在没有出现宪法争议的情形下，依据宪法享有宪法职权的国家机关、组织和个人行使宪法职权的行为应当具有法律上的约束力，具有对人、对事的约束作用。

总之，宪法适用是宪法作为根本法，作为人们行为的根本准则的最重要的实现环节，是连接宪法规范与具体的法律事实之间的制度纽带。没有宪法适用制度的存在，宪法就只能是纸上的宪法，而不可能是在实际生活中对人们的行为真正起到约束作用的法律规范。所以，研究宪法学，必须要重点研究宪法适用制度，并建立有关宪法适用的科学的理论体系。

四　宪法适用的第三者效力

宪法是否适用于私人之间的法律纠纷和争议，这个问题在宪法学上存在很大争议。

传统宪法学理论认为，宪法是针对公权力而不是私人发生直接作用的，因此，私人之间不存在任何宪法性质的争议。但是，这种宪法理论在第二次世界大战后受到了质疑。在德国，以尼伯代（Hans Carl Nipperdey）为代表的"第三者效力理论"（drittwirkung）在第二次世界大战以后得以兴起，该理论之要义为：(1) 私法乃统一、自由的社会整体法律秩序的最重要成分，人类尊严既是整体法律秩序的基础，也是私法体系的基础。(2) 社会结构变迁导致强有力的团体、协会以及公众、个人必须和社会、团体发生关系，面对社会实力者以及经济上之强者时，个人个别价值之保障应受到宪法承认。(3) 基本权利之绝大多数是为古典的、针对国家权力而设的,在私法关系中不适用。但是,仍然有一些基本权利可以在私法关系中直接适用,可以废止、修正、补充甚或重设私法规则。(4) 德国基本法虽只第9条明文规定具有直接私法适用性,可历史地看,19世纪的人民主要担心国家权力之滥用,对私人的社会势力者的防御视为次要,而工业社会使得个人遭受其他个人及社会势力者侵害亦大,所以,不必拘泥于传统基本权利观念①。然而,"第三者效力理论"在德国虽有联邦劳工法院与之呼应,毕竟未成为通说,多数学者予以反驳。其中,杜立希(Günter Dürig)的观点如下:(1) 宪法基本权利乃针对国家权力而产生,不过,民事审判是国家行为之一种,当然也要受宪法基本权利规范的约束,但此种约束为间接约束。(2) 私法应具备高度之独立性,国家不能否认同处平等地位的私人之间任何符合私法正义的相互行为,在法律上可以准许私人在相互之间放弃某些基本权利。所以,民法可以许可个人在签订契约时予男性较多利益,可以依约表达某些特定之言论,可以限制及确定一方放弃言论自由、迁徙自由甚或良知自由等权利。(3) 基本权利对私法的效力,可以间接地通过私法达到,以私法中的概括条款(如善良风俗)作为私法实现宪法基本权利理想的媒介②。此一理论,并不否认宪法在私法关系中的效力,只是强调必须间接而非直接适用,故可以称为"间接适用说"。

在司法实践中,德国联邦宪法法院基本秉持间接适用的立场,赞成杜立希的观点,认为宪法在私法中的直接适用性尚存疑问,不宜把步子迈得过大。但法官在具体审判案件时,必须以宪法基本权利之精神来审查、解释及适用民法条文。如果法官不循此方式,就是没有遵守基本法规定——基本权利直接拘束立法、行政和司法,就可视为公权力的侵害,人民可以提出宪法诉讼,由宪法法院来审查基本权利对民法的放射作用有无被实现③。

"第三者效力理论"在日本的违宪审查实践中,也曾得到低级法院的支持。但是,日本宪法学界的主流观点并不赞同此理论,而且日本最高法院也没有给予支持。在著名的"私人间的人权保障——三菱树脂案

---

① 参见陈新民《宪法基本权利及对第三者效力之理论》,载《德国公法学基础理论》上册,山东人民出版社2001年版,第292—297页。
② 参见陈新民《宪法基本权利及对第三者效力之理论》,载《德国公法学基础理论》上册,山东人民出版社2001年版,第302—307页。
③ 参见陈新民《宪法基本权利及对第三者效力之理论》,载《德国公法学基础理论》上册,山东人民出版社2001年版,第313—314页。

件"中①,"第三者效力理论"得到了较充分的探讨。事情起源于三菱树脂公司组织的职员录用考试。

当事人 X 通过了三菱树脂公司组织的职员录用考试,大学毕业后即在附有 3 个月使用期间的条件下到该公司工作。但是,在试用期届满之前,公司通知 X 试用期满后将拒绝录用他,其理由是,X 曾在大学中作为学生自治会的委员参加了各种违法的学生运动,并且担任过生活协同互助组织的理事;但是在考试时,X 却做了隐瞒或者虚假的陈述,没有在调查书上写明这些事实,在面试中,同样做了虚假的回答,称并未参加过学生运动。所以,公司认为 X 的这种行为属于欺诈,不适宜担任公司的管理职务。于是,X 以公司为被告提起诉讼,要求法院确认其在雇佣合同上的权利并请求支付被解雇后的佣金。

一审法院认为 X 对在校期间的活动确实有说明不实的倾向,而且对于参加学生运动也有回避回答的情形。但是,并不能因此认为其有"虚假"或者"恶意",公司判定 X 不适合担任管理职务的工作,并解除雇佣合同的行为属于滥用解雇权,不应当产生效力。因此,法院确认 X 享有雇佣合同上的权利,基本上支持了其请求。

二审法院从宪法上寻找理由,同样判定 X 胜诉。法院的理由是:人的思想、信条本应当是自由的,这从宪法第 19 条上看也是应当加以保障的②。企业不应当在雇佣劳动者时,由于本身居于优越性的地位,而违反对方当事人的意志侵犯其基本权利。宪法第 14 条③、劳动基准法第 3 条④都禁止依据信条歧视他人,一般的商业性公司与报社等的行业不同,雇佣持有一定信条和思想的劳动者并不会影响其正常的工作。因此在考试时要求应试者说明有关的政治思想、信条等,违反了公序良俗,而应试者隐瞒不报也并不会对公司造成任何的损失,所以公司要求应试者说明自己的信条等的行为本身是违法的,同时解除雇佣合同的行为也违反了劳动基准法第 3 条的规定,是无效的。

作为终审法院的日本最高法院则认为二审判决在法令的解释上存在错

---

① 最高法院 1973 年 12 月 12 日大法庭判决,民集 27 卷 11 号,第 1536 页。
② 《日本宪法》第 19 条规定:思想以及良心的自由不受侵犯。
③ 《日本宪法》第 14 条规定:所有国民在法律之下一律平等,不因人种、信条、性别、社会性身份或者门第不同而在政治性、经济性或者社会性关系中受到歧视。
④ 该条规定:雇主不得以劳动者的国籍、信条或者社会性身份为理由,在佣金、劳动时间以及其他劳动条件上给予劳动者歧视性待遇。

误，在审理中有未尽之处，于是撤销了原判决，发回二审法院重审。终审法院的理由如下：

（1）《日本宪法》第19条、第14条"和保障其他具有自由权性质的基本权利的规定一样，目的在于保障个人针对国家或者公共团体统治行为的基本性自由，这应当是用以规范国家或者公共团体与私人之间的关系的，而并非是用来规范私人相互之间的关系的"。在私人之间的关系中，对个人的基本自由、平等的侵害或者侵害的可能性，"在样态、程度上超越了社会所允许的限度时，完全有可能以立法的措施加以校正，并且，有时完全可以通过适当运用民法中第1条、第90条①关于禁止对私人自治进行一般限制的规定以及民法中关于侵权行为的各项规定，一方面尊重私人的自治，另一方面保障基本性自由、平等的利益不受超出了社会所允许限度的行为的侵害，在这之间是存在可以进行适当调整的方法的"。

（2）日本宪法在保障公民的思想、信条的自由、法律之下人人平等的同时，"在第22条、第29条②中还将财产权的行使、营业以及其他广泛的经济活动的自由作为基本性的人权加以保障"。企业有缔结合同的自由，有选择以何种条件雇佣劳动者的自由。企业以某劳动者持有某种信条为由拒绝对其录用并不违法。所以，在决定是否录用时，企业要求劳动者说明与个人信条有关的事项也是不违反法律的。

（3）而"本案中（企业）拒绝录用的行为，属于对保留解除合同权的行使，即属于雇佣后的解雇"，对该保留解除合同权利的行使"仅在比照保留解除合同权利的主旨、目的，存在合理性的理由，可以认为在社会通常的观念上是适当的情况下，才会被允许"。而对于与相关的本案件中的事实（包括X参加学生运动的事实、X对这些事实的隐瞒以及这些事实对企业的影响），还有进一步审理的必要。

就日本最高法院在日本宪法上人权保障的效力是否及于私人之间的关系这一问题上所持有的观点，对此，日本宪法学界有着不同的认识。无效力说认为宪法中关于人权保障的规定仅对国家发生效力，在私人之间不产生任何宪法意义上的作用。根据这一观点，只要宪法中没有明确规定特定

---

① 《日本民法》第1条规定：私权的行使应当尊重公共利益，权利的行使以及义务的履行须恪守信用、诚实为之。第90条规定：以违反公共秩序或者善良风俗的事项为目的的法律行为无效。

② 《日本宪法》第22条规定：任何人只要不违反公共利益，都有居住、迁徙以及选择职业的自由。第29条规定：财产权不受侵犯。

的人权在私人之间可以适用，对私人之间的人权保障就只能听由立法措施加以解决。直接效力说认为，宪法中关于人权的规定不仅具有约束国家作用的效力，它作为宪法规定的原则，还应当在社会生活的各个领域受到尊重，即宪法关于人权的规定在私人之间也有法律上的效力，可以予以直接适用。而间接效力说认为人权虽然主要是公民对国家的权利，但是为了保障人权不在私人之间受到侵犯，除利用私法自治中公序良俗等的规定外，还应当通过运用法律技术将人权的效力扩展到私人领域。在本案之前，日本最高法院的判例一直没有明确指明采用哪一种观点。而本案中，终审法院判称，宪法中有关人权的规定主要用以规范国家或者公共团体同个人之间的关系，而不直接规范私人之间的关系，但当对人权的侵害在样态和程度上超过了社会容许的限度时，还可以通过立法措施或者私法上有关的原则加以救济。因此，似乎可以说，终审法院完全否定了直接效力说，而采用了间接效力说。但是它又将社会容许的限度作为一个评判的标准，即如果不能认定对人权的侵害已经超出了该限度的话，私人之间的人权救济就根本不可能。所以，有的学者认为，终审法院实际上采用了无效力[①]或者接近无效力说的间接效力说[②]，是极为消极的。

总之，"第三者效力理论"虽然没有被世界各国的违宪审查理论普遍接受，也没有成为违宪审查实践的肯定性做法，但是，该理论对于认识违宪主体以及违宪审查的对象的性质具有非常重要的启发意义，是研究违宪审查的对象理论时必须加以认真研究的问题。

第五节 宪法监督和保障机制

一 宪法监督概述

宪法一经制定以后，就应该在实际中得到准确地实施，否则，由宪法所反映的人民的意志和旨在实现的人民利益就不可能达到制定宪法时预设的目的。从制定宪法者制定宪法的动机和目的来看，宪法制定者为了保证宪法在实际中得到很好地实施，使宪法所反映的人民意志和旨在实现的人

[①] 参见［日］有仓辽吉《三菱树脂案件最高法院判决的宪法性评价》，《法学评论》第220号。
[②] 参见［日］深濑忠一《因信条给予的差别》，《别册法学家·宪法判例百选Ⅱ》，有斐阁1994年版。

民利益得到完全地实现,就必须对宪法实施的过程进行监督,并对实施宪法的结果进行必要的矫正,对符合宪法要求的给予肯定和鼓励性的评价,对不符合宪法要求的给予否定和惩罚性的评价。宪法制定者正是通过上述调控手段来保证使纸上的宪法变成现实中的宪法。

从宪法制定者对宪法实施进行监督的过程来看,进行宪法监督应当是全方位的,它一般涉及创制宪法、实施宪法的所有过程和环节。

从创制宪法的过程和环节来看,制定新的宪法的过程一般视为宪法制定者意志和利益的直接体现,所以,制定宪法的过程和环节以及因此产生的新的宪法本身是集宪法创制与宪法监督于一体的过程。对于在宪法创制过程中对宪法所进行的宪法解释和宪法修改的活动,如果进行宪法解释和宪法修改的主体是宪法所特别授权的主体而不是宪法制定者自身,那么,就存在一个宪法制定者对宪法解释和宪法修改主体进行宪法解释和宪法修改活动予以宪法监督的必要性。如果缺少这样的监督,宪法解释和宪法修改的主体解释宪法和修改宪法的过程以及相应的结果就存在违反宪法规定和宪法制定者立宪意图的可能。

从宪法实施的过程和环节来看,宪法所规定的代表宪法制定者行使宪法所规定的国家权力的国家机关是否按照宪法的要求去行使国家权力和保障公民权利必须由宪法制定者予以监督。也就是说,依据宪法规定享有宪法职权的国家机关是否真正适用了宪法的各项规定来行为,直接关系到宪法制定者的权威能否得到必要和有效的尊重。因此,没有这样的宪法监督制度的存在或者这样的宪法监督制度不能有效地发挥监督作用,那么就可能发生由宪法所授权的国家机关违反宪法规定和宪法制定者立宪意图、不认真履行相关的宪法职权和职责的现象。所以,从保证宪法规定得到准确实施和完全实现的角度来看,国家机关依法实施宪法的过程以及由此产生的相应的结果都必须予以必要的宪法监督。

总之,宪法监督是宪法制定者通过一定的制度和程序对依据宪法规定有权解释宪法、修改宪法和实施宪法的特定主体(主要是国家机关、特定的政府组织和个人)所进行的宪法解释、宪法修改和宪法实施活动的过程和结果所进行的监督活动,其目的旨在使宪法的规定得到准确地实施和完全地实现,从而实现宪法制定者的立宪目的。

二 宪法监督权

宪法监督是宪法制定者保障宪法得到准确地实施和完全地实现的调控宪

法效力的活动。宪法监督是一种特殊的监督活动,只有享有宪法监督权的主体才能进行宪法监督,不具有宪法监督权的主体不能进行宪法监督活动。

宪法监督权在权力性质上是一种人民主权原则的体现,即只有作为宪法制定者的人民才能享有宪法监督权,宪法监督权与宪法制定权一样只能属于人民。当然,人民作为宪法监督权的主体,可以通过一定的制度和程序直接行使宪法监督权,也可以通过宪法的规定授权特定的主体行使宪法监督权。依照宪法规定享有宪法监督权的主体在进行宪法监督的过程中,一方面依照宪法所赋予的实施宪法监督的职权对一切享有宪法所规定的国家权力的国家机关实施宪法的活动进行监督;另一方面,依照宪法规定享有宪法监督权的主体实施宪法监督的活动也必须接受作为授权者的宪法制定者的监督。

三 宪法监督的基本类型

宪法监督依照实施宪法监督的主体和宪法监督权的性质的不同可以分为直接的宪法监督和间接的宪法监督两种类型。直接的宪法监督是由享有宪法监督权的宪法制定者进行的,一般在宪法学上称为人民监督;间接的宪法监督是依照宪法的规定享有宪法监督权的主体所进行的监督,一般在宪法学上称为特定主体的监督。依照宪法的规定享有宪法监督权的主体的范围比较广泛,国家权力机关、立法机关、行政机关和司法机关都可以依据宪法的规定享有进行宪法监督的职权。宪法监督依照受监督的宪法行为性质的不同,可以分为对创制宪法的监督和实施宪法的监督;宪法监督依照受监督的宪法行为的构成的不同,可以分为对宪法行为过程的监督和对宪法行为结果的监督;宪法监督依照宪法监督主体所进行的宪法监督的方式的不同,可以分为主动的宪法监督和被动的宪法监督等。下面就几种重要的宪法监督形式的基本制度和内容予以简单地介绍。

1. 人民监督

人民监督是宪法监督的最基本制度。从宪法监督权行使的正当性来看,只有人民才是完全享有宪法监督权的主体。人民所享有的宪法监督权是不受宪法规定的局限的,是一种原始性质的监督活动[①]。人民监督的表现形式非常丰富,最常见的包括通过选民和原选举单位对人民代表或者议

---

① 在政治学和宪法学中,人民是一个集合性的概念。它是掌握国家政权的全体社会成员的总称,具有约定俗成的指称作用。而如果从逻辑上界定人民的构成,就很容易产生组成人民的个体特征问题。由于被称为人民的人是抽象的人和具体的人的结合,因此,人民监督也是由集体监督和个体监督组成的。

员的监督来影响创制宪法和实施宪法的活动，通过全民公决的方式对重要的创制宪法或者是实施宪法的活动进行复决①，以及公民个人可以对违反宪法的国家机关和国家机关工作人员的行为提出批评、意见和建议。例如，1986年8月18日通过的《尼加拉瓜共和国宪法》第10章第2节就是专门规定了"宪法监督"。该节共4条，详细规定通过公民申诉程序来监督宪法的贯彻实施。该宪法第187条规定：设立对一切与宪法相抵触的法律、法令或条例的违宪申诉。任何公民均可提出此类申诉。第188条规定：设立人身保护申诉，以反对违反或企图违反宪法权利和保障的一切规定、行为或判决，以及任何官员、当局或其代理人的行为或不行为。第189条规定：设立人身出示申诉，以保护其自由、身体完整和安全受到破坏或危险者。

2. 立法机关的宪法监督

由议会或者是立法机关充当宪法监督者一般盛行于普通法系国家，如英国奉行议会主权原则，因此，对不成文宪法的监督职责也就只能由议会自身承担。当然，由议会作为宪法监督者也是受到其他制度上的因素的制约的。如英国议会中两大政党可以对监督宪法实施起到很好的平衡作用。一些模仿英国做法的国家都曾经在宪法中确立了议会作为宪法监督者的法律地位。如1946年《厄瓜多尔宪法》第189条就规定，"唯国会有权对宪法做出具有普遍约束力的解释，并对宪法规定发生疑义的任何令状的意义有解决之权"。

3. 国家元首的宪法监督

国家元首监督宪法实施始于君主立宪制，最早确立这一制度的是日本明治宪法。该宪法规定，宪法解释之权属于天皇。在实行三权分立制度的美国，总统也承担着保障宪法实施和尊严的义务。总统对议会的立法如果认为不符合宪法规定的精神可以通过口袋否决权来行使监督权。在法国，总统对维护宪法的权威也具有监督的职责。

4. 国家司法机关的宪法监督

由普通的最高法院或者是专门的宪法法院来监督宪法的实施是宪法监督最普遍的形式。由普通法院作为宪法的守卫士最早起源于1803年美国最高法院对马伯里诉麦迪逊案件的处理，在该案中，美国最高法院确立

---

① 如《瑞士联邦宪法》第89条规定：联邦法律得到3万公民或8个州政府的要求，由公民表决，或采用之，或拒绝之。

了有权对法律是否违宪进行审查的权力,自此,作为一种宪法惯例,美国最高法院便具有了违宪审查权。从第一次世界大战后奥地利建立宪法法院后,直至今天,宪法法院作为专门监督宪法实施的机关在保障宪法实施、维护宪法权威方面发挥了重要的作用①。

四 中国的宪法监督

我国宪法在规定国家根本制度和根本任务的同时,对宪法自身的实施给予了高度的重视。从1954年宪法到1982年宪法,历来都非常重视宪法监督制度的建设。1954年宪法第2条规定,中华人民共和国一切权力属于人民。这就明确了人民在我国直接享有宪法监督权的主体身份。为了保障宪法监督活动的效率,1954年宪法又在第27条规定了全国人民代表大会有权监督宪法的实施。为了保证人民对宪法实施的监督权落到实处,1954年宪法又对人民监督宪法的实施做了一些具体制度和程序上的规定。如第17条规定,一切国家机关必须依靠人民群众,经常保持同人民群众的密切联系,倾听群众的意见,接受群众的监督。第29条第1款规定,宪法的修改应当由全国人民代表大会以全体代表的三分之二的多数通过。第38条还规定,全国人民代表大会代表受原选举单位监督。原选举单位有权依照法律规定的程序随时撤换本单位选出的代表。1975年宪法第3条仍然强调了人民作为宪法监督主体的神圣地位。1978年宪法重新肯定了全国人民代表大会依照宪法的规定有权监督宪法的实施。总之,在新中国成立后前三部宪法中,宪法监督权和宪法监督制度都得到了直接或者是间接的肯定,尤其是一切权力属于人民的原则,从根本上保障了人民作为宪法制定者和宪法监督者的主体身份。作为依照宪法享有宪法监督权的主体,1954年宪法和1978年宪法规定了全国人民代表大会在监督宪法实施中的作用。

1982年在总结前三部宪法关于宪法监督的规定的经验基础之上,尤其是在认真吸取"文化大革命"对宪法监督制度所造成的破坏的教训后,突

---

① 据粗略统计,设立宪法法院的国家有:阿尔巴尼亚、亚美尼亚、阿塞拜疆、比利时、波黑、保加利亚、克罗地亚、捷克、法国、格鲁吉亚、德国、匈牙利、意大利、拉脱维亚、列支敦士登、立陶宛、波兰、葡萄牙、罗马尼亚、俄罗斯、斯洛文尼亚、斯洛伐克、西班牙、土耳其、乌克兰。

通过最高法院行使宪法法院职能的国家有:阿根廷、加拿大、塞浦路斯、丹麦、爱沙尼亚、芬兰、希腊、冰岛、爱尔兰、日本、马耳他、挪威、瑞典和瑞士。

出强调了宪法监督的意义以及规定了比较健全的宪法监督制度。

为了突出宪法监督的必要性,首先宪法强调了宪法作为根本法必须得到遵守,宪法序言明确规定,"本宪法以法律的形式确认了中国各族人民奋斗的成果,规定了国家的根本制度和根本任务,是国家的根本法,具有最高的法律效力。全国各族人民、一切国家机关和武装力量、各政党和各社会团体、各企业事业组织,都必须以宪法为根本的活动准则,并且负有维护宪法尊严、保证宪法实施的职责"。其次,宪法确立了宪法作为根本法的法律权威,一切法律、法规和行为都必须符合宪法的要求,不得与宪法的规定和要求相违背,这就为宪法监督提供了必要条件,即要保证法律、法规和行为不违背宪法的规定和要求,就必须对宪法的实施进行必要的监督。宪法第 5 条规定:"一切法律、行政法规和地方性法规都不得同宪法相抵触。""一切国家机关和武装力量、各政党和各社会团体、各企业事业组织都必须遵守宪法和法律。一切违反宪法和法律的行为,必须予以追究。""任何组织或者个人都不得有超越宪法和法律的特权。"

在具体的宪法监督制度建设方面,1982 年宪法从人民监督、最高国家权力机关的宪法监督等角度对宪法监督制度的主要方面做了规定。在保障人民享有宪法监督权方面,宪法一方面肯定了中华人民共和国一切权力属于人民的原则,这里的一切权力也包括了宪法监督权在内;另一方面,宪法又规定人民对依照宪法的规定享有宪法监督权的最高国家权力机关监督宪法实施的活动享有监督权。宪法第 3 条第 2 款规定,全国人民代表大会和地方各级人民代表大会都由民主选举产生,对人民负责,受人民监督。对于组成全国人民代表大会的人民代表履行代表职责的活动,宪法也规定了相应的监督制度。宪法第 76 条规定,全国人民代表大会代表必须模范地遵守宪法和法律,保守国家秘密,并且在自己参加的生产、工作和社会活动中,协助宪法和法律的实施。全国人民代表大会代表应当同原选举单位和人民保持密切的联系,听取和反映人民的意见和要求,努力为人民服务。第 77 条规定,全国人民代表大会代表受原选举单位的监督。原选举单位有权依照法律规定的程序罢免本单位选出的代表。在保障最高国家权力机关依照宪法的规定享有宪法监督权方面,1982 年宪法扩大了宪法监督的主体,不仅全国人民代表大会有权监督宪法的实施,而且全国人民代表大会常务委员会也有权监督宪法的实施。在确定最高国家权力机关享有宪法监督权方面,规定了相关的制度。如宪法第 63 条规定,对于违反宪法所规定的职责的国家机关领导人,包括中华人民共和国主席、副主席,国务院总理、副总理,国务委员、各部部长、各委员会主任、审计长、秘书长,中央军事委员会主席和中央军事委员会其他成员,最高人民法院院长和最高人民检察院院长,全国人民代表大会具有罢免权,等等。

当然,我国的宪法监督制度还需进一步予以完善。主要的问题在于应当通过法律的规定来确定最高国家权力机关进行宪法监督的具体法律程序。尤其是对法律、行政法规和地方性法规是否合宪应当建立明确的宪法监督机制,同时也应当建立具体负责监督宪法实施的工作机构来处理各项与宪法监督相关的事务。

五 自主监督、授权监督与委托监督

由于宪法监督涉及宪法制定者的权威是否能够得到尊重和立宪意图是否能够得到有效的实现,所以,根据监督者与被监督对象之间关系,宪法监督在形式上还可以分为自主监督、授权监督与委托监督。其中,不同的监督形式所产生的法律后果并不相同,其法律效力也不太一样,这是被传统宪法监督理论所忽视了的理论问题。

以十届全国人大常委会第二十三次会议于2006年8月27日通过的《中华人民共和国各级人民代表大会常务委员会监督法》(以下简称《监督法》)为例,该法在规定各级人大常委会行使监督职权的方式上明确地设计了两种不同的监督方式,一是授权监督,二是委托监督。但是,《监督法》并没有明确授权监督与委托监督的关系,特别是没有明确委托监督与授权监督的区别,因此,这就给各级人大常委会行使监督职权提出了非常重要的课题,也就是说,各级人大常委会在行使授权监督和委托监督的监督职权时,在监督主体、监督对象、监督依据、监督程序和效力等方面到底存在哪些不同。由于我国现行宪法及相关的法律并没有对此问题做出明确规定,本书只能从监督法和宪法学的基本原理出发,通过引入自主监督的概念,对委托监督与授权监督之间的一般性价值区别做一点探讨,以供宪法学理论研究之用。

(一)授权监督是一种抽象性和全面性监督,监督对象具有普遍性,监督范围比较广泛,行使授权监督职权的各级人大常委会在行使监督职权时有较大的自由裁量权

关于授权监督,《监督法》从第2条到第7条都明确了授权监督的内涵、程序和基本制度。主要内容有:

1. 授权监督是依据宪法和有关法律进行的，授权监督的程序依据《监督法》规定进行或适用有关法律的规定

《监督法》第 2 条明确规定：各级人民代表大会常务委员会依据宪法和有关法律的规定，行使监督职权。各级人民代表大会常务委员会行使监督职权的程序，适用本法；本法没有规定的，适用有关法律的规定。

根据上述规定，只有宪法和法律才能授权各级人民代表大会常委会行使授权监督职权，包括行政法规、行政规章、地方性法规和地方政府规章等在内的其他任何法律形式都无权授权各级人民代表大会常委会进行授权监督，该规定体现了授权监督的神圣性。

2. 授权监督必须严格按照授权监督的原则进行，被授权的各级人大常委会有责任严格依据宪法和法律的授权来行使授权监督职权

《监督法》从第 3 条到第 4 条明确规定了授权监督的指导思想、基本原则，体现了授权监督的公正性要求。《监督法》第 3 条规定：各级人民代表大会常务委员会行使监督职权，应当围绕国家工作大局，以经济建设为中心，坚持中国共产党的领导，坚持马克思列宁主义、毛泽东思想、邓小平理论和"三个代表"重要思想，坚持人民民主专政，坚持社会主义道路，坚持改革开放。第 4 条规定：各级人民代表大会常务委员会按照民主集中制的原则，集体行使监督职权。

3. 授权监督的对象是"一府一委两院"的工作

《监督法》规定：各级人民代表大会常务委员会对本级人民政府、人民法院和人民检察院的工作实施监督，促进依法行政、公正司法。

4. 授权监督必须接受监督

授权监督从性质上看，是一种授权者授予被授权者进行监督的制度，所以，作为接受授权的被授权者各级人大常委会是否依据宪法和法律的规定很好地行使了授权监督职权，也必须受到授权者的监督，这样才能保证授权监督的有效进行。《监督法》第 6 条明确了授权监督必须接受监督的基本监督理念。该条规定：各级人民代表大会常务委员会行使监督职权的情况，应当向本级人民代表大会报告，接受监督。

5. 授权监督必须具有公开性

授权监督由于属于依据宪法和法律实施的监督，所以，要保证授权监督的有效性除通过授权者对授权监督行为进行必要的监督之外，公开授权监督的情况也是保证授权监督的合宪性和合法性的重要途径。《监督法》

第 7 条明确规定：各级人民代表大会常务委员会行使监督职权的情况，向社会公开。

（二）委托监督是一种具体监督，带有针对性，属于特定主体通过委托方式向另一方特定主体就特定事项进行委托监督

《监督法》在确定了授权监督的基本制度之后，又建立了委托监督的制度，丰富了我国各级人大常委会行使监督职权的形式。《监督法》第 25 条规定：全国人民代表大会常务委员会和省、自治区、直辖市的人民代表大会常务委员会根据需要，可以委托下一级人民代表大会常务委员会对有关法律、法规在本行政区域内的实施情况进行检查。受委托的人民代表大会常务委员会应当将检查情况书面报送上一级人民代表大会常务委员会。

根据《监督法》第 25 条的上述规定，委托监督至少具有以下几个方面的法律特征：

1. 委托监督中的委托主体限于全国人大常委会和省、自治区、直辖市的人民代表大会常务委员会，省、自治区、直辖市以下的地方各级人大常委会不能行使委托监督中的委托权。

2. 委托监督中的被委托主体是省、自治区、直辖市的人大常委会和县（市）级人大常委会，其他地方人大常委会不能接受委托行使监督权。

3. 委托监督中的委托监督事项是法律、法规的实施情况，具体到委托主体来说，也就是说，全国人大常委会可以将对法律实施的监督事项委托给省、自治区、直辖市的人大常委会进行监督，省、自治区、直辖市的人大常委会可以将对地方性法规实施的监督事项委托给县（市）人大常委会进行监督。

4. 受委托进行监督的人大常委会应当将委托监督的实施情况向委托主体书面报告，以保证委托主体的委托落到实处。

（三）委托监督不以授权监督为前提

尽管《监督法》中只是明确规定了授权监督和委托监督两种监督方式，但从监督主体行使监督职权的行为特征来看，实际上，在我国现行的宪法制度下，存在三种形式的宪法监督，即自主监督、授权监督和委托监督。

1. 自主监督是有权制定法律、法规的各级人大常委会对自己制定的法律、法规和规范性文件的实施情况进行监督，这种监督不需要法律授权，也不需要其他主体委托，自主监督的法律效果由监督主体自己承担。根据我国现行的宪法制度，各级人大常委会都有权对本级人大常委会制定和发

布的法律、法规和规范性文件的实施情况进行自主监督，保证这些规范性文件在本行政区域内得到贯彻落实。

2. 授权监督是各级人大向同级人大常委会授权监督属于由各级人大制定的法律、法规和规范性文件的实施情况，其中也包括了全国人大及其常委会基于宪法的授权所进行的宪法监督。由于我国实行的是人民代表大会制度，各级人大常委会是各级人大的常设机构，在组织关系上从属和隶属于同级人大，因此，只要是不属于各级人大常委会自身制定的法律、法规和规范性文件的实施情况的监督，各级人大常委会在监督同级人大制定的法律、法规和规范性文件实施情况时都需要同级人大进行授权监督，以保证各级人大常委会很好地行使监督职权。授权监督的程序必须具有统一性，依据《监督法》第2条规定，授权监督的程序必须符合《监督法》的规定。授权监督中的监督职权带有职权划分的性质，因此，各级人大常委会依据授权监督的授权所进行的监督带有全面性和抽象性。

3. 委托监督是委托主体就自身制定的法律、法规和规范性文件的实施情况委托另外一个主体进行监督，一般是上级人大常委会向下级人大常委会委托监督某个具体法律、法规和规范性文件的实施情况。根据授权监督的一般原则，授权监督是授权者通过宪法和法律向另一个主体授权进行监督，因此，从原则上看，没有授权者的明确授权，一般情况下，被授权的主体在行使授权监督职权时，不得将从宪法和法律中所获得的授权监督职权再授予或通过委托方式转交另一主体行使。根据这一原则，《监督法》第25条所规定的委托监督，其委托监督事项不可能是作为委托主体的同级人大所制定的法律、法规和规范性文件，而只能是委托主体自己制定和发布的法律、法规和规范性文件。委托监督的直接依据是自主监督，而不是授权监督，没有自主监督权的人大常委会无权委托下级人大常委会行使委托监督职权。

我国《监督法》所规定的自主监督、授权监督和委托监督方式，虽然在现有的法条中没有完全明确体现出来，但是，却可以依据监督法的一般原理和宪法学的基本理论合理地推导出来。在法理上明确授权监督与委托监督之间的法律界限是非常必要的，因为这种价值区分可以比较有效地服务于监督的实践，可以帮助各级人大常委会依据《监督法》的规定来正确地行使自身的监督职权。

（四）自主监督、授权监督与委托监督关系中值得探讨的几个问题

在以往的宪法学理论研究中，对自主监督、授权监督与委托监督并没

有做出明确的分类,特别是"授权"与"委托"的一般法律关系,即便是在私法理论中也没有完全厘清,这就给监督理论带来了"正当性"欠缺的问题。

在"三权分立"的政权组织形式下,不同国家机关之间依据宪法和法律的规定相互进行制约,实际上这种相互制约关系体现了"授权监督"的思想,只不过是同一授权主体就同一事项同时向两个以上的主体授权相互监督,被授权的主体应当依据宪法和法律的规定来行使相互监督的职权。而在人民代表大会制度下,由于实行人民代表大会相对于国家行政机关、国家审判机关和国家检察机关权力至上的原则,所以,在人民代表大会与国家行政机关、国家监察机关、国家审判机关和国家检察机关之间不存在横向的相互监督关系,因此,在它们之间不存在相互制约的监督关系,而只存在人大对"一府一委两院"的单向的监督关系以及上级国家机关对下级国家机关的纵向监督关系。所以,在我国现行的人民代表大会制度下,监督与被监督关系体现了服从与被服从的主从性质的权力关系,监督关系的发生,除由有监督权的主体自主进行监督之外,其他形式的监督必须依据"授权监督"与"委托监督"形式进行。

1. "授权监督"的正当性来源

从宪法学理论来看,监督是一种从属性的履行国家权力的行为,它首先来自监督者具有宪法和法律上所赋予的独立的职权,如果一个国家机关没有宪法和法律上的独立的职权,那么,该国家机关就不能对自身行使国家权力的行为进行监督,必须受制于另外一个主体。如果一个国家机关依据宪法和法律的规定享有独立的职权,那么,为了保证该独立的职权能够得到很好的行使,该国家机关就必须对自身履行独立职权的行为采取必要的监督保障措施,以确保这种独立职权的实现。所以,监督行为的独立性首先来自职权行为的独立性,自主监督必须基于监督者依法独立行使职权的行为。

从保证监督行为的合法性角度来看,自主监督应当是监督行为的主要形式,因为只有自主监督,才能通过监督真正地体现监督者自身行使国家权力行为的独立性。但是,应当看到的是,由于现代宪法是建立在人民主权学说的基础之上,所以,在具体的国家机关之上,存在以价值形态出现的虚拟的权力主体——"人民"或者是"宪法制定者",所以,在合宪性的监督上以及对人民意志的执行上所进行的监督,实际上会因为权力主体本身的虚化而虚化,故在保证人民意志的执行上,"法治原则"是首要的,

"法治原则"高于"监督原则"。必须通过宪法和法律来设定特殊的监督主体来代表人民对宪法和法律的实施进行一般性的抽象监督。在现代民主社会中,代议机构或者是人民代表大会是由选民选举产生的,相对于其他形式的国家机关或者是社会组织来说,更具有代表人民行使国家权力的正当性,所以,通过宪法和法律向代议机构或人民代表大会授权监督宪法和法律的实施,是符合人民主权原则要求的。为此,在人民代表大会制度下,通过宪法向"人民代表大会"授权监督宪法的实施,是"授权监督"的首要形式。由于人民代表大会属于代议型的国家机构,它是由人民代表组成的,不可能经常性地通过会议的方式来行使职权,所以,在人民代表大会闭会期间,人民代表大会自身的职权如何行使,人民代表大会已经制定的法律和规范性文件如何监督,就必须依靠"授权监督"的方式来实现。由于人民代表大会与国家行政机关、国家监察机关、国家审判机关和国家检察机关是人民代表大会制度下具有不同性质的国家机关,所以,人民代表大会一般不宜直接向国家行政机关、国家监察机关、国家审判机关和国家检察机关授权监督人民代表大会自身制定的法律和规范性文件的实施,只能向其常设机构授权监督自身制定的法律和规范性文件的实施。也就是说,由于人民代表大会行使国家权力方式的特征具有时段性和局限性,所以,在法理上和制度上需要在人民代表大会闭会期间向人民代表大会常设机构授权,代表人民代表大会对人民代表大会制定的法律和规范性文件进行抽象性的监督。因此,由人民代表大会向人民代表大会常设机构进行"授权监督"是人民代表大会制度下授权监督的"第二种形式",也是最常见的授权监督形式。

2. 上下级人大之间不适宜采用"授权监督"形式

在我国现有的人民代表大会制度下,由于实行直接选举与间接选举相结合的人民代表大会产生模式,所以,乡镇人大以及县级人大由选民直接选举产生,在法理上可以视为人民通过选民向由直接选举方式产生的人民代表大会"授权";而县级以上人民代表大会是由下级人民代表大会通过选举上级人民代表大会的代表产生的,所以,在法理上可以发现,实际上,县级以上人民代表大会相互之间,存在下级人大向上级人大授权的法律关系。如果在制度上再行设计上级人大向下级人大"授权监督"的监督模式,在法理上就会出现反向的授权监督行为,对"授权监督"的正当性依据产生根本性的挑战。故在法理上和制度上,不宜采取上级人大或上级人大常委会向下级人大或下级人大常委会授权监督的模式,更不宜采用越级向更下一级的人大或人大常委会授权监督的方式来实现本级人大或本级人大常委会的监督职权。所以，在我国现行的人民代表大会体制下，从全国人大开始，包括全国人大及其全国人大常委会制定的法律和规范性文件都不宜使用授权监督方式来向下级人大或下级人大常委会授权监督全国人大及其全国人大常委会制定的法律和规范性文件的实施。

与上下级人大之间不适宜采用"授权监督"形式相关联的一个重要问题是，作为人民主权原则体现的"宪法"，是否可以同时向包括全国人大及其常委会以及地方各级人大及其常委会就宪法的实施情况进行"授权监督"。这里涉及在一个主权国家内，作为某一个行政区域内的"人民"与作为全国范围内的整体意义上的"人民"之间的"意志"与"利益"之间的相互关系。从我国现行的国家结构形式来看，我国采取的是单一制国家结构形式，因此，就全国人大及其常委会来说，可以依据宪法的规定对中央与地方所有国家机关履行宪法所规定的职权行为进行宪法监督，而地方人大及其常委会只能依据宪法的规定，就本级人大及其常委会如何行使宪法所规定的职权行为进行监督，一般不宜认定地方人大及其常委会有权对下级人大及其常委会实施宪法规定的职权行为进行宪法监督，只有全国人大及其常委会有权对所有层次的国家机关履行宪法所赋予的职权行为进行宪法监督。对于其他性质的国家机关来说，不论中央国家机关，还是地方国家机关，由于这些国家机关本身不属于代表机关，所以，即便是宪法赋予了相关的职权，这些国家机关也不能依据宪法规定直接行使"授权监督"的权力，必须服从全国人大及其常委会以及本级人大及其常委会的宪法监督。

3."授权监督"可以为"委托监督"提供正当性依据

从宪法学理论来看，在人民主权的原则下，真正意义上的自主监督只有"人民监督"一种形式，也就是说，人民自己制定宪法，并且对宪法实施的情况进行自主监督。但由于"人民"本身只是一个抽象意义上的价值概念，所以，必须要基于法治原则，将人民监督通过"授权监督"的方式，转变为以宪法监督形式存在的自主监督形式。所以，各级人大及其常委会可以依据宪法的授权实行"自主监督"。其他国家机关不得享有自主监督的职权。考虑到各级人大及其常委会实行"自主监督"仍然会受到各级人大及其常委会自身工作方式以及工作能力的限制，所以，在法理上是可以允许在各级人大及其常委会作为一个客观存在的有权进行自主监督的监督主体，就自主监督职权范围内的特定事项，向另一个特定主体实行

"委托监督"。"委托监督"完全不同于"授权监督","授权监督"是被授权主体在授权的范围内代替授权主体独立地行使监督职权,而"委托监督"只是委托主体就自主监督中的个别事项向被委托主体实行委托监督,被委托主体就被委托监督事项不能独立地行使监督职权,必须受到委托主体的严格的监督和限制,如果委托主体发现被委托主体没有按照委托主体的要求实行监督的,委托主体可以撤销委托,恢复委托主体的自主监督。所以,从"委托监督"的委托主体的自主监督的特性来看,不论是依据宪法规定产生的自主监督,还是依据其他主体实行的授权监督,由于委托主体在宪法监督或授权监督的范围内,都享有一定的自主监督权,所以,基于"授权监督"而产生的自主监督,可以作为"委托监督"的依据。表现在具体监督形式上,就是如果属于全国人大授权全国人大常委会监督的事项,全国人大常委会仍然有权就授权监督事项中的个别事项委托省、自治区和直辖市的人大常委会进行监督,省、自治区、直辖市人大向其常委会授权监督的事项,省、自治区、直辖市人大常委会仍然有权向县市级人大常委会实行委托监督。对于县级人大能否向县级人大常委会就县级人大制定的规范性文件向县级人大常委会进行授权监督,县级人大常委会能否再向乡镇人大主席团实行委托监督的问题,由于县级人大、乡镇人大由选民通过直接选举的方式产生,所以,县级人大、乡镇人大必须采取"议行合一"的方式来行使自身的职权,并且主动接受选民的直接监督。值得注意的是,依据《监督法》所实行的"授权监督"或者是"委托监督",只能在作为国家权力机关的人民代表大会及其常设机构之间进行,"授权监督"中的被授权主体以及"委托监督"中的被委托主体,绝对不应当是国家权力机关之外的其他国家机关,因为根据现行的人民代表大会制度确立的基本原则,其他国家机关之间是平行的权力关系,彼此不存在从属关系,如果因为"授权监督"或者是"委托监督"而获得了一种相对于其他国家机关来说,带有主从性质的监督权力,那么,就会从根本上改变现有的国家权力配置方式,产生实质意义上的"权力制约"关系。

总的来说,《监督法》的出台从法理上和制度上都极大地丰富了我国现行人民代表大会制度下的监督理论,使得我国宪法和法律所确立的监督制度更加合理和科学,对于在《监督法》实施过程中可能出现的基本监督理论问题,必须认真加以研究,只有正确地理顺了各种监督法律关系,《监督法》的实施才能起到事半功倍的效果。

六 宪法保障机制

在许多国家的宪法中，除建立了比较全面和系统的宪法监督制度来保证宪法在实践中能够得到准确和有效的实施之外，还规定了一些专门用来保障宪法所规定的各项宪法制度能够在实际生活中得到有效实现的"宪法保障制度"。这些宪法保障制度内容比较广泛，是宪法学理论研究应当关注的重要问题。例如，1985年5月31日通过的《危地马拉共和国政治宪法》第7章专门规定了"宪法保障和维护宪法秩序"，共分6节，包括"人身保护权""庇护""法律违宪问题""宪法法院""人权委员会和人权检察员""庇护、人身保护和合法性"。其中第275条规定了"人权检察员"的职权，该职权包括：（1）推进政府对人权问题的管理良好运转；（2）调查并披露损害人的利益的行政行为；（3）调查任何人向他提出的对于各种破坏人权行为的揭发；（4）私下或公开地建议官员改正其受到非议的行政行为；（5）公开谴责侵犯宪法权利的行为；（6）对于应予上诉的案例推动进行司法或行政上诉；（7）法律授予的其他职权。人权检察员在秉公办事或应某方要求时，行为上应有必要的勤奋，以便在处于非常制度下，那些未被明确限制的基本权利得到充分保障。为了他履行职能，每一天、每一小时都是有效的。

所以，在宪法学理论上，在宪法监督制度之外来探讨其他形式的宪法保障机制对于推动宪法实施是非常重要的。宪法保障机制需要在理论和实践两个层面不断加以深化。

第六节 宪法争议处理机制

宪法争议，顾名思义，是关于宪法的争议。是宪法在具体发挥其规范指引作用的过程中，其自身的规范的确定性出现了矛盾，需要对这些不确定因素通过特定的程序和机制加以解决，从而保证宪法发挥自身的根本法的法律功能。但是，由于宪法具有与一般法律形式不同的价值属性，因此，宪法争议的性质及范围也不同于一般的法律争议。由于宪法争议具有非常独特的特征，因此，解决宪法争议的手段也就具有区别于解决其他法律争议的特点。长期以来，宪法争议问题在我国宪法学理论研究中并没有引起足够的重视，宪法争议这一概念作为宪法学基本范畴在构建科学的宪法学理论研究体系中的作用被忽视了，以致我国的宪法学理论研究成果总是与宪法实践格格不入，宪法学者无法掌握有效地指导宪法实践的理论话语权。所以，为了使宪法学理论能够真正地解决实际问题，就必须要使宪法学理论摆脱纯粹说理的"道德宪法学"倾向，将宪法学理论研究的视野投向以解决实际生活中存在的宪法问题为核心的"实践宪法学"的建设上来。故建立一套严格科学的关于宪法争议的理论，有助于宪法学理论真正地面向社会现实问题，具有解决社会实际问题的能力。

一 宪法争议的性质

宪法争议的性质是与宪法的性质密切相关的。宪法既是一种政治原则，又是一种法律规范。

作为法律规范，宪法争议与其他一般法律争议的性质是相似的，即在宪法规范的确定性、宪法实施的确定性和宪法适用的确定性等方面产生了不同的理解，发生了意见冲突，需要通过一个特殊的第三者来判明是非。宪法争议的核心特征就是对与宪法规范本身、宪法实施和宪法适用相关的"确定性"产生了分歧性认识，出现了主观上的不确定性。所以，宪法争议是围绕着宪法的确定性价值展开的，目的是更好地解决宪法的确定性问题。

在缺少宪法确定性范畴的宪法学体系中，宪法争议概念以及其作为宪法学基本理论范畴的学术价值也是没有实质性意义的。主要是因为宪法学理论并没有将宪法作为一个不确定的现象来看待，故在宪法现象发生、存在和发展的过程中，确定性并不是一个需要过多关注的问题。但是，如果认为宪法现象既具有确定性，又具有不确定性，那么，当宪法处于不确定的状态下，为了维护宪法的法律规范作用，就必须要解决相关的不确定性。其中，发现宪法不确定性的一个重要来源就是宪法争议。

与不需要通过宪法争议来发现宪法的不确定性不同的是，宪法争议使宪法的确定性处于一种对抗状态，避免了单个判断主体由于自身价值观和能力的限制，对宪法是否具有确定性做出的判断所产生的片面性。所以，作为法律规范的宪法，因此而产生的关于宪法确定性的争议必须是在两个以上无权来赋予宪法具有最终确定性效力的主体之间产生的。因为如果在产生宪法争议的双方之间有一方可以左右宪法的确定性，那么，这种宪法争议就不具有法律上的意义。尽管具有左右宪法确定性的主体自身对宪法确定性的认识可能是不科学的，但是，它符合法律意义上的合法性的要求。所以，在宪法制度下，任何宪法确定性最终应当服从于合法性的要求，也就是说，宪法确定性最终是可以通过仲裁者来加以解决的。但是，在宪法争议各方与宪法争议仲裁者之间却不应当存在法律意义上的宪法争议。

作为政治原则，宪法是一种人民之间的合作契约，故契约的性质决定了宪法必须服从契约者的意志。关于契约的争议就不可能通过契约自身来解决，只能由契约者通过相互协调的途径来解决。所以说，当宪法因为其政治性质发生争议时，实际上是一种广义上的合法性的争议，政治意义上的宪法争议具有合法性危机的性质，必须首先通过解决合法性问题，才能解决宪法的确定性。这一点与作为法律规范的宪法是完全不一样的。作为法律规范的宪法，可能会发生合法性冲突，但是，不可能发生合法性危机，合法性危机通过宪法制度的设计在价值层面上已经加以解决。所以，在宪法制度下，任何性质的宪法争议都是围绕着宪法确定性而发生，宪法争议各方可能会因为各自在宪法上的合法性产生分歧性认识，但宪法本身不存在合法性问题，只存在确定性问题，确定性的解决也就意味着宪法争议各方合法性的解决。但是，作为政治原则的宪法，由于其契约性，契约的任何确定性最终必然取决于契约者的合法性。

知道了宪法作为政治原则与作为法律规范所产生的宪法争议的性质的差别，就不难解决实际生活中出现的各种宪法争议问题。宪法应当如何制定、如何修改，在这些问题上发生的争议，归根到底属于合法性争议，最终的解决方案必须依赖于宪法制定者和宪法修改者的决断。再者，由选民通过政治选举程序产生的国家机构领导人，是否符合选民的要求以及是否履行了选民的委托，是否应当予以罢免，等等，这些都属于政治争议性质，不属于法律争议；而国家机构领导人是否依法行使职权，有没有违法犯罪的行为，等等，这些问题发生了争议，就属于法律争议，需要通过法律程序来加以解决。因此，解决宪法争议所具有的不同性质，就很容易区分"弹劾制度"与"罢免制度"两者之间的价值差异。孙中山先生曾经将"弹劾"视为政府治权的内容，而"罢免"则属于政权的范围，这种划分方式实际上是注意到了宪法争议作为政治原则与作为法律规范所具有的两种不同性质。

总之，了解宪法争议的性质有利于区分宪法的政治功能与法律功能，同时，也可以很好地在制度上解决由于政治性宪法争议与法律性宪法争议所带来的宪法合法性与确定性的价值问题。基于宪法争议性质的区分，也可以有效地建立针对不同性质的宪法争议的解决机制，不至于在实践中混淆解决宪法争议不同机制之间的特点,从而给宪法争议的解决设置制度性的障碍。

二 宪法争议的范围

宪法争议,不论是政治争议性质的,还是法律争议性质的,必须要有一个具有相对确定性的争议范围。特别是作为法律规范的宪法所产生的争议,必须具有明确的范围,否则,就很容易与一般的法律争议相混淆,因此,确立宪法争议的范围有助于建立比较科学的解决宪法争议的法律机制。

1. 政治问题不受司法审查

宪法争议的范围首先要解决的问题是政治性质的宪法争议与法律性质的宪法争议两者如何加以划分。划分这两种不同性质的宪法争议,对于建立以解决作为法律规范的宪法所产生的宪法争议的宪法诉讼制度具有非常重要的意义。

在美国违宪审查制度发展过程中,最高法院在审查宪法争议案件时,逐渐地将"政治问题"排除在受审查的范围之外。在 Baker v. Carr 一案中,明确提出了下列问题具有"政治性",不受司法审查,包括:(1)外交事务和获取权力的战争;(2)宪法修正案;(3)保证条款;(4)弹劾;(5)政治性地改变选区等。事实上,就"弹劾"问题而言,尽管具有政治性,但是,最高法院仍然受理弹劾类的案件,最典型的就是美国诉尼克松案件。就政治问题不受司法审查的原因,存在许多不同的解释。路易斯·亨金(Louis Henkin)分析了几个原因,指出:(1)法院在它们的职权范围内有责任接受政治机构的决定;(2)如果宪法没有规定,法院无法发现对政治机构权力的限制;(3)任何宪法上的限制都不可能是反权利的和对个人持反对的立场;(4)原则上说,宪法上有许多规定赋予了全部或部分的"自我监督",因此,不应当作为司法审查的对象。不过,斯卡佩夫(Scharpf)则主张,"如果个人权利处于危险状态之中,那么,应当放弃政治不受审查的原则"[①]。

在日本宪法争议理论中,也存在"统治行为说"。日本最高法院在1959年6月8日就第3届吉田内阁在1952年8月28日解散了众议院一事

---

① Cf. Constitutional Law, Sixth Edition, John E. Nowak, Ronald D. Rotunda, West Group, 2000, pp. 125–133.

做出了大法庭判决。该判决认为，对于解散众议院的行为，内阁适用宪法规定是否存在错误，在法律上这种行为是否应当宣布为无效，是否以内阁行为存在宪法上的瑕疵而宣布为无效不属于法院审查权的范围。

在日本现行宪法所确立的三权分立制度下，司法权的行使也存在一定的限制，不能将国家行为无限制地作为司法审查的对象。如果直接就与国家统治相关的具有高度政治性的国家行为产生了法律上的争议，对此做出有效无效判断在法律上存在可能性的场合，应当排除在法院的司法审查权范围之外，对此，应当由对国民承担政治责任的政府、国会来判断，并最终应当由国民来加以判断。对司法权的制约来源于三权分立原理、该国家行为的高度的政治性、法院作为司法机关的性质、与审判相适应的程序等，虽没有特别明文的规定，但应当理解成属于司法权在宪法上的本质特征。

解散众议院，使众议院的议员丧失了议员资格，作为国会的最主要的一部分暂时被停止工作，特别是通过总选举，产生新的众议院，形成新的内阁，这些不仅在国家法律上具有重大意义，并且解散众议院使内阁的存续以全体国民的意愿为前提，这在政治上也具有重大意义。因此，解散众议院，是具有高度政治性的与国家统治相关的国家行为，在法律上是有效还是无效，应当解释成在法院的审查权之外。以解散众议院为由作为诉讼前提的场合，都不属于法院审查权的内容[①]。

应当说，"政治问题"也好，"统治行为"也好，其实质在于确定宪法诉讼制度所解决的宪法争议的性质，这些理论本身并没有否定"政治问题"或"统治行为"属于宪法争议的范围，只不过由"政治问题"或"统治行为"引起的宪法争议是宪法条文本身无法解决的，必须通过政治程序来加以解决。

从逻辑上说，政治性质的宪法争议与法律性质的宪法争议的区分标准主要是看这种宪法争议依据宪法条文能否最终加以解决。如果不能依据宪法自身提供的正当性来加以解决的，实际上涉及宪法的正当性问题，因此，这种问题已经超出了宪法的"法"的特性，只能通过政治程序来解决，其主要手段就是确立一个具有正当性的解决争议的方式。法律性质的宪法争议是可以通过宪法条文本身来加以解决的，也就是说，根据宪法条

---

① 参见别册ジュリスト，"统治行为"，南博方著，有斐阁，1980年5月第69期，第324页。

文的规定，存在一个解决宪法争议的权威性机构，一旦有关当事人对宪法的确定性提出异议，产生争议，最终可以由宪法所确立的机构和程序来加以解决。因此，法律性质的宪法争议不涉及合法性问题，只涉及宪法规范的确定性，而这种确定性又是可以通过宪法解释方式来加以解决的。所以，政治性质的宪法争议通常涉及宪法价值自身的危机，是对为什么会有宪法和宪法为什么会是这样的问题产生的争议；法律性质的宪法争议是对宪法是什么的争议。前者解决的是应然意义上的宪法问题；后者涉及的是"实然"意义上的宪法问题。尽管在解决"实然"意义上的宪法问题时会涉及"应然"意义上的宪法问题，但两者是可以通过宪法制度加以比较明确的区分。

2. 政治性质宪法争议的范围及其界定标准

什么问题是具有政治性质的宪法争议问题呢？很显然，这个问题应当具备两个基本要件：其一该问题应当具有政治性，其二该问题应当与宪法有关。并不是所有的政治问题都可以纳入具有政治性质的宪法争议问题的范围。政治性质的宪法争议其核心应当是围绕着宪法而产生的，如果与宪法无关，那么，就很难将这种政治争议纳入宪法争议的范围。如仅仅是执政党内部产生的政策分歧，由于与宪法无关，虽然会对国家大政方针和重要的国家行为产生影响，但不属于宪法争议。只有与宪法的制定、修改，宪法所设立的国家机构的组成、解散等相关的争议才能属于具有政治性质的宪法争议。

宪法制定显然是宪法之前的事情，因此，什么应当规定在宪法中，什么不应当规定在宪法中，等等，如果这些问题发生了争议，只有通过政治程序才能加以解决，宪法本身无法有效地给以回答。宪法修改同样也是涉及宪法本身的命运的，因此，必须通过政治程序加以解决。由此可见，凡是涉及宪法本身存在与否的问题，如果出现争议，只能通过政治程序加以解决，任何法律程序都无法给予圆满的解决。因此，宪法本身的"有"与"无"的价值的判断属于政治问题，而宪法内容的"多"与"少"则可以通过一定的法律程序根据宪法原则来加以处理。

同样，宪法规定了国家机构以及相应的宪法职权等问题，国家机构的"有"与"无"是无法通过法律程序有效地加以解决的，因为一旦国家机构自身的存在处于不确定状态，根本无法通过法律程序来消除不确定状态，特别是恢复其原状。但是，国家机构的职权如果发生了争议，是可以通过权威性的机构通过适用宪法的方式来消除职权纠纷，消除职权问题上的不确定性。在后一种情况下,国家机构作为宪法争议的主体一方本身是存在的,而且不会因职权纠纷而停止活动,即使是在经过宪法诉讼途径确立了职权的界限后,也不会影响国家机构自身的存在,不会发生制度危机。

从政治性质宪法争议的特征来看,政治性质的宪法争议一般解决那些涉及在时序上不可逆的行为或者是不可再生、不可重复的现象的宪法问题。这些问题不可能通过法律上的救济手段来恢复原状,或者给予恰当的补偿。

3. 法律性质宪法争议的范围及其界定标准

所谓法律性质的宪法争议是与宪法作为法律规范的功能有关的。现代宪法主要是通过调整国家权力与国家权力、国家权力与公民权利以及公民权利与公民权利之间的关系来明确个人与国家之间的基本政治关系,因此,只要是就上述三种关系发生争议的,就应当通过宪法诉讼的途径加以解决。总的来看,所有法律性质的宪法争议的实质都是对宪法赋予的行为合法性产生的认识分歧,因此,具有法律性质的宪法争议是为了解决政府与公民的行为在宪法上所具有的合法性自身的确定性。这是判断具有法律性质的宪法争议的标准。如果宪法没有对某种行为的合法性加以规定,不论这种行为是国家机构的,还是个人的,都不能作为宪法争议来对待,而应当依据其他法律来加以解决。其他法律没有规定,可以通过法律之外的途径来加以处理,其中主要包括政治途径和道德途径。

从宪法的法律功能来看,具有法律性质的宪法争议主要分为三类,一类是国家权力与国家权力之间的权限争议;一类是国家权力与公民权利之间的冲突;还有一类是公民权利与公民权利之间的权利冲突。在实践中,上述三种宪法争议有可能表现在不同的层面,主要有三个层面:宪法本身的规定不具有确定性,引起上述三种性质的宪法争议;宪法本身规定具有确定性,但是,如何将宪法规定适用于具体的事实发生争议,即宪法适用中的争议,这种争议最大特点表现为对某个事实应当如何选择予以适用的宪法规范不能确定,或者是产生不同的认识;国家机构行使宪法职权是否符合宪法的要求发生争议,包括立法机构制定的法律是否具有宪法上的依据等发生争议等。其中,只有第一种情形,宪法争议是针对宪法文本自身的确定性的,后两种情形只是关系宪法适用和宪法实施的确定性问题,一个是对应方面的争议,一个是一致性方面的争议。对应方面的争议是指如何将宪法规范与具体的行为对应起来,也就是说,某个具体的宪法规范是调整某一个特定的具体行为的；一致性方面的争议是指，与宪法规范相对应的行为是否是宪法规范的要求。总之，具有法律性质的宪法争议实际上是对纸上的宪法成为实际中的宪法的运行过程中的三个必要构成要素的确定性产生的争议，这三个要素就是，宪法自身的确定性、宪法规范与行为相互对应的确定性以及行为是否与宪法规范相符合的确定性。

具有法律性质的宪法争议由于以宪法确定性的解决为目标，因此，可以通过宪法自身所建立的宪法诉讼制度加以解决，而不需要提交到政治程序来加以解决。从实践中来看，宪法诉讼的范围与具有法律性质的宪法争议的范围并不是完全一致的，通常，宪法诉讼的范围要窄于具有法律性质的宪法争议的范围，但是，宪法法院受理案件的范围却不限于宪法争议的案件。因此，如果仅仅以宪法法院的职能来看待宪法争议的性质是不利于认识宪法争议的特征的。从逻辑上说，宪法诉讼的范围应当与具有法律性质的宪法争议的范围是一致的。但在许多国家，并没有对宪法诉讼的范围与宪法法院受理案件的范围做出严格区分，往往宪法法院审理案件的范围既包括了具有法律性质的宪法争议，也涉及了具有政治性质的宪法争议，有些甚至超越了宪法争议的范围。以德国宪法诉讼的范围为例，根据德国《联邦宪法法院法》第13条规定，联邦宪法法院可以决定的案件包括以下几个方面：

（1）剥夺基本权利（基本法第18条）；

（2）政党违宪（基本法第21条第2款）；

（3）对联邦议院关于一项选举有效性所做出的决定或者是对取得或者是丧失联邦议院一个代表席位所做出的决定提出的申诉（基本法第41条第2款）；

（4）由联邦议院或者是联邦参议院提出的对联邦总统的弹劾（基本法第61条）；

（5）对基本法进行解释，当涉及一个联邦最高机构的权利和义务内容出现了争议时或者是由基本法或者是该联邦最高机构的程序规则规定了自己拥有权利的其他当事人（基本法第93条第1款第1项）；

（6）应联邦政府、一个州政府或者是联邦议院成员的三分之一的请求，对联邦法律与基本法或者是州法律与基本法、州法律与任何其他联邦法律在形式上和实体上是否相一致产生了不同意见或者是疑义（基本法第93条第1款第2项）；

（7）对联邦与州的权利和义务产生了争议，特别是由州执行联邦法律和行使联邦监督权时（基本法第93条第1款第3项和第84条第4款第2句）；

（8）涉及在联邦和州之间、不同的州之间或者是同一州有关公法的其他争议，除非可以向其他法院提起诉讼（基本法第93条第1款第4项）；

（I）宪法诉愿（基本法第93条第1款第4项第1目以及第2目）；

（9）对联邦和州法官的弹劾（基本法第92条第2款和第5款）；

（10）一个州内的宪法争议，如果这样的争议是由州立法授权给联邦宪法法院处理的（基本法第99条）；

（11）一个法院提出请求要求决定一个联邦或者是州法律与基本法，或者是一个州的法规或者是其他法律与联邦法律是否相一致（基本法第100条第1款）；

（12）一个法院提出请求要求决定一个国际公法规则是否是联邦法律的一个组成部分以及这样的规则是否直接创设了个人的权利和义务（基本法第100条第2款）；

（13）一个法院提出请求要求决定一个州的宪法法院在解释基本法时，是否与联邦宪法法院或者是另一个州的宪法法院的决定相背离（基本法第100条第3款）；

（14）对作为联邦法律的一个法律的持续性产生了疑义（基本法第126条）；

（15）由联邦立法所授予联邦宪法法院审议的其他案件（基本法第93条第2款）[①]。

所以，尽管从制度上可以将被纳入宪法法院受理案件范围的法律争议都视为具有法律性质的宪法争议，但在法理上必须对宪法诉讼的基本功能与宪法法院的实际功能加以区分。宪法诉讼是为了解决具有法律性质的宪法争议的，而宪法法院则承担着更多的由宪法制度所确定的特殊的制度功能。故各国由于宪法制度不同，对政治与法律之间关系认识的差异，因此，相应的宪法法院受理的案件涉及的争议的性质也不尽相同，在有些国家被明确排斥在宪法诉讼之外的政治问题可能在另外一些国家却成为宪法诉讼的对象。因此，在对世界各国宪法诉讼制度进行比较研究时，除比较制度上的相同点和不同点之外，还应当从价值的角度来认识不同宪法诉讼制度所存在的价值优点和缺陷，特别是应当从宪法争议的基本理论出发，

[①] 参见莫纪宏《宪法审判制度概要》，中国人民公安大学出版社1998年版，第166—167页。

在分清宪法争议的性质和界定宪法争议范围的基础之上，正确地构建关于宪法诉讼制度的基本理论，规范宪法法院的审判功能，避免宪法法院审判实践过于实际化而失去了宪法理论应有的指导作用。

第七节 违宪审查基准

违宪审查，是宪法适用的最重要的法律形式，也是宪法作为仲裁规则的法律特征的体现。违宪审查是由有权进行违宪审查的机构依据宪法或法律所赋予的违宪审查权限，对于被审查的违宪主体和对象，在依据宪法规范和宪法原则的基础上，全面审核违宪主体是否实施了违宪行为以及被审查的对象是否违背了宪法的规定。违宪审查既涉及宪法适用，也涉及宪法监督，是宪法自身运行机制的重要组成部分，是宪法作为法律所具有的自我矫正功能的体现。在违宪审查制度中，违宪审查基准是最重要的理论问题和实际问题，而且在国外的违宪审查实践中逐渐地形成了不同的理论学说和做法。所以，对违宪审查基准做专门的学术考察，对于建立科学合理的宪法运行机制理论具有非常重要的建构作用。与此同时，对违宪审查的基准的确认成为违宪审查机制的法理前提和制度依据。

一 违宪审查基准概念的由来及其存在的学理价值

违宪审查的基准①作为宪法学的一个基本概念来加以使用，主要始于日本宪法学。在日本，包括伊藤正己法官、芦部信喜教授等在内的著名宪法学者在构建日本宪法诉讼理论时，都采用了违宪审查的基准这个概念②。浦部法穗教授还专门出版了《违宪审查的基准》③一书，全面地阐述了违宪审查的基准概念的内涵、存在的意义以及世界各国包括日本法院在内对违宪审查基准的运用情形，可以说，对违宪审查的基准做了比较系

---

① "基准"一词并不是传统法学中的一个确定性术语，因此，学者们在使用该词时具有很大的随意性。有在"标准""规则"意义上使用的，也有上"方法""原则"意义上使用的。例如，朱新力先生就著有《司法审查的基准》一书，但是，该著作对"基准"的使用是非常广义的，涉及客观证明责任的分配基准、行政依据的司法审查基准、违法行政行为的判断基准等。参见朱新力《司法审查的基准》，法律出版社2005年版。

② 参见胡锦光主编《违宪审查比较研究》，中国人民大学出版社2006年版，第108—119页。

③ 参见［日］浦部法穗《违宪审查的基准》，劲草书房1985年版。

统的理论归纳和总结。依据樋口阳一教授在《宪法与审判》①一书中的说法，所谓的违宪审查的基准，实际上是从美国最高法院的违宪审查活动中产生的，由于美国式的附带型违宪审查模式涉及违宪审查机构与被审查的机构之间的权力制约和平衡关系，故违宪审查机构在对其他国家机关的行为进行违宪审查时，哪些行为能审查、哪些行为不能审查、被审查的行为能被审查到什么程度、被审查的行为应当如何被判定为违宪，等等，这些问题由于涉及被审查机构本身也有保障宪法实施的职责，所以，违宪审查机构必须对此保持高度的谨慎姿态、把握应有的尺度。而在欧洲大陆以奥地利宪法法院为模式建立起来的专门型违宪审查机制下，由于违宪审查机构本身对违宪审查对象具有广泛的审查权力，并且可以做出具有最终效力的决定，所以，作为专门的宪法法院对于违宪审查对象的实施主体就不太受事前的司法抑制主义态度的影响，违宪审查的力度和深度要比附带型下的违宪审查更深更广。

所以，从违宪审查的基准概念设置的目的来看，主要是为了解决违宪审查机构与被审查机构之间的权力关系，由于违宪审查机构与被审查机构在宪法上都存在彼此相互尊重和权力相互制约与平衡的关系，所以，当违宪审查机构在行使违宪审查权，对被审查对象做出是否违宪的宪法判断时，就必须要关注宪法适用的可能性。故从法理上看，违宪审查的基准又可以用宪法在司法审判中的适用可能性来代替，它与违宪审查的原则、标准、方法等表述的是完全不同的制度内涵和问题领域，它立足于妥善处理违宪审查机构与被审查机构之间的宪法关系。

宪法适用的一个重要领域就是宪法审判机构或者是司法审判机关在处理具体的案件时，涉及审理案件的具体法律依据是否与宪法规定相一致时，如何运用宪法规则对存有争议的司法审判的法律依据进行评价，做出是否合宪的宪法判断。从宪法适用的法律效力来看，宪法应当普遍地适用于国家生活和社会生活的一切领域，这是由宪法的根本法特征所决定的。但问题是，当一个依据宪法规定有权适用宪法的国家机关适用宪法产生了相应的法律行为之后，作为有违宪审查权的违宪审查机构再次依据宪法的规定来对受审查的机构已经依据宪法所实施的法律行为是否符合宪法的规定进行独立的法律判断，这种法律判断如果与受审查的机构的法律判断不

---

① 参见［日］樋口阳一、栗城寿夫主编《宪法与审判》，法律文化社1988年版，第212—216页。

一致或者是相互矛盾，在法律上应当肯定哪一种适用宪法的结果是正确的或者是应当选择哪一种结果，这就会涉及宪法适用本身的权威性和法律效力问题。如果在法理上简单地否定受审查的机构适用宪法的法律效力，那么，就无法保证受审查的机构正确地依据宪法来实施自己的行为，宪法适用可能就会从司法审判或者违宪审查领域之外消失；如果一味地承认或肯定受审查的机构适用宪法的拘束力，那么，通过违宪审查的程序再次适用宪法的制度就显得多余。所以，在违宪审查中，由违宪审查机构再次适用宪法来审查已经依据适用宪法所产生的法律行为的合宪性，实际上反映了违宪审查机构与受审查的机构在实施宪法方面的相互监督和制约关系，是合宪性价值的一种实现机制。

二 违宪审查基准的类型及在有关国家的适用情况

（一）违宪审查基准的表现形式

目前在宪法学上探讨的"违宪审查的基准"问题，最早是从美国联邦最高法院在1938年审理"合众国诉凯瑟琳"一案中所确立的"二重审查基准"不断发展而来的，并且在日本、韩国等国家违宪审查实践中得到了一定的发展。

"合众国诉凯瑟琳"一案的案情是被告凯瑟琳公司将一种名为"Milnut"的椰子油掺入脱脂牛奶制成奶制品，通过州际通商加以贩卖。联邦政府指控被告的行为违反了联邦国会于1923年制定的《禁止脱脂牛奶法》。该法规定：用奶油以外的脂肪或油类掺混于已经脱脂的牛奶中，所制成的类似牛奶的"脱脂牛奶"为损害公众健康的不纯食品，贩卖该食品属于对公众的欺诈行为，禁止通过州际通商来贩卖该类食品。被告凯瑟琳公司对该法的合宪性提出质疑，认为：（1）该法的规定逾越了联邦国会限制通商的权限，侵害了联邦宪法修正案第10条为州所保留的权限；（2）剥夺了其受法律平等保护的权利；（3）违反了联邦宪法第5条修正案，未经正当法律程序就剥夺了其财产。联邦最高法院斯通大法官在代表联邦最高法院宣布的判词中，附加了一个著名的脚注四。该脚注四分为三点，主要内容包括：（1）如果立法看起来明显处于宪法所禁止的范围，那么，对其进行合宪性的推定的范围就比较窄，例如，立法在宪法前10条修正案下就受到比较严格的限制；（2）禁止被告产品在州际通商中销售并不违反第14条修正案，因为证据证明使用牛奶替用品会损害公众健康；（3）本案也不涉及保护少数人的权利问题，尚未出现需要以保护少数的政治程序来要求一种更加严格的审查。总结美国联邦最高法院上述判词的要点，实际上是主张联邦最高法院在对待政治类的权利的审查与对待经济类的权利的审查方面立场可以不一样，对待涉及财产权利的法律的审查可以采取更加宽泛的标准，以保证立法机关一定的立法目的的实现。以"合众国诉凯瑟琳"一案为起点，"二重基准说"在美国联邦最高法院的违宪审查实践中逐渐得到了确认。例如，在涉及财产权的"Williamson v. Optical Co."一案中，联邦持不干涉政策；在关系言论自由的"Martin v. City of Struthers"一案中，联邦最高法院以优越地位理论进行了严格审查；在涉及平等保护的"Brown v. Board of Education"一案中，联邦最高法院废除了"平等但隔离"的先例，以完全平等的价值理念对相关立法进行了严格的审查；在涉及宗教自由的"Sherbert v. Verner"一案中，联邦最高法院倾向于持积极的态度对相关立法进行严格的审查[①]。

关于"二重审查基准"，实际上将对有关公民的基本权利的立法人为地划分为两个领域，一是受严格审查的"自由权"领域，二是受宽泛审查的"经济、社会权"领域。美国的联邦最高法院在违宪审查的实践中，又对"二重审查基准"进一步予以细化，确立了"合理性基准""严格的合理性基准""严格的审查基准"和"LRA 基准"（最小的必要限制基准）等各项具体标准。另外，"二重审查基准"的审查原则在美国、日本等国的违宪审查中，还得到了"合宪性推定原则""立法自由裁量原则""明白性原则"等重要原则的支持。这些原则实际上也涉及违宪审查机构与被审查机构之间的权力关系，所以，从违宪审查的基准角度来看，是可以将这些原则纳入统一的违宪审查基准中的。即便是在德国宪法法院以及仿照德国宪法法院模式的韩国宪法法院审判中，对"合宪性推定原则"等也表示了高度重视。

（二）对受审查的机构进行违宪审查的基本司法态度

由于违宪审查涉及违宪审查机构与受审查机构之间的权力关系，所以，违宪审查机构在对有关的违宪审查对象进行违宪审查时，必须首先要明确对受审查机构的司法态度。

以日本各级法院为例，在依据《日本国宪法》进行违宪审查的时候，特别是在将宪法的具体条款适用到具体的法令或国家机关的行为时，首先要考虑到受审查对象的实施机关的性质，全面考虑在《日本国宪法》所确

[①] 参见刘志刚《立宪主义视野下的公法问题》，上海三联书店 2006 年版，第 171—176 页。

立的三权分立体制下法院与国会及内阁之间的权力平衡与制约关系。国会、内阁和法院都承担着依据宪法的规定使宪法具体化和现实化的使命，所以，在法院对国会、内阁做出的法令进行违宪审查之前，应当充分尊重国会、内阁依据宪法履行自身宪法职权的行为。法院应当以假设受审查的法令的合宪性为前提，而不能首先假定国会、内阁的行为违宪。这充分表明了法院作为司法审查机关对作为立法机关的国会和作为行政机关的内阁的权威的尊重。所以，合宪性推定原则是法院进行宪法适用和实施违宪审查的首要前提，违宪审查中的其他基准，包括"二重审查基准"在内，在法理上都是由这一基本的原则延伸和演化而来的。

1. 合宪性推定原则

对立法机关的判断给予合宪性推定的这个原则，是来源于立法机关的国会与作为司法机关的法院各自都是依据宪法履行一定的宪法职能的国家机关的性质，立法机关与司法机关都有依据宪法保障宪法实施的共同的职责。因此，相对于作为司法机关的法院来说，作为立法机关的国会首先有义务履行宪法规定的职责。法院对于立法机关的国家行为应当表示尊重。由此产生了立法机关的判断合宪性的推定标准。也就是说，法院在审查立法机关的任何性质的判断和行为时，应当首先假设立法机关的行为合宪。除非在违宪审查过程中发现了明白无误、证据确凿的违宪理由，否则不得否定立法机关的行为的合宪效力。

合宪性推定原则最早来源于美国的违宪审查制度。所谓合宪性推定，并不是对立法机关所做出的判断推定为合宪，而是对立法机关做出判断所基于的事实以及合理性推定为合宪。法院作为司法机关，其基本的职能是对法律行为产生的事实依据的存在与否以及合理与否进行司法认定，如果不存在足以产生某种法律行为的事实，那么，相应的法律行为也就是无效的。在对立法事实是否合理进行判断时，一般把事实是否清楚明白、属于社会常识的范围作为审查标准。法院在进行违宪审查时，对于不符合这种社会常识标准的立法事实就可以排除合宪性推定。在日本的违宪审查判例中，由于对合宪性推定原则的意义、内容的误解，以至于对立法事实的审查没有充分地进行，对立法事实的存在和它的合理性具有很强的予以轻易肯定的倾向。例如，日本《公众浴场法》第2条第2款，把公众浴场设置场所（配置的适当）作为许可的条件，在据此而制定的条例中，规定了一定的距离限制，在对它的合宪性予以认可的判决①中，最高法院认定浴场的自由竞争对国民保健及环境卫生会产生不令人满意的结果，确认了健全的社会常识的这个立法事实。在东京都公安条例事件判决②中，最高法院对于集团的暴徒化明显是基于社会公众的心理认同的立法事实予以了认定。但是，在关于药局开设距离限制规定的昭和 50 年 4 月 30 日（1975 年 4 月 30 日）的最高法院大法庭判决③中，最高法院认为，在立法限制缺少必要性和合理性的前提下，最高法院基于对立法事实的调查做出了违宪判断是完全有必要的。

在德国，合宪性推定原则对宪法法院的判断产生了非常重要的影响，在实践中确立了下列规则：任何一种法律如存在与宪法相一致的解释空间时不应宣布为违宪。一个规范中存在两种以上内容时应优先选择更符合宪法价值判断的内容。德国宪法法院的合宪性推定原则的特点是：通过合宪性推定原则的确立防止因违宪判断而引起的宪法秩序的混乱；违宪审查起着把宪法规范的内容具体化的功能，而立法者发挥的功能更为重要；对民主正当性的信任与期待是合宪性判断的基础；即使采取合宪性推定原则，但在具体的判断过程中，合宪性推定原则也有自身的界限④。

在韩国，宪法法院在审判实践中通过实践确立了下列"法律合宪性推定原则"：（1）宪法法院应运用各种方法和技术规避法律出现宪法性问题；（2）在对法律存有两种以上解释时，其中一种是法律合宪有效，另一种是法律违宪无效，则宪法法院采取法律合宪的解释；（3）除法律明显违宪且理由充分外，宪法法院不能宣布法律违宪⑤。

2. 立法机关自由裁量权原则

从现代立宪主义的角度来看，凡是制定成文宪法的国家，往往通过宪法授权具体的国家机关来完成一定的国家职能，并且宪法对国家机关在完成宪法职能时所具有的一定的裁量权是予以认可的。但是，由此带来的问题就是国家机关依据宪法所享有的自由裁量权的范围。从立法机关的宪法

---

① 日本最高法院 1955 年 1 月 26 日大法庭判决，刑集 9 卷 1 号 89 页。
② 日本最高法院 1960 年 7 月 20 日大法庭判决，刑集 14 卷 9 号 1243 页。
③ 日本最高法院 1975 年 4 月 30 日大法庭判决，民集 29 卷 4 号 572 页。
④ 参见韩大元《试论合宪性推定原则》，载《现代宪法解释基本理论》，中国民主法制出版社 2006 年版，第 186 页。
⑤ 参见王祯军《韩国违宪审查制度的历史发展及特征》，载莫纪宏主编《违宪审查的理论与实践》，法律出版社 2006 年版，第 329 页。

地位来看，被赋予广泛的自由裁量权在宪法理论上是能够被接受的。从立法机关与法院的关系来说，出于对立法机关的尊重，法院一般也不对立法机关制定的法律进行审查。但是，如果将法院对立法机关制定的法律的违宪审查的门槛确定得很高，那么，对法律的违宪审查就是非常困难的。因此，限制立法机关的自由裁量权是法院对法律行使违宪审查的基础。在日本的违宪审查判例中，特别是在最高法院的判例中，对广泛意义上的立法机关的裁量予以认可，可以说是长时间地采取等同于放弃违宪审查权的态度。例如，在被视为对立法机关的裁量予以广泛认可的具有代表性的判例和歌山县教组事件最高法院判决中[1]发表了如下的看法：宪法第 28 条规定的劳动者权利被限制的程度应当是在对尊重劳动者的团结权等的必要性和确保公共福利的必要性进行比较权衡之后，在这两种价值之间保持适当的均衡后才能做出决定。在这个目的下，决定具体的限制程度的应当是立法机关的自由裁量权。如果立法机关的决定明显地打破了这种均衡，明显地出现不合理，但是，只要不认为超出了立法机关自由裁量权的范围，那么，仍然可以解释为合宪的。在朝日诉讼事件最高法院判决[2]中，最高法院非常强调宪法第 25 条的程序性，就具体权利的发生完全授权给了国家的立法政策，采取了对立法机关的自由裁量予以非常广泛认可的立场。但是一进入昭和 50 年代（1975 年以后），在最高法院的判决中对立法机关的自由裁量采取了更加严厉的态度。昭和 50 年（1975 年）的药事法判决[3]和昭和 51 年（1976 年）的众议院议员定额分配规定的判决[4]就是具有代表性的例子。昭和 50 年的药事法判决，就限制经济活动自由的立法整体而言并没有认可立法机关的广泛的自由裁量权，因为立法机关的判断是超越了合理的自由裁量的范围，因此，距离限制规定被判定为违宪。而在昭和 51 年的判决中，在众议院议员的选举中就选举区分配和议员定额分配的决定，采取了对立法机关的自由裁量予以广泛认可的立场。

当然，立法机关的自由裁量权也很容易导致立法机关的不作为，对此，一些国家的宪法法院给予了高度关注。例如，韩国宪法法院对"基本权的保护义务"做出了明确的分类，规定了立法机关不作为分为三类：一类是单纯的不作为，对此，宪法上没有规定立法机关的立法义务；二类是

---

[1] 日本最高法院 1965 年 7 月 14 日大法庭判决，民集 19 卷 5 号 1198 页。
[2] 日本最高法院 1967 年 5 月 24 日大法庭判决，民集 21 卷 5 号 1043 页。
[3] 日本最高法院 1975 年 4 月 30 日大法庭判决，民集 30 卷 3 号 223 页。
[4] 日本最高法院 1976 年 4 月 14 日大法庭判决，民集 30 卷 3 号 223 页。

真正不作为，即宪法明确规定立法机关制定某个法律来保护宪法中的基本权利的实现，但立法机关拒绝制定此类法律；三类是不真正不作为，即虽然立法机关制定了某项法律来保障基本权利的实现，但是这种法律本身不完善，导致了对基本权利保护的不力。韩国宪法法院通常会对后两类不作为进行违宪审查，但事实上，只有对第三类不作为才有可能提起有针对性的违宪审查，来确认立法机关作为上的瑕疵[①]。

3. 明白性原则

合宪性推定原则的前提是将立法机关的自由裁量权限制在一定的幅度内加以考虑的。在这种思考方式下，如果立法机关仅仅是一般性犯错误是不构成违宪的。只有在立法机关明确地犯错误，并且是明白无误的不合理的时候，法院才进行相关的法律或法令的违宪审查。

"明白性原则"被视为日本法院进行法令审查的一项根本原则。明白性原则是与合宪性推定的原则结成一体的，因此支撑立法事实状态的存在与它的合理性及它的推定是结成一体的，立法目的及立法目的和限制手段的关联是以每个合理的一般的事实作为基础的，不应排除进行审查的法院的义务。在零售市场开设规则最高法院判决中，最高法院从保护中小企业经营的社会政策或经济政策的观点出发，在对经济自由予以积极限制的违宪审查活动中适用了明白性原则。从宪法理论上看，日本最高法院在该案中的做法可以说是比较妥当的。但是，在药事法最高法院判决中，对经济活动的限制，被分为两个方面。根据福利国家理念，一方面对积极的限制措施适用明白性原则，另一方面对消极的警察的限制又不适用明白性原则。日本最高法院认为：许可制是对经济自由活动实行的一般性限制，目的是更好地实现社会公共利益，因此，一般实行较为宽松的审查原则；而对于基于警察目的限制经济自由的法令必须实行更加严格的审查标准。另外，即使是实行合理性审查标准的领域，也不能使违宪审查堕落为对立法机关的立法的简单追认。因此，对于合理性标准适用的领域也要加以必要的限制。即使在合理性标准被适用的领域中，按照限制对象的权利的种类、限制的目的等，实行更加严格的审查也是必要的。另外，日本最高法院在砂川案的判决中也对条约的违宪审查明确提出了"明白性原则"，最高法院认为，"对《日美安保条约》是否做出违宪的法律上的判断，在法院的司法审查中，原则上不涉及该问

---

① 参见韩国岭南大学教授李富夏提交"第二届东亚公法学现状与发展趋势国际学术研讨会"的论文《宪法领域中的基本权保护义务》。

题。仅限于非常明显地存在违宪无效的场合中,才能做出这种判断,一般应当在法院的司法审查范围之外"①。

(三) 违宪审查中的"二重审查基准"的具体表现形式

在出于对立法机关立法权的尊重的前提下,为了保证违宪审查的"实效性",维护宪法的权威,违宪审查机构必须依据一些特殊的"基准"来谨慎地对立法机关的立法行为进行是否违宪的审查。这种审查基准大都是以美国联邦最高法院的"二重审查基准"理论为核心的,并在具体的违宪审查实践中进一步细化,主要有"合理性基准""严格的合理性基准""严格的审查基准"和"LRA 基准"。

1. "合理性基准"的内涵

所谓的"合理性基准",又称"对立法的最小限度的审查基准"②,是对人权进行限制的立法,其立法的"目的"以及实现该立法目的的"手段"必须具有合理性。"合理性基准"起于美国联邦最高法院在 1938 年对"合众国诉凯瑟琳"案件的审理,但是,该基准在美国的违宪审查实践中通常适用于经济自由的规制领域,而在日本的违宪审查实践中,该基准还延伸到精神自由等领域。

在围绕着与《国家公务员法》第 110 条第 1 款第 19 项关于禁止国家公务员参与政治活动的规定是否违宪的猿扒案件的审查中,日本最高法院依据"合理性基准"做出了该规定没有违反宪法的判决③。最高法院在判决中声称:"禁止具有损害公务员政治中立性嫌疑的政治行为,正是适应了宪法的要求,为维护包括公务员在内的全体国民的共同利益而采取的措施,该立法目的应当具有正当性"④。在对大阪市户外广告物限制条例是否违宪的判决中,日本最高法院认为:"在以提高国民文化生活为目标的宪法下,如为了维护都市的美观风致是保证公共福利所需要的,可以认为该程度的规制是为了社会福利,对表达自由的必要的合理的限制是允许的"⑤。很显然,日本最高法院在此案中放弃了对表达自由限制的"严格

---

① 日本最高法院 1959 年 12 月 16 日大法庭判决,刑集 13 卷 13 号 3225 页。
② 参见 [日] 高野敏树《合理性的基准》,载中谷实编著《宪法诉讼的基本问题》,法曹同人 1989 年版,第 175 页。
③ 日本最高法院 1972 年 11 月 22 日大法庭判决,刑集 26 卷 9 号 586 页。
④ 参见 [日] 高野敏树《合理性的基准》,载中谷实编著《宪法诉讼的基本问题》,法曹同人 1989 年版,第 179 页。
⑤ 参见 [日] 高野敏树《合理性的基准》,载中谷实编著《宪法诉讼的基本问题》,法曹同人 1989 年版,第 180 页。

的审查基准",而采用了"合理性基准"。

2. "严格的合理性基准"

"严格的合理性基准"是介于"合理性基准"与"严格的审查基准"之间的过渡性基准,其约束的是在限制经济自由的立法中,如果涉及平等保护问题,那么,违宪审查机构就必须对此类限制经济自由的立法进行比较严格的审查。"严格的合理性基准"是"二重审查基准"的新发展。

"严格的合理性基准"是美国联邦最高法院在 20 世纪 70 年代之后,在合理性基准下开始采取严格的司法审查而引起的。与传统的"合理性基准"相比,"严格的合理性基准"具有以下几个方面的特点:(1)传统的"合理性基准",主要关注立法目的的合理性以及实现立法目的的手段的合理性,而"严格的合理性基准"则要求基于事实能够证明立法目的与实施手段之间存在"事实上的关联性"(substantial relationship in facts);(2)与"严格的审查基准"要求实现立法目的的手段是"促进立法目的必不可少的"相比,"严格的合理性基准"属于一种缓和的审查手段,它要求证明实施立法目的的手段符合国家的正当利益。"严格的合理性基准"主要是针对限制经济自由的立法领域,如果涉及平等保护问题,那么,涉及人种、血统、国籍以及投票权和刑事程序等基本权利的问题就应当纳入可疑的"分类"中。在 1970 年美国联邦最高法院判决的"Dandridge v. William"①一案中,因涉及马里兰州有关不论儿童数量多少,一律享有州政府给予一定量的儿童福利费的规定是否合宪,联邦最高法院认为,该州的上述规定有关补助额的数量,涉及经济自由的范畴,所以,应当适用合理性基准。而且该规定所确定的补助额度,对于少数人来说,也还没有关系到生死攸关的利益,因此,该规定是合宪的。但在 1973 年美国农业部诉莫莱诺(United States Department of Agriculture v. Moreno)②一案中,联邦最高法院对给贫困地区一定粮食补助的 1964 年法做出了否定其立法目的合理性、违反了平等保护条款的判决。另外,联邦最高法院在"Weinberger v. Wiesenfeld"③一案中,对于 1975 年规定与儿童抚养费相关的女方和男方负担责任不同的社会保障法,在确认其积极的实施手段与立法目的之间存在关联性的基础上,认定其产生的结果属于违宪。

---

① 397 U. S. 471 (1970).
② 413 U. S. 528 (1973).
③ 420 U. S. 636 (1975).

日本最高法院在采用"合理性基准"的过程中，也肯定了在对限制经济自由的立法方面同样实行"双重标准"的做法，确认了"严格的合理性基准"的违宪审查原则。例如，在1975年药事法判决中，最高法院明确指出："（关于职业许可制）为了肯定它的合宪性，作为原则，为了重要的社会公共利益，所采取的措施必须是必要的、合理的。并且该措施不是为了实施社会政策、经济政策这一积极性目的而采取的。为防止自由的职业活动对社会公共利益带来危害，采取消极的、警察性的措施时，与许可制相比较，对于职业自由，采用更加宽松的限制措施，通过对某种职业活动的内容和状况加以规制，来充分地达到目的是不可能的"①。

3. "严格的审查基准"

"严格的审查基准"是"二重审查基准"的一个重要方面，它主要是审查立法目的与达到立法目的的手段之间是否存在紧密的联系。主要包括三个方面的要求：（1）立法目的是否具有正当性；（2）达成立法目的的立法手段是否属于促进立法目的的实现必不可少的；（3）在对人权进行限制时要求列举限制的正当理由②。

"严格的审查基准"来自美国联邦最高法院对"合众国诉凯瑟琳"一案的判决。在该案判决中，斯通法官主张，有关人权的案件应当严格地区分"财产权"与"自由权"两类案件。对于财产权的限制，应当尊重立法机关的意愿，而对个人自由的限制，例如，对宪法修改案第1条至第10条所规定的自由权的限制，为了保障宪法所规定的自由，法院应当将立法机关对自由权的限制立法做"狭义上"的合宪性推定，实行严格的审查。斯通法官所指出的"自由"实际上被赋予了宪法上的基本权利的地位，例如，表现自由、投票权、信仰自由、旅行自由、与刑事审判相关的自由等广泛的自由权领域。特别是表现自由，一般来说，对表现自由的内容加以限制的立法，在违宪审查中应当排除合宪性推定原则的适用性。在1965年"格里斯伍尔德诉康涅狄克"（Griswold v. Connecticut）③ 一案中，美国联邦最高法院又以保障人权为宗旨，肯定了隐私权的基本权利特性。在

---

① 参见[日]高野敏树《严格的合理性基准》，载中谷实编著《宪法诉讼的基本问题》，法曹同人1989年版，第187页。
② 参见[日]高野敏树《合理性的基准》，载中谷实编著《宪法诉讼的基本问题》，法曹同人1989年版，第191页。
③ 381 U.S. 479 (1965).

1973年"罗伊诉怀德"(Roe v. Wade)① 一案中,美国联邦最高法院在确认终止妊娠属于个人隐私权的范围的基础上,还采取了严格的审查基准,对禁止终止妊娠的州法规定宣布了违宪无效②。

"严格的审查基准"在日本最高法院的违宪审查实践中并没有得到非常严格的适用,最高法院在户别访问禁止规定合宪判决以及大阪市户外广告条例规定合宪判决中,虽然涉及政治性的表达自由的内容,但是,仍然是按照"严格的合理性基准"来审查上述两个案件的。与美国联邦最高法院不同的是,日本最高法院对平等保护案件往往适用"严格的合理性基准"来进行审查③。

4. "LRA 基准"

"LRA 基准"(Less Restrictive Alternative Test),又称为"必要的最小限度基准"。是指限制基本人权法律,其确定的限制程度、范围、手段必须是为了达到目的所必要的最小限度,超越必要最小限度就构成违宪的原理。必要最小限度标准本来是作为限制表达自由法律的合宪性判定标准而成立的,美国最高法院在"希尔顿诉图克"(Shelton v. Tucker)一案中非常明确地表达了该基准的内容。

日本宪法学界在探讨这个标准的时候,也提出,即使是关于限制其他人权的立法,根据宪法第13条④以必要最小限度的标准作为原则也是妥当的。另外,在实际中也是作为判断标准而予以适用的。对于必要最小限度的基准或不是更强限制的其他的可以选择的手段原理,日本最高法院判例的态度是依据权利自由的种类不同而有所不同的。在违反全面一律的禁止公务员政治行为的国家公务员法、人事院规则的猿払事件中,第一审判决⑤以必要最小限度的基准作为标准在明确了对这些法令进行审查的态度之后,主张"非管理职的现任公务员的职务内容是停留在提供机械的劳务上,在勤务时间以外没有利用国家的设施和利用职务或者不具有妨害公正意图下"实施人事院规则第6款第13项的行为,

---

① 410 U. S. 113 (1973).
② 参见[日]高野敏树《严格的审查基准》,载中谷实编著《宪法诉讼的基本问题》,法曹同人1989年版,第192—193页。
③ 参见[日]高野敏树《严格的审查基准》,载中谷实编著《宪法诉讼的基本问题》,法曹同人1989年版,第193—194页。
④ 《日本国宪法》第13条规定:"一切国民都作为个人受到尊重。对于国民谋求生存、自由以及幸福的权利,只要不违反公共福祉,在立法及其他国政上都必须予以最大尊重。"
⑤ 旭川地方法院1968年3月25日判决,下级刑集10卷3号293页。

这是在国会法第110条第1款第19项所预设的适用范围之内，对这样的行为进行制裁，不得不断定是超越了合理的必要最小限度的领域。对于邮政省的非管理职的现任公务员所进行的选举运动适用国会法第110条第1款第19项，在这个限度内是违反宪法第21条以及第31条的。第二审判决①对于第一审判决的围绕言论自由、政治活动自由的司法审查没有采用合理性的标准，而是依照"能够达成相同目的，不是更强限制的其他的可以选择的手段"的标准予以了认可。但是，与第一审的判决相反，最高法院判决②虽提及必要的最小限度基准，但认为必要的最小限度基准是被委托给立法机关的自由裁量，依据维持公务员的政治中立性，来确保行政的中立的运营及对此产生国民的信赖，从这一立法目的来看，公务员的管理职、非管理职的区别，现任、非现任的区别，自由裁量权范围的广狭等，勤务时间的内外，国家设施利用的有无，职务利用的有无等，都是具有重要意义的。另外，对于违反禁止规定的公务员，作为制裁是否有必要科以刑罚，这是维护国民全体共同利益的立法政策的问题。从目前日本国内所倡导的法治原则的精神来看，对于违反规定的公务员是否要设定刑罚处罚的方式，如果立法机关显著地超出了它的自由裁量的范围，那么是不予认可的。

为了对一般职的国家公务员的政治行为予以合宪的限制，故必须服从必要的最小限度基准，合宪的被予以禁止的一般职的国家公务员的政治行为包括以下几个事项：从行为主体看，只限于参与策划法律或政策的制定方案，或具有行政裁量权担负政策或法律施行的拥有职务权限的公务员的行为；如果从行为的状况看，只限于公务员利用他的地位或与他的职务执行行为相关联而进行的政治行为。以邮便外务作为职务的一般职的国家公务员在"五一"节的集团示威游行时，高举写有"打倒支持美国侵略越南的佐藤内阁"的横幅，不能说这种行为是在宪法上被允许的政治行为。第二审判决③就这些规定认为是完全没有加以合理的限制解释的余地，对该案所涉及的行为予以适用的这些规定是违反宪法第21条的。与此相反，最高法院判决④认为，以违反国会法第102条第1款，人事院规则第14—75款第4项、第6款第13项的规定作为理由予以惩戒处分，没有违反宪

---

① 札幌高等法院1969年6月24日判决，判例时报560号30页。
② 日本最高法院1974年11月6日大法庭判决，刑集28卷9号393页。
③ 东京高等法院1973年9月19日判决，判例时报715号3页。
④ 日本最高法院第三小法庭1980年12月23日判决，民集34卷5号959页。

法第 21 条。另外，在限制劳动基本权法令的领域，最高法院判例对于必要的最小限度基准在一个时期显示了善意的态度，即在与对公务员的争议行为予以全面一律禁止的国家公务员法、地方公务员法、公共企业体等劳动关系法等的规定有关的全国邮电工会东京邮电局案件的最高法院判决①中认为，对劳动基本权的制约被予以合宪判断的应符合以下几个条件：劳动基本权的限制必须是在被认可的合理性的必要最小限度内。只限于为了回避国民生活整体的利益被损害，对国民生活带来重大障碍的必要的不得已的情形，对劳动基本权的行使予以限制。对劳动基本权的限制违反者，使之负担的不利益没有超过必要的限度，特别是刑事制裁只有在必要、不得已的情形下，才得予以判定。对劳动基本权的限制应谋求相称的代偿措施。此外，有关刑事制裁，作为超越正当的争议行为的界限，不能免除刑事制裁的情形，有以下三种：为了政治目的而予以进行的情形；伴随暴力的情形；按照社会一般的想法，像不当的、长期的并给国民生活带来重大障碍的情形。从原则上说，日本法院在审理此类案件时是以必要的最小限度基准作为基础，限定了合宪的能科以刑事制裁的范围。另外，在限制经济自由权法令的领域中，昭和 50 年 4 月 30 日（1975 年 4 月 30 日）的药事法事件的最高法院判决②，采用了以必要的最小限度基准作为判断标准，这个判决认为，在对限制经济自由（这个情形是职业选择的自由）的法令进行审查时，依据限制的目的站在应使审查的标准是不同的立场上，为了防止自由职业活动给公共社会所带来的弊害而采取的消极的警察措施的情形，与为了社会政策或经济政策上的积极的目的而采取措施的情形相比是有必要进行更加严格的审查的。最高法院在把限制权利、自由的法令判决予以合宪的情形时，往往使用"合理的必要的最小限度的限制"这个原理。为了能把必要的最小限度基准作为审查判断的标准而予以使用，对法令所规定的限制手段的必要性、合理性，根据社会的政治的事实进行审查在法理上也是必要的。此外，按照具体的限制目的、对象、方法、性质、内容等，设立不同的类别，对每一个类别，就限制的必要性、合理性是有必要进行审查的。

三 小结

总之，"违宪审查的基准"可以视为宪法学上的一个特定的"范

---

① 日本最高法院 1966 年 10 月 26 日大法庭判决，刑集 20 卷 8 号 901 页。
② 日本最高法院 1975 年 4 月 30 日大法庭判决，民集 29 卷 4 号 572 页。

畴",它所产生的制度功能主要是要求违宪审查机构在对违宪审查对象进行审查时,必须谨慎地对待做出具体的被审查行为的机构自身的法律地位、被审查机构依照宪法行使自身职权的确定力、拘束力以及违宪审查机构与被审查机构之间的全面的宪法关系,是附带型违宪审查模式下特有的违宪审查制度,基本上属于在附带型的违宪审查中如何适用宪法进行违宪审查的"专门技术标准"。从宪法学理论上看,"违宪审查的基准"不能简单地代替"违宪审查的依据""违宪审查的原则"等实质性审查标准。即便是在"二重审查基准"的框架内,违宪审查的直接依据仍然应当来源于成文宪法或者是具有成文宪法效力的法律文件;至于像作出违宪判断这样的行为,除借助于"违宪审查的基准"来区别不同的情形,使得违宪审查能够具有更强的针对性之外,对受审查的对象是否在实体上违背了"人民主权原则""有限政府原则""人权保障原则""法治行政原则""宪法至上原则"等,仍旧是违宪审查机构做出违宪判断的主要标准,这一点在实行抽象的违宪审查制度下表现得更为明显。例如,《德意志联邦共和国基本法》第18条规定:"凡是滥用发表意见的自由,特别是新闻出版自由、教学自由、集会自由、结社自由、通信秘密、财产权和庇护权,以攻击自由民主的宪法秩序的人,将丧失这些基本权利。丧失权利及其程度,由联邦宪法法院宣告。"很显然,虽然《德意志联邦共和国基本法》的上述规定是针对公民个人的,但至少说明一点,在德国的违宪审查制度下,即便是公民个人,如果实质性地违反了宪法的规定,那么,也会因违宪行为被宣告剥夺基本权利。由此可见,在抽象型违宪审查模式下,受审查的对象、被审查的主体范围极其广泛,并没有附带型违宪审查模式下所受到的种种束缚,故违宪审查机构在违宪审查中更容易采用实质性的标准做出是否违宪的判断。当然,作为"二重审查基准"的前提"合宪性推定原则"则具有普遍的借鉴意义。不论是附带型违宪审查模式,还是抽象型违宪审查模式,在违宪审查机构审查立法机构的立法行为是否违宪的过程中,"合宪性推定原则"更容易有利于维护法治原则和立法的权威性。党的十九大报告明确提出"推进合宪性审查工作"的要求。2018年现行宪法第五次修改时也将全国人大法律委员会变更为全国人大宪法和法律委员会。就当下我国的合宪性审查工作来说,比较宪法学上的违宪审查理论具有很好的参考价值。

总之,宪法作为根本法,与其他一般法律形式一样,在调整个人与国家关系的过程中,自身的规范功能也是通过一整套科学合理的产生、变更、适用、监督、保障和矫正机制来发挥作用的。宪法作为根本法,是静态的法原则、法规范与动态的运行机制相互统一的结合体。没有科学合理的宪法运行机制,宪法规范就无法发挥自身的规范功能和社会功能。

本章小结

本章重点介绍了宪法作为根本法其自身的产生、存在和变更的机制,这一机制涉及宪法规范自身的正当性、确定性、合理性和有效性等价值属性,是宪法作为法律规范存在并且发挥法律规范调整人们行为的法律功能的具体环节、方式和过程的有机统一。宪法正是依据上述运行机制才得以作为法律规范来发挥行为规则的指引作用以及相应的社会功能。其中,宪法创制机制决定了现实的宪法规范的产生,包括其正当性来源以及确定性。宪法的存在还会处于一种临时或者是过渡状态,在这样的情形下,宪法仍然以特殊的形式来发挥自身作为根本法的法律功能。宪法在实际生活中是通过宪法适用来发挥自身的规范指引作用,没有宪法适用,宪法就无法成为人们行为的现实和具有约束力的规则。为了保障宪法能够充分发挥根本法的法律功能和社会作用,必须建立起相应的宪法监督和保障制度,以维护宪法自身的根本权威。此外,宪法在实施过程中,其自身的确定性也需要不断地予以明确和加以界定,宪法争议涉及宪法自身的确定性,需要基于不同的争议处理机制来加以妥善解决。对于违反宪法的行为,在制度上必须确立相应的违宪审查机制,确立违宪审查基准,及时纠正各种违宪行为,以维护宪法作为根本法的权威法律地位。

思 考 题

一 名词解释

宪法创制 宪法制定 宪法制定权 宪法解释 宪法修改 宪法惯例 过渡宪法 紧急状态 紧急权 不得克减的权利 宪法适用 宪法的第三者效力 宪法监督 宪法保障 自主监督 授权监督 委托监督 宪法争议 政治争议 法律争议 违宪审查基准 合宪性推定原则 二重审查基准 合理性基准 LRA基准 推进合宪性审查工作 宪法规定 宪法精神

二　简答题

1. 简要论述制宪权的性质和内涵。
2. 简要论述宪法制定、宪法解释和宪法修改之间的功能区别。
3. 简要论述紧急状态下人权保护的最低标准。
4. 简要论述宪法适用的类型。
5. 简要论述自主监督、授权监督和委托监督之间的区别。
6. 简要论述合宪性推定原则对于维护宪法权威的意义。
7. 简要论述二重审查基准的作用。
8. 简要论述政治问题不受审查原则。

三　论述题

1. 试论宪法制定权对于宪法制度的意义。
2. 试论宪法解释制度与宪法修改制度的关系。
3. 试论宪法的法律效力。
4. 试论宪法保障的主要机制。
5. 试论宪法争议处理机制的主要特征。
6. 试论宪法争议与宪法诉讼的关系。
7. 试论违宪审查基准的作用。

阅读参考文献

莫纪宏：《合宪性审查法理问题研究》，中国民主法制出版社 2022 年版。

徐秀义、韩大元主编：《现代宪法学基本原理》，中国人民公安大学出版社 2001 年版。

韩大元、莫纪宏主编：《外国宪法判例》，中国人民大学出版社 2005 年版。

胡锦光主编：《宪法学原理与案例教程》，中国人民大学出版社 2006 年版。

胡锦光主编：《违宪审查比较研究》，中国人民大学出版社 2006 年版。

林广华：《违宪审查制度比较研究》，社会科学文献出版社 2004 年版。

林来梵：《从宪法规范到规范宪法——规范宪法学的一种前言》，法律出版社 2001 年版。

陈云生：《宪法监督司法化》，北京大学出版社 2004 年版。

杨海坤主编：《跨入新世纪的中国宪法学——中国宪法学研究现状与

评价》（上、下），中国人事出版社 2001 年版。

王振民：《中国违宪审查制度》，中国政法大学出版社 2004 年版。

胡锦光、韩大元主编：《中国宪法发展研究报告（1982—2002）》，法律出版社 2004 年版。

王世杰、钱端升：《比较宪法》，中国政法大学出版社 1997 年版。

［日］中谷实编：《宪法诉讼的基本问题》，法曹同人 1989 年版。

［日］杉原泰雄：《宪法读本》，岩波书店 1993 年版。

［日］户松秀典：《宪法诉讼》，有斐阁 2000 年版。

［日］户松秀典：《司法审查制》，劲草书房 1989 年版。

［日］浦部法穗：《违宪审查的基准》，劲草书房 1985 年版。

［日］佐佐木雅寿：《现代违宪审查权的性格》，有斐阁 1995 年版。

Constitutional and Administrative Law, David Pollard, Neil Parpworth and David Hughes, second edition, Butterworths, London, Edinburgh and Dublin, 1997.

Constitutional Justice under Old Constitution, Eivind Smith (Ed.), 1995 Kluwer Law International.

参考书目

主要中文参考书目

白桂梅：《国际法上的自决》，中国华侨出版社 1999 年版。

北京大学法学院司法研究中心编：《宪法的精神》，中国方正出版社 2003 年版。

蔡定剑：《国家监督制度》，中国法制出版社 1991 年版。

蔡定剑主编：《中国选举状况的报告》，法律出版社 2002 年版。

陈伯礼：《授权立法研究》，法律出版社 2000 年版。

陈光中主编：《〈公民权利和政治权利国际公约〉批准与实施问题研究》，中国法制出版社 2002 年版。

陈兴良：《刑法的人性基础》，中国方正出版社 1996 年版。

董和平、韩大元、李树忠：《宪法学》，法律出版社 2000 年版。

《法理学》编写组编：《法理学》（第二版），人民出版社、高等教育出版社 2020 年版。

龚祥瑞：《比较宪法与行政法》，法律出版社 1985 年版。

郭道晖、李步云、郝铁川编：《中国当代法学争鸣实录》，湖南人民出版社 1998 年版。

国际人权法教程项目组编：《国际人权法教程》（第一卷），中国政法大学出版社 2002 年版。

韩大元：《亚洲立宪主义研究》，中国人民公安大学出版社 1996 年版。

韩大元主编：《外国宪法》，中国人民大学出版社 2000 年版。

韩大元主编：《新中国宪法发展史》，河北人民出版社 2000 年版。

贺其治：《国家责任法及案例浅析》，法律出版社 2003 年版。

胡建淼主编：《宪法学十论》，法律出版社 1999 年版。

胡肖华：《宪法诉讼原论》，法律出版社 2002 年版。

黄枬森、沈宗灵主编：《西方人权学说》（上、下），四川人民出版社

1994 年版。

江天骥：《当代西方科学哲学》，中国社会科学出版社 1984 年版。

蒋俊、李兴芝：《中国近代的无政府主义思潮》，山东人民出版社 1991 年版。

焦洪昌、李树忠主编：《宪法教学案例》，中国政法大学出版社 1999 年版。

李步云主编：《法理学》，经济科学出版社 2000 年版。

李步云主编：《宪法比较研究》，法律出版社 1998 年版。

李浩培：《条约法概论》，法律出版社 2003 年版。

李林主编：《当代人权理论与实践》，吉林大学出版社 1996 年版。

李守庸、彭敦文：《特权论》，湖北人民出版社 2000 年版。

李洙泗主编：《马克思主义人权理论》，四川人民出版社 1994 年版。

梁慧星：《民法解释学》，中国政法大学出版社 2000 年版。

林来梵：《从宪法规范到规范宪法——规范宪法学的一种前言》，法律出版社 2001 年版。

刘楠来主编：《发展中国家与人权》，四川人民出版社 1994 年版。

刘向文、宋雅芳：《俄罗斯宪政制度》，法律出版社 1999 年版。

刘兆兴：《德国联邦宪法法院总论》，法律出版社 1998 年版。

刘志刚：《宪法诉讼的民主价值》，中国人民公安大学出版社 2004 年版。

罗豪才主编：《现代行政法的平衡理论》，北京大学出版社 1997 年版。

马长山：《国家、市民社会与法治》，商务印书馆 2002 年版。

莫纪宏：《表达自由的法律界限》，中国人民公安大学出版社 1998 年版。

莫纪宏：《"非典"时期的非常法治》，法律出版社 2003 年版。

莫纪宏：《合宪性审查法理问题研究》，中国民主法制出版社 2022 年版。

莫纪宏：《现代宪法的逻辑基础》，法律出版社 2001 年版。

莫纪宏：《宪法审判制度概要》，中国人民公安大学出版社 1998 年版。

莫纪宏：《宪政新论》，中国方正出版社 1997 年版。

莫纪宏：《政府与公民宪法必读》，中国人民公安大学出版社 1999 年版。

慕亚平、周建海、吴慧：《当代国际法论》，法律出版社 1998 年版。

潘抱存：《中国国际法新论》，法律出版社1999年版。

戚渊：《论立法权》，中国法制出版社2002年版。

全国人大常委会法制工作委员会宪法室编：《中华人民共和国制宪修宪重要文献资料选编》，中国民主法制出版社2021年版。

任允正、于洪君：《独联体国家宪法比较研究》，中国社会科学出版社2001年版。

沈宗灵：《比较法总论》，北京大学出版社1987年版。

沈宗灵：《现代西方法理学》，北京大学出版社1992年版。

苏力：《法治及其本土资源》，中国政法大学出版社1996年版。

苏明主编：《中国人权建设》，四川人民出版社1994年版。

童之伟：《法权与宪政》，山东人民出版社2001年版。

童之伟：《国家结构形式论》，武汉大学出版社1997年版。

王磊：《宪法的司法化》，中国政法大学出版社2000年版。

王磊：《选择宪法》，北京大学出版社2003年版。

王人博：《宪政文化与近代中国》，法律出版社1997年版。

王锐生、景天魁：《论马克思关于人的学说》，辽宁人民出版社1984年版。

王世杰、钱端升：《比较宪法》，中国政法大学出版社1997年版。

王世洲主编：《欧洲共同体法律的制定与执行》，法律出版社2000年版。

王叔文：《王叔文文选》，法律出版社2003年版。

王希：《原则与妥协：美国宪法的精神与实践》，北京大学出版社2000年版。

吴家麟主编：《宪法学》，群众出版社1983年版。

《习近平法治思想概论》编写组编：《习近平法治思想概论》，高等教育出版社2021年版。

夏勇：《人权概念起源》，中国政法大学出版社1992年版。

夏勇主编：《走向权利的时代》，中国政法大学出版社1995年版。

宪法比较研究课题组编：《宪法比较研究文集》（第2集），中国民主法制出版社1993年版。

宪法比较研究课题组编：《宪法比较研究文集》（第3集），山东人民出版社1993年版。

《宪法学》编写组编：《宪法学》（第二版），高等教育出版社、人民出版社 2020 年版。

徐进等：《宪法学原理》，法律出版社 1998 年版。

徐显明主编：《人权研究》，山东人民出版社 2001 年版。

徐秀义、韩大元主编：《现代宪法学基本原理》，中国人民公安大学出版社 2001 年版。

许崇德：《学而言宪》，法律出版社 2000 年版。

许崇德主编：《宪法学》（外国部分），高等教育出版社 1996 年版。

许崇德主编：《宪法与民主政治》，中国检察出版社 1994 年版。

许崇德主编：《中国宪法》（修订本），中国人民大学出版社 1996 年版。

许文惠、张成福主编：《危机状态下的政府管理》，中国人民大学出版社 1998 年版。

杨海坤主编：《跨入新世纪的中国宪法学——中国宪法学研究现状与评价》（上、下），中国人事出版社 2001 年版。

杨海坤主编：《宪法学基本论》，中国人事出版社 2002 年版。

张铭：《现代化视野中的伊斯兰复兴运动》，中国社会科学出版社 1999 年版。

张庆福主编：《宪法学基本理论》（上、下），社会科学文献出版社 1999 年版。

张文显：《二十世纪西方法哲学思潮研究》，法律出版社 1996 年版。

赵宝云：《西方五国宪法通论》，中国人民公安大学出版社 1994 年版。

中国法学会宪法学研究会编：《宪法与国家机构改革》，电子科技大学出版社 1999 年版。

中国人民大学宪政与行政法治研究中心编：《宪政与行政法治研究》，中国人民大学出版社 2003 年版。

周伟：《宪法基本权利司法救济研究》，中国人民公安大学出版社 2003 年版。

周勇：《少数人权利的法理》，社会科学文献出版社 2002 年版。

朱福惠：《宪法至上——法治之本》，法律出版社 2000 年版。

朱景文主编：《当代西方后现代法学》，法律出版社 2002 年版。

朱晓青、黄列主编：《国际条约与国内法的关系》，世界知识出版社 2000 年版。

朱晓青、柳华文：《〈公民权利和政治权利国际公约〉及其实施机制》，中国社会科学出版社 2003 年版。

朱晓青：《欧洲人权法律保护机制研究》，法律出版社 2003 年版。

［英］A. J. M. 米尔恩：《人的权利与人的多样性》，夏勇、张志铭译，中国大百科全书出版社 1995 年版。

［美］布鲁斯·阿克曼：《我们人民：宪法变革的原动力》，孙文恺译，法律出版社 2003 年版。

［美］查尔斯·A. 比尔德：《美国宪法的经济观》，何希齐译，商务印书馆 1989 年版。

［美］达尔：《民主理论的前言》，顾昕译，生活·读书·新知三联书店 1999 年版。

［美］丹尼斯·C. 缪勒：《公共选择理论》，杨春学等译，中国社会科学出版社 1999 年版。

［英］弗雷德里希·奥古斯特·哈耶克：《自由宪章》，杨玉生、冯兴元、陈茅等译，中国社会科学出版社 1999 年版。

［瑞典］格德门德尔·阿尔弗雷德松、［挪威］阿斯布佐恩·艾德编：《世界人权宣言——努力实现的共同标准》，中国人权研究会组织翻译，四川人民出版社 1999 年版。

［荷］亨利·范·马尔赛文、格尔·范·德·唐：《成文宪法的比较研究》，陈云生译，华夏出版社 1987 年版。

［美］杰罗姆·巴伦、托马斯·迪恩斯：《美国宪法概论》，刘瑞祥等译，中国社会科学出版社 1995 年版。

［德］卡尔·拉伦茨：《法学方法论》，黄家镇译，商务印书馆 2003 年版。

［美］卡尔·J. 弗里德里希：《超验正义——宪政的宗教之维》，周勇、王丽芝译，生活·读书·新知三联书店 1997 年版。

［美］卡尔威因、帕尔德森：《美国宪法释义》，吴新平等译，华夏出版社 1989 年版。

［美］肯尼斯·W. 汤普森编：《宪法的政治理论》，张志铭译，生活·读书·新知三联书店 1997 年版。

［法］莱昂·狄骥：《宪法学教程》，王文利等译，辽海出版社、春风文艺出版社 1999 年版。

［法］勒内·达维德：《当代主要法律体系》，漆竹生译，上海译文出版社 1984 年版。

［美］罗纳德·德沃金:《认真地对待权利》,信春鹰、吴玉章译,中国大百科全书出版社1998年版。

［英］罗德里克·马丁:《权力社会学》,丰子义、张宁译,生活·读书·新知三联书店1992年版。

［英］麦考密克、魏因贝格尔:《制度法论》,周叶谦译,中国政法大学出版社1994年版。

［奥］曼弗雷德·诺瓦克:《民权公约评注》,毕小青、孙世彦译,生活·读书·新知三联书店2003年版。

［日］美浓部达吉:《宪法学原理》,欧宗祐、何作霖译,汤唯点校,中国政法大学出版社2003年版。

［美］乔·萨托利:《民主新论》,冯克利、阎克文译,东方出版社1998年版。

［英］S.李德·布勒德:《英国宪政史谭》,陈世第译,曾尔恕、陈敬刚勘校,中国政法大学出版社2003年版。

［日］三浦隆:《实践宪法学》,李力、白云海译,中国人民公安大学出版社2002年版。

［日］杉原泰雄:《宪法的历史——比较宪法学新论》,吕昶、渠涛译,肖贤富校,社会科学文献出版社2000年版。

［美］斯蒂芬·L.埃尔金、卡罗尔·爱德华·索乌坦编:《新宪政论》,周叶谦译,生活·读书·新知三联书店1997年版。

［美］斯科特·戈登:《控制国家——西方宪政的历史》,应奇等译,江苏人民出版社2001年版。

［日］穗积陈重:《法律进化论》,黄尊三译,中国政法大学出版社1997年版。

［美］托马斯·伯根索尔:《国际人权法》,潘维煌、顾世荣译,中国社会科学出版社1995年版。

［英］W.I.詹宁斯:《法与宪法》,龚祥瑞、侯健译,生活·读书·新知三联书店1997年版。

［英］韦恩·莫里森:《法理学》,李桂林等译,武汉大学出版社2003年版。

［英］伊恩·布朗利:《国际公法原理》,曾令良、余敏友等译,法律出版社2003年版。

［美］詹姆斯·安修:《美国宪法判例与解释》,黎建飞译,中国政法

大学出版社 1999 年版。

［英］詹宁斯、瓦茨修订：《奥本海国际法》（第一卷，第一分册），王铁崖等译，中国大百科全书出版社 1995 年版。

主要外文参考文献

长谷部恭男编：《现代宪法》，日本评论社 1995 年版。

长谷部恭男：《宪法》，新世社 1996 年第 1 版，2001 年版。

高桥和之：《宪法判断的方法》，有斐阁 1995 年版。

高野雄一：《宪法与条约》，东京大学出版会 1960 年版。

拉里·亚历山大编：《宪政的哲学基础》（Constitutionalism Philosophical Foundations，影印本），中国政法大学出版社 2003 年版。

樋口阳一、高见胜利等编：《宪法理论的 50 年》，日本评论社 1996 年版。

樋口阳一、栗城寿夫：《宪法与审判》，法律文化社 1988 年版。

小林孝辅编：《德国公法的理论——今日的意义》，一粒社 1992 年版。

小林直树：《国家紧急权》，学阳书房 1979 年版。

中村睦男：《社会权的解释》，有斐阁 1983 年版。

American Constitutional Law, Third Edition-Volume One, Laurence H. Tribe, New York Foundation Press, 2000.

An Introduction to Dutch Constitutional Law, Constantijn A. J. M. Kortmann, Paul P. T. Bovend'Eert, Kluwer Law and Taxation Publishers, Deventer-Boston, 1993.

Basic Conception of Legal Thought, George P. Fletcher, Oxford University Press, 1996.

Bulletin on Constitutional Case-law, Secretariat of the Venice Commission, Council of Europe, Edition 1997-1, 2, 3, 4.

Constitutional and Administrative Law, Text with Material, David Pollard, Neil Parpworth and David Hughes, Second Edition, Reed Elsevier (UK) Ltd., 1997.

Constitutional and Administrative Law, Twelfth Edition, A. W. Bradley, K. D. Ewing, Addison Wesley Limited 1997.

Constitutional Choices, Laurence H. Tribe, Harvard University Press, 1985.

Constitutionalism, Identity, Difference, and Legitimacy, Michel Rosenfeld, Editor, Duck University Press, Durham and London, 1994.

Constitutional Justice under Old Constitution, Eivind Smith (Ed.), 1995 Kluwer Law International.

Constitutional Law, Fergus W. Ryan, Dublin Round Hall Sweet & Maxwell, 2002.

Constitutional Law, Sixth Edition, John E. Nowak, Ronald D. Rotunda, West group 2000.

Das Skriptö-Recht, Verfassungsrecht 7 Auflage, Braunschneider, Siebte, uberarbeitete Auflage 2002.

Die neue Bundesverfassung, Konsequenzen für Praxis und Wissenschaft, Stämpfli Verlag AG Bern-2000.

Die neue schweizerische Bundesverfassung, Foderalismus, Grundrechte, Wirtschaftsrecht und Staatsstruktur, Thomas Fleiner, Peter Forster, Alexander Misic, Urs Thalmann, 2000 by Institute du Fédéralisme Fribourg Suisse, Helbing & Lichtenhahn Bale.

Document Final, KOPAONIK, 13-17 décembre 1999.

Droit Constitutionnel, 27e Edition, Francis Hanmon, Michel Troper, Georges Burdeau, E. J. A., 2001.

Droit Constitutionnel Local, André Roux, Ed. Economica, 1995.

Federal and Regional States, European Commission for Democracy through Law, Council of Europe, December 1997, Printed in Germany.

Jurisprudence: From the Greeks to Post-Modernism, Wayne Morrison, LLB, LLM, PhD, First Published in 1997 by Cavendish Publishing Limited, The Glass House.

Le Bicamérisme, une Idée d'Avenir, Forum des Senats du monde, Palais du Luxembourg, Paris, Mardi 14 mars 2000.

Le Conseil Constitutionnel, Fourth Edition, Henry Roussillon, Dalloz 2001.

Local Self-government, Territorial Integrity and Protection of Minorities, Lausanne, 25-27 April 1996, European Commission for Democracy through Law Council of Europe, 1996.

Reform der Bundesverfassung, Botschaft des Bundesrates, vom 20, November 1996.

Rencontre avec les présidents des cours constitutionnelles et instances équivalentes, Piazzala sul Brenta, 8 Octobre 1990, Commission européenne pour la démocratie par le droit, Council of Europe Press, 1994.

Réforme de la Constitiution fédérale, Message du Conseil fédéral du 20 Novembre 1996.

Slovenian Constitutional Review, Arne Mavcic D. Law, Published by Zalozba Nova Revija, Ljubljana, 1995.

Staatsrecht I, II, 18, Neu Bearbeitete Auflage, Christoph Degenhart, 2002 C. F. Müller Verlag, Hüthig GmbH & Co. KG, Heidelberg.

The Constitution after Scott Government Unwrapped, Adam Tomkins, Clarendon Press-Oxford, 1998.

The Constitutional Heritage of Europe, Montpellier (France), 22-23 November 1996, European Commission for Democracy through Law, Council of Europe, December 1997.

The Constitution of Sweden 2000, Published by Sveriges Riksdag SE-100 12 Stockholm, Sweden.

The New Constitutional & Administrative Law, Volume One, Constitutional Law Lain Currie and Johan de Waal, Juta Law 2001.

The Role of the Constitutional Court in the Consolidation of the Rule of Law, Bucharest, 8 - 10 June 1994, European Commission for Democracy through Law, Council of Europe, Printed in Germany, 1994.

The Rule of Law, Edited by Josef Thesing, Konrad-Adenauer-Stiftung Arbeitsbereich International Zusammenarbeit.

The Unpredictable Constitution, Edited by Norman Dorsen, New York University, 2002.

Verfassungsrecht, 3, überarbeitete und erweiterte Auflage 1997, Theo Öhlinger.

Verfassungsrecht der Schweiz, Droit constitutionnel suisse, Herausgegeben von Dniel Thürer, Jean-François Aubert, Jörg Paul Müller, Unter Mitarbeit von Oliver Diggelmann, Schulthess Zürich 2001.

Verfassungs Recht, Schnell Erfasst, Hendrik Kornbichler, Julian Polster, Wolfgang Tiede, Armin Urabl, 2. Auflage, Springer-Verlag Berlin Heidelberg 1995, 2001.